中国民事诉讼法重点讲义

（第二版）

王亚新 陈杭平 刘君博 著

高等教育出版社·北京

图书在版编目(CIP)数据

中国民事诉讼法重点讲义/王亚新,陈杭平,刘君博著.--2版.--北京:高等教育出版社,2021.1(2022.10重印)

ISBN 978-7-04-055310-9

Ⅰ.①中… Ⅱ.①王… ②陈… ③刘… Ⅲ.①民事诉讼法-中国-高等学校-教材 Ⅳ.①D925.1

中国版本图书馆CIP数据核字(2020)第255098号

Zhongguo Minshi Susong Fa Zhongdian Jiangyi

策划编辑	姜 洁	责任编辑	姜 洁	封面设计	王 鹏	版式设计	杜微言
插图绘制	李沛蓉	责任校对	张 薇	责任印制	刁 毅		

出版发行	高等教育出版社	网 址	http://www.hep.edu.cn
社 址	北京市西城区德外大街4号		http://www.hep.com.cn
邮政编码	100120	网上订购	http://www.hepmall.com.cn
印 刷	河北鹏盛贤印刷有限公司		http://www.hepmall.com
开 本	787mm×1092mm 1/16		http://www.hepmall.cn
印 张	30	版 次	2017年3月第1版
字 数	650千字		2021年1月第2版
购书热线	010-58581118	印 次	2022年10月第3次印刷
咨询电话	400-810-0598	定 价	62.00元

本书如有缺页、倒页、脱页等质量问题，请到所购图书销售部门联系调换

物 料 号 55310-A0

第二版修订说明

本教材初版自2017年问世以来，已经加印数次，也曾于加印前根据当时立法及司法解释等相关规范变动而有过小幅度的内容调整。2019年12月，最高人民法院公布了修订后的《关于民事诉讼证据的若干规定》（以下简称《证据规定》），并自2020年5月1日起施行，全面替代了从2002年施行的同名司法解释，给民事审判实务和相关的程序法学理论都带来重大影响。鉴于此，我们对本书内容进行了较大幅度的修改补充。经与责任编辑商量，修订增补过的本教材作为第二版重新推出。

为了反映体现随新《证据规定》公布、施行的程序规范发展变化，关于证据和证明的第6章及第7章自然是修改补充的重点对象，同时凡是与此有所关联的其他章节亦做了部分修订。尤其是在第13章调整有关举证期限的表述和在第15章大力充实对预决效力的分析，也和《证据规定》若干条文的内容紧密相关。此外，对于第2、4、5、10、12、16章有较多的修改。本教材的修改补充还涉及《民法典》《人民法院组织法》《法官法》以及《民事诉讼法》第55条第2款（规定检察机关提起民事公益诉讼）等在本书初版之后发生的立法进展。本次修订还增加了截至最近期限的第一审受理民事案件、第二审上诉案件、再审案件的受理及审理结果等相关数据。不过，作者在本书中表述的学术观点没有任何变化。

本教材的修订得到了对外经济贸易大学法学院陈晓彤博士的鼎力协助，在此谨向晓彤致以诚挚谢意。我们还要衷心感谢姜洁编辑，是她的辛勤劳动使本教材第二版得以及时和读者见面。

王亚新

2020年4月26日

目录

第1章 本书的构成与使用说明

法学院的本科学生在四年的学习生活中肯定会遇到的一门必修课或主干课程,就是民事诉讼法学。遗憾的是,这门课的讲授和法学其他课程常见到的情况一样,往往过分注重知识的灌输,很难启发学生的学习主动性。或者不妨说,与其他课程相比,民事诉讼法学的教学甚至更容易陷入一种恶性循环——“老师教概念、学生背概念”,在抽象枯燥的专业术语和不接地气的逻辑推演上不停地空转,以至于学生完全失去学习兴趣。之所以出现这种局面,一定程度上,现有教材的既成框架和一般体例恐怕难辞其咎。当然,目前一般教材的框架主要由民事诉讼立法的基本结构所规定,而且与权威的教学大纲以及教学内容的规范化要求等密切相关,其一定范围内或某种限度的合理性显而易见。同时,随着司法实践的发展和比较法研究成果的积累,有关民事诉讼程序的知识一直在迅速地增长,反映到教材的体例上就是相关概念或专业术语的“增殖”,以及单纯讲解理论或制度的篇幅增加。也可以说,民事诉讼法教科书“由薄变厚”,本身并非什么坏事。但是,教材的内容“千人一面”地按照立法的结构展开,并不一定有利于初次接触这门学科的学生方便而快捷地掌握相关知识点。而程序法的学习本来就容易流于枯燥,如果讲授的材料中有大量的篇幅花费在辨析说明抽象难解的概念,或者随处都插入大段与“中国语境”内的问题仅有间接关联的比较法知识,就更可能让读者一时“摸不着头脑”,难以产生兴趣。

除此之外,近年来出现并正在迅猛发展的两种趋势,也加剧了对民事诉讼法学教科书体例内容以及教学方法进行调整乃至革新的紧迫性。一个趋势是随着互联网技术进步、自媒体发达及智能手机普及等带来的信息化浪潮影响,通过“百度百科”“维基百科”等网络窗口,一般人都能够对包括程序法专业知识在内的信息以简单便捷的方式进行检索并予以获取。这个趋势对于通过教材和课堂讲授传播或者“灌输”知识的传统方式形成一种强有力的竞争,其潜在的冲击力不言而喻。为了应对这样的竞争或冲击,一种可供选择的教材体例及教学方法就是对知识传授的任务加以适当“限缩”,在提供具有最低限度体系性的知识点这一基础上,着重于训练学生通过反复练习逐渐掌握对程序规范进行解释适用的技能。与此相对,另一个与民事诉讼法学教育更为紧密相关的趋势则是,由于这些年我国法院系统锐意推行裁判文书网上公开的司法政策,网络上已经能够找到海量的民事判决书、裁定书和决定书，而新的裁判文书还在源源不断地发布。这些形象生动地反映了我国法院如何通过法律程序解决纠纷处理案件等实际情况的案例，日益成为程序法专业教学的最佳素材和宝贵资源。对于民事诉讼法学教育来说，一方面，这个趋势使得教材写作和教学方法无须再如从前那样不得不高度依赖"转述"比较法上的相关知识，依托海量的案例等素材，程序法的专业叙事和讲述都可以更多地源自本土的实务资源，能够更加自如地在中国语境内分析讨论中国司法实践的"真实世界"中存在的真实问题。另一方面，如何立足于这种资源并最大限度地利用实际案例的素材，却又构成了旨在推进面向司法实践的"接地气"的诉讼法教学今后必须解决的重要课题。

出于以上考虑，本书主要从三个方面对内容和体例加以重构。

首先，不再以民事诉讼法的立法体例为模版来建立或设定全书架构，而是按照诉讼程序处理解决民事纠纷所涉及的基本构件和展开过程，将教材内容大致分为四个板块。这四个板块分别为：审判主体、诉讼主体、审理对象以及包含在诉讼流程中的各种程序。审判主体指与法院相关的一系列制度，包括案件受理范围、管辖和审判组织；诉讼主体涵盖了当事人及其代理人、共同诉讼、代表人诉讼和第三人；审理对象则是程序处理解决的客体或问题本身，由诉讼标的、诉讼类型、审理范围和证据、证明等内容组成。图1-1为包含该三个"构件"的诉讼结构示意图。

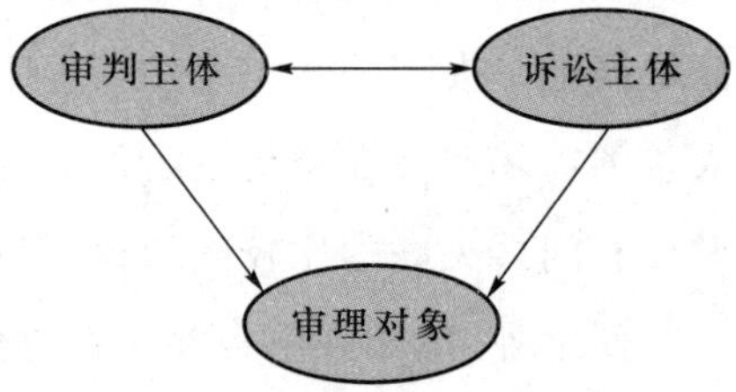

图1-1　诉讼结构示意图

各种程序则包括民事诉讼流程从起诉立案开始的第一审普通程序、简易程序和小额程序、第二审程序、审判监督程序和非讼程序。本书不再单独涉及"诉权""基本原则"或"诉讼法律关系"等抽象的概念及相关理论。作为诉讼或审理对象板块的主要部分，第2章开宗明义直接介绍"诉讼程序中的实体形成"。这个板块的其余内容则放到第6章和第7章的"证据""证明"中加以叙述。从第3章到第5章介绍有关审判主体的若干制度，第8章到第11章讲述的是诉讼主体以及在此基础上形成的复杂诉讼形态。第13章以后对诉讼流程中包括的各种程序及非讼程序予以分别描述讨论，包含对裁判形式及效力的介绍。关于保全、强制措施及诉讼费用的内容，则放在诉讼流程的讲授之前自成一个独立章节。

其次，本书试图突破"从概念到概念"的记述方式，尤其是避免提出我国民事诉讼制度构成上或司法实践中遇到的问题再仅仅以比较法知识的介绍作为回应，努力区分中国语境内的专业问题与作为参照的比较法知识。体例上表现为各个章节的内容由“正文”和“延伸讨论”两个主要部分组成。“正文”部分以我国法学界和实务界大致存在共识的知识点为中心，简要叙述本章各节的主要内容，尽可能使用生动活泼、形象直观的设例来引入对基本知识点的讲解分析。此亦为本书题名强调“中国”民事诉讼法的意涵之所在。“延伸讨论”部分则或者用于深化、细化对关键知识点的解释及运用，或者交代可供参考的相关论点、学说。最低限度上认为有必要介绍的比较法知识一般都放在这个部分，与“中国问题”区隔开来加以简略地展示。此外，本书中频繁出现的“设例”，原型为司法实践源源不断提供的大量案例，却又不同于特定具体的真实案件，指的主要是“人为、人工的”即作者编排的事例。其一方面有助于教师把专业知识的讲解从抽象枯燥的概念推演转化为具体生动的形象说明，另一方面也为学生提供了通过实例分析掌握基本知识点等训练的范例。本书对设例的运用，目的之一还在于促进或刺激教材的讲授及预习等能够与使用设例为主要内容的课堂测验、课外的案例分析作业以及相应的讨论等注重课上课下训练的教学方法探索相结合。作者目前仍在积累用于训练学生的设例题集等数据库，待时机成熟时，也可能印行与本教材内容对应的、包括以设例为中心的课堂测验或考试题以及代表性案例分析作业等在内的教学辅助资料。

最后，与民事诉讼法的教学体例以及学科体系的建设紧密相关，本书的对象范围不包括民事诉讼立法中两个重要的组成部分，即《民事诉讼法》第三编“执行程序”和第四编“涉外民事诉讼程序的特别规定”，而仅以审判程序和非讼程序为主要内容。这是因为，执行程序和涉外民事诉讼程序就其自身的分量而言，都能够单独成为一门课或者一本教材的对象，与审判程序及非讼程序一起构成民事诉讼法学教学与学科专业体系的主要部分。目前在法学院一般的教学计划中，民事诉讼法学课程往往只讲授48个或者50多个学时，占三或四个学分。如此有限的课程容量及讲授课时，虽然既有的教材通常蹈袭立法体例，对各编内容均有“面面俱到”的涉及，但教师的实际讲授却既难以真正做到“全覆盖”执行程序和涉外民事诉讼程序，又不能为审判程序等核心内容的解说留出足够时间。为了摆脱这样的困境，彻底的解决方案就是对于执行程序和涉外民事诉讼程序另行开课，并使用坊间已有的单独教材或自行撰写相应教材。在这种目前还比较少见的教学体例逐渐普及之后，才可能谈得上民事诉讼法学的教学及学科体系在我国得以形成或健全地发展。在此意义上，本书命名为“重点讲义”，正是想在对象范围上强调“有所为有所不为”而希冀对本专业教学及学科体系建设有所助益的方针。近期内，单独开设强制执行法课程并运用同样或类似的体例开始撰写相关教科书，将是本书作者下一步奋斗努力的目标。

除了正文和延伸讨论之外，本书在构成上还包含有一套内容丰富的附录。"附录一"将本书各个章节涉及的司法解释名称及其缩写列为一览表，读者可以借此方便地检索到相关司法解释。"附录二"是课堂测验和期末考试题示例，供教师和学生对本书内容进行练习而自行制作类似的辅助资料时参考。"附录三"基于同样的用途，由学生案例分析作业的基本要求和示范文本组成。"附录四"则把本书中出现过的图形、表格进行编排并以目录展示，以便读者迅速查阅。为方便读者对相关专业术语和其中作者认为需要特别强调的关键词进行检索，"附录五"专门设置了索引。关于读者在阅读本书时遇到的法律条文和司法解释，考虑到在有互联网的条件下可以随时通过"百度百科"等对法律法规进行检索，不过司法解释的检索可能仍需要帮助，因此，书中只就涉及的司法解释提供使用二维码的检索服务。另外，鉴于本书有意识地控制篇幅，因而基本上不做注释，对于能够帮助理解部分章节内容的论文等参考资料，也仅限于三名作者的有关文章，在本书相应部分可通过扫描二维码进行查阅。同时，于"附录六"将参考文献出现的位置、作者、名称及出处以一览表的形式予以罗列。

关于本书的使用方法，有作为主要教材、作为辅助教材以及作为教学研究的参考书三种方式。首先要推荐的，是作者正在反复尝试努力改进的方法，即作为本专业主要教材，在讲读的基础上与学生接受课堂测验、提交案例分析作业等练习紧密结合。学生在开课前应尽量预习全书，或至少先通读本书的正文部分。教师上课可对本书主要内容加以循序渐进的串讲，同时参照"附录二"随时制作以设例为中心的测验题，对应本书的相关章节对学生进行数次课堂测验。如果学生人数众多，测验的答案也可不必回收改卷，统一进行讲解即可。同样对应本书的部分重要内容，还应布置学生在课下进行两三次案例分析的练习。具体做法是，要求学生在精读本书相关部分的前提下，选择自己感兴趣的概念、问题或领域，自行上网搜索能够与此对应的判决书、裁定书等裁判文书，撰写案例分析作业。这种作业往往仅以一个普通的民事诉讼案件为对象，一般由"案情概述""提出的问题"以及"分析与结论"三个部分组成，字数则限制在2 500字以内比较适当。期末进行一次以设例为中心出题，不过内容可覆盖全书的考试，与课堂测验一样实行开卷考试即可。目前在尝试这种教学方法的过程中，作者按平时的数次案例分析作业（占40%），再加期末考试（占60%）来计算学生成绩。根据迄今为止的经验，这样使用本书的好处在于能够在相当程度上防止学生"一读就懂、放下即忘"，通过课堂讲授、当堂测验以及课下作业的结合，多数学生会养成泛读并反复精读部分章节的习惯，而且在具体设例的答题训练和自行寻找真实案例进行分析的过程中，还可能对程序法在实践中的运用发生由衷的兴趣，加深对相关知识点的理解。当然，如果因种种缘由不便以这样的方式进行教学，或者民事诉讼法学课程仍需要涵盖执行程序和涉外民事诉讼程序的话，也可以考虑将本书作为教学中的辅助教材加以利用。除此之外，鉴于本书也算运用另一种视角对专业知识进行整理的尝试，在一般读者有关民事诉讼法学的学习和研究中，其或许还能发挥作为专业参考书籍的作用。

本书的成形经历了一个漫长的酝酿过程。大约在十四五年前，本书第一作者王亚新就开始考虑写作一本自成体系或者至少能够“聊备一格”的中国民事诉讼法学教科书，并在当时出版的一本以系统介绍比较法知识为主要内容的专著（《对抗与判定：日本民事诉讼的基本结构》，清华大学出版社 2002 年版）后记中，作为给自己的今后任务而郑重提出。这个心愿历经周折，此期间内争取到两位青年教师陈杭平和刘君博的深切共鸣及鼎力合作，终于以本书这样的形态得以实现。本书的第 16 章由陈杭平、第 12 章由刘君博写作，王亚新撰写了其余部分。到本书出版问世之时，距王亚新应当从教学岗位上退休也只剩不多的年头。本书第一作者很庆幸能够在引退之前完成这项任务，并把将来的修订、增补等工作“薪火相传”，交给两位年轻的作者。

参考文献：王亚新《民事诉讼法二十年》；王亚新《民事诉讼法学研究：与实务结合之路》

第 2 章　诉讼程序中的实体形成

民事诉讼的目标在于解决当事人提出的问题。一般而言,需要解决的问题首先由原告在诉状中作为请求提出,被告再对此进行答辩,双方各自主张有利于己方的事实并提交支持自己观点的证据。经过这样相互反驳彼此辩论的攻击防御活动,当事人双方之间需要解决的究竟是什么样的问题、怎样解决才算公平合理等问题的本身,即“诉讼对象”或“审理对象”和解决问题的方案才渐渐地“浮出水面”。本书把这些需要解决的问题、相关的材料及解决方案等理解为随诉讼程序的进展逐渐成形的实体内容。本章的任务是对构成“需要诉讼解决的问题”的请求、事实主张、证据等进行梳理,并说明这些实体内容如何在程序逐渐展开的过程中得以形成。在每一节后面,作为延伸性的阅读和讨论,还附有对理论和司法实务上需要注意的论点或争议情况的介绍。

第 1 节　诉讼请求的构成

作为程序中逐渐形成实体的开端,原告一般以“诉状”的形式提出希望通过诉讼解决的问题(原告起诉在例外的情形下并不限于提出书面诉状,参阅本书第 13 章第 1 节)。很多情况下这些问题会随着诉讼程序的进行而逐渐变化发展,甚至可能在案件终结时形成不同的实体内容。不过事实上也有不少的案件,原告在诉讼一开始提出的问题就构成审理对象的全部,直到程序结束,其内容或范围大小都没有发生变化。本节主要立足于原告的视角,对其在起诉时如何提出问题、这些问题又如何构成审理对象或在诉讼程序中逐渐发展为案件的整个实体内容等加以说明。

2.1.1　诉状的一般结构

先来看一份简单的诉状。

设例 2-1

原告 A(身份证号码、地址、联系方式等)

被告 B(同上)

诉 讼 请 求

1. 解除 A 与 B 的婚姻关系。

2. A 与 B 的儿子 C(××年生,现年 6 周岁)由 A 抚养,B 每月向 A 支付 C 的抚养费××元,直至其年满 18 周岁。

3. 分割 A 与 B 的共同财产。

事实与理由

A 与 B 经人介绍相识并于××年结婚,后因性格不合经常发生争吵。B 有空就出去赌博,也不分担家务,还对 A 实施家庭暴力。双方感情已经破裂,无法继续共同生活。

在设例 2-1 中,原告提出来需要得到解决的问题包括能否离婚、如果离婚由谁抚养未成年的孩子、另一方支付多少抚养费以及如何分割共有财产。而所有问题的产生都源于当事人共同生活中的一系列事实或状态,且这些事实或状态还被贴上"感情破裂"的标签。我们可以把这些过去发生的事实或呈现出某种状态的"事实群"称为"生活事实"或"纠纷事实"。就是这种生活事实或纠纷事实构成了每一个诉讼案件基本的实体内容。需要注意的是,如设例 2-1 所示,一方面,生活事实并不是双方当事人共同生活中发生或者存在的全部事实,而只是对于本案具有关联意义或法律意义的事实,且是否具有这种意义是由当事人提出的问题所决定的;另一方面,根据同一个或同一类的生活事实,当事人可以提出不同的问题来要求得到解决。把这两个方面结合起来,还可以看出生活事实并不是现实生活中所谓"原汁原味"或"活生生"的事实本身,而是经过法律上的取舍过滤并在表达描述上加工过或做了"切割"的事实。当事人根据生活事实提出的问题同样是人为主动选择的结果,一般情况下他或她也有做出这样或那样选择的足够余地或空间。

设例 2-1 中,原告提出的问题表现为三项诉讼请求。这三项请求的性质是不一样的,在法律上对应着不同的领域,或者说涉及多种"法律关系"。具体讲,第 1 项和第 2 项请求涉及的是人身关系,且前者涉及的是夫妇间婚姻关系,后者涉及离异后未成年子女的抚养关系,而第 3 项请求则涉及财产关系。对于这些法律关系或法律领域的分类、定义和体系,都应通过学习作为实体法的民商事法律及法学知识来加以掌握。同时,作为当事人所提出问题的内容及方式,这些请求还构成了不同的"请求类型"或"诉讼类型",即第 1 项请求是"形成之诉"(又称"变更之诉"),第 2 项请求中有关 C 由 A 抚养的部分可理解为"确认之诉"(可能有争议,参见本节"延伸讨论2-1-2"),第 2 项请求中有关抚养费的部分和第 3 项请求则都是"给付之诉"。在诉讼类型的基础上，许多情况下原告可能还有必要对自己的诉讼请求加以进一步的细化。如后所述，本书把这些细化了的层次表述为"请求权"或"法定事由"。

2.1.2　法律关系

法律关系的概念在学理上指由法律所规定的人与人之间的各种关系，就民事诉讼而言其对应于民商事法律体系中具有不同性质的法律领域。对于诉讼程序中的实体形成来讲，其重要性体现在能够据此去识别诉讼请求所对应的法律领域及性质，当事人所能够提出的问题也因此而得到界分和限定。不过，这个概念又比较模糊，具有一定的多义性，关于其内涵和外延，学界和实务界尚未达成一致确定的共识。法律关系既可以在较宽泛的意义上指人身关系和财产关系这样概括的分类，也可能在例如涉及财产的合同法领域细分为借贷、买卖、加工承揽、仓储等多种多样的合同关系。

以下为显示民事法律关系大致范围的几张示意图。

民事法律关系首先可分为人身关系和财产关系，如图 2-1 所示。民法上把实现利益为人身利益或者说以人身权为内容的法律关系，称为人身法律关系；实现利益为财产利益或者说以财产权为内容的法律关系，称为财产法律关系。

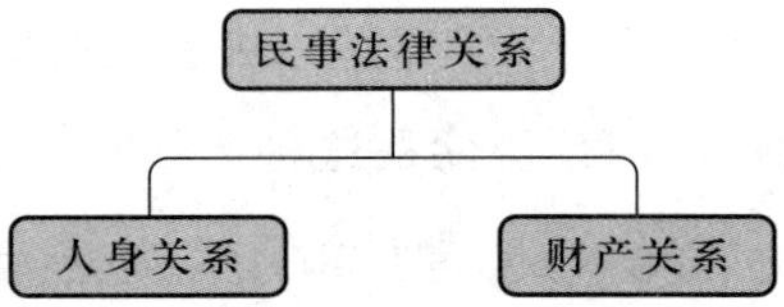

图 2-1　民事法律关系示意图

再把人身关系和财产关系分别加以细化，又可以用下面两张图来表示。需要注意的是，有关继承的法律关系既与人身关系紧密相关，又属于财产关系，可以说具有双重的法律性质，因此下面两张图都包括继承。此外，无论人身关系还是财产关系，在划分的方法及细分到何种层次等方面，在民事实体法学理论上都可能存在着学说上的争论。以下给出的仅仅是一种大致有共识的粗略框架，如图 2-2 和图 2-3 所示。

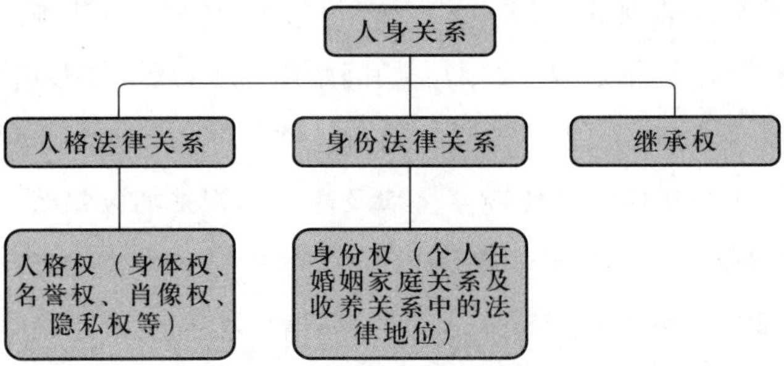

图 2-2　人身关系示意图

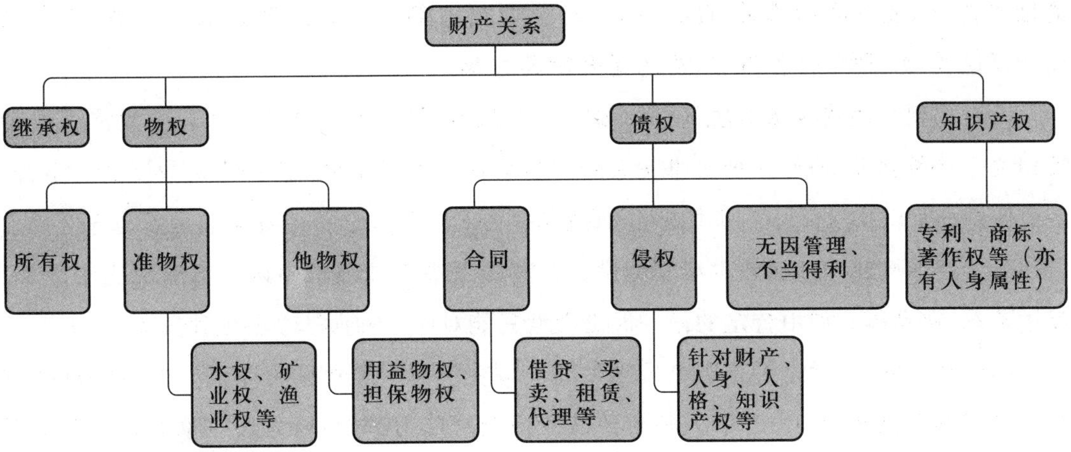

图 2-3　财产关系示意图

如上所述，这三张图展示的只是有关民法领域的一个争议可能较少的基本范畴分类及结构体系，并没有穷尽民法中所有的法律关系，其范围边界也非绝对清晰，且未包括商事法领域的各种法律关系。但在大多数民事诉讼案件中，正是这些法律关系构成了程序中实体内容的主要部分。需要注意的是，有时如设例 2-1 那样，只需根据原告的诉讼请求就可以直接看出其依据的是何种法律关系，即一般情况下仅以请求本身就可作为识别法律关系的依据或标志。不过，也存在必须结合诉状中的请求和事实理由才能够识别法律关系为何的情形。例如，原告的诉状在请求部分可以只写“被告支付××元”，在事实与理由部分才指明自己主张的权利是基于合同还是基于侵权的法律关系。如果是基于合同关系（如可以写请求“支付欠款”），但更具体的究竟是基于借贷、买卖抑或是赠与等哪一种关系呢？如果是侵权（如可以写请求“赔偿”），但是究竟是基于针对财产权、人身权还是人格权等的侵权呢？如果原告把这些内容作为“事实与理由”加以陈述，就只能把诉状的请求与事实理由两个部分结合起来，才能判断当事人提出的问题究竟属于何种具体的法律关系，或对应于哪一个法律领域。

2.1.3　诉讼类型

原告在诉讼开始时提出的问题不仅需要确定法律关系，还必须在请求中指明自己希望得到什么样的解决。这就是上文已经提到的诉讼类型，而且只有给付、形成或变更和确认这三种类型可供原告选择。这些类型既体现为原告的给付请求、形成请求和确认请求，法院最终的判断也必须对这些不同的请求类型一一加以回应，即分别作出给付判决、形成判决和确认判决。可见这三种类型贯穿了诉讼程序整个过程,所以又称为诉讼类型,即给付之诉、形成之诉和确认之诉。

诉讼类型与民商事实体法每个领域中实现权利、履行义务或承担责任的救济方式紧密相关。在原则上,任何一种法律关系都可以对应三种或至少是两种不同的诉讼类型,或者说依据任何法律关系原告都能够分别提出两种或三种请求。人身关系尤其是身份关系往往只涉及形成或确认而较少涉及给付。合同关系中单纯请求确认的情况则比较少见。反过来看,在具体案件中特定的任一诉讼类型只能对应一种而非多种法律关系。

诉讼类型中,给付之诉是历史最悠久也是司法实务中最常见的类型。所谓“给付”就是一方当事人要求另一方当事人必须为某种特定的行为,这些行为从现象上看往往牵涉某种有价值的对象在双方之间的授受、交付、转移。授受的对象称为“标的物”时还可分为不动产和动产(含种类物和特定物,金钱即为种类物之一种)。不牵涉到“物”的行为则可以划分成作为和不作为两类,前者如允许探视子女并提供方便,后者如停止侵害、限制建筑物楼层高度等。

形成之诉指的是旨在改变法律上的现状,从某种法律关系转化为另一种法律关系的诉讼类型,所以又称“变更之诉”。其典型的例子就是离婚案件,原告请求把自己与被告之间现存的婚姻关系改变为婚姻关系不再存在,即在当事人之间“形成”无婚姻关系这样一种新的法律状态。在形成之诉中,一种情形为本来可以通过当事人一定的法律行为就取得同样的法律效果,但双方因未达成合意而不能实施此种法律行为,一方当事人不得不请求以法院的裁判“代替”当事人的法律行为来形成其希望的法律效果;另一种情形则是实体法上规定的形成权必须通过司法途径行使,并通过裁判产生既判力后才能发生效力。原则上,形成之诉只是依据法律上相关的规定才能够提起,与可依当事人的意思自治而产生的给付之诉相比,适用情形也较为狭窄,除了当事人通过诉讼来行使民法上有明确规定的形成权等有限的情形之外,主要还体现在家事法、公司法和程序法这三个领域。在家事法领域有离婚、解除收养、亲子关系的承认或否认等类案件;在公司法上则有撤销股东大会决议、解散公司等具体的案件类型;在程序法领域,则存在撤销仲裁裁决之诉、再审之诉、执行程序中的案外人异议之诉等。

确认之诉是发展历史最短的诉讼类型,是在 19 世纪后半期的欧洲大陆,因社会生活的复杂化和确定民事权利的必要增加才得以出现并发展至今。我国是到了改革开放之后才清晰地意识到这种诉讼类型的必要性,近年来此类案件在司法实务中也有逐渐增多的趋势。当事人提起确认之诉旨在使某种法律关系或权利的存在或不存在获得法院权威的认证,并借此来避免可能发生或消解已发生的纠纷,或者以此作为发展某些法律关系的起点。在我国,确认之诉的对象原则上只是权利或法律关系,而不包括事实或证据等材料。例如我国民事诉讼制度上并不允许如在某些国家那样提起请求法院确认某一文书真伪的诉讼。不过,对于确认合法占有或离婚诉讼中未成年子女由夫妇哪一方抚养等特定法律事实的诉讼请求,司法实务中仍有予以承认的余地。确认之诉还可分为“积极”与“消极”这两类情况:积极的确认之诉包括确认所有权、确认合同无效等;消极的确认之诉较典型的则有确认专利、商标等知识产权之未侵权、确认债务不存在等。相对于前两种诉讼类型来说,确认之诉是否成立或者能否为法院所受理,在更大的程度上牵涉到有无“诉的利益”这个问题。对此将在后文有关起诉与受理的部分加以介绍和探讨(参见本书第 13 章第 1 节“延伸讨论 13-1”)。

2.1.4　请求权与法定事由

为了表示包含在诉讼请求之中并且在诉讼类型进一步细化的基础上构成的某些实体内容,本书借用了“请求权”和“法定事由”这两个概念,并对其进行重新定义,希望反过来在确有必要时能够借此去识别诉讼请求本身或对诉讼请求予以特定。

请求权本来是一个实体法理论上的概念,涉及的范围及层次极广。其可以是基础性的民事实体权利(如合同履行请求权),也可以是派生的权利或救济性权利(如因侵权行为所生的损害赔偿请求权)。这些性质的权利之间关系也相当复杂,例如救济性请求权可以因侵害了基础性的请求权而产生,也可以因侵害其他基础性权利(如以支配为主要内容的所有权)等而产生。我国民法学界关于不同法律关系上或不同法律领域中请求权的大致内容、分类和体系已经有一定的共识。例如物权上的请求权具体到针对所有权的侵害行为,可以有基于所有权的排除妨碍、恢复原状、腾退、交付、损害赔偿等不同的请求权;再以基于人格权的请求权为例,如针对侵害名誉权的行为,则当事人享有包括停止侵害、赔礼道歉、赔偿损失等若干种请求权。另外,也应该看到,在我国法学界和司法实务中,请求权的概念并没有完全成熟,有关此概念的范围和体系结构等还未形成普遍的共识。例如,借贷合同关系中的出借方在诉讼中请求的本金与利息究竟属于同一还是不同的请求权,再如对于人身侵权案件的被害人有关医疗费、陪护费、误工补贴、死亡情形下的丧葬费或残疾情形下的假肢等费用、精神损害赔偿等请求应该如何划分请求权等问题,依然存在争议。此外,请求权和法律关系分类到很细的层次时如何区别,也构成了一个实体法上的困难问题。

对于这些复杂问题暂不予涉及(有关内容参见本节“延伸讨论 2-1-3”)。以下只是在不违背民法学基本知识的前提下,仅仅出于本书特定的目标去重新定义并运用“请求权”的概念。这里把“请求权”的含义限定解释为建立在不同法律关系之上的救济方式,在有关如何实现权利、履行义务这方面比起诉讼类型来,又属于更加具体或者更细化了的请求内容。“请求权”主要用来指仅仅与给付之诉的诉讼类型紧密相关,在原告的请求中经常同时包含的另一种标志着实体内容并可用来识别或特定请求本身的要素或较小的“单位”。例如,买卖合同关系的买方认为卖方提供的货品存在缺陷,为了追究其瑕疵责任而作为原告提起给付之诉时,他/她的请求必须在退货并返还价款、降低价金、修理或保修等几种责任承担方式之间作出选择。这些追究瑕疵责任的方式即使用“请求权”的术语来表述。与实体法上含义宽泛的用语相比,这一限缩到较细层次上的狭义概念可以帮助我们梳理和厘清需要通过诉讼程序去解决的问题在实体上如何具体地构成,还可能借此对程序运作过程中面临的不同局面进行有效的处理。

法定事由本来也是实体法上的概念,有关其定义存在着不同的观点。同样,本书虽然借用这个概念却将其重新定义,仅仅把“法定事由”作为在形成之诉或确认之诉的诉讼类型中用来标识诉讼请求实体内容的较小“单位”。以下讨论中的“法定事由”只是指法律上有明确规定,可以支持提起形成之诉或确认之诉的不同情形或条件。也可以将其理解为法律所指明的权利义务关系的变更或确认等法律效果得以发生之必要前提,一般表现为若干并列的条件。例如,《民法典》第 506 条规定的合同免责条款的无效条件,第 563 条规定的有关法定解除的成立条件,或者《民事诉讼法》第 207 条规定的可以提起再审申请的十余种情形,都属于这里所说的法定事由。一般而言,任何法律效果的发生或消灭都以某些条件的存在作为前提,但这里单独列出法定事由并将其与请求“捆绑”在一起讨论,则是因为只有指明具体的法定事由才能识别或特定请求,并使同一的法律效果却是不同的此一请求与彼一请求区别开来。例如原告如果请求确认合同无效,则其必须在诉状上指明究竟是基于违反强制性法规还是损害社会公共利益等哪一项法定事由,法院才会接受诉状,被告才可能作出有针对性的回应。总之,不同的法定事由可以意味着不同的请求,当事人在法定事由上作出的选择也会带来相应的法律后果。

2.1.5　以上内容的示意图

综合以上所述内容,可以把原告提出的问题及其整体结构用图 2-4 加以表示。

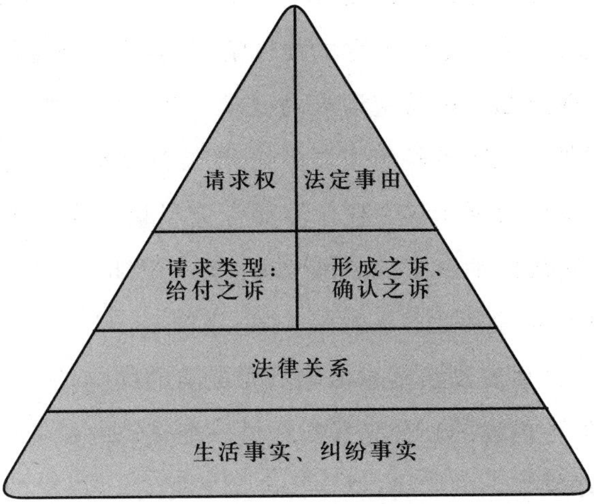

图 2-4　诉讼标的示意图

图 2-4 展示的是一个可以用来整理、识别和把握当事人在诉讼中提出来希望得到解决的问题等实体内容的认识框架。对于当事人自身而言，这个框架既是向其提供的一种可据此对生活事实进行选择并将其加工为法律问题的工具，又是界定、限制了其选择范围及加工方式的一套具有制约性的指针体系。

从构成上述框架的各个要素之间的关系来看，纠纷事实或生活事实这一层面可以说是当事人据以提出法律问题的基本领域。同一项或同一系列的生活事实可以对应多种不同的法律关系。相反，同一个法律关系却不能对应不同的生活事实。到了法律关系本身的层面，如上文已提及的那样，当事人依据任何一种法律关系均可能分别提出两种或三种不同的请求，反之，任何一种请求类型却只能对应特定的一种法律关系。例如依据同一个买卖合同关系，原告既可请求交付合同标的物，也可请求解除合同，还可请求确认合同无效。再从请求类型的层面上看，给付之诉可以分别对应多种多样的请求权而更加具体地提出。同时，形成之诉和确认之诉在法律规定有明确的多种事由时，当事人原则上应当在这些法定事由中进行选择，以明确自己提出的是以什么事由为前提条件的形成或确认之诉。在这个意义上，请求权和法定事由分别构成了进一步细化三种请求类型的基本范畴。图 2-4 之所以采取金字塔形状，其含义首先就在于表示构成框架的这些范畴在逻辑上的包含和对应关系。在许多诉讼案件中，原告提出自己的请求在上列示意图中只需涉及诉讼类型的层次即可，这也是为了构成诉讼请求最低限度上所必要的层次。但另一些案件的请求还必须细化到明确请求权或具体法定事由的程度。

在学理上,图 2-4 中的内容都可以使用“诉讼标的”的概念来加以统称。这个概念一般情况下多指法律关系,但鉴于多种多样的案件情形,也可能涵盖从生活事实到包括请求权或法定事由在内、所有能够识别特定请求的要素。诉讼标的概念在比较法上牵涉复杂的理论学说,对其内涵外延的理解相当多义多歧,围绕其功能为何也存在很大争议。在中国民事诉讼的语境内,现阶段对于这个概念的研究应尽量结合法律上或司法解释中有明文规定的程序问题加以探讨,而避免抽象的学理讨论。因此,本书对此只是在确有必要的场合(如后述的共同诉讼或裁判效力等部分)才适当涉及。

除了能够明确从生活事实到法定事由等范畴之间的结构关系,图 2-4 的另一重要功能还在于能够为案件实体内容的划分和操作提供一个直观的参考框架。出于诉讼策略或为方便被告回应等程序操作上的必要,原告往往需要把自己提出的问题划分为不同的请求或“诉”。这是把案件的实体内容加工为可通过诉讼解决的法律问题之不可缺少的一个环节,且在此基础上才可能进行请求或“诉的合并、变更、追加”等操作。于是,以何种“最小单位”为凭据来划分案件中的实体内容,就构成一个重要的程序操作问题。而参照图 2-4 可以看出,在原告提出的问题涉及诉讼类型层面时,仅依法律关系的同一或不同和究竟是给付、形成还是确认就可以对请求或诉加以区分,并确定其法律性质。如果原告提出的问题到达了请求权和法定事由这两个更为细化的层面,则应该依据其属于哪些具体的请求权或法定事由来识别究竟是一个还是多个的请求或诉。而诉的合并、变更、追加等操作同样可依照这个框架内的范畴概念来进行。

例如,原告在诉状中提出的请求包括离婚和财产分割,虽然基于同一婚姻关系,但因分别属于形成之诉和给付之诉两种类型,所以构成两个并列的但不相互排斥的诉。于诉讼一开始就同时提出且可以并行不悖的这类复数的请求,学理上称为“单纯的诉的合并”。再如原告依据买卖合同中的瑕疵给付责任起诉,请求被告或者退货并返还价款,或者将价款降至某一特定金额,则依据两种相互排斥的请求权构成了两个诉的“选择的合并”。其含义是法院可任选其中一个请求进行审理,如认可原告的其中一个请求就无需对另一请求进行审理,但在未认可第一个请求时则须审理第二个请求并作出判断。将此例做进一步延伸的话,在原告明确要求法院先对退货并返还价款的请求进行审理,再把降价作为万一返还价款得不到支持情况下的预备性请求时,则这种情形就是学理上所谓的“诉的预备的合并”。法院原则上应该按照原告指定的顺序进行审理。如果原告一开始只是请求返还价款,而当诉讼程序进行到某个阶段才提出用减价来取代返还价款,这就是“诉的变更”。原告在起诉时只请求减价,而当程序进行到某个阶段再提出增加保修义务的话,则构成“诉的追加的合并”。

虽然原告在一个案件中提出的问题可以包含上述多种内容,但特定的单个诉讼案件所能容纳的实体内容范围总是有限的,当事人提出的问题如果不方便作为一个特定案件在同一诉讼程序中加以解决,就可能需要分离出来到其他案件及另外的诉讼程序中去提出。关于在同一案件中包括多大范围的实体内容这个问题,又可以分为两种情形。

一种情形是,原告有选择的余地,既可以把自己希望解决的问题表现为同一案件中的不同请求,也可以将其作为不同的案件分别起诉。例如原告在不同时期向被告出借多笔数额不同的款项,或者被告在不同的出版物中多次擅自使用原告拥有著作权的不同作品等情况,原告可以在作为同一案件和分别起诉之间进行选择。原则上,法院对于原告的这些选择应当予以尊重。与此相关的另一个问题是,原告首先只就自己与被告之间因同一纠纷事实而产生的权利义务之一部分提起诉讼,然后再基于其余部分向法院提起另一诉讼,即所谓“部分请求”是否应予允许?在我国的民事司法实务上,部分地或断续地提出请求一般情况下不会得到许可。只是在原告确有理由而不得不这样做等例外的场合,接受部分请求并分案进行处理才成为可能。例如原告作为交通事故的受害人亟须尽快获得前期的治疗费用,而后续的相关费用一时还难以确定,其提出部分请求并在本案终结之后再就后续费用另行起诉,就属于这样的特殊情形。

另一种情形是,如果原告提出的问题多样且性质上差异过大,就不能选择在同一案件中合并所有的请求,而只能分别起诉。例如,原告在同一项起诉中提出的实体问题包括两个方面,一方面是自己与被告存在合同关系而被告违约,另一方面则是被告对自己实施暴力而造成人身伤害,因此其请求在同一案件内分别追究被告的合同违约责任和人身伤害的侵权赔偿责任。这些实体问题虽然都发生在同样的双方当事人之间,却很难说得上属于同一的或相同系列的纠纷事实、生活事实。除了存在某些特殊情形,对此一般不宜纳入一个案件中用同一诉讼程序来加以处理。在我国司法实务中,法院对此类情况往往会要求原告分为两个案件起诉,分别受理并给以不同的案号。在这种意义上,可以说图 2-4 最基底的“生活事实、纠纷事实”构成了同一案件可能容纳实体问题的最大范围,超出这一范围的多个或多种纠纷事实需要分拆到不同的诉讼程序中去加以处理。

延伸讨论

2-1-1　处分权原则

当事人在民事诉讼中能够提出来要求法院予以解决的问题,应当是民商事实体法领域所能涵盖的法律问题。这种情形一方面意味着当事人提出的实体问题受到民商事法律的制约，另一方面，只要这些问题在民商事法律的框架或范围之内，当事人在是否提出问题、提出什么样的问题或怎样提出等事项上就拥有自由选择的空间或余地。我国《民事诉讼法》第13条第2款规定，"当事人有权在法律规定的范围内处分自己的民事权利和诉讼权利。"这一条文体现的就是程序法上的处分权原则。当事人对自己的实体权利和诉讼权利的处分有时源于对自身实体权利义务关系等涉及利益的考量，也可能出于某种诉讼策略或技巧。而允许当事人在诉讼程序中进行这样的选择则是民商事实体法上有关意思自治的原则在程序法领域的反映。

可与处分权原则相对置或者相对立的是"国家干预原则"，其意味着国家权力通过法院的职权行为可以随时介入当事人对自己权利的处分或禁止做这样的处分。可见处分权原则的重点在于当事人的选择与法院的职权之间的相互关系，强调的是当事人自由选择的处分行为存在着不允许法院职权介入干预的范围及边界。例如在本节讨论的起诉及请求等问题领域，该原则表现为法院不得主动积极地介入当事人之间的纠纷，只有等待原告起诉才能受理并进行审理的"不告不理"，还表现在如法院不能作出不同于或者超出当事人请求的判决等其他方面。需要注意的是，当事人只能在法律的框架或法律允许的范围内进行选择处分，当事人的行为一旦越出这种边界，除了自己在此后的程序中可能遭致种种不利的法律后果，有些情况下也会受到法院直接的禁止等处置。但是法院在这种场合对当事人行为作出直接处置却不能称为"依职权干预"，而只是代行法律上原有对当事人的制约，所以仍然在处分权原则的范围之内。

我国民事诉讼在改革开放之前的计划经济时期实行的是国家干预原则，改革开放以来则逐渐以处分权原则取代了国家干预原则。由于处分权原则的存在及作用，诉讼程序中都有哪些行为是当事人可以自由选择决定的、法院能够干预介入的边界在哪里等，就会不断地成为具体的问题，而通过解决这些具体问题可能形成一系列的程序规则。不过目前在司法实务中，有关处分权原则的适用范围和如何具体适用该原则等方面，仍有许多具体问题需要逐步解决，相关规则也还显得相当模糊。为了给此类问题的解决和规则的形成提供理论性的指导，学理上一般把当事人在与诉讼程序相关的事项上，尤其在案件的实体形成方面拥有自由选择空间的法理称为"当事人主义"，而把法院可依职权介入干预当事人行为的法理与之对置，称为"职权主义"。关于这些方面，后文在有关部分还将继续讨论。

2-1-2　离婚案件中有关未成年子女抚养的请求类型

本节设例2-1中，原告提出的请求中有一项为未成年子女由原告自己抚养。该项请求究竟属于形成、确认、给付这三种诉讼类型中的哪一种，是一个很难判断的问题。正如本节所述，给付之诉是原告请求被告作出某种特定行为（含作为与不作为），形成之诉是改变原被告之间的法律关系现状（包括发生、变更或消灭），确认之诉则是使某种法律状态获得法院权威性的认证。以这三种类型定义来分别衡量未成年子女由起诉离婚的父母哪一方抚养的请求，其实都有大致相符的地方，但也都显得比较勉强。

首先，对于这个问题，连司法实务中法官也经常可能采取一种常识性的说法，就是"把未成年子女的抚养权（或监护权）判给父母的哪一方"。显然，这种说法所反映出来的理解与形成之诉的类型最为相符。从常识的角度来看，通过诉讼，未成年子女从原来随父母双方共同生活，改变为随分居的父母某一方生活，确实是一种状态的变更，或者形成了另一种关系。但是仔细考虑的话就会发现，这种变更或新的关系形成并不一定伴随着法律关系的变更或形成这种"法律上的意义"。因为父母双方抚养未成年子女的权利和义务并不因离婚而改变，双方作为子女监护人的地位也都没有变化。即便是离婚后不再与子女共同生活的父或母，也依然享有探视等权利和负有给付抚养费等义务，因此，很难说把未成年子女归谁抚养的请求视为形成之诉的理解是经得起推敲的。

其次，既然父母双方对未成年子女的抚养权或监护权并不因离婚而改变，把离婚诉讼中有关子女随自己生活的原告请求看作确认之诉，即理解为当事人要求法院对子女实际由自己来抚养或实施监护给以一种权威的认证也就有了可能。从这样的角度来看，当事人对子女的抚养或监护已经是一种既成的法律状态，法院判决子女随某一方生活只是对法律上现状的一种确认，不过没有给以另一方这种确认而已，并未否定其抚养或监护的权利义务。不过，虽然确有能够言之成理之处，把有关子女抚养的请求视为确认之诉的这种观点仍然可能会遇到的难题，就是本节已经提及的确认之诉只以权利、法律关系或法律上的状态为对象，而不应包括事实等在内。如上文那样理解的话，法院确认的究竟是当事人的抚养权等具有法律意义的对象，抑或只是一种事实上实施监护的状态呢？对于这个问题确实值得深思。

最后，与上述两种观点相比，看上去显得更加"离谱"的另一种观点，则是将子女由父母哪一方抚养的请求理解为给付之诉。之所以显得"离谱"，是因为子女并非物品，不可能由父母的一方"交付"或"让渡"给另一方。不过，如果换一个视角来加以阐释，这种观点或许就不显得那样"离谱"了。给付之诉的对象包括作为与不作为的行为，如果把原告关于子女由自己抚养的请求理解为主张对方在子女随自己生活时负有不加妨碍的不作为，或予以配合的作为等义务的话，将这种请求视为给付之诉的观点在逻辑上是可以讲得通的,但是还是有点牵强附会。

本书大体上是把这种诉讼请求理解为确认之诉,即有关未成年子女归离婚争议中的夫妇某一方抚养或与某一方共同生活的请求可以视为法律上允许当事人要求法院对这一特定法律事实进行确认。

以上的分析并不期待得出唯一正确的结论。有关未成年子女由谁抚养的请求之所以在类型的定位上如此困难,可能源于两个方面的原因。一方面是与亲属关系和身份权等相关的法律领域有其特殊之处,不像纯粹的财产关系那样容易把握和理解;另一方面则说明三种请求类型或诉讼类型的划分作为一套观察整理法律现象及范畴的概念工具,本身也可能存在难以有效涵盖所有领域而不够周延的问题。在学习基本知识的同时,还需要逐步培养运用批判的眼光来看待既有知识的能力。

2-1-3 请求权与请求权竞合

请求权是从大陆法系的德国法传统中发展起来的一个民事实体法上的概念,德语为Anspruch。一般而言,请求权指的是一种请求他人作为或不作为的权利,这个概念不仅是一种实体法上的权利,也表明某人针对其他人的实体法上之请求可以通过诉讼程序来予以主张并得到实现。此外还可以从两个角度来看待请求权的概念,一个是说明或描述实体权利的角度,另一个则是划分并识别权利实现之具体方式的角度。就第一个角度而言,请求权可以被用来说明债权与物权、人格权、继承权、知识产权等权利相比具有怎样不同的内容。例如与物权的内容为占有、使用、处分等支配权的性质相比,债权就是特定人拥有要求其他人作为或不作为的权利,即债权以请求权为其内容。从这个角度来看,请求权与支配权、形成权等概念在同一个层次上并列。但从另一角度看,请求权则可以用来指债权、物权、人格权、继承权或知识产权等任何实体权利的某种具体实现方式。债权人既可以直接也可以通过诉讼向债务人发出要求清偿债务的意思表示,这就是为了实现债权或者让债务人履行相关义务和承担责任而行使请求权。即便是物权、人格权、继承权或知识产权等一旦遭受侵害,被侵权人也能够基于这些不同权利而行使某种具体的请求权以获得救济,即要求侵权人以停止侵害、恢复原状、赔偿损失和赔礼道歉等种种方式来承担责任。由于履行义务、承担责任或救济的方式依实体权利的种类而有所区别,即便是基于同一种权利也可能存在多种多样履行义务、承担责任或获得救济的具体方式,于是就有了对请求权进行分类并构成请求权体系的必要。

有关请求权的学说理论在德国法及日本、我国台湾等深受其影响的国家、地区的民事实体法上获得很大发展,已达到比较成熟的阶段。但目前在我国民法学界,请求权的概念体系仍属于一种处于引进、消化和重新建构过程中的理论。司法实务上虽然也不可避免地在使用这一概念，关于其内涵、外延及适用的对象领域等却还缺乏足够的共识，体系性等方面也显得很不完备。不过，有关请求权理论的某些命题在我国民事诉讼实务中也构成了必须予以技术性操作的实际问题。一个最为有名的问题就是“请求权竞合”。

请求权竞合（德语为 Anspruchskonkurrenz）指的是在同一个纠纷事实上重叠有多种请求权，当事人可能依据不同法律关系引申出两个相异的请求权并予以行使的情形。最典型或常见的例子如购票乘坐公共交通工具的乘客因发生交通事故而受伤，其既可以基于合同追究公交公司的违约责任，也可以根据侵权要求公交公司予以损害赔偿。其他的类似情形还如：房东对于拖欠租金却占据着住房不搬走的房客，既可以基于所有权也可以依据租约的解除而请求其腾退住房；被汽车撞伤的交通事故受害人既可以追究驾驶员因肇事而带来的直接侵权责任，也可以追究车辆所有人的雇主责任，等等。显然，这些情形之下的权利人只能行使一种或一次请求权，并不能重复地获得救济。但对于请求权竞合的情形，实务中究竟应当如何处理以及理论上怎样予以说明，在德国、日本等国的实体法和程序法领域都是一个重大的问题，存在着多种多样相互对立的观点及争议，发展出不少复杂的学说。我国法学界对此问题虽然也有涉及，却显得并无很深的关注。不过在我国的司法实践中，公共交通工具的乘客因交通事故而遭受伤害时，也很有可能不得不面临一种因请求权竞合而产生的深刻悖论：如果其依据侵权行为而主张损害赔偿，需要证明债权损害赔偿请求权的要件事实；如果其依据合同关系而主张违约责任，需要证明违约损害赔偿请求权的要件事实，如果按《民法典》第 996 条主张违约精神损害赔偿的，还应就人格权受侵害并造成严重精神损害承担举证责任。对于这样的情形，我国民事司法实务上的一般做法是要求作为原告的受害人必须事先二者择一，而不能将两种请求按照“诉的选择的合并”或者“诉的预备的合并”同时提出，当然也不允许在针对一个请求作出判决之后当事人再提出另一个请求。关于这样的处置方法是否都能达到妥善的纠纷解决以及理论上应当如何加以说明等问题，还有待于法学界和实务界今后予以深入的探讨。

第 2 节　程序展开中的实体形成

以上的讨论基本局限于原告提出的“请求”或“诉”这个层次，但诉讼案件中需要得到解决的实体问题当然不止这一层次。为了支持自己的请求，原告还需要提出作为理由的事实和能够证明事实的证据，被告则可能在不同的层面作出种种回应。诉讼程序在当事人双方之间“你来我往”的这种攻击防御过程中得以不断发展、推进，而案件的实体内容也在此过程中逐渐展开并形成。本节的描述将从某种静态的“横断面”式的实体内容范围及结构延伸到动态的诉讼程序进行、从原告延伸到被告及其他当事人、从“请求”延伸到案件实体内容的其他层次，来讨论相关的概念和司法实务中经常面临的某些操作性问题。

2.2.1 “重复起诉”的禁止

上一节已经涉及原告可以或必须把不同的实体问题分为不同诉讼案件的请求另行提出的情形。反过来，如果是应当由同一程序解决的实体问题，却被当事人分别作为不同案件的请求提出并要求用不同的诉讼程序加以处理的话，则当事人可能会承受不利的后果。这种情形可以表现在程序开始阶段、诉讼过程中和程序终结之后。根据不同程序阶段出现此类情形时法院如何处理的实际状况，可以归纳出我国民事诉讼制度的一项约束性原则，即“禁止重复起诉”。而这项原则如何在程序中具体适用则构成了司法实务上某些技术性、操作性的问题。这些问题包括：当事人提起的不同案件是否属于“重复起诉”、对原被告互换位置相互提起的不同诉讼可否并合到同一程序去进行处理（“诉讼并合”）、怎样识别以前已经终结的诉讼和此后提起的诉讼在实体内容上的异同，等等。比如上一节设例2-1中，一般情况下，原告不可以把离婚、孩子的监护和财产分割的请求拆分为两个或三个案件分别起诉，而只能在同一案件中作为请求或诉的合并一起提出。此即“禁止重复起诉”原则最典型的含义。再看下面这个设例。

设例2-2

某公交公司起诉称某广告公司租用本公司的公交车身展示广告，却违约不交租金。在该诉讼程序进行中，广告公司向另一法院起诉，称本公司与公交公司之间存在内容为在公交车身上展示广告的合作关系，现公交公司违约，请求解除合作关系。

在此设例中，无论第一诉讼还是第二诉讼，双方当事人争议的都是彼此之间发生的同一个生活事实或纠纷事实，但是两个诉讼中原被告互换位置，并针对同一的纠纷事实提出了基于不同法律关系的两种请求。这两种诉讼请求相异又彼此冲突，由于其分别提起（尤其在不同的法院）很容易带来裁判的相互矛盾冲突。因此，这两个诉讼应当视为具有同样的实体内容，而必须被并合到同一诉讼中去一并处理。因为也属于本应在同一案件中解决的实体问题却被当事人分别起诉，此类情形在广义上亦可理解为“重复起诉”的一种。但着眼于当事人互换原被告位置提出相互矛盾之请求的特点，本书将此另作一个类别，称为“诉讼并合”。在 20 世纪八九十年代，由于不同地域的法院偏向本地企业利益的所谓“地方司法保护主义”现象比较严重，其表现之一就是来自不同地域的当事人依据相同纠纷事实各自在本地法院起诉对方，导致了相互冲突矛盾而不可执行的判决屡屡出现。为了纠正和规范此类行为，最高人民法院曾出台一系列司法解释，其程序操作上的解决方法就是采用强制性的“诉讼并合”。（关于这些司法解释的内容，参见本节延伸讨论 2-2-3。）

设例 2-3 同样出现了两个诉讼，但后一诉讼却是在前一诉讼的程序终结之后才被提起。

设例 2-3

原告起诉称自己与被告订立的合同系出于重大误解，请求撤销该合同。经法院审理驳回原告诉讼请求，判决发生法律效力。此后原告重新起诉，以同一合同签订时自己与被告恶意串通损害第三人的利益为由，请求确认该合同无效。

可以清楚地看到，此设例中原告提起的前一诉讼与后一诉讼都以同一个法律关系的不成立作为目标，不过其前一个诉讼请求是形成之诉，后一请求则是确认之诉。类似的情形还包括因前一诉讼以原告胜诉而终结，被告遂变身为原告，仍然针对同样的实体内容而以不同的请求提起后一诉讼。这些情形不再涉及诉讼案件及程序的分或合等问题，其构成的是前一诉讼的判决效力是否能够阻止或“遮断”后一诉讼发生的问题。从都属于当事人针对同一的实体内容多次分别地提起诉讼这一点来看，这些情形依然可能被视为“重复起诉”的某些形态或变种。但是，由于发挥“禁止”后诉发生这一效力的实体内容不再体现在前一诉讼请求而体现在已经确定生效的判决之中，设例 2-3 等类情形放在“一事不再理”的框架内，作为反映该原则的形态之一去加以理解更为恰当。（关于这方面的讨论，参见本书第 15 章第 2 节。）

2.2.2　当事人攻击防御中的实体展开

以上讨论虽然已经涉及诉讼程序动态发展的不同阶段，但基本上仍局限于案件实体内容的“请求”层次。本小节的任务则是描述在当事人展开攻击防御的进程中实体内容整体上是如何具体地形成的。

诉讼中原告是发动“攻击”的一方,其起诉提出请求,并为支持请求还需主张一定的事实,一般情况下诉状往往附有书面的证据。对此,作为“防御”一方的被告则需要在答辩阶段或开庭时对原告作出回应。案件的实体内容在当事人双方“你来我往”相互攻击防御的多次回合中逐渐丰富并完整地呈现出来。这种攻击防御逐渐深化丰富的过程既反映在程序的某些形式和相应概念上,又能够通过描述最终形成的案件实体结构和内容来加以说明。首先来看当事人之间的攻击防御在程序上体现的形式和若干相应的概念。

对于原告提出的请求,被告作出回应的方式无非就是承认、反对、部分承认/反对这三种。例如,原告请求被告支付借款本金及利息共计 100 万元,被告的回应可以是全部接受这一请求(承认),也可以是请求法院驳回原告全部请求(反对),还可以是承认本金 80 万元而请求驳回利息 20 万元的请求(部分承认 / 反对)。当被告在请求层次上予以承认时,当事人双方的争议实际上已经消除,或者缩小到某种很小的范围,如只限于实际还款的时间与是否分期支付等付款方式之类附带性的争议。多数情况下此类附带的争议都可能通过和解、调解等合意性的方式来解决,或者即便需要做出判决也不一定需要涉及案件实体内容的其他部分。但是,如果被告对原告的请求予以全部或部分否认,他 / 她的回应就有必要进入案件实体内容的另一个层次,即必须针对原告作为请求理由的事实也作出回应。

从民商事实体法的角度来看,原告的请求对应于某种法律效果,作为使这种法律效果得以发生的前提或必要条件,法律上一般都规定有若干构成要件。于是,追求某种法律效果发生的原告就有必要提出与能够使该效果发生的要件相对应的事实来作为支持自己请求的理由。这种事实被称为“要件事实”。例如能够使返还借款的法律效果得以发生的要件在法律上主要有两项,一是借款合同的存在或借贷关系的有效成立,二是出借方已经向借款方实际交付该笔款项。因此,原告在请求返还借款的同时,还必须主张己方与被告具体于某时签订某一借贷合同,且自己已经在某时某地以某种方式把该笔借款交付给被告等事实。

针对这些要件事实,被告必须一一作出的回应可以分为自认、否认、抗辩三类。这些分类与本书第 7 章将要讨论的举证责任紧密相关。

自认是承认原告主张的某一事实,同样意味着双方当事人在该特定事实上消除了争议或达成了一致意见。法院原则上对当事人之间的这种合意应予以尊重,一般情况下当事人一方的自认即意味着免除了另一方对自己主张的事实提出证据来加以证明的举证责任。自认除了明确表达出来的所谓“明示的自认”,还包括“默示的自认”,即被告以默认或间接表示等方式接受了原告对某一事实的主张。最高人民法院于 2019 年 12 月发布的《证据规定》第 4 条有关“一方当事人对于另一方当事人主张的于己不利的事实既不承认也不否认,经审判人员说明并询问后,其仍然不明确表示肯定或者否定的,视为对该事实的承认”的规定,为如何确定“默示的自认”提供了程序操作指针。

与自认相反,否认则是反对原告主张的事实,又分“单纯的否认”和“附理由的否认”。前者作为一种消极的防御只是直接否定原告关于某一事实的主张,而后者则进一步列举自己否定的理由或提出自己有关该事实是怎样的观点,其更接近于积极的防御方式。与“否认”相关又略有区别、重要性也较低的另一种回应方式是“不知”,即被告可对原告主张的某一事实表示不置可否。关于“单纯的”和“附理由的”否认的分类及“不知”这种回应方式对于第 7 章举证责任的讨论都有意义,具体内容参照后述。

与自认和否认都不同,在举证责任分配上具有重大意义的防御方式则是抗辩。其典型的形式表现为“虽然接受原告主张的某一事实,但主张因另一事实的存在而致该事实已不能作为法律效果发生的要件”。例如,针对原告关于与被告签订了借贷合同的事实主张,被告在承认确实签订了借贷合同的同时,却提出了该合同的签订系自己出于重大误解,借贷关系应当予以撤销的主张。这是“妨碍法律效果”发生的抗辩。被告还可能针对原告已经实际交付借款的事实主张,在承认收到这笔款项的前提下进一步指出,自己的这笔债务已经向原告结清而不再存在。这就属于“消灭法律效果”的抗辩。如果被告在承认签订了借贷合同的同时又主张该合同附带有条件或期限,而现在条件未成就或者期限未到来,则其主张构成“阻却法律效果”的抗辩。

被告的回应不仅可以从“请求/法律效果”延伸到“事实主张/要件事实”的层面,还可能变“防御”为“攻击”态势而回到请求层面,提出与原告的请求有关联却能够部分或全部“抵扣、吞并”甚至超出原告请求金额或与之并列的新请求。这就是“反诉”,其基本类型可分为“单纯反诉”和“牵连性反诉”两种。前者的典型例子如人身侵权案件中被告针对原告殴伤的赔偿请求以互殴为由提出侵权赔偿的相反请求,买卖合同案件中当事人双方相互主张对方违约、针对原告交付货物的请求被告则请求首先清偿全部价款,等等。由此可看出,单纯反诉的含义主要就是当事人双方依据的都是同一纠纷事实或法律关系,却提出了相互冲突的诉讼请求;牵连性反诉则指被告提出的反请求虽然与原告请求所依据的并非同一纠纷事实或法律关系,但其基于的纠纷事实或法律关系却与原告的请求基础之间存在某种关联。例如,原告通过与前房主买卖某一房屋后,基于所有权请求居住于该房内的被告腾退,而被告则以和前房主之间存在租赁合同为由,请求确认该租赁关系对于原告依然有效。需要注意的是,如果被告提出的是一个与作为原告请求基础的纠纷事实或法律关系毫无关联或缺乏牵连性的反请求,则可能不构成本案的反诉,而只能另案起诉。如针对原告关于返还借款的请求,被告提出的相反请求却是解除自己与原告之间的租赁关系并腾退房屋的话,虽然被告也许将此视为对原告"不友好行为"的报复,但法院很有可能根据"与原告请求完全无关"的理由而不允许被告作为反诉在本案中提出这一请求。

与反诉密切相关,被告针对原告请求作出的另一种具有"反守为攻"性质的回应则是"抵销"。从表现形态上看,被告只要在诉讼中主张原告对自己也负有债务,并要求与原告请求自己支付的债务相抵,就可以称为"抵销"。在我国的民事司法实务中,如果被告提出自己拥有可与原告所请求的债务相抵的债权,其条件又合乎《民法典》第 568 条规定的"法定抵销"和第 569 条规定的"合意抵销"等本来可在诉讼程序之外通过当事人之间的法律行为来使债务相抵的情形,被法院认可为"抵销"的可能性较大。经过这种处理之后,要是被告再根据已被抵销的债权而另行提起诉讼,法院都应将其视为"重复起诉"而不予受理。被告可以将抵销的主张"升格"为反诉提出,这种情况下其作为本诉的被告又有了"反诉原告"的诉讼地位。无论对反诉进行审理后作出的裁判结果如何,实体内容为"抵销"的这项主张都将受到禁止重复起诉原则的拘束。被告还可以将抵销的主张作为抗辩提出。同样,这种"抵销抗辩"只要经过法院审理并作出判断,此后当事人双方都必须受禁止重复起诉原则的约束,不得再依据同样的债权债务关系另行起诉。此外,从"原被告之间在请求层面的攻击防御应相互关联"的原理出发,被告不能依据与原告请求不同的债务种类来主张与原告的请求相抵。例如,原告根据某一笔以金钱支付为内容的交易起诉追究被告的违约责任,对此被告如果选择双方之间另一笔以物的交付为内容的交易,主张原告负有义务并请求以某种货品来抵扣原告请求的金额的话,除非与原告达成抵销的合意,否则只能另行起诉。因为这亦属于上一节所说的"当事人提出的实体问题不能为同一案件所容纳,应当拆分到不同的诉讼程序中去加以分别处理"的情形。

2.2.3　案件实体内容的整体构成

随着上述那样的攻击防御在原告和被告之间(或者被告变身为"反诉原告"而且原告

被置于“反诉被告”地位时）展开，双方争议的实体问题范围随之也扩大或缩小，其内容则逐渐深化并丰富。否认或部分否认原告请求的被告，如果对原告作为请求理由而主张的若干事实中某一项或几项予以自认，而否认另一项或几项的话，则当事人双方有争议的问题在范围上已经有所限缩。换言之，获得对方自认的事实基本上可排除在案件的审理对象之外，而对方否认的事实却构成了双方的“争执焦点”（简称“争点”）。另一方面，如果被告针对原告的某一事实主张作出的回应属于抗辩，其为了对抗原告事实主张而提出的另一事实或新的事实却相当于增加或扩大了案件的实体内容。原告对于被告所主张的抗辩事实同样可以作出自认、否认或再抗辩的回应，而否认与再抗辩同样可构成新的争执焦点。例如，原告在请求中行使的是买卖价款请求权，作为其理由的则为原被告双方签订买卖合同和自己作为卖方已经向作为买方的被告交付货品的事实。对此，如果被告在请求层面否认原告的价款请求权，在要件事实层面虽然承认双方签订有买卖合同，却否认货品已经交付的事实，本案的主要审理对象或根本性的实体问题就缩减或集中到“货品是否交付”这样一个争执焦点上。如果被告在承认货品已经实际交付的基础上，却进一步指出交付的货品存在重大瑕疵，则其作出的是“瑕疵责任的抗辩”。视原告对被告有关“货品存在瑕疵”这一新的事实主张究竟采取的是自认、否认抑或抗辩等哪一种回应方式，双方之间的争执焦点可以相应地增加或减少。围绕这样形成的争点，一方当事人为了证明自己所主张的事实为真而提出证据，对方则作为对抗提出反驳的证据。双方当事人如此“兵来将挡”式地攻击防御下去，案件的实体内容亦随着这个过程逐渐展开而在细节上也趋于丰富或具体化。对于诉讼程序中最终形成的案件实体内容整体，可以做以下划分和描述。

首先，能够直接支持诉讼请求或作为其理由的事实，如上所述因在法律上被规定为某种法律效果发生的必要条件而被称为要件事实，其与请求本身一起构成了案件实体内容的主要部分，所以又可称为“主要事实”或“直接事实”。相反，能够阻止某种法律效果发生或导致其消灭的事实，往往作为针对请求的抗辩而被提出，也属于主要事实、直接事实的一种。主要事实、直接事实只是当事人之间过去发生的生活事实或纠纷事实的一部分，但当事人围绕这些事实出现争议时，查清其真伪或存否对于以判决来决胜负的程序结果具有不可或缺的重要意义，因而往往成为案件审理的主要或重点对象。从另一角度来看，也可以说主要事实、直接事实构成了案件实体内容的“骨架”，只要抓住这些事实就可“提纲挈领”地把握了解案件实体内容的关键之所在。

其次，攻击防御过程中当事人双方往往随着证据的提出而主张的另一种事实同样构成案件实体内容或审理对象的一部分,这就是与要件或直接事实不在同一个层次上的"间接事实"。间接事实是与直接事实或主要事实存在着现实中或逻辑上的联系,可以用来推知直接事实或主要事实真伪或存否的事实。例如原告主张某月某日向被告交付一笔现金,则当日原告从银行取出与其主张的金额相等的款项,以及原告联系被告约定见面时间和目的等记录存在等,都是可能推知当事人之间确实发生"金钱的实际给付"这一主要事实的间接事实。间接事实一般也属于当事人之间过去发生的生活事实或纠纷事实之一部分,体现在诉讼程序的证据之中。由于间接事实与直接事实之间的逻辑联系可以处于不同层面,其"间接的程度"也是多层次的,体现间接事实的证据因而在推知直接事实的距离上也有"间接—更间接……"的远近之分。

再次,与证据紧密相关的还有一种事实,可称为"辅助事实"。辅助事实的概念大致包括三个方面的内容。首先,这一概念指的是例如证人与当事人有何关系,或书证上的签字是否系伪造等能够用来判断证据可靠性的事实;其次,也可指如某一录音资料是否以窃听的方式录制等可能涉及证据的非法取得或证据合法性的事实;最后,还可以包括当事人的住所地为何处,或本案法官是否与案件存在利害关系等因管辖或回避等程序性事项而出现争议时与之相关的事实。一些辅助事实属于当事人之间过去发生的生活事实,但许多这类事实也可能产生于本案的生活事实之外,只是因为案件审理和程序发展的必要才成为审理对象及案件实体内容的一部分。虽然一般情况下辅助事实不似主要事实或间接事实那样重要,却也是使案件实体内容细化丰富而"有血有肉"的一种因素,而且在某些案件中或程序的某一阶段甚至可能构成左右当事人胜负的重大问题。

最后,还有一种事实也能够成为案件实体内容的一部分,这就是包括了当事人双方发生纠纷的前因后果、动机情绪等在内的所谓"背景事实"。这些事实对于判断当事人在法律上孰是孰非或者以判决来决胜负也许不十分重要或者没有多大关系,但是当案件以调解或和解等当事人合意方式来终结时,对这类事实的了解掌握却往往能够起到重大的作用。背景事实一般都通过双方当事人的陈述、辩论或其他诉讼参与者如证人等的陈述反映出来,并与间接事实、辅助事实等一起构成了填充请求与主要事实这副"骨架"、使其"血肉丰满"的案件实体内容。在法官往往是对包括种种细节的全部案情都了然于胸的情况下才易于作出最妥当的判断这种意义上,背景事实的作用也不可低估。

把以上描述的这些事实及与其相对应的攻击防御方式组合起来,就大致形成了案件实体内容的整体结构。其层次及相互关系如表 2-1 所示。

表 2-1　案件实体内容的整体结构

请求	承认、反对、部分承认/反对 反诉、抵销
要件事实(主要事实、直接事实)	自认、否认(不知) 抗辩——提出证据
间接事实	提出证据
辅助事实	提出证据
背景事实	陈述、辩论等

作为诉讼案件的一种终结方式,判决就是法院对当事人双方在要件事实的层次上存在争议的争点作出孰是孰非的明确判断,并在此基础上以承认或驳回(全部或部分)请求的方式来解决双方之间的纠纷。换言之,判决是通过确认双方围绕要件事实而相互对立的主张之真伪或存否而达到有关原告追求的法律效果是否发生的结论,因而意味着总是把案件实体内容最终限缩为特定的法律问题予以解决。与此相对,作为另一种程序终结方式,和解或调解的纠纷解决则可以容纳更大范围的实体内容,同时也有可能回避对要件事实之真伪或存否以及某种法律效果是否发生的判断。但无论判决还是调解,都是法院对于经过审理而从整个案件的实体内容中"提炼、浓缩"出来的中心或重要问题之解决。作为诉讼程序展开并指向的到达点,由判决或调解协议固定下来的实体内容能够在法律上发挥重要的拘束作用,影响并制约当事人双方此后的关系(关于判决和调解协议或调解书的效力,参见本书第 15 章第 2 节)。

延伸讨论

2-2-1　辩论原则与自认

我国《民事诉讼法》第 12 条规定:"人民法院审理民事案件时,当事人有权进行辩论。"这就是有关"辩论原则"的规定。该条文和《民事诉讼法》第 8 条的内容,即"民事诉讼当事人有平等的诉讼权利"这一有关"平等原则"的规定,有着紧密的内在关联。关于这些条文和原则,首先可以理解为是对人们处理解决民事纠纷的日常实践的一种常识性描述,也可以看作司法机构长年来积累的审判经验的一个总结。我国历史上作为官府的州县衙门对民间纠纷的处理解决称为"听讼",当时就强调必须倾听两造往往相反的陈词,才能了解案情真相进而达到妥善的解决,所谓"兼听则明、偏听则暗"。事实上,任何第三人只要介入双方当事人的纠纷并试图从中立的角度予以解决的话,首先需要做的事往往就是认真倾听双方表达自己这一方的事实主张及理据观点等。从这样的日常实践中,能够很自然地推论出"应当保证当事人的双方都有充分的机会表达自己的观点主张并相互进行辩论"的道理来。不过,这种道理在我国历史上的民事诉讼中虽然一直作为审判的经验或心得体会而存在,却从来没有被上升到明确的法律规范或者原理原则的高度。从中华人民共和国成立到改革开放前实行计划经济的这段时期,因为高度强调"国家干预"私人生活领域的方面,双方当事人在民事诉讼中的辩论也没有被作为可以制约法院权力的"权利"来加以理解。但是,改革开放之后,随着市场经济的发展和来自外国的相关比较法知识的传播,双方当事人进行的辩论开始在"限制法院或法官的职权行为"这一层面上被重新解释,并作为当事人双方"对等的诉讼权利"而得到了重视或强调。

自20世纪90年代以来,我国民事诉讼法学界对来自德国及日本等国并为我国台湾地区民事诉讼制度所接受的"辩论主义"原则及其相关学说进行了较为深入的介绍和研究。所谓"辩论主义",包含了一系列指引诉讼中当事人与法院行为或当事人与法院关系的规范性指针,强调的则是在民事诉讼程序的实体形成方面由当事人而非由法院主导,同时也是由当事人而非法院承担相应责任。一般认为辩论主义原则由三个基本命题组成:(1)在要件事实的层面,法院对未经任何一方当事人主张的事实不得自行作为审理和判断对象。(2)对于当事人双方意见一致的要件事实,法院不得另作认定或判断;与此相对,在间接事实和辅助事实等层次,法院则不受当事人双方一致同意的拘束,可根据实际的证据状况和"自由心证"原则(参见本书第7章第2节延伸讨论7-2-1)另做判断。(3)法院原则上不得自行依职权收集当事人双方都没有主张和提出的证据(不过作为例外,辩论主义对于婚姻、收养等家事案件并不适用)。辩论主义与处分权原则紧密相关,二者都强调当事人的选择权可以制约法院的职权,且二者的基础都源自民商事实体法领域的意思自治原则,都被视为诉讼过程的实体形成由当事人主导的"当事人主义"之体现。二者的区别主要在于适用或针对的层次或领域有所不同。以本节在表2-1中展示的案件实体内容整体结构为例,处分权原则适用或对应于"请求"的层次,辩论主义原则主要适用于或对应的却是要件事实的层次,也涵盖以下与证据相关的层次或领域。更具体地说,在上述辩论主义三个命题中,前两个基本的规范命题适用于要件事实的层次,最后一个命题则适用于间接事实和辅助事实的层次。如果在这三个层次上分别或者全部允许法院依职权介入当事人的自我决定或改变当事人的处分，则会导致案件实体如何形成由法院主导，即为实体上的“职权主义”。因此，当事人主义与职权主义是一对相互对立矛盾的概念。有关辩论主义的这些理解在我国民事诉讼法学界已经获得较广泛的传播和认同。

我国民事司法实务通过 20 世纪 80 年代末到 90 年代的“审判方式改革”，也从主张法院积极的职权干预，逐渐地转向要求当事人在诉讼中自己作出决定或选择并对此负责的理念。其结果是处分权原则得到强调和国家干预的色彩相应减弱，与上述辩论主义原则大部分内容大体相等的做法目前已基本上成为民事诉讼实践的常态。例如，法院依职权主动收集证据的做法已经让位于主要由当事人收集并提出证据。同时，与辩论主义原则的上列第二个命题相关，对于一方当事人所主张的事实，如果对方当事人予以自认，法院原则上即以此事实为准，而无须另做判断的程序规范，也为我国民事诉讼实务从制度上予以接受。《证据规定》从第 3 条到第 9 条对自认的定义及法律效果、自认的主体及程序范围、有限制或附条件的自认、自认的撤销等做了较完整的规定。值得注意的是，其第 8 条第 1 款规定了对可能损害国家利益及公共利益、涉及身份关系、公益诉讼、有恶意串通损害他人合法权益可能、涉及程序性事项等情形不适用自认，第 2 款则规定，“自认的事实与已经查明的事实不符的，人民法院不予确认”。2015 年 1 月 30 日公布、自当年 2 月 4 日起施行的《最高人民法院关于适用〈中华人民共和国民事诉讼法〉的解释》（以下简称《民诉法解释》）第 92 条第 2 款、第 3 款亦有大体相同的规定。从这些规定来看，我国民事诉讼制度中的自认并没有“当事人如有一致主张，可拘束法院不得另做判断”这样强烈的含义，因而与国外的“辩论主义”有所区别。做这样的规定，一是因为我国民事诉讼中法院职权比较强大的传统始终存在，二是出于防止当事人双方串通制造虚假诉讼等实践的需要。此外，司法实践中对“自认”适用范围的理解往往可以涵盖本节表 2-1 中的案件实体内容从“请求”到“背景事实”的所有层次，而不仅仅对应于或只针对“要件事实”的部分。综合以上介绍可看出，我国诉讼实务中已经大致接受辩论主义的基本理念，且在一定程度上将其具体化为程序规则的形态，但并未完全按照民事诉讼法学界对这一原则的理解来划分不同规范命题及其各自对应或适用的层次等。本节对案件实体内容整体结构的层次划分以及根据不同层次而分别使用“承认/反对”和“自认/否认”等概念，则是出于学理上可以更加清晰和体系化的需要。

2-2-2　法院的释明

为了展开本节的延伸讨论，首先看一个设例。

设例 2-4

甲向法院起诉乙，请求确认自己对某不动产拥有所有权，乙则对甲的请求予以否认，主张自己才拥有该不动产的所有权。在审理过程中，法院经审查双方提出的证据发现，甲和乙的主张均与证据显示的实际情况不符，双方都未拥有该不动产的全部所有权，而是各自对该不动产的一半拥有所有权，遂判决驳回了甲的诉讼请求。

与此相类似的案件在德国、日本等奉行辩论主义原则的国家也曾经成为真实存在的判例，后来上级法院认为作出这项判决的法院本来应当征询原告是否愿意把主张全部所有权的诉讼请求改变为请求部分所有权但却没有这样做，因而撤销了该判决而发回要求重新审理。通过这类判例而确立的一项程序规则，就是法院在特定情形下拥有“释明权”或者负有“释明义务”（“释明”一词为日本民事诉讼法学界使用汉字对来源于德文的专业名词“Aufklärung”所做的翻译，我国台湾地区民事诉讼法学界则将同一德文术语译为“阐明”。大陆学界对两种表述方式均有使用，鉴于“释明”已为司法解释所采用，本书亦从此表述）。在设例 2-4 中，法院虽然发现当事人双方的主张都与证据显示的实际情形或与所谓“客观真实”不符，因受到辩论主义原则有关“对未经任何一方当事人主张的事实不得自行作为审理和判断对象”这一规范命题的拘束，却不得不以“对原告的诉讼请求无法予以支持”为由而判决驳回诉讼请求。上级法院在上诉审阶段最终认为原审判决有误的理由是，原审法院本应向当事人说明法院认定的实际情况，即法院应当先向当事人“释明”，以便其决定是否改变诉讼请求。如果法院提示原告可以考虑将主张拥有全部所有权变更为拥有部分所有权，则其本来仍有机会获得有利于自身的结果。但原审法院并未进行这种释明，即判决当事人因自己的主张不恰当而败诉，属于对辩论主义的解释有误。关于法院可以做这样的释明在此前就有先例，即制度上早已认为法院拥有“释明”的权限。但是随着上述判例的出现，“释明权”的概念被推进到了“释明义务”的层次。如果法院违反此种义务，就有可能承担“判决有误”的责任。

关于通过此类判例所确立的程序规则及其法理，围绕“释明”的概念存在着种种的理论学说。简单说来其主要论点在于：法院的“释明”无论理解为权限还是义务，都以强调当事人主导案件实体形成的辩论主义作为前提；但是，辩论主义并不等于对“实体真实”或者“客观真实”理念的无视或贬低，释明意味着辩论主义的内容面对诉讼对实体真实的追求必须作出一定程度的妥协或折中；法院的释明不限于在请求的层次提示诉的变更，要件事实层面主张或抗辩的提出或改变、应交而未交的证据之呈交等，均在“释明”的范畴之内；法院向当事人释明并非代替其作出决定，如果当事人经法院提醒并充分了解自己主张的法律后果，其仍然不选择改变而坚持自己原来主张的话，则法院必须尊重当事人的决定，不得代替其改变主张并作出相应裁判，只能作出驳回请求或对当事人不利的判决，即使与自己所认定的客观真实仍不相符合。正是最后这一点，使得引入“释明”概念的辩论主义仍然与国家对私人领域的职权干预划清了界限。

我国民事诉讼在计划经济时期奉行“国家干预”原则，法院拥有主动将当事人并未主张的事实作为审判对象的权力，且即便是双方当事人一致的意思表示也不能对抗法院认为的“客观真实”。在这样的情形下，完全不存在“释明”之必要是不言而喻的。但是改革开放之后，随着民事审判的职权干预理念向当事人主义的方向倾斜或转变，处分权原则得到重新强调，相当于辩论主义的部分原理也逐渐为审判实务所接受。为了在尊重当事人意思自治与发现案件实体真实的理念之间达到平衡，有关“释明”的程序规则也开始成为我国民事诉讼的一个重要组成部分。例如，《证据规定》第 4 条有关“经审判人员说明并询问”的表述就是释明。

法院的“释明”一方面从最大限度实现客观真实的角度构成对当事人主义的必要补充，另一方面，如果不注意“释明”的对象、场合和方式方法等，也可能带来损害法院的中立性或造成对一方当事人不公平的危险。因为向一方当事人的“释明”，往往意味着有可能给另一方当事人带来不利的法律后果。对于某些特殊的法律事实，基于种种相互冲突的利益衡量，就不一定适合进行释明。例如，当事人就某笔款项的给付发生争议，法院通过证据发现该项债务其实已经超过诉讼时效，但双方都未意识到也没有涉及这一事实。此时如果法院向义务人“释明”时效已超过的事实，则几乎等于是在明明白白地帮助义务人“击败”权利人。考虑到我国目前法律上规定的诉讼时效期限较短和向保护债权人利益倾斜等必要，《最高人民法院关于审理民事案件适用诉讼时效制度若干问题的规定》（2020 年修正，以下称《诉讼时效规定》）第 2 条明确规定：“当事人未提出诉讼时效抗辩，人民法院不应对诉讼时效问题进行释明。”此外，一般情况下法院所进行的“释明”，首先应在当事人双方都在场的情境下实施或者同时通知双方，以防止单方接触而造成对方当事人的怀疑。其次，在释明的方式上，则应尽可能地使用暗示、提示、引导等比较间接的方法，避免过于直白的提醒，以便缓解对方当事人可能的不满。最后，为了争取当事人双方实现攻击防御能力在实质上的对等，对于没有聘请律师代理又缺乏辩论能力的当事人，可更加积极主动地予以释明，相反，向有律师代理或辩论能力很强的当事人进行释明，则应采取慎重的态度。

2-2-3　诉讼并合

本节已经涉及的“诉讼并合”问题，具有跨越不同程序领域的多种性质或特征，同时也算是一种有“中国特色”的现象。从表现形式上看，这个问题起因于同一纠纷事实上“重叠”有当事人关于法律关系或者请求类型等的多种不同认识。例如有关同一个合同的性质，一方当事人认为是借贷而另一方则认为是联营；或者一方请求解除合同而另一方则请求实际履行；对同一个标的物，一方请求确认所有权而另一方则主张交付，等等。从主体的角度看，同样的当事人双方在不同的诉讼中却互换位置，互为原被告且攻击防御的态势亦相互转换，其实质内容近乎“诉的合并”和“反诉”。从时间上看，一般都有先诉和后诉之分，往往是一方抢先充当原告提起诉讼后，另一方亦不甘示弱另行起诉（即与所谓“诉的追加的合并”相类似）。此类情形几乎总会牵涉到管辖问题，即一方当事人向甲法院起诉，而另一方则想方设法找到可以管辖的由头向乙法院起诉。

事实上，我国在20世纪90年代曾集中出现过所谓“争管辖”和“抢先审理、抢先判决”等现象，其背景则是不同地区的地方政府为了发展经济而相互竞争，采取了给予本地和外地的企业不同待遇等政策，在“人、财、物”方面受制于辖区政府的法院在经济审判中亦表现出偏向本地当事人的所谓“地方司法保护主义”倾向。于是出现了经济交往中有争议的企业抢先向本地法院起诉外地企业，而作为对抗，成为被告的企业也到自己的本地法院起诉对方的现象。两地的法院都受理这些起诉并尽快审理，还往往各自抢先作出有利本地企业的判决，其结果则是两个判决相互冲突，哪一个都无法执行。无疑，这种情况既损害了司法的公正与权威，又给经济发展和全国规模的市场形成带来了严重的阻碍。当时为了遏制这种愈演愈烈的现象，最高人民法院于1994年12月发布了《关于在经济审判工作中严格执行〈中华人民共和国民事诉讼法〉的若干规定》（该司法解释已于2019年7月20日被废止），针对此类情形提出了本节称为“诉讼并合”的解决方案。这一司法解释的相关规定主要如下：

1. 两个以上人民法院对同一案件都有管辖权并已分别立案的，后立案的人民法院得知有关法院先立案的情况后，应当在7日内裁定将案件移送先立案的人民法院。对为争管辖权而将立案日期提前的，该院或者其上级人民法院应当予以纠正。

2. 当事人基于同一法律关系或者同一法律事实而发生纠纷，以不同诉讼请求分别向有管辖权的不同法院起诉的，后立案的法院在得知有关法院先立案的情况后，应当在7日内裁定将案件移送先立案的法院合并审理。

3. 两个以上人民法院对地域管辖有争议的案件，有关人民法院均应当立即停止进行实体审理，先经协商解决，如协商不成则须报请它们的共同上级人民法院指定管辖。

4. 两个以上人民法院如对管辖权有争议，在争议未解决前，任何一方人民法院均不得对案件作出判决。对抢先作出判决的，上级人民法院应当以违反程序为由撤销其判决，并将案件移送或者指定其他人民法院审理，或者由自己提审。

虽然上列司法解释目前已经废止，但"诉讼并合"的解决方案基本上被《民诉法解释》第 36 条、第 40 条吸收。到了今天，"地方司法保护主义"看来已经不再是普遍存在的现象了，但是，需要使用"诉讼并合"的方法来处理的问题，因其涉及多个不同程序领域的常见现象，无论当前还是今后都不会彻底绝迹。从理论上看，与案件实体内容紧密相关的"是一个还是不同的诉、虽然是不同的诉讼但是否需要并合、如何把一个诉并入另一个或者怎样拆分"等问题，不一定为一时一地的形势所左右，在实际的诉讼程序中都属可能反复出现的规律性现象。关于"诉讼并合"需要注意的是，虽然本书对于诉讼程序的不同领域只能循序渐进地分别展开叙述，但有意识地训练综合运用不同部分的知识来解决某个程序问题却是提升自己能力的关键所在。

第 3 章　审判主体(一):受理范围

立足于纠纷解决的功能作用来看民事诉讼,其中牵涉的一个重要因素是审判主体。在民事诉讼中,代表公共权力出面解决纠纷的主体就是法院,离开作为审判主体的法院谈不上“诉讼”的存在。民事诉讼法上规定了与法院及其审判工作相关的一系列制度及程序。对于这些制度,都有可能从审判主体之“构成”或“资格”的角度来加以归纳和描述。从本章开始,本书分三章介绍和讨论有关审判主体的程序和制度。

第 1 节　关于审判主体的问题领域及制度构成

如果把处理解决民事纠纷的审判主体按照所涉及的层次从“宏观”到“微观”的顺序来进行排列的话,可以把民事诉讼法规定的相关制度及程序都归纳整理到表 3-1 中。

表 3-1　有关审判主体的制度或程序

要解决的与审判主体相关的问题	相关制度或程序
国家间民事审判权的范围及边界	国际民事诉讼管辖
法院系统与其他纠纷解决机构的关系	民事案件受理范围
法院系统内的案件分配	管辖制度
特定法院内审判主体的构成	审判组织
法官个人作为审判主体的资格	回避制度

表 3-1 中最为宏观的层次是有关如何划分不同国家民事审判权之范围及边界的国际民事诉讼管辖,涉及国际法律关系和主权问题。我国法院体系对国际或涉外的民事诉讼进行管辖的范围主要由《民事诉讼法》第四编“涉外民事诉讼程序的特别规定”来加以调整规范。如第 1 章所述,本书的内容不包括这个领域。但为了使有关审判主体的论述更具体系性,本节的延伸讨论将简洁地述及我国法院对于哪些国际或涉外的民事诉讼案件拥有或不拥有受理及审理“资格”的问题。

从国际民事诉讼管辖往下,就到了民事案件受理范围的层次。这个层次牵涉到整个法院系统作为审判主体在处理解决民事纠纷上与其他相关机构组织的关系。以前的民诉法教科书经常称之为“法院主管”,不过因其带有浓厚的“行政”色彩,目前这样的称谓已经较为少见。实务中,什么样的纠纷或争议属于应当由法院负责受理及处理解决的范围,哪些问题、矛盾或争议又应当交给其他机构或部门去处理?从纠纷性质的角度来看,法院应否受理某一个特定的纠纷,又构成原告能否提起诉讼的条件之一。有关法院受理民事案件范围的这些问题将作为本章下一节的主要内容。

民事纠纷一旦确定属于法院的受理范围,又会产生该案件究竟由法院系统内哪一个特定的法院来具体负责进行处理的问题。这既牵涉在数千个法院之间如何分配民事诉讼案件,也可以从哪个或哪些特定的法院才有受理并处理解决某一民事案件的“资格”这个有关审判主体的角度来加以观察。本书第 4 章“管辖”将对此问题做较为全面深入的探讨。需要注意的是,构成我国法院体系的除了从基层、中级、高级到最高人民法院的普通法院系统之外,还存在着军事法院、海事法院、知识产权法院乃至兵团法院等专门性的法院系统。这些专门性法院也都多多少少地受理并审理民事诉讼案件,所以在民事案件的管辖上,普通法院系统与这些专门性法院之间还存在着分工。不过,一方面这种管辖分工主要是技术性的,显得过于琐细且随时可能变动,另一方面有一些专门法院尚在改革重组过程中,将来的前景如何还有待观察。因此本书对涉及这些专门法院的程序问题不予涉及。

特定法院对某一民事案件取得管辖之后,需要一定的审判主体来具体负责本案的审理。这就到了“审判组织”的层次。在这个已经相当“微观”的层次上,还会出现特定的法官、陪审员以及书记员等其他与审判主体密切相关的人员是否真正拥有进行或参与审理的资格这个问题。诉讼法上为此种问题提供的解决方案则是回避制度。审判组织和回避制度将作为本书第 5 章的内容。在我国,法官个人与审判组织乃至与法院组织之间,围绕案件审理的过程与结果会发生一系列复杂微妙的互动关系。这些互动可能牵涉“审判独立”等原则理念的内容及理解,可以说构成了民事诉讼程序实际运作的一种“中国特色”。因此第 5 章还会用一些篇幅对有关“组织和程序”的若干论点及理论问题进行延伸性的讨论。

延伸讨论

3-1　民事审判权的国家间边界

不同国家的法院系统在行使民事审判权时,可能会产生这种权限相互重叠或竞合的现象。任何国家的民事审判权都属于本国主权的体现之一,所以这种权限的重叠竞合就需要通过国际法对于不同国家在司法领域的主权行使作出某些制度安排。此类制度安排解决的是"针对特定民事案件,一国的法院系统能否作为审判主体",或者"一国法院民事审判权的边界如何划定"的问题。就我国法院在这方面可能会遇到的情况而言,最为典型的就是民事纠纷的发生虽然与我国有明确的关联,但由于某些因素,我国法院系统却不宜受理并审理这种案件的情形。关于此类情形,可以参考以下两个纯属假想的设例。

设例 3-1

某国驻中国的外交人员 A 在北京市内驾车,因交通肇事造成了中国公民 B 的人身伤害。B 以 A 为被告,向交通肇事地所在区的法院提起侵权损害赔偿的民事诉讼。法院以 A 是享有外交豁免权的人员为由,裁定对本案不予受理。

设例 3-2

公民甲到某国驻中国大使馆内的签证处办理签证申请手续,因为签证处的旋转门出现故障,导致甲受到伤害。甲认为该国大使馆疏于对自己设施内的设备进行维护管理,存在过失,遂以该国大使馆为被告,向其所在地的北京市某区法院提起损害赔偿的民事诉讼。法院根据国际法,以我国法院对外国使领馆不能行使民事审判权为由,裁定对甲的起诉不予受理。

作为国际法上及相关国内法的一般原则及规范,外交人员和外国使领馆在驻在国所享有的豁免权之一,就体现为能够被排除在驻在国法院系统行使民事审判权的范围之外。国家之间相互给予各自的外交人员和外国使领馆这种对等的特殊保护,其目的在于国际关系及外交礼仪的维持和对外交往的方便。基于这种超越主权观念的重大目的,一国法院的民事审判权不能及于外国使领馆和外交人员这样的主体,而且对于在外国使领馆的设施内所发生的民事纠纷,原则上本国法院也不宜行使民事审判权。上述两个假设的例子都属于虽然是涉及本国公民并发生于本国境内的民事纠纷,却排除本国法院行使民事审判权的典型情形。这种情形下,当事人无法采取向本国法院提起民事诉讼的方式,但一般还是能够通过与作为加害方的外交人员及使领馆交涉谈判的方式来获得救济。在某些特殊的情况下,本国政府通过一定的外交渠道来帮助自己的公民获得救济也是可能的。

关于一国法院系统的民事审判权边界究竟如何划定的问题,除了设例 3-1 和设例 3-2那样比较明确地排除民事审判权行使的情形之外,还存在一些边缘性或有“弹性”的事例。对属于此类事例的民事纠纷,法院在是否行使民事审判权这个问题上拥有一定程度的司法裁量权。例如,如果在停泊于我国港口或机场的外国船舶、航空器上并且是在外国公民之间发生民事纠纷,一方当事人向我国法院起诉以寻求司法救济,我国法院受理这样的民事案件并无法律上的障碍。但是,考虑到送达、举证和判决后执行的现实困难等因素,我国法院亦有可能根据“不方便法院”等原则而放弃行使民事审判权,对这类案件不予受理。至于我国法院民事审判权更具体的边界如何划定,这已不是本书能够解决的问题,读者需要从有关国际民事诉讼法的教材或专著中去获得答案了。

第 2 节　对民事案件受理范围的一般理解

关于民事案件的受理范围,首先可以理解为社会生活中发生的种种矛盾纠纷中,哪些可以交给法院由其通过民事审判来加以处理解决这样一个宏观的问题。这个问题既为法院系统在我国政治、社会、经济体系所处的实际位置及其发挥的作用所决定,也深受有关司法权的观念及历史条件的变迁之影响。在本节及下一节的“延伸讨论”部分,将对我国法院受理民事案件的范围近几十年来如何变化发展,以及目前这个领域面临着什么样的难题、进行了怎样的改革等做较为详细的介绍和探讨。其次,法院对于哪些争议应当作为民事案件予以受理、什么性质的争议却不宜交由法院解决,作为司法实务中经常遇到的具体问题,需要运用相关法律条文和司法解释等程序规范去做法解释学上的处理。

我国《民事诉讼法》第 3 条规定:“人民法院受理公民之间、法人之间、其他组织之间以及他们相互之间因财产关系和人身关系提起的民事诉讼,适用本法的规定。”此即对民事案件的受理范围加以一般和直接规定的法律条文。不言而喻的是,公民、法人或其他组织在社会生活中发生的大量纠纷或争议,都有可能通过提起民事诉讼而进入法院的受理范围,成为民事案件。但法解释学上试图解决的问题并不在这种“无可置疑”的领域,而往往出现在对“是否应当受理”存疑或受理范围之“边缘”等地方。从“纠纷应否纳入受理范围”或者“法院能否作为审判主体”的角度来看,可以把上述《民事诉讼法》第 3 条分解为三个层次来进行解读。首先,民事案件的受理限于“平等主体”之间的纠纷或争议。不同主体之间存在如“上下级”或“行政性”等不对等的关系,或者争议是围绕此类关系而发生时,法院就不能够将该争议作为“民事案件”予以受理。其次,平等主体之间的争议或纠纷只有因财产关系和人身关系而发生,才属于民事审判的受理范围。即使主体之间平等、其纠纷也无围绕“上下级”或“公法”上的关系而发生等问题,如果这种纠纷或争议的性质脱离了涉及财产或身份的民事实体法领域,法院也可能不宜将其作为民事审判的对象,从而不得予以受理。最后,虽然当事人提起的某些民事诉讼在一般意义上满足前述两个层次的要求,但因为既有的其他制度安排或者公共政策以及具体的利益考量等更加微妙的因素,法院仍有可能认为这些纠纷或争议不属于民事案件的受理范围而将其排除在外。

我国《民事诉讼法》第 122 条第(四)项把纠纷争议等“属于人民法院受理民事诉讼的范围”表述为一种“起诉的条件”。在民事诉讼法学的理论上,法院受理范围与“当事人适格”和“诉的利益”并列,被视为诉讼成立的三个条件之一。从本书根据纠纷解决的要素而采取的理论构成来讲,这三个条件正好分别与“审判主体、诉讼主体、审理对象”等要素一一对应。在司法实践中,法院如果发现当事人的起诉有不符合上述三个条件之一,原则上应当作出不予受理或驳回起诉的裁定,诉讼将不能成立。关于其他两个条件及相关的程序运作,本书将在后文介绍讨论。在下一节,仅就民事案件受理范围所涉及的上列三个层次体现为哪些具体情形分别加以论述。

延伸讨论

3-2　我国民事案件受理范围及数量的历史变迁

我国自改革开放以来,法院受理民事案件经历了一个受理对象范围迅速扩大,并导致受理数量急剧增长的过程。

中华人民共和国成立后至 20 世纪 50 年代前期,因为存在私营及公私合营企业,法院受理的民事案件中包括劳资争议,再加上实行新的《婚姻法》带来婚姻家庭案件增加,全国法院受理一审民事案件的数量曾一度达到 175 万多件的高峰。但从 1956 年完成“一大二公”的社会主义改造、形成计划经济体制后,农村经济迅速实现“集体化、公社化”,在城市也逐渐建立了把所有居民组织起来的“单位”制度,牵涉平等主体之间身份关系和财产关系的民事纠纷大幅度地减少,反映到法院受理的民事案件上就是其种类和数量都急剧下滑。在经济困难时期的 1960 年,全国法院受理的民事一审案件只有 30 余万件。此后随着经济政策的调整等,虽然法院受理的民事案件数量又略有上升,但到了“文化大革命”阶段,因全国性的动乱和法院系统也受到冲击等因素,这一数字最低曾跌到约10万件。一直到“文化大革命”结束不久的1978年,全国法院受理的民事一审案件数也不过30余万件。当时计划经济要求所有的工商企业都服从行政主管部门的管理控制,处理与经济活动及财产流转相关的矛盾或争议也成为这些机关日常管理的一个环节。同时,几乎“覆盖”整个社会的“单位”体制又意味着国家对个人日常生活的介入和控制,其效果之一就是私人间与日常生活相关的纠纷被消解或“最小化”的趋势。在这样的社会背景下,法院能够受理的起诉在种类上仅局限于婚姻家庭矛盾、邻里冲突及与此相关的人身伤害、私人间少量的借贷纠纷等数量不多的数十种民事案件,我国民事诉讼的整体规模也因而一直被控制在十分有限的程度以内。

但是,随着20世纪70年代末改革开放的启动和此后的进展,人、财、物开始在全国范围内流动,商品和市场随着频繁的交易行为日趋活跃,围绕财产关系的民商事纠纷也迅速增加。同时,因计划经济体制受到巨大冲击,单位制度也逐渐松动,原来主要在法院之外处理纠纷且当时行之有效的一套社会管理体系逐渐开始失去其作用,越来越多的纠纷争议被提交到法院,法院受理民事案件的种类和数量逐年快速上升。从1978年的30余万件到1999年突破500万件,法院受理的一审民商事案件在20年间持续增长了十多倍。此后经历了一段“徘徊”或略有减少的短暂时期,从2008年至今,尤其是经过2015年的立案登记制改革,这项数据已达一千多万件的新高。

表3-2展示的是中华人民共和国成立以来法院系统民事案件(包括民事与商事案件)一审受理案件数量变迁的大致情况。(到1998年为止的数据引自最高人民法院研究室编:《全国人民法院司法统计历史资料汇编》,人民法院出版社2000年版;1999年以后的数据引自历年的《法律年鉴》,以及马剑:《2014年全国法院审理民商事案件情况分析》,人民法院报2015年5月14日第五版等资料。)

表3-2 全国法院民事第一审案件收案情况 单位:件

年份	民事第一审案件收案数量	年份	民事第一审案件收案数量
1951	865 700	1970	103 293
1953	1 755 122	1975	248 623
1956	739 213	1978	300 787
1960	308 024	1981	673 926
1963	778 881	1984	924 103
1965	551 971	1987	1 311 562

续表

年份	民事第一审案件收案数量	年份	民事第一审案件收案数量
1989	2 511 017	2011	6 614 049
1993	2 985 079	2012	7 316 463
1996	4 617 201	2013	7 781 972
1999	5 054 857	2014	8 307 450
2004	4 332 727	2015	10 097 804
2007	4 724 440	2016	10 762 124
2008	5 412 591	2017	11 373 753
2009	5 800 144	2018	12 449 685
2010	6 090 622		

与民事诉讼达到现在如此巨大规模相伴随的,则是法院受理民事案件种类不断增多的趋势。不仅新兴的股票、期货及投资理财等金融信用活动需要通过民事诉讼对相关的各种矛盾冲突及利害关系进行调整,在公司、证券、房地产、知识产权、电子商务、保险、劳动关系等领域也因制度建设的进展或科技进步而不断产生新的纠纷种类。社会生活的其他领域及人们的日常生活中,由于城市化、信息化及流动性加强带来社会环境、生活条件和思想观念等多方面的巨大变化,甚至在传统的婚姻家庭领域,以前未曾见过或少有的纠纷也开始被提交给法院,要求通过民事诉讼程序来得到处理解决。所有这些因素都使法院受理民事案件的种类和范围有了很大扩展。最高人民法院于2008年发布《民事案件案由规定》(以下称《案由规定》),列举了数百个案由,2011年2月更新了这一规定,使民事诉讼案由达到近800种,而且这还没有穷尽司法实践中所有可能出现的民事案件种类。2020年12月,最高人民法院依照《民法典》等民事立法进一步修改完善了相关具体案由。今后随着经济发展和社会生活变化,可以预期法院受理民事案件的范围仍将继续扩大。此外还需要指出的是,自2015年5月1日起,我国法院的案件受理开始实行从“立案审查制”向“立案登记制”转换的改革,当年的民事一审案件受理数即首次突破“一千万件”大关。今后的民事一审案件受理数将会如何推移或出现怎样的发展趋势,依然值得高度关注。有关立案登记制改革以及相关的“告状难”问题,在“延伸讨论3-3”中还会加以介绍分析。

第 3 节　有关受理范围的解释论问题

本节从“纯粹的”法律解释论角度讨论可能需要排除在法院受理民事案件范围之外的几种情形。但即便只从这样的角度,以下的讨论仍然停留在基本的限度上,并未穷尽司法实务中就“法院是否应当受理”的解释适用可能遇到的难题。关于超出法律解释论而牵涉到社会政治等更加宏观的层次,以及法律解释论与宏观社会背景交织在一起的受理范围问题,将在本节的延伸讨论部分略加涉及。

3.3.1　具有“非对等”性质的纠纷争议

作为对民事案件受理范围的一种限制,首先需要排除这种范围之外而不能由法院受理的,即发生在具有行政性的“上下级”关系或“公法”性质关系的主体之间,或者直接牵涉到这种关系的争议或纠纷。例如,税务、海关、工商行政管理、卫生防疫、消防、治安及户籍等负责公共管理或行业监管的行政机构,其对于公民、法人、其他组织的管理和服务等关系具有“公法”的性质。公民、法人、其他组织与这些机构之间出现的矛盾或争议,或者公民、法人、其他组织相互之间围绕“公法”性质的关系而发生的纠纷,都不属于“民事案件”的范畴,法院不能按照民事诉讼程序将其受理并予以审理。这样的制度安排是基于国家权力的分工或司法与行政的分权原理,也限定了法院受理民事案件范围的边界。就法院与负有社会公共管理职责、往往被称为“执法机关”的行政机构之间关系而言,在受理并处理解决某些纠纷或争议的权限划分上有两个层次。即一些纠纷或争议必须首先由行政机关等其他机构去处理解决,经过复议等行政程序之后,纠纷当事人还可以把行政机关作为被告,向法院提起诉讼,但不是通过民事诉讼,而是由法院按照行政诉讼等其他司法程序去予以处理。此类争议因其产生于并不对等的主体之间,应当被排除在民事案件的受理范围之外。这两个不属于民事诉讼受案范围的情形体现在《民事诉讼法》第 127 条中,其第(一)项和第(三)项分别规定:对原告的起诉,法院发现属于行政诉讼受案范围的,告知原告提起行政诉讼;发现依照法律规定应当由其他机关处理的争议,告知原告向有关机关申请解决。

需要注意的是,有些情况下纠纷确实发生在平等的主体之间,且看上去也属于围绕财产等法律关系的一般民事领域,但因直接涉及法律规定由相关行政机关主管的公共管理领域,法院在决定是否作为民事案件受理时也必须谨慎。可以参看设例 3-3。

设例 3-3

村民甲向法院起诉同村的乙,称与乙达成协议置换对方承包的一块土地作为自家的宅基地,并已经给付其补偿款 6 000 元,但乙现在拒绝履行协议,请求法院判令乙履行协议。法院以双方之间的这种纠纷不属于民事案件的受理范围为由,裁定对甲的起诉不予受理。

在上例中,虽然看上去纠纷发生在公民之间,且与私人间的财产安排紧密相关,但因为我国对于农村土地的用途在行政上实行严格监管的制度,把用于农业生产的承包农地转换为用于居住的宅基地必须经土地管理等相关行政部门办理审批手续,个人之间不得私自进行交易,所以法院不能把这样的纠纷作为民事案件予以受理。

3.3.2 “非民事领域”的矛盾冲突

法院受理民事案件范围的另一个限制在于,即使是发生在平等主体之间的纠纷或争议,如果其性质不属于人身和财产等民事领域,也有可能不得作为民事案件予以受理。在这个方面,比较典型的例子就是从学术上的争论到个人感情层面的纠葛等,都不能成为法院通过民事诉讼程序进行审理并作出裁判的对象。对于这样的制度安排,既可以用国家的司法权力不宜介入学术的、价值观的讨论或个人感情生活的原理作为其基础,也可以从民事诉讼程序自身的性质如过程不可逆的特点或判断的终局性等与这些争议并不相容的角度来加以解释。以下从一个根据真实个案改写的设例来展开分析。

设例 3-4

陈甲在电视上看到某小品节目借老电影《白毛女》的故事情节调侃社会生活中逃避债务等不良现象,遂向法院以民事侵权为由起诉小品演员和电视台,主张该节目把地主恶霸黄世仁描绘成“可怜的债主”,而老贫农杨白劳则被形容为欠债不还且蛮横不讲理的“老赖”,伤害了自己的感情,请求法院判令被告赔礼道歉并赔偿自己精神损失 800 元。法院以这种争议不属于民事法律关系调整的范围为由,裁定对陈甲的起诉不予受理。

由于社会生活的无限丰富性，个人或组织等主体之间就各种信念、价值观、感情或者科学的、人文艺术的、审美的议题发生争论乃至实际上的纠纷是常有的事情。某些情况下，这类争论或纠纷也有可能以诉诸民事诉讼的方式被提交到法院，要求给予司法程序上的解决。国外就出现过因对选美比赛的名次不服而请求法院重新决定冠亚军名次的起诉，也有过宗教团体内部对于不同教义的观点之争直接反映到向法院提出的诉讼请求中等事例。在我国，也有过校友因对大学排名榜的排序不满而向法院提起民事诉讼等情形。显然，只要此类诉求意味着请求法院对“应当怎样排名”之类的问题作出司法判断，就不属于民事审判调整人身或财产法律关系的范畴，而必须被排除在民事案件的受理范围之外。

与此类似的还有一种可能诉诸法院请求民事诉讼的情形，就是表面上虽然直接涉及财产等民事法律关系，但其内容却纯属荒诞无稽、异想天开的起诉。如我国曾有人主张自己对月球上的土地拥有所有权，成立了公司向一般人发售月球土地并确实有若干起成交，最终被工商行政管理部门查处。如果这些所谓的当事人围绕月球土地的买卖合同发生纠纷而向法院起诉，例如提出实际交付月球土地或确认买卖合同有效等诉讼请求的话，法院是否应当作为民事案件予以受理呢？显然答案是否定的。因为对于这样的起诉，法院完全不可能在我国现行民事实体法律的体系或框架内进行处理。作为例外，大概只有在月球土地的购买人以民事欺诈为由请求认定合同无效并返还价款等特殊情形下，才可能发生受理这种起诉并给予原告适当救济之必要。

3.3.3　因其他制度安排及政策性考虑的排除情形

需要排除在法院民事案件受理范围之外的第三种情况，就是某些纠纷虽然确实属于平等主体之间围绕人身或财产关系而发生的性质，但出于其他制度安排或者公共政策以及利益衡量等种种因素，法院却不宜对相关的起诉予以受理。首先，在商事领域，平等主体之间围绕财产而发生的纠纷如果订立有仲裁协议，就不能纳入法院受理民事案件的范围之内，而应交由仲裁机构处理。《民事诉讼法》第 127 条第(二)项规定，“依照法律规定，双方当事人达成书面仲裁协议申请仲裁、不得向人民法院起诉的，告知原告向仲裁机构申请仲裁”。与此相类似的还有劳动争议，法院对这种纠纷原则上不得直接受理。由于存在劳动仲裁制度且实行“劳动争议仲裁前置”的原则，一般情况下发生劳动争议的当事人必须经过劳动仲裁程序处理，才能向法院提起民事诉讼。

不属于劳动争议又与其有某种关联的另一类纠纷，也往往发生“法院是否应当受理”

的疑问。比较典型的如企业、学校等社会组织内部其成员因考核、升迁等与所属单位发生纠纷而诉至法院。一般而言,雇员与雇用单位之间的纠纷往往在劳动争议的范畴之内,经过劳动仲裁后属于法院受理民事案件的范围。但是,如果企业员工因不满所属单位对自己工作的评价,或者以重新进行岗位安排、给予升迁等待遇为诉讼请求而向法院起诉,只要不是因性别或其他涉及公民基本权利的歧视,法院就很可能以"不介入单位内部管理"为由而拒绝受理。与此相类似,在大学等教育机构,如果学生认为教师给的考试成绩过低,向法院提起请求改变成绩的诉讼,同样也不会被作为民事案件予以受理。法院不受理这样的纠纷之所以合理,是因为作为国家权力的一部分,民事司法权必须在很大程度上尊重社会自身的组织和运行,而不应"无所不在、无所不能"地对社会组织内部事务进行干预介入。毋庸讳言,法院必须遵循的这种不随意或不轻易介入社会组织内部事务及管理的原理,在实际的程序操作中,经常与积极发挥为权利受到侵害的当事人提供救济的民事司法功能这一同样来自社会本身的要求产生紧张或矛盾。例如在单位的岗位安排涉及劳动环境或条件,或者学校对学生作出严重的纪律处分乃至除名的措施等情况下,如何划分受理与不受理之间的界线就成为民事司法实务和程序法解释论共同面临的困难问题。

同样与社会组织的内部关系紧密相关,还有一些纠纷争议却更明显地呈现出身份及财产的性质,因此使应否予以受理的问题变得更加困难。比较典型的如村或组等农村基层集体经济组织的成员,因其所属于村、组的身份关系,对于土地等集体财产也拥有不可分的权利。当出现妇女出嫁到外村或学生考上大学等特殊情况时,其作为村、组成员的身份可能发生一定变动。而一旦村组的集体财产因土地征收或拆迁等获得经济补偿或收益,这些身份有所变动的个人与集体组织之间经常会围绕补偿或收益的具体分配方案发生纠纷。如果这些纠纷被起诉到法院,是否应当作为民事案件予以受理有时也会产生很大的疑问甚至困扰。面临此类带有浓烈的"中国特有"或"社会转型期"色彩的问题时,解决的方法恐怕已不仅仅是通过程序法解释学就可决疑的了。至于还可从哪些角度去考虑这些问题,则留待以下部分去展开延伸的讨论。

延伸讨论

3-3　所谓"告状难"现象与立案登记制改革

与法院应把什么样的纠纷作为民事案件加以受理、哪些纠纷或争议应当排除在受理范围之外的问题紧密相关的是,我国自改革开放以来虽然民事案件的受理范围持续扩大,但在此过程中一般民众和学术界又经常对“告状难”现象提出批评和抱怨。所谓“告状难”，指的是法院缺乏充足的理由却对原告当事人的起诉不予受理，把本来应该属于民事案件受理范围之内的纠纷争议也“关在门外”的情况。这种在民事案件受理范围不断扩展、民事诉讼整体规模迅速膨胀的同时，当事人和公众也时时对某些起诉难以得到受理、提起诉讼却不能立案等救济渠道不通畅的问题表达不满的悖论现象，充分反映了我国转型期社会的复杂性特点。

改革开放四十多年来的所谓“告状难”现象也有一个历史过程。20 世纪 80 年代到 90 年代，“告状难”其实构成了我国法院逐渐却也是不断地推动民事案件受理范围扩展这个过程的另一个侧面。当时人、财、物等装备十分有限，法院系统在社会政治经济体系中的地位也不高，经历了从对于一般的房产争议都往往以牵涉过去的政治运动，所以属于“历史遗留问题”为由而采取尽量不予受理的谨慎态度开始，到后来实现了尽可能“多收案、多办案”的转变。这种转变导致受理的民事纠纷种类急剧增加，这固然与整个社会在政治经济等各个领域的条件变化、“法治”口号的提出和深入人心、法院地位的相对提高及其诉讼收费的经济动机等背景有关，但一般民众对法院提供权利救济的期待、对救济渠道不畅的抱怨及学术界针对“告状难”现象的批评等，无疑也是促成转变的一种重要契机。进入 21 世纪以后，法院的民事案件受理范围已经有了很大的扩展，但对于“告状难”的抱怨批评依然存在。对此，我们可以从以下几个方面来考虑当下这种悖论现象为何总是难以消除的问题。

首先，我国法院获得的社会政治地位，包括拥有的公信力、权威和可能动员的资源等，虽然已经有很大提高，但到目前为止仍处在一种相对很有限的程度上。这种状况使得社会中具有民事纠纷性质或外观的某些复杂问题尚不足以诉诸法院并通过审判及法律程序获得真正或彻底的解决。预见到这一点的法院因而不得不对相关起诉采取不予受理的措施，试图将此类矛盾冲突拒之于门外。这些明显具有民事纠纷性质的矛盾冲突既包括“三聚氰胺奶粉”“渤海漏油污染”等规模和影响都十分巨大的群体侵权事件，也包括如企业改制、土地征收拆迁或牵涉信用社、基金会等金融组织、往往与某时某地的政府和社会稳定发生高度敏感性关联的争议纠纷。对于这些矛盾冲突或纠纷，法院也不是一概拒之于门外，在社会的压力下，如果取得政府支持或出于服从政府的安排，也有可能作为一种辅助性的参与解决而加以部分的受理。这样的情况恐怕在我国社会的整个转型阶段都不可避免。

其次，虽然不一定能用法院地位及权威在客观层面的不足来说明，却与不同法院对自身定位和作用限度的主观认知紧密相关。某些法院确实表现出对受理若干种类的纠纷争议更加谨慎的倾向,因而常常让当事人和社会舆论产生起诉、立案很困难的感受。一般而言,大致到1999年为止,几乎所有的法院都致力于"多收案、多办案",此后由于"涉诉信访"的后遗症浮出水面,整个法院系统在民事收案上有了开始"缩小战线"的迹象。尤其对于涉及农地承包转包纠纷、农村集体组织与其成员的纠纷以及企事业单位病退职工待遇纠纷、因非法集资引起的金融纠纷等领域的起诉,法院在决定是否受理时都显得愈加慎重。法院之所以采取这样的态度,往往是因为这些领域的纠纷虽然具有"民事案件"的典型特征,却很难与法院凭现有的公信力、权威和资源并不足以提供法律上的解决等上述情形区别开来,尤其是当此类纠纷牵动较大范围复杂的利害关系或表现为群体事件时更是如此。另外,对基于这些领域的纠纷提起的诉讼是否受理,也可能仅仅涉及司法权是否或应在多大程度上介入社会组织内部事务等法律解释论上的区分问题,法院在决定是否受理起诉时的慎重态度只是出于对法律具体解释适用的某种理解而已。于是,根据这些复杂的现实情况,不同地域的法院表现出消极和积极两种相反的倾向。消极的如有些法院明确发文或在内部以不成文的方式规定对包括上述领域的若干种类民事纠纷一概不予受理或"暂缓"受理,甚至只是因担心当事人"难缠"、可能会出现上访等"预后不良"的症状,就对明显属于"民事案件"范畴而本来应予以受理的纠纷也拒之门外。但同时也另有一些法院采取了较为积极的态度,虽然可能只是部分地或断断续续地,但仍在受理大致同种类的这些民事案件。这样的实际情况使得所谓"告状难"的现象显得更加难以把握,有时连究竟是只能在政治、社会等宏观层面,还是可以限定在具体法律解释适用的层面来讨论某种纠纷是否应该受理的问题本身也变得非常模糊或者很不确定。

再次,法院在立案阶段的程序操作上有意识地规避法律规定而采取的某些做法,也构成了所谓"告状难"现象的一部分内容。如不想受理起诉却不按照法律规定出具书面的不予受理裁定而只是口头告知,或者甚至退回诉状等起诉材料,或者一开始就不予接收且根本不说明理由等情形,一定程度上确实在不少法院关于起诉和立案的程序操作中现实存在。法院对于某些起诉之所以采取此类于法无据的做法,或者是因难以说清不受理的根据及理由而不想让当事人有机会针对不予受理的书面裁定提起上诉,也可能是出于规避"出具不受理裁定后将来一旦发生信访就属于由法院负责处理的涉诉范围"等政府内部相关安排的动机。无论如何,这些实际做法理所当然地成为人们抱怨"告状难"的对象。此外,在部分法院"案多人少"矛盾十分突出的情况下,很自然地就出现了通过立案审查环节人为控制进入诉讼程序的案件数量,或者"年底不收案"等现象。还有,因促进非诉讼纠纷解决（ADR）的司法政策等方面出现的偏差，部分法院对于立案受理阶段的案件分流或诉前调解等设置了过高的考核指标，结果导致一些当事人对自己的起诉迟迟不能得到受理，或者对立案阶段事实上被前置了法律外的程序环节表示不满。

最后，从制度或程序设计的角度来看，法院单方面从形式和实质内容等方面对原告起诉进行审查的所谓"立案审查制"，也应视为造成"告状难"现象的一个根源。应对这种制度设计的思路之一就是引进比较法上更为常见的"登记受理"方式来加以解决。我国民事诉讼上的立案制度确实方便了法院把自己认为不符合起诉条件乃至不方便审理的案件都拒之于门外的功能，显得进入诉讼的"门槛"较高。而许多国家民事诉讼制度采用的则是对原告诉状仅仅做形式审查就予以登记的做法，诉讼的提起至少在受理阶段显得更为容易便捷。2015 年 4 月公布的《关于人民法院推行立案登记制改革的意见》提出，为了切实解决人民群众反映强烈的"立案难"或"告状难"问题，做到对于符合法定条件的案件"有案必立、有诉必理"，必须把法院案件受理制度从立案审查制改变为立案登记制。

关于何为"立案审查制"和"立案登记制"，可以对二者的特点做如下简单对比。就立案审查制而言，其特点之一是原告提出诉状后，法院首先对这种单方提出的材料进行审查把关，经受理立案送达被告，才形成"两造对立"的诉讼格局；与此紧密相关的另一个特点在于，由法院单方进行的立案审查往往基于若干具有实质性内容的条件。关于当事人的起诉是否符合这些条件，本来可以在进入诉讼程序之后进行实体审理之前审查，或者在案件实体审理过程中一并审理，法院却经常在审查立案的阶段，就简单地以不符合条件为由将原告的起诉拒之于门外。在这两方面与此相异的则是立案登记制。一方面，法院对于原告提交的诉状原则上都予以登记。在送达到被告之后，由被告对原告的起诉是否满足应当进入实体审理的条件提出辩驳意见，形成两造"攻击防御"的争议局面，法院才以中立超然的地位居中裁判，对案件是否符合这些实质性的诉讼要件进行审查。另一方面，法院在原告起诉的阶段只对诉状做形式上的审查，具有实质意义的审查是在案件登记并系属于诉讼程序之后再予以实施。立案审查制作为我国法院长期以来实行的案件受理制度，由于存在上述法院单方"把关"及早期的实质性审查等特点，再加上一系列法律或程序内外的复杂因素影响，导致了法院对立案受理的控制过于严格或过分谨慎，诉讼的"门槛过高"或"开门太窄"，一些应当立案受理的案件未能进入诉讼程序，引起了当事人及人民群众对"告状难、立案难"现象的强烈不满。从立案审查制变为立案登记制，就是在这样的背景下提出的改革任务。可以说，立案审查制与立案登记制之间一个根本性的差异在于，立案登记制把对原告起诉进行"审查把关"的主要权能和责任都交给了被告，由当事人双方在诉讼程序中围绕原告是否有足够的理由将被告“拉入”诉讼或者让被告承受“讼累”是否正当等展开攻击防御,法院则只是居中对双方在这些方面的争议加以处理解决即可。与此相对,立案审查制则意味着法院在尚未告知被告的情况下,仅根据原告提供的相关信息及资料就开始对起诉是否合理或正当进行审查,而且这种审查还不排除被告得到通知之后对原告起诉提起争议。总之,将立案审查制改为立案登记制的改革最直接的含义就是对原告提交的诉状及其相关材料只做形式性审查。除极少数特殊种类的起诉外,只要符合法律上对起诉的形式要求,原则上都予以立案,仅在形式不符合法律规定时才以一次性明确告知需修改补正的地方和期限的方式要求原告补正。如果补正符合要求则予以立案,对于当事人坚持不补正或补正不符合要求仍坚持起诉的,作出不予受理的裁定或决定。对于诉状登记后在7日的法定期限内仍不能判断是否符合法律规定的,也必须对起诉予以立案,此后经审查如判断不能满足法定起诉条件,还可裁定驳回起诉。

2015年5月1日起开始实施的立案登记制改革已经在很大程度上缓解了社会上针对“告状难”的抱怨。不过,考虑到政治、经济、社会等各方面宏观的制约条件,所谓“告状难”现象及公众对此的不满是否已经一劳永逸地得到消解,可能还需要在一个较长的时期内继续观察。无论如何,作为今后努力的方向,民事诉讼法学研究仍应当努力去厘清“缠结”在一起的法律外种种制约因素与法律解释论点,并以此为基础在法律解释论上形成更为精巧的观点理论,争取为司法实务的解释适用提供相对有效的工具,从而为彻底解决“告状难”等问题提供坚实的法理基础。

第4章　审判主体(二):管辖

对于法院的管辖可以从多个不同的角度来观察或把握。本书立足于民事诉讼结构中的审判主体这一要素来把握管辖制度,将其理解为在数千个法院之中,需要决定究竟哪一个法院对特定民事案件拥有受理和审理的“资格”或权限这样一个划分或选择的问题。本章第一节首先来讨论为何需要做这样的划分或选择,即尝试对“何为管辖制度的基础或一般原理”作出某种解答。需要注意的是,本章只讨论民事案件适用第一审程序的管辖。其他程序种类如上诉程序、再审程序、特别或非讼程序、执行程序等,虽然都有各自的管辖问题,但一旦民事案件进入了特定法院的第一审程序,之后的许多程序如上诉、再审、执行等的管辖法院也大体上随之确定下来。即使是在管辖方面另有规定的特别及非讼程序,其基本原理也有比照或附随于第一审程序管辖的含义。因此,以下有关第一审程序案件管辖制度的介绍,在后文涉及其他程序的管辖问题时亦有参考价值。

第1节　关于管辖的一般原理

关于“为何需要管辖制度”这个问题,有一种简洁却含义丰富的回答,就是为了“方便当事人、方便法院”(简称“两便原则”)。不过,停留在这样一种虽然不错却是口号式的回答上,似乎尚不能完整地说明何为管辖的一般原理或基础。以下进一步从“事务管理”“诉讼成本分配”“实体正义的确保”等几个层次来讨论这个问题。

管辖之所以存在,首先可理解为是因为在法院体系内有必要对案件负担的均衡分布进行事务上的管理。我国有3 000多个基层法院、300多个中级法院和30余个高级法院。如果没有管辖的限制,任何法院都可以受理并审理任何民事案件的话,就有可能出现案件过分地集中到某些法院而另一些法院负担的案件量则相对很少的不平衡现象;或者同时也可能发生法院仅仅认为自己的负担过重就随意拒绝接受民事案件的问题。因此,仅仅出于在众多的法院之间相对均衡地分配民事案件负担的事务性要求,也必须作出某种制度安排。管辖意味着按照民事案件及其当事人的某些属性预先确定哪些案件由哪个法院负责处理,其制度效果之一就是使民事案件的负担能够在整体上相对均衡地分布到众多的不同法院。同样从法院体系内事务管理的角度来看,建构管辖制度时还可考虑的另一种因素,就是让在处理某些特定案件时有较便利条件的法院取得管辖这些案件的审判主体资格。例如某个法院审理特定案件可以就近保全财产、调查事实、勘验现场等,拥有能够节约司法资源的便利条件。把特定案件交由这种审理上存在有利条件的法院管辖,亦可视为法院内部事务安排的一种表现。凡此种种,都说明管辖制度在审判事务管理的角度上确实具有"方便法院"之目的和作用。

法院内的事务安排当然尚不足以说明管辖制度的基础或一般原理,或者不妨说这只是浅层次的根据或理由。关于为何需要管辖,更为关键和重要的原因是在当事人之间尽可能公平合理地分配诉讼的成本及负担。为了说明这个根据,可以先看一看设例 4-1。

设例 4-1

甲是深圳的一家公司,与哈尔滨的乙公司签订一份合同。后甲乙双方因合同的效力、条款和履行等发生纠纷。甲欲向法院起诉乙,希望通过诉讼程序索赔。但是根据《民事诉讼法》的相关条款和本案具体情况,甲必须向哈尔滨的法院提起诉讼。考虑到从深圳到哈尔滨去进行诉讼实际所需的路费、住宿费及其他成本,甲最终不得不放弃了通过民事诉讼解决双方之间的争议并获得救济的打算。

这是一个设定得比较极端的例子。设若甲能够在深圳当地的法院起诉,则其费用的节省必须反过来以乙的成本支出为代价,而且甲乙双方在诉讼成本上的支出或节省几乎是得失相当的。从这个事例可以很容易地看出,哪一个法院才拥有受理并审理特定案件的管辖权限,往往也意味着人力、财力等资源耗费或负担作为诉讼成本在原被告双方当事人之间的分配。而在有些情况下,这种成本的负担甚至会导致当事人一方放弃诉诸民事诉讼程序来寻求实体救济的努力。因此,把诉讼所需的成本及负担尽可能公平合理地分配给各方当事人,就成为管辖制度建构及具体程序设计时一种原理性的考虑或一个基本的出发点。管辖制度的这一基础确实是"为了方便当事人",但复杂之处却在于必须考虑"究竟方便了哪一方当事人"或"如何在双方当事人的便利上取得平衡"。我国管辖制度中处理这个复杂问题的一个基本原则是"原告就被告",但在此基础上还规定有种种其他规则来进行调整。关于这方面的情况,下一节将有较详细的介绍。

可以构成管辖制度存立基础的,还有第三个方面的考虑,即尽量保证案件处理的实体内容不致因受理及进行审理的法院不同而受到影响。作为一种理想状态,在多数法院组成的同一个体系之内，特定民事案件无论由哪个具体的法院受理和审理，其实体结果本来都不应该有任何区别。但由于种种原因，现实的司法过程中某些案件确实可能因在某一法院审理而导致其实体处理出现偏差的结果。为了尽可能地避免这种情况的发生，可以在管辖制度上作出某些安排，使一定数量的民事案件能够避开特定法院的管辖，而交给出现偏差的概率或可能性较小的法院加以处理。在我国，因社会转型期的各种制约，尤其是受制于法院在人事财政上从属于地方政府的现实情况，一度出现过比较严重的所谓“地方司法保护主义”现象，即各地的某些法院在受理及审理涉及本地与外地当事人争议的民事案件时偏袒本地当事人，给案件实体及程序的公正处理带来不良影响。这种现象即使到现在也不能说已经完全绝迹。为此，我国的管辖制度中发展出一些程序设置，其作用的一部分就在于排除案件实体处理上可能带有倾向性的法院管辖。本章第 3 节将涉及的管辖权争议解决和“指定管辖”“提级管辖”等概念，就属于能够发挥保证案件的实体处理不致因管辖的法院不同而遭受不当影响这种功能的程序设置。

以上几种可以支撑管辖制度的基础或根据，多数情况下并不相互排斥，有时还能够互补或相辅相成。但对于构成管辖制度各部分具体的程序内容，有可能需要根据不同的原理来说明，而且依据所侧重的原理区别，也会带来程序规范解释或操作上的差异。这些相关的论点及问题将从下一节开始涉及。此外还需注意的是，并非管辖制度中的任何一项程序设计都有理论上的某种原理原则作为其基础或根据。诉讼程序上的许多制度往往通过日积月累的司法实务以“相沿成习”或“约定俗成”的方式逐渐形成，并不一定能够也未必总是需要明确的理论说明。管辖制度上有不少地方或内容亦属此种情形。

延伸讨论

4-1 法定管辖与意定管辖

无论是根据本节所述的哪一种原理，程序法上规定法院管辖的一种方法就是预先以一般规则的形式确定哪个或哪些法院管辖特定的某类案件，此即所谓“法定管辖”的方法。管辖法院的法定程度可以有所不同。例如从明确规定某类案件只能由某一特定法院管辖的“专属管辖”，到允许当事人在“原告就被告”原则的基础上有所选择的“特殊地域管辖”，虽然都属“法定管辖”却有管辖法院的固定程度不同之区别。与“法定管辖”相对的则有“意定管辖”的概念，主要指可以由当事人双方甚或原告一方在一定范围内任意地选择某一特定法院来处理自己所涉及的民事案件。在此含义上，意定管辖又可称为“任意管辖”,下一节将详细讨论的“选择管辖”及“协议管辖”等概念也包括在其外延之内。此外,稍稍宽泛地加以理解的话,由上级法院根据具体情形在若干法院中选择确定管辖法院的“指定管辖”(或称“裁定管辖”)等也可视为“意定管辖”的一种。对于管辖的这种理论上分类可以用图4-1来加以表示。

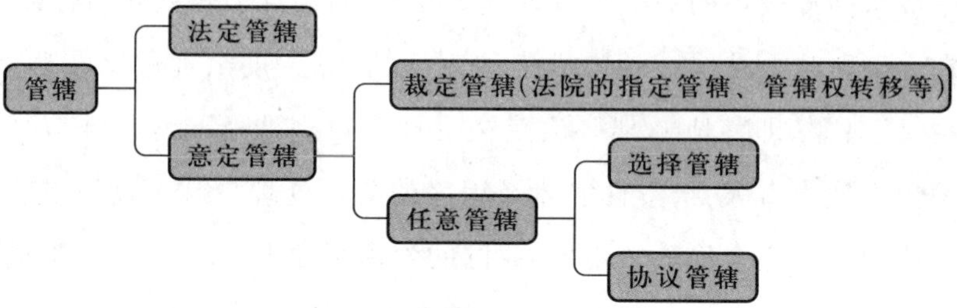

图4-1 管辖的理论上分类

采用法定管辖方式的好处在于,可以分别或综合依据“法院事务管理”“合理分配诉讼成本”“确保实体正义”等不同目的来预先设计管辖的内容,并以明示的规则将这些内容固定下来,让法院和当事人都获得明确的预期。所以,这种方法既“方便法院”,也“方便当事人”。但与此同时,法定管辖可能导致或引发的问题或缺陷则在于,一般规则适用到千差万别的具体程序场境时,在某些场合会显得比较僵化,甚至结果与其原先的宗旨相抵触。在这种情况下,就产生了运用任意管辖和裁定管辖等其他方法来加以调整、矫正或补充的必要。任意管辖的主要含义是服从当事人的意愿和方便,不仅包含有尊重当事人意思自治的选择权利这样的重大价值,在处理当事人之间成本分配的不平衡等棘手问题时还容易形成正当性且能够吸收不满的解决方案。不少情况下辅助性地运用这种方法还能够缓和机械适用一般规则可能给法院及当事人带来不便的问题。因此,民事诉讼的管辖制度采用法定管辖与任意管辖结合的方法是比较法上更为常见或普遍的现象。对于我国民事诉讼上的相关制度安排,则可以用“法定管辖为主并辅以任意管辖和裁定管辖”这样的表述来加以形容,而且在近若干年来的立法过程中,还表现出法定管辖逐渐缓和、任意管辖因素有所加强的趋势。这些方面的具体情况下文还会涉及。

第2节 我国管辖制度上的基本概念

关于构成我国民事诉讼管辖制度的基本概念,可以从“静态”和“动态”两个方面加以叙述。前者是在众多法院中确定由哪些法院负责处理何种案件的概念或规则及其构成的体系,后者则主要牵涉到在确定管辖的具体操作过程中如果出现问题怎样解决。本节先介绍静态的管辖概念,下一节再讨论动态方面的相关概念。

在我国由基层、中级、高级和最高四个层级组成的 3 000 多个法院中,确定某一民商事案件由哪个特定法院受理及审理,首先需要考虑该案件应当由哪个层级的法院管辖,此为“级别管辖”;然后再考虑同一层级的众多法院中,究竟位于哪个特定地域的法院才对该案件拥有管辖权,即“地域管辖”。以下按照这个顺序展开讨论。

4.2.1　级别管辖

关于级别管辖首先应指出的是,虽然《民事诉讼法》第 21 条明文规定了最高人民法院管辖“在全国有重大影响”及“认为应当由本院审理”的第一审民事案件,但实际上最高人民法院从未受理过任何第一审程序的民商事案件,而且目前也看不出这个“备而不用”的条文今后会有得到适用的前景。因此在我国四级法院中,讨论级别管辖的问题可以只限定于高级以下的三级法院。根据法律规定,在这三级法院中第一审民事案件由基层法院管辖作为原则,中级和高级法院管辖第一审民事案件则是例外。高级法院只管辖“在本辖区有重大影响的第一审民事案件”(《民事诉讼法》第 20 条),中级法院对第一审民事案件的管辖范围除“在本辖区有重大影响”外,还包括“重大涉外案件”和“最高人民法院确定”由中级法院管辖的案件(《民事诉讼法》第 19 条)。

不过在司法实务中,区分不同层级法院之间级别管辖其实往往使用另一项更加重要的指标,即案件标的金额的大小。最高人民法院和各省、自治区、直辖市的高级人民法院都出台了相关规则,对第一审民商事案件按照标的金额的多少由三级不同的法院分别管辖提供了明确的标准。不仅各省法院根据当地经济发展水平及民事案件一般标的金额的状况规定了不同的标准,而且这些标准随时间的推移也会有所变化调整。在经济发达的地区,数百万元甚至上千万元标的金额的商事案件也可能由基层法院管辖,标的额超过此数的案件才能够向中级法院提起诉讼,高级法院管辖的案件则可能要求达到数千万或者上亿元的标的金额。而在经济发展相对落后的地区,数十万元标的金额的案件就可能由中级法院管辖,高级法院也曾受理并审理数百万元标的金额的第一审民商事案件。不过,自 2007 年《民事诉讼法》第一次修改之后,最高人民法院为了减轻来自高级法院的上诉案件负担,两度发布相关规则,大幅度提升各省高院受理的第一审民事案件标的金额以限定其每年能够接受的上诉案件数量,相应地也提高了中级法院的管辖标的金额,把绝大部分一审民商事案件放到基层法院审理。现在各个高级人民法院管辖的第一审民商事案件

(当事人双方住所地均在辖区内的一般情况下)标的金额统一调整为 50 亿元以上,中级人民法院管辖的标的金额的下限从 500 万到 1 亿不等,上限则为 50 亿。例如,北京、上海、江苏、浙江、广东等地区的中级人民法院管辖的案件标的额为 1 亿元以上,贵州、西藏、甘肃、青海、宁夏等地区的中级人民法院管辖的案件标的额为 500 万元以上(参见最高人民法院发布的如下等文件:《关于调整部分高级人民法院和中级人民法院管辖第一审民商事案件标准的通知》,法发〔2018〕13 号;《关于调整高级人民法院和中级人民法院管辖第一审民事案件标准的通知》,法发〔2019〕14 号)。

除了案件标的金额这个最为关键的因素,在基层与中级法院之间划分级别管辖的标准还包括案件的类型。在 20 世纪 80 年代曾规定过所有的涉外民商事案件都由中级以上的法院管辖。对涉外民事案件提高管辖法院级别的这种司法政策服务于我国的对外开放,旨在保护和促进来自外国及我国港、澳、台地区的直接投资。进入 21 世纪之后,由于处理涉外民商事案件的经验积累和成熟,最高人民法院又出台了相关司法解释,在基层和中级法院之间重新划分对涉外民事案件的管辖。目前的基本状况是一般涉外案件可由基层法院管辖,标的金额高、案情复杂等“重大”的涉外案件由中级法院管辖;此外,如涉外合同及侵权纠纷、信用证纠纷及涉及外国判决或仲裁裁决承认与执行等特定涉外类型的案件,则由指定的部分中级法院集中管辖。其他可由中级法院管辖的主要案件类型包括:专利纠纷案件、著作权纠纷案件、证券虚假陈述民事赔偿案件、驰名商标认定案件、公司强制清算案件,等等。这里列举的全都是最高人民法院根据《民事诉讼法》第 19 条第(三)项的规定,通过司法解释等文件确定由中级人民法院管辖的案件类型。

关于“在本辖区内有重大影响”这一划分级别管辖的法定标准,即使在司法实践中曾可能有过运用,但标的额既不高、案件类型也不特殊的第一审民事案件仅仅因为这一标准就由更高级别法院管辖的事例确实极少听闻。因此不能排除这个规定大体上也属于“备而不用”的条文之列。

看来,我国的级别管辖制度主要体现了一种把比较“重要的”(标的金额更多、影响更重大、专业性更强等)第一审民商事案件交给更高级别的法院去受理和审理的慎重态度。这与在我国法院的级别越高,人力物力及专业技能等资源的配置投入就更集中,其审判的质量也更易得到信任的一般情况相一致。不过,这种通过法院的级别来体现对案件管辖不同慎重程度的制度安排,虽然切合我国的实际情况,却也包含了与司法同质性及统一性的预期并不十分协调的某种悖论。按照诉讼请求的标的金额划分级别管辖,虽然具有容易识别、易于判断的优点,但在程序设置、法官构成(人力资源)等方面并无质的差别的不同层级法院之间，仅按照当事人所主张的请求数额分配管辖权限，总给人一种只是为了方便法院内部事务管理的感觉。对公众或社会而言，其正当性并不十分充分。《民事诉讼法》多个条文将级别管辖与专属管辖相提并论（第 35 条、第 130 条等），规定协议管辖和应诉管辖不得违反级别管辖，似乎值得商榷。事实上，在域外与我国级别管辖最接近的事物管辖权仍有通过当事人合意予以变更的余地。

4.2.2　地域管辖

地域管辖就其功能作用的重要性和内容的丰富程度来讲，可以说构成了民事诉讼管辖制度最主要的部分。由于从基层、中级到高级的三个级别或层次上都各自有多数的法院存在，在每一个级别或层次上都会发生"特定的第一审民事案件究竟由位于哪个地域的法院管辖"这个问题，即在 3 000 多个基层法院之间、300 多个中级法院之间和 30 余个高级法院之间，都需要划分地域管辖。不过考虑到不同层次之间并无原理上的根本区别，且从简化问题起见，以下主要立足于基层法院的层面来讨论地域管辖的划分。

从上一节介绍的一般原理来看，划分地域管辖最基本的着眼点在于当事人之间诉讼成本或负担的合理分配，也可能牵涉到确保案件的实体处理不致受到不当影响以及方便法院事务安排的价值。我国划分地域管辖采取的是"原告就被告"的原则，即凡是打算提起诉讼的原告，原则上都必须到被告所在地的法院起诉，而被告则只需在本地法院应诉即可。学理上把这样分配法院的地域管辖称为"一般地域管辖"。之所以将其表述为"一般"，是因为从比较法及历史的角度来看，这种制度安排也属国际上通行或常见的做法。"原告就被告"意味着诉讼成本负担的分配向原告倾斜而对被告相对有利。该原则基本的合理性在于，试图启动诉讼程序利用司法公共资源，并将把被告置于耗费成本进行防御之地位的原告，其自身有必要首先付出一定的代价或在某种程度上先行承受诉讼成本的负担。对于被告所在地的法院来讲，也可能有易于向被告送达、可就地进行财产保全或现场勘验等方便。不过，"原告就被告"并非指导地域管辖划分之绝对或唯一的原则，有些特殊情况下还需要与其相反的"被告就原告"，即原告可向自己所在地的法院起诉，而被告则必须到该地法院应诉的规定作为例外性的补充。同时，我国《民事诉讼法》上还有许多有关地域管辖的条文，采取的是与"原告就被告"并行，但也允许其他地域法院对案件进行管辖的规定。这些规定意味着在一定限度内为原告提供了选择的余地，在与"一般地域管辖"相对应或对照的意义上，通称为"特殊地域管辖"。除此之外，"地域管辖"的概念或范畴在外延上还包括"协议管辖"和"专属管辖"。以下将分别论述这些概念，在"延伸讨论”部分还会根据需要对其中某些内容做更详细的介绍分析。

《民事诉讼法》第 22 条第 1 款和第 2 款规定,“对公民提起的民事诉讼,由被告住所地人民法院管辖;被告住所地与经常居住地不一致的,由经常居住地人民法院管辖。对法人或者其他组织提起的民事诉讼,由被告住所地人民法院管辖”。这个条文就是有关“一般地域管辖”的基本根据,除此以外“原告就被告”的原则在其他条文中也有体现。关于这一条文中几个重要概念的含义,根据最高人民法院相关司法解释,对作为公民的被告起诉,其住所地就是户籍所在地;对作为法人或其他组织的被告起诉,其住所地就是该法人或组织的主要营业地或者主要办事机构所在地;公民的经常居住地则是指其离开原籍至起诉时连续居住已有一年以上的地方。当然,在特殊情况下,如果被告离开原籍又没有经常居住地的,会以原告起诉时的被告居住地为准。例如《民诉法解释》第 12 条规定,离婚案件的原被告均离开住所地超过一年,且被告无经常居住地的,就作此处理。

接下来的《民事诉讼法》第 23 条对于构成“一般地域管辖”原则之例外,即原告可以在自己所在地法院起诉被告的几种情形做了规定。这些例外的情形包括:对不在我国领域内居住的人提起有关身份关系的诉讼;对下落不明或已被宣告失踪的人提起有关身份关系的诉讼;对因入狱等失去人身自由的人提起的诉讼。不言而喻,这些情况下只能让原告在自己所在地法院起诉被告。在法律上与“原告就被告”原则相反的上述例外规定之基础上,最高人民法院通过司法解释还补充了若干种类似的情形,比较重要的如追索赡养费案件的几个被告住所地不在同一辖区、夫妻一方离开共同住所地超过一年而另一方起诉离婚等几种情形,原告都有权在自己所在地的法院提起诉讼。不难看到,这些作为一般地域管辖之例外的实务性规定具有为容易处于弱势的当事人一方行使诉讼权利提供便利的考虑。例如可参考以下设例。

设例 4-2

孙大爷居住在离北京市区较远的延庆区,其几个成年子女已分别在朝阳区、海淀区及大兴区等不同的区落户。这些子女因赡养费的分担相互争吵,与其父也发生矛盾而疏于承担各自的赡养义务,于是孙大爷把这些子女告到了延庆区法院。法院认为原告的起诉合乎一般地域管辖之例外的条件,遂受理了本案并传唤各被告参加诉讼。

《民事诉讼法》上有不少条文在规定被告住所地法院管辖的同时,根据案件的种类等因素还承认其他辖区法院的管辖。这就是与“一般地域管辖”相对而言的“特殊地域管辖”。更直接一点讲,法律规定可既不按照“原告就被告”的原则,又不依其相反并作为例外的“被告就原告”而允许的其他辖区法院管辖,除后述的“协议管辖”与“专属管辖”之外,都属于特殊地域管辖。比较典型的例子如《民事诉讼法》第 24 条规定的“因合同纠纷提起的诉讼,由被告住所地或者合同履行地人民法院管辖”。这意味着在被告住所地之外,原告还获得了向合同履行地法院起诉的另一选项。或者不妨说,有关特殊地域管辖的规定往往是在坚持“原告就被告”原则的同时,也给管辖法院的确定提供了一定程度的弹性或调整余地。特殊地域管辖多见于有关合同或侵权等案件类型的管辖规定。一般而言,与婚姻家庭及身份关系的案件相比,这些往往牵涉到跨地域活跃的交易行为、经济活动或异地交通、现代传媒、互联网及知识产权等新型侵权领域的案件类型,更加需要在“原告就被告”的原则基础之上有所变通,从而能够有效地促使成本及利益的合理分配并有助于在当事人之间取得平衡。由于特殊地域管辖的存在增加了确定管辖法院的难度,带来法律解释适用上的模糊性,学术界曾有过一种观点,主张应通过立法彻底取消有关这种管辖的规定。但从《民事诉讼法》的两次修改来看,我国现行管辖制度并未放弃特殊地域管辖,而且在可见的未来似乎也看不出会出现这样的前景。看来,通过这种管辖规定来调整适用一般地域管辖时可能导致的僵硬和不平衡,依然不失为民事诉讼程序运作内在的一种要求。

大致说来,《民事诉讼法》从第 24 条到第 33 条的 10 个条文,都可以视为有关特殊地域管辖的规定。当然,严格来说,只有这些条文中规定的除“被告住所地”以外的管辖选项才属于特殊地域管辖的范畴。就此而言,该部分所列条文是否包括“被告住所地”并不影响其特殊地域管辖的性质。未包括的有第 27 条关于公司诉讼的管辖规定、第 32 条和第 33 条有关海难救助费用和共同海损案件的管辖规定等。有人批评特殊地域管辖条文中包含一般地域管辖选项,混淆地域管辖的原则与例外,似乎有些道理。可把这些条文粗略地分为两大类,分别针对合同和侵权这两种案件类型。上文已经提到的第 24 条是关于一般合同特殊地域管辖的规定,第 29 条则规定对一般的侵权行为应如何确定管辖法院。这两条之后的其他条文就若干特定种类之合同及侵权案件的特殊地域管辖分别做了规定。除了法律上的这些规定之外,最高人民法院围绕如何具体地解释适用特殊地域管辖的问题公布了大量的司法解释或指导性文件,涉及更多的合同和侵权案件种类。由于这部分内容涉及众多甚至是颇为繁杂的技术性细节,对此的介绍和整理将放到本节的延伸讨论中去进行。

4.2.3　专属管辖与协议管辖

在地域管辖的范畴之内,还包括“专属管辖”和“协议管辖”这两个概念,兹对此分述如下。

《民事诉讼法》第 34 条规定了三种案件由特定的法院专属管辖,即因不动产纠纷提起的诉讼由不动产所在地法院管辖、因港口作业中发生纠纷提起的诉讼由港口所在地法院管辖、因继承遗产纠纷提起的诉讼由被继承人死亡时住所地或主要遗产所在地法院管辖。专属管辖是法定管辖中最为固定、可变通的程度及弹性最小的种类。对所谓“专属”的含义似乎可从两个方面来加以理解。一方面,把特定种类的案件由特定地域的法院管辖一一对应地固定下来,确实有方便管辖法院到港口、不动产或遗产所在地进行事实调查及勘验现场等诉讼活动的作用。但更重要的是,这些特定种类案件的管辖其实是诉讼制度悠久漫长的历史发展中“约定俗成”的一种产物。尤其是不动产案件和遗产案件,其管辖依此类财产所在地而定的做法,在比较法上可追溯到罗马法时代。对这种管辖很难容许变通,不妨说某种程度上含有尊重历史自然形成甚或“敬畏”传统的成分。另一方面,专属管辖还可指既非“原告就被告”也非其相反或例外,原则上却排他地只规定一种特定法院管辖而不允许有所选择的情形。从这个方面来讲,我国《民事诉讼法》上关于遗产继承案件既可由被继承人死亡时住所地又可由遗产所在地法院管辖的规定,似乎应理解为对历史形成的专属管辖构成了一种例外。另外,2012 年修订《民事诉讼法》时增加的第 26 条,排他地规定与公司相关的诉讼只能由公司住所地法院管辖,确实也给人一种印象,即存在将此条文解释为专属管辖之一种的余地。不过,考虑到我国《民事诉讼法》现有的条文排列体例以及管辖法院的唯一性不等于管辖的强制性、专属性,大概还是把第 26 条的规定理解为特殊地域管辖之一更为妥当。但 2012 年《民事诉讼法》第 56 条第 3 款(现《民事诉讼法》第 59 条第 3 款)有关第三人撤销之诉的管辖规定,即只能向作出该判决、裁定、调解书的法院提起诉讼,则应视为关于这种程序性形成之诉的专属管辖规定。

关于第 34 条专属管辖规定的解释,有些问题尚需澄清。首先,对所谓“不动产纠纷”应如何理解,在司法实务中可能发生歧义。房屋所有权及土地的使用权等不动产既可以通过买卖、租赁流转,牵涉到合同债权关系,也可能涉及从抵押担保到地役权、相邻权等物权关系。从实务中主流的倾向来看,围绕不动产的买卖、流转等债权关系发生纠纷而提起的诉讼,原则上适用有关合同的特殊地域管辖规定。而与不动产物权相关的纠纷或起诉,则视为专属管辖的适用范围。这种倾向在《民诉法解释》第 28 条中得到了明确,根据其第 1 款的规定,适用专属管辖的“不动产纠纷”主要指因不动产的权利确认、分割、相邻关系等引起的物权纠纷。不过,该条第 2 款还作出规定,对于农村土地承包经营、房屋租赁、建设工程施工和政策性房屋买卖等几种性质比较特殊的合同纠纷,也作为“不动产纠纷”适用专属管辖。其次,继承纠纷中的“主要遗产所在地”,指示了有多个遗产且分散在不同地域的场合如何确定管辖的根据。关于何为“主要”,一般而言有两个标准:一是财产种类,遗产是不动产时原则上即应依该不动产所在地确定管辖法院;二是财产数额,遗产均为或均非不动产时,则应依数额较大的遗产所在地确定管辖。

与法定程度最高的专属管辖相比,构成了另一极“任意管辖”中最具弹性或容许当事人有最大选择余地的概念,则是协议管辖。《民事诉讼法》第 35 条规定:“合同或者其他财产权益纠纷的当事人可以书面协议选择被告住所地、合同履行地、合同签订地、原告住所地、标的物所在地等与争议有实际联系的地点的人民法院管辖,但不得违反本法对级别管辖和专属管辖的规定。”民事诉讼法学界一般认为这个条文体现了高度尊重当事人意思自治的精神,是我国民事诉讼制度中当事人主义色彩比较明显的部分。事实上,1982 年我国《民事诉讼法(试行)》对管辖制度的规定并不包括任何有关协议管辖的条文。到 1991 年公布现行《民事诉讼法》以后,才出现了相关条文(原第 25 条),首次允许合同类案件的当事人除被告住所地和合同履行地之外,还可以协议选择合同签订地、原告住所地和标的物所在地法院管辖。随着尊重当事人程序选择的观念逐渐普及渗透,2012 年修改《民事诉讼法》时,协议管辖的内容得到了进一步的扩充。与修改前的条文相较,目前的第 35 条把协议管辖的适用对象从合同类扩展到“其他财产权益纠纷”,还增加了“与争议有实际联系的地点”这个一般连结点条款,在相当大的程度上放宽了当事人双方可以选择管辖法院的范围。合同类案件和其他财产权益纠纷的管辖,往往更加直接或紧密地与为当事人双方合理分配诉讼成本及便利的理念相关。当事人双方通过协商达成协议选择管辖法院,实际上也意味着让他们自行决定和安排彼此之间如何负担成本或让渡便利。一旦以达成协议的方式共同作出决定,当事人双方都对其结果自行负责。从这样的角度来看,尊重当事人选择的这种管辖确定方式能够使困难的成本分配及平衡问题变得相对容易,相应地也能提升法院受理及审理案件的正当性。

有关管辖的协议既可以是当事人双方事先签订的合同条款,还可以在发生纠纷之后再由双方达成并以书面记载下来,当事人双方进行交易或纠纷产生及交涉过程中的往来书信、函电或邮件等也能够构成管辖的协议。与协议管辖相关的一个有争议的解释问题在于,能否允许当事人以“默示”的方式形成有关管辖的协议。从第 34 条“以书面协议选择”的字面上看,似乎只能以明示的方式形成有关管辖的协议,但如果从更重视对出自当事人双方真实意思表示的合意保持尊重这一角度出发的话,对未完全排除书面形式的默示也应当予以允许。可参见设例4-3。

设例4-3

A省a地的陈甲与B省b地的赵乙签订了一份买卖合同,约定陈甲供货至C省某地,赵乙在当地接货并付款。但陈甲把货物交付完毕之后,赵乙只支付了一半的货款,并给陈甲打了一张欠条,写明尚欠的货款金额及检查已交付的货物质量后结清尾款的日期,并附注如双方有争议可在A省a地的法院解决。后赵乙以货物瑕疵为由迟迟未结清尾款,陈甲遂向a地法院提起诉讼。a地法院认为,原告依据被告单方出具的欠条上有关管辖法院的记载,采取实际提起诉讼的行动,可视为双方之间形成默示的管辖合意,因而受理了起诉。

在2012年修改《民事诉讼法》之前,如本案这样的例子是否应承认默示的协议管辖可能仍会引起理论上的争论,在司法实务中也未必都像本案一样地处理,但以明确引入了“应诉管辖”的现行《民事诉讼法》为背景,估计在承认默示的协议管辖这一点上已不大会遇到强烈的反对意见了(关于应诉管辖,参见本章第3节的延伸讨论)。当然,本案的欠条以及生活中常见的借条等均由一方出具交由另一方保存,接受人无需通过签字盖章确认其效力。这种相当于“半结构化”的书面协议,只要另一方接受即视为其中所包含的管辖条款成立。但欠缺这种结构特征的一般书面合同或协议,不能仅凭一方出具另一方未表示异议就认为双方就其中的管辖条款达成默示的合意。

延伸讨论

4-2　特殊地域管辖的具体内容

特殊地域管辖是指以合同和侵权两大类案件为主要的适用对象,且往往需要根据合同与侵权的不同种类来具体地确定不同地域的法院管辖。在《民事诉讼法》上,关于合同案件的第24条和关于侵权案件的第29条除“被告住所地”外,还分别规定了“合同履行地”和“侵权行为地”的法院管辖。这就是在合同类和侵权类案件中确定特殊地域管辖的一般规定。但是,作为法条的解释适用,合同的“履行地”、侵权的“行为地”又如何确定,在司法实务中往往可能出现理解及运用上的不一致。为了解决此类问题,最高人民法院对“履行地”和“行为地”的含义做了司法解释。此外,在上述一般规定基础上,《民事诉讼法》第 25~28 条还分别针对保险合同、票据纠纷、公司诉讼和运输合同纠纷等涉及合同领域的若干案件种类规定了具体的特殊地域管辖;第 30 条规定了因交通事故请求损害赔偿提起诉讼的特殊地域管辖;第 31~33 条则对几类海事案件的管辖做了具体规定。最高人民法院也通过陆续发布的司法解释或批复等方式,进一步针对若干具体的合同种类和不同领域的侵权案件提供了确定特殊地域管辖的程序规范。

关于合同类案件的特殊地域管辖,对《民事诉讼法》及相关司法解释的主要规定可做如下的梳理,如表 4-1 所示。

表 4-1　合同类案件的特殊地域管辖

合同类案件种类	履行地	解释或备注
保险合同	保险标的物所在地	保险标的物为运输工具或运输中的货物时,运输工具登记注册地、运输目的地、保险事故发生地;人身保险合同的被保险人住所地
票据	票据支付地	汇票、本票、支票等票据上载明的付款地;未载明时付款人的住所地
公司诉讼	因公司设立、确认股东资格、分配利润、解散、股东名册记载、请求变更公司登记、股东知情权、公司决议、公司的合并、分立、增资减资等纠纷提起的诉讼,由公司住所地法院管辖	无“被告住所地”的一般地域管辖规定
运输合同	运输始发地或运输目的地	包括因铁路、公路、水上、航空运输和联合运输合同纠纷提起的诉讼
即时结清的合同	交易行为地	
财产租赁、融资租赁合同	租赁物使用地	
以信息网络方式订立的合同	通过信息网络交付标的物:买受人住所地;通过其他方式交付标的物:收货地	

根据《民诉法解释》等程序规范,合同类纠纷或案件的特殊地域管辖即“合同履行地”的确定,首先应以双方当事人在合同中或以其他方式做了明确约定的履行地为准。关于应“明确”到何种程度,例如最高人民法院就曾规定,购销合同中约定的货物到达地、到站地、验收地、安装调试地等,除非被双方当事人指明为合同履行地,否则都不应视为确定履行地的直接根据。而且,即使合同尚未得到实际履行,只要双方当事人已经明确约定了履行地,原则上仍然应依该履行地确定管辖法院。只是在约定的履行地与双方的住所地均不重合的情况下,才例外地依被告住所地确定管辖。其次,对于双方当事人未就合同履行地作出约定或者约定不明确的情形,除依照上表 4-1 整理的相关规范内容确定履行地之外,应根据《民诉法解释》第 18 条第 2 款做以下处理:原告争议或诉请的标的为给付货币的,接收货币一方所在地为合同履行地;交付不动产的,不动产所在地为合同履行地;其他标的,履行义务一方所在地为合同履行地。最后,当事人可以通过书面或其他双方一致认可的方式改变有关履行地的约定,管辖以改变后的地点为准。

需要注意的是,关于《民诉法解释》第 18 条第 2 款的适用,司法实践中存在着不同的理解和做法。与此相对应,学理上可划分“诉请义务说”和“特征义务说”两种相互对立的观点。前者指原告提出的诉讼请求中被告应当履行的义务,后者指双方发生纠纷的合同类型或性质所决定的主要或特征性义务。具体讲,如根据“诉请义务说”解释“争议标的为给付货币”的情形,在围绕借款合同发生的纠纷中如果出借人作为原告向借款人提出返还借款的诉讼请求,出借人的所在地为合同履行地;如果借款人作为原告向出借人提出交付借款的诉讼请求,借款人作为接收货币的一方,其所在地则应视为合同履行地。但如果根据“特征义务说”,则无论哪一方作为原告,原则上合同履行地都可能指向出借人住所地。再如买卖、定作、代理等不同种类的双务合同中,往往是一方当事人提供货品或劳务,另一方当事人取得货币作为对价。按照“诉请义务说”,提供货品或劳务的一方起诉请求对方支付对价时,都是“接受货币”;而支付了对价主张提供货品或劳务的对方违约而作为原告起诉的当事人,则应被理解为争议的是“其他标的”,应按“履行义务一方的所在地”确定合同履行地。而根据“特征义务说”,正是提供货品或劳务而非支付对价构成了此类合同的特征义务,因此无论哪一方作为原告起诉,都应以提供货品或劳务的一方所在地作为合同履行地。

参考文献:王亚新、雷彤《合同案件管辖之程序规范的新展开——以〈民事诉讼法〉司法解释第 18 条的理解适用为中心》

作为侵权类案件特殊地域管辖的一般规定，关于对《民事诉讼法》第 29 条中的“侵权行为地”如何解释，也需要从文义的理解和侵权案件种类两个角度着手。从文义解释的角度看，侵权行为地指的是侵害他人的人身、财产、名誉等合法权益这种法律事实发生或造成的地点，一般而言包括侵权行为的实施地和侵权结果的发生地。这两种地点有时很难区分，且能够同为一地，但许多场合又相互分离，甚至会有超出两地乃至多地的复杂情形。例如，因殴打引起的人身伤害，除了造成伤害的现场构成侵权行为实施地，在被害人到医院治疗后出现后遗症等情况下，侵权结果发生地就可能与行为实施地分离开来。此外如通过报刊、广播电视、互联网等大众传媒造成名誉侵害而引起的损害赔偿诉讼，虽然难以准确区分侵权行为实施地与侵权结果发生地，但作为报刊发售地、广播电视收听收视地或网络终端设备所在地等任何地点，却都可能成为侵权行为地。

关于何谓“侵权行为地”，某些情况下还需要根据侵权案件的种类来进行具体的解释并加以确定。表 4-2 根据法律相关规定、相关司法解释和学理上的理解，试图一目了然地展示依侵权案件种类而不同的具体“行为地”（海事案件除外）。

表 4-2　侵权类案件的特殊地域管辖

侵权案件种类	行为地	备注或解释
因铁路、公路、水上和航空等交通事故请求损害赔偿的诉讼	事故发生地、车辆及船舶最先到达地、航空器最先降落地	《民事诉讼法》第 30 条规定
因产品、服务质量不合格造成财产、人身损害提起的诉讼	产品制造地、销售地、服务提供地、人身或财产损害发生地	
专利侵权	专利侵权产品的制造、使用、销售、进口等行为实施地、专利侵权结果的发生地	侵权产品的制造与销售主体不一致且两者为共同被告时，依销售地确定管辖
商标侵权	侵权行为实施地、侵权商品的储藏地、行政机关查封扣押地	
著作权侵权	侵权行为实施地、侵权复制品的储藏地、行政机关查封扣押地	
计算机网络著作权侵权	实施侵权行为的网络服务器、计算机终端等设备的所在地	级别管辖有特殊规定：由中级法院管辖
计算机网络域名侵权	侵权行为实施地、发现域名侵权的计算机终端等设备所在地	级别管辖有特殊规定：由中级法院管辖

第3节　管辖程序操作的动态过程

上一节所述种种概念,可以视为构成了民事诉讼法上预先提供的一套涉及管辖划分标准及其分类的基本框架。但到了现实的诉讼过程,当事人和法院却还有必要在此框架内或按照所定的标准,通过选择和指定等方式具体地确定管辖,或者对已确定的管辖作出一定的调整。本节的内容就是介绍与司法实务中确定或调整管辖的实际操作相关的概念。如前面已提到的那样,与上一节的内容呈现某种程度的"静态"相对比,本节讨论的概念则更多地牵涉到管辖制度"动态"的侧面。

4.3.1　当事人选择及法院内部对管辖的调整

在民事诉讼现实的场境中,原告起诉时只有一个特定法院拥有作为审判主体的资格,即具体的管辖法院已经完全排他地被确定下来这种情形,其实并不一定多见。更加普通或者经常遇到的情况,则是两个或更多的法院同时都对案件拥有管辖权,需要原告从中选择一个作为管辖法院。学理上把两个以上法院都有管辖权称为"共同管辖",而原告当事人从中进行选择并向特定法院提起诉讼的程序操作则称为"选择管辖"。

共同管辖的形成主要基于三种情形。第一种是法律上关于如何确定某些类型的案件管辖地规定了一个以上复数的标准,如上一节所述有关合同类案件的特殊地域管辖,就往往包括"被告住所地"和"合同履行地"两个标准,原告当事人被允许从中进行选择。此类条文在民诉法有关管辖的规定中占了很大一个比例。第二种是虽然确定管辖的标准只有一个,但却牵涉两地甚至多地的法院。最典型的如上一节讨论过的"合同履行地""侵权行为地"就属于这样的标准。除此之外,如专属管辖中的"不动产所在地"或"主要遗产所在地"等,两个以上不同地域的法院同为"不动产"或"主要遗产"所在地,都有管辖权的情况也并非一定不会发生。第三种情形则涉及复数原被告当事人的共同诉讼,与每一名当事人相关的地点都有可能成为管辖地。

无论基于何种情形,一旦原告起诉时面临共同管辖的局面,就有权通过向其中一个法院实际提起诉讼的方式来选择对自己的案件最为有利的法院进行管辖。这意味着"选择管辖"成为一种方便或有利于原告一方的制度安排。如上文所述,管辖的确定往往就相当于在当事人之间分配诉讼的成本、负担或便利,甚至还可能影响案件的实体性处理。法律上作为原则的"一般地域管辖"以成本负担的分配向原告倾斜的方式,构成了对被告一方利益的适当保护。但出于防止这项原则的运用过于僵硬的政策性考虑,并为了在当事人之间实现成本分担的合理均衡,也采取了如“特殊地域管辖”等方法来进行调整。在此意义上,“选择管辖”同样也可理解为调整当事人之间成本分担的一种操作性手段,旨在向着有利于原告的方向与保护被告利益的价值保持某种平衡。

原告一旦在两个以上有管辖权的法院中选择一个并向其提起诉讼,该法院对本案件的管辖权就此确立,而其他本来也有管辖权的法院则失去了受理并审理本案的审判主体资格。这种制度安排称为“管辖恒定”原则。按照这一原则,即便原告同时向两个以上有管辖权的法院起诉,也只能由最先立案的法院管辖,其他法院不再拥有管辖权(《民事诉讼法》第 36 条)。管辖恒定原则在其他方面也有体现,对此后文还会涉及。

选择管辖是当事人为了确定管辖法院而实施的操作,在此基础上法院也拥有在管辖的确定上进行一定调整的手段。首先,受理了原告起诉的法院如果发现本院其实对该案件并无管辖权,就应当把案件移交给有管辖权的法院处理。这种情形称为“移送管辖”,关于这个概念可以参考设例 4-4。

设例 4-4

A 地的甲公司与 B 地的商户乙约定由乙向甲供货,甲通过中间人以转账支票方式向乙支付货款后 10 日以内,乙开始分批送货到甲仓库所在的 C 地验货入库。后甲向 C 地法院起诉,以乙拖延交货致使合同目的不能实现为由,请求解除合同并返还已出具的转账支票。C 地法院立案庭在审查诉状时发现甲未提供合同本文,即询问是否存在书面的合同,并向甲说明如果双方达成的只是口头购销协议,则甲不应按照合同履行地选择管辖法院,C 地法院对本案将不予受理。甲表示虽然没有独立的书面合同文本,但双方之间并非只有口头约定,而主要是通过多封往来传真信函等书面方式达成的协议,其中就有把 C 地作为交货地的表述。在甲提交了这些构成合同文本的书面文件后,C 地法院对本案予以受理立案。但向乙送达诉状时,法院了解到中间人尚未把转账支票交给乙,当时乙也还没有开始送货。鉴于本案属于合同并未实际履行的情形,C 地法院认为不能依履行地确定管辖,故其没有管辖权,于是在通知甲乙双方的同时将本案移送到被告住所地的 B 地法院。

可见,移送管辖指的是法院受理立案之后才知悉没有管辖权而采取的管辖调整措施。

在法院尚未立案只是对原告起诉进行审查的阶段,如果发现本院缺乏管辖的资格,应告知原告另行向有管辖权的法院起诉。在原告坚持向本院起诉的场合则可以不予受理。总之,在此阶段无须移送管辖。一旦立案,发现本院不能构成该案件的审判主体时,则法院能够实施的程序操作就是移送管辖,而不允许再采取驳回起诉等其他方式。移送管辖往往相当于在原告选择管辖之后,法院再次对管辖进行调整,并且意味着在"哪个特定法院依据法律拥有管辖本案的资格"这一点上,原告对法律的解释适用服从于法院的解释适用。

特定法院以自己无管辖权为由而将案件移送至其他法院,如果受移送的法院认为按照法律该案件不应归本院管辖,无论其主张的是原来的移送法院还是另外的第三个法院才具有管辖资格,为了防止彼此推诿,此时已不得再行向这些法院移送案件。受移送的法院应当报告自己与对方法院共同的上级法院,由该法院决定案件究竟由哪一个法院管辖。上级法院出面对管辖进行调整的这种情形称为"指定管辖"。除了两个或两个以上的法院都认为自己对特定案件没有管辖权,需要上级法院对管辖作出决定的上述情形外,"指定管辖"的概念依据法律相关规定还适用于其他两种情况。一是本来对案件有管辖权的法院,由于地震、洪灾等不可抗力或其他特殊原因而不能行使管辖权时,由其上级法院另行指定管辖法院。二是两个以上的法院都认为只有本院才对案件拥有管辖权而争执不下,此时应报请其共同的上级法院通过指定管辖来解决彼此之间的争议。最后一种情形比较典型或常见地表现为这样的例子:合同当事人A在甲地法院起诉B,同时B根据同一个法律关系在乙地法院起诉A,甲乙两地法院都认为只有本院才对案件拥有管辖权,因而发生"抢管辖"的争议。对此类管辖权争议,应当通过"诉讼并合"的方法,即由其共同的上级法院指定管辖来加以解决(关于"诉讼并合",还可参见本书第2章第2节2.2.1以及"延伸讨论"2-2-3)。上述的第一种情形即两个以上法院均不认为本院有管辖权而对移送管辖产生不同意见,则构成了另一类型的管辖权争议,对此同样需要上级法院运用指定管辖的方法进行操作调整。上级法院对管辖法院的指定通常采用书面裁定的形式,因此指定管辖又称"裁定管辖"。

法院内部对管辖的调整还存在一种方式,就是上级法院可以受理并审理下级法院有管辖权的案件,上级法院也可以把本来应由本院管辖的案件交给下级法院受理并审理(《民事诉讼法》第39条)。这种使管辖权在上下级法院之间移转的调整方式,学理上称为"管辖权转移"。关于管辖权从下至上的转移,司法实务中的具体操作可分为两种情况。一是上级法院决定把本来由下级法院管辖的案件提到本院来进行审理,上级法院即取得对该特定案件的管辖权;二是下级法院报请把自己对特定案件的管辖权转移到上级法院,但是否可转移仍由上级法院决定。只要是管辖权从下级转移到上级法院,无论基于何种情况,都可称为“提级管辖”或“提审”。管辖权从下至上的转移一般适用于下级法院不能、不便或不宜行使审判权的例外情况,例如,案件有重大、疑难及复杂等情形而更适合由上级法院审理,或者案件当事人与下级法院或法院负责人存在利益关联或利害冲突等事由。按照最高人民法院 2010 年发布的《关于规范上下级人民法院审判业务关系的若干意见》(以下称《审判业务关系意见》),为了便于上一级法院通过直接审理案件形成指导性案例,下级法院还可以把自己拥有管辖权的新类型案件和有普遍法律适用意义的案件移转给上一级法院去进行审理并作出裁判。

参考文献:王亚新《适用管辖权转移的新类型——〈关于规范上下级人民法院审判业务关系的若干意见〉一解》

此外,上级法院可以把本院管辖的案件转移给下级法院,由其取得管辖权并进行审理。这种情况可能因上级法院的负担过重或基于其他合理的事由而发生。但实务中也出现过仅仅出于让案件上诉后第二审程序的审理仍然在本院的控制之下等不适当的动机而向下级法院转移管辖权的事例。为此,2012 年修订的《民事诉讼法》对管辖权的向下转移做了重新规定,“确有必要将本院管辖的第一审民事案件交下级人民法院审理的,应当报请其上级人民法院批准”。即给试图向下转移管辖权的法院增加了一项向其上级法院报告并说明理由,征得上级法院批准的程序。这一规定显示了立法者对从上至下转移管辖权的法院裁量予以制约和规范的态度。

无论是往上还是向下的移转,管辖权转移都意味着赋予了上级法院根据实际情况突破法律规定对级别管辖进行弹性调整的权限。在司法实务中,可能出现有管辖权的法院不宜或不便受理并审理案件的某些具体情形。为了从实质上达到在当事人之间的成本分配更加合理及平衡或方便法院审理、防止对案件实体审理的不利影响等目的,有必要在法院内部为管辖的灵活调整预留一定的弹性或空间余地。与确认究竟哪个法院才真正具有管辖权的指定管辖不同,管辖权在上下级法院之间的转移相当于取消某一法院的管辖权,同时宣告另一法院取得管辖的资格。因此,就学理上使用的概念而言,指定管辖与管辖权转移同样都在“意定管辖”的范畴之内,且都可称为“裁定管辖”,但管辖权转移显然是对法定管辖作出裁量性调整的一种力度更大的操作方式。

4.3.2 管辖权异议及其处理程序

上述在诉讼的动态过程中对管辖作出调整的种种程序操作,都仅仅涉及原告当事人和法院。但既然这些操作的主要宗旨之一在于达成双方当事人之间成本或便利分配的合理及平衡,就有必要让被告一方也参与到这种动态的调整过程中来。在原告进行选择管辖,法院决定是否需要移送管辖之后,制度上也给了被告一个机会或赋予其一种诉讼权利,以表达自己关于管辖的观点。这就是称为"管辖权异议"的程序制度。

按照《民事诉讼法》第 130 条的规定,管辖权异议主要指在法院受理原告起诉后,从送达诉状之日起的 15 天答辩期以内,被告可以向法院提出对管辖的不同意见并申请把案件移送到其他法院。作为这一规定适用于诉讼实务时最为一般或常见的操作方式及过程,原告首先通过起诉选择管辖法院,审查起诉的法院在立案前后发现本院并无管辖权均可移送管辖,受理起诉并向被告送达诉状往往意味着法院认为管辖权没有问题,而接受了诉状的被告此时才获得了对有关管辖的法律规定作出有利于自己的解释,并据此提出管辖权异议的机会。对这一流程及其中的具体操作可通过设例 4-5 来加深理解。

设例 4-5

陈潇驾车在 A 地发生交通事故,导致赵达受伤,救护车将其送至 B 地的医院治疗,后赵达向 B 地法院以交通肇事损害赔偿为由起诉陈潇。B 地法院审查诉状后予以受理,于 3 月 15 日向陈潇送达了诉状。3 月 29 日,陈潇以书面形式向 B 地法院提出了管辖权异议,主张自己的住所地为事故发生的 A 地,自己的汽车也在当地登记,而 B 地为赵达的住所地,其送到该地的医院治疗后也未出现伤势恶化或后遗症等情况,因此 B 地不属于损害结果的发生地,B 地法院并无管辖权,请求把案件移送到 A 地法院。B 地法院审查后作出了驳回管辖权异议的裁定,陈潇遂针对该裁定向 C 地中级法院提起上诉。经过第二审程序的审理,C 地中级法院裁定将本案移送至 A 地法院审理。

需要注意的是有关管辖权异议的制度包含了两方面的程序设计。在制约规范当事人行为的这个方面,被告必须在答辩期届满以前提出管辖权异议,逾期不提则视为其对立案的法院拥有管辖权并无不同意见,此后不得再就管辖问题提出异议。这种程序设计亦为"管辖恒定原则"的体现之一。另一方面,作为对当事人诉讼权利的充分保障,被告一旦在法定期间内提出管辖权异议，法院必须进行审查，并以裁定方式作出回应。如果法院认为被告的异议成立，即作出裁定把案件移送到有管辖权的法院；如果认为异议不成立则裁定驳回，针对驳回的裁定被告还可以向上一级法院提起上诉，上诉法院审理后同样须以裁定作出移送管辖或驳回上诉的裁判。

不仅被告拥有针对管辖权异议裁定提起上诉的权利，如果法院承认被告的管辖权异议成立并作出移送管辖的裁定，则原告也有权针对此裁定提起上诉，由上级法院对管辖权之所在作出最终判断。在此意义上，管辖权异议作为一种由当事人再次对管辖进行调整的程序，不仅为被告也为原告提供了表达自己意见的制度空间。不过在诉讼法学界还存在一种观点，认为在立案之后答辩期届满以前，除了被告有权提出管辖权异议之外，还应允许原告提出这种异议。但原告向特定法院起诉意味着其已经在管辖的解释适用上作出选择，应当对自己的决定负责。而且原告万一后悔自己的选择，在诉讼的任何阶段，其都有机会通过撤诉及另行起诉等其他程序来重新选择管辖。因此，应当允许原告也提出管辖权异议的这种观点，看来很难获得充分的根据作为支撑。当然，如果受理起诉的法院裁定将案件向其他法院移送，原告是否有权对受移送法院的管辖权提出异议，存在一定的讨论空间。尽管受移送的法院非其所选，但其仍保留通过撤诉来否定该法院对案件管辖权的另一种办法。另外，有独立请求权第三人、无独立请求权第三人等其他诉讼参与人原则上也无权提出管辖权异议。对此可参见本书相关部分的论述。

此外，关于被告在管辖的确定过程中所起的作用，还涉及一项重要的程序设计。这就是 2012 年修订《民事诉讼法》时新增加的“应诉管辖”，其内容为被告如果在自送达之日起至答辩期满的 15 天内针对原告诉状的实体或程序的其他方面作出答辩、陈述或者提起反诉，却没有提起管辖权异议的话，则视为其同意了受理案件的法院拥有管辖权，只是不得违反有关级别管辖和专属管辖的规定（第 127 条第 2 款，现第 130 条第 2 款）。此后，不仅被告已无权对管辖提起争议，法院原则上（与专属管辖和级别管辖抵触时除外）也不能再以发现本院无管辖权为由，将案件移送其他法院管辖了。因为从学理上，可以把应诉管辖在法律上的效果理解为本来对特定案件并无管辖权的法院，也基于双方当事人“默示的合意”而取得了该案件的管辖权。关于《民事诉讼法》第 130 条第 2 款的适用范围，还应考虑司法实践中经常出现的一种情形，即被告在答辩期内既未应诉答辩，也没有提出管辖权异议，直到开庭时才作出回应。这种情形是否也能导致应诉管辖的成立呢？对此可以有肯定或否定两种解释。肯定的解释是如果被告在答辩期内无任何回应，此后也不主张自己是因某种正当的理由才未能在规定期限内提出管辖权异议的话，则应诉管辖这一法律效果的发生,与被告在答辩期内应诉答辩但不提出管辖异议的情况并无两样。即便法院后来发现自己实际上对案件并无管辖权,也因被告在答辩期内不做回应而取得了管辖权,此后原则上也不能依职权移送管辖。否定的解释则是只要被告未及时应诉答辩,在答辩期满后仍可以提出管辖权异议,不过法院无须针对这种异议作出裁定,而只是以此为契机决定要否依职权移送案件即可。或者,被告未在答辩期内和这一期间届满之后都不应诉答辩,也不管其事后是否提出管辖权异议,法院在开庭审理之前随时都可依职权移送管辖。看来,最高人民法院在2015年《民诉法解释》中采用的是后一种即否定的观点。其第35条规定,"当事人在答辩期间届满后未应诉答辩,人民法院在一审开庭前,发现案件不属于本院管辖的,应当裁定移送有管辖权的人民法院"。笔者则赞成前一种即肯定的观点,因为这种解释能够更加深入全面地反映应诉管辖的制度理念。

有关应诉管辖的理念或立法背景,法学界从扩大当事人自主决定管辖的程序权利这一价值取向出发,很早就开始呼吁应在民事诉讼立法上确立这项制度。新《民事诉讼法》的相关规定显示了立法者回应学界的呼声,在管辖领域强化当事人意思自治的方向上迈出了重要一步。对这项规定的含义,应解释为是根据原被告双方围绕管辖权异议的互动过程中实际的行动或操作来确定管辖,并且这样确定下来的管辖一定程度上能够优于法院的管辖移送等调整。通过这些程序设计,应诉管辖实质性地扩展或加强了当事人双方在选择管辖方面的权能。同时值得注意的是,这种制度还意味着明确了"默示的合意"在确定管辖上的位置及作用,为协议管辖能够以"默示"方式构成的法律解释提供了强有力的根据。如本章第二节4.2.3所述,关于当事人通过双方合意决定管辖的"协议管辖",存在争议的问题之一在于是否应当允许"默示"的管辖协议。而2012年《民事诉讼法》规定的应诉管辖以被告应诉答辩但不提出管辖权异议的行动本身来确定管辖,其内在的逻辑正是依据被告默示的应诉行为(以及未提出异议的不作为)来"拟制"对原告起诉这一"默示"地选择管辖行为的"同意",实际上相当于把原被告双方的两个"默示"行为加以合成,从而构成一个有关管辖的"协议"或"合意"。在此意义上,不妨说所谓应诉管辖,其实也可以理解为是对协议管辖概念的丰富及扩充。

延伸讨论

4-3　总结管辖概念的两个示意图

总结本章的基本内容,可以使用两个图形从"静态"和"动态"的角度来分别展示有关管辖的种种概念及其相互之间的联系。图 4-2 由在法院系统内或众多法院之间划分管辖的若干基本概念组成。这些概念直接以《民事诉讼法》的规定作为根据，表示的是从不同角度或层次划分管辖的标准以及这些标准的分类。不同类别的管辖概念相互之间又存在着内在联系，构成一个完整的结构体系或制度框架。

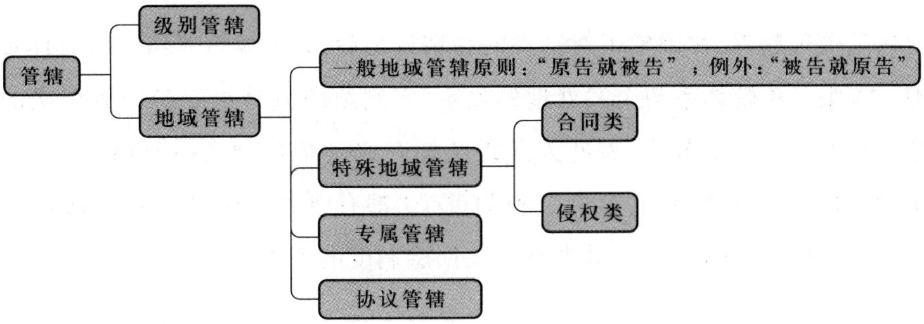

图 4-2　管辖分类

图 4-2 展示的是一种"静态"的概念体系，图 4-3 表现为一张流程图。这个图形包括了与当事人和法院对管辖作出选择或进行调整相关的操作性概念，并力图呈现其相互作用的动态过程。司法实务上正是通过这些分阶段的具体操作，管辖才得以逐步得到确定。需要注意的是，此图中所表示的各个概念之间关系及其在诉讼流程中的位置，只是一般情况下或"标准流程"时的大致状态。比如说，管辖权转移不仅如图 4-2 所示可以发生在从立案到处理管辖权异议的程序这一过程中，理论上讲可以发生在判决作出之前的任何诉讼阶段。比较极端的情况下，移送管辖和解决管辖权争议的指定管辖也能够在开庭后甚或判决作出之前实施。当然，司法实务中更常见的则是这些调整出现于如图 4-3 所示的阶段。

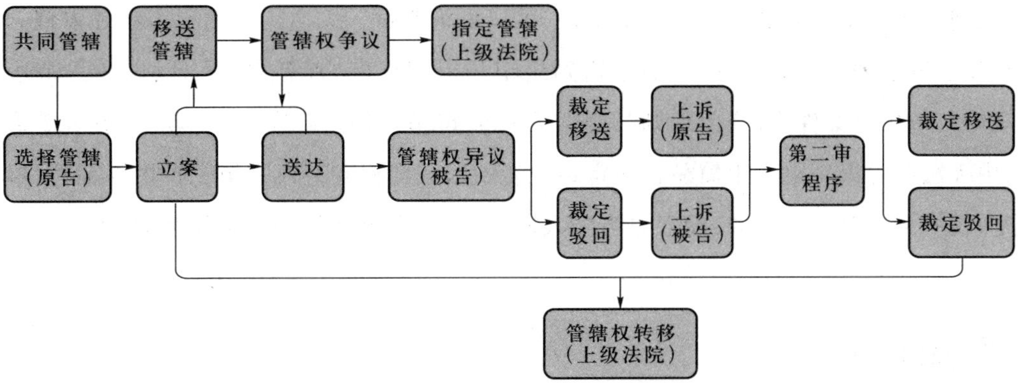

图 4-3　诉讼流程中动态的管辖概念

第 5 章　审判主体(三):审判组织、回避

特定法院受理起诉,在确定了对案件的管辖权之后,就需要审判组织来具体负责该案件的审理。着眼于法院体系与个案处理的关系,审判组织就是居于最微观层次的审判主体。本章分为两节。第 1 节从“哪些人或组织拥有或具备审判主体资格”这一侧面来探讨审判组织的构成。与此相反,第 2 节则侧重于“都有哪些情形会导致构成审判组织的主体失去这种资格”的角度,介绍并考察有关回避制度的若干问题。

第 1 节　审 判 组 织

按照《民事诉讼法》第三章的相关规定,作为负责案件审理的主体,我国民事诉讼制度上存在合议制和独任制两种审判组织。合议制的审判组织由单复数的法官或者法官与陪审员组成,即每个合议庭最少包括三人(一般情况下都是三人)。独任制的审判组织则由一名法官组成。合议制适用于基层法院的部分第一审普通程序、发回重审案件的审理程序、再审程序、中级以上的法院第一审程序、部分第二审程序。独任制则适用于基层法院的部分第一审普通程序、简易程序、特别程序及其他非讼程序。在过去,我国基层法院审理民事案件的审判组织与审判程序“挂钩”,即简易程序适用独任制,普通程序适用合议制。2021 年《民事诉讼法》修正时,第 40 条第 2 款规定,基层法院审理的基本事实清楚,权利义务关系明确的第一审民事案件,可以由审判员一人适用普通程序独任审理。由此创设了普通程序独任审理,从而使审判组织与审判程序“脱钩”。另外,以往二审法院审理第二审民事案件,必须由审判员组成合议庭审理。《民事诉讼法》第 41 条第 2 款规定,中级法院对第一审适用简易程序审结或者不服裁定提起上诉的第二审民事案件,事实清楚,权利义务关系明确的,经双方当事人同意,也可由审判员一人独任审理。

设例 5-1

赵前因合同争议诉孙后一案,经某基层法院立案庭受理并适用简易程序,即移交负责

商事审判的民事第二庭审理。民二庭高庭长按照庭内分案的事先安排并斟酌本庭审判人员的案件负担现状,将本案签发给法官小李独任审理。约两个月后,小李认为本案的案情比较复杂,申请从简易程序转为普通程序。高庭长批准了这一申请,决定由自己担任审判长,与小李以及陪审员老韩组成合议庭审理本案。合议庭开庭之后,小李撰写了判决书草稿,经老韩过目并提出意见,由高庭长签发。由合议庭三名成员签字并加盖法院公章的判决书宣判之后送达了当事人赵前和孙后。

从设例 5-1 可看到,独任制和合议制作为审判组织的两个类别,在基层法院分别对应的主要是简易和普通这两种第一审程序。如果程序转换,审判组织也必须改变。以下分别介绍讨论独任制、合议制及可能构成审判主体的其他组织所涉及的基本论点。

5.1.1　独任制与审判资格

独任制的审判组织由一名法官构成,由于其负责的案件审理在性质上是直接代表法院的职务行为,因此也可把独任审理的审判员称为"法庭"或"法院"。根据 2019 年修订的《法官法》第 2 条的规定,"法官"指的是包括法院院长、副院长、审判委员会委员、庭长、副庭长以及审判员在内的拥有审判资格的主体。由于每个法院还设有法官助理、书记员、法警等其他职位,具有审判资格成为法院工作人员能否作为审判主体构成审判组织的起点或"准入门槛"。历史上曾有过这样的时期,进入法院的一般工作人员先配置在法警、书记员等岗位担任审判的辅助性工作,待积累一定经验后再予以审判资格,并按照"助理审判员→审判员→副庭长→庭长……"这样的顺序逐渐提升。21 世纪以来,我国实行了司法考试制度,获得审判资格更多地依靠通过司法考试,且随着法院试行"书记员序列单列"等人事制度改革,审判主体的要求或条件发生变化。根据现行《法官法》的相关规定,担任法官获得审判资格的一般条件是通过国家统一法律职业资格考试取得法律职业资格,并经法官遴选委员会审核,再由本院院长提请同级人民代表大会常务委员会任命为初任法官。

从比较法上看,能够组成审判组织的主体必须先具备某种资格,而对这种资格的获得又有一定的要求、条件或设置某种程度的"准入门槛"是世界各国司法制度的通例。无疑这是因为司法审判既涉及当事人两造的重大权益,又与统一实施贯彻法制的需要息息相关。许多国家都把"法定法官"即对审判主体资格的特殊要求上升到宪法原则的高度,作为给当事人提供的基本程序保障之一。不过还应看到,我国的司法实务对法官资格的要求随时间的推移,在内容上有着微妙的改变。在改革开放之前,对进入法院工作的人员并无明确的资格限制,从事审判业务的人员一般都先从书记员或法警做起,跟随有经验的审判员担任一些辅助性的工作,通过类似于"师傅带徒弟"的方式在诉讼实践中学习。待他们逐渐入门并积累起相当的审判经验后,再赋予其审判资格。这种培养审判人员的过程更直接地体现为行政级别上的升迁,当时法院内外一般也都持这样的认识或理解。

与此相对,现在审判资格的获得原则上已经以参加并通过全国性统一的司法考试(2018年以后称为"国家统一法律职业资格考试")作为前提条件。这个变化的发生以从事审判业务要求熟练掌握实体法及程序法的专业知识等改革开放以来逐渐得到普遍承认的观念作为基础,也和20世纪末到21世纪初以来一段时期内法院系统曾推行的"法官职业化"紧密相关。这一司法政策使得学界一直呼吁的对法官应做"资格限制"并提供"身份上的保障",即要求把审判人员与行政部门的公务员从人事编制上区别开来,实行"审判资格序列单列"等主张,也开始在法院系统内得到呼应,并有了付诸实践的机会。以这些主张作为背景,在法院内部进行了书记员序列单列、设置法官助理并限定其在案件审理及程序操作上的作用和权限,以及选任审判长或主审法官等一系列尝试。这些旨在推行"法官职业化"的改革尝试,一定时期内因缺乏外部资源的支持和司法政策的微妙改变等复杂的因素作用而时断时续。当然,通过司法考试的人员进入法院工作后,一般仍需要先充任"法官助理"等,跟随有经验的审判员在办案的实践中逐渐熟悉审判业务,然后再赋予其审判资格,这是一种经受过司法实践长期检验的合理做法。但具有法官资格的人员与在行政机关等工作的公务员身份完全一样,并无"序列单列"等特殊的人事制度安排,因此审判人员在"助理审判员→审判员→副庭长→庭长……"这一阶梯上的晋升仍然带有明显的"行政化"倾向或色彩。不过,自2013年以来实施的法官员额制改革,给法官职务带来了区别于一般公务员的序列单列、在严格限制员额的前提下提高准入门槛并给予职务保障、案件只能由进入员额的法官审判且由其对案件审判的质量承担责任等变化。以"让审理者裁判、由裁判者负责"为宗旨的这一改革使法官职业向着"非行政化"或者"法律职业化"方向发展,大体上已使"法定法官"原则在我国得到基本实现。

长期以来,法院内部"行政化"的倾向在独任制的审判组织上也有表现,即基层法院的独任审判多由助理审判员实施,审判员次之,而到了审判经验应该更为丰富的副庭长就相对少见了。庭长以上到副院长、院长等资深法官承担独任审判则可说是极为罕见的现象。由于庭长以上级别的资深法官一般都担负着繁重的日常管理工作,这种情况对法院来讲好像显得理所当然。但是,“员额制”改革强调的是无论是否承担院庭长等行政职务,只要作为法官进入员额就一定要承担独任或合议审理案件的任务。不过,在“案多人少”的基层法院,独任制的审判组织主要由资历较浅的初任法官构成的情况估计还比较普遍。结合后述有关合议制和案件承办人的关系等来看,独任审判往往由资历较浅的法官充任等情形还会牵涉到“程序操作和法院组织”以及“审判独立”之类的重要论点。对于这些问题,本节的“延伸讨论”部分将做进一步的考察。

5.1.2　合议庭的构成及相关问题

相对于独任制来说,合议制是一种为当事人提供的程序保障更为周全慎重的审判组织。其由三名及以上单数具有审判资格的人员组成合议庭,通过开庭听取双方当事人提出的主张、证据及相互辩论,在庭后的合议中充分发表意见并以多数决方式投票决定案件处理结果等共同的审判活动,体现了复数的法律专业人士在事实认定和法律解释适用上彼此平等独立而又集思广益地共同形成结论的司法特质。尤其在处理重大疑难案件时,合议制的这些特点能够得到更有效的发挥。不过,另一方面也应当看到,合议制意味着在单个案件的处理上将投入更多的司法资源。尤其是在合议庭成员的全部或多数都由审判人员组成的情况下,受编制和资格等制约而人数有限的法官因耗费的时间及精力会承受很重的负担。与合议制所具有的特点或优点“与生俱来”的成本问题,构成了我国司法实践中围绕这种审判组织而出现某些有争议现象的一般背景。因为合议庭的成员可以由陪审员充任,近年来随着人民陪审制度的重建,陪审员越来越多地参与合议庭的案件审理。这种情况在不少基层法院有效地减轻了合议制占用较多司法资源的负担,但也引起了一些新的问题。关于人民陪审制度的概况及相关的若干论点,拟于本节的“延伸讨论”部分再予以涉及。

就立法或民事诉讼制度上的初衷而言,合议制应当是使用更为广泛的审判组织。不仅中级以上的法院无论何种程序都必须使用合议制,基层法院的第一审程序在原则上也应多使用合议制,独任审判在理论上或制度上被置于辅助性的位置。但是,现实的情况却是基层法院往往最大限度地利用独任制,合议制的审判组织在有的基层法院几乎成为例外。由于基层法院的大部分案件都使用独任制,而在全国中基层法院第一审程序审理的民商事案件又占到全部民商事案件的80%以上,仅就数量而言说我国法院的审判组织“以独任为主、合议为辅”恐怕也并不过分。这方面的问题及引发的争论与“简易程序还是普通程序”的选择紧密相关,因此留待涉及这些程序种类的后文另行讨论。不过,关于合议制自身的实际运行,备受争议的则是所谓“合议庭的空洞化、形骸化”现象。

这种现象指的是在组成合议庭的成员中,只有一人真正担负起审理案件的职责,其他成员虽然也出席开庭,但并没有努力了解案情,也不积极参与审理,且庭后的合议往往流于形式,结果是虽然判决等裁判文书中签署有这些合议庭成员的名字,但在整个案件处理过程中其几乎没有发挥多少实质性的作用。这样的情况意味着有的合议制仅仅停留在形式或表面上,其实际内容已经与独任制相差无几。“合议庭的空洞化、形骸化”现象有程度轻重及分布的不同,一般而言在基层法院的普通程序审理中较为多见且程度偏重,也会出现于有较多案件负担的中级法院第一审和第二审程序,但在高级以上的法院,合议庭所有成员实质性地参与审理的情况估计更加普遍。对于这种现象,法院系统和学界都理所当然地予以强烈的批评,但至今此类问题并未真正得到解决,甚至也很难说得上有所缓解。

与上述问题及合议制的组织结构相关,在司法实务中广泛存在着一种制度安排,可称为“承办人负责制”。在独任审理的情况下,独任法官即为承办人。而只要针对特定案件组成合议庭,无论在哪一级法院或适用何种程序,总会先确定一名具有审判资格的人员担任该案件的具体承办人。关于承办人在合议庭中的位置、作用或者其与合议庭其他成员之间的关系,可参见设例 5-2。

设例 5-2

甲公司因知识产权侵权纠纷诉乙企业一案,经某中级法院立案庭受理,将诉状等所有案件材料移交给负责知识产权案件审理的民事第四庭。该庭包括庭长和副庭长各一名,以及三名法官。刘庭长指定法官小孟担任本案承办人,小孟按照庭内惯例,了解了其他几位法官目前手中案件负担的大致情况后,分别与程副庭长及法官老姜联系,请他们和自己一起组成合议庭。经两位法官同意,组成合议庭,程副庭长当然成为审判长。小孟随即向甲乙双方当事人送达诉状及开庭通知等诉讼材料,并告知了合议庭的组成。在开庭前,小孟还处理了被告乙提出的管辖权异议,并根据案情组织双方代理人进行了证据交换等准备活动。开庭时,程副庭长和老姜出席,但所有的庭审程序都由小孟操作,另两位法官几乎没有发言,多数时间都在看自己负责承办需要尽快处理的其他案件材料。庭审结束时程副庭长急着去开会,要小孟先把判决书草稿拟出来再议。小孟写出判决书草稿后,发给合议庭两位成员，老姜在文字上做了点调整，程副庭长说有一两个问题可以斟酌，要小孟向刘庭长汇报一下，看看他的意见。经过了这些环节，小孟打印出了判决书的最后版本，交刘庭长阅后签发。同时他还补做了一份合议庭评议笔录，把老姜和程副庭长提的意见都写在上面，日期倒签为庭审结束当天，拿去请两位合议庭成员签了字。至此，小孟承办的这个案件即告结案，他还需负责把所有卷宗材料都装订成册，交档案室作归档处理。

设例 5-2 展示的只是司法实务中一种可能的现实场境，并非所有的合议庭都是这样运作的，也很难确切地了解或知悉这种做法究竟有多大的普遍性，但承办人担负了从案件的事务性工作到实质性审理的主要或关键部分的情况，确实早已成为我国法院民事审判活动的常规方式。作为实质上的审判组织或这种组织的核心，承办人负责制能够做到职责分明或责任明确，保证了审判业务相关的每项具体工作都可能落到实处。这种做法虽然不一定是正式的或有明文规定的制度，却具有相当合理性并经受了长期的实践检验，可以说构成了我国司法审判中一项重要的实务安排。不过，在司法资源短缺的一般背景下，承办人负责制与合议庭的所谓“空洞化、形骸化”倾向正好如影随形，为这种倾向提供了条件或者说弥补了可能出现的审理“空白”或“断档”。其也与法院内部审判人员的“行政化”序列紧密相关，尤其是在基层法院，即便是采用合议制的案件，承办人也多由初任法官等资历较浅的审判人员担任。审判人员越是在“副庭长→庭长→副院长→院长”这个序列中占有更高级别，就越少担任案件的承办人。因此，承办人及其承办案件的审判业务，往往成为法院内部管理的主要对象。或者不妨说，案件审理的承办人负责制一方面构成了法院组织对法官个人进行监督、管理、考评等“目标责任制”落实的基本载体；另一方面，承办人就自己担负的案件审理中任何有关实体或程序的问题，其实都有可能在法院组织的上下级架构中随时请示汇报或者接受来自上级的指示。这两方面的现实情况也是导致合议制出现“空洞化、形骸化”倾向的重要原因，同时还可以说，虽然存在着这种使合议制的运行未能达到制度预期的问题，但到目前为止，也并没有给法院的审判业务带来重大障碍。之所以如此，同样在于法院组织对法官的监督管理和承办人在案件审理过程中与法院组织之间的紧密互动。在实质的意义上，不妨说法官个人及审判组织尚不足以真正构成完整的审判主体。对于这个问题，还需要通过对“审判管理”等概念及审判委员会等其他组织的分析，立足于“程序和组织”的视角去观察和理解。有关这些内容的进一步考察，将在本节延伸讨论 5-1-1 中展开。

延伸讨论

5-1-1　我国民事诉讼特定语境下的"程序与组织"

在法院体系内直接从事审判业务这一最为具体和微观的层次上,独任法官和合议庭承办人构成的审判主体实际承担了民事案件审理中包括实体和程序在内的主要工作。但值得注意的是,这些主体在审判中虽然起到很大作用,但某些情况下其发挥的作用对于案件处理的过程和实体结果却并非决定性的因素。因为,民事诉讼中部分案件的处理必须经过法院内部上下级组织架构的过滤,才最终形成审判结果。这种情况在我国民事司法实务中早已是"见惯不惊、处之泰然"的常态现象。对于某一些往往被理解为"疑难、复杂、重大"或独任法官及合议庭感觉缺乏把握的案件,承办人在程序操作过程中会主动请示汇报,副庭长、庭长、主管副院长、院长乃至上级法院也有可能过问介入。结果是有相当一部分案件,其处理的过程和达到的结论已经可以说是一种集体决策的"结晶",而并非独任法官或合议庭独立办案的成果。对这样的现实情况,可考虑通过一种理论上的范畴或框架,即"程序和组织"来加以理解和把握。

关于这一范畴,可以先从审判委员会和负责处理具体个案的审判组织之间关系谈起。审判委员会是法定在每一法院都必须设置的,由院长主持,为了指导本院审判工作而定期开会的一种重要的组织或机构(以下简称"审委会")。2018年修订的《人民法院组织法》第37条规定的审委会职能包括:总结审判工作经验;讨论决定重大、疑难、复杂案件的法律适用;讨论决定本院已经发生法律效力的判决、裁定是否应当再审;讨论决定其他有关审判工作的重大问题。审委会由法院院长、副院长和若干资深法官组成,在院长主持下负责全院从司法行政到审判业务的管理工作。在审委会现实发挥的职能中,一项重要的职能就是"定案",即对一部分案件如何处理进行讨论并作出结论或决定。这部分案件的承办人必须无条件地服从审委会的结论,但发给当事人的判决等法律文书中却只有独任法官或合议庭的签名,审委会的决定性作用完全隐而不显。很显然,审委会作为法院内部的高层组织,已经在相当程度上代行了具体办案的审判主体运作诉讼程序的一部分功能或作用。因而可以将其视为体现了我国语境内民事诉讼之"程序与组织"关系的一个重要现象。

审委会的存在及其定案的作用长期以来从未受到质疑。但从20世纪90年代开始,一些学者根据司法应当具有公开性、直接性或亲历性,即法官必须在公开的法庭上直接听取当事人双方主张、举证和辩论等理念或原则,对审委会及其职能提出了"审者不判、判者不审”的批评。而实务界的主流意见和部分学者也针对这种批评进行反驳，形成了不同观点鲜明对立的争论。支持审委会的观点所援引的一个重要的根据，就是我国宪法上规定的审判独立意味着法院系统整体的独立，而非如西方国家那样强调的是法官个人独立办案、独立进行司法判断。这场围绕审委会的争论虽然没有获致明确的结论或共识，但目前的一般趋势是这项制度安排在得到坚持的同时，也一般地认识到审委会的定案职能给司法基础性原则带来的不利影响或伴随的若干弊端，对其确有进行改革或加以完善之必要。一方面，审委会的存在及其定案职能有着立法上的根据作为强有力的支撑，还被视为至少暂时对司法实务不可或缺而必须予以坚持；另一方面，对于如审委会的构成过于强调行政级别和政治待遇，对法律的专业性重视不够，仅仅内部开会听汇报就对案件处理作出最终决定确实与司法的公开性、直接性有所抵触，会使当事人失去申请回避等程序权利；处理结果万一出了问题也无从追究集体的责任等弊端也需要加以改革。以这场争论作为背景，一些法院在审委会的构成和决定方式上尝试了某些改革，例如规范或限制提交审委会讨论决定的案件范围，并适当减少这些案件的数量或比率；弱化行政级别的要求，把若干庭长乃至一般审判员级别的资深法官也引入审委会；或者按照刑事、民事或行政等不同案件类型举行审委会并邀请相关法官列席并让其充分发表专业意见；或者审委会对有些案件举行公开听证或全体委员出席庭审，等等。

虽然我国相关立法并未把审委会规定为一种审判组织，但其显然已经在某些案件的范围内实际发挥了甚至大于独任法官或合议庭的司法作用。目前，由于受到以法官个人的独立审判为中心的西方式司法独立理念影响，审委会的功能乃至其存在招致了质疑或冲击。但在我国以法院整体的独立审判为原则的法律框架下，审委会及其作用在可见的未来看来还不太可能彻底消失。更重要的是，不限于提交审委会的案件，即便是未经审委会讨论决定的大多数个案，独任法官或合议庭在其处理过程中往往也会与法院组织的各个层级发生频繁的互动。而且，近来法院系统所强调的“审判管理”等司法政策，还带来了使法院组织的上下级架构对一个个案件具体程序操作的介入或影响得到进一步强化的倾向。这是可以利用“程序和组织”框架来观察我国民事诉讼制度实践的另一个重要场域。

审判管理主要指法院通过上下级的组织架构对一个个案件的处理过程及结果全面、全程地进行监控、指导及考核的机制，包括案件流程管理、案件质量管理以及法官绩效考评等分别对应于诉讼程序不同阶段的管理方法。首先，案件受理后由立案庭建立包括编号和基本信息在内的档案，现在一般都已在登录在法院内部的电脑网络上，院长及庭长随时可以通过网络查看本院或本庭由不同法官承办的所有案件进展情况，必要时直接向特定法官发出督促等指令。其次,程序进行中某些事项必须采取通报或请示等方式,由承办法官向不同层级的上级(包括正副庭长及院长,乃至由院长主持的审判委员会等)提交审核或获得决裁许可。在不同的法院,需要上级决裁的事项范围可能略有区别。最后,在案件审理终结后有一套将案卷汇总统一保管的手续。而在每年或一定时期内,法院会通过审判监督庭等常设机构或专门组织人员对已经结案归档的案卷通过抽样或选择特定诉讼类型等重点进行复查审核,作为对每名法官日常审判工作的质量和绩效的评价考察。而这些评查考核的结果往往可能与法官的晋升或报酬等激励方式"挂钩"。法院院长及其他领导根据上述所有这些记录对本院所属的所有法官进行绩效和能力、工作态度等方面的考察,并可能据此决定物质性及名誉性奖惩或人事升迁等。法院系统由此还发展出一整套考核法院、法官及法院其他工作人员的指标体系。这种管理控制的对象决不可能只限于程序事项或者对于案件流程的管理,经常很自然地涉及或影响作为承办人的法官对案件实体内容的处理。事实上,如果特定案件的处理在实体上有相当的难度,或者涉及敏感的社会或政治因素,承办法官一般都会向审判庭的庭长、副院长、院长或者审判委员会请示汇报,以便获得指示或咨询意见。另一些情况下,高层级的资深法官也会主动介入某一具体案件的实际处理。某些重大或复杂的案件甚至可能卷入更广泛的社会、经济和政治过程中去,其处理及最终结果主要由法院和诉讼程序外的因素所决定,法官和程序不过是处理过程的形式或外观而已。而这些过程以及处理结果的实际形成往往并非当事人和一般人所能知悉,从外部看也几乎不可预测。

不难看出来,无论是合议庭的"空洞化、形骸化"还是审委会定案带来的某些弊端,其实都不过是上述法院内部管理体制在某一领域带来的结果或不利影响的体现。事实上,由于这种管理控制过程缺乏制度化的透明度和可视性,已经给民事司法带来了明显的所谓"黑箱效应",即当事人和公众总有可能怀疑案件的程序进行及结果受到来自权力和人情关系等因素的介入干扰。在某些案件处理中权力与利益交换带来不公正的司法腐败现象屡屡被揭露的情况下,无论真实情况如何,当事人和公众对于法院审判"疑心生鬼"的状态既难以得到证实,又总是不能完全消解。这样的困境或者悖论正是民事审判权威不足或法院缺乏公信力的表现之一。不过,另一方面应当指出的是,法院的"程序与组织"交织在一起的现象,或者诉讼案件的程序进行和处理结果多多少少总会带有某种"集体决策"性质的这种制度安排,在中国社会目前的发展阶段或社会经济条件下不仅很难彻底改变,而且就其某些功能而言甚至还可以说至少在短期内可能还必不可缺。20世纪90年代中后期到2004年前后有一段时期内,法学界依据来自西方法律体系的理论资源,曾对“法院行政化”及司法组织内管理控制的现象有过批判，并努力提倡“法官独立审判”，与之相伴随的是法院组织对法官个人在办理案件过程中作用的控制干预看上去也有所减弱。但从 2005 年到 2012 年左右，作为整个法院系统的司法政策，以“审判管理”为名，法院组织出现了加强对法官个人作用进行控制的趋势。这样的趋势到 2013 年以后因“顶层设计”而展开的新一轮司法改革没有持续下去，但导致这种情况发生的原因之一则在于，中国法官一般的个人素质及其从事审判业务的具体环境或外部条件表明，真正或完全由法官个人独立审判的时机似乎还未完全成熟。要做到法定的审判组织处理具体案件时不受法院内部上下级关系的影响，完全独立地操作诉讼程序并就一切实体问题作出自身的判断，还有待于一系列的制度改革以及配套条件的逐渐具备。目前正在推行展开的司法改革，尤其是法官员额制改革有可能带来改变上述趋势或一般情况的重大转型。不过，因改革尚处于进行过程之中，关于其能够发挥的作用或实际效果等问题，恐怕还需要一个不短的时间段来加以观察，才能够获得比较确定的回答。

5-1-2　人民陪审制的概况及相关论点

人民陪审制是 1954 年宪法所确立的一项重要制度，其主要内容是人民陪审员参与法院的刑事和民事审判。不过在此后的历史阶段，由于法院的民事审判工作受到各种政治运动，尤其是“文革”的影响和冲击，人民陪审员参加民事案件的审理并未成为司法实践中的常态现象。改革开放以后的一段时间里，在人民陪审制几乎已经停滞于“有名无实”状态的背景之下，实务界和法学界曾就陪审制是否应予以废止，抑或仍应当保留并发挥其作用发生过一场争论。不过到了 2004 年，全国人民代表大会常务委员会公布了《关于完善人民陪审员制度的决定》（以下称《陪审决定》，已废止），这项旨在发展和完善人民陪审制的决定给上述争论划上了休止符。该决定作出的规定包括：人民陪审员经申请或推荐，由基层法院院长和当地司法行政机关审查，院长提出陪审员人选报当地人大任命；陪审员可参加社会影响较大或当事人申请陪审的刑事、民事、行政第一审程序，与审判员组成合议庭对案件进行审理；参加合议庭的陪审员应以从陪审员名单中随机抽取的方法加以确定；陪审员除不能担任审判长外，在审判中享有与审判员同样的权限，等等。此后，法院积极落实这项立法，在选任人民陪审员、向财政部门争取相应经费、安排陪审员参加各类案件审判等方面付出了很大努力。到 2012 年年底，全国法院系统的陪审员名单中已经包括了约 83 000 名人民陪审员，其中相当一部分接受了专业的培训。2011 年的相关统计表明，当年全国人民陪审员参加审理的案件总数达到 1 116 000 余件，约占全国法院普通程序案件的 46.5%。其中民事诉讼案件近 51%，刑事诉讼案件约为 46%，行政诉讼案件为不到

3%。在有陪审员参与的这些案件中,将近99%都是基层法院审理的第一审普通程序案件。

至此,人民陪审员获得了作为审判主体之一的地位,在民事诉讼的审判组织中发挥着重要的作用。不过在这项制度重新启动并运行了近十年后的今天,陪审员参加民事审判虽然已经取得了可观的成绩,但仍存在着不少问题,涉及种种复杂的论点。关于人民陪审员参加审判的制度理念,主要可以从以下三个层次来加以考虑。首先,陪审制是非法律专家的一般民众直接参与司法审判的一条重要途径,或者也可以说在一定程度上体现了"司法民主化"的价值。由于司法审判属于一种涉及民众切身权益的决策过程,职业法官作出的这种决策虽然有其种种的特殊性,却同样需要反映民意。人民陪审员因直接参加审判而成为民意反映到司法的一条最为直接的制度通道。其次,民众参加审判能够为法官在法律专业背景下认定事实和适用法律的程序操作和实体形成带来另一种知识上的互补或丰富性。即熟悉当时当地社会生活的陪审员有可能通过自己对民风民俗及生活常识等方面的熟悉了解,为职业法官的审判传输新鲜的素材,使其能够与民众的实际生活更相契合而提高审判的合理性和可接受性。最后,陪审员作为一般民众的代表而参与到司法审判中来,如同给法院组织内部的案件处理透进外部的新鲜空气,能够具体而直接地体现民众对司法过程中人和事的监督,有助于制约防止司法腐败的发生。

人民陪审制推行到现在,由于法院的重视和政府相应地投入资源,已经有了明显的进展,取得了可圈可点的成果。但对照以上理念,却不得不说这项制度仍存在着不少问题,甚至在某些方面正陷入困扰之中。一方面,陪审员参加民事审判不仅达到可观的规模,而且应该有许多案件确实体现了职业法官的专业审理与陪审员参与互补或"双赢"的局面。但另一方面,在数量不可低估的一些陪审案件中,所谓"陪而不审",即陪审员的参与流于形式的问题依然存在,很难说得上满足了上述三个层面的制度理念。不用说,导致这个问题发生的根源,首先在于我国法院"程序与组织"交织纠结在一起的而往往诉诸集体决策的背景,陪审员作为具体办案的审判组织之一员,当然必须服从法院内部这个惯常的决策机制,其作用与审判组织其他成员一样受到限制。但就陪审员的特殊情况而言,造成"陪而不审"现象的还有其他种种因素。例如,不少法院倾向于主要把陪审制视为节省法官人力资源投入的手段,就是其中的一个重要因素。由于合议制在占用更多法官时间精力方面的制度刚性,尤其在"案多人少"的法院,陪审制为组成合议庭时除承办人之外尽量节约法院的人力资源提供了一个有效的解决方案。与此紧密相关,如某些法院把直接雇用的合同制人员列在人民陪审员名单内,以便随叫随到;确定具体案件的陪审员不按从名单中随机抽取的方法,而反复指定若干"好用方便的"陪审员参与合议庭组成;有陪审员参与的案件更多是简单的一般的案件,而真正有影响的疑难重大案件反而难得看到陪审员的身影等现象也随之出现。不过还应该看到,陪审制实际运行中的困境并非都是肇因于法院在认识理解方面的不足,有些问题还牵涉到陪审制自身在民众参与的广泛性和实质性之间的悖论。例如,为了克服因一般素质不足而难以实质参与审判的问题,陪审员的选任和指定都表现出偏重于高学历人士、行政官员及经营管理者等社会精英层的倾向,反过来引起"陪审精英化"而违背民众参与广泛性的质疑;为了活用相关专业知识或借助与案件性质有关的行业背景,某些法院尝试的如引入妇联工作人员参加家事审判、引入监理人员或工程师参加建筑工程案件审判、引入医师参加医疗纠纷审判等"专业陪审",在得到积极评价的同时,也招致了对这种陪审员作为审判主体是否缺乏中立性的追问或反弹。

在这样的情况下,人民陪审制的改革也成为自 2013 年以来全面展开的司法改革的一个重要环节。经全国人大常委会授权,2015 年 4 月,最高人民法院、司法部颁布了《人民陪审员制度改革试点方案》(以下称《陪审改革试点方案》)。其内容包括如放宽陪审员选任条件、扩大参审范围和完善选任程序、建立陪审员退出和惩戒机制并为其切实提供履职保障,等等。此后,最高人民法院在全国选择了 10 个省和直辖市进行陪审制改革的试点,总结经验后逐渐推广展开。总之,在目前我国的民事司法实务中,陪审员已经成为现实的审判主体之一,而且具有重大的价值,但陪审员的审判参与仍需要在实质化和广泛性上都得到进一步的发展。对于此中可能牵涉的种种复杂问题,则有待于今后进行更加深入的研究。

第 2 节　回 避 制 度

回避是为了使审判主体以及辅助其从事审判工作的其他人员能够在特定案件的审理中保持中立性、公正性的一项重要的制度安排,其构成了为诉讼当事人提供的基本程序保障之一。回避制度的核心理念植根于"任何人不得为自己案件之法官"这一古老法谚所体现的最低限度之程序正义观念,具有跨越时间空间的普适意义。根据我国《民事诉讼法》第 47 条的规定,负责审理具体案件的承办法官、组成合议庭的审判员或陪审员,以及在该特定案件的审理中担任书记员、翻译人员、勘验人、鉴定人等辅助工作的其他人员,如果符合该条所列举的回避事由,则必须主动放弃参与对特定案件的审理。该特定案件的当事人也能够根据同样的事由,申请上述主体回避,即要求其不得参与本案的审理。从本书采取的观察角度来看,回避制度在民事诉讼中的实行,主要意味着在有可能影响审判之中立性、公正性的某些特殊情况下,让审判主体主动或被动地脱离对具体案件审理的参与,或者取消其对该特定案件的审理资格。回避作为一项诉讼制度,包括需要回避的主体范围、回避的事由或要件、审判人员自行回避与当事人申请回避等方式、处理有关回避申请的程序、违反回避规定的法律效果等内容,其中重要却又易于引起争议的,则是有关回避事由的问题。

《民事诉讼法》第47条分三项列举的回避事由为:(1)是本案当事人或者当事人、诉讼代理人近亲属的;(2)与本案有利害关系的;(3)与本案当事人、诉讼代理人有其他关系,可能影响对案件公正审理的。此外本条还规定,如果有"审判人员接受当事人、诉讼代理人请客送礼,或者违反规定会见当事人、诉讼代理人的"行为的,当事人也有权申请其回避。最高人民法院于2011年6月发布了《关于审判人员在诉讼活动中执行回避制度若干问题的规定》(以下称《回避规定》)这一司法解释,对上述条文的内容做了进一步的扩张和细化。

表5-1展示了有关《民事诉讼法》第47条回避事由的司法解释之相关内容。

表5-1　有关回避的法条与司法解释对照表

《民事诉讼法》第47条规定的回避主体范围	最高人民法院司法解释
是本案当事人的近亲属	与当事人有夫妻、直系血亲、三代以内旁系血亲及近姻亲关系
与本案有利害关系	(除本人外)其近亲属与本案有利害关系
与本案当事人、诉讼代理人有其他关系,可能影响对案件公正审理	担任过本案的证人、翻译人员、鉴定人、勘验人、诉讼代理人、辩护人; 私下会见本案一方当事人及诉讼代理人、辩护人; 为本案当事人推荐、介绍诉讼代理人、辩护人,或者为律师、其他人员介绍办理该案件; 索取、接受本案当事人及其受托人的财物、其他利益,或者要求当事人及其受托人报销费用; 接受本案当事人及其受托人的宴请,或者参加由其支付费用的活动; 向本案当事人及其受托人借款,借用交通工具、通讯工具或者其他物品,或者索取、接受当事人及其受托人在购买商品、装修住房以及其他方面给予的好处
是本案诉讼代理人的近亲属	与本案的诉讼代理人、辩护人有夫妻、父母、子女或者同胞兄弟姐妹关系

与表 5-1 的最后一项内容相关,《回避规定》还做了如下的规定:审判人员及法院其他工作人员的配偶、子女或者父母不得担任其所任职法院审理案件的诉讼代理人或者辩护人;审判人员及法院其他工作人员离任后二年内,不得以律师身份担任诉讼代理人或者辩护人;审判人员及法院其他工作人员从人民法院离任后,不得担任原任职法院所审理案件的诉讼代理人或者辩护人,但是作为当事人的监护人或者近亲属代理诉讼或者进行辩护的除外。这些规定反映了当前我国社会中重视"人情""关系"等因素给审判带来种种困扰并严重影响司法公信力的背景之下,法院系统为了内部自律而付出的一种努力。

对于《民事诉讼法》第 47 条有关"审判人员接受当事人、诉讼代理人请客送礼,或者违反规定会见当事人、诉讼代理人的",当事人有权申请其回避的规定,《回避规定》也进行了细化,进一步规定审判人员如有以下行为的,当事人可以提出相关证据要求其回避。其具体列举的情形包括:私下会见本案一方当事人及其诉讼代理人、辩护人的;为本案当事人推荐、介绍诉讼代理人、辩护人,或者为律师、其他人员介绍办理该案件的;索取、接受本案当事人及其受托的人的财物、其他利益,或者要求当事人及其受托人报销费用的;接受本案当事人及其受托人的宴请,或者参加由其支付费用的各项活动的;向本案当事人及其受托人借款,借用交通工具、通信工具或者其他物品,或者索取、接受当事人及其委托的人在购买商品、装修住房以及其他方面给予的好处的。2015 年 2 月 4 日起开始施行的《民诉法解释》第 44 条重申了这些可申请回避的事项。

虽然《回避规定》已经将有关回避的事由加以细化、具体化,但在诉讼实务中有时仍然会遇到法条解释上的难题。尤其是《民事诉讼法》第 47 条列举的"与本案当事人、诉讼代理人有其他关系,可能影响对案件公正审理"这一回避事由,其可能包括的情形非常多样,司法解释也无法一一地加以明确规定。关于实务中对这种难题的处理,可参看以下设例。

设例 5-3

赵甲诉刘乙人身侵权损害赔偿一案,确定由法官陈丙独任审理。但是,在将独任审判庭的构成告知当事人双方之后,被告刘乙以口头方式向书记员提出了要求陈丙回避的申请,理由是自己以前曾在本院打过官司,当时也是陈法官独任审判,陈对自己有偏见,态度不好,而且最后还判决自己败诉。刘乙的回避申请经书记员记录下来,通知陈丙并报送给院长,此期间陈丙暂时停止对本案事务的办理。三天以后院长作出了驳回回避申请的决定,由书记员口头通知刘乙。刘乙当即表示对此决定不服,写了一份复议书提交法院。又过了三天,院长针对复议作出了驳回的决定,由书记员打印为决定书送达当事人双方。此期间陈丙已恢复对本案的审理。但是到开庭审理的当天,双方当事人到庭时才接到通知,因陈丙临时有任务,承办本案的独任法官已换成宋丁。

在设例 5-3 中,被告提出的回避理由确实很难视为“可能影响对案件公正审理”的情形,反复驳回其主张应属不得已之举。但另一方面,法院可能考虑到当事人对承办法官有很强的抵触情绪,不仅调解等努力恐怕很难奏效,甚至不排除会引起“缠诉”等后果,因此通过内部更换审判主体,平息了当事人的不满情绪。这个例子反映了实务操作的巧妙,但同时也说明法条解释之困难。不过,这样的处理仍然很难使有关回避申请的司法实务获得透明度或可预测性。看来,逐步通过成系列的指导性案例等方法来划定或澄清解释论上的边界,有可能成为解决这种困难的一条重要路径。

从上列设例还可以看到有关当事人申请回避的程序设计如何实际运行。按照法律和司法解释相关规定,当事人一般应当在案件审理开始前提出回避申请,如果此后才知悉回避事由,则申请的提出时间可延至法庭辩论终结之前;回避申请可以用口头或书面方式提出;院长担任审判长或独任审判员的回避由审委会决定,审判人员的回避由院长决定,其他人员的回避由审判长或者独任制审判员决定;如果决定对回避申请予以驳回,对此不服的当事人还可申请复议一次,仍由本院决定;对回避申请和复议的决定,都应于 3 日内作出。关于审判人员的自行回避及对当事人申请回避的不当处理,最高人民法院的司法解释还规定,如果审判人员明知自己存在应当回避的情形而不自行回避,或者对符合回避条件的当事人申请故意不作出回避决定的,须按照法院内部的纪律规则予以处分。应当回避的审判主体如果参与了案件的审理,一旦在第二审程序中被发现,就必须撤销该案件的判决,发回原审法院重新组成合议庭进行重审。换言之,在第一审程序中提出回避申请但被驳回的当事人,仍有可能以审判人员应当回避为理由而提起上诉。此外,审判人员依法应当回避却没有回避的,构成当事人提出再审申请和检察院抗诉的法定事由之一。

延伸讨论

5-2　不同制度领域的相互交织:以回避和管辖为例

在有关回避制度的种种论点中,有一个经常被学者和律师等实务界人士提到的问题,就是当事人能否申请法院整体回避。从现行制度上看,当事人可以提出回避申请所针对的主体范围并不包括法院本身,主张能够以法院整体为对象而申请回避于法无据。但另一方面司法实践中的情况表明,当事人不仅仅针对特定的法官个人(或者本来就无法针对个别的法官),而希望有管辖权的法院整体放弃作为审判主体的资格,有时确实很有道理,符合回避制度的根本理念。在立法没有作出相应调整之前,诉讼实务上往往可能把直接涉及回避的这个问题转化为管辖领域的程序操作而予以处理。例如,可参见根据有关真实案件的报道而设计的以下例子。

设例 5-4

某市某区法院的二十多名法官购买了位于本区的一个楼盘中的若干套住房。在入住该小区之后,他们发现营业机构和登记注册均在本区的开发商修改了小区规划,在自己入住的楼前绿地上开始建筑数幢高层住宅楼。这些法官以开发商为被告,向自己工作的法院提起诉讼,追究被告擅自改变小区规划及侵权的责任。法院高度重视,组成以本院院长为审判长的合议庭审理本案。开发商针对法院整体提出了回避申请,主张无论由该院的哪些法官组成合议庭审理本案都可能影响审判的公正。该院审判委员会对此回避申请讨论后,决定予以驳回。开发商遂向该院的上一级法院反映情况。上级法院经研究,最终按照管辖权转移的程序将该案提至本院进行审理。

从设例 5-4 可以看到,被告以可能影响审判公正为由而申请法院整体回避确实很有道理,但如果局限在回避制度的框架内,却难以进行相应的程序操作。而为了处理解决设例 5-4 中关于是否回避的争议,适用的却是管辖领域的程序。此外也可以设想,如果被要求回避的法院愿意放弃审理本案的主体资格,还能够依据《民事诉讼法》第 38 条“有管辖权的人民法院由于特殊原因,不能行使管辖权的”情形,采取将案件报送上级法院另行指定管辖法院的做法。司法实践中可能遇到的这些情况都说明,民事诉讼中不同的制度安排能够交织或相互影响,同一个问题也可能从不同领域的角度来进行处理。因此,对于民事诉讼法的学习来讲,综合掌握众多的知识点,并努力融会贯通地理解和运用这些知识点的技能非常重要。

第6章　证据

证据是案件实体内容的一个重要部分。双方当事人为了说服法院作出有利于自己的判决,都必须主张发生过或者存在着能够作为这种判决根据的事实,又为了证明这些事实的曾经发生或者存在,就必须提出证据。法院为了查明案情真相是否真是如当事人所主张的事实那样,也必然依赖于对证据的运用。我国《民事诉讼法》第7条规定,法院审理民事案件"必须以事实为根据"。与此密切相关,为世界各国的审判制度所普遍承认,在我国民事司法实务中也确立了的一项基本原则,就是"证据裁判原则"。这项原则意味着能够成为判决根据的事实,除了公知的所谓"不证自明"的自然法则或历史知识等之外,必须都是运用证据加以证实的事实。而任何个人独自持有的认识或主观的臆想等,都绝不能成为法院作出判断的根据。由于证据、证明与诉讼查明案情真相或发现真实的目标紧密联系,又因为发现真实对于审判和司法制度之成立及维系所具有的重大价值,证据与证明就构成了诉讼法上一个极为关键的领域。本书将此领域分为两章,以下先讨论有关证据的基本问题。

第1节　有关证据的基本问题

6.1.1　证据的概念

纯粹从一般认识论的角度来讲,证据是人们在从未知到达已知的认识过程中用来推导和了解未知事项的既知材料,证明则指从未知出发而达到的已知状态,往往还包括从未知转化为已知的过程本身。从这个角度上看,证据可以说是人们在每天的日常生活中时时刻刻都可能在运用的材料,证明也不过是人人早已习以为常的一种认识活动而已。但是,诉讼中的证据和证明并不仅仅具有认识论的性质,其同时还因涉及"法的程序"这样一种固定于有限时间空间内的独特场域,从而被赋予了法律上的含义。证据、证明在认识论和法律这两方面的性质或意义相互影响或者相互制约,其两者关系构成了证据法领域种种复杂的专业知识基础甚至两难的问题或处境。此种关系也使进一步分析证据的概念成为必要。首先看一看下面的设例:

设例 6-1

张某以借钱逾期不还为由把邓某诉至法院，并提交了一张写明至××日期还款 8 000 元的借条。邓某主张自己只向张某借了 2 000 元，借条上的 8 000 元字样系加笔而成。为了支持自己的主张，邓某提供了自己手机上的一段通话录音。对此张某主张该录音系非法偷录的，不应采信。张某又申请一名证人出庭，就邓某以前曾多次向人借钱不还的行径作证。对此证言邓某主张与本案无关。最后法院通过鉴定借条笔迹，结论为上面所写的金额确系加笔而成，遂以借条和鉴定意见为根据，判决邓某返还张某借款 2 000 元。

设例 6-1 中，借条、录音、证人证言和鉴定意见显然都能够被称为“证据”。因为，从认识论的角度，我们一般可以说，“任何可能帮助认识主体从未知走向已知状态的材料，都是证据”。而上述材料看来全部与这个可称为“广义上的证据”定义相符。但是，法院最后用作判决根据的却只有借条和鉴定，其他“证据”则似乎并没有发挥同样的作用。于是就有了另一个“狭义上的证据”定义存在之必要，即“法院采用来作为判决根据的材料才是证据”。上列设例中的录音和证人证言为何终于未能成为这种狭义上的“证据”，既可能出于认识论上的理由，也可以只是因为法律意义上的制约。关于这方面的讨论详见后文。所谓“广义”是指符合这种定义的证据在诉讼中出现得较多较广泛，而“狭义”的证据在范围上显得较小或较少，且只是“广义”上证据中的一个部分。这里先以对于诉讼审判来说更为关键的所谓狭义的证据定义为对象，分析一下这个概念的构成。

首先，证据必须体现为某种物质性的载体或材料，不能想象存在完全无形的“证据”。仍以上列设例为例，借条是一张写着字的纸，录音为内藏于手机的机械及电子功能信号，证人证言可以表现为人的喉咙和空气的振动频率，鉴定意见体现于某种专业的技术性操作过程并往往以书面展示其结论，等等。关于证据的概念，就其存在形式的这一侧面而言，可以称为“证据方法”。

其次，证据还必须是通过一定的物质载体传递、表达或显示出来的信息，而这些信息内容则反映或体现为某种既知事实。如上述借条记载的有关金钱数额、归还日期、署名等信息反映的是借贷事实的发生；鉴定意见表明借条上金钱数额曾被加笔的事实，等等。正是由物质载体反映或表达的这些信息内容，使得从未知转化为已知的证明成为可能。证据传递、表示出来的信息内容这一侧面可称为“证据资料”。

最后，证据资料及其反映的既知事实作为根据支撑某种判断的作用，也是狭义证据概念的一个组成部分。因为与需要加以证明或有待于证实或者证伪的未知事实（可称为“待证事实”或“要证事实”）之间存在着因果的关联，通过运用证据资料或既知事实进行推论，能够达到证实或者证伪待证事实的结果。实际起到这种作用的材料才具备了作为“狭义上证据”的全部资格。着眼于证据资料构成法院判断或判决之事实根据的内在性质及作用，证据的概念在这一侧面可用“证据原因”来加以表述。

证据概念的上述三个侧面在逻辑上具有一种递进的关系：首先须具有物质性的载体或外观形式，这是作为证据的最起码资格；客观存在的该载体传递出一定信息内容或呈现反映某种既知事实，使发挥证实或证伪的作用成为可能，至此已具备“广义上证据”的基本内涵；实际上通过与待证事实之间内在的因果关联而构成法院进行推理做出判断的根据，则满足了作为证据的全部要素。“狭义的证据”是涵盖了所有这三方面的概念。

6.1.2 证据的性质及分类等

学理上一般都列举证据具有的三种特性，这就是为证据学和证据法的教材或论著经常述及的所谓“证据三性”，即客观性、关联性和合法性。“证据三性”意味着“证据之所以为证据”的属性或特点，反映了证据的不同层次或各个侧面。这些性质还可以同立足于种种相异的角度对证据的观察描述或分类结合起来，帮助我们形成有关证据的更为全面、更有立体感的认识和了解。下面就“证据三性”尽可能简洁地分述如下。

（一）客观性

客观性有两层含义：一是指证据应当为具有物质性外观的客观存在，不具有任何外在形式或者不存在于三维空间的“材料”没有客观性，也就无从成为证据。此种含义的客观性大致与上述“证据方法”的层次相对应。二是指证据从其存在或表现形式的角度来讲应当具有真实性、可靠性，即作为证据方法的载体未经加工、变造或呈现证据的过程不受扭曲、干扰等性质。前一层含义的客观性为广义上的证据也必须具有的属性，但通过有关真实性及可靠性的判断，就已经可以开始把某些证据排除在狭义上的证据范围之外了。

与证据的客观存在形式，尤其是与真实性、可靠性紧密相关的一种证据分类是“原始证据”与“传来证据”（又称“派生证据”）。这一组分类是相对而言的，原始证据是证据存在的本来形态，而传来证据则体现为对原始证据的复制、摹写或转述等派生的形式。证据的这两种存在形式最典型的例子就是原始的书证及其复印件，也包括目击现场的证人（目击证人）直接向法院提供的证言与转述其就目击场景所做陈述的其他人员（即所谓

"传闻证人")提供的证言,等等。原始证据相对于传来证据而言,客观上更容易具备真实性、可靠性。而传来证据因为经过复制、摹写及转述等中间环节,存在着证据的原初形态被有意或无意、人为或自然地加以改变的风险,其反映的信息内容或证据资料因此遭受扭曲的可能性亦随之增加。所以,相对于原始证据而言,对于传来证据的真实或可靠程度,必须持更加谨慎的态度。

（二）关联性

关联性即一般所谓的"证据与案件有关",更具体讲,指的是证据资料反映的既知事实应当与待证事实之间存在着某种程度的因果联系。需要注意的是,证据是否"与案件有关"或是否存在关联性,一方面取决于待证事实是什么,另一方面也与因果联系的程度大小有关系。以设例6-1 中的证人证言为例,因为待证事实为"本案中被告是否借款8 000元且尚未归还",证人作证提供的信息却是"被告以前曾借款不还",显然这项证据资料与待证事实之间并不存在直接的因果联系。同时还可看到,两者之间虽然并不直接关联,却也存在着间接的因果联系。不过由于这种联系过于间接,换句话说就是因果联系的程度过于微弱,结果本案中证人证言因缺乏关联性,未被法院采用作为认定事实作出判决的根据。可见通过是否存在关联性的判断,也能够缩小最终用来作为判决根据的证据范围。

从证据资料与待证事实之间存在因果联系的程度还可以引出有关证据的另一个概念,即"证明力"。证明力指的是通过证据所反映的既知信息内容推动认识从未知达到已知的强度。一般而言,证据资料与待证事实之间的因果联系程度越高,证据的证明力也就越强;如果两者之间不存在因果联系或这种联系过于间接或者程度太弱,则证据就不具有证明力,或对于待证事实几乎不能起到证实或证伪的作用。在学理上,一般把证据的真实性、可靠性与证明力放到一起,合称为"证据价值"。这个概念对于后文将讨论的质证和证据的审查等具有重要意义。可以很容易地看出,构成证据价值的真实性、可靠性和证明力正好分别与证据方法和证据资料、客观性和关联性的不同层次相对应。

与证据的关联性紧密相关的另一组有关证据的分类是"直接证据"与"间接证据"。直接证据指能够依据其反映的既知事实直接推导出有关待证事实真伪之结论的证据。与此相对,如果不能直接依据既知事实推导出结论,而必须通过两次或两次以上复数的推论,才能从若干的既知事实逐渐地推导出结论的话,则反映这种既知事实的证据就是间接证据。这个分类其实就来源于证据资料与待证事实之间存在的关联性究竟体现为直接的,抑或只是间接的因果联系这一区别。总之,从证据资料推导待证事实真伪的推理方式可分为根据直接证据的直接推理和根据间接证据的间接推理。运用间接证据进行后一推理又有“锁链型”和“放射型”两种推理方式。锁链型推理方式指的是把数个间接证据表示的既知事实用一条环环相扣的直线连接起来以推导待证事实真伪的推理,例如待证事实是丈夫是否曾对妻子实施家庭暴力,从当日妻子曾去医院就诊并有诊断书的间接事实可以推导出妻子受伤的间接事实,再根据该间接事实和夫妇当日发生争吵等其他事实认定待证事实是否成立。放射型推理方式则是在互不联系的数个间接事实都能够各自推导出待证事实之一部分的情况下,运用足够多且相互之间无矛盾的多数间接证据对待证事实之真伪作完整的推导。仍以家庭暴力为例,如果当场没有目击者也未报警进行现场处理,则当日妻子伤势的医疗诊断、邻居有关听见夫妇当日发生争吵的证言和事后倾听了妻子诉说当日情境的朋友证言等,可以结合起来相互印证,帮助法院推导出确实发生了家庭暴力的结论。一般而论,锁链型的推理方式中使用的间接证据越多,推导出结论的确实性在概率上就越低;相反,对于放射型的推理方式来说,为了提高推导出结论的确实性,间接证据的数量却是多多益善。

（三）合法性

合法性首先指证据的取得方式应当符合法律规定或法律上的某些原理原则。这一性质意味着广义上的证据即使具备客观性(包括真实性)和关联性,也可能因为取得证据的方式不合法而导致不允许将其作为判决根据的结果,即不能成为狭义上的证据。与客观性和关联性主要都只是牵涉证据在认识论方面的构成不一样,合法性最为鲜明地体现了证据的法律意义,且这种法律上的性质甚至可以限制“发现真实”的认识论目的。例如设例6-1中的录音资料,如果不是当事人从合法性的方面提出质疑,其有助于法院认定事实的概率应当是很大的,但结果是法院没有将其作为认定事实的根据。这样的处理涉及我国民事诉讼中所谓“非法证据的排除”这个重要而又具有相当难度的问题(参见本节延伸讨论6-1-2)。

合法性的另一种含义则是指证据在作为判决根据之前必须经过一定的法定程序,如果法院把未经此类程序的证据用作了认定事实作出判决的根据,则判决本身将不能成立。我国《民事诉讼法》第71条规定,“证据应当在法庭上出示,并由当事人相互质证。”第200条有关再审事由的规定则把“认定事实的主要证据未经质证”列为法院应当对判决已生效的案件进行再审的情形之一。最高人民法院先在《证据规定》第47条作出明确规定,“未经质证的证据,不能作为认定案件事实的依据。”2015年《民诉法解释》第103条第1款结合上列两个条款作出规定:“证据应当在法庭上出示,由当事人互相质证。未经当事人质证的证据，不得作为认定案件事实的根据。”在我国的民事司法实务中，能够用来作为判决根据的证据，除了对方当事人认可等例外情况，都必须经过法定的质证程序这一规则，可以说这已经潜移默化地成为一种日常性的程序操作规程。总之，虽然具备客观性和关联性，只要是还未经过质证的证据方法及其反映的既知事实，就不能构成“证据原因”，不是完整的“证据”即狭义上的证据，而仅仅停留于所谓“广义的证据”层次。至于有关何为质证，或者质证的法定程序有何要求等问题，可参见本书第 7 章第 1 节。

有的证据法学教材或专著还使用另一个概念，即所谓“证据能力”，来指称狭义的证据所具有的合法性等法律意义上的“资格”，广义的证据仅仅限于法律性质方面的制约，而不能被法院所采用的情形则常常被称为“缺乏证据能力”。这个概念还往往与包括真实性、可靠性和证明力的证据价值概念联系在一起，被用来强调证据虽然有价值（即同时具备真实性、可靠性和证明力），但如果不满足合法性的条件，依然不能作为判决根据的规范性要求。“证据能力”在比较法上（尤其在大陆法系证据法的语境中）是一个有用的重要概念，但在我国民事诉讼法上却很少能找到与这一概念直接对应的制度或问题领域。笔者认为，《民事诉讼法》第 75 条第 2 款关于证人证言“不能正确表达意思的人，不能作证”的内容，可以视为有关证据能力的规定。换言之，一定年龄以下的儿童及精神疾病患者所作证言不具有证据能力。《证据规定》第 16 条规定，当事人提供的公文书证如果系在我国领域外形成，该证据应当经所在国公证机关证明，或者履行我国与该所在国订立的有关条约中规定的证明手续；在我国领域外形成的涉及身份关系的证据，应当经所在国公证机关证明并经我国驻该国使领馆认证，或者履行我国与该所在国订立的有关条约中规定的证明手续。根据此项规定，域外形成的证据（主要是书证）在未经相应公证和认证的情形下，其使用也会受到较大限制。这种对证据形式上的要求，也可视为从“证据能力”的角度提高了对域外形成的资料作为证据使用的条件。在这个意义上，证据能力依然与合法性紧密相关，但可以理解为因限定于特殊的对象而与合法性概念适度分离。

6.1.3　归纳本节内容的图表

以上讨论中出现了多种多样的术语或者专业性名词。因为都是围绕有关证据的若干基本问题多角度或分层次地对证据本身所作的描述分析，所介绍的这些术语或概念相互之间存在着内在的联系，还应该说其整体上带有一定的结构性及体系性。为了方便理解和记忆，可对本节的上述内容做简单的归纳整理。其结果如表 6-1 所示，可以用来对有关证据的各种术语之间的关联做比较直观的展示。

表 6-1 有关证据概念及性质的关键词及整体结构表

<table>
<tr><td rowspan="4">狭义的证据</td><td rowspan="3">广义的证据</td><td>证据概念</td><td>证据“三性”</td><td>证据价值</td><td>证据分类</td></tr>
<tr><td>证据方法</td><td>客观性</td><td>真实性、可靠性</td><td>原始证据与传来证据</td></tr>
<tr><td>证据资料</td><td>关联性</td><td>证明力</td><td>直接证据与间接证据</td></tr>
<tr><td></td><td>证据原因</td><td>合法性</td><td>证据能力</td><td></td></tr>
</table>

延伸讨论

6-1-1 待证事实与证明的对象

关于民事诉讼程序中需要运用证据来加以证实或证伪的待证或要证事实，一方面与案件中双方当事人攻击防御的实际态势紧密相关，另一方面也牵涉到认识论上的某些基本法则。正如本书第 2 章曾指出的那样，无论在案件实体内容的哪一个层次上，只要一方当事人对另一方当事人主张的事实予以承认，原则上对于该事实都不再需要运用证据加以证明。而当事人双方之间有争议且与本案有关的事实则构成所谓“争点”，属于必须用证据来加以证实或证伪的对象。换言之，当事人的自认可以减少或消除证明对象，而待证事实则主要由双方之间的争执焦点所构成。特定案件中争点的多少，不仅可以划定审理的对象及范围，而且大体上也就决定了本案证明对象范围的大小。

与当事人的这种攻击防御过程紧密相关，学理上还存在一种对于证据的分类，即“本证”与“反证”。一般而言，本证是攻击方的当事人为了支持自己有关某一事实存在或成立的主张而提出的证据，意在设法“证实”或证明该事实；相反，反证则是另一方当事人出于反驳、动摇对方所主张事实的防御性动机而提出的证据，其目的是指向该事实的不存在或不成立，即试图“证伪”该事实或者动摇对这一事实的证明。可以说，在实际的诉讼过程中，围绕大部分的待证事实，总会出现试图将其证实或证伪的两种证据。本证与反证相互对立冲突，两种证据的竞相提出构成了诉讼中当事人双方攻击防御活动的一个重要内容。这种分类对于理解证明过程很有帮助，下一章节对此还会有所涉及。

需要注意的是，由于双方当事人针对案件实体内容的任何部分都有可能发生争执，待证事实既可能就是要件事实本身，也可以出现在间接事实或者辅助事实的层次。例如买卖合同案件的原告和被告就货品是否实际交付进行争执，同时还可能围绕双方之间是否有收发提货单的行为，或者提货单上的签收是否为对方员工署名等事实发生争议。而可以分别归类于“直接事实”“间接事实”或“辅助事实”等不同层次的这些事实，都是本案的待证事实，需要双方提出有利于自己的证据来予以证实或证伪。由此还能够进一步指出，本节介绍的“直接证据”与“间接证据”这个分类，并不等同于第 2 章第 2 节所说的“直接事实”与“间接事实”。因为直接或者间接的证据都是相对于待证事实而言的，如果待证事实属于要件事实的层次且只限于这样的场合，直接事实和间接事实的概念才可以和直接证据和间接证据的分类相对应；但要是待证事实是上例所说“双方是否有提货单的收发”这样的间接事实，或者是“提货单上的署名由谁签字”这样的辅助事实，则证实或证伪这些事实的证据虽然也可分为“直接证据”和“间接证据”，那么不言而喻，其反映的事实显然都不可能称为所谓“直接事实”了。

待证事实非经运用证据予以证明，不得认定并作为判决根据这一点，已经构成诉讼的一项根本性原则。但民事诉讼中仍会出现某些事实，虽然未经运用证据进行证实或证伪，却依然可能被允许用来作为判决的根据。这就是自然法则或者所谓“公知”的历史事件等事实。此类事实能够被排除在作为证明对象的待证事实之外，案件审理中如有必要则不待当事人主张或举证，法院有权自行将其纳入审理范围并用作判决的根据。这样的情形在比较法上广泛存在。我国诉讼法学界有些学者主要援引英美法的相关知识，把“judicial notice”等术语翻译为“司法认知”，用来指称这种情形。《民诉法解释》第 93 条以及《证据规定》第 10 条作为“当事人无须举证证明”的事实而列举的“自然规律以及定理、定律”和“众所周知的事实”，就属于此类不证自明、无须作为待证事实的情形。围绕究竟何为“公知事实”或者哪些事实并非“不证自明”而应当作为证明对象，诉讼实务中有时也可能出现疑问。关于法院对此如何处理在解释论上确有某些可以加以探讨的问题，但因篇幅关系，这里不再论述。

6-1-2　我国民事诉讼中的非法收集证据排除规则

我国民事诉讼历史上并未存在过对非法收集的证据予以排除的程序规则，与此相关，也曾经拒绝接受“证据必须具有合法性”这样的观念。这主要是由于两方面的原因。一方面，我国的民事诉讼制度长期以来高度重视强调证据的认识论属性，而忽略或轻视其法律属性。而且正是在认识论的角度上，也曾把辩证唯物论中某些抽象的哲学命题如“主体的认识能够完全和过去已发生事物的原样相符合”等照搬到诉讼程序的特殊场域内，并有将其绝对化的倾向。另一方面，在我国的民事司法实践中长期实行了主要由法院工作人员依职权调查案件事实并收集证据的做法，对当事人的举证责任不够重视。而法院收集证据的方法手段等即使不很妥当，至多能通过党纪政纪等来予以处理，只要收集到的证据本身有助于查明案情真相,在“法院必须照原样发现实体真实”这种要求的压力下就绝无可能被排除或弃置不用。

不过,改革开放后经过法院对民事审判方式进行的改革,上述两方面的原因或条件都发生了重大变化。证据的法律属性逐渐被重视,认识论上有关“实体真实”的绝对化观念也受到了冲击,由当事人收集并提出证据的做法成为诉讼实务的主流(关于“案件实体真实”观念的变化和从强调当事人举证责任开始的审判方式改革,参见本书第7章第1节及延伸讨论7-1-1)。在这样的情形下,“证据应当具有合法性”或者“即便具备能够发现真实的证据价值,但采用非法手段收集的证据不能作为判决根据”这样的观点才逐渐地为法学界和司法实务所接受。就司法实务而言,最高人民法院于1995年以“批复”方式发布的一个司法解释首次采用这种观点,明确地提示了对非法收集的证据予以排除的程序规则。当年2月,针对河北省高级人民法院就一方当事人没有获得对方当事人同意而暗地录制的录音材料能否作为定案根据的请示,最高人民法院以法复〔1995〕2号文批复河北高院,明确指出,“证据的取得首先要合法,只有经过合法途径取得的证据才能作为定案的根据。未经对方当事人同意私自录制其谈话,系不合法行为,以这种手段取得的录音资料,不能作为证据使用”。

最高人民法院的这个“批复”一方面被视为我国民事诉讼制度上开始确立非法证据排除规则的里程碑,对有关证据和程序的观念更新等都具有重大意义,另一方面也因提示的规则内容过于单纯,从合法性角度对发现案件真实的限制也显得过分严格苛刻等而受到了一些批评。诉讼实务中由于对“批复”内容的理解不一,在证据的取得方式何为“合法”或“不合法”、什么情况下具有真实性和证明力的材料也“不能作为证据使用”等具体解释适用上出现了某些混乱。到2001年12月,最高人民法院出台的《证据规定》第68条进一步规定:“以侵害他人合法权益或者违反法律禁止性规定的方法取得的证据,不能作为认定案件事实的依据”。不过,以上“批复”已经废止,第68条的规定也从2019年新出台的《证据规定》中被删除。目前的相关规定是2022年《民诉法解释》第106条,其内容表述为,“对以严重侵害他人合法权益、违反法律禁止性规定或者严重违背公序良俗的方法形成或者获取的证据,不得作为认定案件事实的根据”。这一司法解释不仅在形式上比起以前的“批复”更加规范,规定的内容也显得较为周到或完整。不过,因为是类似法律条文的抽象性规定,其内容进一步的具体化仍有待于法解释学的学理阐释和对于实际个案的解释适用。这个过程目前仍在进行之中,法院内部对于非法证据排除规则理解不一的情形时有发生。在这个领域十分有名的一个典型案例,就是涉及所谓“陷阱取证”的北大方正诉高术公司知识产权侵权案。本案的大致案情如下：

北大方正公司怀疑其拥有知识产权的激光照排RIP软件被高术公司擅自利用并营利，遂于2001年指派其员工以个人名义化名与高术公司接洽购买激光照排机械。从7月到8月，该员工与高术公司签订了购买机械的合同，并预先租房让高术公司到此处进行安装，高术公司除安装激光照排机外，还在两台电脑上安装了RIP软件。在此过程中，北大方正申请某公证处制作了若干份公证笔录，并对RIP软件进行了公证证据保全。2001年9月，北大方正公司以高术公司为被告，向北京市第一中级人民法院提起侵权损害赔偿诉讼，请求判令其停止侵权，赔偿300万元并承担取证、公证等各项费用。

一审法院经审理后于2001年12月作出判决，认定北大方正采取的是"陷阱取证"的方式，但"该方式并未被法律所禁止，应予认可"，判令高术公司停止侵权、斟酌种种因素赔偿60万元并承担取证和公证的大部分费用。高术公司不服一审判决，以北大方正的取证方式明显不合法却被许可采纳为判决根据等为理由，向北京市高级人民法院提起上诉。二审法院于2002年7月作出终审判决，认为北大方正公司的"陷阱取证"方式并非"获取侵权证据的唯一方式，此种取证方式有违公平原则，一旦被广泛利用，将对正常的市场秩序造成破坏，故对该取证方式不予认可"。结果是将原判决的赔偿金额60万元改变为被公证证据保全的软件正版价格13万元，除公证费用外，其余取证费用也全部由北大方正自行承担。

北大方正公司不服该终审判决，向最高人民法院申请再审。最高人民法院提起再审，并于2006年8月作出判决，关于取证方式的问题做出如下结论："北大方正公司通过公证取证方式，不仅取得了高术天力公司现场安装盗版方正软件的证据，而且获取了其向其他客户销售盗版软件，实施同类侵权行为的证据和证据线索，其目的并无不正当性，其行为并未损害社会公共利益和他人合法权益。加之计算机软件著作权侵权行为具有隐蔽性较强、取证难度大等特点，采取该取证方式，有利于解决此类案件取证难问题，起到威慑和遏制侵权行为的作用，也符合依法加强知识产权保护的法律精神。此外，北大方正公司采取的取证方式亦未侵犯高术公司、高术天力公司的合法权益。……据此，本案涉及的取证方式合法有效，对其获取证据所证明的事实应作为定案根据。"最终，再审判决在赔偿数额、取证费用的负担等方面的处理基本上与一审判决相同。

从该案例可以清楚地看到，本案中不同层级的法院对原告取证方式是否合法的认定一转再转，最终采取了一种对合法性的认可较为宽松的判断。这个案例说明有关取证方式合法与否的判断牵涉到证据的认识论属性和法律属性之间的紧张关系，或者说与诉讼发现实体真实的目标及程序正当的要求两者存在的张力甚至冲突紧密相关,需要在追求这些价值的两难中达到并维持某种微妙的平衡。虽然能否完成这样困难的任务主要取决于在个案语境中对种种具体案情事实的权衡,但从一般的理论层面仍有可能和必要将需要斟酌的因素及考量的方法等加以适度的抽象和类型化,并在学理上进行论证。

关于非法收集证据的排除,首先,必须考虑收集证据的方法或取证方式的形态。取证方式的"非法"与"合法"相对应,有时亦表述为"违法""不当"等,"侵害他人合法权益"或"违背公序良俗"也是"非法、违法"的另一种表述方式。证据的"不当收集"或给他人权益或"公序良俗"造成的侵害在方法或形态上可以形形色色,所谓"合法、不合法"的程度也是多种多样的。例如,涉及"偷录偷拍"的取证可以是从通话时随手打开电话或手机上的录音功能键,事先经预谋策划且在偷录时诱导性地发话,雇用私人侦探跟踪蹲守的偷拍,潜入他人住所或办公室等处安装窃听窃录设备等方式;关于"陷阱取证",可以只是隐瞒真实身份去接触对方以掌握已经一般存在的侵权行为,也可以表现为故意诱使、教唆本来不一定存在侵权意图的对方陷入某种一次性侵权的圈套等;甚至还可能出现确实有某种权利却因缺乏证据,于是采取胁迫、敲诈等手段强制他人而"制造出"相关证据的极端情形,等等。总之,"非法"收集证据的形态不胜枚举,其"不合法"的程度也从轻微的"不合适"或"不当",一直到属于明目张胆的反社会行为或已涉嫌犯罪这样的极端。因此,"一刀切"式地认定取证方式合法与否往往导致不合理的结果,只能一般地说越是违法程度轻微的方法,就越有可能允许作为定案根据,反之亦然。而在这些情形之下,划分是否合法的一个重要的考量因素,则是上述案例中已涉及的发现实体真实的价值或个案正义与社会公共利益之间的平衡。因为允许通过不正当方式取得的证据作为定案根据,有些情况下会给一般人提供某种并不值得提倡的信号或导向,甚至可能相当于放任或鼓励其他人此后也采取同样的手段去达到自己的目的。由此可能会引发不利于社会生活或市场秩序正常运转维系的公共利益问题。如果取证方式的"不当"或"违法"已经达到这样的程度,或允许其作为证据使用很有可能发出此种信号,则虽然证据拥有真实性和证明力,仍认定其为"违法收集"的证据并予以排除就具有了较大的合理性。一般说来,法院系统对此类行为"违法"或"侵害"达到需要排除所收集证据的程度要求有越来越严格的倾向。最新的司法解释把排除证据的前提限定到"严重"的侵害或违背行为,"违法"的对象也限定到"法律禁止性规定",就反映了这样的倾向。

其次,需要考量的另一个重要因素,就是有可能排除的证据对于证明案件事实的重要性,或者说还应考虑该证据对于实现本案的实体正义来讲究竟关键到什么程度的问题。

这是一个必须与取证方式的合法或不合法程度结合起来加以综合衡量的因素。举个极端的例子，仅仅是通话时随手打开录音键而没有经对方同意取得的录音资料，如果是涉及案件标的数千万金额的关键证据甚或是唯一的直接证据，则几乎可以肯定，在其能够与其他间接证据相互印证时应采用为定案的根据。另一方面，如本节设例 6-1 所示的录音虽然可能也是以同样的方式取得，不过对于证明待证事实来说并非特别关键或不可或缺，最终因其取得方式的不妥而未被法院用作认定借款实际数额的根据。当然，现实中需要做这种衡量的情形多数都更加微妙而不易掌握，但上述有关在程序正义的实现和追求实体真实这两种价值之间必须保持平衡的基本原则依然成立。

最后，在上述两种考量权衡都特别困难，得出明确结论极不容易的情况下，还有一种因素也值得斟酌。这就是能否使用其他办法追究和惩罚采用非法手段取证的行为，同时对取得的证据因其重大而不可替代的证明作用予以认可。如果通过相关费用负担在当事人双方之间的重新分配或转嫁，乃至另行提起侵权损害赔偿诉讼等方式，能够对因非法取证而遭受侵害的当事人予以补偿，同时也发挥抑制和预防同种行为发生这种作用的话，则允许非法取得的证据成为定案根据的处理也并非不可想象。事实上，更加注重追求案件实体真实或个案正义的学者往往倾向于这个方案，或者主张应当将其视为解决非法收集证据问题的主要途径。不过，在我国的民事诉讼实践中，由于种种条件的限制，指望主要采取这种方法来替代对非法收集证据的排除并不具有普遍适用的现实性或可行性。这种方法，即以其他途径惩治以违法方式取得证据的行为，仅仅可以理解为一种辅助性的对策。

第 2 节　民事诉讼法规定的证据种类

《民事诉讼法》第 66 条规定："证据包括：(一) 当事人的陈述；(二) 书证；(三) 物证；(四) 视听资料；(五) 电子数据；(六) 证人证言；(七) 鉴定意见；(八) 勘验笔录。"对于这八种证据，学理上一般称"法定的证据种类"。可以看出来，法定证据种类的以上顺序，大致是按照证据在民事诉讼程序展开过程中通常出现的先后顺序而排列的。同时还可注意到，《民事诉讼法》第 66 条规定不同证据种类的方法主要是依其存在形式，即在证据方法层次上加以表述，如对涉及主体和过程的证据也用"陈述、证言、意见、笔录"等概念强调了其客观存在的形态。不过，仅仅从存在形式的角度并不一定方便对这些证据种类加以区分或归类描述。如果按照证据性质上的共通点和差异性再做分类的话，还可以将上述法定的八种证据划分为三个大类，即“实物证据”（或称为“物的证据”）、“言辞证据”（也可称为“人的证据”甚或简称“人证”）和“过程型证据”（也可称为“操作性证据”）。实物证据包括书证、物证、视听资料和电子数据，言辞证据指当事人的陈述和证人证言，过程型的证据则包括鉴定意见与勘验笔录。

可以容易地看出，包括在“实物证据”类中的各种证据都是一些不同的物品，直接由物质性的载体自身传递出一定信息。而作为“言辞证据”，首先有特定主体即证人和当事人的存在，其运用言辞提供的证言和陈述反映证据资料。鉴定和勘验则依赖于某些拥有专业知识及相关技术设备或具备特定资格的主体，通过某种技术性的操作过程才可能获得并表达与待证事实及案件有关的信息，因其重心在于操作过程本身，所以称作“过程型”或“操作性”的证据。这些区别和同类证据之间的共通点，在检验每一种证据的真实性、可靠性或思考有关证据的提交方式及质证等程序问题时，都具有重要的参考意义。以下就分类并逐项地介绍分析我国民事诉讼法上规定的这些证据种类。

6.2.1　实物证据

由于实物证据均通过某种物质性载体来表达或传递一定信息内容，因此保证其真实性、可靠性的关键，就在于物质性载体本身维持客观存在的原样，后来未受任何有意或无意、人为或自然的加工、改变。这是实物证据的共通性，而各种实物证据又都有其自身的特点。兹分述如下。

（一）书证

最典型的书证就是在纸面或类似的材质上通过文字、图形或符号的书写、记载（现在更多以打印方式）来表达或传递有关某种既知事实信息的书面材料。在民商事诉讼实务中，书证首先经常以合同文本、借条、遗嘱、信函、传真、会议纪要或笔录等方式直接记载案件相关事实的方式出现。其次，各种票据或证书如发票、车票、转账单、提货单和产权证、结婚证、工商登记资料等，虽然不一定直接记载案件事实，却可以明确无误地传递某些可以推知待证事实的信息，也属常见的书证形式。最后，往往作为书证或其他证据附属部分的图纸、账簿、对账单、明细表等材料，不一定以文字而是用图形、数字或其他符号传递出与案件有关的信息，同样被归属于书证。需要注意的是，从强调以文字记载表述案件相关信息内容的角度来看，电子邮件和手机短信虽然与计算机及数字化通信技术等紧密相关，在不涉及其来源而只以打印件等书面形式出现且被采用的话，仍具有书证的一般特征。在我国民商事诉讼的司法实践中，书证可以说就是最为常见，或者说是提交并得到运用的频度最高的证据种类了。

书证因其以“记载书写”的方式反映证据资料的特点，容易遇到“是否有过涂抹、加笔、窜改等人为加工”这样一个牵涉真实性、可靠性的问题。尤其书证不是以原件而是以复印件这种“传来证据”的形式提交时，判断其是否具有真实性、可靠性有时会变得非常困难。《民事诉讼法》第 73 条规定，“书证应当提交原件。……确有困难的，可以提交复制品、照片、副本、节录本。”作为对这一条文的解释，《民诉法解释》第 111 条指出，“提交书证原件确有困难”包括如下这些情形：“（一）书证原件遗失、灭失或者毁损的；（二）原件在对方当事人控制之下，经合法通知提交而拒不提交的；（三）原件在他人控制之下，而其有权不提交的；（四）原件因篇幅或者体积过大而不便提交的；（五）承担举证证明责任的当事人通过申请人民法院调查收集或者其他方式无法获得书证原件的。”对于这些情形，第 111 条第 2 款规定，法院“应当结合其他证据和案件具体情况，审查判断书证复制品等能否作为认定案件事实的根据”。与上述规定紧密相关，《民诉法解释》接着还用两个条款规定了有关责令提交书证的制度和违反的罚则。其第 112 条第 1 款规定当事人具有申请强制持有书证的对方提交该证据的程序性权利，“书证在对方当事人控制之下的，承担举证证明责任的当事人可以在举证期限届满前书面申请人民法院责令对方当事人提交”；第 2 款规定了相关程序及法律效果，“申请理由成立的，人民法院应当责令对方当事人提交，因提交书证所产生的费用，由申请人负担。对方当事人无正当理由拒不提交的，人民法院可以认定申请人所主张的书证内容为真实”。第 113 条则进一步规定，如果发生“持有书证的当事人以妨碍对方当事人使用为目的，毁灭有关书证或者实施其他致使书证不能使用行为的”情形，法院可以根据有关妨害民事诉讼行为的法律条文，对该当事人采取罚款或拘留等强制措施。《证据规定》第 45 条至第 48 条就一方当事人申请对方当事人提交书证的条件、对当事人提交书证的申请进行审查的程序以及控制书证的当事人应当提交书证的情形等做了进一步的规定。

与书证的真实性问题紧密相关，还应注意的是我国民事诉讼法虽然没有如同某些外国的相关制度那样明确从形式、来源及法律效力上区别“公文书与私文书”，但把书证大致分为“公共性质的文书”和“私人的书面材料”这两个类别，对于司法实务和理论研究仍然是有意义的。《证据规定》第 91 条和第 92 条分别规定了“公文书证”和“私文书证”，但对二者的概念、内涵以及各自的范围等均需要做进一步的解释。从第 91 条第 2 款规定的“在国家机关存档的文件，其复制件、副本、节录本经档案部门或者制作原本的机关证明其内容与原本一致的，该复制件、副本、节录本具有与原本相同的证明力”来看，“公文书证”基本上应限定于国家机关制作的文书这一较为狭窄的范围。但一般而言，由各种行政机关、公证机构以及某些社会团体出具的证书、公证文书、书面证明等，在理论上都可以视为“公共性质的文书”。其与包括当事人在内的一般人制作并提交的所谓“私人的书面材料”相较，在真实性、可靠性方面往往更容易得到法院的认可。《民诉法解释》第 114 条的内容反映了这一点。第 114 条规定：“国家机关或者其他依法具有社会管理职能的组织，在其职权范围内制作的文书所记载的事项推定为真实，但有相反证据足以推翻的除外。必要时，人民法院可以要求制作文书的机关或者组织对文书的真实性予以说明。”不过，由于“国家机关”和“具有社会管理职能的组织”范围极大，其可能制作的文书种类繁多，带有“公共性质”的程度也不同，对于哪些文书可以无条件地承认其具有真实性、哪些文书其实与一般所谓“私人的书面材料”已没有区别或者其“边界”何在等问题，还需要在司法实践中根据具体情况解释并进行判断。

与此紧密相关，在我国诉讼法学界和司法实务上存在争议的一个有“中国特色”的问题，就是程序上对所谓“单位证明”应如何处理。有人主张，某些组织例如国有或集体所有的企事业单位、村民委员会等开具与案件事实有关的书面证明，往往盖有单位印章却没有个人署名，其实不应作为书证，而应由知悉了解情况的个人作为证人出庭作证。不过在司法实务中，除非单位开具的书面材料确实存在较重大或明显的疑点，一般情况下多将此视为书证加以运用。此外，如人身侵权案件中公安派出所或交警等先行做过处理等情形下，现场处理的笔录在民事诉讼阶段，法院也往往将其按具有较强“公共性质”的书证对待。不过对于这种证据，如果当事人提出确有道理的异议，法院也有可能转而视其为书面证言，并要求现场接受过询问的人员到庭作为证人提供口头的证言。《民诉法解释》第 115 条第 1 款规定了对这种证据在形式上的要求及其转化为“证人证言”的可能，“单位向人民法院提出的证明材料，应当由单位负责人及制作证明材料的人员签名或者盖章，并加盖单位印章。人民法院就单位出具的证明材料，可以向单位及制作证明材料的人员进行调查核实。必要时，可以要求制作证明材料的人员出庭作证”；第 2 款进一步规定，“单位及制作证明材料的人员拒绝人民法院调查核实，或者制作证明材料的人员无正当理由拒绝出庭作证的，该证明材料不得作为认定案件事实的根据”。

总之，书证有时候也是能够与其他证据种类相互转化的，到了诉讼实务的具体程序操作层面就不可过分拘泥于概念上的区别。

（二）物证

物证是以某种物品的外观、形状、位置所在、成分构成和功能等物理性状来传递、显示与案件有关信息的证据种类。与刑事诉讼中的物证往往表现为凶器或从犯罪现场提取的血迹、毛发、弹壳等更富有戏剧性的物品不同,民商事诉讼中较常见的物证是产品或原材料的样本、机器零件或者消费者争议的小商品等。而且与刑事诉讼相比,物证对于处理案件、解决纠纷的重要性一般都显得相当有限。在民商事诉讼案件中,相对于其他种类的证据而言,物证出现的频率往往也比较低。不过,由于物证几乎完全依靠其物理性状来揭示某种事实,其作为客观存在的性质也最为突出,因而较易成为"铁证"。与此相关,物证的真实性、可靠性问题,主要就体现为物品的外观、形状、成分及功能等是否与案件事实发生时一致,或者说是否经过自然的变化或人为的变造加工污损等。有些情况下也会涉及是原件还是复制品等问题。但相比之下,应该说对物证的真实性、可靠性还是比较容易判断的。

需要注意的是,将物证与其他证据区分开来的不是客观的存在形式,而主要在于与案件相关的信息由物品的物理性状所获知这一点。例如,同样为一张纸,上面写有文字,如果相关信息由文字记载的内容而获知则其为书证;但要是相关信息由这张纸的颜色、质地或者写字用的墨水等来推知的话,其就成为物证。与这种性质紧密相关,如果由物品的物理性状推知案件相关信息的过程有必要采取特殊的程序,或者这种过程需要某种专业知识技术的介入,则物证可以很容易地转化为勘验或者鉴定这两种另外的证据种类。一般而言,民事司法实务中的物证只限于可以较容易地提交到法庭,并在开庭时能够当场确认其物理性状的小型物品,不方便这样做的其他物品可能就会以勘验的方式来提交并加以审查。相信这也是一些大陆法系国家如德国、日本等都把物证并入勘验之中,作为同一个证据种类的原因之一。

(三)视听资料

视听资料在存在形式上表现为借助音像设备技术记录的声音、画面及与音像同步的动作场景等,并通过这些载体表达、传递或展示与案件相关的信息。最典型的视听资料是录音、照片、录像、视频等,还包括利用某些特殊的成像技术制作的图像,如 X 光片和超声波图片等。按照《民诉法解释》的表述就是"录音资料和影像资料"(第 116 条第 1 款)。在音像科技日益发达、功能越来越齐备的音像制品不断普及于人们日常生活的今天,利用这种设备技术记录某些信息也日趋容易。随之而来的则是民事诉讼中把这种资料作为证据提交的情形越来越常见。关于视听资料的取得容易在合法性上出现问题,因而常常与"非法收集证据的排除"发生联系这一点,可参见本章第 1 节延伸讨论 6-1-2。

与高度发达的音像技术紧密相关,这种证据的真实性、可靠性经常遇到的另一个问题就是有无经过剪辑、拼接等技术性加工的可能。稍稍具体地讲，关于录音资料，首先可能对发声的人究竟是谁、录制的具体时间、地点等难以特定，其次也可能在内容是否有剪接等方面发生争议；照片在数码技术已经普及的情况下，则存在通过电脑可以进行拼贴或修饰的问题；录像视频等技术上也有剪辑加工的可能而容易招致疑问。所有的这些问题许多情况下都涉及高度专门的技术，往往不得不通过鉴定的技术手段去设法解决。

此外，需要注意的是，越来越多的照片、音频、视频等因其生成和传播的方式而被视为电子数据，视听资料与电子数据这两个证据种类的区别也越来越小。

（四）电子数据

电子数据是2012年《民事诉讼法》修订时新增加的一个证据种类。此前学理上一般都将其归属于视听资料的一种，或理解为未经法定却在司法实务中得到实际运用的“其他证据”。随着计算机及互联网等电子技术的发展和越来越广泛的使用，电子数据形式记录的信息在民事诉讼中的作用也日益突出。这就是电子数据作为一种独立的证据写进诉讼法的科技和社会背景。通过计算机硬软件技术在计算机等一定的设备和硬盘、光盘、U盘等介质中生成、发送、接收、储存的电子信号称为电子数据，其承载的信息可借助电子技术以文字、图像或影音等方式呈现出来而得到认知。《民诉法解释》第116条第2款对这种证据的表现形式作出下列规定：“电子数据是指通过电子邮件、电子数据交换、网上聊天记录、博客、微博客、手机短信、电子签名、域名等形成或者存储在电子介质中的信息”。

《证据规定》第14条则进一步列举了电子数据包括的五类“信息”及“电子文件”，即：网页、博客、微博客等网络平台发布的信息；手机短信、电子邮件、即时通信、通讯群组等网络应用服务的通信信息；用户注册信息、身份认证信息、电子交易记录、通信记录、登录日志等信息；文档、图片、音频、视频、数字证书、计算机程序等电子文件；其他以数字化形式存储、处理、传输的能够证明案件事实的信息。

就其证据方法的层面而言，电子数据依靠计算机技术存在于一定的设备或介质中，具有能够利用电子技术加以特定、识别或还原的客观性质，同时也可以因同样的技术手段而遭修改、毁损或灭失。识别或特定电子数据的技术基础在于“哈希值”（Hash Values）和“元数据”（Meta Data）。哈希值是一种专属数字识别码，可以分配给一个或一组电子文件或某个文件之一部分，使其可能得到特定或认证。元数据则是可以用来管理并描述电子文件生成的环境，识别其传输等踪迹的信息。另外，作为证据资料，电子数据载有的信息可分为内容数据信息和附属数据信息两个方面。前者可表现为电子邮件、网络聊天记录、数码照片及视频等形式，记录可能反映案件事实的信息；后者则是指形成、存储、处理、传输内容数据信息时通过电子技术生成的有关其环境或适用条件等附属信息。例如电子文档的位置、大小、修改时间；电子文件的传输途径、邮件 ID、发送电子邮件的日期与收发位置，等等。

在司法实务中，如果电子邮件及聊天记录的打印件、数码照片或视频等形式直接被用来证明案件事实，其表现形式其实与书证或视听资料等其他证据种类并无实质性区别；但同样的证据资料却需要直接查看电子介质，或者通过电子技术对介质本身进行特定或识别才能提交并加以审查的话，这就是典型的电子数据了。前者可称为电子数据的“复制件”，后者则是电子数据的“原件”或者“原始载体”，其各自的典型样态分别可以是微信聊天记录打印件和手机本身，或者电脑页面截图打印件和电脑或 U 盘等。《证据规定》第 15 条第 2 款规定，“当事人以电子数据作为证据的，应当提供原件”，“直接来源于电子数据的打印件或其他可以显示、识别的输出介质，视为电子数据的原件”。其第 23 条规定，法院调查收集电子数据，“应当要求被调查人提供原始载体。提供原始载体确有困难的，可以提供复制件”。在司法实践中，对电子数据的“原件”和“复制件”加以核对，往往就表现为当庭打开特定手机的微信页面，将其与微信聊天记录打印件相对照等程序场境。如果到了不采用某种高度专业的计算机硬软件技术就无法读取“原件”电子介质中相关信息的程度，电子数据这一证据种类就需要与鉴定等操作性的证据种类相互打通来加以运用了。

6.2.2　言辞证据

言辞证据的特点在于需要通过特定个人的言辞表达来反映与案件有关的信息，而这些言辞及其反映的信息内容必然经过主体的观察、记忆和具体表述等一系列与个人的认知等主观层面紧密相关的作用过程。这一特点给言辞证据的客观性尤其是给其真实性、可靠性带来很多不确定因素，也影响到此类证据的提交及审查方式。

（一）证人证言

证人证言是由并非案件当事人，却又以参与或亲历、目击或观察等方式知悉案件相关事实的其他人通过言辞表达来传递其了解的案件事实信息。证人不能由本案当事人充当，这一点使证人证言与下文介绍的当事人陈述区别开来。除此之外，原则上凡是了解案件相关信息的个人，都有可能成为证人。另一方面，因为证人作证牵涉到个人观察、理解、记忆和言辞表达的能力，如果特定的个人完全缺乏这些能力，学理上将其称为没有“证人资格”的主体。具体说，精神疾病患者和幼儿一般情况下不应被允许作为证人提供证言，但根据精神病患的轻重程度、幼儿年龄大小以及与案情的关联等因素，在某些场合仍可能允许此类主体提供证人证言。关于证人资格，我国《民事诉讼法》第75条第2款规定，“不能正确表达意思的人，不能作证”。《证据规定》第67条第1款也有这样的规定，但第2款对此则加以了补充，“待证事实与其年龄、智力状况或者精神健康状况相适应的无民事行为能力人和限制民事行为能力人，可以作为证人”。有关证人资格的问题也可能被理解为证人证言有无“证据能力”的问题，这个问题在不同法律体系下有着不同的含义。例如通过听说、传话等方式了解案件事实的人，在英美法系是不承认其拥有证人资格的所谓“传闻证人”，但在大陆法系的许多国家却能够作为证人。我国民事司法实务中对证人资格的限制也不严格，除了严重的精神病患者和幼儿，只要是知悉案件事实的个人，都有可能成为证人。或者说，其提供的证言往往被承认具有证据能力。

个人一般都是在诉讼程序开始之前的纠纷发生过程中了解、知悉相关信息，到案件审理程序启动后才成为证人，并以言辞方式提供有关案件事实信息的证言。因此，证人从过去亲历或观察某些发生且已消失的事实，到后来在诉讼程序中以言辞来表述有关这些事实的信息，必须经过一段时间。这一特点使证人证言的真实性、可靠性高度地依赖主体在观察、理解、记忆和表达这一连串带有主观性质的阶段中是否诚实、真挚，也依赖于其观察理解的准确、记忆的牢靠、表达的清晰等方面的程度及能力。为了尽可能地去除证人证言的主观色彩并提升其真实性、可靠性，证言的提供方式，或者说证人应当在什么样的程序场境下作证，就构成了有关这个证据种类的一个重大问题。证人提供证言大体上有两种方式，即书面证言和出庭口头作证。在制度上，证人出庭作证被视为提供证言的原则性方式，书面证言则被理解为一种不得已情况下的辅助方式。我国《民事诉讼法》第75条第1款规定，“凡是知道案件情况的单位和个人，都有义务出庭作证。有关单位的负责人应当支持证人作证”。第76条则规定了在证人因健康原因、路途遥远和交通不便、自然灾害等不可抗力及其他正当理由的例外情况下，才能够以书面证言、视听传输技术或者视听资料等方式作证。

诉讼法学界一般的观点认为，证人出庭作证并接受法院和当事人双方的当庭询问，从认识论的角度看有助于检验证人观察是否准确、记忆是否牢靠、表达是否清楚以及其人其言真挚性和诚实的程度；在法律的意义上也为当事人提供了一种能够保障其诉讼权利的重要程序场境。基于这样的观念并援引比较法上相关制度的知识，许多学者呼吁在我国民事诉讼程序中建立一整套关于证人出庭作证的制度。这套制度包括证人传唤程序、当庭询问方式、对无正当理由不出庭的证人采取罚款或拘留等强制措施,也包括国库向证人支付路费、住宿费用及误工补贴等证人应拥有的权利或保护等一系列具体的法律规定和制度安排。2012 年修订的《民事诉讼法》在这个方面增加了若干条文,《民诉法解释》也做了进一步的规定。这些规定的内容包括:当事人可以申请证人出庭作证,法院在符合一定条件时也可以依职权通知证人出庭作证(《民诉法解释》第 117 条);法院准许证人出庭作证申请的,通知申请的当事人按照一定标准预缴相关费用(《民诉法解释》第 118 条);证人出庭作证前法院应责令其签署如实作证、不作伪证的保证书,如证人拒绝签署则不得作证并自行承担相关费用(《民诉法解释》第 119 条、第 120 条),等等。《证据规定》第 67 条至第 78 条进一步完善了证人出庭作证的制度,还在第 87 条第(五)项、第 90 条第(三)项以及第 96 条就如何审查认定证人证言作出了规定。所有这些程序规范是否会导致更多的证人出庭作证、能否提升证人证言得到采信的比率等问题,都有待今后相关实务加以观察。

在我国目前的民事司法实践中,现实的证人证言提供方式呈现出与“证人原则上都应出庭作证”这一观念不同的状况。大多数民商事案件中证人证言主要以书面证言的形态提交,证人出庭并以口头言辞方式提供证言的情形只占一个很小的比率。学术界关于建立证人出庭作证的一整套制度等主张或呼吁,针对的就是这样的现实状况。从民事诉讼的历史沿革来看,我国曾有过主要由法院负责收集证据的时期,由两名以上的法官在庭外设法找到证人当面进行询问,并记录其证言,成为当时证人提供证言的一般情况,因此并未产生对证人出庭作证的强烈需求。但通过强调当事人举证责任的审判方式改革,随着法院依职权收集证据逐渐让位于当事人自己提出证据,证人证言更多地以一方当事人要求证人书写的证明材料或者其代理律师询问证人的笔录等书面形式出现。到了开庭质证时,无论另一方当事人还是法官,都会感觉到缺少对这种证言的真实性、可靠性进行检验或核对的手段。于是在诉讼实务中也产生了对证人自身出庭并接受对方当事人和法院当庭询问的需求。最高人民法院自 2001 年《证据规定》起一直在强调证人有必要出庭作证,就与这样的实务需求紧密相关。不过目前的现实状况是,即使证人出庭也往往由一方当事人说服动员而来,很可能因此而受到另一方当事人质疑,其提供的证言得到法官采信的概率也显得不很高。在我国现阶段的社会条件下,在法律上规定一整套相关制度是否就能够从根本上改变证人出庭作证的现状,理论上还存在着争议。围绕证人证言这一证据种类,如何提高证人出庭作证的比率并让其发挥应有的作用,今后仍可能将构成诉讼法学界需要深入持续地探讨下去的重要问题之一。

（二）当事人陈述

当事人陈述作为一个证据种类，指的是当事人就其亲身经历的案件事实所做的叙述或说明。广义的当事人陈述包括双方当事人在诉讼中展开的请求、主张、反驳和辩论等言辞行为，当事人除了叙述与案件有关的事实外，还可能表达自己的立场、观点和意见，而且所有这些言辞表达都常常带有态度、情绪等主观感受的流露。但是，能够作为一个证据种类的当事人陈述，不能是对己方权利或正当性的主张，而只能是就案件事实所做的描述。从这种"就事论事"的叙述中还必须排除意见立场或态度情绪的表达等主观因素。只有对过去的事实经过或细节的描述本身，才是能够被称为证据的当事人陈述。再者，即便符合这个定义，当事人除了陈述自己亲身经历的事实外，还可能转述耳闻或从其他渠道间接获得的有关事实信息。因此，更精确地讲，当事人只有对以自己的五官直接感知的过去事实所做陈述才能成为证据，而陈述传闻等间接获得的信息，都还是需要进一步以其来源渠道等来加以证明的对象。

有关当事人陈述的这个定义，意味着不是所有的当事人都能够成为提供这种证据的主体，或者说并非只要是案件当事人就拥有构成这一证据方法的"资格"。在许多案件中，当事人本人不一定亲身经历过与案件有关的生活事实，或者并不直接了解纠纷的来龙去脉。这一点尤其适用于法人或组织而非自然人作为当事人的场合。法人或组织与他人之间发生纠纷，往往由组织层级中某些具体的个人经办处理，但一旦成讼则只有其法定代表人成为案件当事人。这种情况下即便具体经办人担任诉讼的委托代理人，其就自己直接经手处理的案件事实提供的言辞证据，也只能作为证人证言，而不是当事人陈述。总之，这个证据种类在相当一部分案件中不可能出现，其起作用的范围相对书证或证人证言等其他证据而言显得较为狭窄。不过例外的情况是，法人、组织或者过去并未亲历案情事实的自然人如果在诉讼中作为当事人针对案件要件事实做出明确的陈述，因为可以构成自认并发生相应的法律效果，则应将其视为当事人陈述的一种体现。

限制了当事人陈述在诉讼中发挥作用的另一个更关键的因素，则在于这种言辞证据因出自与案件有直接利害关系的当事人之口，受到主观方面的利益倾向性影响的可能更大，其真实性、可靠性更易受到质疑。为了检验当事人陈述的真实性或减弱其利益倾向性，有些国家的民事诉讼制度上规定了进行陈述前让当事人站到证人席上进行宣誓并分别接受对方当事人和法官的询问等程序。我国也有学者主张应当引进类似的制度。不过，目前我国司法实务中作为证据的当事人陈述，仍然处于一种与当事人种种的主张、辩论或意见观点、态度情绪的表达混同在一起的状态，没有在程序场境上被分离出来赋以某种有形的外观。关于这个证据种类在诉讼中多大程度上可能被法院采信或实际发挥多少证明作用,也在“很小”和“其实相当可观”这样位于两极端的模糊印象中推移。关于如何设计有关当事人陈述的程序场境以及怎样提高当事人陈述的可信度等问题,构成了有关这个证据种类的关键点。2022 年《民诉法解释》第 110 条第 1 款规定,“人民法院认为有必要的,可以要求当事人本人到庭,就案件有关事实接受询问。在询问当事人之前,可以要求其签署保证书”;第 2 款进一步规定,“保证书应当载明据实陈述、如有虚假陈述愿意接受处罚等内容。当事人应当在保证书上签名或者捺印”。对于法院有关签署保证书的要求,当事人有可能签署或者不签署。但一般而言,当事人如果签署保证书后进行陈述,作为证据得到法院采信的概率会更高;相反,对于拒绝签署的当事人所做陈述,法院更有可能不予采信。2019 年出台的《证据规定》不仅在第 64 条至第 66 条进一步细化了上列第 110 条的内容,更重要的是在第 63 条首次规定了当事人陈述的真实、完整义务。该条第 1 款规定,“当事人应当就案件事实作真实、完整的陈述”;第 2 款规定,“当事人的陈述与此前陈述不一致的,人民法院应当责令其说明理由,并结合当事人的诉讼能力、证据和案件具体情况进行审查认定”;第 3 款则规定,“当事人故意作虚假陈述妨碍人民法院审理的”,法院可对其予以罚款或拘留。

参考文献:王亚新、陈杭平《论作为证据的当事人陈述》

6.2.3　过程型证据

过程型或操作性证据的分类着眼于通过某种带有不同程度专业性的操作获得案件事实相关信息的过程本身。集中反映这类证据的特点,而且在理论上和实务中都遇到不少难题的证据种类是鉴定意见,勘验则属于一种相对单纯的操作性过程。以下重点介绍和讨论与鉴定有关的论点及问题。

(一) 鉴定意见

这一证据种类的概念由两个层次构成:一是某些有资质的主体使用专业的知识及设备、技术等手段对与案件相关(多为当事人提供)的材料实施技术性操作,以便获得与案件相关信息的鉴定过程;二是通过书面或口头方式把通过鉴定获知的相关信息内容传达、表述出来的意见或结论部分。同为鉴定,在民事诉讼与刑事诉讼中却有较大差异。刑事诉讼中的鉴定借助有关弹道、痕迹、DNA及生物化学等方面的专业知识技术，以凶器、血迹、毛发、伤势等的鉴识为重点，主要包括物证科学鉴定、法医鉴定和精神病学鉴定等有限的几个类别。这些鉴定都与犯罪搜查紧密相关，关于鉴定的机构和方式等都有较严格的规定，一般称为“司法鉴定”。与此不同，民事诉讼中的鉴定在类型上显得更加多种多样、形形色色。例如，民事诉讼中较常见的有医疗鉴定、笔迹鉴定、建筑工程的质量或者造价鉴定、涉及从不动产或汽车直到古董或珠宝的鉴别估值、对账簿或资产的审计评估、牵涉亲子血缘关系的DNA鉴定、与电子技术相关的数据还原过程，等等。当然，对伤势或痕迹进行司法鉴定在民事诉讼中也可能发生，但应该属于比较少见的鉴定类型。

民事诉讼鉴定的必要性或其认识论基础在于，对必须加以证明的待证事实，有些时候不能由一般人根据常识或生活经验就可以作出合理判断，而需要借助专门的技术知识来获取某种既知事实信息，以便法官据此展开将未知转化为已知的推理。原则上，凡是遇到这种情形，鉴定过程就成为获取证据的必要手段，鉴定结论则是将获取了解到的既知事实信息反映出来的证据资料。同时又因为民事诉讼处理的问题涉及人们经济交往和日常生活的方方面面，能够借助的专业知识技术分布在极为多样的不同领域，于是就造成了需要鉴定的多种材料和鉴定类别也随之显得形形色色的局面。

由于其必须以专门的技术知识为背景、类型却又多种多样的现实状况，民事诉讼中的鉴定有如下的特点：首先，鉴定的专业性或者其需要的科学技术知识，使得通过这种技术性操作获得并传递出来的信息具有较强的客观性，也可以说其真实性、可靠性比较容易得到一般人认可。但另一方面，由于鉴定在民事诉讼中有多种多样的类型，涉及的专业性程度或科学技术“含量”也大小不一，从而为当事人质疑鉴定结论留下了相当的空间，如何处理围绕鉴定产生的争议因此成为民事诉讼中一个重要却又难以解决的问题。其次，同样与鉴定所需的专门技术知识相关，能够在某个特定领域从事这种业务的机构和个人必须拥有资质或者应当通过一定的“准入门槛”。对鉴定机构或鉴定人的准入和资质等进行管理的主体及活动等构成了所谓“鉴定体制”，其外在于民事诉讼制度却又与证据及证明的程序紧密相关。具体到案件的审理过程中，如何选择鉴定机构或鉴定人就是一个涉及既有鉴定体制的程序问题。最后，鉴定的实施既需要支出费用，往往也会占用诉讼过程中相当的时间。鉴定费用是否合理、当事人之间如何分担这些费用、怎样控制鉴定所需的时间等，都可能成为影响民事诉讼程序之公平与效率的重要问题。

鉴定的类型或类别不同，涉及的问题也会有较大差异。例如，医疗鉴定就是一个从鉴定体制、鉴定程序到围绕鉴定结论发生的争议如何处理都存在诸多难点的特殊领域。分门别类地深入讨论这些问题属于证据法学或者证据学教科书的任务，以下仅就各类鉴定都可能有关联的问题做一个简洁的介绍。

鉴定的启动有两种方式，即当事人申请鉴定和法院依职权决定交付鉴定。在过去以法院收集证据为主的诉讼实践中，曾有过主要由法院决定是否启动鉴定的时期。但是，目前我国的民事司法实务中，由一方当事人提出申请已经成为最常见的鉴定启动方式。把 1991 年《民事诉讼法》的有关条文与 2012 年修订的《民事诉讼法》以及 2019 年的《证据规定》加以对比，也可以看出与鉴定有关的诉讼实务这种微妙的变迁。1991 年《民事诉讼法》仅有由法院决定鉴定的内容，其第 72 条第 1 款规定，“人民法院对专门性问题认为需要鉴定的，应当交由法定鉴定部门鉴定；没有法定鉴定部门的，由人民法院指定的鉴定部门鉴定”。与此相对，2012 年《民事诉讼法》第 76 条（现《民事诉讼法》第 79 条）第 1 款规定，“当事人可以就查明事实的专门性问题向人民法院申请鉴定”。其第 2 款才规定了当事人未申请鉴定而法院又认为需要鉴定时由法院委托鉴定的情形。目前实务中的一般做法是哪一方当事人申请鉴定就由该方当事人预先缴纳鉴定费用，且只要不预交费用，鉴定就不会付诸实施。如果当事人没有申请而法院却感觉到确有交付鉴定的必要，往往也只是提示当事人应申请鉴定，很少由法院径行决定实施鉴定。虽然在制度上，鉴定费用最终应当由败诉的一方承受，但预缴一笔通常并非微不足道的费用对于当事人来讲总是一项负担。于是，应当由哪一方当事人提出鉴定申请并承受预缴费用的负担，常常成为诉讼中法官面临的一道难题或双方当事人发生争议的一个原因。为了解决这个问题，2019 年《证据规定》第 30 条第 1 款规定，“人民法院在审理案件过程中认为待证事实需要通过鉴定意见证明的，应当向当事人释明，并指定提出鉴定申请的期间”；第 31 条接着规定，“当事人申请鉴定，应当在人民法院指定期间内提出，并预交鉴定费用。逾期不提出申请或者不预交鉴定费用的，视为放弃申请。对需要鉴定的待证事实负有举证责任的当事人，在人民法院指定期间内无正当理由不提出鉴定申请或者不预交鉴定费用，或者拒不提供相关材料，致使待证事实无法查明的，应当承担举证不能的法律后果”。

在决定实施鉴定之后必须选择具有一定资质的鉴定机构或鉴定人。除了鉴定的主体应拥有与鉴定内容相应的专业资质这一要求外，怎样保持其相对于双方当事人的中立性则是选定时需要考虑的另一个重要问题。选择的方式往往依鉴定的类型而不同，目前的诉讼实务大体上有当事人双方商定、法院指定、在事先确定的名单范围选择以及通过摇号等随机方式产生等多种做法。一般而言，当事人双方商定是一种比较简便易行的选择方法，这种方法具有当事人很难针对据此而形成的鉴定结论提出争议或要求重新鉴定的优点。现行《民事诉讼法》第79条第1款也明确规定，“当事人申请鉴定的，由双方当事人协商确定具备资格的鉴定人；协商不成的，由人民法院指定。”

鉴定人确定之后，其还应签署承诺书。《证据规定》第33条第1款规定，“鉴定开始之前，人民法院应当要求鉴定人签署承诺书。承诺书中应当载明鉴定人保证客观、公正、诚实地进行鉴定，保证出庭作证，如作虚假鉴定应当承担法律责任等内容”。根据该司法解释第34条至第38条的规定，鉴定前当事人双方还应对鉴定材料进行质证，鉴定人应当在法院确定的期限内完成鉴定并提交鉴定书，鉴定书副本送达当事人之后双方均可书面提出异议，如果有异议鉴定人应当作出解释说明。必要时，鉴定人还应出庭接受当事人和法院的进一步询问。《民事诉讼法》第81条对此做了明确规定，“当事人对鉴定意见有异议或者人民法院认为鉴定人有必要出庭的，鉴定人应当出庭作证。”此外还针对鉴定人拒不出庭作证的情形规定了不把鉴定意见作为事实认定根据和返还鉴定费用等制裁措施。有关鉴定人出庭作证的程序由《证据规定》第38条、第39条做了进一步细化。关于鉴定意见是否应当得到采信，理论上法院并无必须采信的义务，可以综合各方面信息作出决定。2012年《民事诉讼法》把此前法律上有关鉴定概念的表述“鉴定结论”修改为“鉴定意见”，也可以理解为在一定程度上反映了这样的认识。但是在实际上，法院对案件事实的认定一般都高度依赖鉴定意见，除非特殊情形很少作出不予采信的决定。另一方面，尤其在牵涉到医疗纠纷等领域的鉴定类别中，认为鉴定意见对自己不利的当事人一方往往有可能提出争议，出现要求重新进行鉴定的情况。为了规范和减少这种围绕鉴定的结果争讼不已，有时不得不重新鉴定甚至反复鉴定的现象，《证据规定》第40条规定，如果当事人提出重新鉴定的申请符合“鉴定人不具备相应鉴定资格”“鉴定程序严重违法”“鉴定意见明显依据不足”以及“鉴定意见不能作为证据使用的其他情形”等条件之一，法院应当予以准许。当然，这些规定在诉讼实践中如何具体地解释适用，仍然需要继续深入探讨。

参考文献：王亚新《新〈民事诉讼法〉中的鉴定：理论定位与解释适用》

（二）勘验笔录

勘验在我国民事诉讼法上是由法院派员对于某种现场或物品进行察看、观测或清点，以便了解获悉案件事实相关信息的一种操作性过程。法院将观察的经过及了解到的信息记载而成的书面材料则是勘验笔录。关于勘验这种操作的启动及其应遵循的原则,《民诉法解释》第124条第1款规定:"人民法院认为有必要的,可以根据当事人的申请或者依职权对物证或者现场进行勘验。勘验时应当保护他人的隐私和尊严。"其第2款规定了勘验与鉴定相互牵连的情形:"人民法院可以要求鉴定人参与勘验。必要时,可以要求鉴定人在勘验中进行鉴定"。在诉讼实践中,尤其是因相邻关系而引起的纠纷等情况下,察看、观测纠纷发生的现场往往是法官把握待证事实以便妥善处理案件的一个必要步骤。在某些物品因过大或其他原因不便提交,而直接对其进行观察对查明待证事实又确有必要时,法院也往往采取到该物品所在地实施勘验的措施。此外,还有一些案件中双方当事人的争执焦点或待证事实涉及财产的种类、数量等,法院会同双方到财产所在的现场进行的清点造册等过程,司法实务中一般也归属于勘验这个证据种类内。

《民事诉讼法》第83条规定了勘验的实施,如勘验人必须出示法院的证件、邀请基层组织或相关单位人员派人参加勘验并协助保护现场、当事人或其成年家属到场、勘验笔录的制作和签名等等。《证据规定》第43条对勘验的具体操作方法等作了进一步的规定,"人民法院应当在勘验前将勘验的时间和地点通知当事人。当事人不参加的,不影响勘验进行。当事人可以就勘验事项向人民法院进行解释和说明,可以请求人民法院注意勘验中的重要事项。人民法院勘验物证或者现场,应当制作笔录,记录勘验的时间、地点、勘验人、在场人、勘验的经过、结果,由勘验人、在场人签名或者盖章。对于绘制的现场图应当注明绘制的时间、方位、测绘人姓名、身份等内容。"因为由法官亲自实施,一般情况下又有双方当事人在场,勘验的过程实质上已经把证据的收集提取和某种程度的审查结合到一起。把有法官和双方当事人签字确认的勘验笔录作为证据资料,对其真实性、可靠性一般都不会产生疑问,然后再经过开庭质证,勘验笔录基本上都能够作为定案的根据而被采用。目前实务中围绕这一证据种类也较少出现问题或引发学术上的争论。

延伸讨论

6-2　专家辅助人

专家辅助人最初是由最高人民法院2001年《证据规定》所导入的一项与证据有关的制度,在2012年的《民事诉讼法》修改中上升为正式的法律规定。《民事诉讼法》第82条规定,"当事人可以申请人民法院通知有专门知识的人出庭,就鉴定人作出的鉴定意见或者专业问题提出意见"。《民诉法解释》第122条、第123条和现行《证据规定》第83条、

第84条对此做了进一步规定。根据这些规定,当事人可以向法院申请一至二名具有专门知识的人员出庭,就案件的专门性问题进行说明或提出意见,有关费用由提出申请的当事人自行负担;审判人员和当事人可以对出庭的具有专门知识的人员进行询问;经法院准许,可以由当事人各自申请的具有专门知识的人员就案件中的专门性问题进行对质;具有专门知识的人员还可对鉴定人进行询问。

学理上称为专家辅助人的这种有专门知识的主体及其到庭提出的专业性意见,并不在法定的证据种类之列。按照本章第1节提示的证据概念层次,可以将专家辅助人近似地理解为一种辅助性、依附性的证据方法,但其提出的意见所包含的专业性知识等信息却只是帮助当事人和法院认识理解相关证据的内容,本身不应被视为证据资料,也不是证据原因,即法院不得直接采用专家辅助人意见作为判决根据。专家辅助人的性质可以同与其比较相近的证人及鉴定人加以类比。与原则上只能就自己亲身经历的案件事实提供证言的证人相比,专家辅助人提供的是以一定专业知识为背景的意见。这种意见本身不构成证据,只是能够起到帮助理解把握证据作用的专门知识;再与鉴定人通过对某种材料进行技术操作而作出的专业性结论相比,专家辅助人的意见一般都显得更为抽象,也不具备鉴定那样"即物"的客观性及特定性。因此专家辅助人的意见可在"攻击或动摇"和"加强补充"两种相反的含义上被运用来检验鉴定的过程及结论,但却不能代替鉴定作为证据本身。需要注意的是,《民诉法解释》第122条第2款规定,"具有专门知识的人在法庭上就专业问题提出的意见,视为当事人的陈述"。"视为当事人的陈述",应当理解为"当事人陈述的意见"而非"当事人陈述自己亲历的案件事实",因此并不直接等同于"当事人陈述"这一证据种类。

原则上,专家辅助人由当事人的一方或双方聘请,经向法院申请并获得许可之后,出庭对与案件相关的专业技术知识进行说明。专家辅助人的费用由提出申请的一方或双方当事人自行承担。有人主张法院在认为确有必要时也可以依职权指定专家辅助人并要求其出庭提供意见,不过这种情形在司法实务中似乎相当罕见。即便是一方或双方当事人申请出庭的专家辅助人,提供的意见也应当以客观存在的专门知识为基准,不得为了一方当事人的利益而歪曲或滥用这种知识。但不必讳言,专家辅助人的意见仍可能带有利益倾向性,因此可理解为与当事人的陈述这种既可能是"主张、意见",也可能与包括"事实描述"的诉讼资料性质相近,所以专家辅助人必须出庭并接受对方当事人和法庭审判人员的询问。在当事人双方都有专家辅助人出庭的场合,法官应当让双方各自聘请的专家就案件的专门性问题进行对质。

为了帮助学生直观形象地理解这项制度，以下摘引一则有关专家辅助人的新闻报道作为参考。

某市的一名消费者从家乐福超市购买了可口可乐，后主张可乐瓶突然爆裂，导致自己左耳失聪，遂向该市法院提起产品质量导致的人身损害诉讼，要求家乐福赔偿损失。本案的争议焦点集中在"原告的耳聋是否确因从被告超市购买的可乐瓶爆裂所致"这一因果关系问题上。为了说明这一争点牵涉到的医学专业知识，被告聘请了一位专家辅助人，向法院申请其出庭提供专业性意见。该专家辅助人到庭后，介绍了所谓"爆震性"耳聋的致病原因及症状等，在此基础上指出原告提交的相关证据只有医院关于耳聋程度的定性诊断，无法证明与可乐瓶爆裂之间存在因果关系。其还根据被告方调查的事实及提交的相关证据，指出原告数年之前遭遇过车祸曾造成头部特别是左面部严重受伤，从医学专业知识上看该损伤才是引起原告左耳听力严重下降的真正原因。这名专家辅助人主张的最终结论是：原告左耳失聪与可乐瓶的破裂不存在因果关系。法院最终接纳了被告方的专家辅助人提供的这一意见，判决认定原告主张可乐瓶爆裂导致其左耳爆震性耳聋这一事实的证据不足，对原告索赔的诉讼请求不予支持。

在本案中作为专家辅助人的，是一名具有法医资格的专业技术人员。他十多年前从某医科大学法医专业毕业，次年即取得了法医学鉴定人的专门资格，后来一直在法院系统从事法医鉴定工作并获法律大专文凭。近年来，这位专业人员看到作为一种新的法律服务内容，社会上对于专家辅助人存在需求，有关医疗纠纷、人身损害赔偿纠纷等许多诉讼案件都需要专家辅助人出庭提供专业意见。于是，他毅然辞去法院稳定的法医工作岗位，专门从事专家辅助人这项极具挑战意义的新型工作。目前，他已经接受了十多位诉讼当事人的委托担任专家辅助人，出庭提供了专业意见，并正在申办一家专家辅助人事务所。聘请他的几位当事人表示，专家辅助人出庭使得他们在遇到专业性问题时能更好地维护自己的正当权益。在诉讼中，专家辅助人有时是为原告出庭，有时是为被告出庭，但不像诉讼代理人那样接受委托后总是遵照当事人意志行事，其出庭发表意见必须尊重事实，阐释的意见体现专门性、科学性和独立性。法院认为，专家辅助人制度的创设可以帮助诉讼当事人客观把握纷争焦点，合理认知自身权益与责任，使法官从专业技术问题的困扰中摆脱出来，提高审判效率，并可以摒弃传统的向专业部门单方面咨询的职权化色彩，充分发挥双方当事人主动行使自己诉讼权利的积极性。同时，专家辅助人出庭起到的只是对专门性问题进行阐释和说明的作用，法院在审判过程中会充分地注意专家意见有何依据及合理性程度，以决定取舍。

第7章　证明

如前一章所述,在认识论的意义上,证明的含义是从未知出发依据证据而达到的已知状态,也指通过对证据的运用把未知转化为已知的过程本身。但是在诉讼程序中,与证据一样,证明除了作为认识的一种过程和状态之外,还具有法律赋予的种种特殊性质。本章的目标是介绍有关诉讼证明的制度和程序,同时在其认识论和法律的双重意义及复杂关联中展示一些重要的相关论点。

第1节　证明的过程

7.1.1　证明的认识论结构及在程序上的表现

从认识论的角度来看,证明的结构表现为"三段论"式的逻辑推理,即把证据反映的既知事实作为小前提,把一般人都了解知悉的常识性或法则性命题作为大前提,据此推导出待证事实真伪如何的结论。设例7-1意在形象直观地展示这种推理的结构:

设例7-1

原告请求法院判令被告将某花园小区的住宅过户到自己名下,提出的事实根据为该住宅本为自己购买,但因已入外籍,当时不具备购买本市住宅的资格,遂请求拥有本市户籍且为熟人的被告以其名义代为购买,双方约定由原告一次付清购房全款,完成交易后待原告获得相关资格即直接办理产权证,原告则支付被告费用若干。但原告取得资格后催促被告帮助办理产权证却遭一再推托,后来发现由于该市房产大幅升值,被告已偷偷把产权办到了自己名下。原告提出的证据包括记载上述约定并有双方签名的书面材料、自己通过转账支付房款的银行记录、表明自己实际占有该住宅并已进行装修的领取钥匙单据和装修合同、从网络下载的关于所在花园小区大幅涨价的统计数据等。被告则辩称住宅为自己所购,原告提交的双方书面约定上不是自己签的名(但没有申请进行鉴定),自己只是向原告借了购房的钱，但借据在原告手里其故意不提交。被告提出的证据主要是购房合同和产权证件等。

法院最终认定原告通过与被告的代理关系实际购置系争房产的事实。

以设例 7-1 中原告提出的领取钥匙单据和装修合同为例，把这些证据所反映的原告实际占有系争房屋并出钱以自己的名义进行装修等既知事实作为小前提，再以“一般情况下实际购房人才会占有所购屋产并出钱装修”这样一种社会生活中的常识作为大前提，就可以推导出“原告很有可能是实际购房人”的结论。同样，以“该房产已大幅升值”的既知事实为小前提，把“房产的现在价值与购入价格之间存在重大利差”这一规律性或法则性的道理作为大前提，则可以推导出“重大的利差可能导致被告的动机和行为发生变化”这个结论。这一结论相对于谁是实际购房人的待证事实来说虽然只是一种发挥证据作用的间接事实，但却不利于被告而有利于原告。需要注意的是，在这种推理结构中，作为大前提的可能只是某种常识、生活经验或“情理”，据此推导出来的结论为真的概率不一定很高且程度不等。但是，能够保证推导出来的结论为真的概率极高的科学法则或规律有时也可以成为这种推理的大前提，例如由 DNA 鉴定所显示的有关亲子血缘关系的结论就属这种情形。与旨在适用法律推导出法律效果的三段论推理中作为大前提的就是法律规范本身相类似，认定事实的三段论中用来作为大前提的命题也具有一定的规范性质，在学理上可以称其为“经验则”。对这个概念下一节还会涉及，更多内容可参照下节的“延伸讨论 7-2-2”。

从设例 7-1 还能够看出来，在作为民事诉讼程序的法律意义上，证明又表现为一个可在逻辑上区分为若干程序阶段的过程。具体讲，双方当事人为了支持自己所主张且受到对方反对的事实，努力收集并向法院提出证据，而法院则负责审查这些证据，最终作出有关事实认定的判断这样一个完整的过程，就是诉讼上的证明。上文所描述的证明在认识论上的结构，也是在这个包含着不同程序阶段的过程中才得以实际展开和完成的。以下将具体地介绍我国民事诉讼法上和司法实务中关于证明的程序都有哪些制度安排。

7.1.2　证据的收集和提出

证据有两种收集方式，一种是当事人收集，另一种是法院依职权收集。目前我国民事诉讼制度上以前一种方式为主，后一种证据收集方式只是补充。对于诉讼上的证明来讲，两种方式以何为主具有不同的含义。如果是以当事人收集证据为主，诉讼中的证明过程由“当事人为了支持自己主张的事实而尽可能找到并提出证据”和“法院在特定程序场境下审查证据”这两个逻辑上相互衔接的阶段组成。这种结构意味着由当事人承担证明的责任,但如果是法院依职权收集证据为主,则证据的提交这一环节已不存在,证据的收集与证据的审查融为一体,证明的程序不存在可以从逻辑上加以区分的阶段。且在这种结构下,法院实际上承担起证明的责任,即必须负责“查明案件真相”。我国民事诉讼制度曾采取过法院依职权为主的证据收集方式。但自 20 世纪 80 年代后期以来,经过“审判方式改革”的洗礼,主要由当事人承担收集和提出证据的责任现在已成为司法实务的主流(关于“审判方式改革”与证据收集方式的转型过程及其含义,参照本节“延伸讨论”)。这种主流的做法及意识反映在《民事诉讼法》第 67 条及第 68 条中。这两个条文的第 1 款对当事人收集提出证据做了大同小异的规定,即当事人对自己提出的主张,“有责任”(第 67 条)、“及时”(第 68 条)提供证据。

当事人对证据的收集和提出还依证据种类的区别而体现于不同程序场境或程序阶段。对于书证、物证、视听资料及电子数据,当事人除了在起诉和答辩阶段及开庭前、开庭中都能够向法院和对方提出已经在自己掌握之下的这几种实物证据之外,还可以利用文书提出申请、证据保全与证据公证等手段(关于文书提出申请的制度,参见第 6 章第 2 节“书证”部分,关于证据保全与证据公证的制度,参见本节延伸讨论 7-1-2),或者在一定条件下向法院提出取证申请。关于证人证言这种言辞证据的提交方式,我国民事诉讼制度上基本确立了证人应当出庭作证提供证言的程序规则。但如上一章第 2 节已指出的那样,当事人经常会在庭外取得证人的书面证言并与其他书证一并提交法院。虽然另一方当事人往往要求证人出庭,但许多情况下这种要求不一定能够实现,同时书面证言的证据作用也并不一定因此就被彻底排除。当然还有一部分案件,通过当事人申请证人出庭并经法院批准和传唤等程序,证人出庭提供了证言。这种情形则意味着证人证言的提交和审查于开庭场境中同时完成。此外如前所述,当事人陈述作为另一种言辞证据的提出和审查,通常很难从一般的起诉答辩或开庭时的辩论等程序场境中“剥离”出来。另一方面,鉴定意见和勘验笔录这两种证据必须通过一定的技术性操作才能够取得,其收集与提交的方式表现为一个由若干程序环节组成的过程。即原则上首先由当事人提出申请,法院启动鉴定(包括组织选定或指定鉴定机构、安排提供鉴定材料和确定待鉴定的事项等)或实施勘验,形成的鉴定意见和勘验笔录以书面形式提交法院并送达双方当事人,然后等待开庭通过质证进行审查。

与当事人向法院提交证据紧密相关的另一个重要问题就是证据提出的时机。在主要由当事人双方收集和提出证据的攻击防御活动推动程序前进的当事人主义诉讼结构下,如果有一方当事人(一般情况下往往是被告)出于延迟权利义务的确认、耗费对方的诉讼成本或不肯"露出底牌"的诉讼策略等不当目的,而无穷地拖延提出证据的话,攻击防御就难以活跃充实,法院也谈不上获得更加完备的信息以便妥善地处理纠纷,甚至连诉讼程序也会停滞不前。为了防止这样的情形出现,必须有某种对策性的制度安排。此类对策中最为彻底的就是与"证据失权"配套的"举证期限"制度,指的是法院在诉讼的一定阶段为当事人提出证据确定某个期限,如果超过这一期限不提交证据或逾期举证,法院就不再接受证据的提交,而仅仅根据现有证据,对延迟证据提交的一方当事人作出包括败诉判决在内的不利判断。这种制度意味着即使是在案件的实体内容上有理的一方当事人,在如果不能提供证据证明自己有理就可能败诉的前提下,即使其能够提供证据但只是提供得太晚的话,依然可能承受不利的后果。在此意义上,这是一种以"程序正义"来替代"实体正义"的制度安排,是迫使当事人不失时机地努力举证的一剂"猛药"。我国在 2001 年最高人民法院发布的《证据规定》中引进了这一制度。但由于司法实践中不少当事人乃至法官都未能充分理解和接受这项制度安排中因程序的迟延就可导致实体结果发生逆转这种紧张关系,法学界和社会上一般人对此也有不同意见,有关举证期限的规定看来并没有得到广泛和彻底的实施。经过一系列的争论,我国 2012 年《民事诉讼法》修改中仍然把举证期限制度写进了法律条文,不过与司法解释中的规定相比,在举证期限的指定方式及对逾期举证的制裁等方面都有很大调整。《民诉法解释》和现行《证据规定》又进一步就举证期限的理解适用做了细化规定。不过,因这一制度的具体内容与诉讼程序的阶段性紧密相关,所以拟在有关第一审程序的部分再予以涉及(参见本书第 13 章第 2 节)。

作为当事人收集证据的补充,法院收集证据分为依当事人申请和依职权两种情况。《民事诉讼法》第 67 条第 2 款作为"人民法院应当调查收集"证据的条件,列举了当事人或其代理人"因客观原因不能自行收集"和法院"认为审理案件需要"两种情形。前一种情形即法院依当事人申请收集证据,以当事人的申请为前提,后一种情形则是关于法院依职权收集证据的规定。《民诉法解释》分别就这两种情形做了细化的解释。其第 94 条规定当事人可以申请法院收集的证据包括,"由国家有关部门保存,当事人及其诉讼代理人无权查阅调取的"证据、"涉及国家秘密、商业秘密或者个人隐私的"证据以及当事人"因客观原因不能自行收集的其他证据"。第 96 条列举了法院可依职权调查收集的证据,即"涉及可能损害国家利益、社会公共利益的"证据、涉及身份关系的证据、与公益诉讼有关的证据、关于"当事人有恶意串通损害他人合法权益可能的"证据、"涉及依职权追加当事人、中止诉讼、终结诉讼、回避等程序性事项的"证据。

如果当事人知道存在某个或某些对于案件解决具有重要价值的证据,又因客观方面的制约自己很难取得,则可以申请法院去收集此种证据。这类证据一般而言都是制度上不允许私人取得、法院却可以接近的信息。除了上述司法解释列举的情形之外,如当事人自身并不能从银行了解到对方的账户和存款等信息,但法院拥有查询银行账户的权限等情形,就可以视为当事人“因客观原因不能自行收集的其他证据”。还可能出现一种情形,就是当事人有可能自行收集,但经过努力确实无法取得的证据,于是向法院提出收集该证据的申请。法院经审查认为该证据对于本案的实体解决可能确有重要价值,且由于非当事人主观方面的原因而难以自行收集时,仍应依当事人申请实施证据的收集。法院依当事人申请进行的证据收集活动在性质上仍属于当事人收集证据的范畴,或者说是这一原则的延伸性补充。与此相对,法院依职权收集证据则属于法院自身的责任和权能。需要注意的是,在《民诉法解释》第96条就法院依职权收集证据的对象范围所作出的规定中,涉及程序性事项时当事人的一方或双方仍可能有收集并提出相关证据的动机或积极性,法院只是认为确有必要时依职权收集证据即可。另外还应当看到,司法实践中的法院依职权收集证据有些情况下并不能完全限于上述规定的范围。在有一方当事人的辩论能力很弱,也未能得到法律援助,无法指望其切实承担起收集提交证据的责任,同时法院又认为确有必要通过调查收集相关证据来查明某些重要的案件事实等情况下,仍然可能采取依职权收集证据的措施。这种情形在我国目前的民事司法实务中虽然不一定很普遍却实际存在,也有相当的合理性或正当性。另外,对于有些证据种类,如勘验笔录和鉴定意见这两种操作性证据,如果当事人出于某种原因没有申请,而法院又认为对于查明案件事实确有必要,也可以依职权实施勘验或交付鉴定。此外,还有一种比较特殊的情形,即在双方当事人都已经竭尽全力收集和提出证据的情况下,如果最后法院认为某些关键性的案件事实仍未查清,而通过法院出面调查收集证据又有可能查清这些事实时,一方面可提示当事人申请法院收集,另一方面即使没有当事人的申请法院也可依职权收集证据。相对于当事人收集证据而言,上述这几种情形都能够体现法院依职权收集证据的独立性和补充性。

7.1.3 质证和证据的审查

证据经收集和提出之后,诉讼证明的程序在逻辑上就到达了证据审查的阶段。实际上,当书证物证等实物证据随起诉答辩而提出,或者法院依当事人申请或依职权收集证据时,法官对证据的审查已经开始。但即便如此,原则上法官应当在开庭这样的特定程序场景中通过主持当事人双方质证的方式来审查证据。一定情形下允许当事人在审理前准备阶段或接受法院询问时发表质证意见,或者以书面方式进行质证,应理解为辅助性、补充性的质证方式。质证是诉讼证明不可或缺的一个程序环节。任何未经质证的证据不允许作为认定事实的根据,缺失这一环节的法院判决将被视为不合法而不能成立。《民事诉讼法》第 71 条、《民诉法解释》第 103 条、第 104 条以及《证据规定》第四部分都对质证做了明确的规定。

质证是指当事人从对立的角度围绕证据的客观性及真实性、取得的合法性、与待证事实的关联性和证明力等,通过质疑、辩驳和相应的说明、解释等方式呈示展现其内容,并直接影响或作用于法官判断证据认定事实这一认识过程的诉讼活动。当事人的质证和法官通过这种活动审查证据是诉讼上达到证明状态的必经阶段。质证的基本原理首先在于,站在对立或相反立场上的主体围绕证据的对质辩驳可以使案件信息的获得更加全面完备。在此意义上,质证是使法官做到“兼听则明”的制度性保证,意味着把一种认识论上的常识上升到法律规范要求的高度。同时,作为质证制度基础的还有另一项更加重要的原理,即质证作为给当事人提供的一种程序保障,是当事人最重要的诉讼权利之一。在这里,程序保障大体上指的是主要由当事人来从事诉讼活动并因此对诉讼达到的结果承担风险或负有责任时,要求当事人承担这种责任或风险的前提必须是从制度上保证他们能够按照自己意愿充分地展开攻击防御等诉讼活动。如果没有保障当事人拥有并现实地行使质证的权利,审判的结果将不能以当事人自行负责的原理而获得正当性。也可以说,从认识论的角度看,法官对证据的审查应以双方当事人质证的方式进行,而再进一步依据程序保障原理的话,质证原则上应当在开庭审理的程序场景中展开。

在条文解释及学说上,存在把开庭审理之外的程序场景中当事人从相互对立角度展现证据内容并直接诉诸法官认识作用的活动理解为质证的余地。在司法实践中,许多证据尤其是书证、物证等实物证据并非到了开庭审理时才当庭提交,从原告起诉开始,不少证据就陆续交给了法院,而在开庭前的一些程序场景中,双方当事人以及与法官之间围绕这些证据确实经常存在着询问、质疑及相应的说明解释等活动,可能在一定程度上发挥确认、核实证据内容的作用。实际上,民事诉讼实际的案件处理过程中,在公开的开庭审理之外往往还可以见到承办案件的法官非正式地会集双方当事人讨论案情、协商程序事项等场面,这类场面中其实也经常出现上述类似于质证那样的活动。不仅在庭前,开庭以后有时也可能还会在主要用于调解或对账等后续的程序场景里实施类似的行为。同样,如果仅仅从案件信息的全面完备这一认识论原理出发,确实很难否定这些场景中的类似行为具有质证的性质或特征和功能。

然而，如果对照程序保障原理则可以看到，只有在公开的开庭审理这种程序情境之下，当事人围绕证据而展开的询问、质疑和说明、解释等活动才真正具有诉讼权利的性质，法院未能给当事人提供这种保障就会导致程序违法。而在庭审以外的种种程序场景中，这类活动往往是随机的或自然发生的，承办的法官既可以给当事人这样的机会，也可以不做类似安排，无论哪种情况都不会导致任何法定的程序违法后果产生。因此，在程序保障的意义上，这些场景中实施的类似行为都不应该被理解为质证。尽管如书证、物证等不少证据从诉讼一开始就陆续提交到了法院，或者已经在庭前或法庭外的其他场合由双方当事人实施了一定程度的质疑、辩驳、说明、解释，但到了公开的庭审这一特定的程序场景中，这些证据原则上还是应该一一当庭出示并给予双方当事人进行质证的机会，否则可以被视为对当事人诉讼权利的侵害。尤其是适用普通程序的案件，庭前或庭外程序由承办法官独自主持而合议庭到正式的开庭才出面时，或者在负责庭前准备工作的审判人员与庭审法官不是同一主体的情况下，这一点就更为重要。我国目前的司法解释规定当事人可以在庭前准备阶段或接受法院调查询问时发表质证意见，或者以书面方式进行质证，应当理解为在以开庭审理的质证为原则这一前提下所规定的具有辅助性、补充性的质证方式。

通过主持和倾听双方当事人进行的质证，庭审法官对证据的审查意味着其内心关于案件事实的认识逐渐从未知向已知的状态转化。如果法官对于一个个案件事实及整体案情在主观认识上达到了确信其为真（或为伪）的程度并作出事实认定，则可以说待证事实已经被证明，或者说诉讼的重要目的或价值之一即"发现真实"得到了实现。下一节将对结合了程序阶段和法官认识过程这两个方面的证明结构及其牵涉到的若干重要概念做进一步的介绍说明。

参考文献：王亚新《民事诉讼中质证的几个问题——以最高法院证据规定的有关内容为中心》

延伸讨论

7-1-1 民事审判方式改革

中华人民共和国成立以后，沿袭革命根据地时期陕甘宁边区"马锡五审判方式"的传统，在计划经济等体制及社会条件下，形成了一套有关诉讼程序具体操作的民事审判方式。这种审判方式以"群众路线"和反对"坐堂问案"等意识形态作为出发点，体现在

20 世纪 60 年代最高人民法院提出的“深入群众、调查研究、调解为主、现地解决”这一民事审判“十六字方针”之中。具体做法是法院一旦受理案件，承办法官就带着相关材料奔赴民事纠纷发生的现场，通过调查询问收集证据等努力查明案情真相，同时也与双方当事人接触，并在基层组织的协助下对其进行说服教育，争取以调解的方式结案。只是在当事人实在不接受调解，案情又已经彻底查清的情况下，才在向法院领导或上级法院请示汇报的前提下，再“走一下”开庭的程序环节，然后作出判决。在当时的一般观念中，判决被视为一种需要尽量避免、迫不得已才可以采取的纠纷处理办法，实际上当时大部分民事案件也都能够调解成功，只有极少数案件才不得不以判决结案。法院内部当时把这种通行的程序操作方式简洁地归纳表述为“一送达、二询问、三调查、四调解，不下判决不开庭”。民事诉讼法学界后来多把这种模式称为“强职权主义”或“超职权主义”，本书作者则将其命名为“调解型”的诉讼或审判模式。

到了改革开放时期，随着计划经济体制逐渐解体及相关的社会条件变化，大量涉及经济活动的民商事纠纷纷纷涌向法院，原来的审判方式因每一个案都需要法院投入大量人力物力而难以为继，且在以经济建设为中心或为发展经济服务等背景下，诉讼的效率性变得极为重要。于是，从 20 世纪 80 年代中后期开始，法院系统启动了旨在减少法院对每一个案的资源投入以提高效率的民事审判方式改革。这项改革一开始就以“强化当事人举证责任”为口号，强调应当把法院依职权收集证据为主的通行做法转变为证据主要由当事人自己收集并提交，法院负责审查证据的分工方式。但随着审判方式改革的进展，不仅在证据收集方面逐渐实现了在法官和当事人之间权能、责任和负担的重新分配，而且还带来两个极为重要的程序结果。一是在“公开审判”原则下对开庭环节的高度强调，事实上是重估了“坐堂问案”的价值；二是对“调解为主”或“着重调解”原则的反思和对判决的相对重视，与此相应还出现了调解结案的比例及绝对数量都下降和判决结案增加的倾向。此外，与民事审判方式改革紧密相关的一系列副产物中，还包括把法院领导、审判委员会以及上级法院审批个案的“把关”等习惯做法作为“审者不判、判者不审”的不正常状态予以批评的动向，以及对法官“职业化”的强调，等等。但是，民事审判方式改革给民事司法实务和民诉法学界带来最主要或重大的改变，仍然要数举证责任这一领域。近二十年来，种种与举证责任相关的概念及学说理论得以大量引进，并在诉讼法学界和实务中得到普及。与此相应的则是有关从“客观真实”到“法律真实”的观念转变，以及举证责任分配、举证期限制度等相关程序操作在司法实践中的常规化、日常化等发展。

民事审判方式改革的开展过程虽然在各地法院表现得并不平衡，但到了 20 世纪

90年代中期以后，则差不多波及全国所有的法院。由于这项改革的推行，可以说目前我国法院系统总体上已经大致实现从“超职权主义”或“调解型”诉讼的原有民事审判模式走向“当事人主义”或“审判型”诉讼的结构性转变。不过，因这一转变的过程也出现了某些偏差，同时还有政治意识形态影响等多方面的原因，后来一段时期内最高人民法院关于民事审判的方针路线也有过调整和改变。如重新强调“马锡五审判方式”“群众路线”，提出“调解优先”作为原则等动向，都具有对民事审判方式改革某些方面“纠偏”的含义。不过，在强调当事人承担举证责任和开庭公开审判等领域，审判方式改革的成果基本已经固定下来。这也是本书能够以当事人主义的诉讼结构作为前提来介绍和讨论我国民事诉讼制度的主要原因。尤其是有关当事人自行收集和提出证据并为此负责的举证责任概念以及在原被告之间如何分配这种责任的规则，可以说已经成为目前我国民事诉讼的基础之一。以下将在本章第3节集中介绍讨论有关举证责任的解释论问题。

参考文献：王亚新《论民事、经济审判方式的改革》

7-1-2　证据保全与证据公证

证据保全在民事诉讼法上早有规定，指的是当对于诉讼查明案情真相有重要意义的证据可能因时间经过而发生毁损、消灭及其他不再能够取得的危险时，由当事人向法院提出申请，法院根据当事人申请或依职权对处于灭失危险之下的证据可采取保全措施的制度。根据《民诉法解释》第98条，当事人可以在举证期限届满前书面提出此项申请，且法院可视具体情况责令证据保全的申请人提供担保。这项制度的初衷是在诉讼的早期阶段保存有可能灭失或此后难以收集的重要证据，以备此后使用，同时一定程度上也有帮助当事人收集证据的目的。关于实施证据保全可以采取的措施，最高人民法院《证据规定》第27条第2款规定，“人民法院可以采取查封、扣押、录音、录像、复制、鉴定、勘验等方法进行证据保全，并制作笔录”。例如，在有关知识产权的诉讼中，主张被告侵害自己所享有专利权或商标权的原告，在认为被告可能很快会处分其仓库中储存的涉案产品等场合，起诉时就可以申请法院对这批产品实施封存或提取等措施。又如被告为了进行防御而要求一名证人作证，但由于开庭前该证人将要出国且归期未定，被告也可以申请法院提前派员在庭外找到这名证人，听取其证言并记录在案，等等。这些例子都属证据保全的情形。

以前民事诉讼立法上有关证据保全的条文只明确规定了诉讼过程中对这项制度的运

用，但学术界早就有观点主张不仅在诉讼过程中可以证据保全，而且在诉讼提起之前，只要符合情况紧急等条件，当事人也可以申请法院对特定证据采取保全措施。2012 年《民事诉讼法》采纳了这一观点，在第 81 条第 1 款规定："在证据可能灭失或者以后难以取得的情况下，当事人可以在诉讼过程中向人民法院申请保全证据，人民法院也可以主动采取保全措施。"第 2 款规定："因情况紧急，在证据可能灭失或者以后难以取得的情况下，利害关系人可以在提起诉讼或者申请仲裁前向证据所在地、被申请人住所地或者对案件有管辖权的人民法院申请保全证据。"可见，对于诉前的证据保全申请，法院为了防止可能给对方带来的不当损失，可根据情况要求申请人提供担保，且申请人如在一定时间内不提起诉讼，证据保全就应予以解除。

证据保全虽然可以发挥帮助一方当事人收集证据的作用，但这种作用是以证据处于随时间经过而有可能灭失或难以取得的危险之下这一条件作为前提的。在目前的司法实践中，一种不受这项条件限制却能够发挥保全证据功能的方法得到了更为普遍广泛的运用。这种方法就是证据公证，指的是当事人在诉讼前或诉讼中委托公证机构对某种证据的存在、状态或作用等进行公证，以期保证此后能够向法院提交该证据，并提高其真实可靠性及证明力。在公证的法律服务越来越便利的社会背景下，证据公证的方法不仅可以发挥与证据保全相同的保存或固定证据之功能，而且还能以公证机构的公信力作为担保，增强特定证据的真实可靠性和证明力，从而提升其证据价值。因此，在现实的民事诉讼中利用证据公证的情形大有远远超过证据保全之势。以下是关于证据公证的一个实例。

果农赵某从某一化肥经销商处购买了果树专用的复合肥料 150 公斤，并按照经销商提供的说明书对自己果园里种植的一百多棵果树进行施肥。过了三个多月，果园里所有施过这批肥料的果树树干开始渗出汁水，并逐渐烂根死亡。为保存证据，赵某来到公证处，申请办理公证。公证处受理后，派员到现场进行查勘和拍照，并制作了现场笔录，还对以后形状可能发生变化以至灭失的受害果树树干、树根等进行了取样封存。赵某依据公证处出具的保全证据公证书以及相应的证据，以化肥经销商为被告向法院提起有关产品质量责任的侵权损害赔偿诉讼。法院最终判决被告赔偿赵某各项损失共计 6 万余元。

第 2 节　有关证明的模式图与证明标准

如上一节所述，所谓"证明"，可以理解为法院或法官对于一个个待证事实以及案件事实整体的认识随着当事人双方收集、提出证据并围绕证据进行的质证辩论等攻击防御活动而逐渐从未知向已知的状态转化，直到“发现真实”即查明案件真相的过程。这一过程可区分为外在的、客观的程序阶段和法官内心的主观认识两个方面。

7.2.1 证明模式图

下面将客观的程序阶段和法官的主观认识这两个方面结合起来，用一个模式图来直观地展示证明的过程及其内在的逻辑结构。

在图 7-1 中，Y 轴表示作为原被告的双方当事人提出证据并围绕证据展开质证辩论等攻击防御活动，即当事人进行证明活动的过程；与此紧密相关，X 轴则表示法官通过审查判断双方提出的证据，从而在内心不断变化发展并形成有关待证事实真伪及案情整体之认识，即从未知向已知的心理状态转化（学理上多称为“心证”）之证明过程。对此图做动态说明的话，首先是原告为了证明自己的主张却遭到对方争议的待证事实或争点提出证据（即上一章节介绍过的“本证”，以 y^1 表示），如果被告看到因为原告的这些证据很可能使法官的心证上升到判断原告主张之事实为真的程度，就有必要提出反驳的证据（即“反证”，以 $-y^1$ 表示）。被告反证的结果可能导致法官已经上升的心证程度又被“拉”了下来，原告遂有必要再提出另外的证据来加强或补充自己对待证事实的证明，对此被告亦可能再次提出反证。如此循环反复，可以经历若干“回合”，一直到双方都不再提出任何证据（此过程可用“y^1、$-y^1$、y^2、$-y^2$、y^3……y^n、$-y^n$”的公式来表示）。双方当事人为了证实或证伪案件事实而提出证据的这一努力程度或范围，可称为“解明度”（用“y^n、$-y^n$”加以表示）。与此过程相伴，法官对于待证事实及整个案情的认识或心证也随之上下移动，可逐渐不断变化的这种心证程度则称为“证明度”（关于法官所谓的“自由心证”，参见本节延伸讨论 7-2-1）。

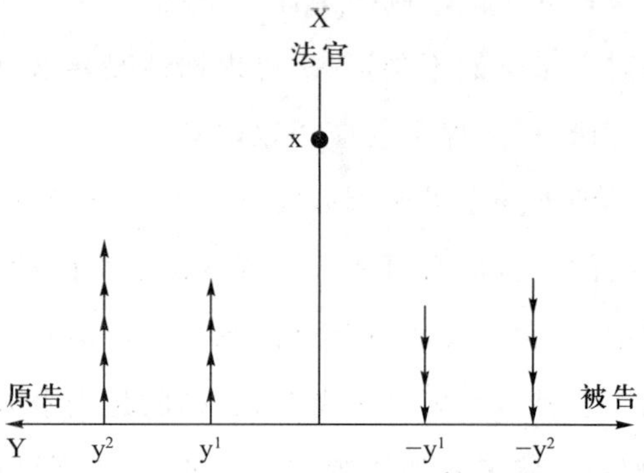

图 7-1 证明过程及结构示意图

在 X 轴上设定的 x 点称为“证明标准”，即法官判断认定案件事实为真所应当达到的心证程度或证明度。换言之，经过当事人双方提出证据的攻击防御活动，其结果是使法官的认识到达证明标准，才能够说案件事实得到了证明。需要指出的是，就与证明标准的关系而言，解明度与证明度之间并不存在成正比的一一对应。虽然一般来讲，提出的证据越多就更容易查明事实，即解明度的范围越大则证明度也应该越高，也更易于达到或超过证明标准。但在现实的诉讼中,也许仅是原告提出的一个证据就足以使法官的心证到达证明标准(解明度低而证明度高),同时被告对此进行的反证却能够使法官的认识程度重新降到证明标准之下。随着当事人之间这样若干个回合的攻击防御,到了双方都不再能够提出证据,即解明度达到最大范围或程度的阶段,法官的心证反而会停留在离证明标准很近却没有达到这个点的地方。这种解明度很高但证明度却不够的情形,就是所谓"真伪不明"的状态。当然,现实的诉讼中大多数案件都能够"发现真实",即证明度达到或超过证明标准,但在制度上仍必须为万一遇到"真伪不明"的情形时如何处理并作出某种安排,这就牵涉"举证责任"的概念及其分配问题,对此下一节将作详细介绍。

7.2.2　证明标准的内容和表述

仅从常识来看也很容易明白,查明案情真相是纠纷得以妥善解决的一个关键,在此基础上"发现真实"成为诉讼制度所追求的重要目标之一。民事诉讼中法官对案件事实的认定判断构成法律适用的必要前提,且司法实务上大多数诉讼案件最具争议性或不确定性的难点也往往牵涉"证明度是否达到了证明标准"这一事实认定问题。而要解决怎样才算达到了证明标准的问题,还有必要对这种标准是如何设定的、其究竟有什么内容、性质等加以考察。

首先可以从一个认识论上的常识性命题出发,即在法官及当事人的主观认识之外或他们力图去认识之前,总是客观地存在着过去实际发生了的案件相关事实,这就是所谓客观的或绝对的真实。不过,同样都可以从客观真实的存在这一命题出发,关于究竟何谓证明标准或者如何设定这个标准,却出现了两种针锋相对的不同观点。一种观点认为,诉讼上的证明必须是主观的认识与客观真实完全相符,或者说只有在法官的认识照原样反映了客观绝对地存在的真实这种情形下,才算得上查明了案情真相或达到了证明标准。这种观点意味着把客观真实本身设定为证明标准,因此一般都将其称为"客观真实说"。与此相对,另一种观点却主张诉讼上的证明不能以客观绝对的真实本身或与客观真实完全相符作为标准,而只能以达到"接近或逼近真实的高度盖然性"为满足。这种观点强调诉讼程序在时间、空间上的限定性和证据在还原曾经发生却已然消逝的过去事实时受到的制约等法律性质,认为在法律及程序可允许的范围内主观认识最大限度逼近客观真实的概率或盖然性本身能够视为达到了证明标准或发现了"真实",因此被称为"法律真实说"或"程序真实说",在与客观真实说强调实质相对照的意义上也称"形式真实说"。在我国,前一种观点曾经长时期地占有压倒性的绝对支配地位,但改革开放后尤其到近二十余年来，后一种观点却逐渐成为民事诉讼法学界的通说。不过，“客观真实说”仍然不失为一种有力的见解，因此尚有必要对两者各自有何优劣之处做一番辨析。

关于以上两种观点哪一种更为可取这个问题，其实与诉讼实务中认定事实的具体操作以及有关证明标准在司法实践中如何形成的实际状态紧密相关。在制度化的民事诉讼实际运作过程中，通过证据的收集、提出和审查，对于当事人双方的证明活动达到了什么程度才可以判断为“查明了真相”或“发现了真实”，长期的司法实践和经验积累总会在法院内部产生形成某种有关如何认定案件事实且能大体保持一致的标准。这种标准一般都未加言明甚至未能言明，即具有所谓“间—主观性”(inter-subjective)的性质，属于一种只能由某个范围的共同体内成员们相互心领神会地共享之“沉默的知”(tacit knowing)范畴。对于证明标准形成和发挥作用的“间—主观性”可以从两个角度来观察：一方面，这种标准不可能以任何客观实在的形式固定下来，也无法对其作出某种绝对不致发生歧义的表述或定义，因而只能存在于人们主观的认识之中；另一方面，这种主观认识又绝非仅仅停留于个别主体随时可变的思维层次，而是由制度规定了共同角色的众多主体通过彼此之间不断进行沟通交流的过程，从而逐渐共同获得或共有的某种相对稳定的知识、视角及认知框架。在此意义上，这些主体之间围绕一个个具体案件审理中证据的评价、事实的认定及是否达到证明标准等问题总是可能形成相互参照、核对或检测的关系。这就是仅仅“主观”存在着的证明标准又能够拥有的“客观”性质，即“间—主观性”。从认识论的具体结构来看，在一个个证据评价及事实认定的三段论式推理中作为大前提的“经验则”，在一定程度上总能构成或提供对这种“客观性”的担保。关于经验则在这个方面的作用，还可参见本节的延伸讨论7-2-2。

由于具有这样复杂的“间—主观性”(或“主观—客观”双性)，证明标准在与客观真实的关系上，就呈现出两个相互区别又相互联系的层面。在第一个层面，如果从常识出发来想象民事诉讼中法官认定事实所达到的结果，则只有两种可能，即认定的或者是已经发生的客观真实，或者不是。接着还可以假定，如果一种民事诉讼制度不能保证大部分案件中认定的事实实际上就是客观真实本身的话，则该制度恐怕很难长久地存立下去。法院内部形成的证明标准，其主要作用大概就在于提供这样的保证。当然，这不过是对作为大量现象的民事诉讼可能达到的统计学分布所做的一种估计或描述。另一方面，具体到每一个案件中法官进行事实认定时，要断定认识是否已经完全反映了客观真实则常常是非常困难的。这不仅表现为即使证据看起来非常充分和确实的案件有时候仍可能成为错案，相反显得不那么有把握的认定实际上却正是真实等现象的存在。而且从逻辑上讲，如果事先真能找到某种判断事实认定是否完全与客观真实相符合的确实手段,原则上任何错案都不可能发生了。所以,法院内部形成的证明标准事实上总是不得不采取"如果证据达到了某种程度,就可以认为事实认定符合客观真实的概率已达到能够接受的高度"这样的结构。

至此就可以得出结论了:如果从上述第一个层面来看,不妨说"客观真实说"更符合有关事实认定的结果在统计学上的可能分布,但要是从每一诉讼案件中进行事实认定时的具体情境出发的话,则只能说"法律真实说"更具备实际操作的意义。结合这两个不同层面的话,正如某些学者所主张的那样把"客观真实说"理解为制度追求的理想,而把"法律真实说"作为诉讼实务具体操作的指针也未尝不可。但无论如何,从"法律真实说"的角度来理解证明标准在我国民事诉讼法学界已成为大势所趋。而立足于这样一种观点,我国目前有关证明标准的司法实践也确实变得更加具有可操作性。这种可操作性首先表现在可能针对不同性质的待证事实而调整证明标准的设定。只要不再仅仅从纯粹的认识论角度把证明标准理解为与客观真实的完全相符,进而认为任何证明只有成功和失败(即或者与客观真实相符,或者不相符)这两种结果的话,则证明的程度就有可能依法律上的性质而予以人为的设定。例如,根据诉讼的性质是刑事还是民事、待证事实是有关实体事项还是程序性事项等区别,有可能规定高低程度不同的证明标准。

关于民事诉讼的证明标准是否应当与刑事诉讼完全一致,抑或可以低于刑事诉讼,在学说上存在着重大的分歧对立。但是,就我国目前的民事司法实践而言,主流的观点与实际上通行的做法则是承认民事诉讼的证明标准低于刑事诉讼。在表述上,往往参照相关比较法知识把刑事诉讼中认定有罪的标准定义为"超越合理怀疑的证明",或比喻性地解释为接近真实的概率应当达到 95%以上甚至 99%才能定罪。与此相对,民事诉讼的证明标准则一般被表述为"接近真实的高度盖然性",或者认为其接近真实的概率如能达到 85%~95%就可以了。关于这一标准,《民诉法解释》第 108 条第 1 款的表述是"高度可能性",但不妨碍学理上仍可将其表述为"高度盖然性"。当然,关于证明标准的任何表述(包括"客观真实"和"法律真实"等)都只能是一种比喻或修辞,但民事司法实务中的一般理解和做法确实相当于设定了与刑事诉讼相比是较低的证明标准。需要注意的是,《民诉法解释》第 109 条特意对案件中的某些事实设置了较"高度盖然性"的一般标准更高的特殊证明标准。即"当事人对欺诈、胁迫、恶意串通事实的证明,以及对口头遗嘱或者赠与事实的证明,人民法院确信该待证事实存在的可能性能够排除合理怀疑的,应当认定该事实存在"。该条款意味着对于主张存在欺诈或口头赠与等特殊事实的当事人,其提出证据证明此类事实为真的程度,必须达到“排除合理怀疑”这一类似于刑事诉讼所要求的更高证明标准。

此外,民事诉讼中牵涉到程序性事项的判断认定时,与案件实体事实相比,所谓“证明”或者证明标准也被设定在较低的程度上。例如,在原告提出诉状的同时或之后申请对被告的财产实施诉讼保全,或者被告提出管辖权异议,或者一方当事人申请承办法官回避等情形之下,就这些程序事项提出申请的当事人往往会出示相关证据,法院也可以依职权取证,再根据各种事项的特定条件对当事人的申请进行审查,以决定采纳与否。对于这些程序性事项,司法实务中通常不会要求法官的心证或认识达到与待证事实牵涉到案件实体时同等程度的概率或盖然性,而往往以“大致”或“大体上”能够承认当事人主张的程序事实为真作为证明标准。如果对这样的标准做比喻性表达的话,作为某种“较高的盖然性”或“较大的可能性”,其概率可以在60%~80%。实际上,已经有必要把达到这种标准的情况与“证明”区分开来,如果借助比较法上的相应表述,则可以称为“疏明”或者“疎明”。换言之,当事人就程序性事项提出的证据只需使法官的认识或心证达到“疏明”的程度,就应视为已满足这种较低的证明标准,法官可认定当事人主张的程序性事项为真,并作出相关的程序决定。《证据规定》第86条除在第1款规定欺诈、胁迫、恶意串通以及口头遗嘱、赠与等特殊情形适用“排除合理怀疑”的证明标准之外,其第2款规定的就是“疏明”这种盖然性较低的标准,即“与诉讼保全、回避等程序事项有关的事实,人民法院结合当事人的说明及相关证据,认为有关事实存在的可能性较大的,可以认定该事实存在”。

关于“疏明”需要注意的另一点,就是这种当事人旨在支持自己有关程序性事项的主张而提交证据的活动与“证明”实体事实的不同之处还在于,证据的提出和审查不一定必须经过法律明确规定的程序或场境,而可以采取比较自由的方式方法。例如,在申请财产保全、提出管辖权异议及申请回避等场合,法院作出相关裁定或决定之前并不一定必须开庭让双方当事人当庭提出相应证据并相互质证和辩论,相反只要认为合理,就可以采取包括单方询问在内的各种灵活方式,接受当事人提交的证据并对其进行审查即可。所谓“疏明”,亦包括这种比较灵活自由的程序或过程之含义。而与此相对,如果是针对案件实体事实的证明,法院就必须开庭出示证据,且经过当事人双方质证和辩论的程序,否则将构成程序违法,导致证据不得用作判决根据的法律后果。

归纳上文讨论的内容,就是根据待证事实的性质至少可把证明标准分为高低程度不等的三个档次,且能够在图7-1的X轴上用三个点直观地表示出来。刑事诉讼的证明标准最高,可将其标记在作为民事诉讼案件实体事实证明标准的 x 点上方某个位置,民事诉讼中程序性事项的证明标准最低,可作为 x 点下方的一个点,标注为"疏明"即可。

另外,同样是因为没有把证明的结果理解为只能有符合和不符合客观真实这两种情况,设想所谓"真伪不明"的状态并为了解决此问题而构思"举证责任"概念及其分配的规则等目前司法实务上习以为常的操作才有了可能。以下就是对于这一领域的介绍和讨论。

参考文献:王亚新《民事诉讼与发现真实——法社会学视角下的一个分析》

延伸讨论

7-2-1　法官的自由心证

如正文所述,在当事人主义的诉讼结构下所谓"证明",系由当事人旨在诉诸法官认识变化的证据提交及质证等活动,以及法官运用证据进行推理以期把待证事实从未知转化为已知状态的认识过程构成。就法官的认识过程这个方面而言,历史上曾有过用法律明确规定如果存在什么证据,则法官必须作出什么样事实认定的时期。这种时期在西欧大陆德意志、法兰西等国的法律传统上表现得最为明显,通过法律明文规定法官如何进行证据评价的制度在这些国家被称为"法定证据制度"。到了 18、19 世纪资产阶级革命的历史阶段,法定证据制度被放弃,取而代之的则是允许法官的证据评价及事实认定不受事先制定的法律规范拘束的原则。这项原则就是"自由心证主义"(德语为 Prinzip der freien Beweiswürdigung;法语为 le systém del' intime conviction;汉字的"自由心证"一词最早由明治维新时期的日本法学者译出,后传入我国)。

长期以来,我国民事诉讼法学界曾一直对"自由心证"的概念加以大力的批判和排斥,认为这是把证据的评价判断和事实认定都交由法官主观上随心所欲的认识,属于资产阶级唯心主义的典型表现。这种批判排斥虽然具有很浓的意识形态色彩,但确实与我国民事诉讼制度和司法实务当时的现实情况相吻合。当时主要由法官依职权收集证据,且在此基础上我国民事诉讼制度奉行绝对的"客观真实"证明标准,因此在逻辑上不可能承认法官主观认识的重要作用。同时,在"调解为主"的原则下绝大多数案件都能做到以调解方式结案的实际情况,也意味着当时不仅把法官和当事人达到对证据和案件事实在认识上的一致作为诉讼追求的重要目标，而且大体上也都能够做到这一点。此外，自由心证主义必须把法官资格限制、身份保障及个人独立审判等一系列内容作为必要条件，而我国当时推崇或强调的则是个案处理也需要向上级请示汇报的集体决策模式。这一模式显然也是与自由心证不可兼容的。

不过，到了改革开放时期，随着上述现实情况和条件程度不同的变化，我国民事诉讼制度上也不能再回避证据评价和事实认定中法官主观认识的作用了。法官的这种认识作用主要体现在两个层次：首先是就一个个证据的真实性、可靠性及其推导待证事实的证明力作出认识上的评价判断；其次，在此基础上法官还需要综合对包含着相互抵触因素的所有证据之评价，在内心里形成对整个案情事实的认定或判断。到了后一层次，法官的认识不仅由一个个客观存在的证据及其相互间的印证或抵消等综合作用所支撑，还必然地包含着诉诸经验和直感因而“难以言说”的所谓“浑然一体”的认识成分。正是基于有必要对这种认识成分予以正面承认的理解，德国、日本等国的民事诉讼法上存在明确的规定，把“辩论整体的旨趣”也作为法官进行事实认定的一种根据。在法官形成这种认识的过程中，所谓“良心、良知”或真挚性，以及尽量排除先入为主的偏见等主观的努力至此都具有了重大的价值。可以说，在当事人主义的诉讼结构和判决占有重要位置的审判模式中，法官的主观认识作用是不可否认，也不可低估和忽视的，问题只在于如何将其引导到良性运行的轨道上并以种种的制度安排来排除或制约可能出现的恣意性。

无论是否把自由心证理解为一项民事诉讼制度或原则，但无疑我国的民事诉讼中并不存在用明文的法条规定有什么证据法官就必须作出什么事实认定这样的制度安排。在“只要不存在法定证据制度，就是允许法官对证据进行自由的评价判断并作出事实认定”这种极为宽泛的意义上，可以说我国民事诉讼制度目前已经承认了自由心证的存在。诉讼法学界已经积累起不少正面讨论考察自由心证的研究成果，也就若干相关问题展开了争论。有一种观点认为，《民诉法解释》第105条有关“人民法院应当按照法定程序，全面、客观地审核证据，依照法律规定，运用逻辑推理和日常生活经验法则，对证据有无证明力和证明力大小进行判断，并公开判断的理由和结果”的规定，就可以视为“自由心证”的一种体现。无论如何，在有关事实认定的这个领域，例如应当怎样看待证据评价判断的主观方面和客观方面、两者的关系如何、对于法官在证据和事实的评价认定上可能出现滥用裁量权的情形应予以什么样的制约等问题，很多地方仍有待进一步的研究和澄清。

7-2-2　经验则与逻辑法则

本章第1节的开始部分介绍了证据评价及事实认定的三段论式推理结构。如上所述，在这种逻辑推导结构中，作为大前提的一般命题在学理上称为“经验则”。这一用语来源于大陆法系的德国法传统（德语为 Erfahrungsssătze），我国民事诉讼法学界经常将其译为“经验法则”。但此概念的外延不仅包含了“法则”，更多的则是由难以称为法则的常识、情理等知识所组成，因此本书主要依据日本民事诉讼法学界的汉字译法，将其定名为“经验则”。我国民事司法实务中运用经验则进行事实认定且曾经引起过很大争议的一个著名案件，就是所谓“彭宇案”。其大致案情如下：

2006 年 11 月 20 日上午，在南京市某公交车站等候公共汽车的老妇人徐某，在一辆公车旁边摔倒在地，刚从这辆车上下来的青年彭宇搀扶了她。经当时在场的其他人帮助联系，徐某的儿子赶来，彭宇和他把受伤了的老妇人送到了医院。在查明伤者胫骨骨折，治疗需花费巨额费用之后，徐某及儿子与彭宇发生了争执。经去派出所处理未能达成协议之后，2007 年 1 月，徐某在鼓楼区法院起诉彭宇，以自己被其撞倒受伤为由，提出了赔偿额为 13 万余元的诉讼请求。彭宇则辩称自己并未与原告相撞，是出于见义勇为的动机做好事对其予以救助，因而不应承担赔偿责任。经过三次开庭审理之后，鼓楼区法院做出了第 212 号案件判决，认定被告与原告相撞，并根据民法上有关公平责任的条文，判处彭宇支付 4 万多元。

判决书认定原告系与被告相撞而受伤，作为其依据的证据可分为两类。一类是来源于案外人的证据，包括处理原被告争议的派出所民警到法院所做陈述及之后派出所提交的讯问笔录电子文档，还有 11 月 20 日当日在场的证人出庭所做证言。法庭采信了派出所提供的证据，又认定出庭证人的证言不能用来证明原被告是否相撞。另一类证据则是由被告在 11 月 20 日当日及此后和诉讼过程中的言行举动构成的事实，法庭运用称为“日常生活经验”“常理”和“社会情理”等经验则，针对这些事实均作出了不利于被告的判断。判决书中相关部分有以下这些表述（涉及经验则的用语均用下线表示出来）。

“根据被告自认，其是第一个下车之人，从常理分析，其与原告相撞的可能性较大。”

“如果被告是做好事，根据<u>社会情理</u>，在原告的家人到达后，其完全可以在言明事实经过并让原告的家人将原告送往医院，然后自行离开，但被告未作此等选择，其行为显然与<u>情理</u>相悖。”

“被告在本院庭审前及第一次庭审中均未提及其是见义勇为的情节，而是在二次庭审时方才陈述。如果真是见义勇为，在争议期间不可能不首先作为抗辩理由，陈述的时机不能令人信服。”

（关于被告在事发当天给付原告二百多元钱款究竟是借款还是垫付的赔款），“根据日常生活经验,原、被告素不认识,一般不会贸然借款,即便如被告所称为借款,在有承担事故责任之虞时,也应请公交站台上无利害关系的其他人证明,或者向原告亲属说明情况后索取借条(或说明)等书面材料。但是被告在本案中并未存在上述情况,而且在原告家属陪同前往医院的情况下,由其借款给原告的可能性不大;而如果撞伤他人,则最符合情理的做法是先行垫付款项。"

本书作者在相关的案例评析中经逐项考察本案判决书涉及经验则的上述事实认定部分,认为除了个别命题(例如"第一个下车的乘客与车外奔跑的行人相撞可能性较大"这样的命题)似应结合具体场境进一步说明之外,其他作为大前提的经验则命题在选择及逻辑推导等运用上很难说有什么明显的不妥。虽然这些经验则的盖然性都比较低,因而作为其推导结果的每个结论也都只是显示一定程度的概率或可能性。但是,考虑到所有这些不同的经验则命题与具体事实的组合都指向对被告不利的结论,再结合判决书对派出所提供的证据和出庭证人证言的判断,则应该说法庭认定原被告相撞的事实成立是很有道理的。围绕"彭宇案"的处理虽然曾发生过很大的争议,但后来的情形最终表明当事人之间曾发生相撞的事实认定是成立的。

在了解经验则运用的实例之后,有必要从理论上更加全面深入地认识这种一般命题。关于经验则的性质和特征,可以从如下几个方面来加以把握。

首先,经验则是根据既知事实来推导未知事实时能够作为前提的任何一般的知识、经验、常识、准则、法则等。立足于具体的既知去探求具体的未知时,总可以从人类的知识总体中抽出有关的知识来帮助这种探求。因为经验则来自人类知识的总体,而在进行证据评价时对未知的具体探求又有无穷的变化,必须根据具体情况来决定采用什么经验则作为前提。因而在认定事实时可用的经验则在数量上是无限的,此即经验则的无限性。

其次,经验则是从人们个别经验的积累中抽象、归纳出来的一般知识,其不能停留在个别人所特有的个别经验的水平上。经验则应当是至少能获得相当一个范围内人们所普遍或共同承认的命题,因而具有一般性。当然,每个经验则的一般或普遍程度可以是不同的,只为一部分人知悉或承认的经验则也完全可能成立,如高度专门的专业知识或某一行业的习惯等就属此例。为了获得和利用这种经验则,必须求助于有关的专家,此即为诉讼制度中鉴定制度成立的基础。

最后,经验则往往不能采用如"只要A,必然B"的全称判断形式来加以陈述表达,多数情况下其只能是"如果A,则可能B"的与不同"盖然性"程度或概率有关的命题。各种经验则的盖然性程度千差万别,从数学、自然科学的法则(具有必然性或最接近于全称判断的高度盖然性）、医学或生物学知识（往往有较高的盖然性）一直到常识、情理等只具有程度较低且易变之盖然性的命题。使用哪种盖然性程度的经验则作为大前提，也往往就决定了从既知事实推导出未知事实的确实性有多大。在此意义上，经验则的盖然性程度与所推导出的结论之确实性程度成正比。

在证据评价和事实认定中发挥的功能类似于经验则，学理上也可以与经验则相提并论的是逻辑法则。其内容就是逻辑学上所说的同一律、排中律、矛盾律和充足理由率等几项规则。逻辑法则的作用主要在于为三段论式的推理提供辅助性却又是必不可少的工具。从推理过程必须符合逻辑法则而绝不可违反这一点来讲，逻辑法则也属于衡量证据评价及事实认定是否妥当合理的标准或准据。不过，一般推理过程往往依靠思维中内在的逻辑，逻辑法则主要起的是事后的检测作用。与经验则相比，这种作用更具形式性、辅助性。

经验则在数量上的无限性和盖然性程度的多样性，在西欧诉讼制度的发展史上是法定证据制度被放弃并转而采取自由心证主义的原因之一。因为，企图用极为有限的法律条文来涵盖无限的经验则及其无穷多样的盖然性程度，往往导致对查明案情真相的阻碍。把经验则的具体选择和运用交给法官的自由判断显然更有利于发现案件真实。但是，这种自由判断绝不应意味着随心所欲。法官的主观认识判断要受到经验则的内在制约，而这种制约之所以成为可能，则是由经验则在内容和形式上的客观性质所决定的。

从内容上看，经验则来自人们个别经验的沉淀积累，是大量经验的归纳和抽象。经验的基础显示了作为经验则的命题具有对应于客观事实这一意义上的客观性。当然，经验则大多并不表示完全符合事实的必然性，而只是表现命题对应于事实的一定可能或频度。但在具体特定的经验则中包含的盖然性程度由作为该经验则基础的经验之数量及归纳、抽象的方法所决定，也具有相应的客观性。

从形式上看，经验则不是个别人所特有的特殊经验，而表现为一般人或一定范围内人们所共有的知识。尽管经验则不以法律条文的形式来表述，也不一定能够以其他明示的、可见的方式而存在，但在超越个人的思考并能够在一般人的理解中获得认可这一意义上，经验则的存在形式也具有客观性质（即“间—主观性”）。

由于经验则的这种客观性质，法官在经验则的选择及对其具体内容和盖然性程度的认识和运用上，都可能受到内在的制约。首先，经验则作为人们一般经验的归纳和抽象，具体的既知事实（作为小前提的证据）不过是同种经验的又一例而已。法官从显示既知事实的证据出发选择经验则时必须受到两者之间这种内在联系的制约。其次，运用特定的经验则对具体证据进行评价时，也必须与人们关于该经验则内容及盖然性程度的一般理解相符合。与人们共通的一般的认识这一意义上的经验则相抵触的证据评价及事实认定，会被认为是对自由心证的滥用。通过上诉等来检验证据评价及事实认定的制度安排，则反映和利用了经验则的这种客观性质。

但是另一方面也必须看到，在运用经验则来进行证据评价的过程中，不可避免地会有法官个人的主观因素介入。仅以经验则的盖然性程度为例，虽然特定经验则的盖然性程度有其客观基础，但这种程度并非某个确定的点，而是一个存在一定幅度的范围。超过这个范围的理解与人们的一般认识相抵触，但在此幅度内对盖然性的确定却允许有个人差异的存在。因此，法官对特定经验则盖然性程度的把握及据此对证据的评价一方面受到客观的制约，同时也存在个人主观因素起作用的余地。这样的余地同样也存在经验则的选择、对经验则内容的理解等方面。此外，经验则的盖然性程度又是可变的。在具体的案件事实关系中，如果存在其他特殊的条件，经验则的盖然性程度可以增大、减小，甚至经验则本身完全失去作用。这种情况往往发生在证据的综合评价之中。一个个证据的价值最终总是在与其他所有证据的组合、比较中才得到确定。一些证据的真实可靠性或证明力得到相互的补充加强，另一些证据的价值则下降乃至证据本身不被采用。在这个过程中，虽然作为既知事实的证据和经验则本身的一般性仍保持了证据评价的客观性质，但法官主观能动的心理过程，尤其是直观的洞察和对多种材料浑然不可分的认识也起着重要的作用。

参考文献：王亚新《“判决书事实”“媒体事实”与民事司法折射的转型期社会——南京市鼓楼区法院(2007)第212号案件“彭宇案”评析》

第3节　举证责任及其在当事人之间的分配

举证责任又称“证明责任”。如本章前两节所述，这个概念只是在主要由当事人收集和提出证据，并对自己的证明活动能否使法官的心证达到证明标准负责的前提下才可能成立。或者说，只有以当事人自主决定自我负责的当事人主义诉讼结构作为前提，才会产生对举证责任的需要，且使其成为这种结构不可或缺的基本因素。经过了审判方式改革的洗礼，举证责任的概念及相关程序操作目前在我国的民事诉讼实务中已得到普遍承认和广泛的运用。但同时又不得不指出，即便是现在，无论在法学界还是实务界，对这一概念的相关理论还未能真正形成统一认识,关于如何进行实际操作的程序规则等也还有待于逐渐发展成型。因此,以下介绍的内容只能说是一种“最大公约数”式的描述和探讨,对于许多存在重大争议的问题将不深入涉及。

7.3.1　举证责任的概念和功能

举证责任在概念上可分为两个层次,也可以说具有双重的性质。一个层次的含义是,如果当事人因没有举证或者虽然提出了证据却未能使法官的心证达到证明标准,特别是当诉讼到了最终阶段案件事实却处于“真伪不明”状态这种情形时,将会承受对其不利的事实认定甚至败诉的后果,这意味着一方当事人可能遭遇的不利及风险;另一个层次指的则是当事人为了免于不利的事实认定及败诉的后果,需要努力收集和提出证据,即举证对于当事人成为必要的情形或构成的负担。前一层次的举证责任必须经过当事人双方的攻击防御活动,往往在诉讼的最终阶段才显示出其作用来,所以学理上又称为“结果意义上的举证责任”。与此相对,后一层次的举证责任则从诉讼一开始就体现在有关原被告收集和提出证据的行为规范之中,因此又称为“行为意义上的举证责任”。《民诉法解释》第 90 条第 1 款规定,“当事人对自己提出的诉讼请求所依据的事实或者反驳对方诉讼请求所依据的事实,应当提供证据加以证明,但法律另有规定的除外”;第 2 款规定,“在作出判决前,当事人未能提供证据或者证据不足以证明其事实主张的,由负有举证证明责任的当事人承担不利的后果”。我们可以把这项条文的第 1 款理解为规定了“行为意义上的举证责任”或“证据提出责任”;把第 2 款的内容理解为规定的是“结果意义上的举证责任”,且负有这种责任的当事人一般情况下也都负有证据提出责任,两者结合表述为“负有举证证明责任”。再者,关于结果意义上的举证责任究竟由哪一方当事人承担,一般都根据民事法的实体规范在诉讼前或纠纷发生之前就已经被“客观”地确定下来,且只能由当事人的一方承担而不会同时分配给双方,即不能由双方当事人分担。这种由法律事先分配的负担与当事人的主观认识并不相干,原则上贯穿于整个诉讼过程而不会改变,所以又被冠上了“客观举证责任”之称。而关于行为意义上的举证责任由当事人的哪一方承担,虽然诉讼开始时其不过是“客观举证责任”的反映并由前者所决定,但有所不同的是这后一种举证责任的负担随着诉讼程序的展开有可能在当事人之间转移,且此种转移主要根据当事人对举证必要性的主观认知而发生,故而学理上又将其称为“主观举证责任”。为了简化称谓起见,以下就较为固定地使用“客观”与“主观”的形容词来表述举证责任概念这两种不同的含义。

关于“客观”与“主观”两种举证责任的关系及其功能作用,首先需要指出的是,现实的诉讼中最终无法查明案件真相,即出现“真伪不明”的状态,只能根据客观举证责任所在来决胜负的案件数量非常有限。换言之,真正需要这个意义上的举证责任发挥此种重大作用的场合其实很罕见,诉讼中实际运用得更多的是主观举证责任。但是,相对于后者而言,客观举证责任却仍然是更为根本或者更加关键的层次。这个说法或命题包括两层含义。其一,由于一般情况下客观举证责任的所在事先根据实体法规范已然确定,当事人在诉讼开始之时(在律师帮助下或经法官释明)就应知悉了解自己是否承担这种风险。负有客观举证责任的一方当事人为了回避结果的风险必须率先采取提出证据的行动——所谓“主观举证责任不过是客观举证责任的反映或反射,前者为后者所决定”指的即是此种情形。其二,如果承担客观举证责任的当事人已经率先提出证据,当对方当事人看到自己要是无所作为则法官的心证可能达到证明标准,其必须设法提出反证,且只需将上升了的心证程度“拉回”真伪不明的状态即可。对此,负有客观举证责任的一方又会感觉自己有必要进一步提出证据,以期使心证程度重新回到证明标准之上。如此循环往复一直到达成最高的解明度为止——这就是主观举证责任在当事人双方之间来回转移的过程。在这个过程中,客观的举证责任成为双方当事人多个回合反复展开攻击防御的指针,发挥的是推动诉讼程序往前发展行进的基本驱动作用。从举证责任的“客观”和“主观”之间这样的关系出发,还可以说举证责任的概念本身就构成了当事人主义诉讼结构的基本动力机制,而且还具有促进更加完备信息之获得的“发现真实”功能。

此外,结合本书第2章有关案件实体内容构成的讨论(主要参照第2章第2节和表2-1),需要特别注意的是,举证责任针对的只是所谓“主要事实”或“直接事实”这一层次。而在也构成了案件事实的“间接事实”“辅助事实”和“背景事实”等其他层次上,则不发生由当事人的哪一方承担举证责任的问题。当诉讼进行到最后阶段,如果构成双方争执焦点的主要事实还未能得到证明,则对此负有客观举证责任的当事人就可能承受败诉的后果。其他层次的案件事实虽然被提出并构成争点,且也有未得到证明的可能,但只要这种情况没有影响对主要事实的认定,就不能左右诉讼的结果。关于这一点,在以下有关举证责任分配的讨论中还会予以涉及。

7.3.2 举证责任的分配

从上文所述可以看出,举证责任概念所意味的风险、负担必须具体分配给当事人的某一方,才能够发挥对于诉讼的作用并体现出其驱动攻击防御的重要意义来。而在当事人之间分配举证责任,首先需要解决的是客观举证责任由哪一方承担的问题。对此,一个已经广为人知的通俗说法或基本命题就是"谁主张、谁举证",意思是案件事实由哪一方当事人提出来,其就应对该事实承担举证责任。不过,这个命题只说得上是部分正确或者至少是不够准确的。关于客观举证责任的分配,首先来看设例 7-2。

设例 7-2

城东公司起诉镇西公司,主张双方之间订有长期供货合同,约定城东公司定期向镇西公司发货,每半年结算付款,己方已经履行合同义务,但镇西公司却拖欠一年半的货款未付,请求其结清欠付货款。镇西公司答辩称虽然双方之间有供货合同且原告确实已经依约发货,但自己并未拖欠一年半的货款,只是最近半年的货款结算因资金周转问题略有拖延而已。双方举证的结果,镇西公司是否尚有一年的货款未向城东公司支付这一事实最终仍无法查明。法院据此判决被告向原告支付一年半的货款及相应利息。

如果机械地适用"谁主张、谁举证"的命题,可能会难以理解为什么设例 7-2 中原告主张了的"货款未支付"这一事实会由被告承担最终未能证明的败诉后果。关于客观举证责任事先在当事人之间的分配,我国民诉法学界和司法实务上目前一般采取的是被称为"法律要件分类说"的理论以及建立于其上的分配规则。根据这一理论及相关规则,就比较容易领会设例 7-2 了。所谓"法律要件分类说",指的是按照民事实体法把第 3 章介绍过的要件事实区分为导致以权利义务为内容的法律效果发生或作为这种效果产生之必要条件的"权利发生事实"、妨碍法律效果发生的"权利妨碍事实"、法律效果虽产生却已归于消灭的"权利消灭事实"以及虽然有关于法律效果的约定但其尚未发生的"权利阻却事实"。很明显,主张权利发生事实的当事人与主张后三种事实的当事人正好构成利益相反并互相对垒的两方阵营,举证责任则按照实体法上每一种权利发生和妨碍、消灭、阻却的要件分类事先配置给互为对手的当事人双方。《民诉法解释》第 91 条对此做了以下规定:"人民法院应当依照下列原则确定举证证明责任的承担,但法律另有规定的除外:(一)主张法律关系存在的当事人,应当对产生该法律关系的基本事实承担举证证明责任;(二)主张法律关系变更、消灭或者权利受到妨害的当事人,应当对该法律关系变更、消灭或者权利受到妨害的基本事实承担举证证明责任。"

上列规定中"法律关系"的表述,应理解为权利义务关系及权利发生的基础,在学理上表述为“权利发生、变更、消灭”亦无不可。一般而论，主张权利发生的当事人多为发动诉讼的原告，必须主张作为其前提的要件事实并对此负有举证责任，作为被告的对方当事人可以针对权利发生事实予以自认或否认，也能够提出妨碍、消灭或阻却权利产生的事实。如第2章所述，如这些事实的提出构成抗辩，进行抗辩的当事人自然也必须对权利妨碍、消灭或阻却的事实承担举证责任了。在设例7-2中，虽然原告也主张了被告尚未支付货款的事实，但从实体法上看，本案的性质是买卖合同，而原告的请求是货款支付。这一请求权的发生要件是买卖合同成立且原告已经实际供货，关于货款是否支付的事实则只是权利的消灭要件。因此，无论其由哪一方当事人主张，对货款已经支付的举证责任都已配置在认为这种权利已归于消灭的当事人一方。而且，这样的举证责任分配还与当事人双方在诉讼中作为原被告的地位并无内在关联。例如，原告要是提起请求撤销合同的形成之诉或合同无效的确认之诉，被告却主张合同有效或不可撤销的话，则原告对妨碍、消灭或阻却权利产生的事实，被告对权利发生事实分别负有举证责任这一规则依然不变。

“法律要件分类说”来自大陆法系的德国、日本等国的民事诉讼法学，以此理论为基础的举证责任分配规则在这些国家已经发展到相当成熟的阶段并得到了高度的体系化。迄今为止我国法学界和实务界从开始了解、介绍到采用这种规则及相关理论的时间尚没有多久，还不能说形成了成熟和系统的举证责任分配规则。最高人民法院于2001年年底发布的《证据规定》，可以说标志着我国实务界开始明确接受与“法律要件分类说”紧密相关的举证责任分配。例如，《证据规定》第5条（该条目前已删除）就明确规定，“在合同纠纷案件中，主张合同关系成立并生效的一方当事人对合同订立和生效的事实承担举证责任；主张合同关系变更、解除、终止、撤销的一方当事人对引起合同关系变动的事实承担举证责任。对合同是否履行发生争议的，由负有履行义务的当事人承担举证责任。对代理权发生争议的，由主张有代理权一方当事人承担举证责任”。此外这种举证责任分配方式还反映在若干司法解释的相关条款中，直到2015年《民诉法解释》作出上述第91条的一般规定。但是，由于我国现有的民事实体立法未就举证责任分配做系统的规定，再加上理论上的不成熟和司法实务中相关程序操作未必统一，所以成体系的举证责任分配规则尚处于逐渐形成完善的过程之中。另外还必须指出，在比较法上“法律要件分类说”理论也一直受到种种的批评和挑战，相关的学说和规则不断有所修正和调整。部分的修正和调整反映在举证责任的倒置、减轻和类似的其他程序操作方法之中。关于这方面的问题将在本节的下一个部分予以讨论。

虽然举证责任的分配主要是关于在主要事实或直接事实的层面客观的举证责任究竟

由哪一方当事人承担的问题，但司法实务中经常遇到的却是在间接事实或者辅助事实的层次上双方当事人都不肯率先提出证据的困难。于是产生了对于间接事实或辅助事实是否也有在双方当事人之间分配提出证据的责任或负担这个问题。如上所述，在一般的学说观点看来，客观举证责任作为一种风险只针对主要事实的层次，主观举证责任即率先提出证据的负担也据此配置给当这种事实真伪不明时承受不利后果的当事人一方。而到了间接事实或辅助事实的层次，哪一方当事人应当提出证据则已属于法官自由心证或裁量的领域。比较法上也曾有学说认为，主观的举证责任既然可以根据当事人提出证据的状况在原被告之间转移，所以也能够适用于间接事实及辅助事实等层次，且可能发展出一套与客观举证责任无涉而只专门分配主观举证责任的规则体系来。但本书不采用这种学说，也不完全同意间接事实或辅助事实的提出证据负担只能由法官自由裁量的见解。关于这个问题，先来看设例 7-3。

设例 7-3

甲以借款未归还为由起诉乙，并且拿出一张写有“欠 1 500 元，手头一方便马上归还”并有乙签字的欠条作为证据。乙答辩称与甲等多人打麻将，手头没钱了，顺便向甲借过 500 元，后来当场又赢钱就还给了甲，但因忙于继续打麻将而忘记要回欠条。乙主张甲在欠条的金额前补了个“1”字，该项证据经过变造，不应采纳。甲则主张自己与乙虽也打过麻将，但这笔钱不是赌债，是乙找自己借钱并一起去银行自动取款机上取的，并进一步提供了 1 500 元的取款回执和当天看见自己和乙去银行的熟人证言。法院认为当事人应对欠条是否经过变造申请进行笔迹鉴定，但因鉴定费就需预缴 1 000 元左右，原被告双方虽经释明却都不申请鉴定，法院最后判决乙向甲支付欠款 1 500 元。

设例 7-3 中，按照“法律要件分类说”甲对存在借贷关系和实际交付了借款负有举证责任，乙主张借过不受法律保护的赌债 500 元而且已归还属于权利消灭的事实，应对此抗辩负有举证责任。但其主张不存在 1 000 元的债务则是单纯的否认，举证责任仍应由甲而不由乙负担。如果按照“主观举证责任是客观举证责任之反映”的命题，申请进行笔迹鉴定并预缴鉴定费用的负担看来应该由甲承受。但是在本案中，甲除遭受争议的欠条之外还提出了取款回执和证人证言等进一步的证据，应该视为履行了主观的举证责任。而与此相对，乙仅仅主张欠条为变造，却没有提出任何支持这一主张的证据。且欠条的真伪属于证据的可靠性问题，是典型的辅助事实，当事人的哪一方应对这种事实承受提出证据的负担区别于主观的举证责任，可称为“证明的必要”。鉴于甲提出的证据已经使法官的心证程度接近证明标准，而乙尚未作出任何努力把这个程度“拉下来”，因此可认定其已有了申请鉴定来证明自己主张之必要。换言之，在当事人之间客观存在的攻击防御态势已经使得是乙而不是甲有了申请鉴定之“证明的必要”。乙没有对这种“必要”作出回应就是本案最终判决其败诉的重要原因之一。如果设想甲除了欠条并未提出其他任何证据，则即使乙也只是主张该欠条经过变造，申请鉴定的证明之必要恐怕就不在乙而在于甲了。总之，在间接事实及辅助事实的层次，虽然也与客观和主观的举证责任存在关联，但在当事人之间发生的不再是举证责任的分配问题，而应当理解为究竟是哪一方当事人有“证明之必要”或应承受提出证据的负担。这个问题也不应该完全留给法官通过心证或自由裁量去解决。只是在衡量双方当事人各自提出了哪些证据等攻击防御的客观态势之后，法官才能在此基础上作出下一步究竟是哪一方当事人就间接事实或辅助事实的证明有必要提出证据的判断。虽然目前我国的司法实务有关如何在当事人之间分配这种“证明的必要”远远还说不上存在着明确的规则，或者说在此领域发展出一整套规则体系或许本来就是不可能的事情。但是如果通过对司法实务中常见做法从法律解释学的角度不断进行总结和升华的话，建立或形成某些类型化的实务操作指针仍然是可能的。

7.3.3　举证责任的倒置与减轻

根据建立于“法律要件分类说”等理论上的成套规则来分配当事人的举证责任，意味着没有把这种对于当事人来讲意义十分重大的风险及负担之配置完全委诸法官的自由裁量。而且相对客观的分配规则事先存在，可以提前为双方当事人提供展开攻击防御的某种指针，也降低了法官随机分配举证责任时可能招致怀疑及抵制等难以获得正当性的风险。但同时也必须看到，现实的诉讼程序进行过程中具体情形千变万化，严格按照一套事先确定的规则在当事人之间分配风险和负担，有时候不免会带来适用规则过于机械或僵硬的副作用，可能引起裁判结果与实质正义相抵触等不公平的问题。另外在更为根本的层面上，“法律要件分类说”及相关规则可以说是以当事人双方作为原被告的可互换性及其力量对比的相对平衡这样一种近代“古典”意义上的诉讼观作为前提的，对于传统商事案件等领域的纠纷处理解决具有更大的亲和性或适应性。

但是，随着当代科技的发达、大规模的经济开发和基础设施建设、大量生产大量消费的流通消费体制形成等急剧的社会发展与变迁，在财富增长积累和日常生活变得更加便利的同时，也引发了严重的环境污染和对消费者权益的结构性侵害等社会问题。这些问题反映在民事诉讼上，就是环境污染诉讼、食品安全及一般产品质量等与消费者权益保护有关的诉讼、医疗、交通等事故引发的损害赔偿诉讼等侵权行为法领域的案件大幅度增加。在此类有时被称为"现代型诉讼"的案件中，加害方和受害方在社会结构的层次上固定下来，原被告的角色几乎失去了可互换性。与此相关的则是当事人双方的力量对比高度不均衡，证据及必要的科技知识往往集中分布在作为加害方的被告手里，作为原告的被害方经常面临举证困难的处境。这种情况下如果仍然严格地要求在实体法上一般地负有举证责任的原告承担举证失败的不利后果，有时显然会带来严重有悖于实质正义或实质上不公平的问题。于是，在基本承认和维持现有相关规则的前提下，就有了对举证责任的分配进行相应调整的必要。

作为这种调整的方法之一，首先可以举出的就是举证责任的倒置或转换。这一方法指按照一般规则本来应当配置给一方当事人的举证责任，可以通过法律上的明确规定等转移给另一方当事人由其承担。例如，按照民事实体法有关侵权的一般理论，构成侵权的四种要件事实即加害行为和受害后果的存在、行为与后果之间的因果关系以及主观过错，原则上都应由受害方承担举证责任。但我国《民法典》第 1230 条规定，"因污染环境、破坏生态发生纠纷，行为人应当就法律规定的不承担责任或者减轻责任的情形及其行为与损害之间不存在因果关系承担举证责任。"显而易见，这个条文至少把关于行为和损害之间存在因果关系这一要件事实的举证责任直接倒置给了加害方的当事人。此外，对于该法第 1254 条"从建筑物中抛掷物品或者从建筑物上坠落的物品造成他人损害的，由侵权人依法承担侵权责任；经调查难以确定具体侵权人的，除能够证明自己不是侵权人的外，由可能加害的建筑物使用人给予补偿"这一规定，亦有可能解释为把是否实施加害行为的举证责任从原告转移给了被告。还有对《民法典》第 1170～1172 条有关二人以上共同侵权的规定，也存在着从举证责任倒置的角度进行同样解释的余地。

当然，有关举证责任分配的调整并不限于倒置或转移的方法。在这方面，侵权法上的过错是一个较为典型的领域，仅在立法上就存在着若干层次不同或程度不等的调整方法。由于加害方过错的主观性质，被害方一般都较难对此进行成功的举证，于是先是在司法实践中后来是通过立法而发展出旨在减轻受害人举证负担的一系列方法。

首先，对于某些特殊领域的侵权行为，法律明确规定了无须对是否存在主观过错举证即要求加害方赔偿损失的所谓"无过错责任"。这是一种解除受害方举证负担最为彻底的方法,《民法典》第 1166 条对此做了一般规定。作为更加具体的立法例,可列举我国《道路交通安全法》第 76 条的规定,即对于“机动车发生交通事故造成人身伤亡、财产损失的,由保险公司在机动车第三者责任强制保险责任限额范围内予以赔偿”之后仍然不足的部分,虽然机动车一方没有过错,仍应在不超过 10% 的范围内承担赔偿责任。

其次,虽然对于加害方来说,在仍有证明自己无过错的机会这一意义上比起无过错责任更加有利,上文已述的举证责任倒置仍构成了另一种对受害方有关加害方存在过错的举证负担予以直接解除的方法。如《民法典》第 1255 条有关“堆放物倒塌、滚落或者滑落造成他人损害,堆放人不能证明自己没有过错的,应当承担侵权责任”的规定就是将有无过错的举证责任转移给被告的一例。

最后,在客观举证责任仍由受害方承担的前提下,还有一种减轻其举证负担的方法就是法律上的推定。这种方法指的是用某个比较容易提供证据进行证明的间接事实来代替一个很难证明的要件事实,如果该间接事实得到证明就暂时认定要件事实为真,不过这种认定可以因对方的反证而遭到动摇。并且,经对方反证后万一出现真伪不明的状态,仍然由原来负有举证责任的当事人一方承担不利后果。在此意义上,推定与举证责任倒置相比在减轻举证负担的力度上有限,但仍不失为一种调整举证责任分配的有效方法。《民法典》第 1165 条第 2 款是有关法律上推定的一般规定;第 1222 条关于医疗纠纷中医疗机构的诊疗行为是否存在过错的举证问题作出的规定则可视为推定的一个具体例子。根据该条文的内容,如果患者一方能够证明医疗机构有违反法律、行政法规、规章以及其他有关诊疗规范的规定,隐匿或者拒绝提供与纠纷有关的病历资料,伪造、篡改或者销毁病历资料等情形之一,即可推定医疗机构存在过错。

以上有关举证责任转移或减轻的情形在立法上都有明确的规定。在司法实务中,除了这类依照立法规定转移或减轻当事人举证负担的情形,由于上文所述的针对某些具体案情机械适用“法律要件分类”相关规则分配举证责任可能带来实质上的不公平等普遍性问题的存在,同时也因为在我国可适用的举证责任规则并未发展到成熟完整的体系化程度,司法实务中很多情况下都是由法官临机应变地通过种种方法对当事人举证的责任及负担等进行调整。对于我国司法实务中种种旨在调整或减轻当事人举证负担的实际做法,目前民事诉讼法学界虽然也在介绍相关比较法知识的同时有所涉及,但更为全面深入的研究总结还有待于今后的展开。有关这方面的问题和论点,可参考本节延伸讨论 7-3。

延伸讨论

7-3　司法实务中减轻当事人举证负担的种种做法

如上文已述,民事诉讼应尽量避免出现"真伪不明"状态,以致不得不以客观举证责任的所在来决胜负的结果。但司法实务中又不能回避确实有一些案件最终无法查明案情真相,且因当事人无论如何不肯接受调解而只得作出判决的情形。此类情形中还存在部分案件,由于种种原因,让负有客观举证责任的一方当事人败诉,这有悖于实体正义或明显不合理。有关对这些案件的处理,本节介绍了法律明文规定举证责任倒置等方法,以及由法院在个案中根据公平和诚信原则进行自由裁量以确定当事人的举证责任这两种解决方向。除此之外,通过法律解释在减轻当事人举证的责任及负担这方面逐渐形成某些定型或通用的实务操作方法,并在其基础上构成和发展与之相应的解释学概念及理论,亦为另一条值得努力尝试的路径。大陆法系的德国、日本等国和我国台湾地区的民事诉讼法学界在这一领域做了较深入的研究,提出了能够发挥减轻当事人举证责任功能的"表见证明""间接反证""大致推定"等概念。在我国民事司法实务和诉讼法学界,类似的工作却只能算刚刚开始起步。以下是对这方面情况的一个简单的描述介绍。

与证明的结构和过程相对应,在总体上可以把减轻当事人举证责任的做法划分为几个不同的侧面。或者说可以分别从直接解除或缓解负有客观举证责任的一方当事人负担或帮助其提高举证能力、要求另一方当事人承受某种程度的风险以及法官适当降低心证需要达到的高度等若干不同的角度来考虑这个问题。就本来应负客观举证责任的当事人这一方而言,解除其负担和风险最为直接彻底的办法,首举本节已介绍的无过错责任和举证责任倒置。不过此类办法因要求法律加以明确规定,其范围是很受限制的。其次可能采取的方法是虽然没有解除当事人负有的客观举证责任,却在主观举证责任的转移以及有关间接事实、辅助事实的证明必要等层次上减轻了负有客观举证责任的一方当事人的负担。除了本节已提到的法律上推定之外,"表见证明""间接反证""大致推定"等概念所体现的各种具体做法都可包括在这一方法的范围之内。再者,还可能通过帮助负有举证责任的一方当事人收集和提出证据或强化提高当事人证据收集能力,以此来间接地缓解其遭受的压力。在日本等国民事诉讼法中,部分借鉴美国法"发现程序"(discovery)而建立的当事人申请法院发布文书提出命令就能够发挥这种功能。我国民事诉讼中与之相接近或类似的制度则是当事人申请法院取证。对于并未承担客观举证责任的另一方当事人来说,减轻对方当事人的举证责任往往意味着加重了其证据提出的负担或在某种程度上把证明的风险转移了过来。上述的法律上推定与“大致推定”“表见证明”“间接反证”以及不同层次的“证明必要”等概念,都能够起到这样的作用。不过在这些大体发挥同类功能的概念之中,近年来在我国民事司法实务中显得较为突出的大概要数“证明妨碍”这一概念了。最后的段落拟稍稍具体地讨论一下这个概念。此外,就法官评价证据认定事实的心证程度这个层面而言,为负有客观举证责任的一方当事人减轻负担及风险还有一种可能的操作方式,即在这种认识过程中人为地降低证明标准来回避真伪不明的状态出现。关于这种方法在比较法上已有相当的研究,但因法官为此享有更大裁量空间并相应承担更多责任,在我国实务界和法学界尚未对此予以正面的承认。不过,在缺席裁判等场合,原告一方获得的缺席胜诉判决其实往往就是法官降低了证明标准的结果(关于这一点,可参见本书第13章第5节)。

需要注意的是,以上从不同的角度或侧面分别构成的概念和做法,其实相互之间都存在着内在关联,因为发挥的功能作用大同小异,不少场合它们甚至可以互相代替。例如,极端一点设想的话,用降低证明标准这一种方法就足够涵盖其他所有方法的作用。不过,为了避免把一切困难问题都委诸法院的裁量,在法解释学上针对类型化的具体案情并区别不同程序场境以构成多元的操作性概念这种努力仍然是有价值的。因此,我国民事诉讼法学界今后还需注意这个研究方向。

最后要讨论的“证明妨碍”这个概念也源自大陆法系的德国、日本等国的民事诉讼法学理论,其基本的含义是负有客观举证责任的一方当事人虽然已经尽到最大努力收集并提出证据,但由于对方当事人故意或过失地损毁、隐匿相关证据等妨碍行为,最终导致了真伪不明的结果。这种情形下如果仍按照客观举证责任的分配,判处负有这种责任的当事人一方败诉的话,显然是很不公平的。于是,围绕实务中对这样的情形应怎样处理,从理论上就产生了主张令实施证明妨碍行为的另一方当事人承受包括败诉在内的不利后果等种种学说。我国的民事司法实务无疑也遇到了类似的情形,面临着同样的问题。《证据规定》第95条就是为解决这一问题而就“证明妨碍”作出的规定,其内容是“一方当事人控制证据无正当理由拒不提交,对待证事实负有举证责任的当事人主张该证据的内容不利于控制人的,人民法院可以认定该主张成立”。《民诉法解释》就责令提出书证的制度而规定的第112条和第113条,亦可理解为有关“证明妨碍”的程序规范(参见本书第6章第2节6.2.1)。除此之外,如本节介绍法律上推定的概念时涉及的《民法典》第1222条规定的关于医疗机构在与患者发生纠纷时可能采取的“隐匿或者拒绝提供与纠纷有关的病历资料”或“遗失、伪造、篡改或者违法销毁病历资料”等情形,也属于典型的证明妨碍行为。不过对于这些行为进行制裁在法律上已经存在明确的规定，且使用了推定的技术来加以处理。

在我国民事诉讼实践中，一个与证明妨碍紧密相关的具体领域则牵涉到婚姻家庭继承等案件中亲子关系的鉴定问题。如在离婚案件中，怀疑子女并非自己亲生的男方往往申请这种鉴定，有时女方也可能出于证明自己清白或为了请求抚养费及取得继承权等动机而申请亲子关系的鉴定。就目前的技术水平而言，采用 DNA 技术进行的这种鉴定几乎已能够达到百分之百的准确率，只要通过鉴定就可以说真相大白。但另一方面，在现实的诉讼程序中，如果当事人的另一方不同意不配合进行这种鉴定，则鉴定的实施一般都比较困难。由于亲子鉴定的这些特点，一旦申请鉴定的当事人得不到对方的同意及配合，往往主张对方是在蓄意地隐瞒真相，妨碍自己进行证明。原来的司法实践中法院遇到这样的情形时，多采取直接承认申请鉴定的一方当事人有关亲子关系存在或不存在的主张，以此来制裁另一方当事人妨碍证明的行为。对此，最高人民法院于 2020 年发布的《关于适用〈中华人民共和国民法典〉婚姻家庭编的解释（一）》（以下称《婚姻家庭编解释（一）》）第 39 条规定，当事人一方起诉，请求确认亲子关系存在或不存在，“并已提供必要证据予以证明”时，另一方当事人如果没有提出相反的证据，却又拒绝做亲子鉴定，法院就可以推定请求确认亲子关系不存在或不存在的一方当事人主张成立。例如在男方请求确认亲子关系不存在的场合，申请亲子鉴定的一方应先提出如双方同居与怀孕的时期不符、子女的血型或外貌与自己不符等方面的证据，在法院根据既有证据已对其主张形成一定程度心证的基础上，如果另一方当事人既不进行反证，又拒绝配合做亲子鉴定，这种情况下法院才可以推定申请鉴定这一方当事人的主张成立。这一规定意味着明确承认了证明妨碍的法理，同时对其适用也附加了“必要证据”的提交等限制性前提。

与上述我国实务界通行做法相映成趣的是德国民事诉讼法上对于同样情形的处理。在德国有关丈夫或者父亲请求确认自己与子女的亲子关系不存在的诉讼中，如果因对方拒绝配合做亲子鉴定而导致真伪不明的结果，法院不是推定申请鉴定的这一方当事人有关亲子关系不存在的主张成立，而是在判决书上写明“结果真伪不明”而据此驳回作为父方的当事人此项主张。原因是德国在婚姻家庭法领域实行“实体真实”的原则，在真伪不明的情况下不允许以分配举证责任或追究证明妨碍等方法来决胜负。驳回亲子关系不存在的主张既有优先保护子女利益的含意，也允许当事人在能够取得对方同意实施亲子鉴定等情况变化时重新提起诉讼来再次主张亲子关系不存在。我国目前并未把家事程序从普通民事诉讼程序中分化出来单独作为一类特殊的程序，也没有实行与一般程序相区别的诉讼原则，但将来如果在程序设计上有类似改动的话，上述的实务运作亦不排除存在变化的可能。

第 8 章　诉讼主体:当事人

以当事人为中心的诉讼主体,是通过民事诉讼解决纠纷的结构及过程中不可或缺的要素之一。诉讼主体涉及诉讼制度上若干重要的领域和种种具体的程序设计,有许多概念、问题和论点需要予以介绍讨论。本书从这个要素的角度,按照诉讼主体从相对单纯到更为复杂的顺序,将其排列组合为不同的诉讼形态,并分为 4 个章节逐次对各个领域及相关问题展开论述。图 8-1 即为表示这种排列方式的一个示意图。

当事人(包括"准当事人")→ 代理人(法定、指定、委托等)→ 其他的诉讼参与人(专家辅助人、证人、鉴定人等)
单一原告、被告 → 复数主体(共同诉讼)→ 多数主体(群体诉讼的代表人)→ 团体作为诉讼主体(公益诉讼)
双方结构(原告 v.被告)→ 三方结构(第三人诉讼)→ 特殊诉讼形态(第三人撤销之诉)

图 8-1　与诉讼主体相关的程序和制度

本章主要讲诉讼主体中的当事人及诉讼代理人,此后的第 9 章到第 11 章分别论述共同诉讼、代表人诉讼和第三人诉讼。

第 1 节　当事人:类型与性质特征

一般情况下,当事人是在特定的民事诉讼中直接承受案件实体上权利义务的主体,并因此也担负诉讼程序上的权利及义务。从案件的实体内容这一角度来看,当事人与构成案件的民事纠纷存在直接的利害关系,无论通过诉讼程序达到什么样的处理结果,实体上的权利将由其享有,而义务也由其承担。基于这样的主体地位,诉讼过程中发生的种种程序上之权利义务往往也归属于当事人。有关当事人的概念,在学理上存在着大致分别对应于"实体利害关系"和"程序性权利及义务的归属"两种角度的"实质上的当事人"和"形式上的当事人"这一区分,涉及的学说理论相当复杂。考虑到我国民事司法实务中到目前为止的现实情况并出于简化问题的需要,本书暂采取结合两种角度的妥协性方案,一般情况下对当事人概念做"实质"和"形式"上统一的理解。此外,由于我国民诉法上对第三人有一些特殊的规定,因此在"当事人"之外,还应当划分出"准当事人"这样一个类型。

关于这一点,将主要在后文第 11 章的相关部分加以讨论。

关于什么样的主体可以成为当事人,《民事诉讼法》第 51 条第 1 款规定,“公民、法人和其他组织可以作为民事诉讼的当事人”。这一条文与民商事实体法有关权利义务主体的规定相对应,指明了民事诉讼当事人的三种类型。其中的“公民”即自然人,与采取团体或组织形式的“法人和其他组织”相对。而这些主体能够作为民商事案件的当事人,或者能够在诉讼中实际发挥当事人的作用,还需要具备某些特征或者必须满足一定的条件。这些特征或条件包括当事人能力(当事人诉讼权利能力)、当事人诉讼行为能力和当事人适格。其中当事人的权利能力与行为能力是主体成为民事诉讼当事人,或者实际发挥当事人作用时具有的一般特征,当事人适格则是与特定的案件紧密相关的特殊条件。以下即主要按照当事人的不同类型分别介绍这些特征或条件,对有关当事人适格的问题,因其特殊性拟单独列一小节并在“延伸讨论”部分稍加详细分析。

8.1.1　自然人

自然人可说是民事诉讼中最为常见的当事人类型,直接反映了民商事实体法领域个人作为财产关系及人格或身份关系主体的一般性质。大致与其在实体法上的地位相对应,自然人成为民事诉讼的当事人只需要满足一项条件,即须具有诉讼权利能力(理论上还可称为“当事人能力”)。自然人从出生之日起即拥有这项法定的能力,及至其死亡该权能才归于消失。关于这一点,可参见设例 8-1。

设例 8-1

享年八十余岁的张某去世,某殡仪馆为他办理丧事,在此过程中不慎将装有张某遗骸的骨灰盒遗失。张某的一子一女向殡仪馆索取父亲的骨灰盒未果,遂把张某本人作为原告、殡仪馆为被告,以人身损害赔偿为由向法院提起诉讼。法院告知两位子女,其父亲是死者已经不具有诉讼权利能力,不能作为案件当事人。两位子女撤回诉状后向律师咨询,最终以自己的名义向法院另行起诉,请求追究殡仪馆的责任。

以上设例中可以作为根据的是《民诉法解释》第 69 条的规定,即“对侵害死者遗体、遗骨以及姓名、肖像、名誉、荣誉、隐私等行为提起诉讼的,死者的近亲属为当事人”。此外需要注意的是,一般情况下尚未出生的胎儿并不具有诉讼权利能力,但是根据《民法典》第 16 条有关“涉及遗产继承、接受赠与等胎儿利益保护的,胎儿视为具有民事权利能力”的规定,对此类情形,应肯定胎儿具有诉讼权利能力。但是,虽然死者已无诉讼权利能力,但在现代医疗条件下,处于脑死状态仅依靠医疗装置维系生命体征的“植物人”却被视为具备这种能力,依然拥有作为诉讼当事人的资格。

在拥有诉讼权利能力并已成为案件当事人的基础上,自然人若要实际参加诉讼或在诉讼中实际发挥当事人的作用,还需要具备另一项条件,即拥有诉讼行为能力。这项能力指的是当事人在主张、出庭、举证、辩论、和解等等诉讼活动中直接行使程序上的种种权利并承担相应义务的资格。自然人虽然已经成为当事人,但如果无法按照自己的真实意思行事或不能识别自己行为后果,则被视为缺乏诉讼行为能力,而不得在诉讼中实际发挥当事人的作用。具体而言,通常有两种情形导致诉讼行为能力的缺失,一是当事人为未成年人,另一则是当事人为精神疾病患者。这两种情形的存在都导致不允许当事人自己实际进行或参与诉讼,必须由监护人或代理人代替其进行诉讼并担负起程序上的权利义务。不过,通过诉讼所确定的实体权利义务和所有的程序后果,仍然由当事人自己(某些情况下还由其监护人)承受。作为程序法上的概念,诉讼行为能力存在着与实体法上的民事行为能力相对应的部分。但这两个概念之间也有相当的差异。实体法上判断有无民事行为能力,有些情况下还需要根据民事行为的特点与未成年人的年龄段或者精神疾病的严重程度等来加以具体的确定。与此相对,程序法上的诉讼行为能力之有无,几乎是只看当事人是否已满 18 周岁或者是否患有精神疾病即可作出判断。

此外,就自然人与商业上某种形式的组织之间关系而言,还应注意民事诉讼涉及个人之间的合伙或者以一般称为“个体户、工商户、专业户”等形式从事经营活动的主体时,必须以一个个的自然人作为诉讼当事人。例如,未登记领取营业执照的个人合伙涉及的民事诉讼,所有作为合伙人的自然人都成为该案件的当事人,形成共同诉讼;如果合伙有依法核准登记的字号,则在法律文书中注明该字号,并从合伙人中推选代表人进行诉讼(《民诉法解释》第 60 条)。而往往以家庭为单位构成的“工商户”等如果卷入民事纠纷需要进行诉讼,其户主以自然人的身份成为当事人。如果个体工商户有营业执照,以执照上登记的经营者为当事人,只是在营业执照上登记有字号时以该字号为当事人,但仍须注明该字号经营者的姓名等基本信息(《民诉法解释》第 59 条)。

8.1.2　法人和其他组织

当事人的另两种类型分别是法人和其他组织,与自然人恰成对照的是二者均为某种形式的组织或团体。法人是民商事实体法上的重要概念,关于其定义、性质、构成条件和分类等有相关的法律规定,也存在着众多的理论学说。本书对此不予涉及,仅需要指出以下事实就足够了:从公司企业到行政机关、从学校医院等事业单位到工会妇联等社会团体、从学会或基金会到从事环境保护或消费者权益保护的 NGO 组织等,无论何种团体组织,都可以根据实体法赋予的法人资格而成为民事诉讼的当事人。《民法典》第 101 条规定,“居民委员会、村民委员会具有基层群众性自治组织法人资格”,而在此之前,这些组织在民事诉讼中通常被认为是“其他组织”的一种形态。

另一方面,与法人相区别的其他组织究竟都包括哪些主体,却不是一个简单的问题。在实体法上,相应的概念是“非法人组织”。《民法典》第 102 条规定:“非法人组织是不具有法人资格,但是能够依法以自己的名义从事民事活动的组织。非法人组织包括个人独资企业、合伙企业、不具有法人资格的专业服务机构等。”从程序法的角度看,还可以说,“并非法人却能够成为民事诉讼当事人的组织”就是其他组织。《民诉法解释》第 52 条将“其他组织”定义为“合法成立、有一定的组织机构和财产,但又不具备法人资格的组织”,并列举如下:(1) 依法登记领取营业执照的个人独资企业;(2) 依法登记领取营业执照的合伙企业;(3) 依法登记领取我国营业执照的中外合作经营企业、外资企业;(4) 依法成立的社会团体的分支机构、代表机构;(5) 依法设立并领取营业执照的法人的分支机构(不过,非依法设立的法人分支机构,或者虽依法设立却未领取营业执照的分支机构,则以设立该分支机构的法人为当事人);(6) 依法设立并领取营业执照的商业银行、政策性银行和非银行金融机构的分支机构;(7) 经依法登记领取营业执照的乡镇企业、街道企业,等等。

除此之外,某些组织在实体法上不具有法人资格,但在司法实践中却经常作为当事人进行或参与民事诉讼。例如银行、保险公司和某些法人的分支机构以及大学的院系、医院的科室、行政机关的下属部门等,如果其是因执行具有法人资格的上级机构自身职能而卷入民事纠纷,则只能以其上级机构作为诉讼当事人。但这些机构仅仅是因为以自身名义从事的一般民事行为而牵涉与此相关的民事诉讼时,则可以作为“其他组织”而直接充当特定案件的当事人。《民诉法解释》第 68 条规定:“村民委员会或者村民小组与他人发生民事纠纷的,村民委员会或者有独立财产的村民小组为当事人。”对于非法人的其他组织之下设机构,亦应做同样处理。如可参见设例 8-2。

设例 8-2

某社区居民委员会下设的甲"资产办公室"(以下简称"甲资产办")向乙公司购买一批办公用品,后双方因供货质量问题发生纠纷,甲资产办作为原告向法院起诉,请求乙返还货款。法院认为甲资产办是某居民委员会的分支机构,其自身不具有"其他组织"的资格,不能作为本案当事人,遂作出裁定对甲的起诉不予受理。甲不服该裁定,向上级法院提起上诉。上级法院经审理,认定甲资产办自身虽然只是"其他组织"下属的分支机构,但该机构购买办公用品的民事行为与其上级组织无关,在本案中应将该机构视为"其他组织",承认其具有作为原告提起诉讼的资格,于是裁定撤销一审不予受理的裁定,指令一审法院受理本案。

法人和其他组织作为诉讼当事人,应列明其法定代表人或主要负责人(第一负责人)。这些主体与法人或其他组织具有同一性,其作为当事人进行的诉讼行为均被视为组织团体自身的行为(也有观点认为组织团体在诉讼中列明的代表人其性质与法定代理人相近)。与法定代表人或第一负责人不同,团体组织的其他任何成员在诉讼中则只能作为代理人,其诉讼行为也只是在存在授权的范围内才能代表作为当事人的团体组织(即构成后述的"委派代理")。

与自然人相类似,法人和其他组织的诉讼权利能力始于组织的成立、终结于组织的解散或消灭。这些团体组织如果处于清算或破产的过程,则其涉及的民事诉讼以清算组或破产管理人为当事人(这是当事人适格的一种特殊情形,参见本节延伸讨论 8-1)。需要注意的是,工商行政管理部门注销企业的登记或者企业的营业执照过期失效等情形,并不一定总是意味着这类组织已经消灭。判断其能否作为诉讼当事人,仍取决于组织是否仍实际存在,以及是否可能承受特定案件的权利义务关系等因素。根据《民诉法解释》第 64 条,"企业法人解散的,依法清算并注销前,以该企业法人为当事人;未依法清算即被注销的,以该企业法人的股东、发起人或者出资人为当事人。"

与自然人不同的是,法人和其他组织当然具有诉讼行为能力,且只要组织本身存在就不会缺乏或者失去这种能力。但是作为团体组织,法人和其他组织除了以其负责人作为代表直接行使并承受诉讼上的权利义务之外,往往都必须依赖委托代理,包括聘请律师、法律工作者的专业代理和由组织所属的职员承担诉讼活动的委派代理。

8.1.3　当事人适格

当事人适格又称为“正当的当事人”,指的是自然人、法人或其他组织等某一主体对于特定诉讼案件在实体上存在直接的利害关系,一般表现为该特定诉讼案件作为基础的法律关系之相对方,并由此而具有作为该案件确定的权利义务之承受者的资格。考虑主体是否符合当事人适格的条件,一般都以其已经具备了诉讼权利能力和诉讼行为能力为前提。但与这两种就诉讼一般而言的性质或特征不同的是,当事人适格仅仅与特定的、具体的诉讼案件相联系。所谓当事人适格需要解决的,不是主体是否一般地具有“能够作为诉讼当事人”或是否“可以自己实施诉讼行为”的资格等问题,而是要解决“某个具体的主体是否真的就是特定案件的当事人”这一问题。还可进一步把当事人适格分成“原告的”与“被告的”两种情形,前者的内容为“原告自身是否为其据以起诉的法律关系之相对方”,后者指的则是“原告是否告错了(不是该法律关系另一相对方的)人”的问题。当事人适格与法院受理范围和诉的利益并列,从诉讼主体的角度构成了起诉条件之一(这方面的内容以及在诉讼不同阶段当事人适格的确定及其法律效果等问题,参见本书第 3 章、第 13 章的相关部分)。关于当事人是否适格的问题在司法实践中如何表现,可参见设例 8-3。

设例 8-3

侯丰原为顺晨公司的业务员,后辞职自己做销售中介,但有时应客户要求仍使用自己手里还留存的盖有顺晨公司合同专用章的格式合同。某日侯丰使用同样的格式合同与苑午公司签订一份进货协议,约定从该公司进一批货并预付了定金。苑午公司未按协议发货,侯丰遂向法院起诉该公司,请求立即发货或返还定金并赔偿损失。法院审查诉状后告知侯丰,因书面合同上除侯丰签名外还有顺晨公司的公章,该公司也必须作为原告参加诉讼,否则不予受理。经侯丰要求,顺晨公司同意与其一起充当原告,并送来营业执照复印件和法定代表人的证明。于是法院受理了本案,并向被告送达诉状及相关材料,但送达因苑午公司已不复存在而未成功。经了解,该公司因出资的五名股东之间发生纠纷而已经清算并告解散。法院向侯丰和顺晨公司说明上述情况后,两原告把被告从苑午公司变更为曾是该公司股东的五名出资人,本案的审理程序遂得以继续进行。

从设例8-3可以看到,关于当事人是否适格发生疑问的情形,在司法实践中的一种表现就是形式上的当事人和实质意义上的当事人并不重合。设例8-3中的侯丰是实质意义上的当事人,但顺晨公司则构成了本案形式意义上的当事人,虽然其并未真正与本案产生实体上的权利义务关系,但由于形式上作为合同相对方却必须列明为当事人之一,本案的诉讼才得以维持,或不致因当事人的不适格而被法院不予受理。有关本案的这种情形还可以理解为,对于诉讼的成立来讲,“一个也不能少”或者不可或缺的复数主体,只有在全体都参加诉讼的前提下才构成共同诉讼的当事人适格(另可参见本书第9章第2节)。还需要注意的是,对于形式意义上的当事人与实体意义上的当事人不相重合,或者当事人的形式与实体内容发生分离的情形,司法实践中的处理并不限于上列设例这样的结果。根据具体情况,有时可能以实质意义上的当事人取代形式意义上的当事人(如原告作为出借人持欠条起诉借款人,后因实际借款人出面说明欠条列名的只是中介人,自己愿意作为被告参加诉讼,而各方都同意更换当事人等情形);有时则需要相反的处置(例如无施工资质的包工队以有资质的建筑公司名义与建筑工程发包方签订建筑施工合同,后该包工队因拖欠工程款而起诉发包方,则必须由建筑公司出面充当原告等情形)。

关于当事人是否适格发生疑问的另一种表现,则是与案件存在实体上利害关系、作为特定法律关系相对方的主体在组织形式等方面发生了变化,需要在诉讼程序开始阶段或进行过程中确定究竟什么主体才真正能够承受本案实体上的权利义务。这种情形一般都与法人或其他组织的当事人类型相关,往往表现在作为团体组织的主体签订合同或围绕某种法律关系与他人发生纠纷之后,其团体组织的资格被取消或在名称、构成等方面有重大改变,此后再牵涉到诉讼时,应该以什么主体作为案件的当事人则成为问题。《民诉法解释》对类似情形作出了规定,如:行为人以应登记而未登记的法人或其他组织名义进行民事活动,或者行为人在法人或者其他组织依法终止后仍以其名义进行民事活动的,以行为人为当事人;企业法人合并后因此前的民事活动发生纠纷的,以合并后的企业为当事人;企业法人分立为几个不同的主体后因此前的民事活动发生纠纷的,以分立后的企业为共同诉讼人(第62条、第63条)等。

延伸讨论

8-1　当事人适格的特殊类型

通常情况下,由哪个或哪些主体充当特定诉讼案件的当事人并不成为问题。或者即使出现这样的问题,通过本节在上文介绍讨论的一般标准就可以较容易地加以解决。但是,除了可用一般标准来衡量的上述情形外,有关当事人适格的问题还可能反映在若干特殊的诉讼场境中,尚需另加分析讨论。对于此类特殊的当事人适格,法律上均有相关的规定。换言之,在我国只有法律上存在明确规定时,才可能发生这些与当事人适格紧密相关的特殊问题。如果说,自然人、法人或其他组织因作为特定法律关系的相对方而与诉讼案件的实体内容发生直接的利害关系,构成了当事人适格之一般标准的话,则特殊的当事人适格指的是某些不一定构成特定法律关系相对方的主体,却能够根据法律上的规定以自己的名义在他人之间法律关系的基础上起诉、应诉,或者成为特定诉讼案件实体上权利义务和程序进行后果之承受者的情形。根据相关法律规定和司法实践,可将当事人适格的这些特殊情形大致分为以下几种类型。

第一,法律上规定某些并非特定法律关系相对方却能够满足一定条件的主体,可在以该特定法律关系为基础的诉讼中成为当事人。例如,自然人、法人或其他组织行使《民法典》第 535 条规定的代位权或第 538 条规定的撤销权,就能够成为代位权诉讼或撤销权诉讼的原告,获得以他人之间法律关系为基础的诉讼当事人之适格。稍稍具体地讲,在债权人与债务人的法律关系之外,有可能出现债务人对其他人享有债权且已到期,却怠于行使自己的权利而导致债权人的权利得不到实现的情况。如有此种情形,满足一定条件的债权人就有权作为原告,并把对债务人负有履行义务的其他人作为被告而提起代位权诉讼。上述情形如果是债务人通过放弃对其他人的到期债权或者无偿或低价转让财产等方式损害债权人,债权人还可能依据《民法典》第 538 条获得提起撤销权诉讼的原告适格。

第二,法律上还规定在某些特定的情况下,一定主体应当以自己的名义却依据其他主体的实体权利义务而起诉或应诉,即赋以其"对他人之诉讼予以承担或充当该诉讼之主体"的当事人适格。从比较法的角度看,大陆法系民事诉讼理论一般将此种情形称为"诉讼担当"。与大陆法系国家的相关制度一样,在我国,所谓"诉讼担当"最典型的形态应首推破产企业的管理人直接以自己名义在涉及破产企业权利义务的诉讼中作为当事人的情形。被宣告破产的企业自身已经不具备诉讼权利能力,破产管理人却因其对破产处理过程进行管理的特殊法律地位而获得了一定案件当事人的资格。与此相类似的,还有继承人在被继承人的人格权或有人格内容的著作权等受到侵害时以自己名义提起诉讼的情形。根据我国相关法律的规定,肖像权、名誉权、属于著作权范畴内的署名权等与特定人格紧密相关的权利,均不因被继承人的死亡而发生继承/被继承的法律关系,因此,此类权利不会归属于继承人。一旦被继承人的这些权利受到侵害,其作为死者已无诉讼权利能力,继承人不能以被继承人的名义起诉。于是法律就赋予继承人以自己名义却依据并为了保护被继承人的这些权利而提起侵权诉讼的当事人适格。同样可能作为诉讼担当,还有一种存在争议的当事人适格形态,即胎儿的母亲以自己名义通过诉讼主张胎儿的继承权或损害赔偿权等某些特定权利。也有观点认为胎儿能够在诉讼中以自己名义主张这些权利,胎儿母亲的诉讼地位应当只是法定代理人。根据我国《民法典》第16条的规定,应肯定这种观点,即在涉及遗产继承、赠与或损害赔偿权的此类案件中,胎儿自身可以作为当事人,胎儿母亲不再具有通过诉讼担当获得的当事人资格。

第三,民事诉讼法上确立的某些诉讼种类可能带来特殊的当事人适格问题。如我国2012年修订《民事诉讼法》引进的公益诉讼(第55条,现为第58条),就首次明确地赋予了具备一定条件的机关及有关组织等团体拥有代表公共利益提起诉讼的当事人适格。同样是这次立法修订新设置的第三人撤销之诉(第56条第3款,现为第59条第3款),也意味着为这一条文的当事人适格范围带来了一定程度的变动或扩张。关于这些制度及其特殊的当事人适格问题,因本书以下的相关章节将做正面的介绍讨论,这里不深入涉及。

第四,在特别程序中,某些能够作为当事人的主体在其资格及范围上也存在特殊性。虽然关于这些情形究竟是否属于当事人适格的问题,有可能存在争议,但在主体以自己名义却要求法院对“他人”的事项进行裁判的意义上,确实有与当事人适格相近的含义。例如可申请宣告失踪、宣告死亡的“利害关系人”(《民事诉讼法》第190条、第191条)、可申请认定公民无民事行为能力或限制民事行为能力的“近亲属”和“其他利害关系人”(《民事诉讼法》第194条)等,都属于这种情形(对于这些程序及其中涉及的相关问题,可参见本书第18章。)

以上介绍并未穷尽我国民事诉讼制度上所有特殊的当事人适格问题,而且可以看到,当事人适格往往与当事人诉讼权利能力、与某些特殊的诉讼种类或具体程序存在着内在的关联。读者有必要在努力对民事诉讼制度及基本理论做整体把握的前提下,通过多次对照本书不同章节的相关内容等方法来加深自己有关当事人适格问题的理解。

第2节 诉讼代理人的种类及功能

诉讼代理人是以当事人名义实际从事诉讼活动、实施诉讼行为的主体,自身并非当事人,但其所为的诉讼活动及行为之实体和程序上的结果却必须由当事人来承受。与当事人还包括法人等团体组织不同,诉讼代理人只能是自然人,且必须具备诉讼行为能力。需留意区别的是,诉讼中的代理人不同于法人或其他组织的法定代表人,后者本身就是案件的当事人,其对于同样作为诉讼当事人的法人或其他组织而言存在的是“代表”而非“代理”的关系。诉讼代理人也区别于代表人诉讼中的代表人,后者既有当事人的诉讼地位,同时也兼具代理本案其他当事人的诉讼代理人之身份及功能(参见本书第 10 章)。诉讼代理是一种对于诉讼程序的进行具有重要意义的制度,能够发挥为当事人提供保护、辅助、替代性服务和专业支持等多项作用和功能。可将这一制度的内容大致划分为法定代理和委托代理两个大类,诉讼代理人在诉讼中的功能和权限基础等也因这个分类而有较大区别。以下就按照这两种类型,分别介绍讨论诉讼代理所涉及的基本论点和问题。

8.2.1　法定代理与指定代理

案件的当事人缺乏诉讼行为能力而难以正常地实施诉讼行为时,法律上不允许其自己从事诉讼活动,必须有另外的主体代替这种当事人实际进行诉讼。这样的主体就是法定代理人,其以当事人名义从事诉讼活动、实施诉讼行为,称为法定代理。如上所述,缺乏诉讼行为能力的当事人只能是自然人,包括未成年人和精神疾病患者两种情形。法律明确规定,这两种主体的监护人应作为法定代理人,代其实际进行诉讼(《民事诉讼法》第 60 条)。如果多个法定代理人相互之间推诿代理责任,则法院应从中指定一人担任法定代理人。此即为指定代理,其实亦属法定代理的一种形态。关于法定代理在司法实践中可能如何体现,可参见设例 8-4。

设例 8-4

林琳和方芳都是小学一年级学生,放学回家的路上林琳因奔跑不慎撞倒了方芳致其受伤。方芳的父亲以女儿为原告、林琳为被告、自己为诉讼代理人,向法院提起了损害赔偿诉讼。但林琳的父母已经去世,现在其由爷爷奶奶和几个叔叔照管,究竟谁是监护人不易确定,这些亲属都以种种理由表示自己不愿应诉。法院根据林琳亲属的家庭具体情况,指定了林琳的二叔作为法定代理人,向其送达了指定代理的通知书,要求他必须应诉。

设例 8-4 表明,作为未成年人的监护人,法定代理人及被指定的代理人实际上已经相当于或接近于实质意义上的当事人了。但在本案这样的情形下,他们却都不能以自己的名义起诉,即原则上不作为形式上的当事人,而仅具有代理人的身份或诉讼地位。从法理或形式来看,其从事诉讼活动在实体和程序上产生的后果亦应由作为当事人的被监护人来承担,虽然实际上往往是法定代理人即监护人自身承受这些后果。此外,根据《民诉法解释》第 67 条的规定,对未成年人作为侵权人给他人造成损害的,可以把该未成年人及其监护人一并列为被告。设例 8-4 设若撞倒别人的小孩有父母,原告就能够将其父母作为共同被告而不仅是法定代理人。《民诉法解释》做这样的规定,实际上具有基于司法政策的考虑而把实质意义上的当事人视同于"形式当事人"的含义。法定代理和指定代理在诉讼中发挥的是保护缺乏诉讼行为能力的当事人之实体和程序利益,同时也方便法院审理案件的功能。对于未成年人和精神疾病患者作为当事人的案件,可以说正是这种制度才使诉讼程序得以实际进行,因而具有不可或缺的意义。就其在诉讼中的权限来源而言,法定代理和指定代理既是权利又是义务,而这种权利义务的基础则直接来自实体法上监护与被监护的民事关系。正因为此类代理的发生不是来自当事人的授权而直接根源于实体法规定的关系或地位,法定代理人在诉讼中享有或承担与当事人完全一样的程序性权利义务。

8.2.2　委托代理

诉讼代理另一个大的类别称为委托代理。与法定代理一样,这种代理也是由非当事人本人的某种主体以当事人的名义实际从事诉讼活动,但其实体和程序上的效果都归属于当事人。其区别于法定代理人的是,委托代理人能够参加到案件处理中来进行诉讼的基础完全来自当事人的委托授权,且其所能实施的诉讼行为也以这种授权的范围为限。委托代理的授权有一般授权和特别授权之分,前者指当事人只是授权代理人代替自己行使并承担诉讼程序上的权利义务,如起诉、应诉、主张、举证、出庭辩论等,后者则是在此基础上当事人进一步授权代理人通过诉讼行为的实施而代为处分自己在实体上的权利义务,如全部或部分放弃请求或者承认对方请求、撤诉、和解等。包括了这两种授权范围的代理就是所谓"全权代理"。在程序操作上,接受委托担任诉讼代理人的主体都必须向法院提交当事人出具的授权书,并且授权书需要载明代理人所获得的授权种类或范围。关于委托代理可参见设例 8-5。

设例 8-5

冯夏与滕尚房地产开发公司因双方签订的购房合同发生纠纷,由于自己工作忙脱不开身，就请了对房地产业务和相关法律略知一二且口才也好的朋友韩仲帮忙，作为自己的代理人向法院起诉并代为实施各种诉讼行为。滕尚公司则指派了与冯夏签订合同的员工郝秋代理本公司应诉出庭，并委托某法律事务所的邓存律师担任本案的诉讼代理人。在起诉应诉阶段，三位代理人都各自向法院提交了双方当事人出具的授权委托书，郝秋和邓存获得的授权范围是包括特别代理在内的全权代理，韩仲则为一般代理，他还向法院出示了有自己和冯夏共同居住的小区所在居委会盖章的代理推荐函。

从设例 8-5 可知，诉讼实务中的委托代理主要有三种情形。一是委托代理最典型的形态，即当事人聘请律师或法律服务工作者作为自己的诉讼代理人。这种诉讼代理的主要功能或作用是从案件处理的实体和程序上为当事人提供法律专业知识及技能的服务，可将其称为“专业代理”。需要注意的是，无论当事人在诉讼中是否已经有了上述的法定代理还是下面介绍的其他委托代理，在此基础上都仍然可以再委托律师或法律服务工作者担任自己的诉讼代理人。委托代理的第二种情形是，如果当事人为法人或其他组织，就必须有自然人作为其代表或代理实际进行诉讼。除了一般只是列名为当事人的法定代表人以外，法人或其他组织往往都会指派自己的工作人员或职员充当诉讼代理人。这些职员或者因为亲身经历纠纷过程而对案情比较熟悉，或者是法人等组织内部负责处理法律事务的部门工作人员，其接受指派参与案件的处理其实属于一种职务行为或是对自己所属之团体组织的履职义务，但在法律上仍被视为接受当事人委托而在授权范围从事诉讼代理的活动。这种情形的诉讼代理可称为“委派代理”。与此相类似的情形还包括作为自然人的当事人让自己的近亲属担任诉讼代理人。《民事诉讼法》第 61 条把“亲属代理”的情形与团体组织委派的代理人列为一款。第三种委托代理则是称为“公民代理”的情形，指的是既非律师和法律服务工作者，又不属于团体组织指派的工作人员或职员和当事人的近亲属，却由当事人委托在诉讼中充当自己代理人的其他人员。关于委托代理的最后一种情形有何条件，《民事诉讼法》第 61 条第 2 款第（三）项规定，“当事人所在社区、单位以及有关社会团体推荐的公民”，可以被委托为诉讼代理人。公民代理是一种比较特殊的诉讼代理，本节“延伸讨论”部分将在与专业代理进行比较的背景下对其加以进一步的分析。

上述情形中的任何一种，都建立在实体法规定的民事主体之间以“委托、授权”为内容的代理法律关系这一基础之上。委托代理人所从事的诉讼活动或行为是否有效，或者说其法律后果能否归属于当事人，都取决于双方之间在这种法律关系的框架内作出的有关彼此权利义务的安排。如果代理人在诉讼中的行为不当地损害了当事人作为委托方的权利，还可能承担实体法上的违约或损害赔偿责任。这些特点尤其在专业代理中有最为突出鲜明的体现。

8.2.3　诉讼代理的分类及其他主体

归纳诉讼代理的各种分类，可以使用图 8-2 来表示。

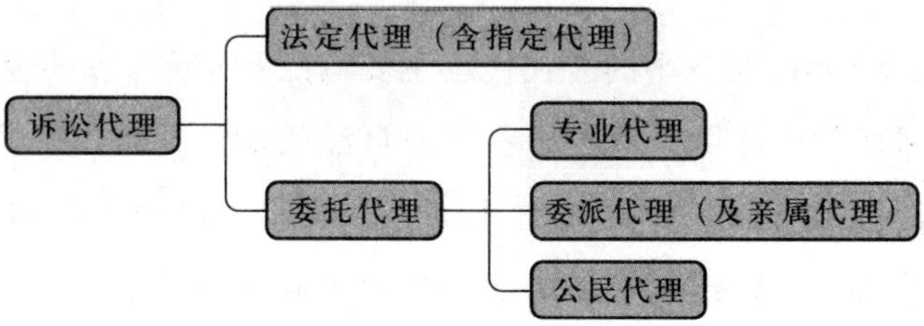

图 8-2　诉讼代理的分类

除代理人之外，有的情况下一些并非当事人却与当事人存在某种特殊关系的主体也可能参与到诉讼中来。这种主体最典型的形态就是专家辅助人，其特点是由当事人聘请到法庭上表达专业意见，为当事人的主张提供辅助性的支持（参见本书第 6 章第 2 节延伸讨论 6-2）。在一定程度上可以说，专家辅助人的性质介乎于诉讼代理人和证人之间。与此相近，由当事人申请向法庭作证的证人，一方面其证言具有作为“证据方法”的性质，另一方面还可把证人理解为也是一种参与诉讼的主体，且在当事人出于支持自己主张的目的而申请其进入诉讼的含义上，证人往往还会有辅助、支撑某一方当事人主张的倾向性。在与当事人存在特殊关系的意义上，可以把专家辅助人和证人都包括在“诉讼主体”之内。与此形成对照的是，翻译、勘验人、鉴定人等一般为法院所指派或选定，且能够被当事人申请回避的主体，则可归类到“审判主体”的范畴中去。诉讼审判的这些参与者在具有某种程度之“主体”性质的同时，在程序进行中发挥的却是提供证据方法或其他辅助性工作的功能。

延伸讨论

8-2　专业代理与公民代理

诉讼是一种使用法律专业知识和技能来解决纠纷的过程，而当事人未必拥有与自己所涉案件相关的实体法和程序法知识，由此产生委托聘任具备这种知识及技能的律师等专业人员来代替自己从事诉讼活动的需求。律师作为诉讼代理人的任务，就是把作为自己委托人的当事人之利益“翻译”或“转换”为法律上的实体性或程序性权利，并予以最大限度的保护。从法院的角度来讲，如果与律师共同分享一整套法律知识体系和程序操作技能，在当事人双方都委托有律师担任诉讼代理的情况下，就能够更加容易取得有关本案应如何处理的共识，在原被告相互对立的权利主张得到充分表达的同时，达到实体和程序上止义的阻力也较小。以这样的境界为理想状态，一些法治比较发达的国家对某些诉讼程序规定了名为“律师强制代理”的制度，即这些程序的当事人如果没有委托律师作为专业的代理人则不得进行诉讼。与这种制度安排相对应，这些国家的法律往往还明确限制或禁止不具有律师资格的其他人员担任诉讼代理人，即采取所谓“禁止非专业代理”原则。

我国在这方面的制度和实践却有自身的特点。律师制度自 1957 年“反右派”之后曾长期被取消，改革开放之后才得到恢复和发展。但由于种种原因，律师的人数有限以及分布极不均衡的现象一直存在。截至 2018 年，我国的执业律师人数约为 42.3 万人。但直到现在，不少民事诉讼案件仍然没有律师作为代理。为了弥补律师在许多地方的不足，我国在司法行政机关的主导下还发展了称为“基层法律服务工作者”的法律专业人员，由这些相对律师而言较容易获得执业资格、为当事人提供法律服务的收费也相对便宜的人员担任民事诉讼代理。据 2008 年的相关统计，我国当时已有基层法律服务工作者近 12 万人，分属于 35 000 多个基层法律服务所，不过后来其数量有渐减的趋势。据 2015 年的报道，法律服务工作者大约有 10 万人。2012 年修订的《民事诉讼法》第 58 条第（一）项明确规定了律师和基层法律服务工作者作为诉讼代理人的资格，因此本书将此二者合称为“专业代理”。

并非法律专业人员、亦不是当事人之工作人员或近亲属的一般公民接受委托充当诉讼代理人的情形，在我国也是长期以来一直存在，可谓“司空见惯”的现象。这种现象的存在一方面与律师等法律专业人员的“缺位”或不足有某些关联，但其更为重要的背景或因素则在于我国民事诉讼制度以前并未建立在法律的专业化或技术性基础之上，到现在仍说不上诉讼已具有高度的专业技术性，非经长期训练的法律专家不足以在其中充当代理。许多情况下案件的当事人委托一般的自然人担任诉讼代理人，就足以起到节省自己时间精力的“代劳”作用。这种作为“公民”的代理人如果对相关法律知识略知一二，如果再“能说会道”一点，往往就能胜任诉讼代理的角色。不过，随着诉讼案件越来越复杂，诉讼制度相应地也有日益“专业化”的趋势，公民代理对于当事人的便利性这一优点开始“褪色”。而某些被称为“黑律师”或“黑代理”的人员，并未取得律师或法律服务工作者的执业资格，却私下以“公民代理”名义向当事人收费,不仅造成与专业代理之间的不正当竞争,有时甚至出现欺骗当事人、干扰法院司法等问题和弊端。以这些情况为背景,民事诉讼立法开始对公民代理有所限制。1991年制定《民事诉讼法》时,规定的是“经人民法院许可的其他公民”可以被当事人委托为诉讼代理人。由于法院很难发现能够作为不许可公民代理之理由的事实,一般情况下这个条文几乎相当于对公民代理不设限制。2012年修订的《民事诉讼法》规定公民代理以“当事人所在社区、单位以及有关社会团体推荐”作为条件,则意味着从相关组织团体推荐这一外部审查监督或“过滤”的角度开始设置一定限制。关于这一条款的效果如何,还有待来自司法实践的检验。不过,民事诉讼立法的这个条款可以说一方面未接受律师等行业反复主张的意见而全面禁止公民代理,另一方面又对这种代理适当设限。立法上采取的这种态度能够在相当程度上说明,我国目前条件下公民代理仍有存在的合理空间,同时也不应放任其可能带来的负面影响。

第9章 共同诉讼

作为诉讼主体的一般结构，单一的原告和单一的被告即“一对一”的结构可说是当事人在诉讼中的原初形态。但是在纷繁复杂的现实生活中，由于一个民事纠纷往往牵涉到复数的乃至更多的公民、法人或其他组织等主体，进入诉讼程序的当事人在数量上不限于“一个原告、一个被告”，而呈现出复数或多数主体的复杂结构也很常见。在同一个诉讼程序中容纳超过一个的原告或者被告的诉讼形态，或者说当事人最少为三个主体时，就是共同诉讼。

单纯从现象来看，就可以对共同诉讼形态做若干分类。例如，原告如果是超过一个的复数主体而针对单一的被告提起诉讼，着眼于其共同起诉这一点，可称为“积极的共同诉讼”；如果单一的原告针对复数的被告起诉，因被告的共同“未必为其所愿”而可以称为“消极的共同诉讼”；如果把此二者“叠加”起来变成“复数的原告针对复数的被告提起诉讼”的话，则成为所谓“混合的共同诉讼”形态。再如，上述分类中无论何种形态，如果起诉时当事人已经在三个以上，就可称“原初的共同诉讼”；若起诉时仍为“一对一”的结构，只是在诉讼程序进行过程中才因当事人对原被告方的参加或追加而变成三个以上诉讼主体的话，就称为“后发的共同诉讼”了；且这一分类仍有可能“叠加”或“混合”。最后，作为一种与制度规定紧密相关的分类，根据法律，当事人的数量如果必须超过“单一原告、单一被告”才能够使诉讼得以成立，这就是“强制的共同诉讼”；假如仅仅是因为法院或当事人等各方的意愿，才使原被告的数量达到三人以上的话，则可称为“任意的共同诉讼”。如后文所述，最后这一分类不能简单地“叠加”或“混合”，但在两极之间却存在若干联系或过渡的环节。这些根据对共同诉讼现象的观察而提出的形态分类，对于以下有关制度的讨论分析均有重要意义，在各相关部分会再次论及。

本章的以下内容将分为三个小节，主要从解释我国民事诉讼制度上相关规定的角度，介绍共同诉讼的两种基本类型，以及这两种类型无法涵盖的共同诉讼形态，并在此基础上讨论共同诉讼的各种类型在程序进行的不同阶段可能遇到的问题及其解决办法。读者亦可把前两节的内容理解为一种“静态的”类型化描述，最后一节则意在展示“动态的”问题解决过程。

第1节 必要共同诉讼与普通共同诉讼

《民事诉讼法》第55条第1款规定:“当事人一方或者双方为二人以上,其诉讼标的是共同的,或者诉讼标的是同一种类,人民法院认为可以合并审理并经当事人同意的,为共同诉讼。”这一条文列举了共同诉讼的两种基本类型,即“必要的共同诉讼”和“普通的共同诉讼”。简单说来,前者是分布在原被告双方的三人以上当事人,由于围绕“共同的诉讼标的”而发生争议,其中只要缺少一人,诉讼本身就不能成立的共同诉讼类型;而后者则是三人以上的原被告之间因存在“诉讼标的是同一种类”等纠纷在实体上的某种牵连,而通过法院的安排及当事人的意愿所形成的共同诉讼类型。看来,除了“当事人一方或者双方为二人以上”即原被告在三人以上这种一般形态之外,两种共同诉讼类型的规定性及其区别都取决“诉讼标的”即案件实体内容的状况。关于究竟何为《民事诉讼法》第55条中的“诉讼标的”概念,后文及“延伸讨论”部分将结合本书第2章的相关内容来进行分析。

9.1.1 两种共同诉讼类型的素描

关于必要的和普通的共同诉讼在司法实务中如何表现,为了提供某种直观形象的理解,先看设例9-1和设例9-2。

设例9-1

郑甲、郑乙和郑丙三人合伙分别投入资金开办一家商行。郑甲代表该商行与傅某签订一份购房合同,约定购买傅某与其妻为共同产权人的一处门面房作为商行的营业场所。后双方因故就购房事宜发生纠纷,郑甲以自己名义起诉傅某一人,请求交付铺面。法院经审查诉状,告知郑甲通知郑乙、郑丙也作为原告,还必须把傅妻也列为被告,否则不予受理。在诉状经过修改,列明了郑甲等三人为共同原告,傅某和傅妻为共同被告之后,法院才对本案予以立案。

设例9-2

房东赵某把自己三室一厅的住房分别租给钱某、孙某和李某三人。后因共用的客厅和卫生间等处的设施出现问题影响使用，三位房客向房东反映情况却未得到及时修理，遂不同程度地都拖欠了房租。赵某与钱、孙、李三位协商未果，于是以三名房客为共同被告向法院提起诉讼，请求解除三份租约，三被告分别结清所欠租金并腾退房屋。法院受理本案经开庭审理，在两名被告与原告之间分别达成调解协议，一名继续居住，另一名无须交租金但解除租约并退房；针对房东与第三名房客之间的争议，法院作出判决，宣告其减额缴纳欠租，在即将届满的租期结束后即腾退所居房间。

设例 9-1 和设例 9-2 可视为必要和普通的共同诉讼的典型形态。

就设例 9-1 而言，三名原告和两名被告之间发生纠纷的法律关系就是同一项不动产的买卖，对此确实可以用“诉讼标的是共同的”或者“同一诉讼标的”来加以表述。如果当事人中缺少了任何一名原告或被告，其实体和程序上的权利就可能在无法表达自己意愿的情况下被侵害。因此在必要共同诉讼中，首先是源于为当事人充分提供程序保障的正当性理念，应当作为原告或被告的诉讼主体“一个也不能少”。这种诉讼开始时对当事人必须共同的要求，可称为“一并诉讼”之法理。而且，要是拆分这个案件或者允许这些原被告分别诉讼的话，法院通过不同的程序各自或先后作出的判决等裁判结果还可能相互矛盾抵触，造成主体之间法律关系或权利义务的紊乱，也会降低或损害法院裁判的严肃性和权威性。为了避免这种情形出现，对共同诉讼的当事人之实体上权利义务，诉讼结束时的裁判必须作出“一揽子”的安排，一般将此称为裁判结果“合一确定”的法理。此外，遗漏必要的共同原告或共同被告之情形，学理上一般还从“当事人不适格”的角度来说明诉讼本身不能成立。作为司法实践中常见的程序操作，法院对这种起诉可能不予受理或予以驳回，也可能采取依职权追加原告等措施。如果在遗漏必要共同诉讼当事人的情况下进行了诉讼，这种情形将成为上诉或再审的事由，导致已经实施的程序和达到的裁判结果成为“纠错”的对象。

设例 9-2 则是一名原告依据性质同为租赁却分别缔结的多项合同关系与复数被告之间进行的诉讼。因此可以说原告与被告之间存在着“同一种类的”多个“诉讼标的”。原告完全可以分别起诉这些被告，即把一个案件拆分为三个不同的案件。即使分别诉讼，也不会妨碍为当事人提供程序保障，作出的多个裁判亦不可能发生相互间的抵触矛盾。因此，普通共同诉讼既无必须“一并诉讼”之要求，也不一定需要“合一确定”审判结果。不过，由于其数个请求性质类似、纠纷起因同样或者都使用同一的合同文本等纠纷事实方面的因素导致基本的主张和证据共通，原告出于便利把针对不同主体的多个诉讼请求合并到一份诉状中,希望通过一个诉讼程序来解决所有这些纠纷的做法就容易获得法院的许可或支持。学理上一般把这种情形理解为诉的“主观合并”与“客观合并”之混合形态。与设例9-1典型的必要共同诉讼不同,设例9-2直观地表现了普通共同诉讼虽然在主体、程序进行和裁判结果等方面都可以拆分,但利用主张、证据共通等特点来谋求纠纷的一次性解决,却能够发挥方便法院和当事人的作用,具有节省资源、提高效率的合理性。

9.1.2　必要共同诉讼之“不可分”的多种形态

当然,现实的共同诉讼未必都呈现出这样典型或简单明了的形态。可以把设例9-1和设例9-2体现的共同诉讼不同类型理解为存在着两极,其中一极绝对不可分而另一极则完全可分。但在两极之间,却存在一系列情形比较复杂,在应当作为何种共同诉讼或者能否作为共同诉讼等解释适用上并不容易把握的案件类型。以下,先从所谓“绝对不可分”的必要共同诉讼这一极来看看,都有哪些情形属于因为“诉讼标的是共同的”,所以当事人“一个也不能少”,否则诉讼将不能成立这一情况。

首先,以他人之间的法律关系为对象提起的确认或形成之诉,作为该法律关系的所有主体都必须作为共同被告。典型的例子如利害关系人针对某对夫妇之间的婚姻关系向法院请求确认该婚姻无效,夫与妻必须为共同被告。另如债权人行使撤销权,通过诉讼请求撤销债务人与第三人之间有关财产转让的法律关系,也必须把债务人与该第三人列为共同被告。在此类情况下,“共同的诉讼标的”显而易见地就是复数被告之间的法律关系,而原告因就该法律关系之成立与否提起争议,也和被告之间共有了“同一诉讼标的”。

其次,在三人及以上的主体之间并非按份共有,而是具有不可分的财产共有关系等情况下,如果共有人围绕共有之财产发生纠纷并成讼,原则上所有的共有人都应该成为共同诉讼当事人。比较常见的还有多名合伙人之间因某合伙人退伙发生纠纷、多名继承人之间因待继承之遗产分配出现争议等情形,如果提起诉讼,则所有的合伙人或继承人都应当为该诉讼的当事人。例如《民诉法解释》第70条规定:“在继承遗产的诉讼中,部分继承人起诉的,人民法院应通知其他继承人作为共同原告参加诉讼;被通知的继承人不愿意参加诉讼又未明确表示放弃实体权利的,人民法院仍应将其列为共同原告。”这种情形意味着所有当事人之间的“诉讼标的”均为同一个法律关系。

与上述情形略有不同,诉讼本身需要解决的并非共有关系的法律问题,只是作为审理对象的法律关系指向的标的物为共有财产,或者缔结该法律关系的一方主体为共有人,等等。但无论如何,只要诉讼的实体内容在这种程度上牵涉到不可分的共有财产,无论共有人居于原告、被告还是双方当事人的地位,诉讼案件原则上就必须成为共同诉讼。设例 9-1即为典型体现之一。《民诉法解释》第 72 条规定的"共有财产权受到他人侵害,部分共有权人起诉的,其他共有权人为共同诉讼人",也属于这样的情形。这种复数的当事人被一个法律关系连接起来的情形仍然可以表述为"诉讼标的共同"。不过存在一种例外的案件类型,即在共同共有的物权受到外部侵害时,任何一个共有人都可以单独就共有物主张权利,并非全部共有人都必须作为共同原告起诉。这属于物权法上的保存行为,即为了防止共有物或其利益遭受损害,一名或部分共有人可以单独对共有物作出请求停止侵害或恢复原状的保全行为。关于这个特殊类型的侵权案件,其性质已很难说是不可分的固有的必要共同诉讼了。

除了以上列举的必要共同诉讼形态之外,《民诉法解释》还对若干有"中国特色"的情形做了应列入必要共同诉讼的规定。例如,个体工商户在营业执照上登记的经营者与实际经营者不一致的,以登记的经营者与实际经营者为共同诉讼人(第 59 条第 2 款);借用他人业务介绍信、合同专用章、盖章的空白合同书或者银行账户等进行经营活动的,以出借单位与借用人为共同诉讼人(第 65 条);个人或企业"挂靠"其他企业从事生产经营活动的,当事人请求由挂靠人与被挂靠人依法承担民事责任的,该挂靠人和被挂靠人为共同诉讼人(第 54 条);原告主张被代理人与代理人承担连带责任的,应将二者列为共同被告(第 71 条),等等。严格说来,此类情形多属于"形式意义上的当事人"与"实质意义上的当事人"等当事人适格的问题领域,把这两种当事人作为共同原告或共同被告,似乎可以视为是对"诉讼标的共同"做了稍稍扩大的解释。

另外,就侵权损害赔偿诉讼这一领域而言,典型的共同侵权行为,即复数的加害人之间既有主观上共同的故意或过失又有客观上的共同加害行为并造成同一损害后果,以前通常都理解为因加害人承担连带责任而应当把他们不可分地列为必要共同诉讼的当事人。《民法典》第 1168 条对这种共同侵权行为做了规定。此外,《民法典》第 1169 条规定的教唆帮助等"分工型"的共同侵权行为、第 1170 条规定的不能确定具体侵权人的共同危险行为以及第 11 条规定的"二人以上分别实施侵权行为造成同一损害,每个人的侵权行为都足以造成全部损害的"所谓侵权行为的"客观竞合"等,都属于共同侵权人应当承担连带责任的情形。稍稍特殊的还有《民诉法解释》第 67 条有关"无民事行为能力人、限制民事行为能力人造成他人损害的,无民事行为能力人、限制民事行为能力人和其监护人为共同被告"的规定。这个条款似乎意味着从程序上把缺乏民事行为能力人与其监护人视为共同承担侵权责任的一个整体。目前在学理上,仍然存在着只要是法律规定承担连带责任的情形,就应当视为“绝对不可分”的共同侵权,因此应把复数的加害人“一个不能少”地都列为共同诉讼当事人这种解释的可能。不过,《民法典》第 178 条已经明确规定:“二人以上依法承担连带责任的,权利人有权请求部分或者全部连带责任人承担责任。”在解释论上,如果共同侵权行为的受害人既可以起诉全部侵权人,也可以只起诉部分侵权人,而且即便其只起诉部分侵权人也能主张全部赔偿的话,就能够更好地保护受害人的利益。作为在共同侵权人之间取得利益平衡的一种安排,实际承担责任超过自己责任份额的连带责任人,仍有可能根据《民法典》第 178 条第 2 款,有权向其他连带责任人追偿。与此类似的解释适用在比较法上更为常见,但我国的司法实务目前未必接受这种理解及做法,还是有可能一律按依职权追加共同被告处理。例如,最高人民法院于 2003 年发布的《关于审理人身损害赔偿案件适用法律若干问题的解释》(以下称《人身损害赔偿解释》)第 5 条明确规定,“赔偿权利人起诉部分共同侵权人的,人民法院应当追加其他共同侵权人作为共同被告”。[①] 无论如何,可能需要承担连带责任的复数人侵权存在着多种多样的情形,并非对所有的此类情形提起诉讼都必须视为“绝对不可分”的必要共同诉讼。这一点与以下有关必要共同诉讼可分为“固有的”和“类似的”两种类型的讨论密切相关,待后文再予涉及。

此类位于“绝对不可分”一极的必要共同诉讼,一般可统称为“固有的必要共同诉讼”。这种诉讼形态中当事人具有“共同的诉讼标的”,如果使用本书第 2 章 2.1.5 表示案件实体内容即“诉讼标的”的示意图(图 2-4)来予以特定的话,既可能指在共同原告之间或共同被告之间,以及有时在原被告相互之间存在“法律关系”的同一性,但也可能涉及原被告之间在“纠纷事实”层次上的共通。对此,将在“延伸讨论”部分做进一步的分析归纳。

9.1.3　普通共同诉讼所涉及的论点

在描述了不可分的必要共同诉讼这一极之后,也有必要简单介绍另一极,即与完全可拆分的普通共同诉讼相关的若干基本论点。

首先,如上所述,设例 9-2 展示了最为常见或典型的普通共同诉讼形态。此外,还有小区物业管理公司以复数的业主为被告请求给付物业费,水、电、煤气等公用设施管理公司起诉复数的用户请求支付欠费、银行等金融业者请求复数的小额借贷人返还到期借款等,都是与此相类似而通常构成普通共同诉讼的情形。不过需要注意的是,此类向复数的

---

① 该司法解释在 2020 年修正,第 5 条改为第 2 条,原条文予以保留。

主体催缴欠费的诉讼案件,如果被告的人数不限于三四个人或七八个人,而是达到下一章节将讨论的“群体”或“集团”这种数量程度的话,则法院未必会允许原告以普通共同诉讼的形式主张自己的权利。关于这一点后文再涉及,注意以上列举的仅仅是被告为复数但人数比较有限的情形。此外还有一种实践中并不常见的场境,即原告以复数的主体为被告,向法院提起确认某不动产的所有权或使用权的诉讼,并且其请求还包括排除妨碍等,这也是构成普通共同诉讼的可能场境之一。对于所有这些情形,都能够以“法律关系为同一种类”来形容。

其次,与上述情形相反的是,在涉及侵权行为的纠纷中,如果复数的受害者作为共同原告向加害者提起损害赔偿诉讼,往往就构成普通共同诉讼的另一种常见形态。如数名因乘坐公共交通工具遭遇事故而受伤的乘客共同起诉公交公司,数名遭受同样权益侵害的消费者共同起诉商家厂家,购买到劣质饲料、种子、肥料等物资的多数农家共同起诉贩卖这些瑕疵品的无良商人等情形,同样因法律关系或“诉讼标的”是同一种类而都属此例。如果侵权行为的受害者人数众多,也可能构成所谓群体性或集团性的共同诉讼,对此法院予以允许的概率会大一些,不过这已是下一章节讨论的问题了。与此类情形相似却需特别关注的问题在于,如果把设定的情境颠倒过来,即假设一名受害者向复数的加害者提起侵权诉讼,请求损害赔偿的话,这仍然应当视为普通的共同诉讼吗?对于《民法典》第 177 条规定的“二人以上依法承担按份责任,能够确定责任大小的,各自承担相应的责任;难以确定责任大小的,平均承担责任”等情形,无疑应按照普通共同诉讼处理。但难点在于复数的侵权人可能对同一损害后果承担连带责任的某些情形。对于这个问题,将在下一节集中进行讨论。

最后,有可能理解为普通共同诉讼但也会发生争议的另一类情形,则是对当事人之间的法律关系或“诉讼标的”是否属于同一种类在理解上容易有歧义的案件。例如,出租人针对承租人和转租户提起的解除租约及腾退租屋的诉讼,卖主以买主和标的物受让人为共同被告提起请求确认买卖合同无效及返还标的物的诉讼,等等。对于这类案件,虽然可以在宽泛的意义上把原告与不同被告之间的“诉讼标的”理解为“同一种类”,但实际上只是不同的法律关系之间有牵连而已。在德国、日本等大陆法系国家,此类情形被视为普通共同诉讼的典型形态之一,在我国的司法实践中其定位或性质却不易确定。本书将此理解为居于共同诉讼之“绝对不可分”和“完全可分”这两极之间的一种过渡形态,在下一节再做具体的分析。

同样以本书标示“诉讼标的”的示意图(图 2-4)来对照的话,作为普通共同诉讼的上述情形中所谓“同一种类的诉讼标的”,指的都是原被告之间存在多个性质相同的法律关系。不过,此类情形中如果把当事人的请求类型或具体主张的请求权在性质上区别开来的话,是否还能够成立普通共同诉讼呢?仍以最为典型的设例 9-2 为例,若是原告房东赵某基于同样的租赁关系和纠纷事实,对作为被告的房客钱某仅请求支付租金、对孙某则请求解除租约并结清欠租、对李某还请求拆除房内的工作物以恢复原状的话,这一诉讼还能够作为普通共同诉讼吗?在这种极端的情况下,司法实践中至少有一部分法院很可能视其为"诉讼标的"属于不同种类,因而不允许把这些请求合并为一个诉讼案件,原告只能分别起诉。但如果请求的差异性表现得不是如此极端,不同法院之间就有可能出现理解上的不一致,类似的情形被作为一个普通共同诉讼案件予以处理也不是不可能的事情。这样就牵涉到了普通共同诉讼的另一个重要论点,即在究竟是把多个请求合并为一个案件,还是分开另诉这个问题上,法院和当事人都起什么作用?或各自拥有何种程度的"决定权"?这种决定应当依据什么样的原理或规则呢?

与绝对不可分或固有的必要共同诉讼对于法院和当事人都具有强制性不同,普通共同诉讼既然可分可合,就出现了这个"分"或"合"由谁主导的问题。按照《民事诉讼法》第 55 条规定的"人民法院认为可以合并审理并经当事人同意",看起来法院和当事人都是作出这种决定的主体。不过在现实的诉讼场境中,往往还是先由原告当事人对共同还是分别起诉、被告是一名还是多名作出选择,然后法院对此进行审查并最终决定"合"还是"分"。有时被告方当事人也会对"分合与否"表达自己的意见,或者原被告都愿意分别诉讼,法院却希望把分开的诉讼合并到一个案件的程序中去处理等情况亦可能出现。但无论如何在事实上,法院一般都拥有最终决定权这一点却很少真正受到挑战。法院作为对法律进行解释适用的权威机关,在是否采用普通共同诉讼的方式来处理案件这个问题上,其居于主导地位也可以说存在着相当程度的正当性。关键在于,法院作出这样的决定能否建立在一套合理的、稳定且具有可预期性之规则的基础上?在这个方面,我国目前的状况看来不很乐观。迄今为止,我国民事诉讼法学界在该领域内的研究积累仍很有限,尚未就如何识别普通共同诉讼形成得到广泛承认的标准。而在司法实务中,法院决定案件"分合"的裁量范围过于宽泛,且往往受到办案数量指标等外在管理因素的影响,存在着尽量把可能分立的案件分拆为若干个诉讼程序去分别处理的倾向。要改变这样的现状,学术界和实务界有必要相互交流,共同努力,可能还需要一段不短的时间。

如上文已提及的那样,普通共同诉讼的特点在于可借助不同当事人之间主张及证据等诉讼资料的共通性,通过对多项纠纷的一次性解决而达到节约资源、提高效率的目的。处理这种诉讼是否成立或所谓"分"还是"合"的问题,在解释何为"诉讼标的同一种类"

之同时，还需要看不同的主张和证据等诉讼资料之间究竟有多大的共通性或牵连性。在此基础上，应进一步斟酌衡量案件的具体情况，如果合并审理，应考虑究竟是能够达到效率提高以便利当事人和法院的目的，还是反而会使案件处理更加复杂而费时费力。此外，在复数的当事人之间是否存在管辖权不同等情形，也是衡量案件能否合并的程序性因素。综合所有这些因素，就构成了识别普通共同诉讼是否成立的一般原理。不过，要使这种原理结合司法实务中多种多样、形形色色的具体案件逐渐演化出一整套程序规则，今后在逐渐大量积累案例等研究资料的同时，也需要在法律解释论上做更加精细的讨论考察。本书第 2 章 2.1.5 有关诉讼标的的示意图能够为这种解释论的尝试提供某种分析工具，本节的"延伸讨论"部分即使用该示意图展开分析。

延伸讨论

9-1　共同诉讼中的"诉讼标的"概念之解读

我国《民事诉讼法》最先出现"诉讼标的"这一概念的条文，当属有关共同诉讼的第 55 条。作为标识需要通过诉讼解决的问题、案件实体内容或审理对象的概念，"诉讼标的"有多重的含义。本书第 2 章 2.1.5 从"纠纷事实"到"请求权"等将此概念划分为几个不同的层次，并构成了一个示意图（见图 2-4）来展示这些层次之间的关系。如果利用这个示意图来解释第 55 条之规范内容的话，相信不仅有助于读者理解本章的叙述，还可以为展开更为精致细化的解释论提供一种辅助性的分析工具。如上文所述，《民事诉讼法》第 55 条以"共同的诉讼标的"和"诉讼标的同一种类"为标识，区分了"必要的"和"普通的"两种共同诉讼。而本书又将这二者首先理解为一条延续线上的两极，一端为"绝对不可分"或"固有的必要共同诉讼"，另一端则为"普通共同诉讼"的典型形态。以下就利用诉讼标的示意图来重新解读这两种共同诉讼形态。

对固有的必要共同诉讼而言，所谓"共同的诉讼标的"或"诉讼标的同一"往往指的就是复数的当事人之间存在共同或同一的法律关系，在此基础上还可加上原被告双方之间纠纷事实的共通。这里所说的"诉讼标的"在图 9-1 中可能位于"法律关系"和"纠纷事实"两个层次。

更具体地看，固有的必要共同诉讼可分为两种类型。一种是复数的原被告之间共有同一个法律关系，最典型的例子就是若干继承人就尚未分割的遗产发生争议提起诉讼，或合伙人之间围绕入伙退伙发生纠纷等情形。另一种则是共同的被告或原告之间存在同一

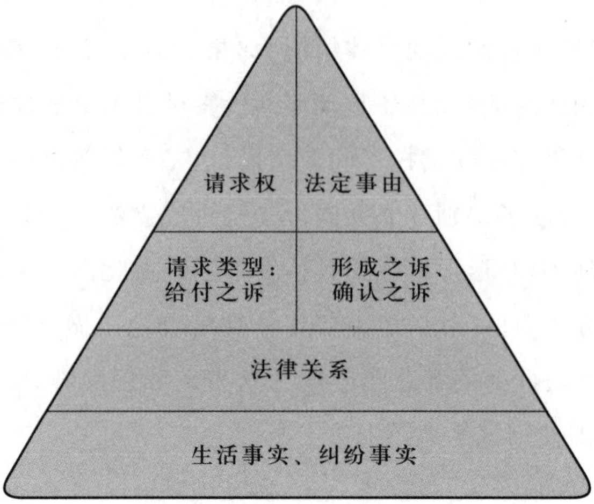

图 9-1　诉讼标的示意图①

或共同的法律关系，而与对方的法律关系却未必共同或同一，只是在图 9-1 中“生活事实、纠纷事实”的层次上才算是“诉讼标的同一”。后一类型的例子包括从债权人基于撤销权针对债务人和第三人之间的财产转让关系而提起的撤销之诉，到不动产买主与作为不动产共有人的夫妇之间围绕买卖合同发生的争议等范围更为广泛的情形。也可以把这种类型理解为各方当事人既在法律关系的层次上，又在纠纷事实的层次上拥有“共同的诉讼标的”。关于不可分的必要共同诉讼这两种类型，可用图 9-2 和图 9-3 来加以直观地表示。这两个图都基于共同诉讼中最为简单的要素和结构，即一名原告对两名共同被告，其他更复杂的共同诉讼形态都很容易照此类推。

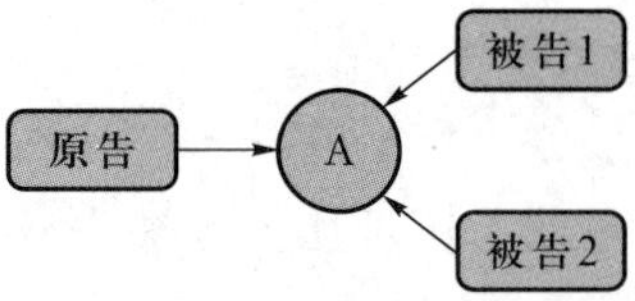

图 9-2　固有的必要共同诉讼之类型 1

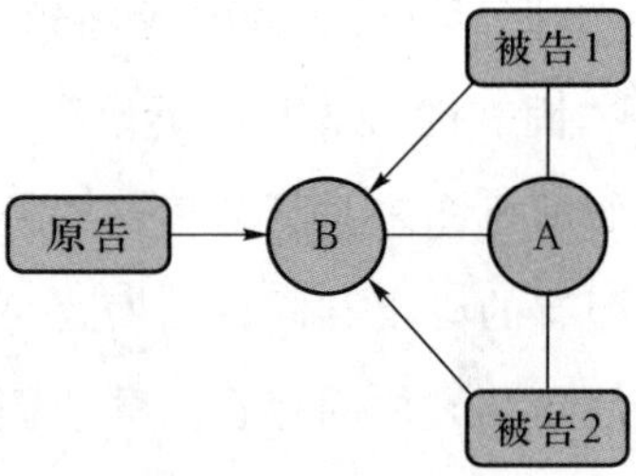

图 9-3　固有的必要共同诉讼之类型 2

注意在图 9-2 和 9-3 中，用圆形 A 来表示当事人之间“共同的诉讼标的”，即法律关系的同一。图 9-3 的圆形 B 可能性质不同于 A 但与其有紧密的内在关联，可以理解为在

① 引自本书第 2 章 2.1.5。

“生活事实、纠纷事实”的层次上,A 与 B 共同构成此类型案件的“同一诉讼标的”。

关于普通共同诉讼,其最为典型的形态如设例 9-2,原告与共同被告之间分别都围绕租赁关系发生争议,对各个被告的请求都是解除这种同一种类的法律关系并支付所欠租金,因此完全符合《民事诉讼法》第 55 条关于“诉讼标的是同一种类”的规定,而且诉讼标的指的显然也是法律关系。具体如图 9-4 所示。

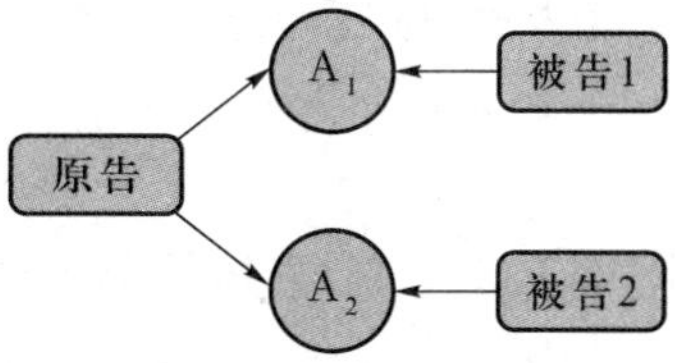

图 9-4 普通共同诉讼

应当注意的是,作为有关普通共同诉讼之解释论的一个重要论点,在诉讼标的同一种类的基础上,还要出于方便当事人和方便法院审理的考虑,根据主张及证据等的共通性来解决“分还是合”的问题。就图 9-4 所表示的典型形态而言,除了原告与不同的被告之间分别存在的法律关系都为同一种类外,还需要根据原被告之间主张和证据的状况,考虑作为共同诉讼究竟是能够提高效率,还是会使审理更加复杂而不便,才能合理地决定分合与否。而进行这种解释适用,就要看案件实体内容中除法律关系之外的其他部分了。具体讲就是应参照图 9-1 中“生活事实、纠纷事实”及“请求类型”乃至“请求权”等层次,才便于实施这种操作。

此外,对某些相对于典型形态稍有变化的普通共同诉讼,有关“分合与否”的实务操作与理解“何为诉讼标的”存在更加密切的关系。如上文列举的房东基于同样的租赁关系,对作为被告的某一房客仅请求支付租金,对另一房客则请求解除租约并拆除房内的工作物以恢复原状的例子,如果把“诉讼标的”限定在图 9-1 的“法律关系”层次,则满足“诉讼标的同一种类”的要求;但要是把“诉讼标的”解释为包括“请求类型”及“请求权”等层次在内的案件实体内容,因其不属于“同一种类”,就可能导致不构成共同诉讼的结论。对于上文提及的出租人针对承租人和转租户提起的解除租约及腾退租屋的诉讼、卖主以买主和标的物受让人为共同被告提起请求确认买卖合同无效及返还标的物的诉讼等其他例子,同样可以根据图 9-1 展开相似的解释操作。不过,这种更加细化精致的解释论并不适合作为教科书的内容,而需要另行展开了。

第 2 节 “不可分”与“可分”之间:类似的必要共同诉讼

如上节所述,所谓案件之“不可分”,可以理解为起诉时复数的主体必须“一并诉讼”,程序结束时他们之间的裁判结果则必须“合一确定”。而在“可分”这一端,诉讼从开始到结束都可以分成不同案件的程序分别进行。但由于现实生活中纠纷牵涉到复数主体时的纷繁多样,在“绝对不可分”和“完全可分”这两极之间,还存在着若干呈现出“过渡环节”或“中间形态”性质的共同诉讼案件或纠纷类型。在司法实务中对这些纠纷类型的处理介乎于“分”与“合”之间,理论上也就有了作出相应说明阐释的必要。本节的任务就在于逐一展示此类比较特殊的共同诉讼形态。

9.2.1　必要共同诉讼之“固有”与“类似”的区别

首先可从司法实务的角度,来看一看某些共同诉讼形态的特殊性是怎样在实际的处理过程中才得以形成或表现出来的。

以复数主体围绕借贷合同发生的纠纷为例。在此类法律关系中,出借人把钱款借给借贷人时经常以他人提供担保作为条件。这种情况意味着,在出借人与被保证人(借贷人)、保证人之间,形成了建立在作为“主合同”的借贷合同和作为“从合同”的保证合同这一基础上的三方法律关系。对基于这种法律关系而发生的例如借贷人未按期返还借款、保证人也没有履行其担保义务等纠纷,我国的民事诉讼实务以前从来都是作为必要共同诉讼予以处理,即出借人必须以被保证人和保证人作为共同被告起诉,否则诉讼将被视为不成立。但是随着整个社会交易活动的活跃和担保提供形式的多样化,这种处理方式也开始出现松动。自 1992 年以来最高人民法院就有司法解释规定,原告可以把保证人从共同诉讼中拆分出去而只起诉被保证人。目前《民诉法解释》第 66 条对此的规定是:“因保证合同纠纷提起的诉讼,债权人向保证人和被保证人一并主张权利的,人民法院应当将保证人和被保证人列为共同被告。保证合同约定为一般保证,债权人仅起诉保证人的,人民法院应当通知被保证人作为共同被告参加诉讼;债权人仅起诉被保证人的,可以只列被保证人为被告。”需要注意的是,如果选择共同诉讼,则债权人与被保证人、保证人之间的权利义务必须在裁判结果上予以合一确定;即使是分别针对被保证人和保证人提起诉讼,关于主从合同之间关系的前一诉讼之判决效力仍有可能影响甚至拘束后一诉讼。

在理论上,对此类情形的理解就是“无须一并诉讼,但只要起诉合并,则裁判结果必须合一确定”。换言之,原告也可以选择单独或者分别起诉被告,若其一旦选择共同诉讼,法院的裁判就必须对所有当事人的权利义务作出一揽子安排。学理上借用大陆法系国家民事诉讼法学惯用的术语,将此种情形称为“类似的必要共同诉讼”,以区别于因起诉和裁判结果都完全“不可分”而被命名为“固有的必要共同诉讼”之情形。需要说明的是,大陆法系国家如德国、日本的民事诉讼法学中所谓“类似的必要共同诉讼”,其范围一般都更加狭窄,典型的例子指的是如少数股东为了公司利益而提起的“股东派生诉讼”等案件。但是,我国借用这一概念却可能指称内容广泛得多的案件类型。例如,从出借人与保证人、被保证人构成三方法律关系的角度看,将此类纠纷理解为“诉讼标的共同”是有道理的(因此其仍为“必要的”共同诉讼);但另一方面,既然存在“主、从”两个合同,就出现了做另一种解释的余地,即,当事人之间有不同的法律关系,因而诉讼标的并不同一,只不过二者紧密地相互关联或牵连而已。无论学理上怎样理解,我国的民事司法实务对某些共同诉讼形态的处理既不同于“绝对不可分”的必要共同诉讼,又不同于普通共同诉讼,这已是一种既成的现实。而且这样的处理并不限于上述的保证合同等情形,且处理的方式也显得不甚稳定而比较流动。“类似必要共同诉讼”的概念究竟可包括哪些情形,还需要学界今后进一步展开解释分析。

可再列举上一节设例 9-2 提到的例子,如出租人以承租人和转租户为共同被告请求解除租约及腾退租屋的诉讼,卖主以买主和标的物受让人为共同被告请求确认买卖合同无效及返还标的物的诉讼等案件类型,在我国也有可能被划分到“类似的必要共同诉讼”这个范畴中去。因为,一方面原告在单独还是共同,或者分别起诉被告这一点上可以进行选择,另一方面虽然原告与不同的被告之间很难说得上存在“共同的诉讼标的”,但他们之间的法律关系及权利义务相互牵连,在共同诉讼的情况下仍有可能做到“合一确定”。在此意义上,究竟应把这些案件视为类似的必要共同诉讼(即裁判结果必须合一确定)还是普通共同诉讼(即裁判结果可以互不相干),我国民事司法实务中的处理看来也往往流动于这两者之间。如果依据本书提供的观察框架去看,此类情形与保证合同纠纷相比,不妨说在“不可分”与“可分”的两极之间,其位置显得更接近于可分的普通共同诉讼这一极。至于与此相类似的各种案件在共同起诉的情况下案件的裁判结果是否应当予以合一确定,则需要结合更加细化的纠纷类型和案情细节来做具体的分析了。另一方面,在这些案件类型中如果原告选择单独起诉,考虑到转卖或转租之受让人等主体的实体权利义务很可能受到裁判结果的影响,一些情况下法院很可能采取将他们列为第三人等措施。关于共同诉讼与第三人制度之间的内在关联及相互转化等问题,参见本书第 11 章。

9.2.2 侵权损害赔偿诉讼之“可分”与“不可分”

可能作为固有的或者类似的必要共同诉讼,有时与普通共同诉讼也难以区分的另一大类纠纷或案件,往往出自涉及共同侵权行为或者复数加害人各自的行为相互结合共同造成损害结果的侵权法领域。关于这方面的问题及论点,可先参见设例 9-3。

设例 9-3

林东乘坐城西公交公司的大巴，坐在车厢后部。中途高北上车，带了一块布包着的玻璃，站在林东前面不远。行驶中因另一驾车人乔南突然改换行车路线，公交车司机不得不紧急刹车，但两车仍发生剐蹭。结果高北摔倒，携带的玻璃打碎，并造成林东受伤。交警处理的结论为乔南对两车事故负70%的责任，公交车则为30%。林东向法院提起请求侵权损害赔偿的诉讼。

设例9-3中，复数主体的行为竞合导致发生了同一的损害后果，但其中至少有部分加害人很有可能需要对受害人的负伤承担连带责任。就司法实务中一般可能的做法而言，侵权行为的受害人林东如果把公交公司和另两名加害人作为共同被告一并起诉，想来法院并不会要求原告拆分这个诉讼，而且很可能对所有加害人各自应承担的赔偿责任份额作出"一揽子"分配的判决，即有所谓"合一确定"裁判结果。但另一方面，假使受害人选择仅仅起诉公交公司，或者只起诉部分加害人，估计司法实践中法院一般也不会主张此为"固有的必要共同诉讼"，即凡有可能被视为加害人的作为被告"一个也不能少"，否则即不予受理。从这种最有可能见到的实务处理来看，说本案的性质接近于"类似的必要共同诉讼"大概不会有很大争议。在事实上，不限于人身侵权，还包括从人格到知识产权等不同领域的侵权行为竞合在内，涉及复数的加害人且与上列设例相似的纠纷在现实生活中可能出现的形态极为多样。对于多种多样的此类存在侵权行为竞合的案件，我国司法实践中相关的处理方法也显得比较游移，从法院依职权追加所有行为人到允许原告只对其中部分人员起诉的做法都可能存在。总的看来，无论在实务还是理论上，我国民事诉讼对于类似情形的案件，在究竟是"分"还是"合"的处理这方面仍未形成体系性的规则，也缺乏内在逻辑一以贯之的统一做法。至少，引入"类似的必要共同诉讼"概念能够为更有弹性地处理这些案件提供某种理论依据，今后还有必要利用相关概念工具更加深入细化地梳理司法实务中遇到的多种情形。

对于被理解为复数主体的行为结合而造成同一损害后果的案件，还有可能划分为类似的必要共同诉讼和普通共同诉讼。在这里牵涉到的是复数行为在结合形态上的"间接"程度这个问题。一般而言，如果复数侵权行为之间共同造成损害后果的竞合形态达到十分松散的程度，则原告提起的诉讼就完全可分可合了。对于类似必要共同诉讼和普通共同诉讼在侵权法领域的细致划分，我国民事诉讼尚缺乏理论方面的关心，实务上相关资料积累也不多。需要注意的是,类似于设例 9-3 这样的侵权行为竞合形态,在德国、日本等大陆法系国家的民事诉讼中多被视为普通共同诉讼。而在我国,恐怕还是应将其看作类似的必要共同诉讼比较合适。这样似乎更切合司法实践中的一般处理方式,理论上也相对容易自圆其说。

关于复数人侵权造成同一损害结果的各种情形,我国目前的语境下一种比较简单易行的解释就是把从典型的共同侵权行为到比较松散的复数侵权行为客观竞合都理解为可以适用类似必要共同诉讼的对象。即被侵权人既可以起诉所有侵权人,也可以只起诉部分或其中一名侵权人。但这种解释目前看来恐怕还难以被我国司法实务全盘接受。退而求其次的话,除了既有主观故意又有客观行为的结合而造成同一损害后果的所谓典型的共同侵权行为之外,对于《民法典》第 1169 条规定的教唆帮助等“分工型”的共同侵权、第 1170条规定的共同危险行为以及第 1171 条规定的加害行为“客观竞合”等情形,都可作为类似的必要共同诉讼处理,应由原告决定是起诉全部还是部分侵权人(或主要侵权人)。

当然在涉及共同危险行为等特殊的人身侵权案件中,受害人一般都会选择起诉所有可能的加害人。例如,若干人在黑暗中向一人投石,而只有一块石头造成受害人失明;或者从某一住宅楼高空坠物伤人,却无法确定所坠之物究竟来自哪一层的哪一住家。前一种情形即“共同危险行为”,后一种情形与此类似却有所不同,或者可称为“侵权来源的多种可能性”。这些情形下如果受害人起诉所有可能造成损害后果的主体,学理上称之为“主观预备合并之诉”。虽然不是完全没有争议,但我国司法实务已出现了允许作为受害人的原告这样做的若干案例。在学界,认为受害人有权把所有可能造成侵权后果的人员作为共同被告起诉的观点也得到了较多的支持。不过,如果原告只起诉其中部分可能的加害人,应当也不会导致诉讼不能成立。从这个角度来看,此类案件的性质也可理解为类似的必要共同诉讼。例如 2017 年发布的《最高人民法院关于审理医疗损害责任纠纷案件适用法律若干问题的解释》规定,患者因同一伤病在多个医疗机构接受诊疗受到损害的,可以起诉部分或者全部就诊的医疗机构;患者因缺陷医疗产品受到损害的,可以起诉部分或者全部医疗产品的生产者、销售者和医疗机构。这些情形就属于类似的必要共同诉讼。

与共同侵权有关的这些情形究竟应作为共同诉讼的哪一种,之所以在我国存在着司法操作和理论说明上的游移或模糊等困难,主要原因大概在于很难简单地用《民事诉讼法》第 55 条区别必要共同诉讼和普通共同诉讼的“诉讼标的共同”或者“诉讼标的同种类”的规定来硬套其中多种多样的情形。可借用本书第 2 章图 2-4 来说明,如果把“诉讼标的”理解为法律关系，则除了最为典型的共同侵权行为，造成同一损害后果的复数侵权人与被侵权人之间分别成立“侵权—被侵权”的法律关系。这样看来，即使是针对结合得相当紧密或者看上去像是“直接结合”的复数侵权行为竞合，也没有要求受害人只能“一并诉讼”之必然性。但另一方面，在所谓“纠纷事实或生活事实”的层次上，从行为“直接”或“间接”结合的复数侵权行为到不同侵权行为的松散竞合等多种情形，只要造成的是同一损害后果，都有可能解释为具有“同一个诉讼标的”。仍以设例 9-3 为例，加害人之间尽管没有主观上的通谋，但其各自的行为却构成了一个“因果链”，共同造成了受害的后果。因此只要受害人共同起诉所有的加害人，法院就应对他们各自的损害赔偿责任作出“合一确定”的裁判。即使被害人仅起诉部分加害人，某些情况下判决效力仍会对未被起诉的加害人产生影响。因此，司法实务中另一种较常见的做法就是将其列为第三人（参见本书第 11 章）。总之，与复数侵权行为竞合相关的种种情形虽然分布于“不可分”到“可分”的两极之间，但鉴于都无须“一并诉讼”却又经常有“合一确定”之必要，在我国民事诉讼中可以将其中的不少形态大致理解为类似的必要共同诉讼。

延伸讨论

9-2 类似必要共同诉讼的“诉讼标的”

借助图 9-1 来考察类似的必要共同诉讼中究竟何为“共同的诉讼标的”亦不无益处。如上所述，大陆法系国家如德国、日本民事诉讼制度上所谓“类似必要共同诉讼”概念的范围比较狭窄。如股东派生诉讼，符合一定条件的少数股东可以起诉侵害公司利益的加害人，因存在共同的法律关系，公司的其他股东本来都应参与诉讼，且诉讼的结果会影响到所有股东的权利义务，但由于法律上有特殊规定，这种案件并不需要所有股东“一并起诉”，而允许由少数股东提起诉讼。因此，最典型的类似必要共同诉讼就是虽然潜在的当事人之间在图 9-1“法律关系”的层次上存在“共同的诉讼标的”，却无须一并起诉，只是裁判结果仍有必要合一确定。仅就这种情形而言，必要共同诉讼的“固有”与“类似”两种形态在“诉讼标的同一”的概念上毫无二致，区别只在于是否要求一并起诉的程序操作。

但是在我国目前的司法实务中，相当于“类似必要共同诉讼”的情形更加广泛。如出借人与借贷人及保证人之间的纠纷，就有可能被理解为当事人之间在“法律关系”的层次上并不“同一”，只是在“纠纷事实”的层面才构成“共同的诉讼标的”。另如出租人以承租人和转租户为共同被告请求解除租约及腾退租屋的诉讼，卖主以买主和标的物受让人为共同被告请求确认买卖合同无效及返还标的物的诉讼等案件类型，如果不认为是普通共同诉讼，则明显地只是在“纠纷事实”层次才有可能构成“共同的诉讼标的”了。在解释论上，关于这类案件的性质以及如何适用《民事诉讼法》第 55 条有关“诉讼标的”规定，其基本逻辑应当是：如果理解为类似的必要共同诉讼，需要将诉讼标的解释为“共同或同一的纠纷事实”；如果理解为普通的共同诉讼，则作为允许合并审理这些案件的前提条件，应把诉讼标的解释为“同种类的法律关系”或者“纠纷事实相互牵连”了。

对于共同侵权行为或复数主体共同造成侵权后果的行为所引起的损害赔偿诉讼等案件种类来说，在“诉讼标的”概念的解释上可能存在两个选项。如果着眼于图 9-1 的“纠纷事实”层面，将其视为“诉讼标的共同或同一”是说得通的。这也是把此类侵权案件多理解为“类似必要共同诉讼”的根据。但要是限定在“法律关系”的层面，则只能说这些案件类型都属于“诉讼标的同一种类”了。作为一般的解释论，首先，可把复数主体基于共同的故意或过失而实施的加害行为直接结合，造成同一损害后果的情形理解为在纠纷事实层次上构成了“同一诉讼标的”，因此视为“固有必要共同诉讼”，不允许拆分诉讼。其次，对于复数主体之间的侵权行为导致同一损害后果且这些行为的结合程度相对紧密的情形，可在“诉讼标的同一”的定义基础上将其视为“类似的必要共同诉讼”，原告一旦共同起诉即须对裁判结果予以合一确定。最后，如果导致同一损害后果的复数行为虽然相互竞合其程度却颇为松散的话，则应视为每一加害行为均各自成立侵权，即在法律关系的层面上构成“同一种类的诉讼标的”，由此产生的诉讼案件可分可合，属于普通共同诉讼的范畴。当然，这样的分析框架还需要根据司法实践中多种多样的案件情形来予以具体的展开，才可能真正发挥指导实务操作的作用。

第 3 节　共同诉讼的程序进行

与“单一原告 v.单一被告”的基本诉讼形态相比，牵涉到复数主体的共同诉讼在程序进行上必然有其自身的特点。这些特点包括主体在诉讼过程中可能发生的变化，以及共同原告或共同被告中某一主体采取的诉讼行为会在程序上乃至实体上影响到其他主体的利益等方面，由此产生了从法律解释和实务操作上作出相应安排的必要。以下分两个部分，分别就当事人的追加和共同诉讼中当事人诉讼行为对其他主体的法律效果等论点加以讨论。共同诉讼的这些特点在上诉程序中有着更为复杂的表现，出于合理安排章节内容的必要，与共同诉讼的上诉相关的问题及论点拟放到后文关于第二审程序的第 16 章再予以介绍，本节不再涉及。

9.3.1 当事人的追加

如本章开始部分提到的那样，某些共同诉讼在诉讼程序一开始就已形成，即所谓“原初的共同诉讼”，与此相对的则是“后发的共同诉讼”，指在诉讼过程中才从单一的原被告变化为复数的原被告。换言之，后一共同诉讼形态因诉讼开始之后当事人的追加而形成。当然，前一种形态的共同诉讼亦可能在诉讼进行的某个阶段又发生主体的变化。无论何种情况，这些变化既植根于案件实体内容的要求，也都会牵涉到当事人选择和法院职权之间的关系。对于这些论点，可以按有关共同诉讼的分类来加以介绍。

首先，就固有的必要共同诉讼而言，由于上文已述的来自案件实体内容的制约，当事人别无选择，从起诉时开始，所有应当成为原被告的主体都必须列在诉状上。但实际上，也会出现原告漏列必须参加诉讼的当事人这种情形。对此，其他当事人也可以申请追加，法院对有关追加当事人的申请应进行审查，认为理由不成立的以裁定驳回，认为成立时则书面通知被追加的当事人参加诉讼（《民诉法解释》第73条）。司法实务中过去更为常见的一种处理，就是法院直接依职权追加共同原告或共同被告。因为，要是法院未做这种处置就对案件予以审理的话，事后很可能被视为错案而承担责任。但随着对当事人主义的强调，出于尽可能尊重当事人选择的考虑，现在的司法实务在处理上也有了一些改变。对于原告没有列出必须参加诉讼的共同被告这种情况，法院可以向原告进行释明，说明该被告必须参加诉讼的理由并要求原告在诉状上列出，如果其坚持不列，则法院即以“被告不适格”为由对原告的起诉不予受理，无须依职权追加共同被告。另一方面，如果必须参加诉讼却未在诉状上列明的主体并非共同被告而在原告一方的话，法院可能就有了依职权将该主体追加为共同原告的必要。按照相关司法解释的规定，实务中一般的操作是法院先了解该主体的意向，如果其表示自己愿意放弃在本案的实体权利，则可不列为当事人，诉讼继续进行。但该主体要是既不愿意列名为共同原告，又不放弃实体权利的话，法院就应当依职权将其列为共同原告并通知其他当事人。《民诉法解释》第74条规定：“人民法院追加共同诉讼的当事人时，应当通知其他当事人。应当追加的原告，已明确表示放弃实体权利的，可不予追加；既不愿意参加诉讼，又不放弃实体权利的，仍应追加为共同原告，其不参加诉讼，不影响人民法院对案件的审理和依法作出判决。”此外，在性质为固有必要共同诉讼的案件程序进行中，原则上不能允许原告只针对部分被告提出撤诉。

其次，关于类似的必要共同诉讼，如上所述原告起诉时在“告谁不告谁”的问题上有较大的选择空间。或者说，法院不应无视原告的意愿而采取依职权追加当事人的措施，正是这种共同诉讼形态的根本性质之所在。但另一方面，在诉讼开始后的不同阶段，原告是否仍能够自由地追加共同被告，或者仅针对共同被告中某一或某些当事人撤回起诉呢？从类似必要共同诉讼的基本法理来看，应当说原告至少在较早的程序阶段是有权追加共同被告的。只是根据一旦原告已经选择起诉共同被告，裁判结果就应合一确定的法理，法院对于类似必要共同诉讼中的原告对部分被告起诉又撤诉的情形是否予以允许，可能需要进行比较慎重的考量。关于当事人在诉讼过程中能否在“合”与“分”之间自由选择的这个问题，可参见设例 9-4。

设例 9-4

一个小孩的风筝挂到电线上，遂爬上附近一幢小屋上取风筝，后遭电击而死亡。小孩父亲甲以乙电力公司和违章搭建小屋的丙为共同被告提起侵权损害赔偿诉讼，乙电力公司答辩己方无责任，过错在于丙和放任违建的丁主管部门，并提交了己方与丁就处理违建事宜进行过交涉的证据。甲在开庭前提出把丁主管部门追加为共同被告的补充诉状，法院受理了此诉状并向丁进行了送达。开庭之后，甲了解到丙因经济困穷可能难以履行赔偿责任，遂向法院申请撤回对丙的起诉。法院考虑到既然甲已经起诉本案三名被告，可以对丙和乙、丁的责任分配一并进行裁判，甲实际上是否要求丙赔偿则是本案以外的问题，因此对甲的撤诉申请未予以批准。

设例 9-4 中，原告甲不仅可依据类似必要共同诉讼的一般法理追加共同被告，而且事实上也是在被告乙答辩之后才了解到丁主管部门很可能应当承担不作为的过失责任，所以其在开庭前才追加丁为共同被告的诉状较容易得到法院受理。但在开庭之后甲仅仅因为丙可能无力赔偿就要求撤诉，不仅与类似必要共同诉讼“一旦起诉即可合一确定裁判结果”的法理相抵触，也说不上存在着其他合理的理由。而且考虑到撤诉的时机在开庭后，案件事实可能已经比较清楚，当事人讼累也不可能再有减轻，撤诉的法律效果又是可随时重新起诉等因素，法院对此撤诉不予批准的做法确实是有道理的。当然，现实生活中涉及类似必要共同诉讼的情形多种多样，司法实务在不同情形下的程序操作也可能因种种复杂的具体因素或事由而显得更加流动。设例 9-4 仅是比较典型的一种场境，对于类似必要共同诉讼在程序进行的不同阶段如何处理“分”或“合”的问题，还需要进一步结合实际案情作出不同的解释。

最后,如何处理普通共同诉讼在诉讼过程中的主体变化这一问题看上去最为简单,因为普通的共同诉讼形态意味着复数的主体以及这些主体之间的法律关系在主观和客观上都可分可合,依据这样的法理,当事人和法院在程序进行中似乎能够随时合并案件或者将其予以分离。但是,由于上文已经涉及的法院对于普通共同诉讼究竟“分”还是“合”的问题拥有事实上的最终决定权,所以原告虽然既可以一并起诉,也可以在诉讼过程中追加共同被告或针对部分被告申请撤诉,在法院要求合并的情况下原被告还都可以主张分案审理,但法院关于“分”还是“合”的意向更为关键。如上所述,根本的问题仍在于法院的相关决定是否建立在合理的法律解释论和具有透明度及可预期性的程序规则之上。关于这一点,今后的实务操作存在着很大的改进空间。

9.3.2 当事人诉讼行为对其他主体的影响

在共同诉讼的程序进行过程中,共同原告或共同被告中某一人单独作出的诉讼行为,可能影响到其他主体在程序或实体上的权利义务。这些诉讼行为可以是程序性的,如提出管辖权异议、主张及辩论、提交证据、申请撤诉或要求回避、约定期日等,也可能表现为直接处分自己实体权利的行为,如和解或接受调解方案、作出承认对方主张的意思表示等。关于这些诉讼行为的法律效力或其范围,《民事诉讼法》第55条第2款有明确的规定:“共同诉讼的一方当事人对诉讼标的有共同权利义务的,其中一人的诉讼行为经其他共同诉讼人承认,对其他共同诉讼人发生效力;对诉讼标的没有共同权利义务的,其中一人的诉讼行为对其他共同诉讼人不发生效力。”这项条文的含义包括如下的法理:首先,共同的原被告中某一人单独作出的诉讼行为,只要其法律效果及于作为共同原告或被告的其他主体,原则上都必须征得他们的同意才能有效,否则可能构成对这些主体的程序或实体权利的侵害。此类情形下单独做出的诉讼行为如果不能得到其他主体的承认,有时导致该行为完全无效,有时则意味着该行为只对行为人有效,其效力不会及于共同的原被告中其他主体。其次,如果共同原告或共同被告中某一人单独作出这些诉讼行为,并不会影响其他的共同原告或共同被告在程序或实体上的权利义务的话,则无须这些主体的同意,单独作出的诉讼行为即可发生法律效力,但其当然只对行为人有效。

上列条文中关于对“诉讼标的”有或无“共同权利义务”的表述,首先可理解为大致分别与必要共同诉讼和普通共同诉讼这个基本分类相对应。在固有的必要共同诉讼中,共同的原告或被告之间因为存在同一的法律关系,其权利义务常常表现为“一损俱损、一荣俱荣”的不可分关系，因此要求其中任一当事人单独作出的诉讼行为必须得到其他当事人承认是很容易理解的。如果共同的原被告承认其中某一人单独作出的诉讼行为，则该行为对共同诉讼一方的所有当事人有效自不待言。如果单独作出的诉讼行为没有得到其他主体承认，如在财产共有人就不可分的财产在调解中作出让步等处分行为或申请撤诉时，这些诉讼行为本身不能发生法律效力；如在围绕遗产分割而发生的纠纷中作为共同原被告的某一继承人作出放弃自身继承权的意思表示等场合，则只对有该意思表示的继承人有效。其次，与此相对，普通共同诉讼则显然属于当事人之间“对诉讼标的没有共同权利义务”的情形，原则上各个当事人可以自由地实施诉讼行为或处分自己的实体权利。

关于类似的必要共同诉讼，一般而言既然是必要共同诉讼的一种，只要原告一并起诉，因裁判结果必须合一确定，共同原告或共同被告之间的权利义务亦紧密关联，作为共同诉讼一方的当事人似乎应较宽泛地理解为“对诉讼标的有共同的权利义务”。典型的例子如出借人依据借贷及担保关系起诉保证人和被保证人，如果共同被告的其中一人对作为案件基础的借贷关系等作出了承认对方主张等意思表示，则必须得到另一人的同意才能发生效力。不过，由于包含在这种类型内的共同诉讼形态多种多样，还有必要根据案件具体情况和共同诉讼当事人的诉讼行为性质来分析当事人之间是否存在“共同的权利义务”。例如，某些共同侵权引起的损害赔偿诉讼中，仅仅因加害行为在客观上的直接结合而导致同一损害后果的部分加害人对自身行为等作出的自认，无论作为共同被告的其他主体是否同意，其效力原则上都不及于其他主体，而只限于作出自认的行为人。在此意义上，也可以说类似的必要共同诉讼中对于某些单独作出的诉讼行为之处理，与普通共同诉讼并无差异。

延伸讨论

9-3　诉的“主观合并”与“客观合并”

本书曾介绍并讨论过“诉的合并”这一概念（参见本书第 2 章第 1 节 2.1.5）。在学理上，第 2 章涉及的只是“诉的客观合并”（或称“诉在客体上的合并”）。相对而言，共同诉讼可理解为“诉的合并”之另一种典型，即主要是“诉的主观合并”（或称“诉在主体上的合并”），还可以构成“诉的主客观合并”，即诉在主体和客体上同时合并。

诉的客观合并或在客体上的合并如第 2 章所述，首先，指一名原告针对同一被告同时提出数个请求权基础并不相同的诉讼请求。其次，被告针对原告的本诉而提出的反诉也被理解为“诉的客观合并”形态之一，因为这相当于同一个诉讼案件中在原告提起的一个或数个诉讼请求之上，又由被告“叠加”了一个或数个方向相反的诉讼请求，这两种不同的诉在本案中被“合并”起来，都构成法院的审理对象。与此不同，共同诉讼则意味着一个案件中存在超过二人或三人以上的复数诉讼主体，他们之间的诉讼关系构成了多于“一个原告对一个被告”的复数，因而在学理上即成为“诉在主体上的合并”或“诉的主观合并”。

如本章所述，可以把共同诉讼理解为分布在“完全不可分”和“完全可分”两个极点之间的多种诉讼形态，对这些不同形态还可用“固有的必要共同诉讼”“类似的必要共同诉讼”和“普通共同诉讼”等概念来加以把握。从“诉的合并”这一纯然学理的角度来看，完全不可分的共同诉讼形态可能只牵涉诉讼主体的合并，即单纯构成“诉的主观合并”。例如三个或以上的合伙人之间围绕同一份合伙财产的份额或同一项红利的分配而产生的争议，进入诉讼的话显然构成“诉的主观合并”，但就这些复数的当事人针对的可能只是完全“同一”或“共同”的诉讼标的而言，却很难说得上还存在着“诉的客观合并”。另外，可合也可分的普通共同诉讼既牵涉诉讼主体的“叠加”而形成“诉的主观合并”，又由于不同主体之间各自有着相互独立的法律关系（即有多个“同一种类的诉讼标的”），不同的法律关系或诉讼标的或基于不同请求权基础而提出的多个诉讼请求结合在一个诉讼程序中，就是“诉的客观合并”。因此，普通共同诉讼以及在主体的合并外还可能存在客体上合并的“类似的必要共同诉讼”，应理解为“诉的主客观合并”。对于分布在“可分”和“不可分”两极之间的其他共同诉讼形态，也都可以利用这样的标准去衡量其究竟属于哪一种诉的合并。需要注意的是，即使是在我国司法实务中一般作为“固有的必要共同诉讼”处理的某些案件，也可能存在诉在主体和客体上都有叠加的情形，即属于“诉的主客观合并”。例如，不妨对比一下这样的两种具体情形：两名或超过此数的合伙人针对另一名合伙人就其在合伙财产中所占份额提起的确认之诉，以及多名合伙人之间围绕各自所占的合伙财产份额而展开的诉讼。这两种情形都属固有的必要共同诉讼，但前者可以理解为只涉及“诉的主观合并”，而后者则应被视为诉在主体和客体两个方面都有叠加的“主客观合并”。

此外需要注意的是，还有一种也属于“诉的主客观合并”的情形，即共同原告或者共同被告进入诉讼程序后相互之间又提出诉讼请求。这种情形在学理上称为“交叉请求”，在某些国家如美国的民事诉讼制度上是允许的。但是目前在我国司法实务中，出于防止诉讼程序变得过于复杂的考虑，对此恐怕一般都不会予以允许，而往往可能要求针对同为原告或同为被告而提起交叉请求的当事人另行起诉。

第 10 章讨论的有关处理群体性纠纷的代表人诉讼制度,因为仍可按照“共同诉讼”以及“普通或必要”等范畴来定性和分类,在原理上也属“诉的合并”。不仅如此,本书第 11 章将介绍的第三人参加诉讼制度,作为“三方诉讼结构”同样在学理上牵涉到“诉的主客观合并”。

第10章　代表人诉讼

当同一个案件中当事人数量超过三人且达到“人数众多”的程度或规模时，关于这个案件的诉讼就可以称为“群体诉讼”或者“多数当事人的诉讼”了。不过此类概念只是对同一诉讼程序内当事人数量达到一定规模这种现象的描述，我国民事诉讼法上用于处理群体诉讼的制度则称为“代表人诉讼”。此外，《民事诉讼法》2012 年修订时增加的“公益诉讼”亦可理解为群体诉讼或代表人诉讼的一种类型，也放在本章内加以介绍。

人数众多的当事人所卷入的纠纷在同一个诉讼程序内处理时，会遇到许多与“一名原告一名被告”或一般共同诉讼等常规案件不同的问题。这种群体诉讼与下一章所述的第三人诉讼一样，在学理上都可称为“复杂的诉讼形态”。群体诉讼的特点首先在于人数众多的当事人彼此之间存在实质性或潜在的利益相关，有可能把他们视为一个“群体”或“集团”。因为人数众多的情形可达到数百、成千乃至上万的规模，所有的当事人始终参与诉讼程序并不现实，于是由这些当事人中产生的少数代表来具体担负进行诉讼的任务，就成为群体诉讼案件另一个常见的特征。在我国直到改革开放初期，由于计划经济体制等因素而形成的法律关系简单和民事诉讼案件类型的有限，所谓群体诉讼的现象还不为人所知，至少并未引起过关注。但随着经济体制改革的推进和人、财、物在社会上的流动性增大，民事纠纷牵涉到众多利益相互关联的主体这种现象也频频发生，与此相应的则开始了从诉讼程序上寻找或摸索减少复杂性并提高效率的纠纷处理方法等努力。据相关报道，我国类似于群体诉讼的民事案件大概最早出现于 1983 年的四川省安岳县，当时此地有 1 500 多家农户因向本县种子公司购买的稻种有质量瑕疵而与该公司发生纠纷并诉至法院，后法院按照同一个购销合同纠纷案予以处理，使作为共同原告的农户得到了救济。此后类似的纠纷屡屡发生，其中一部分经过了同样的诉讼程序而告解决。以这样的纠纷现象及司法实务积累的处理经验为背景，1991 年的《民事诉讼法》规定了代表人诉讼制度。

由于《民事诉讼法》分别在第 56 条、第 57 条规定了当事人“人数确定”和“人数不确定”两种代表人诉讼，且因其性质不同、在实务中的表现差异也很大等原因而有必要予以区别对待，以下先分两节论述这两个条文各自的内容及涉及的论点。最后在第 3 节介绍

2012 年《民事诉讼法》修订新增的第 58 条对公益诉讼所做的规定，并讨论与这一条文的解释适用相关的若干问题。

第 1 节　人数确定的代表人诉讼

《民事诉讼法》第 56 条规定："当事人一方人数众多的共同诉讼，可以由当事人推选代表人进行诉讼。代表人的诉讼行为对其所代表的当事人发生效力，但代表人变更、放弃诉讼请求或者承认对方当事人的诉讼请求，进行和解，必须经被代表的当事人同意。"因为有必要与第 57 条有关当事人一方人数众多但起诉时还"不确定"究竟有多少或都是谁等特点加以区别，学理上一般把第 56 条的规定理解为针对起诉时当事人的人数或范围已经固定下来即"人数确定"的代表人诉讼。

10.1.1　诉讼类型及形成方式

从《民事诉讼法》第 56 条的规定可看出，当事人一方（有时甚至双方都）人数众多的群体诉讼，就当事人之间利益关联的结构而言也属于共同诉讼的一般范畴之内。如上一章介绍的那样，《民事诉讼法》第 55 条把共同诉讼分为"普通的"和"必要的"两种类型。对于第 56 条所规定的群体诉讼，亦可以做同样的区分。以下先通过两个设例，来看一看不同类型的群体诉讼在实务中如何形成。

设例 10-1

某国有单位为了开办挂靠本单位的服务公司，以自己的职工为对象进行内部集资，并制定了相应章程承诺定期分红和一定阶段还本返利，结果陆续从 81 名职工那里募集到共约 120 多万元。后因服务公司经营不善而倒闭且只剩下少量资产，一部分参加集资的职工向法院起诉本单位，请求返还各自出资的本金并赔偿利息损失。法院审查诉状后，出于保护所有参加集资人员利益的考虑，向提起诉讼的这部分职工做了应确定所有主张权利的人作为原告的人数并按照有代表人的群体诉讼起诉的释明。经这些职工回本单位动员，除少数明确表示放弃权利的人之外，共有 76 名职工作为共同原告推选了 3 名代表人重新向法院提起诉讼，法院将此起诉作为一案予以受理。

设例 10-2

甲饲料公司出售的某种饲料因质量问题，导致了多家购买这种产品的养殖场和养殖专业户出现所喂养的家禽死亡或生病的情形。乙律师事务所接待了部分因购买并使用这种饲料而招致损害的用户前来咨询相关的法律问题。该律所意识到一定还有许多潜在的受害者，于是通过各种方式主动联系这些有可能向甲公司索赔的用户，最终获得了 207 家这种饲料用户的诉讼代理授权。乙律所组织这些当事人推选出两家养殖场和三名专业养殖户的户主担任诉讼代表人，自己作为委托代理人向法院提交了请求甲公司赔偿损失及退货等内容的诉状，法院则根据《民事诉讼法》第 56 条将该诉状作为一个案件予以立案。

设例 10-1 可以被视为一个“必要共同诉讼”案件，因为每一名原告与被告的法律关系相互之间很可能存在非常紧密的牵连（比如在出资的性质被认定为合股的情形下），以致可理解为所有的当事人有着“同一或共同的诉讼标的”，对他们或许需要作出“合一确定”的判决。与此相对在设例 10-2 中，作为原告的各个当事人很明显都分别与被告存在买卖及瑕疵责任的法律关系，他们能够作为一个群体提起诉讼，仅仅是因为每名原告与被告之间的诉讼标的是“同一种类”，因此属于“普通共同诉讼”。同时还可以看到，设例 10-1中的原告与潜在的纠纷当事人在范围上基本重合，而设例 10-2 潜在的受害者人数可能远远超过本案原告的范围，但两个案件中原告一方的人数在起诉时则都已经确定下来。就设例 10-2 而言，其他潜在的受害者可以另行起诉，或在本案诉讼过程的一定阶段通过合并等参加方式成为共同原告。在我国目前的司法实践中，一般说来作为普通共同诉讼的代表人诉讼更为常见，而具有必要共同诉讼这种性质的代表人诉讼案件则较少出现。无论哪一种诉讼类型的代表人诉讼，根据最高人民法院的《民诉法解释》第 78 条，一方人数众多的当事人推选出来的诉讼代表人为 2~5 人，且每一名代表人还可另外委托 1~2 人作为自己的诉讼代理人（应解释为包括律师、法律服务工作者的专业代理和委派代理、公民代理在内）。

上列两个设例还能够直观地说明，共同诉讼的当事人一方人数众多时为何需要采取代表人诉讼的方式。在设例 10-1 这种必要共同诉讼中，虽然 76 名原告“一个也不能少”，但如果所有当事人都要自己出庭或委托他人代理进行攻击防御等诉讼活动，法院还需要向每一名原告都实施通知传唤等程序事务，或许也有必要安排足够大的审判场所等。这肯定是既不经济又极易造成混乱的做法，且当事人的人数越是众多时，造成的此类问题就越是严重。而通过这些人数众多的当事人推选二至三五名代表人，由其在庭外先与大家沟通取得意见的一致，并作为群体的代表与对方及法院打交道的话，显然能够有效地简化程序进行，减轻当事人讼累，降低司法资源的耗费并提高诉讼效率。另外，本来可以分别起诉应诉并分开审理和作出判决却合并为一个案件的普通共同诉讼，自身就存在提高诉讼效率的动机和作用。在普通共同诉讼案件当事人一方人数众多的情况下，通过推选若干名代表人进行诉讼，可以进一步放大这种既减少当事人讼累又节约司法成本的“诉讼经济”效应。由于众多当事人之间法律关系或诉讼标的都属“同一种类”，可能在诉讼请求、事实主张、基本证据等方面存在着广泛的共通性或相互间的内在牵连，把这些不同的诉合并起来往往可以在程序进行上达到“举一反三”或“事半功倍”的效果。众多的当事人推选出代表人并由其代替大家从事诉讼行为，意味着简化了合并的过程并更加强化或“集约”了合并的作用。

不仅如此，正如设例 10-2 所显示的那样，不少这种群体性纠纷都是因为一方当事人侵害了不特定的多数人利益而引起，因而具有一定程度的“公共性”。通过合并或积聚起这些分散的权利救济诉求，并以推选代表人的方式将其集中表达出来，实质上可能发挥某种“集结”或“凝聚”的组织功能，有助于平衡原被告当事人之间结构性的力量对比不对等关系。与此相关的是，单从理论上讲，无论原告一方还是被告一方，只要人数众多就可采用推选代表人进行诉讼的方式。但是司法实践中最为常见的还是某种违约或侵权行为的众多受害人作为原告方，针对少数作为加害人的被告提起诉讼。个别或少数的原告把人数众多的被告诉至法院的情形并非不会存在，例如从事金融、通信、物业等服务行业及供暖供电等行业的公司因欠费而与众多用户发生的争议，在学理上同样可能属于群体性纠纷的范畴。但在我国司法实务中，把人数众多的被告作为“同一群体”的当事人，要求他们推选出代表人并按照《民事诉讼法》第 56 条的程序规定进行防御等情形却极为罕见。这种现象的背景似乎在于，支撑代表人诉讼的制度理念中，并没有还为与消费者等弱势群体的力量对比中已经相对占了上风的企业等一方当事人提供方便的含义。

与共同诉讼的两种类型紧密相关的另一个问题，则涉及《民事诉讼法》第 56 条之代表人诉讼的形成方式。同样可从设例 10-1 看到，在当事人一方人数众多而他们之间可能又存在“诉讼标的同一”的情形下，首先是法院有责任确保起诉时当事人的范围或人数已经固定下来，因为哪怕只有一名应当参加诉讼的当事人没有参加，诉讼本身也不能成立。在此基础上，法院出于简化程序避免混乱的动机，一般还会督促人数众多的当事人推选若干名代表人来进行诉讼。根据《民诉法解释》第 76 条，如果这种情况下仍有部分当事人不参加推选或推选不出合适的代表人,如为必要共同诉讼,法院必须将他们列为自己实施诉讼的共同诉讼人;如为普通共同诉讼,则他们可另行起诉。总之,就当事人一方人数众多的必要共同诉讼而言,即使最初原告并未按照《民事诉讼法》第56条的规定起诉,法院往往也会积极发挥引导等作用以便形成代表人诉讼。成为其对照的则是当事人一方人数众多的普通共同诉讼,一般情况下法院至少在诉讼启动时既不了解群体性纠纷发生发展的实际情况,也没有责任要把潜在的、分散的权利救济诉求发掘出来并加以整合。具有强烈的动机去这样做的,经常是部分当事人或者律师。这些主体往往更加重视上文已经提及的代表人诉讼可能发挥的“集中力量”作用或组织功能,也希望通过这种诉讼方式的形成,而达到给对方施加压力并向有利于自己的方向解决纠纷的效果。

关于代表人诉讼的形成还需要考虑一个解释论上的疑问,就是当事人一方究竟有多少名才算“人数众多”,或者说当事人一方的人数达到什么程度,案件就可以作为群体诉讼按照有关代表人诉讼的程序规定进行处理。最高人民法院的司法解释对这个问题作出的解答为,“人数众多,一般指十人以上”(《民诉法解释》第75条)。需要注意的是这个解答只是对实务的一种引导或指引而非强制性的规定,司法实践中仍然存在即使当事人一方的人数超过10人,也不按照《民事诉讼法》第56条规定推选代表人,只是作为一般的共同诉讼案件处理的情形。相反,某些地方的法院还允许人数只有8人甚至5人的当事人一方根据《民事诉讼法》第56条选出代表人来进行诉讼。一般而言,如果当事人一方的人数在5人以上却又未达到数十上百的程度时,当事人及其律师在是否按照代表人诉讼的规定运作程序这个问题上的作用可能会相对大一些;而在一方当事人的人数成百上千时,即使该方当事人或其律师不主动要求,正常情况下法院也会有更大动力来寻求按照《民事诉讼法》第56条规定的程序处理这样的案件。看来,当事人一方的人数多少虽然可以用来衡量案件是否算得上“群体诉讼”,却不一定是构成代表人诉讼的决定性因素。是根据《民事诉讼法》第56条的规定来处理群体性纠纷,还是仍按第55条将案件作为一般的共同诉讼予以办理,许多情况下并不单纯根据当事人一方或双方的人数多寡,往往还取决于若干其他因素及其复杂的相互作用。关于这一点,后文将会加以涉及。

10.1.2　程序的进行及相关论点

按照《民事诉讼法》第56条处理群体诉讼,在程序的具体进行上首先需要考虑的就是诉讼代表人怎样产生的问题。代表人由人数众多的一方当事人在自己中间推选产生,但司法实务中代表人的产生方式有多种表现。上文对此已经有所涉及。实际情形既可能是当事人在起诉时已经推选出诉讼代表人，并要求按照《民事诉讼法》第 56 条的规定进行诉讼（往往是律师在起诉前的这种组织活动中发挥重要作用）；也可能是法院受理一个个当事人分别起诉后，才根据这些案件的共通性进行诉讼的合并，并组织所有的当事人推选出诉讼代表人；还有可能推选不出所有当事人信赖的代表人，而采取分别代表若干小群体的数名代表人结合，形成"代表人诉讼+一般共同诉讼"的模式；甚至也可能因诉讼代表人产生的困难而干脆分别诉讼，或按一般共同诉讼展开程序。

诉讼代表人的推选产生形式多样且有时会遭遇困难等现象，与这种诉讼主体比较特殊的地位或性质有关。代表人本身既是人数众多的一方当事人中的一员，对于作为一个群体的全部当事人而言，又代表他们在实体和程序上的利益。同时，从其与己方一个个当事人之间的关系这一角度来看，还有可能将诉讼代表人的角色理解为一种总体上的"代办"或"代理"（诉讼代表人自身所委托的诉讼代理人直接向其负责，与其所代表的群体当事人利益则只有间接的服从关系）。人数众多的一方当事人推选产生诉讼代表人，意味着授予其一定范围内的权限。诉讼代表人实施攻击防御等诉讼行为，其程序上的法律效果则归属于所代表的全体当事人。就实体上的效果一般而言，代表人提出的有关事实和法律的主张只要有利于己方当事人，就应视为其在授权范围以内可以自行实施的诉讼行为。但对于可能给所有当事人直接带来实体上不利后果的变更、放弃己方请求或承认对方请求，或者与对方和解等重大的处分行为，则需要所代表的当事人全体同意，即此类实体利益的处分要本方当事人另行授权才能生效。正因为存在这种"授权=代表"的关系，人数众多的当事人往往或者是在彼此熟悉或相互间已有一定信任，或者是共同的利益比较单纯等情形下，才更有可能顺利地推选出代表人，而且在需要另行授权时也能够节约"组织成本"或"谈判成本"并较容易地达成合意。如果缺乏这些条件，即使法律上可以按照《民事诉讼法》第 56 条规定展开诉讼，当事人在推选诉讼代表人以及需要另行授权时有可能遭遇到任何集体行动都会碰到的难题，即明明存在使己方利益最大化的途径却因"组织成本"或"谈判成本"太高而不能利用。

从根本上讲，代表人诉讼制度就是一种旨在简化诉讼复杂形态的程序性技术。但在具体的程序场境下万一采用此技术的成本太高，退到一般共同诉讼或分别诉讼等无须组织或组织成本不高的状态也是一种很自然的结局。具体讲，如果一方人数众多的当事人推选不出代表人，则他们的诉讼可以按照一般共同诉讼方式进行，有些情况下还可能分别地各自起诉应诉。另外，在推选出来的诉讼代表人实施诉讼行为涉及己方当事人实体利益的重大处分时，在其代表的当事人对这些处分不能形成合意的情况下，有时持不同意见的部分当事人可自行实施诉讼行为，有时诉讼代表人需要遵循内部形成的一般意见改变自己的处分，较极端的场合也可能导致诉讼代表人的更换，甚或群体诉讼在程序进行途中转换为一般共同诉讼或分别诉讼等结果。

关于以上讨论的内容，以及代表人诉讼的实际程序和可能遇到的问题等，可参见设例 10-3。

设例 10-3

滨河广场为一家大型商城，尚未完工时进行招租，吸引了众多商户与其签订租赁商铺合同。后因入住经营日期和内部结构改变等事项发生纠纷，有 80 多家商户作为原告，推选出 3 名诉讼代表人，以滨河广场为被告提起诉讼。诉讼代表人委托的律师向法院提交一份诉状，分别列明所有原告和诉讼代表人，诉讼请求则为要求被告按照合同上的期限和内部结构等约定向所代表的各商户交付所租的铺位，同时提供了 80 多份合同复印件及商铺位置图等证据。法院对该诉状及相关材料作为一案予以受理，组成一个合议庭负责审理本案。经传唤原告方诉讼代表人和被告滨河广场，合议庭进行开庭审理，3 名代表人及其代理律师和被告方代理人均到庭做出陈述、展开举证质证和辩论。法庭就调解意愿和解决方案询问双方，原告方代表人表示需征求其代表的当事人意见，法庭即指定另一日期再行调解。到了该日期，代表人表明只有部分原告同意由法庭提出且已得到被告赞同的调解方案。对于包括两名代表人在内的这部分原告当事人和被告之间的争议，法庭通过出具一份调解书达到解决并做结案处理。经法庭征询，原告方尚未解决纠纷的十余户当事人和剩下的一名代表人均表示愿意按照普通的共同诉讼进行后续程序。法庭再次开庭审理，原告方多半的当事人或其代理人到庭参加辩论，法庭根据其各自的具体情况分别作出十余份判决，本案第一审程序至此全部结案。

从设例 10-3 可看出，作为群体性纠纷解决方式的代表人诉讼之所以能够为众多的当事人和法院节约成本并提高案件处理的效率，主要是因为源自各个当事人“诉讼标的同一种类”的主张及证据具有共通性，可以合并起诉和开庭审理等程序，乃至一并作出裁判。不过，由于司法实务中一个个群体性纠纷的具体情况千差万别，有时可能给代表人诉讼的程序操作带来种种解释论上的难题，并导致这一制度的运行呈现出多样的形态。如设例 10-3 那样，虽然起诉和审理都实现了代表和合并，但到了需要进行实体利益的处分时，不同当事人之间仍可能出现意见的不一致或利益的相互冲突，使得通过代表人实现的诉讼合并不能再持续下去，以致最终结果也不宜“一并裁判”，而需要采取分别裁判的处理方式。事实上，这种“分还是合”的问题，在群体性纠纷案件处理的整个过程或其起始及终结阶段都有可能发生。一般而论，只要众多当事人各自的利益足够单纯且相互间存在较深牵连，通过“对分散利益的代表”和“诉的合并”就更容易达到降低诉讼成本并提高诉讼效率的作用。相反，如果“代表和合并”带来的并非程序的简化，反而导致纠纷的处理变得更加复杂的话，则无论在诉讼开始阶段还是程序进行的中途，视具体情形适当采取分开审理或分别裁判等措施则是合理的。

关于代表人诉讼在第二审等其他种类的程序进行中可能遇到的问题，留待后文予以涉及。

延伸讨论

10-1　司法实践中处理群体性纠纷的多种方式

代表人诉讼是为了处理群体性纠纷而在我国民事诉讼法上做了明确规定的制度。不过，司法实践中对于群体性纠纷的处理解决却不一定总是在这项制度的框架内进行。相反，在学界和社会上对法院的相关实务有一些批评，认为法院在面对群体性纠纷时往往回避使用这种旨在“合并”或“集结”众多分散的权利救济诉求的程序技术，而倾向于“化整为零”地分案处理。关于法院为什么会出现这样的倾向，存在着两种并非“法律解释论”性质的说明或观点。一种观点主张此种倾向和法院在“指标体系管理”体制下追求办案数量的动机相关，因为把可以合并起来的诉讼拆分为众多的案件，能够在数据上显著地增加或提升法院特定期间内办案的数量或规模。另一种观点则着眼于法院面对维护社会稳定的需求和压力，认为许多情况下法院会作出允许把众多权利救济诉求“合并”或“集结”到一起的代表人诉讼方式将增大维持社会稳定难度的判断，因而倾向于采取分案处理以“各个击破”这种压力的诉讼策略。看来，这两种观点都能够部分地说明一些群体性纠纷诉至法院之后以“分或合”的方式加以处理的结果，但我国民事诉讼实务中处理群体性纠纷的实际情况及发生影响的因素可能更加复杂多样。

作为程序操作的现实状况，群体诉讼案件的处理“分或合”并不一定总是非此即彼，而往往呈现出“分中有合、合中有分”等更加灵活多样的形态。如本节所述，虽然起诉时以代表人诉讼的方式把众多当事人的诉求整合到一份诉状中，法院也以一个案件立案，但程序进行的结果却可能是分别作出判决或调解书，不同当事人的结案时间也各不相同。相反，在众多当事人各自起诉分别立案的情况下，法院也可能不要求合并诉讼，尤其当多数当事人都委托了相同的律师事务所或同一名律师时，往往组成一个合议庭采取对众多相互关联的案件共同开庭或连续开庭的方式，利用请求、主张的类似程度和证据的共通性来节约司法资源，实际上是在诉讼进行过程中把开庭审理等某些程序环节“合并”起来。在众多相互关联的案件都涉及某个或某些比较新颖的法律问题时，司法实践中还出现了相当于“示范诉讼”等处理群体性纠纷的尝试。例如有关物业、供暖、小额信贷或通信等公共服务收费而在供应商和众多消费者之间发生的纠纷，虽然以分别起诉方式被法院受理，其结果却可能形成被称为“系列案件”或“串案”的大批案件。对于这些案件，法院只要解决其中少数或部分案件，其结论或解决方案就可能为之后处理相类似的众多案件带来示范效应。对于这些众多的案件，法院和当事人都倾向于将其视为同一系列或相互间存在紧密联系的“案件群”，有可能通过一定的安排或协商采取部分地“分或合”的审判方式予以灵活的处理。

我国处理群体性纠纷的司法实践之所以呈现出这样的形态，可以理解为是受到了诉讼内外多样的各种因素及其相互作用的复杂影响，而非单纯的法律技术问题或法律外的少数因素所致。关于司法实务中可称为“群体性”的纠纷究竟是按照“分还是合”的方式处理，首先可列举的一个因素就是当事人的人数多寡。如上所述，纠纷涉及人数较少的原告或被告时从技术上看更容易被拆分为不同的诉讼案件，反之在纠纷牵涉面较广且当事人数量很大等情况下，案件的合并更有利于节约成本或资源。与此相互牵连的另一因素，则是对于具体的纠纷状况和程序场境来说，“分与合”中究竟哪一种处理方式在程序操作上的复杂性相对会小一些。一般而言，司法实务中经常被选择的，往往是具体情况下能够简化程序或者使案件处理不致过于复杂的方式。这也是促使“先分后合”或“先合后分”等多样处理方式出现的因素之一。此外，影响到群体性纠纷的处理究竟“分还是合”的因素，还可分别从当事人和法院两个方面去观察，且二者经常相互牵连或形成牵制。例如，众多的当事人之间如果在代表人推选、处分行为的认可等集体行动上因“组织成本、谈判成本”太大而难以达成共识，本来是“群体性”的纠纷或许也只能分别诉讼或采取较分散的灵活方式处理。另一方面，法院在群体性纠纷处理方式的“分与合”上有较大的裁量空间，相对当事人而言“话语权”或决定权更大。这种情况以及进行裁量时所权衡的因素及过程等不甚透明的现状，导致法院更易于受到因增加办案数量指标的动机或维持社会稳定的压力等法律外因素而倾向于拆分案件等来自社会上和学界的批评。

第 2 节　人数不确定的代表人诉讼

我国民事诉讼制度上用于处理群体性纠纷的另一种程序，则为《民事诉讼法》第 57 条规定的“人数不确定的代表人诉讼”。与上一节介绍的“人数确定的代表人诉讼”不同，这个程序在立法时明显接受了主要来自美国法的比较法知识影响，因而在制度理念和具体程序设计上都有不少特点，但也带来了实务中适用和解释的种种难题。以下分别描述这一程序的基本构成，讨论能够说明其特征的立法的由来和理念，再介绍代表人诉讼的这个类型在司法实务中适用的状况等并加以分析。

10.2.1　人数不确定的代表人诉讼之程序结构

把《民事诉讼法》第 57 条的内容与第 56 条加以对比，可以看出两者虽同为代表人诉讼，前者却有如下特征：

第一，当事人一方人数众多，但在起诉时其具体人数或范围却尚未确定。这说明有更多的人卷入同一个群体性纠纷，一部分人先行起诉时，仍然存在其他有资格参加诉讼的人却还没有参加的情况，这些主体属于潜在的当事人。与此相关的是应当把人数不确定的代表人诉讼解释为只能适用于原告一方人数众多的案件。这一点与人数确定的代表人诉讼至少在理论上可能也适用于被告一方人数众多的案件形成对照。

第二，为了让潜在的当事人也有机会进入诉讼程序，法院发出公告说明案件情况和诉讼请求等信息，告知有资格参加本案诉讼的这些主体（《民事诉讼法》第 57 条的表述为“权利人”）在一定期间内可向法院提出参加诉讼的申请并进行登记。权利人可自行选择登记或是不登记，但不登记并不意味着放弃其权利。换言之，权利人有权选择仍然停留在“潜在的当事人”状态，还有可能另行起诉。因此，能够采用“人数不确定的代表人诉讼”去处理的群体性纠纷必须具有“普通共同诉讼”的性质，人数众多的每一名当事人与对方之间的法律关系或诉讼标的只能属于“同一种类”，而要求当事人“一个也不能少”的必要共同诉讼则不作为这种程序的适用对象。

第三，登记期间届满后，当事人的人数或范围才确定下来。接下来的程序则是由所有登记参加诉讼的当事人推选出代表人。如果代表人实在推选不出来，法院可与当事人进行协商帮助确定代表人。根据相关司法解释，必要时也可由法院从率先提起诉讼的那部分当事人中指定代表人。

第四，在代表人从事的诉讼行为之法律效果归属于其所代表的当事人，以及重大处分行为需获得当事人同意或另行授权等程序进行事项上，《民事诉讼法》第56条与第57条的规定完全相同。但两种代表人诉讼在程序上最重大的区别之一，则在于法院根据后一条文作出的判决、裁定除了当然对实际进入诉讼的所有当事人（“参加登记的全体权利人”）发生效力外，还具有可为潜在的当事人所援引的特殊效果。根据《民事诉讼法》第57条第4款的规定，“未参加登记的权利人在诉讼时效期间提起诉讼的，适用该判决、裁定。”

关于上述内容及解释，还需做进一步的讨论分析。但此前有必要对我国民诉立法引入“人数不确定的代表人诉讼”的背景稍加介绍。如上文所述，有关这一程序的规定最初出现于1991年制定的《民事诉讼法》中并相沿至今。而在1991年立法当时，国外有关群体诉讼的实践和学说理论已发展到比较成熟的阶段，且在一定程度上汇成了某种世界性的潮流。第二次世界大战后，许多国家较长期间内实现了高速和稳定的经济增长，逐渐形成“大量生产、大量消费”的所谓“消费社会”。但同时也带来了从事生产经营的企业与分散的广大消费者之间不对称的利益结构和不均衡的力量对比关系。以这种结构性的不对称、不均衡和科学技术的高度发达为背景，侵害不特定的众多消费者或居民利益的侵权行为屡屡发生，如大规模的消费者权益侵害或大面积的严重环境污染等即为其典型的表现。在此意义上，消费社会也被称为“风险社会”。但是，传统的诉讼制度或社会中原有的纠纷处理方式面对这些新类型的侵权或风险时，却在提供有效的权利救济等方面显得力不从心。由大企业等少数主体实施的大规模侵权涉及众多消费者或广大的居民，每一位受害人分别遭受的侵害可能都很有限，即被侵害的利益呈现出“扩散且稀薄”等特征，但企业却可能因利益集聚的效应而获利丰厚。在这样的情况下，分散地寻求权利救济的渠道必然给每位受害人带来相对高昂的成本，以致救济的努力常常不得不被放弃，同时又可能给加害方提供了再次或反复进行侵权的刺激或动机。即便通过诉讼等方式向加害方主张权利，也会由于双方当事人地位的不可互换、专业知识技术垄断引起的信息不对称或动员资源能力的巨大差异等结构性的力量对比不均衡，导致受害人遇到如举证困难等障碍，从而无法在既成的诉讼制度和程序框架内获得有效的救济。

面对这样的现实困境，与消费者权益保护及环境保护等社会运动的蓬勃发展相伴随，在率先进入“消费/风险社会”的一些国家出现了对处理群体性纠纷的诉讼制度进行改革的动向，出现了所谓“现代型诉讼”。此类改革的成果中最为典型的，则是美国民事诉讼中的“集团诉讼”（class action）制度。这种制度通过降低起诉门槛、为了把分散的受害主体组织起来并提高其实施诉讼的能力而提供相应的程序手段，以及对加害者课处高额的惩罚性损害赔偿等程序设计，不仅试图在诉讼技术的层面纾解众多受害人难以获得有效救济的困局，还指向了在社会结构的层次上集结起扩散的利益以改变力量对比关系的“矫正”功能。美国的集团诉讼因其“射程”极广的功能指向和新颖奇特的程序设计，曾在世界范围内引起强烈关注并带来重大影响（关于美国的集团诉讼及其世界性的影响，还可参见本节延伸讨论）。一时间许多国家纷纷讨论本国的诉讼立法是否应引进类似的制度，其中有些国家确实这样做了。我国于 1991 年制定《民事诉讼法》时所设置的“人数不确定的代表人诉讼”，也应当放在这样的背景下加以理解。不妨说，《民事诉讼法》第 56 条规定的这项制度既在一定程度上指向将分散的权利诉求“组织、集结”起来的功能，也包含了使旨在救济权利的判决效力有可能得以广泛扩张的“集团性”效应。下面讨论“人数不确定的代表人诉讼”在程序设计上牵涉到的若干具体问题之前，先看一个相关的设例。

设例 10-4

A 市的甲公司作为 B 市乙手表厂的总经销商发布有关一款纪念金表的广告，之后委托本市几家商场销售该纪念金表，售价数千元。后一些媒体披露该金表存在严重的质量问题并涉嫌虚假广告宣传，购买金表的许多消费者与出售的商场交涉未果，部分消费者分别向法院提起诉讼，请求退货返款及损害赔偿。A 市法院按照“人数不确定的代表人诉讼”处理这起群体性纠纷，把分别由本市不同基层法院受理的同类案件指定给 C 区法院集中管辖。该法院通过相关媒体发出公告，告知尚未起诉的金表购买者在 30 日内到法院进行登记。至公告期满时，共有 250 多名消费者作为原告参加了诉讼，他们推选出 5 名诉讼代表人，被告则为 6 名，包括甲公司及数家商场在内。C 区法院将本案作为一个案件进行审理，经开庭举证质证和辩论后，作出了被告接受所有原告退货并返还价款，还须另行赔偿原告每人 2 000 元的一审判决。6 名被告不服该判决，上诉至 A 市中级法院。经过第二审程序的审理，A 市中院作出了将原审判决改为被告向每名原告赔偿 1 000 元并承担诉讼费用的终审判决。在 B 市也有消费者购买了这款金表，在 A 市法院审理上述案件的过程中，其中一些人向本市法院以乙手表厂和销售的商场为被告分别提起若干请求相同的诉讼。C 市法院最终也作出了与 A 市中院终审判决内容相似的判决，即判令被告对每位原告进行适当赔偿。

首先应讨论的是人数不确定的代表人诉讼如何启动的问题。在设例10-4中，法院通过分别起诉的若干原告发现了围绕特定商品的宣传和质量等问题可能存在大量同样的争议，于是把已经起诉的案件合并起来，并指定给一个基层法院集中管辖，由该院按照《民事诉讼法》第57条的规定启动公告和登记程序。在解释论上，除了法院主导的这种方式外，亦应把"当事人申请"理解为另一种常规的启动方式。即部分原告(往往通过其委托的律师)可合并各自"同一种类"的诉讼请求，在作为一个案件提起诉讼的同时，向法院申请发出公告，通知所有与自己享有同样权利的人都可前来登记参加本案的诉讼。法院对此申请进行审查，如果认为符合适用《民事诉讼法》第57条的情形就应批准并发布公告，当然根据具体情况也可予以驳回。需要注意的是，从理论上讲，即使众多权利人中只有一名率先作为原告起诉，其仍然有权向法院提出发布公告并按照《民事诉讼法》第57条规定之程序处理本案的申请。因为在人数不确定的代表人诉讼中，正是公告与登记的程序集中体现了动员潜在的、分散的权利救济诉求，并将其"组织、集结"起来以促进群体纠纷的处理解决这一制度理念及功能。由法院主导启动这些程序虽然也能发挥同样作用，但当事人自身的启动更能够反映制度在这方面的根本性质。不过，到目前为止我国的情况却是当事人申请启动人数不确定的代表人诉讼极少获得法院批准。关于这种状况及其原因，下一节再做介绍并加以分析。

关于公告和登记的程序，相关司法解释只有很少的规定。其中一个规定是"公告期间根据案件的具体情况确定，但不得少于三十日"(《民诉法解释》第79条)，另一个规定是向法院要求"登记的权利人，应当证明其与对方当事人的法律关系和所受到的损害。证明不了的，不予登记，权利人可以另行起诉"(《民诉法解释》第80条)。从司法实践的具体情况来看，发布公告较常见的方式是在新闻媒体上刊登，也有通过张贴在法院公告栏等其他方式进行公告的情形。经公告或其他渠道得知案件情况并希望参加诉讼的潜在当事人需要到法院的立案窗口等处实施登记，其一般都会携带相关证据供法院审查。法院根据这些证据材料大致认为来者属于本案的权利人，都会予以登记。这个程序大体上相当于起诉和立案。因此，对《民诉法解释》有关"证明其与对方当事人的法律关系和所受到的损害"等规定，应理解为前来登记的人只需大致让法院的审查部门相信自己拥有与本案相关的权利即可，真正达到"证明"程度的实体权利之有无则须等待本案审理。

起诉时当事人的范围及人数尚不确定与人数确定这两种情形的不同之处还在于，人数不确定的当事人之间几乎不可能彼此熟悉了解。这种情形意味着当事人要从彼此中间推选出可充分信任的诉讼代表人会有更大难度。这样的难度也能说明除了当事人自行推选外，为何司法解释还要特意针对《民事诉讼法》第 57 条作出代表人可由法院与当事人协商产生或由法院直接指定的规定。一般的做法是在发布公告的阶段，法院就已经通过与率先起诉的当事人协商或从中直接指定的办法确定了诉讼代表人，权利人前来登记时则会一个个地告知他们对代表人的人选予以认可。对于这样产生的代表人在诉讼中所实施的处分行为，法院一般也负有更大责任进行监督。在经法院调解而使代表人与对方当事人达成和解协议等情况下，法院更可能采取例如向未实际参加诉讼的一个个原告提示调解结果以便获得事后的确认等方法，以满足法律上有关须经所代表的当事人同意或“特别授权”的要求。

人数不确定的代表人诉讼经判决或裁定生效而结案时，这种裁判的效力不仅及于参加诉讼的所有当事人，还会发生“效力范围的扩张”，即判决、裁定可以被没有登记也未参加诉讼的权利人所援引适用。这一程序设计也反映了在群体性纠纷的处理上组织动员分散潜在的权利救济诉求，并试图矫正力量对比关系不均衡结构的“集团诉讼”之制度理念。关于在所“覆盖”的主体范围上发生了扩张的裁判效力究竟都有什么样的内容，因为问题比较复杂这里暂不涉及（可参见本书第 15 章第 2 节有关判决效力的讨论）。在设例 10-4 中，这种判决效力的扩张显得比较单纯，即在另一个城市分别起诉的同种类案件，其处理结果与通过代表人诉讼取得的终审判决内容全面地相互吻合。但是，有些代表人诉讼案件的判决内容不一定能够完全为另行起诉的同种类案件所“适用”。例如，判决中关于是否成立侵权等有关主要法律关系的判断可能在另案中被援引和适用，但对赔偿的具体数额等结果却因案件情况的不同而经常有必要分别或另行作出裁判。

10.2.2 人数不确定的代表人诉讼与司法实务

关于对人数不确定的代表人诉讼在程序设计上的解释，其实还存在许多问题需要研究。但是，民诉法学界对这些解释论问题的讨论却好像从未充分地开展过。其根本原因大概还在于，自从 1991 年我国引入这项制度，几十年来很少在司法实务中看到运用人数不确定的代表人诉讼处理群体性纠纷的情形，能够找到的相关案例也十分有限。以致有学者指出，《民事诉讼法》第 57 条的规定“几乎已成为具文”（参见范愉《集团诉讼问题研究》，北京大学出版社 2005 年版，第 361 页）。在这样的情况下，对该条文具体应怎样解释适用进行深入研究的必要性自然会大打折扣。至于为什么会形成这样的状态，则存在着种种见解。可以把这些见解所做的说明大致分为法律制度的“内和外”两个方面的因素来加以探讨。

法律制度内的因素指有关人数不确定的代表人诉讼本身在制度构成及程序设计上存在缺陷或问题，导致其在司法实务中很难得到合理的运用或操作，因而也就易于被束之高阁。在这方面早有学者指出一个缺陷，就是该制度的整体结构很容易诱发所谓"搭便车"的行为，使其难以实现"组织、集结"的功能指向。简单说来，众多的权利人作为潜在的当事人既可以回应公告向法院登记，也可以选择不参加诉讼而另行起诉，且只要在诉讼时效期内提起诉讼就能够适用已经作出的判决、裁定。选择参加诉讼需要去法院实施登记、推选代表人、分担预缴的诉讼费用等，可能耗费一定的时间及人力物力等资源，且案件处理的结局还胜败未卜；而不出头登记则无须付出这些成本，可等待别人的诉讼结果，如胜诉再去起诉并能自动享受裁判效力扩张的好处。制度内就存在这种"免费午餐"式的诱因，很可能导致人数不确定的代表人诉讼的实际运行遭受极大阻碍。仅从理论上看，这一批评的逻辑确实显得无懈可击。但观察过去几十年来的司法实务，却似乎从未有过法院适用《民事诉讼法》第57条发布了公告，结果却没有或很少有权利人前来登记这样的情形发生。看来，更具现实性的情况是人数不确定的代表人诉讼本身就极难得以启动，群体纠纷的权利人往往一开始连在"登记参加诉讼"还是"搭便车"之间做选择的机会都没有。

人数不确定的代表人诉讼很少启动，更大程度上是基于法院的态度而非出自当事人的意愿。上文已经提及，这项程序既可由当事人也可由法院启动，但当事人申请启动却需经法院的批准，且公告登记等程序也必须由法院出面实施，因此法院的态度具有决定性意义。从1991年立法以后到目前为止的相关实务来看，在某些群体性纠纷中尽管当事人为了动员组织分散的利益诉求曾反复要求启动人数不确定的代表人诉讼方式，却始终没有获得法院同意。同时，法院在主动启用这种诉讼方式处理群体性纠纷的态度上，却有从本来就相当低调的状态而向更趋消极的方向发展之迹象。所以，对于《民事诉讼法》第57条在司法实务中为何很少得到适用的问题，完全只就影响法院态度的制度内外因素来展开讨论即可。

从制度内因素的角度来看，人数不确定的代表人诉讼与人数确定的情形相比，在程序设计上显得更加复杂精巧，因而与节约成本提高效率的诉讼经济要求之间存在一定程度的紧张关系。法院适用《民事诉讼法》第57条的规定时，需要在代表人诉讼共通的提高群体纠纷处理效率等技术性价值和程序操作上的复杂性或不可控成分之间综合考虑并取得平衡。一般而言，复杂的程序设计并不利于节约司法资源并提高诉讼效率，程序操作越是规范精巧这一点就表现得越为明显。而采取比较粗略也更易于操作的方法处理群体性纠纷时，与人数不确定的代表人诉讼或者普通共同诉讼比起来，适用《民事诉讼法》第57条很可能完全没有优势。例如可参见以下改编自真实案例的设例 10-5。（参见肖建华《中国民事诉讼法判解和法理——当事人问题研析》，中国法制出版社 2001 年版，第 366~369 页。）

设例 10-5

某县的甲公司举行促销活动，以电热水杯作为消费者购买达到一定金额的赠品。赵乙得到水杯的当晚插电使用，水杯爆裂伤了其眼睛。赵乙第二天与甲公司交涉后即赴本县法院起诉，法院验看其提交的水杯，发现是没有任何产地、厂方联系方式及合格检验的“三无产品”。鉴于该水杯可能赠给了众多消费者且随时会发生事故伤人，法院当晚即请本县的电视台播放紧急通知，发布使用该水杯可能伤人的信息，并告知有水杯的人都可以交到法院，以便办理索赔事宜。此后几天陆续有人把甲公司赠送的水杯交到法院并留下联系方式，其中又有邵丙因水杯爆裂伤了手指。十来天以后交到法院的电热水杯共达 500 多个，涉及 300 多名消费者。法院即以赵乙和邵丙为 300 余名当事人的诉讼代表人，以甲公司为被告，把原被告之间的侵权损害赔偿纠纷作为一个案件予以立案。经开庭审理，法院先作出一份判决，认定被告对包括两名代表人在内的 300 多名原告侵权行为成立，判令其按同一标准分别予以赔偿，交来的电热水杯全部销毁。其后法院又分别针对赵乙和邵丙与被告之间的人身伤害纠纷，作出了原告胜诉的两份判决。

设例 10-5 中，关于法院发出的紧急通知及当事人交来水杯的行为是否符合《民事诉讼法》第 57 条对公告与登记的规定、法院直接指定两名受害较严重的当事人作为诉讼代表人是否妥当等问题，在学理上可能引起观点分歧。作为一个适用人数不确定的代表人诉讼处理群体性纠纷的案件，法院的程序操作确实显得不甚典型或不很规范和精巧。但这种处理方法既达到了较好的纠纷解决效果，也很难说得上与法律规定有什么特别明显的抵触之处。从另一角度或者不妨说，这个案件形象地体现了法院主导启动和运作人数不确定的代表人诉讼时可能带来的优点和缺点。一方面，程序上临机应变的灵活处置可以提高诉讼效率，快速化解群体性纠纷；另一方面，不拘形式的程序操作也伴随着使制度“变形、走样”的风险。例如，如果站在严格遵照制度规范的角度，对于该设例中的紧急通知和提交水杯等做法是否符合有关公告和登记在期限、方式及内容上的程序规则就会产生疑问，甚至可能引向这些行为都不过是帮助确定众多原告人数或范围的一种手段，所以应将本案视为“人数确定的代表人诉讼”这样一种理解。

如果把这种理解背后的逻辑贯彻到底的话，也可以说任何代表人诉讼都必须确定人数，所谓当事人的“人数不确定”只是通过包括公告和登记在内的一切可行手段达到人数确定前的一种临时或过渡状态。在此意义上，《民事诉讼法》第57条与第56条之间在制度构成上其实只有十分有限的实质性差异。对于法院来讲，除非感觉确有必要，否则很容易倾向于等待当事人的人数“自动”确定，而不会为了确定人数而主动决定发布通知潜在的当事人前来实施登记的公告。因为公告与登记都是需要法院耗费司法资源的程序，如果付出这种成本的“收益”仅在于确定当事人的人数，则很难提供驱动法院启用这种程序的足够动机。当然，《民事诉讼法》第57条与第56条在制度构成上还有一个重要区别，就是前者明确规定另行起诉的权利人可适用代表人诉讼取得的生效判决、裁定，即“裁判效力的扩张”。不过，在我国司法实务中，即使是人数确定的代表人诉讼，其生效的裁判对于受理其他权利人另行起诉的法院来说往往也会有影响，实际上很可能导致同样或类似的裁判结果。这种影响虽然只是一种事实上的状态，与第57条规范意义上的“效力扩张”有别，但对于法院日常的程序操作而言，两者之间的界限其实相当模糊。至少可以说，法院很少会因为考虑到人数不确定的代表人诉讼在规范意义上具有裁判效力扩张的功能而特意选择启用这一程序。

以上分析的是可能影响法院对启动人数不确定的代表人诉讼采取消极态度的制度内因素。总之，公告和登记程序有可能仅被视为确定原告人数的一种手段，裁判效力扩张的规范效果在实践中的体现也不很明显。在无其他因素介入的同等条件下，主动去适用程序设计比较复杂并需要付出更多成本的《民事诉讼法》第57条，自然不会成为法院首要考虑的选项。不过，仅仅列举制度内因素不够全面完整，且法院对当事人申请启动这一程序也往往不予批准的现象也有必要加以说明。其实不妨说，对于人数不确定的代表人诉讼很少得到运用这一现状的形成，制度外的因素起到了更加重要的作用。上文已经提到，如果法院认为运用代表人诉讼方式处理群体性纠纷不一定有利于社会稳定的维持或者可能增加维持社会稳定的难度，就往往会对众多当事人或大量案件采取全部或局部“化整为零”的分案处理办法。这种倾向在涉及人数不确定的代表人诉讼时表现得更为明显。第57条在立法当时受到美国“集团诉讼制度”的影响，公告、登记及裁判效力扩张等程序设计体现了把潜在地分散于社会内的权利救济诉求动员组织起来的立法初衷，并在一定程度上指向社会利益及力量对比结构不均衡的矫正功能。但是，与经历了“二战”后高度经济增长并已进入消费社会较成熟阶段的发达国家不同，我国目前仍处于对经济高速发展及 GDP 增长有着刚性需求的阶段,因而种种错综复杂的社会矛盾也在不断产生的转型过程中。在这样的情形下,比较单纯地为人数众多的当事人一方提供组织动员的手段以抗衡另一方,并不一定符合法院及其依靠的政府力图在多重复杂的利益之间实行综合平衡的政策性要求。且由于为增加压力而以"集体闹访"等极端方式主张自身权利的现象屡屡发生,法院对可能引发此类现象的群体性纠纷极为敏感,在处理上存在着尽量求稳的心理。基于这样的出发点,司法实务中常见到的除了上文所述把群体性纠纷拆分为一个个分别处理的案件等做法,就是即使合并处理也多采取共同诉讼或人数确定的代表人诉讼方式。于是,既很少依据《民事诉讼法》第 57 条主动发布公告实施登记等程序,也不轻易批准当事人申请启动人数不确定的代表人诉讼,就成为这些年来法院处理群体性纠纷时所表现出来的一般倾向。

对法院处理群体性纠纷的程序运用似乎流于过分谨慎或保守,学界和社会上有许多批评。不过,在上述的制度内外因素或条件发生根本性变化之前,大概很难改变这种状况。事实上,法院在程序选择上的谨慎态度与上文涉及的"告状难"等现象也有着内在联系。在"三鹿奶粉三聚氰胺事件"和"康菲公司渤海漏油事件"等一些重大群体性纠纷的处理过程中,法院起到的作用往往只具有"辅助"或"边缘"的性质。在今后可见的一段时期内,指望人数不确定的代表人诉讼在处理解决类似的群体性纠纷时能够充分发挥立法者当初所期待的功能,恐怕也不很现实。但这一程序"备而不用"的状态,也未见得不是一种"不用之用",其写进立法本身或许就是一种历史的进步。

延伸讨论

10-2　关于美国的集团诉讼

为了帮助理解我国人数不确定的代表人诉讼,有必要稍稍再介绍一点有关美国集团诉讼的情况。一般认为,美国集团诉讼的基本制度框架通过 1966 年对《联邦民事诉讼规则》第 23 条的修改得以确立。这一基本的制度框架就是少数当事人可以代表人数或范围不特定的众多当事人提起并进行诉讼,其裁判结果能够产生极为广泛的群体性效应。根据美国《联邦民事诉讼规则》第 23 条,集团诉讼的形成有四项条件,分别为"群体性""共通性""代表性"和"典型性"。我们可以把这些条件理解为是分别对当事人和代表人提出的要求。对应于前者的两项条件是当事人的人数众多,以及这些当事人之间存在着共通的事实基础和法律问题;对应于后者的两项条件则是代表人能够充分地代表当事人的利益,以及代表人提出的诉讼请求对于解决当事人之间共通的事实和法律问题具有典型意义。集团诉讼还存在若干类型,其中在世界范围内产生了较大影响的主要有两种。一种可称为"寻求禁令或宣告性救济的集团诉讼",原告往往代表根据族裔、性别或某种性质而划分且范围模糊、无法计数的群体提起有关基本人权保障或反对歧视的诉讼,目的在于获得法院针对如因少数族裔、女性或同性恋等予以不平等对待的行为发布禁令,或作出宣告歧视性法律违宪的判决。这种集团诉讼因而也经常被称为"公民权利诉讼"或旨在纠正不公平的法律或政策的"公共政策诉讼"。但对于我国相关制度来讲,更有参照意义的则是另一种类型,即针对大规模侵权行为的集团诉讼。

这种集团诉讼往往发生在反垄断、反证券欺诈、环境保护、消费者权益保护或者劳动关系等领域。其基本形态是少数当事人主张代表了受到被告大规模侵权的众多受害人而提起诉讼,起诉的代表人有必要通过合适的方式对其代表的潜在当事人进行有关诉讼的告知,受到告知的当事人可以出于另行起诉等目的而选择声明退出这一诉讼。但是,只要没有声明退出,也无论是否真正受到告知,任何被代表的潜在受害人就成为被代表的本案当事人,既无须说明自己的身份或与本案的实际关联,也不用确定其究竟有多少人或都是哪些人。虽然并不实际参加诉讼,甚至可能根本不知道案件的存在,他们在程序上却构成一个"集团",代表人所从事的诉讼行为在实体和程序上产生的效果都由其承担,不过该"集团"的人数和范围却始终是开放的、不确定的。在法院判决被告支付赔偿并确定每一原告能够得到的份额等情况下,他们可以领取属于自己的那份赔偿。但是也有过这样的事例,在一起涉及众多不特定的消费者作为出租车乘客的集团诉讼中,法院认定被告出租车公司通过在车内里程表上做手脚以造成虚假表示的方法骗取乘客多付车费,并判决其返还因欺诈而多收的费用,还加上巨额的惩罚性赔偿。由于无法确定在相关期间内究竟有过多少乘客利用被告经营的出租车以及他们都是什么人,也由于即便这些消费者了解自己获得赔偿的情况,仍会因成本与所得不成比例而不可能前来领取,法院最终命令被告把这笔巨款分解为此后乘坐该公司出租车的乘客均可享受的减价优惠,在特定期间内把这些不法所得逐渐地还付给可能利用出租车服务的任何消费者。

自 1966 年立法以来,美国的集团诉讼经历了若干曲折起伏的发展阶段。由于种种原因,如在证券欺诈或公民权诉讼等一些领域,集团诉讼呈现出逐渐减少的趋势。同时,因药品引起的副作用或有毒物质的泄漏而引发的个别侵权诉讼却演变为另一种类型的集团诉讼案件,其中最为典型的是因石棉污染而著称的"石棉诉讼"。这类案件一开始表现为在不同地区分别提起的一个个侵权案件,但经代理律师的努力和申请,法院批准将众多的同类案件合并为一个或少数几个集团诉讼案件。这些案件通常请求“天文数字”般的赔偿金额，并给社会带来了重大影响，从而形成了集团诉讼的另一个高潮。在这项制度的整个发展过程中，始终伴随着在法律技术、政策效果和制度理念等方面的激烈争论。持批评观点的人主张集团诉讼给原告设置的进入门槛过低、对被告极为苛刻、使法院负担和压力太大、往往只是为律师通过不正当的手段牟取高额利益提供了方便，结果是造成了美国产业界失去竞争力。而支持这一制度的人则认为集团诉讼不仅起到把分散的弱势群体组织起来与大公司相抗衡的作用，有利于矫正以“扩散的、稀薄的”方式侵害多数人权利而不受惩罚的侵权行为，而且能够提供一种称为“私人检察官”的机制，即借助社会中一个个市民自身的力量来代替政府职能，发挥对不均衡或扭曲的社会结构进行再平衡的政策功能。这些争论都与美国社会的民主传统以及对国家权力的一般认识息息相关，并以其特有的社会/政治结构和意识形态对立等作为背景。

集团诉讼制度在美国确立之后，逐渐在世界范围内产生了影响。不少国家围绕是否应当在本国也建立类似于美国那样的集团诉讼制度发生过热烈的争论。有些国家如印度、巴西等也确实通过了有关的立法，形成了与美国制度比较接近的集团诉讼制度。但大多数国家最终却都未直接采用美国的做法，即使有些国家引入了相近的制度，仍与美国集团诉讼存在重大区别。我国于 1991 年修改《民事诉讼法》并设置“人数不确定的代表人诉讼”制度时，美国的集团诉讼在程序设计上确实给了立法者不少启示。但如上文所述，我国的这项制度仍要求众多当事人的“人数确定”，且公告的目的在于登记参加诉讼，而非给以潜在的当事人退出机会，等等。我国其他相关程序与美国集团诉讼相区别的地方也不胜枚举。总之，考察人数不确定的代表人诉讼，主要还得在我国民事诉讼自身的语境内展开。

第 3 节　公 益 诉 讼

涉及人数众多当事人的群体性纠纷，往往也都会涉及公共利益。在此意义上，代表人诉讼以及当事人的人数达到相当规模的共同诉讼，都有可能被称为“公益诉讼”。但是在制度的含义上，我国是在 2012 年修订的《民事诉讼法》中才算确立了公益诉讼制度。这次修法所增加的第 55 条(现为第 58 条)规定：“对污染环境、侵害众多消费者合法权益等损害社会公共利益的行为，法律规定的机关和有关组织可以向人民法院提起诉讼。”根据这一条文的规定，我国公益诉讼的重要特点之一，就是由特定的团体在一定领域内代表公共利益提起诉讼,因此在学理上还可称为"团体诉讼"。以下分两个小节,对相关概念及立法背景、第 55 条(现为第 58 条)有何程序结构、在司法实务中又该怎样解释适用等问题分别予以介绍和讨论。

10.3.1　公益诉讼的概念与第 55 条的立法背景

顾名思义,公益诉讼就是为了保护或实现公共利益而提起的诉讼。公益诉讼区别于其他诉讼形态的两个特点,一是公共利益总是涉及众多的主体或公民个人,即有群体性;二是这种诉讼由能够代表群体或公共利益的少数主体提起和实施,其必须具备代表性。所谓公共利益或"社会公共利益"又可以大致分为两种类型,即众多的一个个主体所拥有的个体利益累积起来而形成的具有公共性的集合利益,以及为众多主体作为一种共同体或一个不可分的群体所共同拥有的整体利益。前一种类型的集合利益往往可分,如众多的消费者在接受生产经营者提供的商品或服务时拥有的"货真价实"不受误导或欺骗等利益,必须在一个个交易行为中具体地表现出来,且只是在累积或集合到群体规模的程度时才形成公共性的利益。后一者类型一般是不可分的,有时甚至以"国家利益"的方式体现出来。关于后一种类型所包含的"公共利益",可参见设例 10-6。

设例 10-6

船籍国为某国的"顺风号"船舶在我国领海内航行时触礁搁浅,导致漏油事故,严重污染了大片海域。对该海域行使海洋环境监督管理权的 A 省海洋局经过事故处理,认定顺风号因过失引发大面积漏油,破坏了海洋环境及生态,给我国造成重大损失。A 省海洋局遂以顺风号的船东 C 公司为被告,向对于被污染的海域有司法管辖权的 B 海事法院提起诉讼,请求判令 C 公司承担侵权损害赔偿责任。

设例 10-6 中涉及的"公共利益"即特定海域的生态环境保护,很明显既是我国的国家利益,也具有我国所有公民不可分地共同拥有的利益这种含义。与此相应,在例如因国内某一企业违法排污引起特定区域内严重环境污染等其他场合,被侵害的当地生态环境等虽然不属于"国家利益",但仍然是为当地所有居民共同享有且不可还原到个体的公共利益。总之,无论是上述两类利益中的哪一种类型,公共利益的概念都必然涉及众多主体而具有"群体性"。这也是本书把公益诉讼作为"群体诉讼"的一种表现形式之理由所在。

与群体性和程序操作的可行性紧密相关,以"公共利益"的概念为基础的诉讼必须由能够代表群体或公益的少数主体提起和实施。起诉并实际进行诉讼的当事人所具有的"代表性"因而成为公益诉讼的另一特征。在 2012 年修订《民事诉讼法》之前,学界和社会上一般都比较宽泛地把握这种"代表性",从而也存在对"公益诉讼"做泛化理解的倾向。反映在对司法实践的认识上,除了某些代表人诉讼之外,还有三种诉讼案件也经常被称为"公益诉讼"。这三种案件包括公民个人主张自己代表公共利益而提起的诉讼,某些国家机关如检察院为防止国有资产流失或者民政局为遭受交通事故去世的无名流浪者索赔等而提起的民事诉讼,以及若干社会团体或群众组织在环境保护等领域提起的诉讼。由这些主体提起的此类诉讼在法律并无明确规定的情况下频频出现,作为广义的"公益诉讼"得到了公众的广泛认知,而且经常在社会上产生重大影响。这样的情形就构成了 2012 年修订《民事诉讼法》时增加第 55 条规定的一般背景。关于后两种主体即国家机关和社会组织提起的诉讼,因能够纳入《民事诉讼法》第 55 条(现为第 58 条)解释适用的范围,拟放到下一小节及"延伸讨论"部分去考察。这里仅就第一种案件即公民个人提起的"公益诉讼"略加讨论。

自 20 世纪 90 年代以来,公民个人认为包括自己在内的公众利益遭受了不法侵害而向法院起诉,请求判令被告赔偿自己损失并停止对一般公众利益侵权的情形频频见诸报端等媒体。较早的案件如 20 世纪 90 年代末发生的"火车站如厕收费案",当事人在火车站候车时因使用卫生间而被收费,于是起诉车站,请求法院判令被告返还所收费用并赔礼道歉;较晚近的则如"银行跨行查询收费案",当事人在银行自动取款机上操作被收取跨行查询费用,以银行为被告向法院起诉,请求判令返还收费并取消跨行查询收费等等。作为个人的原告往往主张被告的某种"职务性行为"以及相关的内部规则违法,侵害了包括自己在内一般公众的权益,请求判令返还或赔偿并废除或修改相关规章。此类起诉多数按照民事诉讼程序提起,也有一些构成行政诉讼案件,经常涉及的有消费者权益保护、反就业歧视、信息公开等领域。在原告同时主张自身权益受到侵害并请求对个人进行赔偿等情形下,法院对这类诉状中的一部分予以受理,但未得到立案的也不在少数。这种起诉往往被媒体和一些学者视为具有"公益诉讼"的性质,其根据在于提起诉讼的公民个人应当能够代表遭受了不当侵害的公共利益或人数众多不特定的公民或一般公众。不过,法院的做法显得相当谨慎,似乎并未表现出持有与此相同或类似见解的迹象。因为即便受理了此类案件,对于原告的起诉中有关判令停止对一般公众侵权或者修改相关规则的请求,法院也通常以"原告非直接利害关系人"或"不属于民事诉讼审理范围"等为由而予以驳回。2012 年《民事诉讼法》修订过程中,虽然存在着"应在法律上明确规定公民个人可提起公益诉讼"的强烈呼声,但立法机关增加的第 55 条实际上已否定了个人具有依据本条提起诉讼的代表性。不过,这一条文的内容或许仍可视为某种暂定的制度安排,并不一定妨碍公民个人今后在向法院寻求自身权利救济的同时也提出有关公共利益的诉求这种现象继续存在。在未来的立法上,可能依然有提起公益诉讼的主体适度向公民个人开放的空间。无论如何,自 2012 年立法之后,作为一种学理上概念的"公益诉讼"虽然仍可得到较为宽泛的使用,但是在制度的意义上,这一概念已经明确地限定在用于称呼第 55 条规定的诉讼形态了。以下就对第 55 条有何程序结构及怎样解释适用等问题加以讨论分析。

10.3.2　第 55 条的程序结构及解释适用

《民事诉讼法》第 55 条规定了什么主体在哪些领域可以代表被侵害的社会公共利益提起诉讼。从程序结构的角度看,该条文的内容包括具有代表性能够起诉的适格主体、允许提起公益诉讼的领域等要素,与此紧密相关而需要解释的要素则有这种诉讼程序内可以提起的诉讼请求及与之对应的裁判类型(即公益诉讼的诉讼类型),还会涉及证据或证明以及费用等衍生的程序问题。更具体地讲,公益诉讼的解释适用首先需要解决适格的原告范围、其可以在哪些领域起诉等问题;其次,在此基础上还应考虑原告能够提出何种诉讼请求、法院对此可作出什么样的裁判;最后还需对证明程序和费用等加以阐释。

能够依据第 55 条作为原告提起诉讼的主体只有"法律规定的机关"和"有关组织"这两种团体,且该条还把诉讼所针对的领域限定于"污染环境、侵害众多消费者合法权益等"范围内"侵害社会公共利益的行为"。本条的适格原告与可起诉的领域之间存在内在联系。关于能够提起公益诉讼的领域,立法明示列举的是环境保护和消费者权益保护这两个领域,而为保留解释上的弹性还加上了"等"的表述,可以作为将来司法实践中逐渐扩大适用领域时的依据。可适用公益诉讼的领域及其将来可能的扩大,往往还取决于什么样的主体可以纳入原告适格范围这一问题的解释。那么,作为能够依据第 55 条提起公益诉讼的适格原告,都有哪些团体属于"法律规定的机关"或者"有关组织"呢?就前者而言,严格解释的话目前符合本条规定具有原告资格的"机关",大概仅有《海洋环境保护法》中的"行使海洋环境监督管理权的部门"(包括海洋局、海事管理部门及渔业水产主管部门等),该法第 89 条第 2 款明确规定这些行政机关可对"破坏海洋生态、海洋水产资源、海洋保护区"的行为提起请求损害赔偿的民事诉讼。其他机关要提起公益诉讼,原则上都应等待今后有法律明确加以规定之后,才能取得原告适格。另一方面,"有关组织"

包括哪些种类的团体、其作为适格原告的条件等问题，可以分别从“法律上有明确根据”和“虽无明确的法律根据但可设定适格条件”这两个层次来考虑。

关于哪些群众组织或社会团体拥有提起公益诉讼的资格，目前已经有两部法律作出了明确的规定。与 2012 年规定“有关组织”可以提起公益诉讼的民事诉讼立法前后呼应，2013 年修订的《消费者权益保护法》(2014 年 3 月 15 日起施行)第 47 条规定：“对侵害众多消费者合法权益的行为，中国消费者协会以及在省、自治区、直辖市设立的消费者协会，可以向人民法院提起诉讼。”2014 年修订的《环境保护法》第 58 条第 1 款、第 2 款则作出规定：“对污染环境、破坏生态，损害社会公共利益的行为，符合下列条件的社会组织可以向人民法院提起诉讼：(一) 依法在设区的市级以上人民政府民政部门登记；(二) 专门从事环境保护公益活动连续五年以上且无违法记录。符合前款规定的社会组织向人民法院提起诉讼，人民法院应当依法受理。”可以说，这两部法律率先在消费者权益保护和环境保护这种广泛牵涉公共利益的领域落实了民诉法关于社会组织可以提起公益诉讼的规定，其意义十分重大。根据最高人民法院 2015 年 1 月发布的《关于审理环境民事公益诉讼案件适用法律若干问题的解释》，能够提起环境公益诉讼的社会组织据称在全国达到 700 多家。目前，已经有中华环保联合会等不同层次和背景的环保组织提起了多宗环境公益诉讼。最高人民法院于 2016 年 4 月发布的《关于审理消费民事公益诉讼案件适用法律若干问题的解释》(2016 年 5 月 1 日起施行)，除消费者协会作为提起此类公益诉讼的适格主体之外，还将起诉主体的资格范围适度扩展到了“法律规定或者全国人大及其常委会授权的机关和社会组织”。到 2016 年，全国已经有数个省或市的消费者协会提起了若干件消费者权益保护的公益诉讼，有的公益诉讼案件因达成了有利于消费者的和解而结案。令人瞩目的是，中国消费者协会于 2016 年 7 月就雷沃重工等四家被告违法违规生产销售摩托车提起首宗公益诉讼，请求被告立即停止生产销售违法违规的车型，法院受理立案后，该案已经调解结案。

此外，检察机关提起民事和行政诉讼的立法和司法政策也出现了很大的突破和进展。2017 年修订《民事诉讼法》时增加的第 55 条第 2 款明确规定，检察机关在“在没有前款规定的机关和组织或者前款规定的机关和组织不提起诉讼的情况下”，可以作为适格原告直接提起民事公益诉讼；如果已有适格主体提起公益诉讼，检察机关还可以通过支持起诉的方式参与民事公益诉讼。检察机关参与民事、行政公益诉讼的政策演变与我国深化司法体制改革以及检察机关职能转型密切相关(关于此问题的介绍分析，可参见本节的“延伸讨论”)。

公益诉讼与一般诉讼形态相比而具有的特殊性,还表现在诉讼请求以及相应的裁判类型上。由于提起这种诉讼的主体代表的是公共利益或者人数众多且范围不特定的群体,其实施的诉讼无论胜诉还是败诉、有利还是不利,达到的裁判结果往往都不归属于原告自身。因此,除了在某些限定前提的情形下可提起损害赔偿请求之外,许多公益诉讼的目的都在于迫使被告停止侵权,表现在请求和裁判的形式上就是获得禁令(injunction)。关于诉讼请求和裁判的这种类型,可参见设例10-7。

设例 10-7

甲公司是一家在某省拥有众多连锁店的美容机构,其销售美容年卡时使用的格式合同中关于退卡约定了对消费者极为苛刻的条件。该省消费者协会受理了若干名消费者对这一合同条款的投诉,但与甲公司的交涉却未得到其积极的回应。该省消协随即把甲公司诉至法院,提出的诉讼请求为禁止被告今后在格式合同中使用有关退卡条件的这一条款。法院经过审理作出判决,判令甲公司修改有关美容年卡销售的格式合同,并不得再使用原有关于退卡条件的合同条款。

关于哪些公益诉讼可以提出被告作出金钱损害赔偿的请求、哪些案件只能请求法院发布禁令,对此类问题的解释取决于诉讼发生的领域和具体案情,很难一概而论。原则上,只有在获得损害赔偿属于代表公共利益的原告权利,或者这些赔偿能够合理地分配给被代表的群体成员等条件下,公益诉讼中提起并获得金钱损害赔偿才能够有正当的根据。在此意义上,迫使被告停止侵害公共利益,即争取法院作出禁令形式的判决可以视为更具基础性的公益诉讼类型。与这个问题相关,公益诉讼的和解或者调解也有其特殊性。一般而论,凡是涉及金钱损害赔偿请求的案件都可以和解或调解,但以是否发布禁令作为双方争议焦点的诉讼中是否可进行调解或允许和解却存在疑问。在请求发布禁令的公益诉讼中,原则上法院不宜主动进行调解,而且对于原被告之间达成的和解,因为涉及公共利益,法院也必须主动审查并有权批准或不予批准。

对于公益诉讼的原告来说,许多情况下要提出证据证明被告侵害公共利益并不容易。例如环境污染案件中,围绕被告排污的程度、排污与生态遭受破坏之间的因果关系等问题,当事人之间往往严重对立。而原则上负有举证责任的原告为了在这些争点上达到证明标准,或者必须拥有某些取证的方便或相关科技知识等条件,或者需要承受付出成本的压力。因此，出于促进公共利益保护以及平衡双方力量对比等政策性的目的，公益诉讼在程序上往往有必要作出一定的安排，以减轻原告的举证负担。不过，体现在“举证责任倒置”或“证明妨碍”等概念中的这些安排或程序技术大都在本书的证据部分介绍，这里不再赘述。此外，对于提起公益诉讼的原告，法院原则上不应收取任何诉讼费用。只是在原告提出损害赔偿请求的情形下，可以考虑先允许原告缓交诉讼费，当其胜诉时再向被告一方征收，原告败诉时则予以免除。当然，公益诉讼的程序进行还可能牵涉到其他种种的细节及相关的解释问题，限于篇幅本书对此都不再涉及了。

延伸讨论

10-3　作为第 55 条立法背景的司法实务动向

第 55 条立法前后，相关的一个实务动向就是检察机关提起民事公益诉讼的尝试。关于这种形态的公益诉讼，目前一般都认为河南省某县检察院为了防止国有资产流失，在 1997 年作为原告向法院起诉的一个民事诉讼案件首开了此类公益诉讼之先河。当时该县某行政部门以 2 万元的价格将实际价值约为其 3 倍的国有不动产卖给了他人。检察院调查了这一交易行为却没有发现其中存在公务员职务犯罪的线索，由于无法以刑事或行政方式挽回国家财产的损失，该县检察院最终以民事诉讼原告的身份向本县法院起诉，请求确认上述不动产买卖合同无效。法院对检察院的此项起诉予以受理，并经过审理作出了原告胜诉的判决。此后，全国有十余个省、直辖市的检察机关在其辖区内尝试开展了提起公益诉讼的工作，十年中大约出现了数百件检察院起诉的民事诉讼，所涉及的领域也从主要为防止国有资产流失延伸到商业垄断的禁止或消费者权益保护及环境保护等。不过，由于这种尝试并无明确的法律依据，法院不一定受理检察机关的起诉。后来最高人民法院还对检察机关提起的一个民事诉讼案件作出批复，表示不再受理检察院作为原告就防止国有资产流失而提出民事起诉。当然这并未阻止检察机关在其他领域继续进行公益诉讼的尝试，例如有资料介绍，截至 2010 年年底各地检察机关就环境污染、损害消费者权益等涉及公共利益的民事侵权行为而起诉就达一百多次。以这些实务动向为背景，2012 年《民事诉讼法》修订过程中关于应当明确规定检察机关为了保护国家和公共利益有权提起民事诉讼的呼声相当强烈。在 2012 年《民事诉讼法》公布之后，相关讨论的焦点就移到了第 55 条所谓“法律规定的机关”是否包括检察院在内这样一个问题上来。经过一番争论，决策部门出台的政策明确了检察机关在若干领域进行民事和行政公益诉讼的尝试。在这样的背景下,全国人大常委会于 2015 年 7 月作出《关于授权最高人民检察院在部分地区开展公益诉讼试点工作的决定》,授权最高人民检察院在生态环境和资源保护、国有资产保护、国有土地使用权出让、食品药品安全等领域开展提起公益诉讼试点。试点地区目前包括 13 个省、自治区、直辖市,今后视试点的具体情况很可能逐渐在全国铺开。此后,最高人民检察院于 2015 年 7 月发布了《检察机关提起公益诉讼试点方案》,具体布置了在试点地域提起公益诉讼的实施步骤等,根据这些规范,检察机关在通过支持相关社会组织起诉或者督促其起诉没有奏效,或者在特定领域尚不存在这种组织等前提下,才应当自行提起民事公益诉讼。经过近两年的试点,2017 年 6 月,第十二届全国人民代表大会常务委员会第二十八次会议决定分别在《民事诉讼法》第 55 条和《行政诉讼法》第 25 条后各增加一款,明确了检察机关能够提起民事和行政公益诉讼的法律地位。此后,最高人民检察院进一步推动内设机构改革,将“公益诉讼检察”提升为与“刑事检察、民事检察、行政检察”并列的“四大检察”职能之一,全国各级检察机关都设置了专司公益诉讼检察的内设部门。

此外,作为《民事诉讼法》第 55 条就“有关组织”提起公益诉讼的资格作出规定的背景为:自 20 世纪 90 年代以来,随着环境破坏的加剧和一般公民环境保护意识的觉醒,环保组织和其他 NGO 组织针对严重污染环境的企业提起民事诉讼的个案有明显的增加,并得到了媒体和社会的广泛关注。这一新的动向与若干地区的环境破坏问题开始得到政府的高度重视,当地的法院专门设置环境保护法庭等情况紧密相关。江苏无锡市、云南昆明市和贵州的贵阳市等由于附近的太湖、滇池等重要水源地的严重污染,当地法院设立了以环境保护为主要任务的专门法庭来处理相关的民事和行政案件。在这样的背景下,与前些年社会组织或民间社团作为原告提起的环境保护民事案件几乎没有立案的机会恰成对照,最近几年在这些法院起诉的此类民事案件开始得到受理,还往往以原告胜诉而结案。例如在 2010 年年底,中华环保联合会和贵阳公众环境教育中心就贵阳一家造纸厂排放工业污水提起环境公益诉讼,就得到了法院的受理并胜诉。贵阳市自 2007 年 11 月份成立环境保护法庭以来,至 2011 年年底共受理三件由中华环保联合会等环保组织提起的环境公益诉讼。无锡市也同样受理了一件由中华环保联合会起诉的环境公益诉讼。除了成立有环保专门法庭的上述地区,环保组织在其他法院提起公益诉讼亦有进展。比较有影响的案件如民间环保组织“自然之友”于 2011 年 10 月针对云南曲靖地区的矿渣污染事件提起公益诉讼,被当地法院受理,该案目前仍在审理之中。司法实务中的这些动向可以说构成了 2012 年《民事诉讼法》修订中增加有关公益诉讼的条文,并赋予“有关组织”原告适格的一种重要背景。

第11章　第三人参加诉讼

民事诉讼一般情况下解决的是原告和被告之间的纠纷,其审判对象往往由这二者相互的法律关系构成,典型的程序结构就是原被告两造彼此对立的“双方结构”。但是,在复杂的诉讼形态中还有一种情形,即立场区别于原被告二者的第三人能够作为当事人或“准当事人”参加到诉讼程序中来,因而形成所谓“三方诉讼结构”。现实生活中的民事纠纷经常表现出错综复杂的状态,牵扯涉及三方、四方甚至更多方面的利害关系主体。如果把民事诉讼的制度框架严格限定在只解决原被告两方之间纠纷的范围内,不仅有时难以满足尽量一次性解决纠纷的诉讼经济要求,还可能带来判决效力的扩张影响到未获程序保障的其他主体利益或者不同案件的裁判相互矛盾冲突等后果。但另一方面,诉讼功能过度地延伸或扩展到同时解决涉及多方主体的纠纷,又会使程序过于复杂而操作不便。作为一种适度延伸诉讼功能也有限度地增加复杂程度的制度设计,我国民事诉讼立法采取的是设置第三人参加诉讼的方案,包括“有独立请求权的第三人提起诉讼”和“无独立请求权的第三人参加诉讼”两种程序或类型。这两种类型的第三人之间存在的共通之处,就在于他们都是在原被告之间已经形成诉讼的前提下,作为与原告不同也有别于被告而拥有自身利益的第三方参加到已开始仍未决的既有诉讼程序中来,从而构成某种三方诉讼结构或“三角形”的关系。这一制度在1982年制订的《民事诉讼法(试行)》中即有规定,1991年实施的《民事诉讼法》对相关条文的表述进行了规范和完善,但内容上并无实质性修改。到2012年修订《民事诉讼法》时,有关第三人诉讼的条文新增加一款,引入了第三人撤销之诉的制度。以下分为三节,对“有独立请求权的第三人”“无独立请求权的第三人”和“第三人撤销之诉”逐一予以介绍和讨论。

第1节　有独立请求权的第三人

《民事诉讼法》第59条第1款规定:“对当事人双方的诉讼标的,第三人认为有独立请求权的,有权提起诉讼。”该条款即为有独立请求权的第三人能够以提起诉讼的方式参加到他人之间业已形成的诉讼程序中来的根据。本条款中规定的“诉讼标的”指的是既有诉讼中原被告之间争议的实体内容,用本书第 2 章图 2-4 来表示的话,则可能牵涉从“纠纷事实、生活事实”到“请求类型”的不同层次,且特殊情形中不排除与其他层次也有关联。而所谓“独立的请求权”,则包括两层含义:一是第三人的立场既不同于原告也区别于被告,其提出的是有自身独立性的权利主张;二是这种权利主张本身构成了第三人与原被告之间争议的实体内容,从而使诉讼程序呈现出包含“诉的主客观合并”和“三方结构”的复杂诉讼形态。对法条的解释还应该从有独立请求权第三人在诉讼中的地位及类型、其参加诉讼的方式和时机等角度来进一步阐述,由于纯粹的概念演绎过于抽象,也需要使用设例来予以尽可能形象直观的说明。以下就这些内容展开分析讨论。

11.1.1 诉讼地位与基本形态

作为有独立请求权的第三人出现在既有诉讼中的情形,首先可设想一种比较典型的程序场境。设若甲与乙围绕某一房产的所有权发生争议,已起诉并经法院受理,这时丙向法院主张该房产并不属于甲或乙,自己才是真正的所有权人,要求参加甲乙之间的诉讼,并请求法院作出有利于自己的判决。显而易见,这种情形下丙是针对有关特定财产的所有权归属,提出了既不同于甲也不同于乙的诉讼请求,其诉讼地位是相当于原告的当事人,进入诉讼程序后需要把原来的原告和被告都作为对手展开攻击防御。在这个程序场境中,“当事人双方的诉讼标的”是甲和乙进行争议的特定房产所有权这一法律关系,而丙认为自己才拥有该项财产的所有权则构成了“独立的请求权”,当其以“提起诉讼”的方式申请参加到甲和乙之间的诉讼中来并经法院批准时,丙就获得了“有独立请求权的第三人”之诉讼地位。而且,“有独立请求权”的情形在司法实务中还可以分成两种类型:一种是“有全部的独立请求权”,另一种则是“有部分的独立请求权”。后一类型指的是如丙并未对甲乙之间争议的房产整体,而只是对其中一部分或数个房间主张自己拥有所有权等情形。与此相对应,丙对房产的全部或整体主张所有权的情形自然就属于前者了。关于《民事诉讼法》第 59 条第 1 款所表述的“诉讼标的”和“独立请求权”等概念的含义,还可以把上述典型的程序场境具体化,以设例 11-1 来加以进一步的阐释。

设例 11-1

陈甲主张已去世的其父名下所有之某一房产应由自己继承,但却为赵乙非法占据,向法院提起以赵乙为被告请求判令其腾退房屋的诉讼。法院受理起诉后,赵乙答辩称陈甲与其父关系不好，完全没有尽到赡养义务，而陈甲父因自己长期侍候，已经写下遗嘱将房产赠与自己。这时刘丙向法院申请参加陈甲和赵乙之间的诉讼，主张该房产并不属于陈甲或赵乙，因陈甲父生前已经把房屋卖给了自己且房款已付清，只是尚未过户交房，请求法院确认其对系争房产拥有所有权。法院把刘丙列为陈甲、赵乙之间诉讼的第三人，将其提交的请求和证据等文书向两人进行了送达。

从设例 11-1 可看出，陈甲以因继承取得所有权为由提出了腾退的给付请求，针对此攻击，赵乙则以赠与取得的所有权为抗辩，原被告双方争议的实体内容既是特定物的所有权，也包括继承、赠与等法律关系，还涉及腾退等具体的请求权。刘丙针对的诉讼标的应为特定物的所有权，但提出的则是确认之诉这一请求类型。在这一设例中，有关继承、赠与或买卖的所有事实都可以在“生活事实、纠纷事实”的层面加以理解，三方当事人之间共同的诉讼标的则是所有权法律关系，确认或者腾退等具体请求则需要分别在“诉讼类型”或“请求权”的层面上考虑。无论怎样分析，对于刘丙是否能够获得第三人诉讼地位来说最为关键的则是，其提出的请求除了独立或区别于陈甲和赵乙的权利主张（请求的独立性）之外，还必须与既有诉讼的实体内容存在利害关联（针对陈甲和赵乙之间的诉讼标的）。这种独立性和关联性（也可称“牵连性”），就是判断当事人是否属于“有独立请求权的第三人”以及应否允许其参加诉讼的基本标准。此外，还可以设想刘丙主张陈甲父生前因向自己借钱已经把系争房产抵押给自己，请求法院对自己拥有抵押权予以确认或判令从系争房屋的处置中清偿自己对陈甲父拥有的债权。这种情况下，刘丙针对的陈甲和赵乙之间诉讼标的就不再是所有权，而是房产归属确定后所有人应承担的义务，其提出的请求为抵押物权的确认或债权的实现。就刘丙的主张可以导致陈甲和赵乙之间争议的所有权不再完整这一意义而言，也可将其理解为“有部分独立请求权的第三人”。还可以继续设想案情有类似的其他变形，但始终需要注意的就是，第三人的请求相对于既有诉讼而言必须具有独立性和关联性。例如，设若上例中刘丙未表示自己对系争房产拥有抵押权，而仅仅主张陈甲父生前欠有债务的话，则其可能因提出的请求与陈甲和赵乙之间的诉讼标的缺乏足够的关联性而不能获准参加诉讼，只能另行起诉。

这种具有“三方结构”的诉讼形态因第三人带着新的请求参加到诉讼中来，形成了诉在主体和客体上的同时合并。不过这种合并不是强制性的，第三人还可以选择另行起诉。如刘丙也可能等待法院把房产判给陈甲或赵乙之后，再以其作为被告提起有关所有权归属或抵押权的诉讼。换言之，诉是否合并或者诉讼“是合还是分”由第三人进行选择，其既可以针对他人之间的诉讼以提出新的请求这种方式申请参加,也可以通过另诉作为原告提出同样的诉讼请求。法律上之所以允许把有独立请求权的第三人这种本可以分离另诉的权利主张合并为对既有诉讼的参加,其基本的出发点在于,这样的程序操作有助于查明案情,能够使纠纷得到一次性的全面解决,符合诉讼经济的理念或原则。相反,如果第三人的请求与既有诉讼的实体内容存在着完全不可拆分的关联,则一般情况下其应当被列为固有的必要共同诉讼当事人,而非有独立请求权的第三人了。

除了以上讨论的基本形态之外,还有必要考虑另一类主体作为有独立请求权的第三人参加到既有诉讼中来的可能性。同样可先设想这样一个典型的程序场境:设若陈甲以赵乙为被告提起了确认或清偿债务的诉讼,刘丙作为赵乙的债权人认为该案件其实不过是陈甲与赵乙相互串通制造的虚假诉讼,其真实目的在于利用法院的裁判把某笔与自己存在利害关系的财产非法地转移给陈甲以损害自己的利益,于是向法院申请参加诉讼,并提出确认陈甲和赵乙之间不存在债权债务关系的请求。此即所谓"诈害诉讼防止的参加",日本等国家和我国台湾地区早有此制度规定。在我国民事司法实务中,以前并未把这种情形作为有独立请求权的第三人参加诉讼的形态之一。虽然有学者提出过应当把有独立请求权的第三人之适用范围扩大解释到包括"诈害诉讼防止的参加"在内的见解,却并未在学界形成广泛的共识。但是,在2012年《民事诉讼法》修订引入"第三人撤销之诉"以后,更多的学者主张应当充分利用这项制度来对虚假诉讼的受害人进行救济。关于这方面的讨论将在本章第3节展开。但既然虚假诉讼的受害人事后能够作为第三人,针对经虚假诉讼形成的裁判结果提起撤销之诉的话,那么相应地,也可以期待学界和实务界接受这样的观点,即:这种主体在诉讼尚在进行的阶段也有权申请参加进来,以便于事前就有机会防止诉讼诈害的结果发生。因此,除了"对于他人之间的诉讼标的拥有独立的请求权"这种第三人的基本形态之外,还可以把"他人之间出于非法目的而进行诉讼且结果会使其利益受到损害"的第三人也纳入《民事诉讼法》第59条第1款的适用范围。关于对这种形态的"有独立请求权的第三人"应怎样解释界定、其特点或适用的程序又如何等问题,可参照本章第3节的相关讨论。

11.1.2 程序进行的相关问题

关于有独立请求权的第三人在程序具体进行方面的操作,首先需要考虑的一个问题就是其如何参加诉讼或以何种方式进入诉讼程序。如上所述,这种第三人的诉讼地位相当于原告当事人,参加诉讼的典型方式就是对正在进行诉讼的原被告提起新的诉讼请求,并申请法院将自己列为该既有诉讼案件的第三人。不过在司法实务中，除了这种通常的参加方式外，还可见到如设例 11-2 这样的方式。

设例 11-2

A 企业所有的大货车与 B 机关所属的面包车在高速公路上发生相撞事故，导致大货车侧翻，并对位于路旁由负责管理高速公路的 C 公司所有的建筑物及内部的通信设施造成了严重的毁损。处理事故的交警认定该交通肇事的发生有七成应由面包车负责，三成由大货车负责。A 以 B 为被告向法院提起侵权损害赔偿的诉讼，在这一起诉被法院受理之后不久，C 公司以 A 和 B 为共同被告，也向同一法院提起了侵权损害赔偿的诉讼。法院受理 C 起诉后，认为前后两个案件的实体内容相互紧密关联，可以合并审理，遂在征得当事人各方同意之后，把 C 列为 A 与 B 之间诉讼的有独立请求权的第三人，在同案中对三方当事人的纠纷予以处理。

从设例 11-2 可以看出，法院基于在节约司法资源的前提下一次性解决纠纷或易于查明案情事实等诉讼经济方面的考虑，可以主动将不同案件予以“主客观的合并”来形成具有“三方结构”的诉讼形态，不过仍需征得当事人的同意（在此情形下重点是必须征得有独立请求权的第三人同意）。此外还可注意到，在这个设例中 C 之“独立的请求权”所针对的“诉讼标的”主要是 A 和 B 各自都有一定过失而造成的交通事故以及带来的损害结果等一系列的纠纷事实，因此，C 的损害赔偿请求与 A、B 之间纠纷的“牵连性”或“关联性”就体现在都基于同样的纠纷事实这一点。该设例作为有独立请求权的第三人诉讼形成的另一种方式，法院的主动合并和当事人的选择（通过同意的意思表示）都发挥了作用。反过来看，在非法院主动而是由第三人提出参加既有诉讼的申请这种更为一般或典型的程序场境中，法院所发挥的作用在解释论上值得进一步探讨。因为面对第三人业已作出的申请参加诉讼这项选择，法院需要进行审查以权衡判断其是否符合第 59 条第 1 款有关对诉讼标的有独立请求权等条件，如认为不符合条件，则可以不准许其参加诉讼。与这样的程序结构相关，还会产生例如第三人申请参加的形式和时机、法院对此进行审查判断时应依据的条件或基准、第三人于不同的阶段进入诉讼后程序进行的特点等一系列解释论上的问题。

有独立请求权的第三人既然是以相当于原告起诉的地位以提出诉讼请求的方式申请

参加诉讼，其应当提交书面的诉状或申请，对自己的请求符合《民事诉讼法》第 59 条第 1 款之规定作出说明。法院经审查如果准许其参加诉讼，应通知案件的原、被告和第三人；如法院不准许参加，则应当作出不予受理的书面裁定，对该裁定第三人可以上诉。关于法院是否予以准许的判断基础或依据，首先应列举的就是上文已述的第三人提出的请求具有“独立性”，且该请求存在针对原被告之间诉讼标的之“关联性”这两项与案件实体内容相关的条件。而且，由于第三人尚有通过另行起诉主张自己权利的机会，法院在对这两项实体性条件进行审查判断的同时，还应该考虑准许第三人参加诉讼是否方便查明案件事实并有利于一次性地解决各方之间纠纷。这种考虑与第三人申请参加诉讼的时机或阶段紧密相关。因为，符合上述两项实体性条件的第三人如果在诉讼的早期阶段就参加到程序中来，可以说肯定能够带来诉讼经济上的利益。但第三人要是在诉讼过程的较晚阶段才申请参加的话，不仅案情一般都已查明、解决双方当事人之间纠纷的时机可能已经成熟，而且允许第三人进入程序很可能反而会使案件的处理复杂化或导致审理期限过于拖延。

关于有独立请求权的第三人可以申请参加诉讼的时间，相关司法解释作出的规定是“在案件受理后，法庭辩论结束前”，即在此期间之内“第三人提出与本案有关的诉讼请求，可以合并审理的，人民法院应当合并审理”（《民诉法解释》第 232 条）。对此规定的含义，应理解为有独立请求权的第三人一直到法庭最终辩论结束之前都有权申请参加诉讼，但法院还有权对是否“可以合并”进行审查和判断。一般而言，如果有独立请求权的第三人提出请求申请参加诉讼的时机不迟于开庭之前，法院只能依据上述的实体条件进行审查，即不应依据其他事由不予受理；但有独立请求权的第三人要是到了开庭时或庭审之后等程序进行的较晚阶段，才要求参加诉讼并提出新的诉讼请求的话，法院除实体性条件之外，还应当对此时提出请求是否导致程序过于复杂以及诉讼延迟等程序性事项进行审查，并可以单纯依后一种条件作出不予受理的裁定。对此，第三人除可以上诉外也可另行起诉。此外，《民诉法解释》还对第一审程序中未参加诉讼的第三人可申请参加第二审程序的情形做了规定，关于这一点留待本书第 16 章进行讨论。

有独立请求权的第三人参加到已开始的诉讼中来以后，由于其具有的诉讼地位相当于原告当事人，一般情况下法院都应当给予原告和被告就第三人提出的诉讼请求进行答辩的机会。不过，第三人既然是自己提出参加他人之间的诉讼，根据应诉管辖的基本原理，其对于已确定管辖的法院不得再提出管辖权异议。但在法院主动通过合并已经由不同法院分别管辖的两个案件来形成第三人诉讼这种特殊的情形之下，第三人应当有权提出管辖权异议。第三人还有提出回避申请、展开攻击防御、出庭举证质证辩论等通常的诉讼权利义务,并可以申请撤诉,或可能因撤诉未获允许而遭受缺席判决。法院在判决等裁判结果中必须对第三人提出的诉讼请求作出回应。在上诉和第二审程序等后续程序中,有独立请求权的第三人也应当拥有并承担和原被告同样的诉讼权利义务。

延伸讨论

11-1　有独立请求权的第三人与共同诉讼的关联

在都是复杂的诉讼形态并属于学理上所谓“诉的主客观合并”等方面,有独立请求权的第三人参加诉讼与共同诉讼有不少共通之处。由于牵涉复数主体的纠纷极其多样且因当事人的诉讼策略和法院的裁量等也能够造成程序形态的变化,在有独立请求权的第三人与某些类型的共同诉讼之间存在着相互转化的可能。在司法实践中,有时面对这两种诉讼样式的选择也会带来某些困惑。下面将分别对有独立请求权第三人与必要共同诉讼的“固有”和“类似”这两种形态以及与普通共同诉讼的关联做一点探讨。

一般而言,在性质为固有必要共同诉讼的案件中,作为共同原告或共同被告的当事人不能转化为有独立请求权的第三人。不过关于这一点,却存在着有力的反对意见。例如,几名继承人针对另几名继承人就遗产的分割提起诉讼,还有另一名继承人却提出了既与原告的诉讼请求不同,又区别于被告之权利主张的诉讼请求。这种情形下,该继承人在诉讼中的地位究竟是共同诉讼当事人还是有独立请求权的第三人呢?围绕这个问题,实务中和学理上发生过争论。考虑到有独立请求权的第三人既可以参加他人之间的诉讼,也可以另行起诉的基本性质,把提出自己独立请求的继承人列为共同原告而非有独立请求权的第三人更为适当。因为任何继承人在这种情形下均属于不可缺少的当事人之一,不存在允许其另行起诉的可能。换言之,区别于“绝对不可分”的固有的必要共同诉讼,第三人参加诉讼作为一种“诉的主客观合并”属于“可分可合”的类型,因此不应无视二者间性质的不同。与此相似的还有数名合伙人针对同一合伙财产发生的争议,但其中一名合伙人提出与其他当事人都不同的诉讼请求等情形,也应作为共同原告加以处理。

另外,在可能视为类似必要共同诉讼的案件中,共同诉讼当事人与有独立请求权第三人的诉讼地位却存在着相互转换的余地。以借贷保证引起纠纷的情形为例,如果贷方把借方和保证人作为共同被告,提出返还贷款并由保证人承担连带责任的诉讼请求,此时借方如果主张借贷合同无效并请求法院对此予以确认,至多可能被视为反诉。但是贷方要是只起诉保证人承担连带责任,而借方以提起确认借贷合同本身不存在这一请求的方式申请参加诉讼的话,则将其诉讼地位理解为有独立请求权的第三人应当是没有问题的。一般而论,由于类似必要共同诉讼的原告可以选择是否"一并起诉"被告,而成为或没有成为共同被告的另一主体,只要主张自己对诉讼标的享有某种权利,也就拥有了提出反诉或作为有独立请求权第三人申请参加诉讼的选择余地。但反过来看,在类似的必要共同诉讼中只是承担义务或责任而不能主张权利的主体,则一般都没有这样的选择余地。换言之,类似必要共同诉讼的当事人能否与有独立请求权的第三人相互转化,也得看案件的具体情形才能确定。

此外,关于普通共同诉讼的当事人有无可能转化为有独立请求权的第三人,对此问题的回答原则上也应当为"否"。因为典型的普通共同诉讼完全可合可分,如果对他人之间的诉讼标的或权利义务关系能够主张自己独特的权利,这种主体就不可能成为普通共同诉讼的共同原告或共同被告。不过在某些较为特殊的情形下,普通共同诉讼当事人与有独立请求权第三人之间的转化也不一定绝对不可想象。仍以设例 10-3 为例,人数众多的租户以商铺出租方的商城开发商作为被告,就租赁铺位交付日期及内部结构等向法院提起代表人诉讼。在此诉讼过程中,如果部分未作为当事人也没有推选诉讼代表人的租户就商城内部结构提出了与原告不同的诉讼请求,并申请自己参加诉讼的话,其诉讼地位应当为共同原告还是有独立请求权的第三人呢? 显然,将这些租户作为有独立请求权的第三人准许其参加诉讼的处理较为适当。不过,关于这种有独立请求权的第三人参加诉讼的基础,却可以有不同的解释。一种解释是这些租户本来就能够作为普通共同诉讼原告的成员而提起代表人诉讼,只是由于其事后才参加到诉讼中来且提出了某些有独立性的请求,才成为有独立请求权的第三人。可以说这种解释即建立在"普通共同诉讼当事人与有独立请求权第三人的地位可以转换"这一观点的基础上。而另一种解释则是,这种有独立请求权的第三人因其权利主张与共同原告的诉讼请求相互对立又紧密关联,所以已经不能理解为本来具有普通共同诉讼原告的地位了。换言之,采用这种解释的话,很可能引向"普通共同诉讼当事人与有独立请求权第三人的地位不可转换"的结论。至于哪一种观点更为合理,则留待读者自己分析判断了。

第 2 节 无独立请求权的第三人

《民事诉讼法》第 59 条第 2 款规定:"对当事人双方的诉讼标的,第三人虽然没有独立请求权,但案件处理结果同他有法律上的利害关系的,可以申请参加诉讼,或者由人民法院通知他参加诉讼。人民法院判决承担民事责任的第三人,有当事人的诉讼权利义务。”这个条款是在以本条上一款作为对照的文义相互关联中,规定了第三人参加诉讼并构成的另一种“三方结构”的诉讼形态。根据这一款所规定的内容,无独立请求权的第三人指的是他人之间诉讼的结果将会牵涉到其自身在法律上的利害关系,因而有权申请或者在法院通知的情形下有义务参加诉讼的“准当事人”。之所以说这种第三人只具有“准当事人”的诉讼地位,是因为其无论在所参加案件的实体上还是在程序上,都未获得与原告、被告或有独立请求权的第三人同等的权利义务。不过,如果这种第三人被法院判决承担一定的民事责任,其就成为案件的当事人并有了相应的权利义务。关于这些内容,以下将分小节逐次地展开解说讨论。但需要事先指出的是,无独立请求权的第三人在我国民事诉讼立法上和相关实务中还不算一项成熟或者成功的制度,不仅在理论上的研究积累相当有限且不够深入,而且无论在程序设计还是实务操作上都存在着不少缺陷或问题。有些缺陷或问题甚至不是仅仅依靠发展和完善法律解释论来予以尽可能合理的适用就能够完全解决的,将来或许有必要在立法上对制度整体进行重新设计和建构。不过,在此之前只能通过实际的解释适用不断试错和调整,以期避免严重的问题或缺陷,尽可能发挥此项制度的有益作用,并为将来的立法提供某些改进的启示及方向路径。

11.2.1　无独立请求权的第三人之不同类型

关于何为无独立请求权的第三人,或其在司法实务中又存在哪些类型等问题,可以从某些比较典型的程序场境入手来做出解答。首先可以参见设例 11-3。

设例 11-3

何东将其所有的一个仓库出租给郑西,约定租期为 3 年,租约中写明了租期内承租人通知出租人后可以转租。一年半以后郑西把仓库转租给盛北并通知了何东。此后因是否提高租金的问题,何东与郑西发生争议。何东向法院起诉,请求解除与郑西之间的租约。法院受理本案后,盛北作为次承租人向法院提出参加诉讼的申请,法院遂将其列为无独立请求权的第三人。经过法院的调解努力,诉讼的处理结果是三方达成和解,何东与郑西解除租约,盛北接受了适度提高租金的条件,与何东重新订立租约。

从设例 11-3 可清楚地看到,原告与被告进行争议的实体内容或诉讼标的主要是其相互之间的租赁合同法律关系,原告提出的请求则是解除这一合同的形成之诉。基于民法上所谓"合同相对性"的原理,特定法律关系的相关权利义务只及于缔结该合同的当事人。因此,设例 11-3 中的第三人对于原被告之间的租赁关系无权以提出请求的方式主张自己的利益,其既不是共同诉讼的当事人,也不能作为有独立请求权的第三人。但另一方面,第三人作为从被告手里转租到仓库的次承租人,如果被告与原告之间的租约被解除,则被告把仓库转租给第三人的租约也就失去了基础而难以成立。显然,第三人与被告在本案之外的法律关系是以本案的诉讼标的为前提的,本案的处理如果导致了诉讼标的变更,将给第三人的权利义务带来极大的影响。这就是"本案处理结果与第三人有法律上利害关系"的一种基本含义。由于第三人自身的实体权利和义务都会受到原被告之间诉讼进行的结果影响,可把这种类型的第三人称为"权利—义务型的无独立请求权第三人"。

从设例 11-3 还可看到无独立请求权第三人这项制度设置的一般宗旨或基础之所在。首先,这一制度的前提在于原被告之间诉讼的裁判结果(尤其是判决效力)可能给第三人此后的权利义务关系或法律地位带来某些实质性的影响,即案件的处理与其有法律上的利害关系。在这样的情况下,第三人能够在影响自己实体利益的诉讼结果出来之前就参与诉讼,通过主张、举证和辩论等活动寻求对处理过程的影响,这就意味着为其提供了基本的程序保障。相反,如果第三人缺失这样的程序保障,却需要在某种程度上受到他人之间诉讼结果拘束的话,制度安排上的正当性何在就会成为问题。其次,案件尚在处理过程中把第三人引入诉讼程序,让其提出相关的事实主张和证据并参加辩论,不仅更易于查明案情,还能够扩大一次性解决纠纷的程序容量,有助于诉讼经济效果的达成。

关于无独立请求权第三人的另一种类型,则可参见设例 11-4。

设例 11-4

甲医院与乙建筑公司签订建筑承包合同,由乙承建甲发包的门诊医疗大楼。该大楼的建造包括一项有特殊用途的钢门设计及安装工程,由乙建筑公司通过招投标再次发包给丙特种工程公司负责设计、制造和安装。整幢大楼建设完工后到了验收阶段,甲医院认为该项钢门的设计安装存在缺陷,未达到建筑承包合同约定的技术要求,经与乙公司交涉未获解决,遂以其为被告向法院提起追究合同违约责任的诉讼。乙公司向法院提出应把丙公司列为无独立请求权的第三人,通知其参加诉讼。法院不仅通知了丙作为第三人参加诉讼,经审理还在判决中直接判令其承担对钢门的设计和安装进行整改等相应的责任。

设例 11-4 与设例 11-3 的相同之点在于，由于合同相对性的原理，原告只能追究被告的违约责任，虽然本案纠纷实际上是因第三人从被告处承包的工程质量而引起，且被告如果被法院判令承担违约责任，其一定会转而要求第三人负责，因此案件的处理结果同样与第三人有法律上的利害关系。但设例 11-4 的特点，则在于本案的处理仅仅牵涉到第三人在实体上可能负有义务，且被告往往有强烈的动机希望将第三人引入诉讼，以便代替自己承担实体上的民事责任或在进行防御方面提供程序性的帮助。因此，可把这一类型的第三人称为"义务型的无独立请求权第三人"。这种第三人以主动申请或被通知参加的方式进入诉讼程序，同样可能带来有利于查明案情、能够一次性地解决不同主体间复杂纠纷的诉讼经济效果。但由于法院可以判令这个类型的第三人直接承担民事责任，如何划清应否参加诉讼的界限、何种情形下才应由其承担责任、如何给以其充分的程序保障等实际问题也屡屡出现，有必要对此进行更加深入和慎重的研究及处理。在司法实践中，义务型的无独立请求权第三人更为常见，具体形态也十分多样。在债权或合同领域，例如建筑承包中的总包与分包或转包、从第三方进货的销售或连环购销、加工承揽中的总承揽与分承揽、委托合同关系中的转代理等等交易形态引起的纠纷，往往涉及这种第三人。还有，按照《民法典》第 523 条和最高人民法院《关于适用〈中华人民共和国合同法〉若干问题的解释（二）》（以下称《合同法解释二》，已废止）第 16 条的规定，"当事人约定由第三人向债权人履行债务"却不履行时，法院可根据具体案情将这种典型的"义务型第三人"列为无独立请求权的第三人。除此之外，侵权法领域非连带责任的共同侵权行为及结果，也很可能导致形成与义务型无独立请求权第三人有关的诉讼复杂形态。这个类型的第三人经常还会在与共同诉讼当事人的区别或联系、参加诉讼的方式、进入案件处理过程后的诉讼地位或其程序上的权利义务、应否直接判令其承担民事责任等方面带来相当复杂的问题。对于这些问题，下文将做进一步的分析讨论。

作为第三种类型，无独立请求权的第三人还可能表现出如设例 11-5 这样的诉讼参加形态。

设例 11-5

孙东作为众多竞拍人中的一员参加城西拍卖行举办的秋季艺术品及古董等拍卖会。在某一艺术品竞拍过程中，孙东举起报价牌之后，拍卖行所属的主拍人问了三遍"是否还有其他报价"后再无人举牌。但主拍人又轻声说了一句"没有？"，此时另一竞拍人赵北突然举起高于孙东报价的牌子,主拍人即宣告出现了新的报价,最终该艺术品为赵北拍得。后孙东向法院起诉城西拍卖行,主张拍卖行公布的拍卖规则明确规定问价只能三次,而主拍人违反规则问价四次,导致本该由自己拍得的艺术品落入别人手里,请求法院确认自己对该艺术品已竞拍成功。孙东提起的诉讼立案之后,法院认为本案的处理与赵北有法律上的利害关系,遂通知其作为无独立请求权的第三人参加诉讼。

设例 11-5 中第三人与案件处理结果存在的法律上利害关系具体表现为:如果拍卖行败诉,法院判决确认原告竞拍成功的话,第三人拥有拍卖品的实体权利就会受到极大的影响,甚至完全落空。在此意义上,这种类型的第三人可称为“权利型的无独立请求权第三人”。在司法实践中,类似的还有“一房二卖”中一名买主起诉请求卖主过户交房而给另一名买主的权利带来影响,或土地承包期未满时即再次发包引起某一承包人与发包人进行诉讼而涉及另一承包人权利等情形。一般而言,这些情形中如果权利可能受到影响的第三人主动以提出诉讼请求的方式申请参加诉讼,则其地位应当是有全部或部分独立请求权的第三人。如在设例 11-5 中,设若第三人主动申请参加诉讼,向法院提出确认自己竞拍成功的诉讼请求,其就应当被列为对诉讼标的有全部独立请求权的第三人。由于有独立请求权的第三人只能通过提起请求的方式参加诉讼,在这种类型的第三人并未采取主动的情况下,如果法院认为确有必要将其纳入诉讼程序,就能够利用“通知参加”诉讼这一法定的参加方式,但此时被通知参加诉讼的第三人具有的则是“无独立请求权第三人”的诉讼地位。换言之,在此类特定的情境之下,两种第三人有可能相互转化。此外,如果权利型的第三人不是以提出独立诉讼请求的方式,而仅仅是申请参加诉讼且法院又批准了这项申请,则其在诉讼中的地位仍为无独立请求权的第三人。需要注意的是,在可以视为“权利型”的第三人类型中,还存在不能向有独立请求权的第三人转化,参加诉讼时只能作为无独立请求权第三人的情形。例如根据原《合同法解释二》第 16 条等规定,债权人以次债务人为被告提起代位权诉讼时被列为第三人的债务人、债权人以债务人为被告提起撤销权诉讼时被列为第三人的受益人等,就属于这种情形。此外,《民法典》第 522 条规定的“当事人约定由债务人向第三人履行债务”但债务人不履行的情形,法院依照相关司法解释也可以将这种纯粹“权利型”的第三人列为无独立请求权的第三人。

以上所谓“权利—义务型”“义务型”和“权利型”三种有关无独立请求权第三人的分类,仅仅是基于实体法视角的一个粗略划分。在我国民诉法学界,还存在着根据不同理论视角对第三人类型进行区分的种种不同观点。不过,依照上述有关实体性权利义务的分类来理解我国有关无独立请求权第三人的司法实务，容易显得顺理成章。例如，最高人民法院《关于适用〈中华人民共和国合同法〉若干问题的解释（一）》（以下称《合同法解释一》，已废止）就有如下规定："债权人转让合同权利后，债务人与受让人之间因履行合同发生纠纷诉至人民法院，债务人对债权人的权利提出抗辩的，可以将债权人列为第三人"（第27条）；"经债权人同意，债务人转移合同义务后，受让人与债权人之间因履行合同发生纠纷诉至人民法院，受让人就债务人对债权人的权利提出抗辩的，可以将债务人列为第三人"（第28条）；"合同当事人一方经对方同意将其在合同中的权利义务一并转让给受让人，对方与受让人因履行合同发生纠纷诉至人民法院，对方就合同权利义务提出抗辩的，可以将出让方列为第三人"（第29条）。显然，可以把这里所规定的各种"第三人"比较方便地与"权利型、义务型、权利—义务型"等分类相对应。

对于本书采用的上述分类而言，司法实践中也会出现很难明确地划分为哪一类第三人的情形，或者不同类型之间的区别到了具体的程序场境会变得十分模糊。这种情况与我国民事诉讼中的无独立请求权第三人在制度构成及具体程序设计等方面存在的问题相关，也是司法实务出现某些程序操作显得比较混乱或不一致、不统一等现象的原因之一。下面就对这些问题及现象加以考察。

11.2.2 制度设计的问题与相关司法实务的走向

我国关于无独立请求权第三人的制度设置，起步于20世纪80年代初民事诉讼立法的草创阶段。这一制度据说来自苏联民事诉讼法典的规定，但当时苏联的法学界有何相关的理论学说、其诉讼实务又怎样操作这项制度等，对于我国来讲却颇为隔膜。虽然我国的民事审判实践中也有案件涉及如何处理"案外人"或"利害关系人"及其利益等现实问题，但因改革开放之初社会结构、社会关系等还相对单纯，交易行为和人、财、物等资源流动牵扯到更多更复杂主体的情形有限，司法实务所积累的经验未能给设置无独立请求权第三人制度的立法工作提供丰厚扎实的基础。表现在立法上的问题，就是有关无独立请求权第三人的规定显得比较粗疏，尤其是对法院可以直接判决由这种第三人承担民事责任的制度安排，学界的主流意见一直认为既没有理论上的正当依据，作为解决现实问题的处置也显得颇不公平。现在看来，"无独立请求权的第三人"这一概念中包含了若干性质不同、处理方法也应有所区别的第三人形态，对于是否可分别加以规定等问题还有认真进行探讨的必要或余地。并且由于立法对诉讼参加方式、第三人的诉讼地位、法院相应的权限作用、参加或未参加诉讼的法律效果等程序操作都未加进一步规范，而只是为无独立请求权的第三人规定了法院可以判决承担民事责任这项一般性的程序后果。这种制度安排本身就很容易招致第三人进入诉讼后的“权与责”在立法上不相对应，有缺失程序保障之虞这样的批评。

在司法实务中，关于无独立请求权的第三人参加诉讼在具体程序上应当如何操作，看来还未能形成一整套长期稳定又合理有效的做法。相反在一定时期内，不同法院处理无独立请求权第三人的实务甚至带来某些混乱并引起了社会上的强烈反弹，以致招来最高人民法院的介入，并以发布相关司法解释等方式试图“纠偏”或予以规范。20世纪90年代曾出现于一些法院的所谓“地方司法保护主义”乱象，其表现形式之一就是个别法院在自己审理的债权债务或合同类案件中随意地强制追加无独立请求权第三人，以便把与案件不相干的外地企业等也“拉进诉讼”并判令其承担民事责任。为了抑制这种“滥列第三人”的乱象，最高人民法院曾在当时的司法解释中对无独立请求权第三人的范围加以明确限定，例如，规定法院“对已经履行了义务，或者依法取得了一方当事人的财产，并支付了相应对价的原被告之间法律关系以外的人，不得作为无独立请求权的第三人通知其参加诉讼”，等等。任意扩大无独立请求权第三人的范围，把不该列为这种第三人的主体也强制性地“拉进诉讼”等做法，固然有着法律外种种复杂因素的影响，但立法的不尽完善以及相关法律解释论的不发达也是导致乱象出现的原因之一。尽管滥列无独立请求权第三人的做法受到抑制，但并不意味着目前的司法实务中已经就这种第三人的范围及参加方式等程序操作形成了合理有效的规范性共识。现实的情况可能是，有的法院在某些案件中仍然不当地或者过于宽泛随意地追加了不该作为无独立请求权第三人的主体；而另一些法院对于部分案件的处理却过于谨慎，以致本应参加诉讼的这种第三人未能参加进来；当然还有一些法院的某些案件在这方面的处理恰到好处，等等。

虽然学界早就存在着对于无独立请求权的第三人应在立法修订时加以重新设计的强烈呼声，但是自1982年以来，无论是《民事诉讼法（试行）》，还是1991年颁布的《民事诉讼法》都没有触及这项制度。估计这种状态持续下来的背景，也与司法实务到目前为止尚未通过有关无独立请求权第三人的程序操作而形成一整套有普遍意义又相对稳定的常规做法紧密相关。当然，立法方面有关无独立请求权第三人的制度建构及完善一直没有取得进展的另一原因，恐怕还在于理论上研究积累的薄弱和法学界未能就这些问题与实务界进行充分交流沟通的现实情况。一些学者虽然依据比较法上的资料对无独立请求权的第三人展开研究，并就这项制度的完善或应如何进行立法修订等提出过若干方案，但现有研究成果仍显得很不充分。而且围绕如何进行立法修订或怎样完善等问题，诉讼法学界内部至今处于某种“方案竞争”的状态，并未形成广泛的共识。同时，就无独立请求权第三人的解释适用，理论界与实务界在信息沟通等方面存在着严重的隔膜或“断裂”，两者之间没有真正开展过有成效的对话。这也构成了自立法设置无独立请求权第三人的制度后二十多年来其发展始终有限的另一个背景。

2012 年《民事诉讼法》的修订，仍然没有涉及规定无独立请求权第三人的第 59 条第 2 款。但这次修订新增加的该条第 3 款有关第三人提起撤销生效裁判文书之诉的规定，却包含了可能促使处理无独立请求权第三人的司法实务发生变动的契机。关于这一点，将在以下相关程序操作的解释适用部分以及第 3 节加以讨论。

11.2.3　程序操作中的解释适用问题

通过立法对制度整体进行重新设计既然暂时无法实现，在学理上和司法实务中使有关无独立请求权第三人的解释适用尽可能地合理、合乎实际、能够解决问题，就成为目前的主要选项。在这方面，首先需要考虑两个基本论点，且二者相互之间存在着紧密的内在关联。一个论点关系到究竟应怎样划定无独立请求权第三人的范围或边界，即涉及的是哪些主体应当或可以作为这种第三人参加诉讼、对哪些主体又不必将其“拉进诉讼”等问题。另一个论点则是无独立请求权的第三人参加或不参加诉讼究竟由谁说了算，或者说是对法律规定的“申请参加”和“通知参加”这两种方式应如何加以理解的问题。而要理解两个论点之间的内在关联，必须先简单分析一下参加方式在后一论点中的含义。

对于原被告之间已经开始的诉讼，某一主体如果希望作为无独立请求权第三人参加进来，他可以向法院提出参加的申请。司法实践中的一般情况是，法院会对此申请进行审查，可能予以准许，也可能不准参加。即便该主体并未申请作为无独立请求权的第三人参加他人间的诉讼，法院如果认为其应当参加，也可能会主动发出通知。此外，司法实践中还会出现原告在诉状里就列明无独立请求权的第三人，或者被告在答辩中要求法院把某一主体列为这种第三人等情形。《民诉法解释》中与此类情形相关的规定是：“原告在起诉状中直接列写第三人的，视为其申请人民法院追加该第三人参加诉讼。是否通知第三人参加诉讼，由人民法院审查决定。”（第 222 条）因我国民诉法上并未规定原被告拥有“申请”把他人列为第三人的诉讼权利，当事人的此类诉求只能通过由法院“通知参加”的渠道才得以实现。有的司法解释甚至将此表述为法院“追加”无独立请求权的第三人。换言之，我国目前的实际情况表现为，虽然法律上规定了无独立请求权的第三人参加诉讼的两种方式，但却只有法院才对诉讼外的主体能否作为这种第三人进入诉讼程序中来拥有最终决定权。这就是上述后一论点的中心内容。与此相应,前一论点的内容,即无独立请求权第三人的范围或边界如何划定,实质上主要就成为法院作出这种决定应当依据何种根据或以什么作为判断基础的问题。在法解释论上对这些根据或基础的内容进行梳理分析,其意义主要在于可为法院有关应否允许申请或通知参加诉讼的判断提供合理的程序操作规范。至此,上述两个论点之间的内在关联已经清楚地显露出来,以下就在充分理解这种关联的前提下进一步分析两个论点所涉及的若干具体问题。

首先,从“第三人申请参加→法院予以审查并作出是否允许参加的决定”这种参加的途径或方式入手,考虑哪些因素应当作为法院判断基础或根据的问题。一般而言,前文分类的“权利—义务型”“义务型”和“权利型”这三种实体性质不同的无独立请求权第三人,都有可能主动申请参加到他人之间的诉讼中来。无论属于哪一种类型,这些第三人申请参加诉讼在许多情况下都是为了支持、辅助当事人的一方而对抗当事人的另一方,以期影响与其有法律上利害关系的案件处理结果。由于他们与一方当事人的利益牵连以及进入诉讼后总是站在这一方当事人的立场上从事诉讼活动,在学理上也能够把第三人主动申请参加的多数情形都统称为“辅助参加”。需要注意的是,如果符合前述“权利型无独立请求权第三人”之条件的诉讼外主体以提出请求的方式主动申请参加到诉讼程序中来,其有可能被视为“有独立请求权的第三人”。不过,只要“权利型”第三人不是以提出某种诉讼请求的方式,而仅仅是申请参加他人之间诉讼,其诉讼地位仍然为无独立请求权的第三人。而且某些形态的“权利型”第三人也只是可以申请参加诉讼,并不能作为有独立请求权第三人提出诉讼请求。此外一般而论的话,“义务型”的第三人主动申请参加诉讼的情形比较少见,“权利—义务型”或“权利型”的第三人往往更易产生提出参加申请的动机,因此相对会常见一些。仍以上列有关次承租人申请参加出租人和承租人之间诉讼的设例 11-3 作为“辅助参加”的典型程序场境,在该设例中,次承租人之所以会提出参加申请,是因为担心自己与承租人之间转租合同的效力将受到案件处理结果的影响,其参加诉讼的动机在于支持、辅助承租人以对抗出租人有关解除租约的诉讼请求。当然,司法实践中可能也会出现第三人参加诉讼并无辅助一方当事人的动机,而是为了维护自身的利益提出分别对抗双方当事人的主张及证据等情形。例如,在买主因所购货品的瑕疵而起诉卖主的诉讼中,供货给卖主的第三人为了避免瑕疵责任被裁判确定后从己处进货的被告追究自己的责任,有可能申请作为第三人参加诉讼,既针对被告提出其保管或运输货物中存在过错的主张,也针对原告提出其使用该货品的方法有误等主张,并提交意在说明瑕疵责任不在自己的相应证据。无论如何,第三人参加诉讼的目的往往都在于避免未能提出对自己有利的主张或证据却受到裁判结果的制约或影响，即旨在获得程序保障。而与此相应，法院有关这些参加申请要否准许的审查判断，首先应当把为第三人提供程序保障的必要性作为根据或基础，其次考虑有无可能一次性地解决各方之间已有或潜在的纠纷，最后才权衡是否有助于查明案情。换言之，法院进行审查并作出判断的根据及其顺序应当是："程序保障"→"诉讼经济"→"案情查明"。在这里有关每一种根据是否成立的判断都可以是独立的，但也可能予以综合的考虑。作为解释论上的一般考虑，出于尽可能尊重第三人参加诉讼的意愿，原则上只要这些根据中有任一项成立，法院都应当准许其诉讼参加的申请。

其次，关于法院通知无独立请求权第三人参加诉讼这一参加方式，与其制度设计上的缺陷相关，在司法实践的适用及解释中存在着更多的问题。第一，目前司法实务部门一般都把法院通知第三人参加诉讼直接等同于把诉讼外的主体强制性地"列为"或"追加"为诉讼中的第三人。即只要法院通知了第三人参加诉讼，无论其参加意愿如何或是否有理由不参加，也无论其是否实际从事诉讼活动，往往都在案件相关材料中"列明"该第三人，如认为有必要也可能直接判令其承担民事责任。这样的理解和做法在解释论上是存在疑问的，对此下文再做分析讨论。第二，法院主动追加或列明第三人，往往都基于一次性解决纠纷或查明案情等诉讼效率方面的需要或对法院的方便，为第三人提供程序保障反而成了最弱的根据或者根本就未得到考虑。这也是造成有时法院通知参加诉讼的第三人范围过于宽泛的原因之一。第三，有些情况下只要原告在诉状中列有第三人或被告要求追加第三人，法院也不看这类要求是否确有理由或者第三人自身是否愿意，就机械地启动"法院通知参加诉讼"这一强制性参加方式。这种情形在司法实务中时有发生，虽然不清楚其究竟有多普遍，但有关通知第三人参加诉讼可经由什么程序，在认识和理解上存在着混乱或不一致却是显而易见的。

为了规范实务操作上出现的种种问题，有必要通过参加方式及具体程序的解释论提供某种内在逻辑统一而连贯的解决方案。在尝试展开这样的解释论之前，可先参见设例 11-6。

设例 11-6

家具制造商 A 公司与木材批发商 B 公司签订一份购销合同，约定 A 从 B 处购买一批木材。后因 A 认为 B 发来的货品质量与合同约定不符，且双方协商未获解决，A 遂向法院起诉 B,请求退货并全额返还货款。B 认为给 A 发的这批木材是从经营木材加工的 C 厂进的货,如果质量有问题应当由 C 负责,就向法院提出了把 C 追加为本案第三人的要求。法院考虑到如果 B 败诉必然会追究 C 的责任,可把 B 与 C 之间将来可能发生的纠纷也纳入本案一并审理予以解决,且作为货品的加工及提供方 C 如参加诉讼还能方便案情的查明,于是通知 C 参加诉讼。C 收到通知后作出回应,表示质量发生争议的那批木材并非自己提供的货品,应为 B 从其他加工厂家的进货。B 发现这一回应确有道理,遂另向法院提出追加 D 厂为第三人的要求。经法院通知参加诉讼后,D 厂提出了这批货品的质量问题主要由于 B 的保管及运输方法不善所致等主张及相应证据。最终,法院判决 B 向 A 承担一定的民事责任。

设例 11-6 中,法院先后通知了 C 和 D 作为第三人参加诉讼,但只有 D 实际参加到诉讼中来,成为原告 A 和被告 B 之外的无独立请求权第三人。这在解释论上可为我们提供两点启示。第一,无论是法院主动通知第三人,还是经原告或被告提出要求而由法院进行通知,寻找或确认什么是启动“法院通知”这一诉讼参加方式的根据或基础,首先应从“案件处理结果同第三人有法律上的利害关系”这个条文规定的解释出发。本设例的诉讼为 A 和 B 围绕相互之间的买卖合同履行或交货的质量而发生的争议,但这一诉讼的处理结果直接关系到 B 与 D 之间围绕另一个买卖合同之间可能发生的争议及处理。因此,D 如果能够作为第三人参加 A 和 B 之间的诉讼,首先意味着在该诉讼的结果确定之前就给予了他提出有利于自己的主张和证据去影响 A、B 之间诉讼的机会。换言之,虽然本设例以及司法实践中的一般情况下法院未必会有明确的认知,但可以说只要第三人与他人之间的诉讼存在法律上的利害关系,则第三人对该诉讼都应享有程序保障意义上的参加利益,且这种利益也是判断其是否有权申请参加或是否应当收到法院通知参加的基本根据。所以,与申请参加的方式一样,法院通知参加也应当把为第三人提供程序保障作为进行决定或作出判断的初始根据。在此基础上,再考虑诉讼经济和查明案情等同样建立在第三人与他人间诉讼的法律利害关系之上的其他根据。第二,本设例中法院先通知了 C 参加诉讼,但实际上并未将其强制性地列为第三人。这提醒我们不必简单地在“法院通知”与“强制参加”之间画上等号。而且,虽然原因或理由不一,司法实践中法院在只是通知第三人却并不强制其参加诉讼等程序运用上可能存在相当大的弹性。从解释论的角度看,法院通知参加诉讼并不一定都理解为强制性地“追加”或“列为”第三人,有些情形下也可以把“通知”解释为仅仅发生一种可称为“告知”的效力。即经法院通知的第三人可以依自身意愿选择不参加诉讼，但此后该第三人必须接受或承认案件处理或裁判结果对其法律上的利害关系发生的任何影响或制约，不得再对此前的裁判结果提出异议，因为其已经获得了充分的程序保障机会。

基于上述两点考虑，有关法院通知第三人参加诉讼的根据及操作方法，可以构想如下的方案。第一，法院在权衡要否通知第三人参加诉讼时，必须从确认案件处理结果与其存在法律上的利害关系出发，即认定通知第三人符合为其提供程序保障的目的。不过，如果第三人参加诉讼的功能仅仅停留于程序保障这一点时，把“通知”解释为“告知”即可。即受到了通知的第三人可以选择参加或是不参加诉讼，法院不必强制其必须参加。而且，法院应当通知而没有通知，可以成为第三人事后主张不受他人之间此前诉讼结果拘束影响的理由，或者第三人可以据此寻求其他救济。第二，在程序保障利益存在的基础上，如果法院认为第三人参加诉讼不仅可以提出有利于自己的主张和证据，还有助于一次性解决纠纷并能够促进案情的查明，则可以进而采取强制性地将其追加或列明为第三人的措施。在这种情形下，无论第三人是否实际参加诉讼，法院在必要时最终可判令其承担相应的民事责任。换言之，只是在程序保障能够与诉讼经济或查明案情的根据相结合的前提下，法院才能采取强制追加第三人的通知方式，仅仅有其中一项根据或缺少程序保障的基础而只是基于诉讼经济和查明案情的需要，都不应强制第三人参加诉讼。因为程序保障这项基本根据一旦缺失，一次性解决各方纠纷的所谓诉讼经济理念很容易沦为如当年“地方司法保护主义”盛行时常见的那种为了不当地转嫁义务或责任而滥列第三人等做法的借口。同时，如果仅仅是出于有助于查明案件情况的需求，完全可以将案外相关主体作为证人加以传唤即可，没有必要采取将其强制性地列为第三人这样的措施。对于原告在诉状中列出第三人或被告要求通知第三人等情况，法院同样可按上述操作方法来决定或判断是否应当通知，并对原被告的诉求作出回应，必要时还可说明理由。

最后，简单地讨论一下无独立请求权第三人参加诉讼的若干程序问题。这些问题涉及申请或通知参加的时机、形式和参加后的诉讼权利或义务等方面，但这里把讨论的范围暂限定于第一审程序，有关第三人在上诉阶段可能产生的程序问题则留待本书的其他章节去加以处理。关于无独立请求权第三人提出诉讼参加申请和法院向其发出参加通知的阶段或时机，从理论上讲，在第一审程序中最后一次开庭审理的言辞辩论终结之前都可允许。但既然这种第三人参加诉讼的根据、目的或价值只在于程序保障、诉讼经济和查明案情，则应当为其预留提出有利于自己的事实主张及相应证据的时间，同时还应考虑这些价值与防止诉讼过分延迟的目标应保持平衡的问题。因此，原则上第三人应当在案件开庭审理之前提出参加申请,法院发出参加通知也应不迟于这个阶段。关于对无独立请求权第三人的参加申请如何审查以及怎样回应等实际操作,目前可说是尚不存在统一的程序规范,完全依赖于法院裁量。为了防止诉讼延迟同时也为第三人提供一定的程序保障,可考虑采取如下的程序规范,即:第三人申请参加诉讼的,至迟应在开庭审理前的 5 个工作日之前提出书面申请,如果有证据应一并提交其副本;法院收到申请后应在 3 个工作日内进行审查,认为符合参加诉讼之条件的,通知申请人并传唤其出庭;认为不符合上述条件的,则以裁定驳回申请,对该裁定不得上诉或提出复议。

第三人实际进入诉讼程序之后,能够如原被告一样提出有利于自己的事实主张和相应证据,但因其只具有“准当事人”的性质,诉讼权利受到很大限制。《民诉法解释》第 82 条规定:“在一审诉讼中,无独立请求权的第三人无权提出管辖异议,无权放弃、变更诉讼请求或者申请撤诉,被判决承担民事责任的,有权提起上诉。”对于可能被法院判令承担一定民事责任的第三人,有必要更加重视其相应的程序保障或给以特别的考虑。一般而论,相对于自己申请参加诉讼的第三人,法院通知参加诉讼的第三人更有可能被判决承担民事责任。根据《民事诉讼法》第 59 条第 2 款,“人民法院判决承担民事责任的第三人,有当事人的诉讼权利义务”,可以考虑把上述规定扩大解释为对于“可能被法院判决承担民事责任”的第三人,都应当保障其拥有大致相当于当事人的诉讼权利义务。换言之,不是等到第一审判决宣判之后,才确定被判令承担民事责任的第三人仅仅有上诉及与第二审程序等相关的诉讼权利义务,而是在法院通知无独立请求权的第三人参加诉讼之时,只要认为有可能判决其承担民事责任,就应给予其大致相当于当事人的诉讼权利义务。反之,如果没有给予这种权利义务,此后法院就不得直接判决无独立请求权的第三人承担民事责任。具体讲,对于可能判决其承担民事责任的第三人,法院应尽量在开庭前通知其参加诉讼,如果在开庭之后通知,则需要重新指定开庭日期再次进行质证和辩论。通知应以书面方式送达,还应一并发送本案原被告的诉状、答辩状、出庭的传唤等案件相关材料,并指定一个相当于答辩期的举证期限,收到通知的第三人在此期间内有申请回避等诉讼权利,也承担及时提出主张和证据的义务。对于自己申请参加诉讼的第三人,只要法院认为有可能直接判决其承担民事责任,亦应做同样处理。

延伸讨论

11-2 无独立请求权的第三人与共同诉讼等其他复杂诉讼形态的关联

同样作为复杂的诉讼形态,第三人诉讼与共同诉讼存在着共通性。这一点对于无独立请求权的第三人也不例外。司法实践中，无独立请求权的第三人往往有可能从共同诉讼当事人的地位转化而来。之所以如此，是因为无独立请求权第三人的诉讼地位来源于他人之间诉讼案件的处理结果与其“有法律上的利害关系”。有些情况下，这种与他人所争议的实体内容存在或发生某种程度关联性的主体，根据诉讼当事人或法院的选择，既可能成为共同诉讼的当事人，也可能在诉讼开始以后才作为第三人参加到程序中来。在这里，所谓“关联”的性质以及程度，构成了考虑第三人与共同诉讼当事人相互转化的关键问题。而在共同诉讼的不同类型中，不妨说只有类似的必要共同诉讼才具备产生这一问题的基础或条件。

作为共同诉讼中“完全不可分”的一极，固有的必要共同诉讼因当事人之间存在着“同一的诉讼标的”且基于复数的原被告“一个也不能少”的原则要求，几乎没有从诉讼当事人转化为无独立请求权第三人的可能；与此相对，在“完全可分”的另一极，典型的普通共同诉讼则因复数的当事人各自有相互独立而只是“同种类”的诉讼标的，一般情况下可以另行诉讼，却不能成为无独立请求权的第三人。但是在这两极之间，原告可以在“一并”还是“单独”起诉之间进行选择的所谓“类似必要”的共同诉讼形态，却往往建立在复数的法律关系或诉讼标的相互之间存在牵连或关联的实体基础之上。例如，请求返还借款的出借人可以把被保证人和保证人作为共同被告一并起诉，且对于两被告的连带责任能够请求用一个裁判加以“合一确定”。但出借人如果仅仅起诉被保证人，保证人有可能为了避免承担连带责任而申请作为第三人参加诉讼，以便提出有利于自己的抗辩；法院也可能基于作为主合同的借贷与作为从合同的担保两个法律关系之间的紧密关联，考虑到判决效力的合理扩张及一次性解决纠纷的需要而通知保证人作为第三人参加诉讼。与此相似的例子，还可以列举的如：希望解除租约收回不动产的出租人可以一并起诉承租人和次承租人，但次承租人也可能于诉讼开始后才因申请或法院通知而作为第三人参加诉讼。与此类似还有转卖、转承包、债权债务的转让等情形。此外，因不同侵权行为的结合导致同一损害后果的受害人可以一并起诉各加害人，但其选择仅起诉一名或部分加害人时，其余加害人有可能成为无独立请求权的第三人。此类情形包括且不限于交通事故等涉及保险合同关系的侵权、通过媒体或网络进行的名誉侵权、与多个主体相关的知识产权侵权，等等。

在本节开头就无独立请求权第三人所做的分类中，除“义务型”外，“权利型”及“权利—义务型”这两个类型的无独立请求权第三人还可能与有独立请求权的第三人相互转化。正如本章第 1 节已论及的那样，如果第三人以提出自己独立的诉讼请求这种方式申请参加诉讼的话，其在诉讼中的地位是有独立请求权的第三人；但第三人要是申请参加诉讼却没有提出自己的诉讼请求，或者是因法院通知才被列为第三人的话，其诉讼地位则只能是无独立请求权的第三人。无论属于何种情形，这些第三人的诉讼地位只能从类似必要共同诉讼的当事人转化而来，且他们与案件实体内容之间的关联具有“权利”或者“权利—义务”的性质。有些情况下，对于共同诉讼当事人、有独立请求权的第三人、无独立请求权的第三人这三种主体的诉讼地位并不容易把握。例如，我国《民法典》第 522 条、第 523 条（原《合同法》第 64 条、第 65 条）对当事人在合同中约定债务人向第三人履行义务，及合同约定由第三人向债权人履行义务等交易方式的违约责任做了规范。但围绕此类交易方式发生纠纷时，关于“第三人”在诉讼中究竟应当处于何种地位，司法实践中的认识并不统一，各地法院的程序操作也常常莫衷一是。以致最高人民法院不得不通过司法解释做出规定，“人民法院根据具体案情可以将合同法第六十四条、第六十五条规定的第三人列为无独立请求权的第三人，但不得依职权将其列为该合同诉讼案件的被告或者有独立请求权的第三人”（原《合同法解释二》第 16 条）。

总之，原告一并起诉，且因当事人之间权利义务的相互关联而需“合一确定”的裁判，这就是类似必要共同诉讼；如果原告分别或单独起诉，未被起诉的主体又可以因与他人之间的“案件处理结果”有法律上的利害关系而作为第三人参加诉讼，这就是无独立请求权第三人与共同诉讼的关联。不过应当指出的是，共同诉讼与第三人两种复杂诉讼形态之间这样的转化不应被视为完全“融通无碍”的程序操作。一般而论，接近于实体内容“不可分”一极的情形就应按照必要共同诉讼处理；对于接近“可分”的另一极即实体内容上的关联并不紧密的情形，也不宜轻易地允许或追加无独立请求权的第三人参加诉讼。至于如何划定共同诉讼与无独立请求权第三人之间的界限和设定可能相互转化的空间，则需要结合具体的案件类型展开更为精细的解释论。由于我国学界和实务界还未能就这些程序问题进行充分的研究和讨论，也没有形成有广泛共识的操作规范，这种解释论的展开只能留待今后作为民诉法学界的共同课题了。

第 3 节 第三人撤销之诉

2012 年修订的《民事诉讼法》在第 56 条（现为第 59 条）增加了第 3 款，即：“前两款规定的第三人，因不能归责于本人的事由未参加诉讼，但有证据证明发生法律效力的判决、裁定、调解书的部分或者全部内容错误，损害其民事权益的，可以自知道或者应当知道其民事权益受到损害之日起六个月内，向作出该判决、裁定、调解书的人民法院提起诉讼。人民法院经审理，诉讼请求成立的，应当改变或者撤销原判决、裁定、调解书；诉讼请求不成立的，驳回诉讼请求。”

该款规定意味着在我国民事诉讼制度中引入了“第三人撤销之诉”这样一种新的诉讼类型，其特点可以从两个方面来考虑。首先，这是以全部或部分推翻以前的诉讼程序（原诉）及其已经生效的裁判结果为目的而提起的诉讼，其性质与“事后救济”的再审程序有一定程度的相似性；其次，这是第三人针对“他人”（原诉当事人）之间的诉讼而发动的争议，作为本诉原告的第三人与作为本诉共同被告的原诉当事人（前诉原被告）在实体权利上的关联因此成为这项制度运用的中心问题。立法机关在修订《民事诉讼法》时，面临的是现实生活中一些不诚信的当事人滥用司法程序，通过恶意串通制造虚假诉讼等违法的手段以损害案外人或第三人合法权益的现象。因此，据有关立法宗旨的权威性解说，引入第三人撤销之诉的目的主要在于遏制虚假诉讼，为合法权益受到不当侵害的第三人提供一种救济的渠道。不过，这一制度成立之后，学界围绕其在理论上应怎样说明存在较大意见分歧，实务部门对于具体的解释适用及程序如何展开等问题也有莫衷一是之感。2012 年修订的《民事诉讼法》自 2013 年 1 月实施以来，第三人撤销之诉的实际运用也表现出超越或扩展上述立法宗旨的倾向。下面将这一制度涉及的主要论点区分为有资格提起撤销之诉的第三人范围或类型（原告适格）与具体的程序设计两个方面，分别予以介绍讨论。

11.3.1　第三人撤销之诉的原告适格问题

根据《民事诉讼法》第 59 条第 3 款的规定，能够针对他人之间前一诉讼的裁判结果提起撤销之诉的原告，应当是前诉中有独立请求权的第三人或者无独立请求权的第三人。这一规定可被理解为判断提起撤销之诉的主体是否具备原告资格的基础性条件，只有在满足该条件的前提之上，才考虑原告是否符合其他有关提起撤销之诉的条件。由此，可把具备原告适格能够提起撤销之诉的主体区分为两种第三人，再具体考察其不同的类型，而原告的多种类型也就对应了第三人撤销之诉的不同形态。下文即按照原告适格的类型分别介绍这种诉讼在司法实践中呈现出来的若干形态。

11.3.1.1　有独立请求权的第三人提起撤销之诉

首先介绍有独立请求权第三人提起撤销之诉的不同情形或多种形态。关于这种第三人作为本诉原告的第一种情形或者说比较典型的形态，可参看设例 11-7。

设例 11-7

甲与乙于 2009 年 10 月签订房屋买卖合同，由甲购买乙所有但房产证仍在办理中的 A 号房产，约定价款 120 万元，甲在合同签订后一定时期内先向乙付 70 万元，余款待房产证取得后乙会同甲到银行面签时全部交付。甲依约交付了 70 万元后，乙于 2010 年 10 月向甲交付房屋，甲即装修入住。该房的产权证到 2012 年 9 月方才取得，同月 22 日双方完成网签手续，但乙一直拖延不肯会同甲去银行面签并接受余款。其后，丙以乙 2009 年 3 月与自己签订买卖 A 号房屋的合同，收到全部价款后却一直未履行过户并交付房屋的义务为由起诉乙，请求将房屋过户到自己名下。经法院审理，于 2013 年 1 月作出丙胜诉的判决。这项判决因乙未上诉而生效，A 号房屋随即被过户给丙。此后甲以乙和丙为共同被告，提起撤销前诉判决的诉讼，即为本诉。一审法院认可甲为乙、丙之间前诉的有独立请求权第三人，审理后以前诉判决未查明涉案房屋已由甲支付大部分购房款后合法占有多年且已有网签手续等事实为理由，作出本诉判决，对内容为涉案房屋过户到丙名下的前诉判决予以撤销。

设例 11-7 是根据真实案例改写的，牵涉“一房二卖”及类似的情形。由此类情形可导致多个主体对于同一不动产主张权利，且这些权利在前后诉讼中重叠并相互排斥。对此，法院一般都承认其后提起撤销之诉的原告在前诉中是有独立请求权的第三人。或者也可以说，“一房二卖”等情形下的不同买受人在另一方与出卖人的前诉中相互都属有独立请求权的第三人，只是法院需要判断哪一个买卖合同更值得保护，或者哪一场诉讼更可能“虚假”（虽然绝大部分裁判文书都不会直接提到这一点）或显得更为“不自然”。在设例 11-7 中，本诉法院撤销原审判决，其主要原因之一即在于，丙主张早于甲向乙购买房屋且已付清全款，却在数年之久的时间内从未要求交付，也不关心房屋的现状，其行动有悖常理且未能提供合理的说明。稍稍宽泛地看，类似的情形在牵涉同一不动产上设置有多个权利，其中至少有一个通过诉讼而设置或得到确认，且这些权利之间或许相互排斥时都可能出现。不少情况下（且往往可能涉及虚假诉讼或其他不正当的诉讼行为），法院有必要先承认本诉原告在前诉中是有独立请求权的第三人，然后最终地确认某一个权利排他性地存在，以解决不同诉讼的当事人之间围绕同一不动产而现实发生的争议。第三人撤销之诉引入之后所发挥的作用之一，看来就在于为法院作出这种最后的选择提供一种程序的“平台”或解决框架。

同样作为有独立请求权的第三人，关于提起撤销之诉的原告是否适格，有些情况下却需要基于某种事后的、回溯性的角度来加以审查和判断。关于这种形态的第三人撤销之诉，可参看设例 11-8。

设例 11-8

甲是乙的父亲，丙为乙之前妻。甲以乙、丙为共同被告起诉，请求撤销作为前诉的二人离婚诉讼中法院作出的终审判决书之第三项有关析产的部分内容，理由是前诉判决的这个部分将甲投资建造因而应归其所有的房屋错认为是乙、丙的共有财产而分给了丙。法院受理了甲的起诉，经审理后认定其主张的事实成立，并据此作出判决，对前诉判决书主文之第三项部分内容予以撤销。

在设例 11-8 及类似的情形中，若着眼于前诉为离婚诉讼这一点的话，则可以说这种诉讼一方当事人的父母、子女、兄弟姐妹等亲属对于该诉讼既不是有独立请求权的第三人，也不是无独立请求权的第三人。不过另一方面，如果本诉原告有关前诉的裁判结果错误地处分了自己所有的财产这种主张有可能成立的话，还是应当将其理解为对于前诉生效法律文书中某一项内容而言属于有独立请求权的第三人。当然，一般而言，假设本诉原告事前就知悉原诉的发生，并要求以任一种第三人的身份参加诉讼，估计法院都不太可能承认其具有第三人的地位并允许参加。而且，对于这种第三人来说，他人之间的离婚诉讼什么时候会涉及可能与自己的权益利害攸关的财产分割，其往往只是到程序终结之后才有机会获悉或了解。因此，对本诉原告就离婚诉讼裁判文书中有关析产的内容提起的第三人撤销之诉，经常就只能基于一种事后的视角，并根据前诉结果影响原告在实体法上之权利义务的程度，来回溯性地确定其对前诉的部分实体内容而言是否具备第三人的地位。也可以说，依据这种事后的、回溯性的角度确定有独立请求权的第三人，一定程度上意味着对《民事诉讼法》第 59 条第 1 款所规定的内容做了有限的扩张解释。

有独立请求权的第三人提起撤销之诉的另一种形态或类型，就是本章之 11.1.1 中有过论述的“诈害诉讼防止的参加”事后发生效力的情形。此类情形基于一种适度扩张解释第 59 条第 1 款的观点而发生。这种观点主张，如果有人在别人正在进行诉讼之际能够向法院提出证据，说明该诉讼的目的在于损害自己合法权益，并为了防止这种侵害而请求参加到这一诉讼程序中去的话，应当将其视为有独立请求权第三人的类型之一而允许其参加诉讼的请求。考虑到 2012 年《民事诉讼法》在第 56 条增设第 3 款的初衷在于遏制虚假诉讼,假若这种第三人因不能归责于自身的原因而在原诉仍在进行时未能申请参加,其当然能够在事后以"他人之间出于非法目的进行诉讼且结果会使自己利益受到损害"为由提起撤销之诉。与前述的其他类型相比,这种形态的第三人撤销之诉有如下特点:第一,本诉原告与前诉当事人在实体权利义务上的关系可以非常松散,典型的形态如本诉原告只是基于合同等一般债权对原诉当事人之一主张权利,而对方却与其他主体之间因另外的一般债权而通过诉讼处分了财产,这与这种实体权利义务关联的松散性相对应。第二,本诉原告必须提出证据,初步证实前诉当事人之间出于损害自己合法权益的目的而制造虚假诉讼,且诉讼的结果给自己带来无法通过其他途径救济的损害。在这样严格限定的前提下,才能够把此种主体视为有独立请求权第三人的类型之一,允许其作为适格的原告提起撤销之诉,且只是在本诉法院经审理,对原告有关"前诉为虚假诉讼"和"无其他途径救济的权利损害"这两点主张均予以认定的情形下,才可以撤销前诉的裁判结果。从 2012 年《民事诉讼法》实施以来的司法实践来看,真正属于这种情形的案件虽然存在,但并不多见。

不过在另一方面,通过检索和研究有关第三人撤销之诉的案例就会发现,很多最终判决撤销前诉裁判文书全部或部分内容或只是裁定受理原告起诉的这类案件,经常存在着某些令人感觉前诉裁判结果"不自然"的案情或细节。更具体地讲,虽然法院极少明确认定前诉当事人存在通谋、造假或其他不正当的诉讼行为,但导致法院受理起诉以至于撤销前诉裁判文书的因素中,往往可看到使人对此类行为的存在产生疑虑的主张及证据。换言之,不少第三人撤销之诉案件实际上仍然很可能多多少少或间接地起到了遏制虚假诉讼的作用,或者至少是在某种程度上发挥了制约一些出于恶意的或不诚信诉讼行为的功能。在这个意义上,立法机关引入第三人撤销之诉制度的宗旨或初衷不仅有其合理的依据,而且就效果而言也开始得到了某种程度的实现。

11.3.1.2　无独立请求权的第三人提起撤销之诉

提起撤销之诉的原告,在前诉中可能作为无独立请求权第三人的情形,往往牵涉到本诉与原诉的当事人之间存在转租分租、转包分包等多重法律关系。例如,发包人与承包人、出租人与承租人之间发生纠纷并就合同是否解除等诉至法院时,流转受让人或次承租人如果知悉,当然可以主张案件处理结果与自己有法律上的利害关系,并作为无独立请求权的第三人申请参加诉讼。设若流转受让人或次承租人因不能归责其自身的事由而无从得知诉讼的发生,或甚至其参加诉讼的申请被不恰当地驳回,而前诉的结果又有可能损害他们合法权益的话，则允许这种第三人提起撤销之诉也应视为该制度的题中应有之义。关于司法实务中可能出现的类似情形，可参看设例 11-9。

设例 11-9

乙与丙林场于 1996 年签订土地承包合同，由乙向丙承包一片山林，约定承包期 30 年，乙每年年底向丙支付当年承包费，若逾期 6 个月未付，则丙有权解除承包合同收回土地。两年后乙与甲先后数次签订土地转包合同，把向丙承包的上述土地之一部分共 49 亩转包给甲。此后，甲向乙共支付了 10 年的承包费，并一直经营其承包的地块。丙知悉乙将部分承包地转包给甲的情况，还为甲经营该地块提供过方便。

2012 年 7 月，丙因乙逾期近两年未支付承包费而将其诉至法院，请求解除双方之间的承包合同。后开庭时双方达成和解，约定解除合同以及乙向丙支付部分承包费，法院据此作出了调解书。甲至 2013 年 5 月才了解到乙和丙涉讼以及两者通过调解解除了承包合同等情况。此后，甲以乙和丙为共同被告起诉，主张乙转包 49 亩林地给自己事实上得到丙的承认，请求撤销前诉关于解除乙丙之间承包合同的调解书中有关转包地部分的内容，并确认自己对于该地块拥有的权利。法院以原告与前诉的裁判结果有法律上的利害关系、其未得到通知参加诉讼等为由受理了起诉，在审理过程中甲与丙达成和解，同意由甲向丙继续承包 49 亩林地，法院据此作出本诉调解书。

一般说来，此类情形涉及虚假诉讼或不正当诉讼行为的概率相对偏低，但往往会关系到无独立请求权第三人的程序保障问题。鉴于我国无独立请求权第三人制度在立法的程序设计上就存在缺陷，司法实务中该列这种第三人不列、不该列却乱列，因缺乏程序保障而导致第三人的合法权益遭受损害的情形不在少数，应当把为无独立请求权第三人提供必要的程序保障这一功能纳入第三人撤销之诉的作用范围。通过如设例 11-9 那样的程序操作，第三人撤销之诉不仅可以成为对程序及实体权利受损的无独立请求权第三人进行事后救济的一条途径，还有可能为促进第三人参加诉讼的程序运作逐渐趋于规范化提供某种潜在的契机。

在考虑是否允许无独立请求权第三人提起撤销之诉时，需要权衡的一个重要问题牵涉第 59 条第 3 款规定的“因不能归责于本人的事由未参加诉讼”和前诉生效法律文书“部分或者全部内容错误”这两项条件之间的关系。关于前一条件，可能存在从无独立请求权第三人仅仅是无从知悉诉讼正在进行,到曾经申请参加却被不当地拒绝等具体的情节,后者也包括前诉法律文书的内容错误、对第三人权益的损害比较明显以及是否有错或者有无撤销的必要很不清楚等种种情形。一般说来,如果有第三人曾申请参加前诉却遭受不当拒绝等明显违反程序保障的情节,考虑到其本可提出有利于自己的主张和证据却被剥夺可能影响前诉结果的这种机会,只要生效法律文书存在有错误的可能,原则上就应受理第三人的起诉。经过审理给以这种第三人程序保障之后,再以实体判决就前诉裁判文书是否确有撤销之必要作出判断。另外也要注意,转包、转租等情形下虽然发包人与承包人、出租人与承租人围绕合同是否解除等成讼时确实往往直接牵涉到流转受让人、次承租人在法律上的利害关系,但即使其未能参加诉讼且结果是合同解除并导致转包、转租的合同失去基础,也不一定就意味着流转受让人、次承租人必须通过撤销前诉生效法律文书才能获得救济。因此,法院在审查这种第三人提起的撤销之诉时如果认为其可以通过另诉的方式解决纠纷,尤其是前诉并无明显剥夺第三人程序权利等情节的话,则应在给以一定释明的同时作出不予受理或驳回起诉的裁定,或者经审理后以判决驳回诉讼请求。

参考文献:王亚新《第三人撤销之诉原告适格的再考察》

11.3.2 第三人撤销之诉的程序设计

第三人撤销之诉作为一种比较特殊的诉讼类型,需要考虑若干较一般案件更为复杂的程序问题。这些问题包括当事人的特定、诉讼时限、起诉受理阶段涉及的一系列特殊事由或要件、诉讼标的或审理对象的特殊性以及裁判方式的选择,等等。以下对此分别加以讨论。

第三人撤销之诉的原告如上所述,原则上限于未能参加原审案件的两种第三人,原审的原被告则是共同被告,原审中作为无独立请求权第三人但未承担责任的主体仍列为第三人。未参加原审诉讼的第三人针对生效裁判和调解书提起撤销之诉,必须“自知道或应当知道其民事权益受到损害之日起六个月内”起诉,管辖法院则为作出生效裁判或出具调解书的法院(《民诉法解释》第 290 条)。对于适用特别程序、督促程序或破产程序等非讼性质程序的裁判,或者对生效裁判或调解书中涉及婚姻无效及解除婚姻关系等身份关系的内容,第三人不得提起撤销之诉。此外,按照上列司法解释,未根据《民事诉讼法》第 57 条参加登记的权利人对于代表人诉讼案件的生效裁判、第 58 条规定的损害公共利益行为的受害人对于公益诉讼案件的生效裁判,亦不允许提起这种诉讼。所谓存在错误并损害了第三人权益的生效裁判或调解书“全部或部分内容”,应限定为特指这些法律文书的主文或其中某一或某几个判项。第三人不得以裁判理由或法律文书其他部分错误为由提起这种诉讼,且诉状中必须指明请求撤销或改变的究竟是生效裁判的全部主文还是其中部分内容。

在第三人撤销之诉的立案阶段,法院应当审查起诉是否符合上述条件,尤其需要考虑的是:提起诉讼的是否属于同一条前两款规定的第三人、该第三人是否因不能归责于自己的事由而未参加前诉、是否有证据证明请求撤销的生效法律文书主文部分或者全部内容错误且损害其民事权益、是否在知悉或者应当知悉其民事权益受到损害之日起 6 个月内提起的诉讼,等等。这些内容都可以视为法院在决定是否受理第三人撤销之诉时除一般起诉条件之外还应当予以审查的特殊起诉条件。这些特殊的起诉条件中,“因不能归责于本人的事由未参加诉讼”和自知悉“其民事权益受到损害之日起六个月内”提起诉讼属于纯粹的程序事项,即使案件已经受理,一旦法院发现原告的起诉不符合这两种条件中的任一种,在最后一次法庭辩论结束前应当随时以裁定驳回起诉。但“发生法律效力的判决、裁定、调解书的部分或者全部内容错误,损害其民事权益”,却既可以视为起诉条件,同时也是第三人撤销之诉的案件实体审理对象。法院在起诉时主要审查原告是否提交了能够初步证明可能存在这种情形的证据,受理案件并经审理之后,只要认定上述法院生效法律文书并无因内容错误而损害第三人民事权益的情形,则法院只能作出驳回诉讼请求的判决。

第三人撤销之诉的起诉与受理在时间和具体程序操作上也表现出相应的特殊性。与一般诉讼中法院对原告的诉状先实施单方审查不同,根据《民诉法解释》第 291 条,法院在收到第三人撤销之诉的诉状及相关材料后,应于 5 日内送交对方当事人,对方可在 10 日内提出书面意见。此后法院视情况可通过询问双方当事人等方式进行审查,确定是否受理的期限为 30 日,区别于一般诉讼必须于 7 日内立案或者作出不予受理的裁定。

关于第三人撤销之诉的审理,法院应当组成合议庭开庭审理,即适用第一审普通程序,当事人对于作出的裁判可提起上诉。其特殊之处还在于,原告可在提供担保的前提下,申请中止对原审生效裁判或调解书的执行。这种案件的审理对象或诉讼标的往往包括两个层次:首先为旨在撤销或改变原审生效裁判的变更或形成之诉,其次还可延伸至对原审当事人和第三人之间有关实体权利义务关系的纠纷重新予以处理解决,可涉及给付之诉等新的诉讼请求。在裁判方式上,法院分别情况对第三人提起诉讼请求判决予以驳回、全部或部分撤销原审裁判或调解书以及全部或部分改变原审裁判。

参考文献：刘君博《第三人撤销之诉的程序建构》；刘君博《第三人撤销之诉撤销对象研究——以〈民事诉讼法〉解释第296、297条为中心》

延伸讨论

11-3 诉讼法学界关于第三人撤销之诉的争论

2012年前后，在《民事诉讼法》全面修订过程中及此后，学界对于在立法中有无必要规定第三人撤销之诉以及这种诉讼类型应如何定位等问题展开了争论。主流的观点是根据生效裁判发生的既判力具有相对性这项原则，他人之间前一诉讼的裁判不能拘束未参加诉讼的第三人，该第三人无须起诉请求撤销仅仅在他人之间生效的前诉裁判，而能够自由地另行提起诉讼主张自己的权利。鉴于德国、日本等大陆法系国家的民事诉讼制度并未规定这种诉讼类型，我国民事诉讼立法并无必要建立第三人撤销之诉。另有一种意见认为，参考法国和我国台湾地区已经建立的第三人撤销之诉，我国民事诉讼立法可以引进这种制度。尤其是考虑到我国司法实践中虚假诉讼或其他不诚信行为等现象比较严重，有必要通过第三人撤销之诉的建立遏制这些不良趋势。以这样的争论作为背景，立法机关最终采纳了后一种意见，在《民事诉讼法》修订中增加了有关第三人撤销之诉的规定。

在《民事诉讼法》引进这项制度之后，学界的争论焦点开始向究竟应严格限制第三人撤销之诉的适用，还是在谨慎适用的前提下发挥这一诉讼类型的多种作用等问题转移。本书作者认为，由于既判力的相对性原则在我国司法实践中并未真正形成共识，仅以该原则为根据否定或严格限制适用已经建立的第三人撤销之诉等主张显得过于消极。即便作为过渡，目前也应尽量充分地发挥这种制度遏制虚假诉讼等立法机关期待的作用，同时，对于通过第三人撤销之诉的运用逐步对无独立请求权第三人参加诉讼等制度实践加以规范，也是这种诉讼类型今后可能发挥的作用之一。学界有必要在了解把握司法实务动向的基础上，对第三人撤销之诉今后的发展和规范提出更有建设性的观点。

参考文献：刘君博《第三人撤销之诉原告适格问题研究：现行规范真的无法适用吗？》

第12章　保全、强制措施、诉讼费用

《民事诉讼法》第九章有关“保全和先予执行”、第十章有关“对妨害民事诉讼的强制措施”以及第十一章就“诉讼费用”所做的规定，在并未直接作用于案件事实的认定及适用法律以解决纠纷的含义上，都可视为诉讼的辅助性程序或配套的制度。为了诉讼能够达致其目的和保证程序顺利进行，这些制度的功能作用也十分重要。保全是旨在确保当事人的权利义务待诉讼到达作出裁判的阶段能够顺利实现或避免更多损失的临时措施，分为针对财产的保全和针对行为的保全两种。先予执行则是特殊的案件类型中出于帮助弱势当事人尽早获得救济的必要而采取的另一种临时措施。与此相对，对妨害民事诉讼的强制措施作为一项辅助性制度，其发挥的作用在于禁止、惩罚案件审理和执行过程中各种主体的不当行为，排除由此带来的妨害以便程序能够顺利进行。诉讼费用则反映了当事人作为司法的利用者应当承受支撑这项公共服务的部分成本，因“败诉者负担”的制度安排还带有惩戒的含义。本章对这三项辅助性的制度做简要的讲解，以下分为四节，按财产保全、行为保全与先予执行、对妨害民事诉讼行为采取的强制措施、诉讼费用的交纳收取这个顺序逐一介绍。

第1节　财产保全

诉讼是一个确认当事人权利义务的过程，在各方的权利义务关系尚未因法院作出生效裁判而固定下来之前，某些情况下有必要为将来确定的权利人能够顺利实现其权利做准备。保全就是法院针对当事人的财产或行为采取的一种带有预备性、强制性的临时措施。《民事诉讼法》第103条第1款规定：“人民法院对于可能因当事人一方的行为或者其他原因，使判决难以执行或者造成当事人其他损害的案件，根据对方当事人的申请，可以裁定对其财产进行保全、责令其作出一定行为或者禁止其作出一定行为；当事人没有提出申请的，人民法院在必要时也可以裁定采取保全措施。”本节介绍仅针对财产的保全，关于行为的保全则放到下一节讨论。

12.1.1　财产保全的申请与审查

财产保全分为诉讼中和诉讼前两种，分别称为“诉讼财产保全”和“诉前财产保全”。以下先描述“一般形态”的或“典型”的诉讼财产保全，再以此为对照指出诉前财产保全的特点。所谓“诉讼财产保全”，也称“诉中财产保全”，是指法院受理案件后、作出生效判决前，对特定动产、不动产采取的如冻结、扣押、查封等临时措施，旨在限制当事人处分其财产或系争标的物，以确保将来生效裁判的执行。诉讼中采取财产保全以一方当事人申请为原则，法院未以当事人申请作为前提而依职权采取这种措施，则只限于保护弱势当事人等确有必要的例外情形。由于对特定的财产或系争标的物采取保全措施，可能会给另一方当事人的权利带来不利影响，申请财产保全的当事人需要向法院举证说明可能存在“因当事人一方的行为或者其他原因，使判决难以执行”的情形。关于财产保全的申请和审查，可先参看设例 12-1。

设例 12-1

鼎顺商贸公司（以下称鼎顺公司）因买卖合同纠纷将禾香连锁餐饮公司（以下称禾香公司）诉至法院，请求判令其支付拖欠的货款 8 万余元。鼎顺公司提交诉状的同时，还提出了财产保全申请书及禾香公司在工商银行的账户信息、营业专用的汽车号牌等财产线索，申请冻结其名下 8 万元的存款或扣押其所有的汽车。在提交保全申请书及其他材料同时，鼎顺公司还提供了自己名下建行账户内的存款 8 万元现金作为担保。承办法官在阅读起诉材料和财产保全申请材料并对提交材料的原告代理人进行询问后，认为禾香公司作为该市内知名的连锁餐饮公司，名下有多家分店，并无转移财产或经营状况显著恶化的情况发生，遂作出书面裁定，驳回了原告有关对被告财产进行保全的申请。

财产保全旨在确保法院将来作出生效裁判的有效执行，即为了防止当事人在诉讼中转移、隐匿或毁损、减少其责任财产，才有限制其处分财产权利的必要。如设例 12-1 所示，如果被申请人显然没有转移财产或经营状况恶化以致发生不能履行债务的可能，法院也就没有作出财产保全裁定的必要了。但多数情况下，只要申请人提出了有说服力的保全理由并有相应的证据材料，法院都会予以采纳，并作出财产保全的裁定。

当事人提出诉讼财产保全的申请往往在起诉的同时为之，也有进入审理过程中才申请的情形。对方当事人称为“被申请人”。在本诉与反诉合并审理的情况下，双方当事人也可能相互提出财产保全申请，因而互为保全的申请人和被申请人。申请人需要向法院提交财产保全申请书、保全担保书及财产权利归属证明及证据材料复印件等材料供承办法官审查判断；法官需要时也会以打电话、询问等方式向申请人进一步核实申请材料。除管辖、申请人适格等程序要件外，财产保全的实质审查应当主要围绕申请财产保全的必要性展开。申请人虽然主张生效裁判有难以执行之虞，但因为诉讼程序尚未终结、权利义务关系尚未最终判定，若想提前制止对方当事人的处分行为，其仍需向法院疏明采取财产保全措施的正当性和必要性。按照《证据规定》第 86 条第 2 款规定，法院应当结合申请人的说明及相关证据，判断被申请人有无实施对责任财产的转移、隐匿或毁损等行为之可能性。此外，在诉讼财产保全的审查中，因为申请人已经向法院提交起诉书和证据材料复印件，承办法官也可据此大致判断申请人的胜诉可能性，并将其作为保全必要性判断的依据之一。

为了避免被申请人知悉保全申请进而提前转移财产，法院对诉讼财产保全申请通常采取单方、书面方式进行审查，即贯彻所谓“密行性”原则。由于有关诉讼财产保全有无必要性的审查主要依赖于申请人的单方疏明，无法为被申请人提供任何事前程序保障，加之疏明的方法和标准也低于对本案主要事实的证明，因此，《民事诉讼法》第 103 条第 2 款规定：“人民法院采取保全措施，可以责令申请人提供担保，申请人不提供担保的，裁定驳回申请。”在财产保全审查程序中，责令申请人提供担保是对保全必要性审查的一种补充，法官对此享有自由裁量权。如果法官对保全必要性的审查能够得出较为明确的判断，则可以直接支持或驳回财产保全申请，无须责令申请人提供担保；即便法官需要申请人提供担保来补充保全必要性疏明之不足，亦可以根据个案情况自由裁量提供担保的数额和方式。不过，为了避免给申请人增加过重经济负担，同时也一定范围内限制法官的裁量权限，《最高人民法院关于人民法院办理财产保全案件若干问题的规定》（以下简称《财产保全规定》）第 5 条第 1 款规定，“人民法院依照民事诉讼法第一百条规定责令申请保全人提供财产保全担保的，担保数额不超过请求保全数额的百分之三十；申请保全的财产系争议标的的，担保数额不超过争议标的价值的百分之三十”。

财产保全自 1982 年制定《民事诉讼法（试行）》时即有规定，但有关诉前财产保全的条文最初出现于 1991 年颁布的《民事诉讼法》。现行《民事诉讼法》第 104 条第 1 款规定：“利害关系人因情况紧急，不立即申请保全将会使其合法权益受到难以弥补的损害的，可以在提起诉讼或者申请仲裁前向被保全财产所在地、被申请人住所地或者对案件有管辖权的人民法院申请采取保全措施。”设立诉前保全的正当性在于虽然诉讼尚未被提起，但因为一定紧急情况的发生，如被申请人即将出逃、正在大量转移资金或货物、处分股权等，也有必要赋予利害关系人针对潜在诉讼当事人的财产或行为采取强制措施的权利，以防止后续诉讼活动的进行变得无意义。一方面，诉前财产保全与诉讼财产保全均指向确保将来生效裁判的执行，所以在申请、审查和裁判等方面具有高度类似性；另一方面，利害关系人申请诉前财产保全时尚未提起诉讼，出现保全错误或利害关系人事后不提起诉讼的风险更高，所以应当为其设定更为严格的申请要件和审查标准。

具体而言，相对于诉讼财产保全，诉前财产保全的特点主要体现在以下方面：

首先，与诉讼保全均由受诉法院管辖不同，基于“情况紧急”而采取诉前财产保全的法院也可能其后因不具备管辖权未成为受诉法院。因此，诉前财产保全原则上由立案庭进行审查，诉讼财产保全一般则由审判庭负责审查。利害关系人向认为有管辖权的法院申请诉前财产保全时，案件尚未被法院受理，只能由受理诉前财产保全申请的立案庭或诉讼服务中心审查是否符合财产保全要件。其次，由于诉前财产保全出现保全错误的风险高，容易对被申请人权益造成损害，因此，《民事诉讼法》第 104 条和《财产保全规定》第 5 条第 2 款规定申请人必须提供担保，且原则上要求提供等额担保；仅在符合申请人为金融机构等特殊情况下，法院方可酌情处理。若申请人不能提供法院要求的担保，则法院应当驳回其申请。再次，法院应当在接受申请后 48 小时内作出保全裁定，这主要是申请诉前财产保全对“因情况紧急”法定要件的体现。最后，诉前财产保全申请人在人民法院采取保全措施后 30 日内不依法提起诉讼或者申请仲裁的，人民法院应当解除保全。

此外，《民诉法解释》第 163 条还规定了“执行前财产保全”，即在法律文书生效后，进入执行程序前，存在对方当事人转移财产等紧急情况的，债权人可以向执行法院申请采取保全措施。可见，我国的财产保全覆盖从诉讼前、诉讼中到诉讼后执行前的各个阶段，不论是何种阶段的财产保全，均与执行程序密切相连、指向确保生效法律文书的执行。因此，财产保全所“担保”的对象一般应为具有给付内容的诉讼，或为金钱债权的履行，或为特定标的物的交付。财产保全的审查与执行亦为“无缝”衔接，即法官在对财产保全申请审查完毕、认为符合法定条件的，出具财产保全裁定书后直接交付相关机构执行，无须申请人再行提出保全执行申请。

12.1.2　财产保全的实施与救济

法院作出财产保全的裁定后，应按照申请人提供的财产线索，迅速采取保全措施。财产保全的措施有:对于存款、股权等予以冻结,对有价证券、车辆、机械、原料等动产和房屋、土地等不动产进行查封、扣押,或者根据情况适用提存等法律规定的其他方法。这些方法还包括对被申请人(债务人)到期应得的收益限制其支取(《民诉法解释》第158条);对被申请人(债务人)的财产不能满足保全请求但对他人有到期债权的,可裁定他人不得对债务人清偿(《民诉法解释》第159条),等等。由于财产保全旨在维持或保存财产现状,防止转移、隐匿、毁损、灭失,因而也只限于查封、扣押、冻结等控制性执行措施,一般不采取划扣、拍卖、变卖等措施处分财产。例外是对季节性商品、鲜活、易腐烂变质以及其他不宜长期保存的物品,可以责令当事人及时处理,由法院保存价款;必要时,法院可予以变卖,保存价款(《民诉法解释》第153条)。此外,特殊情况下基于社会效果等因素的考虑,法院对房屋、厂房、机器设备等生产设施可以采取"活封"等灵活的弹性方式实施查封,允许被保全人基于生产、生活需要继续使用被查封的标的物。此外,在财产保全执行前,申请人需将提供担保的现金或财产交由法官保管或办理相关手续。关于实施执行财产保全的一般流程,可参见设例12-2。

设例12-2

甲与乙、丙因企业借贷合同纠纷而将二者诉至法院。诉讼中甲提出财产保全申请,要求保全乙、丙500万存款或等价值的财产,并提供了自己的存款、房屋和保函作为担保。甲还向法院提供了乙在工商银行的账户信息、丙名下的一处厂房和机器设备等财产线索。A市和平区人民法院审查后作出财产保全裁定:1. 冻结、查封原告甲提供的存款、房屋和保函;2. 冻结被告乙、丙的银行存款500万元,或查封其相应价值的财产。随后,承办法官将案件移送给执行局保全组。执行局保全组执行法官按照甲提供的财产线索,向工商银行和平支行送达了民事裁定书和协助冻结存款通知书,工商银行和平支行经过查询冻结了乙名下账户内的全部存款210万元。随后,执行员又向和平区房屋管理局送达了民事裁定书和协助执行通知书,要求协助对丙名下厂房进行查询并配合查封。因房管局系统显示该房屋并非丙所有,故未能查封成功。最后,执行员又到丙的工厂现场,对厂内的机器设备张贴封条并贴出查封公告,但仍然允许丙继续使用机器设备进行生产。在财产保全的过程中,法院向乙、丙送达了财产保全裁定书,并告知其可以对裁定申请复议一次,但复议期间不停止保全措施的执行。

设例12-2中关于对财产保全裁定提出复议的申请,就是保全制度中设置的主要救济程序。由于法院审查保全申请、作出保全裁定并予以实施执行等一连串诉讼行为之间存在着连续性,财产保全的救济程序既包括指向财产保全裁定是否合法的保全复议,还包括因被申请人提供担保或情势变更等而申请解除保全,以及针对保全行为或者被保全标的物的执行救济。此外,如果财产保全错误造成了被申请人损失,被申请人还可以单独提起损害赔偿之诉。

其中,保全复议的主要功能是为被申请人提供事后程序保障,根据《民诉法解释》第171条等规定,可以对复议程序作如下理解:其一,明确当事人申请复议的期限为收到裁定书之日起5日内,若逾期不申请,则丧失申请复议的权利;其二,法院对复议申请的审查期限为10日,且应理解为在10日内对复议申请审查完毕;其三,在审查形式上,对保全申请人提出的复议,可以书面方式审查,对保全被申请人提出的复议,可组织双方提供证据,还可采取传唤双方当事人进行言辞辩论的方式进行审查;其四,在裁判形式上,不论驳回复议申请还是变更或撤销原裁定均需以裁定形式为之。

解除保全作为一项救济手段始于1991年《民事诉讼法》增加诉前财产保全并对财产纠纷案件中被申请人提供担保即可解除保全作出的规定。与保全复议不同,解除保全并不争议财产保全裁定本身的适法性,其功能仅在于撤销或者变更保全执行措施。保全裁定本身适法与否与解除保全之间并无必然联系,当然,保全裁定被撤销或变更也会引起解除保全。从启动方式上进行区分,解除保全可分为法院(包括作出保全裁定的法院及其上级法院)依职权解除保全和当事人申请解除保全。除可以通过提供担保解除保全措施外,《民诉法解释》第166条还将保全错误、申请人撤回保全申请、申请人的起诉或者诉讼请求被生效裁判驳回以及人民法院认为应当解除保全的其他情形规定为解除保全的法定事由。

再者,按照《财产保全规定》第26条、第27条的规定,《民事诉讼法》第232条和第234条有关执行救济的规定亦可以适用于保全程序。此外,财产保全错误还可能导致追究损害赔偿责任。其中,因法院依职权错误启动财产保全程序造成损失的,由法院按照《国家赔偿法》予以赔偿;因申请错误导致被申请人遭受损失的,由申请人承担赔偿责任。财产保全申请错误损害赔偿的请求权基础是《民事诉讼法》第108条。按照《民事诉讼法》第108条及相关司法解释的规定,被申请人和案外人都可以成为财产保全错误赔偿请求权的主体,有权请求保全的申请人和保全担保的保证人承担赔偿责任。

延伸讨论

12-1　与财产保全实务相关的若干论点

关于诉讼财产保全,当事人或律师对于司法实务中的实际操作一直有“保全不难担保难”的说法,对法院的担保要求存在着一定程度的抱怨。过去,各地法院要求申请人提供担保的标准不一,从严格地要求提供与保全财产等额的现金作为担保,到较为宽松的仅要求按一定比例的现金担保或允许非现金担保的做法均有。学界曾对过分严格的担保要求提出批评,认为这种旨在回避法院自身风险的倾向导致了当事人的保全申请难以得到准许,影响了诉讼权利的行使。同时,司法实践中同样出于回避风险的动机,部分法院对于提供担保的审查还存在另一种相反的倾向,即以是否提供担保的审查取代了有关财产保全是否确有必要的审查:只要申请人能够提供足额或充分的担保,法官认为即使保全有误也由申请人自行承担责任,往往就不再注意对保全必要性和胜诉可能性进行审查,倾向于直接作出准许保全的裁定。例如,在曾引起广泛关注的“富士康公司诉记者案”中,富士康下属鸿富锦精密工业(深圳)有限公司因媒体报道其工厂有压榨劳工行径及发生劳动纠纷,以名誉侵权纠纷为由起诉《第一财经日报》及其编辑委员、报社记者,索赔 3 000 万元,并申请对编委和记者个人的财产进行保全。虽然这种申请明显不具备保全的必要性,但是在申请人提供足额担保的情况下,某市中级法院仍分别向该编委和记者分别发出财产保全裁定,查封、冻结二人存款、车辆和房产,给其生活和工作带来极大不便。这一情况经媒体“曝光”后,公众舆论对富士康下属工厂以不当手段压制舆论批评和法院为此提供方便极为反感,予以了强烈的批评。最终该案原告撤回保全申请,法院在此问题上进退失据,也遭受了很大压力。

为了回应来自当事人和社会的批评,2012 年修订《民事诉讼法》之后,从宽掌握担保的数额和采取更加灵活的担保方式逐渐成为各地法院财产保全审查实务的发展趋势。在总结各地法院司法经验基础上,《财产保全规定》在提供担保的数额要求和方式上作出了很大改革,除了第 5 条第 1 款明确规定在诉讼财产保全中,申请人提供的担保数额不超过申请保全数额的 30%外,第 9 条还通过明确列举方式规定了可以不提供担保的六类案件;同时,以财产保全责任险、独立保函等方式提供的保全担保也为司法解释所认可。在司法实践中,以提供担保取代对申请保全必要性独立作出判断等不合适的做法,近年来也明显减少。

此外,关于法院内由哪个或哪些机构负责财产保全,或者保全申请审查与实施保全的内部分工,存在不同的做法。一般情况下,诉前的保全申请由立案庭负责审查,审判庭就是否准许诉讼中的保全申请作出裁定。也有部分法院在立案庭设立保全服务中心或者直接将保全组设置在立案庭,安排若干名专职人员对诉前和诉讼中的财产保全申请一并受理和审查。但有关保全裁定的执行实施,则与法院内设机构“审执分立”方针紧密相关。这项方针虽然在我国民事诉讼司法实践中已经推行多年,但财产保全执行机构的确定却在规范和实践层面均存在分歧。最高人民法院1998年发布的相关司法解释曾规定财产保全和先予执行的裁定由审理案件的审判庭负责执行实施;但最高人民法院又在2011年发布的《执行权配置意见》第16条作出规定,要求将财产保全或者先予执行裁定移交执行局执行。2016年的《财产保全规定》(2020年修正)进一步贯彻了“裁执分离”的职权配置思路,明确了立案、审判机构出裁定,执行机构负责财产保全案件的执行实施为一般原则。不过,考虑到财产保全案件对效率价值的要求以及在“裁”“执”移送过程中可能会出现衔接不畅的问题,部分地区的司法实务仍然采取立案庭、诉讼服务中心或者执行局下设保全组的方式,集中负责财产保全案件的立案、审理、执行等各项工作。由于法院的审判权和执行权分离改革仍在进行过程之中,财产保全案件的职权配置模式要形成比较稳定的格局,估计还需要进一步探索。

参考文献:刘君博《保全程序中担保的提供与担保数额的确定——〈民事诉讼法〉司法解释第152条的意义及其解释适用》

第2节 行为保全与先予执行

某些诉讼案件在提起诉讼前或者审理过程中,虽然纠纷当事人双方的权利义务尚未被生效裁判所确定,但如果当事人的一方不立刻停止某种作为或不作为,另一方当事人可能遭受难以挽回的损失,即使嗣后作出生效裁判也不能弥补。这种情况下,就有必要对该方当事人的行为采取某种临时的强制性措施,令其在诉讼结束作出裁判之前的期间内暂不得为一定的作为或不作为。此即为行为保全的含义,包括如责令一方当事人暂时停止使用争议中的专利、商标;禁止进入某块有争议的土地耕种或采摘;或者要求建造中的房屋暂只能盖到多少楼层,等等。学理上对于将这些措施称为“行为保全”是否准确存在争议,但本书暂统一使用这一概念。先予执行则是指法院在受理某些具有特殊性的案件后,在作出终审裁判前即根据一方当事人的申请,裁定另一方当事人向其预先给付一定数额的款项或从事某种行为的临时性救济措施。先予执行适用于追索赡养、扶养、抚育等“三费”或劳动报酬、医疗费用的案件，以及“因情况紧急需要先予执行”（《民事诉讼法》第 109 条）的情形。行为保全与先予执行存在着内在的紧密联系，本节将两种程序放在一起讨论。以下先介绍行为保全。

12.2.1　行为保全

行为保全是 2012 年修订《民事诉讼法》时于规定财产保全的条文内增加相关表述而正式引入的制度。在此以前，我国已经在《海事诉讼特别程序法》（全国人大常委会 1999 年 12 月通过，自 2000 年 7 月起施行）中规定了海事强制令。同时因为履行加入世界贸易组织所承诺的义务，我国立法机关按照 TRIPS 协议的要求，于 2000 年修改了有关专利、商标和著作权的法律，增加了有关知识产权诉前禁令的条文。最高人民法院亦通过司法解释，在专利权、商标权以及著作权领域对知识产权诉前禁令做了一系列的规定，完善了相关的操作规程。无论海事强制令还是有关知识产权的禁令，在性质上都属于广义的民事诉讼中对于一方当事人行为采取的临时性强制性措施。此外，早在 1992 年《民诉法意见》（已废止）第 107 条就通过对有关先予执行适用的法律条文中“紧急情况”条件的扩张解释，将立即停止侵害、排除妨碍以及临时制止某项行为纳入先予执行制度之中。在司法实践中，此类“制止行为型”的先予执行早就被适用于物权、相邻关系甚至合同履行等传统的民事纠纷领域。因而从那时起，先予执行制度的适用实际上就已承担了行为保全的部分功能。在此意义上，2012 年修订的《民事诉讼法》就行为保全所做的一般规定可视为对相关的既有司法实践加以概括性的确认。至此已可把知识产权禁令和海事强制令等都理解为行为保全的特殊种类，但行为保全与先予执行在适用范围上仍存在某些重叠。

关于行为保全程序的操作流程，如设例 12-3 所示。

设例 12-3

甲、乙两公司于 2013 年 5 月 1 日签订一份场地租赁合同，约定租期为 3 年，租金为每年 50 万元，每半年支付一次。甲公司支付租金后开始承租场地，2014 年 1 月，出租方乙公司提出因“场地改造升级”，需要解除合同，要求甲于 3 月 1 日前搬离场地。双方协商未果，乙遂对甲使用的场地采取停水、停电等措施，并派员工到租赁场地干扰甲公司正常经营。甲于 2014 年 4 月向法院起诉，要求乙继续履行租赁合同至租赁期届满并赔偿因停水、停电所导致的损失。案件审理过程中,甲向法院提出行为保全申请,要求责令乙不得有采取停水、停电、干扰经营等行为。法院就该行为保全的申请举行听证会,在听取甲、乙双方意见后,认为双方之间的租赁合同依然有效,能否单方解除尚待审理,并且乙采取的停水、停电等行为严重影响甲公司正常经营,采取行为保全措施对乙几乎不会产生影响,遂作出裁定,责令乙未经生效法律文书确定,不得有停止供电、供水、干扰甲正常经营等行为。

行为保全同样可以区分为诉前行为保全和诉讼行为保全。《民事诉讼法》第103条等相关条文对行为保全和财产保全采取一体规范的立法技术,行为保全的适用亦须参照有关诉前、诉讼财产保全的规定。不过需要注意,行为保全区别于财产保全的是,无论一方当事人在诉前还是诉讼中提出行为保全申请,对其审查原则上都需要听取另一方当事人的意见。换言之,由于对双方的利益都有超出"临时性"的较大影响,行为保全一般不宜采取"单方"和"密行性"的审查原则。行为保全的功能一方面在于预防或制止被申请人的作为或不作为给申请人持续带来本案诉求以外的其他损害,另一方面还可以提前实现本案诉讼请求的部分内容,如停止侵害专利权、商标权、著作权等行为本身就是知识产权本案诉讼请求的一部分。依据这种功能上的分类,可将前者称为行为"制止型"的行为保全,后者则是权利"确保型"的行为保全。再者,由于行为保全的对象是"行为",若被申请人拒绝履行保全裁定所要求的作为或不作为,法院无法予以直接强制,只能通过替代履行或者罚款、拘留等方式保障行为保全的实现。

不论是防止损害持续发生的制止型行为保全,还是提前实现本案部分请求的确保型行为保全,行为保全的审查主要围绕被申请人的行为是否应当予以制止或者是否应当为某种行为而展开。但作为行为保全审查对象的权利基础、损害行为以及损害后果等往往就是本案诉讼主要事实的构成部分。如设例12-3所示,法院对行为保全申请进行审查,在认定甲、乙之间存在有效租赁合同关系后,当事人只需在本案诉讼中围绕单方解除合同的格式条款是否有效、被申请人是否具备单方解除的事由进行判断即可。所以,行为保全的必要性审查在内容上带有鲜明的"本案审理"特征。2018年《最高人民法院关于审查知识产权纠纷行为保全案件适用法律若干问题的规定》第7条进一步明确了审查知识产权纠纷行为保全案件需要综合考量的若干因素。通常来说,有关行为保全必要性的审查,主要应当考量申请人的胜诉可能性,被申请人一方的行为或者其他原因是否可能造成将来的判决难以执行或者造成申请人其他损害,采取保全措施对被申请人造成的损害是否明显超过不采取保全措施给申请人带来的损害,以及是否会损害社会公共利益等因素。

由于行为保全审查对象与本案审理对象"高度重合",审查程序需要为申请人、被申请人双方均提供较为周延的程序保障。因为行为保全案件通常不存在被申请人以转移财产方式逃避执行的可能性,一方当事人提出的行为保全申请应及时送达对方当事人,审查程序原则上采取口头辩论和对席原则。法院对行为保全有无必要性进行审查,原则上应通知双方当事人到庭进行言词辩论,或者采取设例 12-3 中使用的听证程序,在充分听取双方意见陈述后才能作出行为保全裁定。只是在通知被申请人可能影响行为保全的执行实施或者存在其他不宜通知的情形下,法院才能进行单方的审查。比如,被申请人原为申请人公司的技术研发人员,在掌握公司多项商业秘密文件后离职加入与申请人有竞争关系的公司,申请人请求禁止被申请人披露、使用或允许他人使用申请人的商业秘密文件。这种情况下假如采取开庭或听证程序,则被申请人可能提前披露所知商业秘密,因此,法院采取单方的书面或询问方式进行审查较为妥当。

行为保全中的担保提供主要发挥平衡申请人与被申请人之间利益损失的功能,个别案件中也可能以担保来弥补必要性审查判断的不足。申请诉前行为保全的当事人必须提供担保,担保的数额由人民法院根据案件的具体情况决定。当事人申请诉讼行为保全的,法院可视具体情况,对其是否应当提供担保以及担保的数额作出决定。对于由《反家庭暴力法》所规定的"人身安全保护令"、制止人格权侵害、相邻关系引起的作为或不作为义务、暂定监护权等行为保全案件,法院经审查认为需要作出行为保全裁定的,通常可不要求当事人提供担保或仅要求申请人提供象征性担保。对于知识产权诉前禁令、海事强制令、竞业禁止等行为保全案件中,申请人原则上应当提供"相当于被申请人可能因执行行为保全措施所遭受的损失"的担保,而且,在执行行为保全措施过程中,被申请人可能因此遭受的损失有变化的,法院可以责令申请人调整提供的担保数额。

12.2.2 先予执行

1982 年《民事诉讼法(试行)》中就有关于先予执行的规定,当时使用的表述为"先行给付",给付的范围限于追索赡养费、扶养费、抚育费、抚恤金、劳动报酬以及其他需要先行给付的情况。1991 年《民事诉讼法》把"先行给付"的概念改为"先予执行",随后制订的《民诉法意见》第 107 条对先予执行的适用范围进行了扩张解释;2012 年《民事诉讼法》和《民诉法解释》除规定追索医疗费用,追索恢复生产、经营急需的保险理赔费,返还社会保险金、社会救助资金等案件可以适用先予执行外,还继续将停止侵害、排除妨碍以及停止某项行为列入其适用范围。不过,除《民事诉讼法》及相关司法解释明确规定可以适用先予执行的案件外,对其适用范围不宜再作扩张解释。需要注意的是,实务中部分法院在房屋拆迁安置补偿纠纷中大量适用先予执行实施“合法强拆”。此类做法明显违反民诉法对先予执行紧迫性的要求和有关法定适用范围的规定。

按照《民事诉讼法》第 110 条的规定,先予执行的适用需要满足如下条件:第一,当事人之间权利义务关系明确,即原、被告间给付关系清楚。第二,具有先予执行的紧迫性,指的是若不立刻采取先予执行措施,将会严重影响申请人的生活或生产经营。第三,先予执行的启动须由当事人申请,法院不得依职权采取。第四,被申请人有履行能力。法院根据具体情况,可以责令申请人提供担保,若其不提供担保可驳回其申请。换言之,是否需要提供担保属于法院依职权进行裁量的事项。相对于行为保全,先予执行具有以下两个特点:一方面,先予执行不能在诉前申请和实施,而只能在案件受理后作出终审裁判前提出;另一方面,先予执行的给付严格限定在当事人本案诉讼请求的范围以内。在此意义上,可适用行为保全的程序阶段靠前、其适用范围宽于先予执行。

在效力方面,裁定先予执行且被申请人实际给付之后,如果申请人败诉,其应当向被申请人返还先予执行的财产。同时还可能产生被申请人因先予执行遭受的财产损失而要求赔偿等问题。不过,司法实务中更为常见的情况则是,对于大多数适用先予执行的案件来说,这种裁定可以全部或者部分地提前使权利人的权利得以实现,之后作出的生效裁判往往只是对已经实现的权利予以确认而已。因此也可以说,先予执行制度虽然在性质上仍属于一种临时措施,但其在司法实务中的实际功能还包括可以部分或全部地发挥相当于本案判决的作用。此外,司法实践中还存在适用先予执行之后申请人却在本案诉讼程序中提出撤诉的情形。学界和实务界多数观点均主张在此情形下不应允许撤诉申请;也有少数观点主张应当尊重当事人的处分权,允许撤诉。较为妥当的处理方式或许是:法院应先询问被告意见,若双方已经达成和解协议,则可以允许撤诉或者调解结案;若被告不同意撤诉申请,则应当驳回原告的撤诉申请,继续审理。

延伸讨论

12-2　反家暴法规定的“人身安全保护令”与行为保全

在家庭婚姻法领域,自 2008 年前后即有少数法院开展了签发“家庭暴力禁止令”或“人身安全保护裁定”的试点工作。此类裁定相当于某种特殊类型的行为保全,旨在保护申请人免受家庭暴力的伤害和威胁。2008 年,最高人民法院应用法学研究所制订的指引性文件《涉及家庭暴力婚姻案件审理指南》(以下简称《指南》)中就“人身安全保护裁定”做了规定。《指南》中“人身安全保护裁定”的内容除一般性禁止被申请人实施家庭暴力行为外,还包括禁止被申请人擅自处分共同财产、责令被申请人自费接受心理治疗等。由于缺少更高层次的规范依据,《指南》仅在部分试点地区法院尝试运用过。2012 年修订《民事诉讼法》时增加了行为保全,为防止家庭暴力保护人身安全的行为保全裁定提供了程序法律依据。在解除婚姻关系、扶养关系等家事诉讼中,人身安全保护裁定的适用更为常见。不过,与一般的行为保全相较而言,人身安全保护裁定与诉讼程序的关系较为特殊,其申请、审查、执行、变更和撤销均具有一定的独立性,不一定以家事诉讼的提起或程序进行作为前提条件。2015 年通过的《反家庭暴力法》正式确立了独立于其他行为保全的“人身安全保护令”制度。当事人在遭受家庭暴力或者面临家庭暴力的现实危险时,可以向法院申请人身安全保护令。该法第 26 条规定,人身安全保护令由人民法院以裁定形式作出。关于人身安全保护令的申请、审查与裁定,可参见设例 12-4。

设例 12-4

甲女与乙男于 2014 年 5 月 4 日登记结婚,甲怀孕后在医院检查为胚胎发育不全,遂决定终止妊娠,乙因此与甲产生矛盾,双方多次就婚姻问题协商未果。2015 年春节期间,乙数次带人到甲的父母家闹事,并打伤甲父,后经邻居劝阻、报警后离开。2016 年 1 月,乙再次到甲的父母家中与甲争吵,并从此强行留住在甲父母家中。甲与其父母向法院申请人身安全保护令,请求禁止乙对三人实施家庭暴力、骚扰等行为,并迁出甲父母的住所。法院受理后,听取了甲父母邻居的证言、调取了 110 的出警记录,认为乙可能威胁甲及其父母的人身安全,遂作出裁定:(1) 禁止被申请人乙对申请人甲等三人实施辱骂、殴打等家庭暴力行为;(2) 禁止被申请人乙骚扰申请人甲等三人;(3) 责令被申请人乙立即迁出申请人的住所。并写明:“本裁定送达后立即执行。本裁定有效期六个月,失效前,申请人可向人民法院申请撤销、变更或者延长。如不服本裁定,可自本裁定送达之日起五日内向本院申请复议一次。复议期间不停止裁定的执行。”

人身安全保护令的适用对象为家庭暴力现实行为或危险,可以禁止被申请人实施家庭暴力行为,实施骚扰、跟踪、接触申请人及其相关近亲属行为,责令被申请人迁出申请人住所等。按照《反家庭暴力法》的规定,人身安全保护令的申请人需为家庭暴力的受害人;当受害人为无民事行为能力人、限制民事行为能力人或无因其他原因无法提出申请时,其近亲属、公安机关、妇女联合会、居民委员会、村民委员会、救助管理机构可以代为申请。申请人应以书面或口头方式向申请人或者被申请人居住地、家庭暴力发生地的基层人民法院提出人身安全保护令申请,并且不需要提供担保。受案法院主要审查申请人提出的请求是否具体、有无指向明确的被申请人、是否存在遭受家庭暴力或者面临家庭暴力现实危险的情形;审查主要采取单方询问方式进行,必要时可以调取证据或询问相关证人。法院应当在受理人身安全保护令申请后72小时内作出裁定;情况紧急的,应当在24小时内作出裁定。人身安全保护令自作出之日起生效,有效期为6个月;失效前,法院可以根据申请人的申请撤销、变更或者延长人身安全保护令。当事人对作出或驳回人身安全保护令裁定不服的,可以申请复议。人身安全保护令的执行以法院的强制措施和刑事责任作为保障,公安机关以及居民委员会、村民委员会等是法定的协助执行机关。人身安全保护令可以在诉讼中申请,此时应将其理解为行为保全的一种。由于家庭暴力的受害人也可以独立于诉讼单独地提出这种申请,人身安全保护令又可以视为一种特别程序。

第3节 对妨害民事诉讼的强制措施

法院通过民事诉讼确定权利义务关系以解决纠纷,又通过执行程序使已被承认的权利得到实现,其代表国家行使的职权必然带有强制性。对于扰乱诉讼和执行程序进行的作为或不作为即妨害民事诉讼的行为采取某种强制措施以保证程序能够正常有序地顺利进行,就是这种强制性的体现之一。《民事诉讼法》第十章就针对不同的妨害民事诉讼行为可采取哪些强制措施做了规定,最高人民法院的相关司法解释进一步细化了其内容。根据这些程序规范,法院对于必须到庭却无正当理由拒不出席的当事人,可在两次传唤后予以拘传即强制其到庭;对于不遵守法庭规则的诉讼参与人和其他人可予以训诫,或责令其退出法庭;对于当事人、被执行人以及其他人员实施严重扰乱法庭秩序、恶意串通滥用法律程序企图达到非法目的、拒不履行已生效的裁判等行为的,可科以罚款和拘留的强力制裁。此外,在民事诉讼过程中,法院还有权对当事人的一方或双方非法所得予以没收上缴国库,此亦为一种强制或制裁的措施,适用与罚款、拘留同样的程序。关于这些强制措施的性质,存在着司法性还是行政性等争议,本书将其简单地理解为附随于司法程序的民事行政处分。不过,训诫和责令为某种作为或不作为的强制性较弱,接近于纪律处分。与此相对，罚款是对行为人财产的剥夺，拘留更是对人身自由的一时拘束（包括拘传亦可对人身做短时间的拘束），其制裁、惩罚、禁止的性质即强制性表现得尤为明显，因而不仅对应的是违法性更加显著的行为，而且这类措施的发动在程序设计上也更为慎重。以下分别对民诉法规定的这几种强制措施略加解说。

一般情况下，经合法传唤的被告即便不到庭，法院也可缺席审理并作出缺席判决。但在被告为负有赡养、抚育或扶养义务的一方，或者被追索劳动报酬等案件类型中，如果听任被告不出庭而在纠纷事实尚未查清时即适用缺席判决，法院认为明显不利于保护弱势群体利益的话，经两次传唤被告仍拒不出庭，可报院长批准后对其采取强制到庭的拘传措施。启动这种强制措施应使用书面的拘传票并直接送达被拘传人，当面说明拒不到庭的后果，其仍不听批评教育的情况下才对被拘传人采取人身强制，迫使其到庭参加审理。需要注意的是，根据《民诉法解释》第 174 条第 2 款，可适用拘传的对象从特殊案件类型的被告扩展到了“必须到庭才能查清案件基本事实的原告”。关于什么情况下可以对原告适用拘传的强制措施，如法院认为存在当事人双方串通虚构案件事实的可能但原告方仅有代理，因本人拒不到庭，案件的基本事实难以查明，对原告按撤诉处理又有放纵违法行为之虞等，即为比较典型的例子。总之，无论采取拘传的对象是被告还是原告，都只限于少数几类案件或特殊情形。再加上法律规定以两次传唤作为前提导致法院操作不便，司法实践中对这种强制措施的适用十分少见。因此不妨说，有关拘传的规定几乎已属于民诉法上“备而不用”的程序规范之一。

与拘传针对当事人是否到庭不同，训诫和责令退出法庭等措施旨在维持法庭秩序。当事人或第三人、证人或旁听者等人员在庭上有不听从指挥等对法庭规则轻微的违反行为，独任法官或合议庭的审判长可以对其进行训诫，不当行为及训诫的内容应记入法庭笔录。如果这些人员有喧哗、辱骂、“咆哮公堂”甚至付诸暴力等严重违反法庭规则的行为且不听警告制止的话，法官或审判长可以责令其退庭，或由法警强行将其带离法庭。根据《民诉法解释》第 176 条和 2016 年 5 月 1 日起开始施行的《人民法院法庭规则》相关条款，对于在庭人员未经准许当庭录音、录像、摄影或使用移动通信设备现场直播审判活动等行为，法院可以暂扣其使用的器材设备，并责令删除有关内容。

在对妨害民事诉讼的强制措施中，可作为适用对象的主体和行为最为多样、实际采取的情形也比较多见的，是强制力度更大的罚款和拘留。一般说来，罚款在案件审理过程中较为常用，拘留则更多地适用于执行程序中的违法行为。关于罚款和拘留的适用，可先参见设例 12-5。

设例 12-5

某县法院派驻下辖某乡镇的人民法庭由庭长担任审判长，并与另一名法官和一名陪审员组成合议庭，开庭审理村民宋某诉赵某的相邻纠纷，原被告各有数名亲戚在庭上旁听。审理过程中，双方争吵起来还不听从在庭法警的劝阻，于是审判长对双方进行了训诫并由书记员记入笔录。然后庭审继续，但在旁听席上的被告赵某儿子因认为原告宋某的陈述是在侮辱自己，因此不经许可随意插话，甚至情绪激动到要冲到当事人席前殴打原告。审判长警告无效，即责令被告的儿子退庭，由法警将其强行带离了法庭。庭审结束时，被告的儿子邀集十多人到法庭门口围攻原告及其亲戚。庭长要求被告赵某阻止其子，赵某没有听从反而参与其中。法庭的工作人员全部出来维持秩序，挡在原告宋某和其几位亲戚前面，赵某和她的儿子及邀来的人员不听劝告，一边辱骂一边抓扯，场面一时十分混乱。幸而法庭有人打电话叫来镇上的派出所民警，才控制住局面。庭长决定对赵某儿子采取拘留措施，当即由法警会同出警的民警将其带往镇上的公安派出所实施拘留。之后庭长立即作出对赵某罚款 800 元、对其子拘留 10 天的决定书，并报到县法院审核。三天后经院长批准，庭长将罚款决定书送达赵某本人，并邀其一同到派出所会见其子，当面送达拘留的决定书，对两人进行批评教育。赵某和其子承认了错误，未对强制措施的采取表示不服，赵某主动缴纳了罚款，其子愿意具结悔过。庭长考虑到被告母子认错的态度和本案的审判效果，决定对赵某儿子提前解除拘留。

可适用罚款和拘留的妨害行为有多种样态，范围十分广泛，情节严重的甚至可以构成犯罪而被追究刑事责任。根据《民事诉讼法》第十章的规定，大致可将这些行为分为若干种类。第一类是如设例 12-5 中的哄闹、冲击法庭等直接表现为妨害公务的种种行为。在案件审理或执行过程中，当事人或其他人员采取围攻、阻碍、威胁等方式妨害执法，对审判人员、对方当事人、其他诉讼参与人或执行协助人等实施侮辱诽谤，乃至诉诸暴力的，都可对其适用罚款和拘留的强制措施。第二类则主要针对的是诉讼参与人，适用于当事人或证人等其他与诉讼有关的人员伪造、毁灭证据，以非法手段阻止他人作证或令他人作伪证，拒绝协助法院调查取证等直接妨害法院审理案件的行为。第三类是当事人以恶意串通或捏造、虚构事实等手段，企图通过诉讼调解等方式，骗取判决书或调解书等法律文书，侵害公共利益和他人合法权益等严重违反诚实信用原则的行为。被执行人与他人恶意串通，通过诉讼、仲裁或调解等方式企图逃避履行生效法律文书所确定的义务，也属于可予以罚款或拘留的此类行为。最后一类则与执行程序紧密相关，包括被执行人或者其他人员隐藏、转移、变卖、毁损已被查封、扣押的财产等拒不履行已生效法律文书，以及银行、信用社等有义务协助执行的单位及其负责人、责任人等拒绝法院查询、冻结、划拨财产或其他拒不协助执行的行为。针对此类行为，可对单位科以罚款，对其负责人或责任人则可采取拘留措施。

根据《民事诉讼法》第 118 条的规定，对个人罚款的金额上限为 10 万元，对有妨害民事诉讼行为的单位予以罚款时，其金额则限定在 5 万元以上 100 万元以下。对个人或有责任的单位负责人、责任人采取的拘留措施，限于 15 日以内。适用罚款和拘留必须制作书面的决定书，经法院院长批准后向被科以这种制裁的单位和个人送达。如受送达人对决定书不服，可以向上一级法院申请复议一次，但复议期间不停止强制措施的执行。如设例 12-5 所示，因紧急情况必须立即采取拘留措施时，可在对妨害民事诉讼的人实施拘留后立即报告院长补办批准手续。被拘留人在拘留期间认错悔改的，可以责令其具结悔过，提前解除拘留，仍应作出解除拘留的决定书。

延伸讨论

12-3　诚信原则及其在强制措施中的体现

2012 年修订《民事诉讼法》时增加了第 13 条第 1 款的规定，即“民事诉讼应当遵循诚实信用原则”。至此诚实信用原则（往往被简称为“诚信原则”）作为一般条款被明确纳入我国的程序法规。在学理上，诚信原则首先是有关人际交往的一项基本道德准则，被广泛地运用来指导经济活动和交易行为，随之构成了民商事实体法的基本原则之一。《民事诉讼法》规定的诚信原则也可以说是社会生活和经济领域中有关道德和市场交易的基本准则在程序法上的反映，但亦有自身的特点。从比较法的角度看，程序法领域的诚信原则主要针对当事人的诉讼行为而言，大致包括“权利滥用的禁止”（包括禁止滥用诉权）、“前后言行相互矛盾的禁止”（又称“禁反言的法理”）、“通谋侵害他人利益的禁止”等内容，有时还被引用来作为“真实陈述义务”或“协助查明案情义务”的根据。关于我国《民事诉讼法》所规定的诚信原则，其适用的对象在解释上亦可包括这些内容，或者将通过司法实践逐渐地扩大运用该项一般条款的范围。

不过，2012 年修订《民事诉讼法》时之所以增加有关诚信原则的规定，其背景还在于一段时期以来诉讼过程中捏造并提出虚假证据、恶意通谋侵害他人权益、拒不履行生效裁判等不诚信行为频繁发生。或者也可以说，这项立法的主要原因是出于更加有效地遏制虚假诉讼等这些不诚信行为的必要性和紧迫性。与此相应，诚信原则作为一般条款，除了在第三人撤销之诉等制度的新设中有所反映外，其更为具体和直接地体现为若干对妨害民事诉讼行为采取强制措施的规定。2012年修订的《民事诉讼法》在第十章增加了两条，即第112条（现为第115条）有关“当事人之间恶意串通，企图通过诉讼、调解等方式侵害他人合法权益的，人民法院应当驳回其请求”的规定，以及第113条（现为第116条）有关“被执行人与他人恶意串通，通过诉讼、仲裁、调解等方式逃避履行法律文书确定的义务”等行为的规定。对于这两种严重违反诚信原则的行为，法院都可以根据情节轻重予以罚款、拘留，对构成犯罪的则应依法追究刑事责任。当然，《民事诉讼法》第十章规定的其他妨害民事诉讼的行为中，如当事人伪造、毁灭重要证据，或者以暴力、威胁、贿买方法阻止证人作证或指使证人作伪证，拒不履行法院已经发生法律效力的判决、裁定等，亦可理解为严重违反诚信原则的行为。在较为抽象的层面上，对于上述这些行为采取的罚款、拘留等强制措施也可以归之于诚信原则产生的法律效果。不过，需要注意的是，诚信原则作为一般条款，在针对种种不诚信行为的强制措施中只能表现为某种精神或者理念，直接得到适用的仍为第十章的具体条文。而且，诚信原则能够发挥支撑或说理作用的部分大体上局限于较轻微的不诚信行为，与“驳回请求”或罚款、拘留等程度的强制措施相对应。如果同样的行为实际上情节却严重到构成犯罪足以追究刑事责任的地步，就超出了能够以诚信原则作为制裁的论证依据这个范围。

参考文献：王亚新《新民事诉讼法与诚实信用原则——以日本民事诉讼立法经过及司法实务为参照》

第4节 诉讼费用

《民事诉讼法》第十一章关于诉讼费用的规定只有一个条文，即第121条。该条文分为三款，分别规定当事人进行民事诉讼应交纳案件受理费（财产案件还应交纳其他诉讼费用），有困难的当事人可向法院申请缓交、减交或免交，以及收取诉讼费用的办法另行制定。目前，关于诉讼费用交纳及收取的法律依据就是国务院制订的行政法规《诉讼费用交纳办法》（2006年12月发布、自2007年4月1日起施行）。根据这一法规，当事人应向法院交纳的“诉讼费用”包括：诉讼案件的受理费；有关执行、保全、支付令、破产等程序的申请费；证人、鉴定人、翻译人员、理算人员等人员出庭发生的交通费、住宿费、生活费和误工补贴等费用。这些费用原则上由原告、申请人等预交，一般情况下最终由败诉者负担。需要注意的是，当事人申请鉴定、评估等而支付给鉴定人、评估机构的费用，虽然不在向法院交纳的诉讼费用范围内，也采取败诉者负担的做法，往往由法院作出判决时在当事人之间重新分配。

民事诉讼以及相关的一些程序向当事人收取诉讼费用，是国家提供司法这种公共服务主要实行“一般纳税人负担”或“公共负担”原则的同时，还适度地辅以“利用者负担”或“当事人负担”原则的体现。通过诉讼审判向社会上的一般人提供“定分止争”即纠纷的解决这种公共服务，需要付出不菲的经济成本。除了所有纳税人对此作出的贡献，还要求实际利用司法服务的当事人交纳一定数额的规费。这也是一种比较普遍或常见的公共财政安排。启动法律程序的一方当事人需要预交这些费用，与完全免费相比，意味着这种制度安排多多少少地能够发挥抑制滥诉的作用。而最终的成本负担转移到败诉者一方，又使诉讼费用带有了可能在某种程度上防止违约或侵权等行为及动机的含义。同时，对于经济困难的当事人，法律上还规定了申请缓交、减交及免交诉讼费用的司法救助。需要注意的是，启动诉讼程序的当事人如果未申请缓交、减交或免交诉讼费用并获得批准却拒不交纳受理费，诉讼案件将按撤诉处理。启动其他程序拒交申请费亦照此办理。这意味着交纳诉讼费用构成了诉讼及其他程序是否成立的条件之一，或者说无正当理由却不交纳诉讼费用的法律效果会导致程序停止启动。

关于诉讼费用交纳及负担的过程，先看设例 12-6。

设例 12-6

甲建工集团因建筑工程合同纠纷将乙房地产公司诉至法院，请求支付拖欠的工程款 1 400 万余元，预交了诉讼受理费 10 万余元。乙答辩称甲的施工质量存在重大瑕疵，并进一步提出反诉，请求甲赔偿损失 970 万余元，预交反诉受理费 4 万余元。双方都主张预交的受理费应由对方负担。在审理过程中，甲申请对已完成的工程量、乙申请对工程质量进行鉴定，并分别向鉴定机构直接预交了鉴定费用。双方还都申请鉴定人出庭作证，法院按照国家规定的标准代向甲和乙分别收取了其申请的鉴定人出庭所需的交通费和误工补贴，并发放给鉴定人。经过审理，法院作出了乙向甲支付工程款 420 万余元，对甲的其他诉讼请求和乙之反诉不予支持的判决。关于双方预交的本诉和反诉受理费，法院判决甲承担 10 万余元本诉受理费中的 6 万多元,其余的 4 万余元由乙负担;反诉受理费 4 万余元则全部由乙自行负担。对于双方已经支出的鉴定费,判决书中还按照支持诉讼请求的程度进行了重新分配。

设例 12-6 反映了最为典型的一审诉讼案件如何收取受理费、费用的负担以及如何依照“败诉者负担”原则在当事人双方之间分配费用。诉讼案件的受理费不限于第一审程序启动时收取,当事人提起上诉的第二审程序、审判监督程序中当事人因有新的证据而申请再审的案件、对第一审判决未提起上诉但判决生效后却申请再审的案件,也应当交纳受理费。受理费收取的标准按照财产和非财产两类案件分别确定。争议标的涉及财产的案件,须根据诉讼请求的金额或价额分段按递减的一定比率收取受理费。例如,标的额在 1 万元以内收取固定的 50 元、超过 1 万元至 10 万元的部分按照 2.5%交纳、超过 20 万元至 50 万元的部分按照 1.5%交纳、超过 200 万元至 500 万元的部分按照 0.8%交纳、超过 2 000 万元的部分按照 0.5%交纳,等等。非财产的案件如单纯请求离婚而不涉及分割财产的诉讼受理费为 50~300 元、停止侵害名誉权等人格权利的诉讼交纳 100~500 元、劳动争议案件(即使涉及金钱的请求)仅需交纳 10 元、其他非财产案件交纳 50~100 元,等等。需要注意的是,如果诉讼案件采用简易程序审理,或者当事人申请撤诉以及通过调解方式结案,受理费都应减半收取。以调解方式结案时受理费可由双方当事人协商分担,若协商未果法院则可视当事人相互让步的情形等就如何分配费用负担作出决定。第二审程序按照各方当事人不服一审判决而提出上诉请求的数额收取受理费。对于有独立请求权的第三人提出的请求和本诉被告提出的反诉请求,在与原诉、本诉合并审理的前提下均按请求数额予以减半收取。不过,减半收取在任何案件中都只适用一次,即使有多种理由也不能重复适用。

区别于诉讼案件的受理费,申请费主要在申请执行、保全、支付令、公示催告、撤销仲裁裁决或认定仲裁协议效力、破产、有关海事强制令或船舶优先权等海事案件的程序启动或结束时收取。不难看出这些程序均有某种类似于“非讼”的性质,但因其形式及内容的相异,收取申请费的标准也十分多样。例如,执行程序按照标的金额分段递减的一定比率收取申请费;保全也是如此,但申请费最高以 5 000 元为限;申请公示催告交纳 100 元;申请撤销仲裁裁决等交纳 500 元;申请支付令比照案件受理费的 1/3 交纳申请费;破产程序的申请费依据破产财产的总额计算,按照诉讼案件受理费减半收取,但最高不超过 30 万元,等等。此外,按照特别程序审理、裁定不予受理、裁定驳回起诉或上诉的案件,无须交纳任何费用。

关于对确有困难的当事人予以缓交、减交、免交诉讼费用的司法救助,《诉讼费用交纳办法》分别规定了比较明确的条件。在当事人提出申请的前提下,法院应当准予免交诉讼费用的对象有:残疾人无固定生活来源的;追索赡养费、扶养费、抚育费、抚恤金的;最低生活保障对象、农村特困定期救济对象、农村五保供养对象或者领取失业保险金人员,无其他收入的,等等。应当准予减交诉讼费用的范围包括:因自然灾害等不可抗力造成生活困难,正在接受社会救济,或者家庭生产经营难以为继的;属于国家规定的优抚、安置对象的;社会福利机构和救助管理站,等等。应当准予缓交的条件则是:追索社会保险金、经济补偿金的;海上事故、交通事故、医疗事故、工伤事故、产品质量事故或者其他人身伤害事故的受害人请求赔偿的;正在接受有关部门法律援助的,等等。

诉讼费用的交纳和收取在司法实践中还牵涉到种种操作性、技术性很强的细节问题,本书不再深入,有兴趣的读者可自行参考相关资料。

延伸讨论

12-4　我国诉讼费用制度的历史沿革

我国的民事诉讼制度在改革开放以前曾长期实行免费的政策,当事人提起诉讼大体上无须交纳任何费用。不过那段时期内民事诉讼的收案范围狭窄,案件数量不多,整体规模很小,因此影响到的范围也比较有限。到了 20 世纪 70 年代末 80 年代初,由于经济审判的发展、财产类案件数量的飞速增加等因素,法院开始收取诉讼费用。1982 年制定的《民事诉讼法(试行)》首次出现了有关交纳诉讼费用的法律条文,1989 年最高人民法院制定印发《人民法院诉讼收费办法》。这个规范性文件一直适用到 2007 年,才为国务院制定的《诉讼费用交纳办法》所取代。

在这段时期内,对于我国民事司法的实际运作而言,诉讼费用的收取和交纳直接或间接地发挥了若干重要的积极作用,也带来种种复杂的问题或负面影响。从 20 世纪 80、90 年代到 21 世纪初前十年,法院系统的经费一直主要由地方政府拨付。但依靠当地财政实行“公共负担”的这个部分,在许多法院(尤其是位于经济发展相对滞后地区的法院)却表现为慢性的经费不足或短缺。为了弥补这些缺口,保证用于办公、办案的所谓“保运转”经费能够有所着落,许多法院不得不高度地仰赖诉讼费用的收取。有一段时间,法院将收取的诉讼费用直接作为公用经费,用于办公办案的“自收自支”等做法流行。尽可能扩大案源即所谓“多收案、多办案”因而也构成了不少法院最为有力的经济激励。这种现象一方面导致民商事案件数量持续增长，法院的收案办案带有更强的绩效指向，甚至间接地促进了审判模式从法官在庭外积极主动收集证据调查事实的职权主义向更加依赖原告被告当庭相互举证质证的当事人主义转型。但另一方面，由此又造成“乱收费、滥收费”和经费管理混乱等与腐败现象相关的弊端出现，使法院招致了来自学界和社会的批评。为了纠正“乱收费”和“自收自支”等不规范的做法，早在1993年有关部门就出台了有关“收支两条线”的文件，强调收取的诉讼费用应一律上缴财政，法院再经财政拨付等正规途径获得经费保障。不过，因当时各种条件尚不具备，虽然随时间推移情况有所好转，但许多法院依然主要仰赖诉讼费用的交纳收取来“保运转”，且这个过程中不少环节不透明或管理混乱的状况并未得到根本的改观。

上述的局面真正开始转变，一个重要的节点就是《诉讼费用交纳办法》付诸实施的2007年。这一法规大幅度地降低了多数诉讼费用的收取标准，还废止了由法院视具体情况决定收取费用的种类和数额等可能招致滥用的裁量性条款。从2007年起，多数法院收取的诉讼费用都呈现出急剧减少的态势，主要依靠诉讼费用的收取来“保运转”的做法在不少地区已难以为继。为了缓和诉讼费用大幅减少带来的冲击，弥补地方财政所能提供的司法经费缺口，中央财政加强了转移支付的力度，向全国法院拨付专项经费补助。这一司法专项补助仅在2007—2009三年间就达数百亿元之巨。在我国经济长足发展、财政收入也不断攀升的大背景下，随着中央持续的转移支付，不少地方政府也逐渐加大了对司法的投入。2010年以后，通过诉讼费用的收取以保证办公办案经费的情况在绝大多数法院都已经大体上成为“过去时”。到现在，才有可能说诉讼费用真正“回归”到其作为一项辅助性、技术性制度的基本性质。

参考文献：王亚新《围绕审判的资源获取与分配》；王亚新《诉讼费用与司法改革——〈诉讼费用交纳办法〉施行后的一个“中期”考察》；王亚新《“省级统管”改革与法院经费保障》

第 13 章　第一审普通程序

从本章起，对我国民事诉讼制度的介绍进入有关不同程序的基本结构及动态过程这一相当于整个制度“纵剖面”的部分。当事人提起民事诉讼，最初经过的是第一审程序。如果当事人的一方不服第一审程序的裁判结果提出上诉，案件就进入第二审程序。经这些程序的审理与裁判，才产生“两审终审”的法律效果。而某些特殊的诉求又会涉及非诉讼性质的其他程序，或者也可能导致审判监督程序这样一种“非常规”的救济程序启动。以下分为若干章节，具体介绍分析这些不同种类程序各自的结构、内容和特点等。

在多种程序中，第一审普通程序（见图 13-1）是最为基础的诉讼程序，包括起诉与受理（立案）、审理前的准备、开庭审理等前后相继的若干阶段，其涉及的程序规范一般也适用于其他程序，在程序操作上需要处理的问题往往在不同种类的程序中都可能发生。因此，可将第一审普通程序理解为一种“标准的”或“完整的”程序流程。本章按照上述若干程序阶段的先后顺序分节介绍其内容，再加一节描述“标准流程”中断的几种情形及其程序上的处理方式。

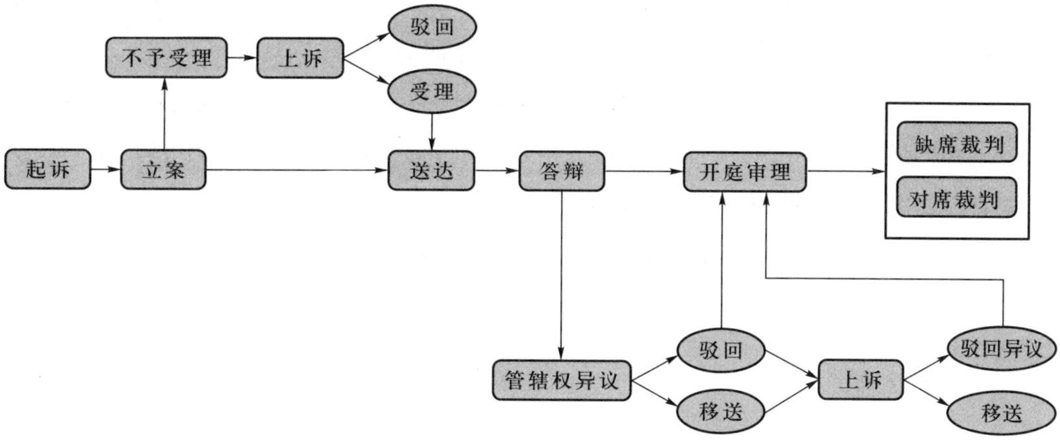

图 13-1　第一审普通程序的基本流程图

第 1 节　立案程序:起诉与受理

当事人作为原告起诉,即指明被告,向法院提出自己与对方之间发生的纠纷及需要法院予以解决的法律问题,法院则对诉状或口头起诉进行审查,决定是否受理。这个起诉与受理的过程,就是作为第一审程序最初阶段的立案程序。关于起诉应包括哪些内容、原告可以向法院提出什么样的问题等,属于民事诉讼的案件实体方面,本书在前面的若干章节中已经讨论过。本节介绍的重点,主要是起诉与受理的程序进行或如何具体操作这个方面,当然必要时也会涉及实体与程序的相互关系。以下首先描述起诉和受理在法院日常的程序运作中一般是怎样进行的、其过程又可能牵涉哪些程序规范及其解释适用的问题;然后,再对立案的程序或阶段在我国民事诉讼制度上所具有的位置和功能加以分析,并将涉及立案庭这一法院内设机构的作用;最后,在"延伸讨论"部分,还会就诉的利益涉及的问题做一个简单的梳理和评论。

13.1.1　起诉与受理

纠纷当事人起诉在法律规定上有书面和口头两种方式(《民事诉讼法》第 123 条),但目前的司法实践中提交书面诉状的做法占到很大的比例,法院真正接受口头起诉并为当事人做成起诉笔录的情形已经相当罕见。因为一般情况下当事人都能够很容易地找到代书诉状等法律服务,即便是不能书写且无经济能力的当事人,现在也有了更多获得无偿法律援助的机会。因此,以下的介绍讨论基本只限于提出书面诉状这种起诉方式。需要注意的是,由于立案程序本身的法律效果,精确地说,只是起诉得到受理之后,提交诉状的当事人才应被称为"原告",其所起诉的对方当事人此时才成为"被告"。不过出于行文方便,本节的叙述不一定严格遵循这种称谓的限定。

为了比较形象、直观地了解一般情况下起诉和受理的流程,请看设例 13-1。

设例 13-1

李甲因与刘乙的借款纠纷,聘请陈律师代其提起诉讼。陈律师携撰写好的诉状,于周一上午 9 点到达 A 区法院立案大厅。通过安检后陈律师在取号机上拿到一个号码,在休息区的座位坐下等候叫号。七八分钟后大厅里的电子屏幕上显示已轮到陈律师的号码,在 3 号窗口。陈律师到了窗口,向坐在里面的工作人员提交了诉状、证据目录及几份书证的复印件、李甲的身份证复印件、给自己的代理委托书等材料。工作人员简单阅览材料后,就被告的地址及联系方式等询问了几个问题。陈律师回答之后,工作人员请他稍坐等候,把材料交到了后面办公室内一位立案庭法官的手里。立案法官阅读了诉状和其他材料,感觉起诉基本符合条件,即按照本年度已受理的案件顺序将本案的案号列为"A 区人民法院民初字第 286 号",并在一张表格上登记本案相关信息,写明自己的意见"拟受理"后签名,再将此表格交给值班的立案庭副庭长审核。副庭长审核无误,在表格的审核栏内写下"同意"字样并签名。该登记表格交回 3 号窗口后,工作人员即叫来陈律师,告知起诉已经得到受理立案,向其出具了收据和缴费条。陈律师到立案大厅内一个专门由银行代为办理缴纳受理费等诉讼费用的窗口,缴费之后把收据联交回 3 号窗口。由于这天来立案大厅办事的人不多,从陈律师进入法院到起诉手续办理完毕离开,大约花了不到半个小时。

设例 13-1 展示的是一个相当顺利的立案登记过程,但需要注意的是在这个已经非常简单的流程中,依然能够体现起诉和受理必须具备的程序要素及结构。首先,起诉意味着当事人方面必须到法院当面提出申请,即所谓"不告不理",先有"告"才会"理"。某些报道涉及的法院工作人员到原告家里接收诉状或允许通过网络提交诉状等有关"告"的新方式,仅仅限于例外的或特殊的情形。而这里说的"理",指的则是法院对起诉材料的审查。经过立案登记制的改革,法院在原告递交诉状时只进行形式上的审查。如设例 13-1那样,对诉状及相关材料所做形式审查的对象,大致包括原被告的姓名、性别、年龄及住所地址、联系方式等是否已经列明,诉讼请求是否写清楚,诉状是否有基本的事实和理由,以及是否提交初步的证据,等等。审查这些信息是否具备,反过来也是对起诉在形式上合格的起码要求。如果法院认为起诉没有达到这种要求,应当尽可能一次性地要求原告对诉状予以补正。只是当原告拒绝补正或诉状补正后仍无法达到起码要求时,法院才能对起诉作出不予受理的裁定。当然,如果原告提交的诉状明显不符合具有实质意义的起诉条件且未能补正,法院也有可能以此为理由直接裁定不予受理。

就当事人的相关信息而言,确认原被告姓名、地址及联系方式等信息有两方面的目的或功能。一是特定或明确案件的诉讼主体,以便进一步审查其是否具有资格或与本案是否真正存在利害关系;另一则是在随后的程序中方便与当事人的联系。诉状上有关原被告信息的记载详略程度以满足这两项要求为前提。一般情况下有关原告的信息记载都比较充分,即使有不清楚的地方也很容易得到明确(目前比较普遍的做法是要求原告至少能够对自己的送达地址或联系方式用书面方式进行确认)。困难的是有时原告难以提供足以特定被告或有把握联系上被告的信息。这种情形就牵涉《民事诉讼法》第122条第(二)项要求诉状要“有明确的被告”如何解释适用的问题。在形式审查诉状的阶段,出于先得联系上被告的目的,只要诉状列明对方姓名和大致的地址等,法院往往都要求原告提供被告的电话号码(尤其是手机号)或邮箱。如果原告不能提供这些方便直接与被告联系的信息,有些法院从事诉状形式审查的人员在认为仅有姓名、性别、年龄及地址可能找不到被告时,就会要求原告进一步提供对方的身份证号码或复印件等足以特定被告的信息。一旦原告无法提供此类信息,诉状就有不被接收的可能,往往会引起当事人对“告状难”的抱怨。在解释论上,作为形式审查的对象,原告只要提供足以特定对方当事人的姓名或名称及地址,就应视为已满足“有明确的被告”这一条件。《民诉法解释》第209条第1款对此已有明确规定:“原告提供被告的姓名或者名称、住所等信息具体明确,足以使被告与他人相区别的,可以认定为有明确的被告。”因当事人暂时无法提供对方电话号码及身份证复印件等进一步的信息就不予接受诉状的做法,显然是不应该的。当然,原告如果连被告的称谓或住址都没有提供,以致无法特定被告的话,法院应要求原告补正提供这些信息,否则可作出裁定不予受理。有些情况下,法院在实质审查阶段或受理起诉后采取一定措施(如通过与公安机关联系查找被告身份证信息等)来适当地为原告提供帮助很有必要。但法院如果采取这类措施仍然无法查明相关信息,因而不能特定或找不到对方的话,则“被告不明确”的后果仍应由原告承担,即法院可对其起诉不予受理或裁定驳回。

起诉形式审查的另一项内容是看诉状是否记明了“诉讼请求和所根据的事实与理由”[《民事诉讼法》第124条第(三)项]。这些信息记载的详略程度以法院足以了解原告的具体诉求和大致的根据、被告足以对诉状作出有针对性的回应为前提。诉讼请求必须明确其性质是给付、形成还是确认,请求内容也必须具体到如关于金钱的给付请求一定得有数额等。“事实和理由”的记载最低限度应让法院和被告大致明白请求究竟是基于何种法律关系或纠纷事实。如果诉状的记载达不到这种程度的要求,法院可让原告对诉状进行补正,拒绝补正或补正无法达到最低限度要求时,法院能够对起诉作出不予受理的裁定。与此相关的还有原告起诉时未提交证据是否应不予受理的问题。《民事诉讼法》第124条第(四)项规定了诉状应当列明“证据和证据来源”等,有些法院据此在原告未能连同诉状一并提交证据的情况下对其起诉不予受理,甚至还有拒绝接收诉状的情形。从解释论上看,上述条文应当理解为倡导性的程序规范。原告起诉时一般都会提交书证的复印件或告知某种证据的存在,但即使此时未能提供,只要在诉讼过程中能够提供,就不应成为其行使诉讼权利的障碍。而且原告进入诉讼程序后如果仍不能提供证据或举证不力,有可能招致的是判决驳回请求(即今后就算有了证据,再起诉因“一事不再理”的效果不能得到受理)的风险,其作为理性行动的主体应当最清楚自己的利害所在。某些法院在诉状的形式审查阶段严格要求原告提交证据,有时甚至要求提交能够胜诉这种程度的证据,否则将不予受理的做法,属于在适用法条时陷入理解误区的表现。

此外,关于当事人是否按期预缴诉讼费等事项,也属于对起诉进行形式审查的范围。如果原告的起诉得到登记受理后没有预缴诉讼费也未提出缓缴、免缴等申请,或这种申请未获批准却坚持不预缴费用的话,法院可对其作出按照撤诉处理的裁定。

从逻辑上看,形式审查之后才到对诉状是否符合法院受理范围、当事人适格及诉的利益等条件或要件进行审查的阶段。但一般情况下,对起诉的形式审查和关于起诉条件的审查经常能够在诉状提交到立案窗口的较短时间内一次性地完成,原告的起诉在一两天甚至几个小时之内就得到登记立案。这是因为法院在立案时只能根据原告单方提供的信息来判断是否符合起诉条件,多数情况下通过作为形式审查对象的上述内容即可大致作出这样的判断。不过,也有一些诉状虽然形式审查没有问题,却卡在了关于起诉条件或要件的审查这一阶段。《民事诉讼法》规定的立案审查期间最长为 7 日,少数存在难点的起诉甚至需要花费更长的时间才能完成起诉条件的审查,往往还通过立案庭副庭长、庭长和法院领导的沟通,而结果有时是不予受理。不过,在 2015 年的立案登记制改革之后,7 日内即便不能确定原告的起诉是否符合条件,原则上法院都先予以立案登记,之后如查明确实不符合起诉条件,再裁定驳回起诉。《民诉法解释》第 208 条已有明确规定,如果立案部门当场不能判定是否符合起诉条件的,应当接收起诉材料,并向原告出具注明收到日期的书面凭证。如果认为有必要补充相关材料,法院应当及时告知当事人,立案审查的 7 日期限从当事人补齐相关材料的次日起算。立案后才发现起诉不符合起诉条件或诉讼要件的,法院应作出驳回起诉的裁定。对于不予受理和驳回起诉这两种裁定,原告可以提起上诉。

正如本书第 3 章第 2 节所述,法院受理范围、当事人适格和诉的利益在民事程序法理论上构成了诉讼成立的三个要件。这些要件在我国《民事诉讼法》第 122 条和第 127 条规定的起诉条件中均有体现,却又不完全对应或等同。关于这三个要件之定义、内涵外延及相互间关系等存在种种学说,但目前在我国民诉法学界尚未达到普遍的共识。在司法实务中,所谓对起诉条件的实质性审查,其实往往就是衡量原告的起诉是否满足这三个要件。鉴于这种审查从起诉开始可至整个诉讼的终结，当法院判断案件不符合这些要件时，可能分别以裁定不予受理、裁定驳回起诉、判决驳回诉讼请求等多种形式来宣告诉讼不成立，本书以下将“受理范围”“当事人适格”和“诉的利益”一并称为“诉讼要件”。也可以说，所谓起诉条件，至少其中的一些部分属于诉讼要件的内容，而且诉状的形式审查已开始涉及诉讼要件是否成立的问题，但立案阶段对条件的实质性审查及诉讼过程中发现诉讼要件不成立的处理，其对象大体是一致的，即针对的总是受理范围、当事人适格和诉的利益这三个要件。其中前两个诉讼要件已经分别在“审判主体”和“诉讼主体”部分加以讨论，本节延伸讨论 13-1 将集中介绍“诉的利益”。

一般而言，在起诉和受理阶段，法院对诉讼请求是否属于受理范围最为敏感，过去的不予受理裁定往往以不符合这个条件为由而作出，当事人有关“告状难”的抱怨也经常围绕起诉是否在法院受理范围之内的争议而发生。与此相对，关于当事人适格（尤其被告是否适格）或者诉的利益这两个要件，虽然也有一些在立案阶段经法院单方审查就不能通过而裁定不予受理的情形，但看来更多的是经过受理并向被告送达诉状后，由于被告进行争议，法院才根据双方提出的证据作出诉讼不成立的判断，因而以裁定驳回起诉。另一方面，对于起诉后很快或在法定的 7 日期限内得到受理的大部分案件来说，法院向原告发出受理起诉通知书之时起，一系列的法律效果就此发生。除了诉讼时效中断这一实体法上的效果（原则上当事人一旦提出诉状即可发生），受理起诉或立案（大陆法系的术语称为“诉讼系属”）在程序上的法律效果主要体现为开始禁止重复起诉和审限的起算。

13.1.2　立案庭的程序活动及多种功能

作为第一审诉讼程序开始的环节或阶段，包括起诉和审查诉状决定是否予以受理的立案程序意味着一种筛选功能，即法院审查一方当事人提出的问题，判断究竟是否将其挡在诉讼“门外”，还是放进“门内”来。不过，这种在诉讼程序“内和外之间边界”上展开的相互作用，往往还会发挥“筛选”之外的其他功能，而且相互作用的主体也不一定只限于法院和潜在的原告，经常会把另一方当事人卷进来。尤其在所谓“案多人少”即起诉至法院的纠纷众多，案件负担较重的现象已成为常态的法院，近年来表现在立案阶段的一个普遍的趋势，就是通过这个环节实行纠纷处理的“分流”（或称“繁简分流”）。典型的做法有：法院收到一方当事人提出的诉状后，如认为可行就尽快通过电话等简便方式联系另一方当事人，询问是否可接受调解；要是双方当事人都对法院的建议表示同意，法院即可安排调解的时间和地点；调解可在法院内或外面某个对于当事人双方都方便的地点举行，调解的主体可以是法院审判人员,也可以由法院委托的外部调解组织或个人进行;可以在收到诉状尚未受理时实施调解,如果调解不成功再来决定是否受理,这种方式称为“诉前调解”;也可以在受理之后立即组织调解,如调解成功就出具调解书结案,不成功的话案件则正式进入审理阶段,这种方式往往称为“立案调解”。此类尝试在 2012 年修订《民事诉讼法》时反映到了新设的立法条文之中,即第 122 条(现为第 125 条)关于“先行调解”的规定:“当事人起诉到人民法院的民事纠纷,适宜调解的,先行调解,但当事人拒绝调解的除外。”

在学理上,上述的做法可理解为在立案阶段将部分适宜的纠纷或案件分流到具有“非讼”性质的调解程序内予以处理。不过,立案环节的“分流”功能并不限于先行调解。根据 2012 年《民事诉讼法》新引入的第 133 条(现为第 136 条)第(一)项的规定,如果法院发现当事人另一方对起诉并无争议且案情符合相应条件,可以把已经受理的案件转入督促程序(非讼程序的一种,参见本书第 18 章)去处理。此外,同样作为“分流”的一种表现,对于某些标的金额不大、双方争议较小、案情也很简单的纠纷,不少法院在立案阶段采取了“速裁”方式来尝试进行快速便捷的处理,让这部分案件与进入开庭前准备等正式审理阶段的案件区别开来。这样的分流功能在程序上已然超出了起诉和受理的内涵,至此必须考虑在我国民事诉讼制度的语境下“立案”这个概念可能具有的另一层含义,即“立案庭的活动或功能”。

立案庭是法院内设的一种机构或组织,是从 20 世纪 80 年代后期到 90 年代中期,根据“立审分离”的改革方针逐渐在各级法院普遍设置。其承担的主要任务或职能,当然首先在于对起诉就形式和要件进行审查并决定是否受理。不过在此前二十余年来一波一波的司法改革中,有相当一部分立案庭的活动向受理前的纠纷处理和受理后的审理准备等方向延伸,形成了第一审程序早期阶段由立案庭在程序上发挥多种功能作用的格局。这些活动及作用除了最基本的审查起诉决定受理与否(即案件“筛选”功能)之外,还可能包括纠纷处理的分流功能、以“速裁”为中心的审判功能,可以从送达、保全、处理管辖权异议一直延伸到证据交换、安排鉴定评估等审理前的准备功能,录入案件信息并在此基础上实施流程管理等对案件或审判的管理功能等。立案庭的活动或功能范围或大或小,意味着这一机构和审判庭之间在程序上分工衔接的具体方式,其表现形态又因不同法院、不同时期而显示出种种差异。在此意义上,可以把仅指起诉和受理的“立案”理解为狭义的概念,与之相对的概念则可包括立案庭承担的多种活动或功能,即广义的“立案”。

有关受理起诉后的案件审理及审理前准备等程序,将在以下的章节逐一加以介绍。

这些程序由法院内部的哪些机构或主体来进行操作，对于诉讼法解释论而言不一定具有实质性的意义。不过，基于本书第 5 章第 3 节“延伸讨论”中提出的“程序与组织”这一视角，可以看到在中国民事诉讼语境下，立案庭的活动或功能与立案程序操作之间依然存在着某种内在关联。尤其是这些活动或操作导致诉讼程序的“内和外”之间、诉讼和非讼之间、立案程序与审理程序之间的区别或“边界”流动化的过程，可能会带来若干解释论上有探讨价值的论点或问题。本书后文根据需要，还会涉及其中的某些论点。

延伸讨论

13-1 诉的利益

如本节所述，诉的利益与法院受诉范围、当事人适格一起，构成了决定起诉是否应予受理或应予裁定驳回的根据，属于起诉条件或诉讼要件中的一种。对于何谓“诉的利益”，或者“起诉不具备诉的利益”究竟包括哪些情形等问题，有必要做一个简洁的介绍及讨论。

“诉的利益”这一概念同样来自大陆法系德国、日本的民事诉讼学说，其基本含义是原告以起诉提出的问题或纠纷的实体内容本身，应当具备值得通过民事诉讼予以处理解决的价值或利益。一般而言，民事纠纷只要属于法院受理案件的范围，当事人又有获得权利救济的资格或利害关系，基于这种纠纷的起诉通常都具备诉的利益。但另一方面也有一些纠纷虽然符合前两个诉讼要件，却缺乏诉的利益。具体讲，所谓不具备“诉的利益”比较典型的情形包括：违反“禁止重复起诉”或“一事不再理”原则的起诉、利用合法的形式或外观掩盖非法目的或实质的虚假诉讼或恶意诉讼、利益过小的起诉如缺乏公益背景的“五毛钱或一块钱诉讼”，等等。我国《民事诉讼法》第 127 条第（五）项关于“对判决、裁定、调解书已经发生法律效力的案件，当事人又起诉的”，以及第 127 条第（七）项关于“判决不准离婚和调解和好的离婚案件，判决、调解维持收养关系的案件，没有新情况、新理由，原告在六个月内又起诉的”等情形所作的规定，就对应于违反“一事不再理”的起诉。此外，在大陆法系民事诉讼中还有某些属于不具备诉的利益之典型形态，但在我国的诉讼法学理论上却尚无定论，司法实务中如何操作也不很清楚的例子。比如说当事人之间缔结有不起诉的诉讼契约，其中一方却提起诉讼，就属于这样的情形。

有关“诉的利益”而展开的学说，还关注不同诉讼类型的特殊情形。一般而论，给付之诉大多理所当然地具备诉的利益这一诉讼要件。而关于形成或变更之诉，往往由实体法出于对某些种类的形成或变更利益通过诉讼予以保护的必要,在列明法定事由的基础上规定允许提起,因此诉的利益也很少发生问题。只有确认之诉构成了最容易出现“是否具备诉的利益”等疑问的领域,为了说明这一点,可以参看设例 13-2。

设例 13-2

郑某经营有一快餐店,准备加以改装并更名为“天府屋”。因担心位于同条街上的另一家名称为“天府酒家”的大型餐厅可能不允许其使用“天府”字样,遂以天府酒家为被告向法院提起诉讼,请求确认“天府屋”名称的使用不构成侵权或不正当竞争。经法院询问天府酒家是否有应诉或提起反诉的意愿,其表示自己并无不允许郑某使用“天府”字样的意思。法院向郑某释明,要其撤回诉状,但郑某坚持仍要起诉,法院遂作出不予受理的裁定。

从设例 13-2 还可以想象,如果存在原告收到了来自天府酒家的律师函或其他形式的不得使用“天府”字样的警告等情节,则法院对这一确认之诉予以受理的可能性就会更大。与此类似的情形在现实生活中可能并非常见,但该设例却能够形象地说明确认之诉(尤其是消极的确认之诉)往往需要具备诉的利益这一要件,才有可能得到法院受理。基于同样的逻辑,向法院起诉请求确认自己对某一不动产拥有所有权的当事人必须以他人作为被告,为了使法院受理自己的诉讼请求,该当事人也必须能够列举具体的情节,说明被告已经给自己对于特定财产拥有所有权这一点造成威胁,或至少是带来了不确定性(如被告向自己主张同一财产的所有权,或者被告采取过侵入住宅等行动)。除了上述这些应当具备“确认的利益”或“确认之必要”的情形之外,由于确认某种权利义务是否存在可以说是一切给付之诉的前提或基础,如果原告完全能够提起给付之诉,但其仅仅请求法院对自己的权利予以确认的话,也很有可能因缺乏“诉的利益”而不能得到法院受理。

我国民事诉讼法学界对于“诉的利益”已经有一定的研究积累,也有些研究如上文那样列举与之对应的种种情形。不过,关于这个概念的确切含义、内涵、外延以及司法实务中应如何操作运用,目前还不存在广泛的共识。一个困难的问题就在于,诉的利益与法院受理范围、当事人适格具有内在的紧密关联,这些概念的外延往往相互交叠。由于都深深地牵涉案件的实体内容,尤其是诉的利益和当事人适格有时不易区分,因为两者都有可能既是起诉条件又是诉讼要件,不少场合还会被理解为实体审理及裁判的对象。对于不符合这些要件的案件，在程序上究竟采用不予受理的裁定、驳回起诉的裁定还是判决驳回诉讼请求，至今也不存在任何明确的标准或解释论上的指引。此类问题都有待于民事诉讼法学界研究的进展和实务界的努力，才有可能逐步获得解决。

第 2 节　审理前的准备

作为第一审普通程序最典型的推移过程，起诉一旦得到受理，法院就有必要安排向被告送达诉状及其他材料；被告接受送达之日起，答辩期即开始起算；被告在此期间内是否反应或作出何种反应，可能带来一定的法律后果；从答辩期届满到开庭审理，双方当事人和法院可能会进行一系列的准备活动——所有这一切程序操作，就构成了庭审前的准备阶段。以下分三个部分描述这一阶段的程序运作，并对可能涉及的若干论点进行讨论。

13.2.1　送达

法院受理起诉后，接下来需要采取的措施往往就是向被告送达诉状。根据《民事诉讼法》第 128 条的规定，“人民法院应当在立案之日起五日内将起诉状副本发送被告”。对于第一审程序而言，启动送达这项措施意味着把原告与法院之间的相互作用扩展到了被告，“两造对立”的诉讼结构至此成为现实。送达的功能首先在于“告知”，受到告知的当事人才有机会为维护自身的实体和程序权利作出反应，如提交有利于己方的主张和证据等。于是，为当事人提供“程序保障”也就在更进一步的层次上成为送达的重要功能。为了切实发挥这些功能，法律上对实施送达的方式做了明确规定。如果缺失对当事人有效、合法的送达，诉讼中许多实体或程序性的法律效果都不能发生。因此，送达制度对于确保实体和程序公正的实现具有重要的意义。为了形象地说明第一审程序中如何运用各种送达方式的场景，可参见设例 13-3。

设例 13-3

马某向法院起诉吕某，以侵权为由请求损害赔偿。立案窗口接收诉状三天之后，法院受理了本案，把诉状副本、附随的书证复印件以及其他材料移交给设在立案庭内的送达组。该组承办人员在相应的格式文本上填写《应诉通知书》《受理通知书》《举证通知书》等文书，并与审判庭联系确认本案开庭审理的时间地点，填写《开庭传票》。随后该承办人员即根据原告提供的号码，用电话分别同马某和吕某联系，要求他们到法院来领取上述文书。原告代理律师很快过来，领走了《受理通知书》和《开庭传票》等文书，并在《送达回证》上签名和写下签收日期。但被告虽然接了电话，却表示自己没时间到法院来。承办人员把诉状副本及证据复印件、《应诉通知书》、《举证通知书》和《开庭传票》等文书装进法院专用的"司法专递"快件信封，按照诉状上写明的吕某地址交邮局投递。数日之后邮差送回了快件信封，说居住于该地址的人员坚持不收邮件。于是，承办人员确定了一个更有可能在其住处找到被告的日期，会同送达组的另一位人员携带诉状副本等诉讼文书前往。到达目的地后两位法院送达人员敲开房门，应门的人虽然承认确为吕某住所但说其现不在家，也不答应代为签收诉讼文书。经说服代收无效，送达人员只得把诉讼文书留置在被告住所门内，并使用带去的摄像机对此过程拍照录像，回到法院后，还在《送达回证》上记明了本次送达的经过、结果和日期。两位送达人员在回证上签名，将其作为凭据妥善保管在本案卷宗内。

在设例 13-3 中，法院送达人员运用了直接送达（《民事诉讼法》第 88 条）、邮寄送达（《民事诉讼法》第 91 条后段）和留置送达（《民事诉讼法》第 89 条）等方式。其中，留置送达采用的是 2012 年《民事诉讼法》新增加的方式。在直接送达的诉讼文书遭遇受送达人或者其同住成年亲属拒绝接收的情况下，原来有关留置送达的规定要求，送达人邀请当地基层组织或单位的代表作为见证人到场，说明情况并在送达回证上记载拒收事由和日期，再由见证人签名或盖章后，把诉讼文书留在受送达人的住所，才视为送达。由于留置需要见证人在场并提供证明，这为司法实践中本来已经有很多困难的送达带来了不小的障碍，民诉法修订时增加了较为简易的方式。根据现行《民事诉讼法》第 89 条后段，送达人把诉讼文书留在受送达人的住所，并采用拍照、录像等方式记录送达过程，"即视为送达"。设例 13-3 中就有体现这种方式的送达场景。《民诉法解释》第 131 条还进一步规定，法院在当事人住所以外的地方向当事人实施送达时，如果当事人拒绝签署送达回证，采用拍照、录像等方式记录送达过程即视为送达。

除了上列三种最为常用的送达方式之外，法律还规定了委托其他法院代为送达的"委托送达"（《民事诉讼法》第 91 条前段），由军队、监所等机关单位转交的"转交送达"（《民事诉讼法》第 92～94 条），通过传真、电子邮件等方式实施的"电子送达"（《民事诉讼法》第 90 条），以及"公告送达"（《民事诉讼法》第 95 条）等方式。需要注意的是，所有这些法定的送达方式，其适用的被送达之诉讼文书包括诉讼刚开始之时的诉状和开庭传票，诉讼过程中产生的相关文书资料如答辩状、双方提交的书证复印件、各种有关程序事项的通知等，还包括结案时的判决书、裁定书和调解书等文书。2012年《民事诉讼法》第87条曾规定的传真、电子邮件送达即电子送达不适用于送达判决书、裁定书和调解书。但是，根据最新修订的《民事诉讼法》第90条的规定，在经受送达人同意的情况下，判决书、裁定书和调解书方可采用电子方式送达。电子送达是在社会日益电子化、信息化背景下民诉法新增加的送达方式。电子送达的手段或媒介除了传真、电子邮件外，还包括手机短信等移动通信方式。采用电子送达还需要获得受送达人的同意，且其应当事先在送达地址确认书中对同意采用这种方式和接收送达的特定系统予以确认。一旦满足这项条件，送达信息到达受送达人特定系统的日期，即为送达日期（现第90条第2款）。

此外，对于公告送达方式，也有必要进一步讨论。关于这种送达方式，根据《民事诉讼法》第95条的规定，其适用条件是受送达人下落不明，或者使用上述所有其他的送达方式都没有奏效而无法送达，自法院发出公告之日起，经过30日即视为送达。《民诉法解释》第138条对公告具体方式的规定为："可以在法院的公告栏和受送达人住所地张贴公告，也可以在报纸、信息网络等媒体上刊登公告"。对诉状及开庭传票以公告方式送达，往往是为其后一方当事人缺席的审理和裁判在程序上提供正当性基础的措施。通常情况下法院应通过法定的种种方式尽可能知会当事人，为其提供与对方当事人展开攻击防御的机会。如果当事人已经得到了合法有效的告知，其却放弃提出有利于自己的主张和证据以维护自身权益的机会，则有可能为此承担不利的实体和程序后果。这是送达制度一般具有的程序保障含义。而公告送达则更进一步，在当事人下落不明或穷尽其他方法均无法送达的情况下作为一种最后手段，以其未必能够接触到的公告方式进行告知，一旦经过法定的时期，即可拟制当事人得到告知，已为其提供必要的程序保障。在此意义上，公告送达其实不宜过多或过于频繁地使用。

不过，目前在我国的司法实践中，由于社会流动性大、征信体系尚不很规范完善以及诚信意识的缺失等复杂原因，"送达难"成为一种颇为普遍的现象。其表现之一就是其他方式的送达经常不易奏效，以致不得不频频使用公告送达，而法律上的效果与实际情况有时并不一致。"送达难"现象还反映在送达过于耗费人力物力，占用法院的较大一部分司法资源。有些情况下，法院与当事人之间或双方当事人之间也可能围绕"究竟能否视为送达"等发生争议。关于如何解决"送达难"的问题，通过深化程序法解释论的研究，进一步明确法院和当事人各自的权能及责任，将构成一种必要的途径。但另一方面也必须看到，这个问题同样牵涉我国社会转型期种种复杂的结构性矛盾，其彻底的解决仍有待于较长时段的社会发展。

参考文献：陈杭平《“职权主义”与“当事人主义”再考察：以“送达难”为中心》

13.2.2　答辩、举证期限及相关的程序事项

当诉状等文书资料被送达给被告，自其收到这些文书之日起的 15 天，即为被告提出答辩状，针对原告的攻击进行防御的答辩期。这 15 天的期间可能导致某些程序性法律效果的发生，并牵涉原被告双方程序上之权利义务如何安排等重要的问题。《民事诉讼法》第 128 条规定被告“应当”在答辩期内提出答辩状，其第 2 款又规定“被告不提出答辩状的，不影响人民法院审理”。应考虑对于这些规定如何加以解释的问题。此外，2012 年修订《民事诉讼法》增加了有关“应诉管辖”的规定（参见本书第 4 章第 3 节 4.3.2），这一法律效果与答辩期的经过紧密相关。还有，《民诉法解释》第 99 条第 2 款所规定的“举证期限”，也可能与答辩期重叠或交错，因此亦有必要在与答辩或答辩期相互牵连的角度下审视有关举证期限规定的含义。

目前我国民事诉讼实务中有关答辩的现状是，有相当一部分案件，被告接收应诉通知书、诉状及开庭传票等诉讼资料后一直不作出任何反应，到了开庭审理时才开始答辩或有其他表示。这种情形在某些场合造成了开庭审理的效率低下或者不得不重新开庭等后果，出现了妨碍诉讼经济或导致程序拖延等不利影响。针对此类问题的发生，学界有观点认为被告进行答辩不仅是其诉讼权利，也是一种诉讼义务，如果违反《民事诉讼法》第 128 条“应当”答辩的规定，对于造成诉讼严重迟延等后果的，法院甚至有权直接判决被告败诉。这就是有关所谓“强制答辩”或“答辩失权”的主张。由于《民事诉讼法》还明确规定被告不答辩并不影响法院对案件的审理，虽然可以把答辩理解为既是被告权利又是其义务，但这种义务应视为一种“倡导性”的义务，而非违反了就可以采用如败诉等不利后果来予以制裁的对象。考虑到在我国民事诉讼的语境内，如果仅仅因诉讼早期阶段的程序事项违法就导致实体上产生“失去权利”这样严重的后果，很可能带来“实体正义”受到侵害的抱怨。因此，虽然在应当尽可能地促使被告在答辩期提出答辩状这一点上并无异议，但对被告未在答辩期内及时以口头或书面方式答辩或者将答辩拖延至开庭等行为，实务中一般的做法仍是不从实体上进行制裁。就案件审理的现状来看，及时答辩（有时还包

括提起反诉)和答辩拖延的情形都有一定比例的存在,看来后者还说不上已带来大面积或大规模的诉讼迟延,或者说还未构成必须立即设法解决的严重问题。相信这也是"答辩失权"的观点目前尚未得到普遍接受的背景之一。

答辩期经过可能带来的一项程序上很重要的法律效果,就是"应诉管辖"的构成。在2012年修订《民事诉讼法》之前,尽管法律明确规定被告如果对法院的管辖权有异议,应当在答辩期内提出。但是如同上段所讨论的未及时答辩的情形一样,被告即使在答辩期内没有提出管辖权异议,也未必会妨碍其在收到诉状的15天过后甚或到开庭时和答辩一起提出这种异议。或者,即便法院对逾期提出的管辖权异议不再作出驳回或移送的裁定,但亦不影响已受理案件的法院认为本院没有管辖权(往往以逾期提出的异议为契机)而依职权移送。不过,正如本书第4章所述,2012年《民事诉讼法》增加的"应诉管辖"规定改变了这种情形。这一规定(2012年《民事诉讼法》第127条第2款)明确了被告只要未在答辩期内提出管辖权异议而应诉答辩,此后即失去了再提出这种程序性异议的诉讼权利。应诉管辖的成立还意味着如果答辩期间内没有管辖权异议的提起,且被告到开庭审理以前已应诉答辩的话,则本来对案件没有管辖权的法院也取得了管辖权,逻辑上已不得再依职权移送案件。

另一项由2012年《民事诉讼法》加以规定并可能与答辩期发生紧密关联的制度则是举证期限(关于这项制度引入我国民事诉讼程序规范的过程及相关争论,可参见本书第7章第1节7.1.2)。2012年《民事诉讼法》第65条第2款(现为第68条第2款)规定,"人民法院根据当事人的主张和案件审理情况,确定当事人应当提供的证据及其期限",作为当事人逾期举证的后果,又规定法院"应当责令其说明理由;拒不说明理由或者理由不成立的,人民法院根据不同情形可以不予采纳该证据,或者采纳该证据但予以训诫、罚款"。学理上对法院"确定"举证期限的解释,可包括法院为双方或一方当事人指定提交的证据及期限,以及双方当事人约定或法院与双方商定举证期限,再由法院对此加以确认。除《民诉法解释》第99条第1款之外,现行《证据规定》也对法院指定和当事人约定举证期限分别加以规定:其第50条第1款规定,"人民法院应当在审理前的准备阶段向当事人送达举证通知书";第51条第1款规定,"举证期限可以由当事人协商,并经人民法院准许"。《证据规定》第55条还就在被告提出管辖权异议、追加当事人或第三人参加诉讼、原告增加或变更诉讼请求、被告提起反诉、公告送达等多样的程序场境下如何确定举证期限做了细化的规定。在司法实务中,法院为当事人指定举证或提供证据的期限又有两种情形:一种情形是在受理之后向原被告发出受理通知、应诉通知及诉状、开庭传票等文书时确定一个双方提供证据的期限，并填写两份内容基本同样的《举证通知书》，与上列文书一并分别送达给两方当事人；另一种情形则是在审理过程中根据实际情况，随机地为当事人的一方或双方确定需要在一定时间内提交的证据。前一种情形可视为审理前准备的一个环节，与答辩期发生紧密的联系，本节只讨论这种情形。

首先，答辩期制约举证期限的长度。在案件受理后的庭前准备阶段指定举证期限，其期间往往与答辩期重合。重合时举证期限不得短于答辩期，因为这 15 日是法律为当事人收集证据、作出回应规定的合理期间。对此《民诉法解释》规定，法院应当在审理前的准备阶段确定当事人的举证期限，在第一审普通程序中举证期限不少于 15 日。可以看到法院在这个阶段指定举证期限，实质上有“强制”被告举证答辩之义，能够强化答辩期的效果，从而在诉讼的早期阶段起到促进当事人之间展开攻击防御的作用。关于这一点，可参看设例 13-4。

设例 13-4

赵甲起诉侯乙，法院受理诉状后，考虑到案情比较复杂，双方需要提交的证据可能会很多，为了让当事人充分准备以促进程序的进行，遂在向双方送达相关文书时指定了一个为期 25 日的举证期限。赵甲表示自己准备的证据清单已连同诉状一并提交，如果还有余下的证据会尽快提交。侯乙收到诉状及举证通知等文书后向律师咨询，律师指出如果从收到这些文书的第二天起近一个月之内不提出反驳的证据并进行答辩，对赵甲的起诉置之不理的话，可能带来对于侯乙自己有利的证据及主张不被法院接受采纳的风险。于是侯乙不得不努力去收集有利于己方的证据，并在 25 天的时限快到期之时，向法院提出了答辩状和相关的证据复印件及清单。但是由于其失误，到了即将开庭审理的时刻，侯乙又申请对某一项文书进行鉴定。赵甲主张其鉴定申请属于逾期举证，对本案审理并无多大价值，实属故意拖延诉讼，请求法院不予批准。法院要求侯乙就这几点作出说明后，考虑到此项鉴定对于解决本案有关实体问题确有必要，被告逾期提出只是因过失而非故意等等因素，接受了其鉴定申请。不过，因其失误而导致准备好的开庭不得不推迟到一个月以后，法院对侯乙作出罚款 800 元的裁定。

设例 13-4 可视为 2012 年《民事诉讼法》第 65 条第 2 款（现为第 68 条第 2 款）引入的举证期限制度予以适用的一种典型场景。在法院指定或当事人约定了举证期限，一方却逾期提交证据的情况下,逾期的当事人必须对此作出合理的说明。《民诉法解释》第 101 条第 1 款规定:"当事人逾期提供证据的,人民法院应当责令其说明理由,必要时可以要求其提供相应的证据。"不过在"当事人因客观原因逾期提供证据,或者对方当事人对逾期提供证据未提出异议的"情况下,法院应接受证据的提交。在当事人对为何逾期提交证据作出说明之后,法院的处理则需要综合衡量逾期提出的证据对于案件审理的实体结果是否重要,当事人逾期提出是否确实出于可以理解的客观原因,逾期是基于故意、过失还是没有责任,证据逾期提出是否带来程序严重的拖延等因素。一般而言,只是在该证据对于案件审理属于"可有可无"时,或者虽然有一定关联但当事人逾期提出纯属违反诚信原则的故意,且能够造成严重的拖延等情形下才应予以排除。否则,原则上都可先采纳该证据,再视逾期提交者的过失程度及带来的程序后果等对其采取训诫或罚款等制裁措施。如果对方当事人要求赔偿因逾期提供证据致使自己增加的交通、住宿、用餐、误工、证人出庭作证等必要费用,法院可视具体情况予以支持。无论如何,这些制裁有可能对当事人造成一定的心理压力,因而能够期待早期指定的举证期限在某种程度上发挥促使被告答辩以及刺激当事人之间攻击防御的作用。

参考文献:王亚新《"答辩失权"二题》

13.2.3 其他准备活动和庭前会议

根据《民事诉讼法》相关规定,法院和当事人在开庭审理之前可能需要开始或完成的还有其他一些准备活动。这些活动包括:决定对案件采取何种程序处理、实施财产或行为保全、组成合议庭并通知当事人、阅卷且必要时进行调查(包括勘验和委托评估、审计、鉴定等)、诉的主客观合并(往往涉及诉的合并、变更及反诉、追加当事人或第三人通过申请或通知参加诉讼等)、证据交换、争议焦点的整理确定、庭前调解等。其中有不少的准备活动在本书其他章节已经介绍过,这里主要以证据交换及庭前调解等活动为对象,将其放到"庭前会议"的框架内加以讨论。

《民事诉讼法》第 136 条第(二)项对庭前调解做了规定,第(四)项的内容则为"需要开庭审理的,通过要求当事人交换证据等方式,明确争议焦点"。这些规定的意义在于,采用普通程序的部分案件由于涉及的纠纷头绪繁多、案情复杂且证据又分散,如果能够在程序早期阶段促使证据尽可能完备的收集和提出，并在此基础上厘清案情，整理出双方争执对立的焦点所在，正式开庭之后往往更易于实现对案件实体内容进行有序而充实的审理。反之，要是未能做好充分准备就进入审理，则可能导致庭审的节奏拖沓散漫、耗时耗力却不得要领，或者不得不三番五次地反复开庭，造成程序进行的效率低下或诉讼严重迟延。此外，在当事人有和解意愿且案件类型等客观条件也有利于协商解决纠纷等情形下，开庭前以提出的证据和已然清楚的事实为基础，再通过法院调解来达到某种可以使当事人获得“双赢”的处理结果，也是一条很值得尝试的程序路径。归纳起来，这些准备活动中包含着促使“证据的早期提出”以追求“信息完备”、整理“争议焦点”（或简称“争点”）以提高“诉讼效率”、为当事人提供“协商和解”的机会以“司法调解”方式争取纠纷的早日解决等作用或功能。法院可以在开庭前以简便的方法召集双方当事人，举行某种不拘形式的会合，以谋求达到这些功能作用的某一项、几项或全部。此类在开庭审理之前可有一次或若干次的会合，学理上不妨统称为“庭前会议”。《民诉法解释》第 224 条规定，法院“可以在答辩期届满后，通过组织证据交换、召集庭前会议等方式，作好审理前的准备”。《证据规定》第 56 条规定，证据交换的时间可以由当事人协商一致并经人民法院认可，也可以由法院指定，如果法院通过组织证据交换进行审理前准备，则“证据交换之日举证期限届满”。

实务中的证据交换可以由法官、法官助理或者书记员等法院审判人员主持。其方式主要有两种：一种是当事人在指定的期限内到法院提交己方的证据，领取对方提交的证据；另一种则是双方会合到一起，面对面地交换各自掌握的证据，通常还会针对各个证据表明己方态度或做初步的核对。前一种方式一般都只涉及书证的复印件。与此相对，后一种场合的对象可能还包括其他证据，如证人到场提供证言、对方当事人向其发问以及法院主持证据交换的人员将此过程记录在案等内容。可见后者属于典型的“会议”方式。这种会合不一定仅仅限于证据的交换，在双方当事人向法院提交且与对方当场交换各自手头现有的证据，并表明己方对他方证据的态度这个基础上，审判人员可以进一步引导双方对案件事实进行梳理，去除已无争议的部分，对仍然存在的争点加以固定。到了这个阶段，当事人双方对自己有无必要继续收集或仍需提出哪些证据应该已了然在胸，同时也对自己与对方的强弱态势大致有了把握。如果法院审判人员“趁热打铁”式地因势利导，通过调解说服双方接受纠纷的某种解决方案，往往有较大的成功可能。可以看到，证据交换、争点整理和庭前调解等活动及功能可能“融汇”于一次“庭前会议”之中，也可能分别或“搭配”式地表现为形式相类似的若干个会合。关于庭前会议可能包括的内容，《民诉法解释》第 225 条做了这样的列举:“(一)明确原告的诉讼请求和被告的答辩意见;(二)审查处理当事人增加、变更诉讼请求的申请和提出的反诉,以及第三人提出的与本案有关的诉讼请求;(三)根据当事人的申请决定调查收集证据,委托鉴定,要求当事人提供证据,进行勘验,进行证据保全;(四)组织交换证据;(五)归纳争议焦点;(六)进行调解。”经过这样的准备活动,即便庭前的调解最终没有奏效,在证据已经充分提出、当事人双方之间的争议焦点也得到明确的前提下,案件进入开庭阶段就更有可能展开充实而有效率的实体审理。

参考文献:王亚新《新民事诉讼法关于庭前准备之若干程序规定的解释适用》;王亚新《民事诉讼准备程序研究》

延伸讨论

13-2　有关程序进行的“职权主义/当事人主义”

民事诉讼启动而展开程序的过程,意味着双方当事人和法院共同进入了一种法律状态,即在当事人之间、当事人和法院之间构成程序性的诉讼法律关系。正如本书第 2 章所述,在此过程中通过当事人相互之间的攻击防御和法院的介入,案件需要处理解决的实体问题逐渐形成。以当事人意思自治为基础,尤其是根据处分权原则和辩论原则,案件实体的形成主要依靠原、被告双方的诉讼行为或诉讼活动,法院的介入只具有辅助性的意义。与此相反,如果法院超出或不顾当事人双方的主张,对其相互之间的实体权利义务另作安排,就有了国家权力可以干预或改变私人间意思自治的含义。此即为学理上所谓“当事人主义”和“职权主义”的一般含义。不过,案件实体的形成始终在诉讼法律关系的框架内展开,并依赖于这种程序性的法律状态。本书也把诉讼或审判制度视为国家为解决纠纷所提供的一种公共服务。从这样的视角出发,应当承认诉讼法律关系具有公法的属性,代表公权力的法院对程序如何进行拥有所谓“诉讼指挥权”。换言之,出于提高诉讼效率、防止程序迟延以及节约司法资源等公共利益的考虑,在程序事项的决定上法院居于主导的地位,当事人对此则应予以适当的服从和配合。于是,区别于案件实体形成的领域,就有关诉讼程序进行的原则而言,应当采取的是“职权主义”而非“当事人主义”。

具体讲,所谓程序进行的职权主义,首先指的是对于诉讼要件是否成立等程序上发生的问题,法院可以不待当事人提出,必要时得于诉讼过程中随时依职权展开调查并主动收集相关证据。其次，法院在送达、案件处理的分流或决定采用何种程序种类、指定审判组织、移送管辖、确定举证期限、排定开庭日期、实施庭前准备、采取某些灵活的审理措施等程序事项上拥有指挥、决策的权限，能够以通知、裁定或其他适当的方式推动程序的进行，解决当事人双方就程序问题而发生的争议，必要时对妨害诉讼的行为进行惩戒。当然，法院在实施诉讼指挥的过程中也应当注意征求当事人意见，听取当事人的建议，必要时为当事人提供进行争执或寻求救济的机会或途径。考虑到许多程序事项往往与案件的实体问题紧密相关，还有必要注意"职权主义"的原则或者法院的诉讼指挥权并非绝对。即使是完全不涉及实体问题的所谓"纯粹的程序事项"，法院在作出决定时尽可能尊重当事人的选择或努力取得双方当事人自愿的配合，也经常能取得程序进行更加顺利的实际效果。

此外，法院在程序事项上拥有指挥权或主导性权限的同时，也负有责任且需要付出司法资源作为成本以保证诉讼的顺利进行。但这些权限、责任及成本并非绝对不能在当事人和法院之间适当地重新分配。目前我国民事诉讼的某些领域中或部分程序性事项上，法院权限过大的同时，负担的责任和成本也显得过重，有时采取了事实上向当事人转嫁负担的措施，却又缺乏法律上的根据。例如在送达问题上就有这样的现象存在。今后就送达等某些具体的程序事项展开解释论时，于程序进行仍应坚持职权主义原则这一基本前提之下，或许有必要考虑在法院和当事人之间适当地重新分配权限、责任和成本的问题。

第3节　开庭审理

在经过必要的准备之后，诉讼程序就进入开庭审理阶段。对于整个民事诉讼程序而言，开庭审理具有特别的重要意义。以下首先讨论这种重大意义究竟都体现在哪些方面。也正是由于其意义的重大，关于开庭审理的程序如何进行，我国《民事诉讼法》做了颇为详细的规定，对这些规定及相关流程有必要加以解说。开庭审理的样式及次数等还与诉讼的结构紧密相关，针对不同案件或类型相异的纠纷，其审理方式及程序进路也会有所区别。本节的最后部分将涉及司法实务中较为常见的几种以开庭审理之不同样式为中心的程序进路。

13.3.1　开庭审理的意义

开庭审理的重大意义首先体现在这种程序样式与公开审判原则的内在关联。而公开审判不仅是诉讼法上的重要原则，也是宪法原则和牵涉基本人权的国际法准则。我国

《宪法》第130条规定："人民法院审理案件，除法律规定的特别情况外，一律公开进行。"我国已经加入的联合国《世界人权宣言》第10条，也把能够得到公开公正的审判作为基本人权的内容之一。回到诉讼法的层次上看，公开审判原则集中体现在一种包含了"公开""对席""直接"和"言辞"辩论（又可称"口头辩论"）等内容或具体原则的程序场景之中。如果说审判向一般人公开的原则相对于"秘密"、对立的当事人双方出席相对于一方"缺席"或"不在场"，由作出裁判的法官"直接"听取当事人双方的"言辞"或"口头"辩论，其对立面则是裁判者"间接"了解案件信息或通过"书面"方式进行审理。能够把"公开原则、对席原则、直接原则、言辞辩论原则"等内容"融汇"于一堂的程序场景，就是开庭审理。公权力作出的任何判断或决定，只要针对公民个人或其他主体的权利义务及有罪、无罪等事项，都必须以具有上述各项内容的开庭审理作为不可或缺的前提。因此，开庭审理意味着为诉讼当事人提供的一项基本的程序保障，连同把经过这项程序作为前提及基础的判决一起，构成了审判或诉讼程序区别于后文将介绍的调解或非讼程序最主要的标志。需要注意的是，公开审判的原则也存在某些例外情形。在开庭审理这一程序样式中，出于其他的价值考量，可以仅仅要求坚持"对席、直接、言辞或口头辩论"等原则，而庭审过程不允许公众旁听，即不对一般人公开（关于这些例外的情形，参见本节延伸讨论13-3）。

由于具有上述内容或体现这些重要的原理原则，开庭审理虽然在外观上只是一种程序的样式或形式，但其反映的却是"兼听则明、偏听则暗"的认识论和审判者中立公正的程序价值。对于整个诉讼程序来说，开庭审理只是其中的一个阶段或环节之一，但这个程序场景应当构成纠纷处理或者程序进行的主体部分。所谓"当庭陈述、当庭质证、当庭辩论"，指的就是有关案情的信息主要都应通过庭审来获得并在原、被告以及法官之间共享，事实认定和法律适用只能以公开的法庭上呈现出来的诉讼资料作为基础。基于这样的原理，开庭审理本身能够导致一系列程序性法律效果的产生。首先，通过诉讼程序进行的纠纷处理，如果没有以调解等其他方式结案而必须作出判决的话，开庭审理是判决作出的必要前提。只要未经开庭审理就不可下判决，或者说未经开庭审理而作出的判决即属违法。与此相对，调解或其他非讼程序则不一定需要采取开庭审理这种程序。其次，除判决之外的其他裁判形式，如后文将介绍的裁定、决定或命令等，虽然也都属于法院在诉讼程序中作出的权威性判断或裁决，却并不把开庭审理作为必要的前提。换句话说，有无开庭审理的环节，决定了此后法院可以作出何种形式的裁判。最后，作为开庭审理主要内容的"法庭辩论终结"，可以带来若干重要的程序后果。例如，判决效力中最为重要的既判力以最后一次言辞辩论的结束作为计算效力时间范围的"标准时"（关于这一点，参见本书第 15 章第 2 节）；此外，民诉法明确规定，当事人提出申请回避只能在"法庭辩论终结前"（《民事诉讼法》第 48 条）；原告增加诉讼请求、被告提起反诉或有独立请求权第三人的诉讼参加等，原则上也以开庭审理的这一阶段结束为限（《民诉法解释》第 232 条）。

13.3.2　庭审程序的基本流程

开庭审理作为第一审诉讼程序的中心或主要环节，法律上对其操作办法、流程及结构等有一系列的规定。首先，作为公开审判原则的体现，或为了方便社会上的一般人前来旁听，法院于开庭审理前 3 日应进行公告，以适当的方式公告当事人姓名、案由和开庭的时间、地点（《民事诉讼法》第 139 条）。目前较为常见的开庭公告方式，除了相对传统的在法院门前公告栏上贴出纸质公告之外，就是使用电子屏幕发布滚动公告。同时，传唤当事人以及通知无独立请求权的第三人、证人、专家辅助人等其他诉讼参与人出席庭审的送达，至迟也应在开庭前 3 日内完成，对于身在外地的当事人及诉讼参与人，还应当为其必要的在途时间留有余地。开庭审理一般在法院内专为此用途而设置的法庭上举行，但根据需要也可采取巡回审理方式，在法院以外的其他地点实施（《民事诉讼法》第 138 条）。值得注意的是，根据现行《民事诉讼法》第 16 条的最新规定，经当事人同意的，民事诉讼活动可以通过信息网络平台在线进行。并且，线上民事诉讼活动与线下民事诉讼活动具有同等法律效力可以预见，线上庭审将成为我国民事、司法实践的新趋势。关于开庭审理具体如何进行的程序场景，可参见设例 13-5。

设例 13-5

邵甲因承包合同纠纷诉高乙一案，已公告于某日上午 9 点在 A 法院第一法庭开庭审理。当天早上 8:45，双方当事人及其各自的代理律师均已到庭，分别在有原、被告桌签的席位上相向而坐。法庭内的旁听席上，还坐着十多名当事人双方的亲友等其他人员。8:50书记员让原、被告及其代理人填写出庭人员信息表，确认双方申请作证的证人都已在法院内的另一房间等候，并告知法庭纪律。之后书记员宣布负责审理本案的合议庭成员入场，在场所有人员起立。身着法袍的审判长、一名陪席法官及一名陪审员进入法庭，在设置于法庭正面国徽之下的审判席上就座。所有人坐定后，审判长敲响法槌，宣布本案开庭。接下来他根据信息表核对双方出庭人员、介绍合议庭的组成、告知当事人的诉讼权利义务，并分别询问原、被告是否申请合议庭成员回避，以及对于本案程序及对方出庭人员是否有异议等。此后庭审进入当事人陈述阶段，审判长先让原告陈述诉讼请求，再让被告进行答辩。双方的代理律师均按照业已提交的诉状和答辩状做了简单的口头陈述，审判长即归纳双方庭前确认过的争执焦点，要求围绕这些争点开始法庭调查。原告方申请的证人首先出庭作证，然后被告方申请的证人出庭，合议庭还组织双方证人当面进行对质。证人作证结束退庭后，先由原告、后由被告分别出示了各自提交的书证，并把原件交给对方查看。在原、被告依次围绕书证及其他证据的出示和质证之后，陪席法官宣读了庭前准备期间已作成的鉴定意见和勘验笔录，并分别征询双方意见。审判长经了解当事人已无证据需质证，即宣布法庭调查环节结束，进入双方辩论阶段。原、被告代理律师先后发言，邵甲和高乙本人也做了补充。陪席法官和陪审员分别向原、被告发问，双方又根据这些问题展开辩论。辩论结束时，审判长询问双方有无接受当庭调解的意愿，被告表示接受，但原告方却主张庭前已进行过数次调解及协商，但因双方立场差距过大，不再同意调解，要求作出判决。审判长即让原、被告分别陈述各自的最后意见，原告表示坚持诉讼请求，被告则主张应驳回其全部诉请。此时庭审已进行到11:50，审判长宣布开庭结束，将择日另行宣告判决。庭后书记员把庭审笔录让原、被告过目，确认当庭记录的这些内容后，双方均在笔录每一页签名，合议庭成员和书记员则在笔录最后一页上签名并写明日期。

设例 13-5 所描述的庭审过程虽然只是一种常规性的大致操作，但几乎每个程序环节都有相应的法条作为根据。如庭审开始时书记员和审判长的做法或作用(《民事诉讼法》第 140 条)、以质证为中心的法庭调查顺序(《民事诉讼法》第 141 条)、法庭辩论及当庭调解(《民事诉讼法》第 144 条、第 145 条)、法庭笔录及其签署(《民事诉讼法》第 150 条)，等等。不过，并非所有的开庭审理都必须是一个模式。除了公告、传唤通知、质证、辩论和完整的庭审笔录等基本要素不可缺少之外，根据案件具体情形和前期程序的进行状况，如开庭的地点、外观形式、庭审的顺序等都是可变的。事实上，司法实践中的庭审样式多种多样，后文对这些情形还会涉及。

经过开庭审理，如果承办法官、审判长及合议庭其他成员均认为本案的处理已达到可以作出判决的程度，则合议、起草判决书、对判决的审核以及公开宣判、送达判决书等事项或环节就构成第一审普通程序余下的流程。一种做法是开庭审理的最终阶段待双方当事人陈述过最后意见，审判长即宣布休庭，合议庭退庭进行短时间的合议，然后恢复庭审，由审判长当庭公开宣告判决结果，判决书则在 10 日以内另行向当事人送达。但更为常见的做法，则是结束开庭之后，经过合议和判决书的起草和核准，再于确定的时间根据判决书公开宣判并进行送达。案件无论是经公开审理还是作为例外的非公开审理,其判决都必须公开地予以宣告(《民事诉讼法》第 151 条)。关于目前我国司法实践中合议如何灵活地进行、判决书的起草和审核在合议庭及法院组织内部有怎样的分工等情形,可参见本书第 5 章第 1 节及延伸讨论 5-1-1 和 5-1-2。

最后需要注意的是,法律规定第一审普通程序从立案之日起,经庭前准备和开庭审理,到判决宣告的审理结案期限为 6 个月。因特殊情况不能在此审限内结案的案件,经本院院长批准可以延期 6 个月。但如果审理期限延长到一年仍然无法结案的,就需要报请上一级法院,由其决定是否批准延期(《民事诉讼法》第 152 条)。关于与审限紧密相关的程序上之"期间"概念及相关问题,参见本章延伸讨论 13-4。

13.3.3　与庭审相关的若干程序进路

以上介绍了第一审普通程序较为标准的一种流程或程序进路,即经过立案、庭前必要的准备和一次开庭审理,就以判决的作出和宣判而结案或终结程序。但是,现实的民事纠纷及案情纷繁复杂,每个法院的程序操作也往往有其自身特点,根据多样的开庭审理样式,还可以观察到第一审普通程序的实际流程也可能表现出若干不同的程序进路。

首先,存在着虽然预先排定开庭日期,但因种种原因却不得不延期的情形。根据《民事诉讼法》第 149 条的规定,这些情形包括必须到庭的当事人和其他诉讼参与人有正当理由没有到庭、当事人临时提出内容合理的回避申请、需要调取新的证据以及应当延期的其他情形。就现实的操作方式而言,延期审理主要可分为两种,一种是排定的开庭期日当天未能进行审理,合议庭另行指定开庭日期;另一种则是当天进行了审理,但没有完成开庭审理程序,还需要在后续期日内继续或另行开庭。一般情况下,前一种延期往往基于第 149 条第(一)项有关"必须到庭的当事人和其他诉讼参与人有正当理由没有到庭的"或第(二)项"当事人临时提出回避申请的"等规定,后一种延期方式则可因同条第(三)项规定的有关"需要通知新的证人到庭,调取新的证据,重新鉴定、勘验,或者需要补充调查的"等必要及第(四)项"其他应当延期的情形"而形成。如果开庭审理延期,但仍然只经过一次开庭即告结案的话,除了审理期间相对拖长之外,案件的这种程序进路与上述第一审普通程序的标准流程并无实质性差异。与此相区别,延期审理的后一种方式意味着两次甚至多次的开庭,并可导致不同的程序进路发生。关于这一点,可参见设例 13-6。

设例 13-6

程卓因民间借贷纠纷将孟攸诉至法院，请求返还借款 800 万元。法院向双方送达应诉及受理的通知和诉状等诉讼资料时，还排定了一个多月后开庭审理的具体日期，发出开庭传唤，并得到了双方签收的送达回证。其后孟攸没有提交答辩状，也未提交任何证据。到了开庭的当天，程卓及其代理律师和孟攸本人到庭。开庭之后轮到被告陈述环节，孟攸作出答辩，主张其仅仅是作为借贷的中介，帮助程卓向数名案外人放款，并当庭提交了数份证据。审理本案的合议庭经向双方当事人释明和征询意见，认为原告有可能应追加共同被告，收集并提交新的证据，遂决定延期审理。承办法官与审判长及陪审员商议之后，为双方当事人指定了一个变更诉讼请求、追加必要的诉讼参与人和提交证据的期限，并在此期限之后安排了继续开庭审理的另一具体日期。双方当事人均表示对这些程序安排没有异议，审判长宣布休庭。本案最终经过四次开庭审理，延长一次审限，才以判决结案。

从设例 13-6 可看到，需要经过两次或更多次数的开庭审理才能结案的程序进路，往往与庭前准备的状态紧密相关。被告要是未在答辩期内提交答辩状及反驳原告主张的证据，而是到了排定的开庭期日才当庭进行答辩且提交相应证据的话，原告经常就有必要针对这些防御活动提出有关案情事实的主张，并再次去收集和提交证据。由此就产生了“庭前准备+一次开庭”即告结案和经过“数次准备+数次开庭”才能结案这两种基本的程序进路。一般而言，这两种不同的程序进路还会依所处理的案件或审理对象是简单还是复杂而形成。如果案件足够简单，诉讼主体和案情的头绪不多，证据的种类和数量又都很有限的话，则无论被告是否答辩，也无须在庭前做多少准备，一次开庭就常常足以完成全部审理，达到能够下判决的程度。相反，即使案情很复杂，只要法院对此有充分的预期，在庭前通过指定举证期限、安排证据交换、整理固定双方争执焦点、预先完成勘验鉴定和尝试调解等方法做足准备，仍然有可能做到经一次开庭审理就以判决结案。如果审理的对象或案情比较复杂，法院及当事人在庭前的准备不够充分就可能导致两次或以上的开庭。不过问题还在于，当被告尚未进行答辩，法院在程序的早期阶段仅凭原告提供的诉讼资料，未必能够看出案情究竟是简单还是复杂。或者说，关于庭前准备需要做到什么程度，不少情况下无论法院还是当事人都很难形成准确的事先预期，而只能在诉讼的互动过程中逐渐了解。此亦为第一审程序的司法实务上总是有多种程序进路并存的原因之一。

除上述情形之外，现实中还存在着案件涉及复杂的诉讼主体、当事人的诉讼请求和案情事实错综交织、证据在种类和数量上纷繁多样等较为特殊的审理对象。对于这样的案件，合议庭往往有必要统筹安排多次开庭，针对不同的争执焦点和证据组合进行分别的审理，再通过一次主要的开庭日期整合所有的审理结果，最终使纠纷的处理达到可以作出裁判的成熟程度。无论是延期审理还是分别排定的开庭期日，只要经过数次开庭才以判决结案，则最后一次开庭结束辩论才能称为“法庭辩论终结”。关于这个时间点的意义及其能够带来的法律效果，参见本节 13. 3. 1 的相关论述。总而言之，第一审普通程序以“庭前准备+一次开庭=结案”为典型或比较理想的程序进路，但由于案件具体情形和程序进行的实际状况，“数次准备+数次开庭”才告结案的程序进路在有些场合亦有存在的合理性乃至必要性。出于应然的角度，以及提高诉讼效率、减少当事人讼累和节省司法资源的需要，法院应尽可能对案件处理的难易程度有所预期，做好庭前的准备，争取通过集中的开庭审理一举解决纠纷。在法解释论上，围绕如举证期限或审理顺序等具体程序问题的解释适用，也有必要为当事人积极展开攻击防御提供足够的动机或激励。

延伸讨论

13-3　公开审判的例外情形

如本节所述，公开审判作为诉讼审判制度的根本性原理或原则，具有种种重大的意义。不过在某些例外的情形下，为了与其他重要价值的保护取得平衡，还有必要对这项原则的内容作出一定限制。根据对《民事诉讼法》第 137 条的解释，涉及国家机密、个人隐私及商业秘密的案件及类似的其他情形，可以作为公开审判原则的例外，即进行“不公开”的审判。因为在此类情形之下，公开审判可能带来国家机密泄露、个人隐私暴露或者商业秘密失去效用等不同的风险，为了保护国家、个人和企业的这些重要价值，审理这些案件时作为例外而不适用公开原则。在此，可进一步把公开审判原则适用的领域分为三个层面，即审理的公开、判决的公开和案件信息的公开。对于上述作为例外的案件，应结合不同的层面来考虑“不公开”的含义。

首先，在公开审理的层面，对于涉及国家机密、个人隐私和商业秘密的案件，都可以采取开庭审理不向一般公众公开的措施。法院如果认为案件的审理牵涉国家机密，即可依职权决定不公开审理。此外如离婚、名誉权侵权、遗产分割等类型的案件，只要当事人出于保护个人隐私的目的提出不公开审理的申请，原则上就不允许自由地旁听庭审，庭审前也不必事先公告。某些案件的当事人如果提出公开审理会导致专利技术内容、客户名簿、企业经营的重要数据等受到法律保护的商业秘密外泄而要求不公开审理,经法院审查情况属实,也可以决定庭审不允许旁听。需要注意的是,有些情况下不仅庭审不对一般公众公开,在开庭审理过程中还可以采取某些灵活的审理措施以保护相关的秘密。关于此类做法,可参见设例13-7。

设例13-7

远盛公司把锦宇公司诉至法院,主张被告未经许可制造远盛公司拥有专利权的产品并进行销售,请求责令其停止制造和销售同款产品,并赔偿己方损失。锦宇公司辩称作为本案标的物的产品系由自己独自开发的制造方法生产,并未侵犯他人的专利。到了庭审中对作为原告专利的制造方法和被告所主张的独自的制造方法进行质证的环节,远盛公司和锦宇公司均表示不愿向对方开示自己的制造方法。法庭遂在征求双方当事人意见的前提下,安排了相关专家作为鉴定人在庭外非公开的场合对两种制造方法进行比较,并仅就两种制造方法是否不同提供了结论。双方当事人当庭对该结论发表己方观点之后,法院据此作出了判决。

开庭审理的公开原则除了对于一般公众的公开之外,还包括对当事人公开的内容。但如设例13-7所示,在向对方当事人公开都有可能带来商业秘密的泄露这种风险的场合,法庭采取以非公开的鉴定方式来替代当事人双方质证并借此认定事实等做法,也是庭审公开原则例外的一种体现。

其次,在判决的公开这个层面,无论何种类型的案件都必须进行公开宣判。只是宣告涉及国家机密、个人隐私或商业秘密的判决时,可以只宣读判决主文而省略内容,交付给当事人的判决书不得向公众及他人公开。目前作为判决公开的一种重要方式,我国法院系统正在大力推进判决书等法律文书在互联网上公布的做法,少数不适宜公开内容的判决书亦应作为上网公布的例外。除此之外,还可以采取如隐去涉及个人隐私或商业秘密的部分而将判决书其余内容上网等措施。还可看到,判决书等法律文书在互联网上的公开也涉及案件信息的一般公开这个层面。

最后,案件信息的公开一般指当事人在案件审理过程中有权了解程序进行的种种信息,也包括公众在案件审理终结以后一定条件下有权查询案情相关信息的含义。在审判公开原则的最后这一层面,可以说我国司法实务中从以前到现在的实际情况都很不理想。不仅一般公众事后很难查询具体案件的审理情况，就连在案件审理过程中当事人了解有关程序进行的信息也不容易，司法体系运行状况的透明度显得很不充分。今后，除了如案情中涉及国家机密、个人隐私或商业秘密的信息而不向公众开放以外，还应努力推动司法审判的透明度在案件信息的公开这一层面得到实质性的提高。判决书等法律文书除少数例外尽量在互联网上公布等做法，则是朝着更加充分地实现审判公开原则这个方向迈出的重要一步。

第 4 节　标准流程中断的若干情形

如果把第一审程序从受理起诉、庭前准备、再经开庭审理而到达判决结案的全过程作为一个完整或标准的程序流程，则需要注意现实中的诉讼案件还可能出现这种完整或标准的流程因某些原因中断，从而导致程序进行尚在"途中"却以其他方式结束的若干情形。本书把撤诉、缺席的审理及裁判、诉讼中止与诉讼终结等视为第一审程序之标准流程"中断"的具体表现。以下分别介绍这些情形及相关的制度构成，并就其涉及的某些程序规范如何解释适用等问题或论点稍做讨论。

13.4.1　撤诉与按撤诉处理(视为撤诉)

根据民事诉讼的处分权原则和"不告不理"的法理，原告在诉讼过程中有权撤回起诉，放弃(暂时或永久性地停止)对被告的争议或攻击，简称为"撤诉"。从起诉被受理起、直到案件审理结束公开宣判之前，原告都可以撤回起诉。撤诉的申请应当以口头或书面方式向法院提出，法院对撤诉的申请进行审查，并作出准许或不准撤诉的裁定。对于这项程序制度，可从撤诉的主体、原因、方式和时机、法律效果以及成立条件等几个方面加以把握。

首先，原告以及在诉讼中具有相当于原告地位的任何主体，都有权撤回自己的诉讼请求。后者主要包括被告(反诉原告)撤回反诉和有独立请求权的第三人撤回自己独立的诉讼请求两种情形。关于共同原告中某一或某几名撤诉的问题，必须根据共同诉讼的类型加以分别的处理。一般而论，普通共同诉讼中作为共同原告的一方任何主体均可单独撤诉，或原告可针对共同被告中某一名或某几名撤诉。与此相对，固有的必要共同诉讼则不允许部分共同原告撤诉或原告只针对某一共同被告撤诉，除非其明确表示放弃自己的实体权利。类似的必要共同诉讼的情况却比较复杂，需要视程序进行的实际状况来决定是否准许撤诉。原告申请撤诉的权利固然来源于处分权原则及自身的意愿，但现实的诉讼场境中原告之所以选择放弃起诉，原因则多种多样。常见的一种撤诉原因，就是因起诉及成功的财产保全等诉讼行为，原告有效地迫使纠纷的对手"坐到谈判桌前来"，甚至仅通过这些程序就导致纠纷得到了妥善解决，无须再继续诉讼。当然，除此类或"纯属当事人意愿"等合理的原因外，有时也会存在其他原因而导致发生不当的撤诉，以下再涉及这种情形。

其次，撤诉申请可以使用口头或书面这两种方式，这与提出撤诉的时机紧密相关。口头方式往往在开庭审理或调解过程中使用，法院可当场对撤诉的申请作出口头裁定并将此记录在案。除了这些程序场景或时机之外，原则上当事人应当以书面方式申请撤诉，法院亦应作出书面裁定并送达各方当事人。撤诉首先意味着解消了正在进行的诉讼程序这种法律状态，或者诉讼法律关系消灭。但撤诉更重要的法律效果还是相当于没有起诉，已经进行的诉讼程序被撤销或"归零"，撤诉的当事人此后随时可提起同样的诉讼。关于撤诉是否还意味着起诉所带来的诉讼时效中断不再成立的问题，学界存在"肯定"和"否定"这两种法律效果的意见分歧。笔者支持撤诉并不导致起诉伴随的诉讼时效中断也"归零"的观点。理由有二：一是原告撤诉的原因多种多样，并不限于也不一定对应双方纠纷已经解决这样的情形；另一理由更为关键，即原告起诉包含向法院提起诉讼和向对方当事人主张权利这两方面的内容，撤回起诉只是要求撤销诉讼程序，而不能进一步理解为放弃向对方主张权利的意思表示。

最后需要指出的是，撤诉需要法院的许可才能成立。在第一审普通程序中，合议庭或独任审判员对撤诉申请进行审查并作出是否准许的裁定，构成撤诉能否成立的条件。从司法实务中的具体操作来看，这项条件同申请撤诉的时机和对方当事人的态度亦有密切关联。一般而言，撤诉既然是处分权原则的体现，法院不宜对当事人的这种意思表示过多干预。在诉讼程序进行的早期阶段或途中，只要撤诉出于当事人的真实意愿且没有影响到对方当事人的权益或公共利益，原则上都应当予以准许。不过，有些场合是否准许撤诉也需要综合衡量多种因素，比如设例 13-8 就是比较极端的情形。

设例 13-8

桑民因股权纠纷诉柴兵等人一案，已经过两次开庭。法院认为原告桑民提交的证据明显不足以支持其请求，而被告柴兵等人的主张及提交的证据则构成有力的反驳，于是准备作出判决对原告的诉讼请求予以驳回。就在即将下判决而尚未宣判之际，桑民向法院申请撤诉，理由是自己需要较长时间再行收集证据。法院征求被告意见，其表示强烈反对准许撤诉，并主张这是原告规避败诉判决的恶意行为。法院作出不准许桑民撤诉的裁定，送达该裁定之后，另择时间宣告了驳回原告全部诉讼请求的判决。

在类似于设例 13-8 那样的程序场景下，考虑到被告为了防御而付出的成本和司法资源的耗费，法院在审查撤诉申请时有必要对申请提出的时机和实质性原因、程序进行的实际情况、被告的态度等因素加以斟酌衡量，再作出是否准许撤诉的裁定。《民诉法解释》第 238 条第 2 款明确规定了对方当事人的作用："法庭辩论终结后原告申请撤诉，被告不同意的，人民法院可以不予准许。"在解释上不限于法庭辩论终结这个时间点，如果撤诉会给对方当事人程序及实体的权益带来不利影响或无谓地消耗司法资源，申请撤诉的当事人没有合理的理由，且存在利用"相当于未起诉"的法律效果不当地再次把对方卷入诉讼之虞，则法院应充分征求对方当事人意见，不可轻易允许撤诉。《民诉法解释》还规定，"如果当事人有违反法律的行为需要依法处理"，则法院可以不准许原告提出的撤诉申请。此类情形最典型的表现就是虚假诉讼，即当事人发现自己的违法行为暴露就想把案子"一撤了之"时，法院可以在不准许撤诉的同时对其予以惩罚。

此外，根据《民事诉讼法》第 146 条的规定，原告经合法传唤无正当理由拒不到庭或庭审中途无故退庭的，可以按撤诉处理。关于此类情形及其处理，在学理上可表述为"视为撤诉"。如前所述，对于原告应当预交诉讼费且经法院通知而不预交的，也应作出按撤诉处理的裁定。诉讼本来为原告（以及在诉讼中具有相当于原告地位的其他主体，包括原告无民事行为能力时的法定代理人）所提起，程序的进行主要依靠原、被告双方之间积极的攻击防御活动才得以维持和发展。如果连原告这一应当居于主动"攻击"地位的主体都怠于出席庭审，或对提出有利于自己的主张及证据等行动采取消极态度的话，诉讼程序本身已无必要维持下去。此即为支撑"视为撤诉"这种制度安排的基本原理。诉讼进行过程中，只要原告不保持积极攻击的态势，原则上都有可能按撤诉处理。不过着眼于具体操作的话，原告有经传票等合法的方式传唤且无正当理由拒不出庭，或者未经法庭许可而中途退庭等情形，构成法院作出"按撤诉处理"裁定的明确事由。另一方面还需注意的是，如果法院认为存在着不宜对原告按撤诉处理的情形，则无论其是否出庭或无故退庭，法院都可以继续审理并可能作出不利于原告的判决。

13.4.2　一方缺席情形下的审理与裁判

《民事诉讼法》第 147 条规定："被告经传票传唤，无正当理由拒不到庭的，或者未经法庭许可中途退庭的,可以缺席判决。”这里的“被告”一词,同样应理解为在诉讼中具有相当于被告地位的其他主体,最典型的就是被告反诉(《民事诉讼法》第146条后段),还包括被告为无民事行为能力人时的法定代理人。此外根据《民事诉讼法》第148条第2款及相关司法解释的规定,对于未被法院准许撤诉且无正当理由而拒不到庭的原告或有独立请求权的第三人,也可以适用缺席判决。

有关缺席判决的制度在解释论上牵涉非常重要的诉讼法原理及其实际运用。从诉讼程序的进行有赖于原、被告两造相互展开攻击防御这一前提出发,居中裁判的法官必须通过双方积极的主张及举证等活动才能够获得足以作出判决的案情信息。当事人之间的这种互动对于实体裁判的作出或判决的形成而言必不可缺,但现实的情况却是处于防御方的被告往往缺乏积极参与诉讼的动机。于是,为了给诉讼程序的展开进行提供足够的驱动力,就必须存在某种制度安排,能够“迫使”或“强制”参与动机容易不足的一方当事人至少到庭以表明其态度。而且,考虑到无论如何被告总有可能下落不明,或者面对攻击完全不做回应,也需要有即使发生这种情况仍能够以具有正当性的裁判来结束诉讼的程序机制。而这样的程序机制或制度安排,往往意味着对案件的审理达到足以作出实体判决的“成熟程度”提出了与前述“诉讼标准流程”不同的要求。或者,不妨更加直白地说,这就是一种能够以“程序正义”来有限替代“实体正义”的机制。

在第一审普通程序所谓完整或标准的流程中,双方当事人竞相提出有利于己方的主张与证据,出庭展开当面的对质和辩驳,而亲历此过程的合议庭或独任审判员则逐渐获得有关案情的多种信息,直到能够在认定争议事实的基础上适用法律作出有关实体权利义务的判断。从证据法的角度看,这也是一个解明度扩展(越来越多的证据)和证明度提升(越来越接近“案情真相”)的渐进过程。一般而言,只有当解明度很宽、证明度也高到满足证明标准时,诉讼程序的进行才算到达“作出实体裁判的时机已经成熟”的程度(可参见本书第7章第2节7.2.1之图7-1“证明过程及结构示意图”)。当事人各自担负的举证责任为双方的攻击防御提供了驱动,而且在解明度已经无法扩展,证明度却陷于“真伪不明”的情形下构成打开这种僵局的唯一手段。但是,司法实践中需要运用举证责任分配来决胜负只能是例外情形。如果案情事实尚未查清而解明度还有继续扩展的余地,此时的诉讼程序就没有进行到能够作出实体判断的成熟程度。法院于此阶段要是没有继续审理而是下判决的话,就有因“审理未尽”而造成错案之虞。

与此相对,缺席判决则意味着在实体判断的时机未必成熟这种不得已的情形下仍然能够以判决结案的一种制度安排。换言之,被告如果拒不出庭甚或完全放弃防御,往往会使解明度相对较窄且无法再行扩展。此时若以证明度不够而仅追究原告一方举证责任的话,显然很不公平。针对这种情况,法院可以通过调整证明度或适当降低证明标准的方法作出不利于被告的实体判决。并且缺席判决的正当性在很大程度上可以通过如"被告放弃程序保障,应当自行承担相应的风险或不利后果"这样的论证而获得。此即为缺席判决制度所具有的"程序正义"对于"实体正义"有限(或部分)替代之含义。

关于缺席判决的制度构成,存在着两种不同的方案,所依据的原理亦各相异。一种称为"缺席裁判原则",另一种则是"对席裁判原则"。前者指的是一旦被告经合法传唤拒不到庭,无论案件实体的审理情形如何,即可作出被告败诉的缺席判决。后者与此不同的是,在被告不出庭这个同一前提之下,却需要对实体审理的情况再加斟酌,如原告之诉请是否合理或提交的证据状态怎样等,结果是既可能作出不利于被告的判决,也可能判决原告败诉。"缺席裁判原则"的基本逻辑是,一旦被告缺席,即将其视为对原告主张的全面自认,因此只能判决被告败诉。与此相对照,所谓"对席裁判原则"指的是,即使被告缺席也将其假设为已到庭在场(拟制的"对席"状态),只是不提出任何有利于自己的主张和证据而已。此时法庭再根据原告的主张、提交的证据和陈述辩论等对案件实体进行审理,如果原告的诉讼请求很难成立则予以驳回。相反,只要法庭判断原告的诉请大致成立,就必须作出原告胜诉、被告败诉的判决。事实上,司法实务中绝大多数的缺席判决也都有利于原告。不难看出,前一种制度构成方案以比较极端的程序正义观念和严格的当事人主义为基础,而后一方案则兼顾实体正义,也缓和了对当事人放弃程序保障所负责任追究的严厉程度。关于我国现行的缺席判决制度,应理解为采取的是"对席裁判原则"。关于这一点,《民诉法解释》第 241 条做了明确的规定,即在被告缺席庭审或中途退庭的情况下,法院仍应当"按期开庭或者继续开庭审理,对到庭的当事人诉讼请求、双方的诉辩理由以及已经提交的证据及其他诉讼材料进行审理后,可以依法缺席判决"。

在有关缺席判决的司法实务中,存在着种种情形,应予以分别的考虑。

首先来看需要作出缺席判决的两种最为典型的程序场境。一种情况是被告下落不明,诉状及开庭传票等均采取公告送达方式,一开始就无法期待被告会答辩或出席庭审;另一种场境则是被告虽然收到了诉状并经开庭传唤,却既不答辩应诉也不到庭,没有提供任何有利于自己的诉讼资料。面对这两种情况,法庭都应督促原告尽可能在开庭前提出支持自己主张的所有证据,庭审时对原告方的证据逐一进行审查核对并听取原告的陈述辩论。经过开庭审理,如果法庭认为原告的主张显然不能成立,或者提交的证据远远不足以支持其主张,可以判决驳回诉讼请求。但只要原告主张并无明显不合理之处,且现有的证据能够大致佐证,就必须作出原告胜诉的判决。从证据法的角度来看,如果比喻性地把应当满足的证明标准视为 80%~90%,则当法庭判断现有证据达到的证明度只有 20%~30%这种程度时,可以作出原告败诉的判决;当证明度能够达到 50%或 60%以上,即使尚未满足证明标准,一般情况下法庭亦应作出有利于原告的判决。当然,如果证明标准已然达到,则原告胜诉更是自不待言。换一种表述的话,被告败诉的缺席判决无须把“高度盖然性”作为证明标准,原则上能够满足“证据优势”的要求即可。证明度或证明标准的这种调整以及在此基础上作出的实体判决,因“被告已得到充分的机会却不提出任何有利于自己的主张和证据”而得以正当化,并以“经合法传唤无正当理由未到庭”作为其程序性的前提或外在标志。这一正当性原理最为明显地体现在被告收到诉状和开庭传票却放弃答辩和出庭应诉等程序保障的场境中,公告送达的情况下缺席判决的适用则通过“拟制已知悉”的逻辑得到正当化。此外,缺席判决还有上诉机会,则构成了为被告提供的另一程序保障。不过,需要注意的是,在被告一开始就下落不明而采用公告送达这个前提下进行的缺席审理以及作出的缺席裁判,还不能一概而论地降低证明标准。在婚姻家庭领域尤其是对一方下落不明的离婚案件,或者在民间借贷纠纷中无法联系到作为被告的借款人,以及怀疑原告有可能隐瞒被告相关信息等情形下,法院不宜急于在缺席审理的基础上做出有利于原告的缺席判决。由于婚姻家庭案件应当采用实体真实原则,且离婚带来的身份关系变化具有不允许再审纠错的严重后果,在缺席审理前法院一般都应穷尽职权调查等证据收集的手段,做出的缺席判决也不能降低证明标准。关于民间借贷纠纷和原告有可能隐瞒被告相关信息等其他情况,鉴于我国社会目前诚信体系尚未健全、涉及个人之间金钱往来的诚信度不高,在相当时期内对于此类案件还不宜采取只要被告下落不明就采取以程序正义来部分替代实体正义的制度安排。原则上,法院处理这些案件都需要更加慎重,在拿不准的场合仍应要求原告对自己的诉讼请求必须提出足以达到较高证明度的证据。

其次,缺席判决的适用还可能牵涉被告已经答辩并提出若干证据却拒不出庭,或者还曾出席过庭审但之后却完全放弃防御等更加复杂的情形。为了直观形象地说明此类情境,可参看设例 13-9。

设例 13-9

肖甲以钟乙为被告向法院提起诉讼。钟乙签收诉状和开庭传票后 15 天内没有提交答辩状，但开庭当日到庭，当庭做了主张驳回全部诉讼请求的口头答辩并提供两份书证。合议庭认为本案案情比较复杂，一次开庭不足以作出判断，于是为原、被告双方指定了7 天继续举证的期限，并排定 20 日后第二次开庭的时间。对于这些程序安排，肖甲和钟乙都表示了解和接受，书记员将双方表示记入庭审笔录。此后 7 天的举证期限届满时，除肖甲又提出若干证据外，钟乙没有向法院举证。书记员和承办法官分别数次拨打钟乙留下的电话号码，先是无人接听后来就停机了。经向钟乙本人确认过的电子邮件送达地址发送第二次开庭传票，除自动生成的电子回证返回外，仍无任何回音。第二次开庭的当天，只有肖甲及其代理人出庭，钟乙缺席庭审。合议庭对肖甲新提出的证据进行审查核对，听取其辩论和最终陈述后休庭。庭审结束一周之后，法院作出承认原告全部诉讼请求的判决。

从设例 13-9 可以概括出类似的其他程序场境共通的某些性质。这些场境可以包括从被告仅于答辩期内提出书面答辩状和若干证据，受到合法传唤却拒不出庭这种更加常见的场合，直到被告虽然已出席一次或数次庭审，却于审理尚在进行且未达到作出实体裁判的成熟程度时就完全放弃防御等较为极端的情形。所谓“未经法庭许可中途退庭”，或者作为反诉被告的原告撤回本诉后却在审理反诉的开庭时拒不出庭或无故退庭，也往往表现为被告已在一定程度上参与过诉讼。无论是否有数次开庭，也不管被告出席过几次庭审，这些程序场境都意味着案件的审理尚未到达作出实体裁判的时机，被告却放弃了继续参与诉讼的程序保障，法院不得不根据既有的攻击防御态势和证据状况，并以被告一次未到庭或中途退庭作为前提或外在标志，作出未必能够满足通常应有之证明标准的判决。这类程序场境还可解释为经过合法传唤的被告本可以通过提出证据进行辩论等防御方法为纠纷解决提供进一步的案情信息，却故意或过失地妨碍了法院了解这些重要的信息，因而在此意义上应当承担“证明妨碍”的责任。与上述比较典型的程序场境同样，这样的判决在解释论上都应当理解为包括在《民事诉讼法》第 147 条规定的“缺席判决”之内。

最后，原告申请撤诉未获法院准许却拒不出庭的，或者原告放弃诉讼又没有被法院视为撤诉等情形，根据《民事诉讼法》第 148 条第 2 款的规定，也属于缺席判决适用的对象。在这些情形之下，原告作为启动诉讼的一方，在程序展开的途中放弃攻击却未获法院准许，可能带来的后果就是只要案件的审理尚未达到作出实体裁判的成熟程度，就会遭受不利的缺席判决。在“作出实体裁判的时机尚未成熟（解明度不够）”和“经合法传唤不到庭”这两个作出缺席判决的前提条件上，承受这种判决的原告与以上所讨论的被告相类似。但是，分别对应于《民事诉讼法》第147条与第148条第2款的解释，适用于二者的缺席判决在性质及基础等方面却有所区别。具体讲，原告作为诉讼中发起攻击的一方当事人，必须努力提交支持己方主张的证据，并且只是在使证明度达到满足证明标准的法定高度时，才能够获得胜诉判决。如果原告的攻击已达证明标准而被告完全无力防御，则很难想象原告还会撤诉，或者在这种诉讼态势下原告即便仍提出撤诉申请，法院当然应予以许可而无理由不准撤诉。原告申请撤诉但未获法院准许及类似情形下放弃继续参与诉讼，只能意味着其实施的攻击防御尚未达到能够胜诉的程度，却停止了向着此方向作出努力。针对这种情况，以原告“经传票传唤，无正当理由拒不到庭”的行动作为前提或外在标志，法庭只能作出驳回其诉讼请求的判决。换言之，适用于被告的缺席判决可能意味着证明标准的降低，而适用于原告的缺席判决一般都建立在未达到证明标准的基础之上。前者的性质或内容既可以表现为对被告不利，也可以表现为对原告不利，至少在理论上也可以对原告不利；而后者的结果几乎只能是判决原告败诉，驳回其诉讼请求。

13.4.3 诉讼的中止与终结

诉讼程序在进行中因某种原因或事由不得不临时停止，称为“诉讼中止”。其法律效果是中止期间诉讼活动不再实施，或即使当事人和法院从事某种诉讼行为也不生效，原来已进行的程序及其结果暂时保留，等待作为程序进行障碍的原因或事由消除，再恢复诉讼程序。《民事诉讼法》第153条规定了能够导致诉讼中止的六项事由或原因，可大致划分为三类，即：(1) 诉讼主体待定（作为一方当事人的自然人死亡，需要等待继承人表明是否参加诉讼；作为一方当事人的法人或者其他组织终止，尚未确定权利义务承受人的；一方当事人丧失诉讼行为能力，尚未确定法定代理人等）；(2) 不可抗力（一方当事人因不可抗拒的事由暂时无法参加诉讼）；(3) 与其他案件的牵涉（本案必须以另一案的审理结果为依据，而另一案尚未审结）。该条文还规定了“其他应当中止诉讼的情形”这样一个“兜底条款”，不过其内容应该仍在上述分类之中。例如因地震等自然灾害而引起法院一时不能继续审理案件，就可以列举为应当中止诉讼的“其他情形”之一，同时也可将其归入“不可抗力”的事由类别。有关诉讼中止的上述三类事由中，不可抗力相对简单。例如，诉讼程序的进行过程中一方当事人因车祸严重受伤入院治疗等，即为其典型场境（不过只要该方当事人已有诉讼代理人或者可以简单地委托代理，原则上都不一定必须采取诉讼中止的措施）。而作为可能导致诉讼中止的另两类事由，即主体待定涉及的诉讼承继,以及诉讼因与其他案件有牵涉而不得不暂时停止等,情况往往却比较复杂,需要稍稍展开加以说明。

诉讼过程中,如果作为一方当事人(原告或者被告)的自然人死亡,其继承人可以承袭被继承人在本案中的诉讼地位,充当原告或被告,继续与对方当事人进行争议的诉讼程序。为了与实体法上的遗产继承有所区别,可以把这种情况称为“诉讼承继”。需要注意的是,诉讼承继存在着因遗产继承人作出的选择而不发生的余地,而且与遗产继承也并非完全对应。一方面,继承人可以放弃继承遗产,同时也无须承受被继承人应当向他人履行的义务。这种情况下,无论被继承人在本案中的诉讼地位是原告还是被告,继承人都能够选择放弃诉讼承继。另一方面,如果继承人没有放弃继承遗产,在被继承人作为可能承担义务的本案被告的情形下必须承袭这一诉讼地位,但当被继承人的诉讼地位是本案原告时,仍然存在放弃诉讼承继的选择余地。由于继承人可以就承继诉讼与否作出选择,在作为本案一方当事人的被继承人死亡和继承人表明其选择之间的这段时间,诉讼程序就有了“暂停”即中止的必要(《民事诉讼法》第 153 条第(一)项)。与此相类似却也有所区别的诉讼中止,则涉及法人或组织的诉讼承继。一般而言,诉讼过程中作为原告或者被告的法人或组织因故终止,主体资格消灭的场合,原则上都应由承受其实体权利义务的其他法人或组织承继其诉讼地位,取代已终止的法人或组织继续进行诉讼。例如法人在诉讼中分立或合并,其原告或被告的地位应当由新的两个或一个法人承继。或者,某一作为当事人的企业在诉讼过程中失去其主体资格的话,可以导致该企业的开办人或出资者或企业挂靠的单位等因诉讼承继而成为本案一方当事人。不过在此类情形之下,确定究竟是哪个或哪些主体应当承受已终止的法人或组织的实体权利义务,往往大费周章而需要时间,于是也就产生了暂停程序即诉讼中止的必要[《民事诉讼法》第 153 条第(三)项]。

作为诉讼中止的另一类事由,《民事诉讼法》第 153 条第(五)项规定的“本案必须以另一案的审理结果为依据,而另一案尚未审结”这种情形,经常涉及的是民事案件与刑事或行政诉讼案件的复杂关系。可以先参看设例 13-10。

设例 13-10

杜甲以民间借贷纠纷为由将刘乙诉至法院,请求返还借款。本案已经开庭,刘乙当庭承认借款一事属实,但辩称约定的利息过高,且希望分期付款。法庭进行了调解但未成功，遂休庭并告知双方将另择日期宣告判决。在庭审结束后判决尚未作出之际，公安机关因其他债权人控告刘乙非法集资而立案侦查，对其采取了拘留的强制措施。经刘乙的代理律师提出申请，法院作出诉讼中止的裁定。此后，刘乙涉嫌非法集资一案由检察院提起公诉，经法院审理，最终认定非法集资罪不成立，作出无罪判决。该刑事判决生效之后，本案原告杜甲向法院申请恢复民事诉讼程序，法院通知双方即日起本案程序重新开始。一周之后，法院作出了刘乙向杜甲支付借款本金和部分利息的判决。

设例13-10中，被告是否构成非法集资的犯罪与拖欠原告款项未还这一行为如何定性的问题相互牵连，且被告在诉讼过程中确已失去人身自由，因此法院裁定诉讼中止是妥当的。因与此相类似的事由而导致的诉讼中止，还有进行中的民事诉讼程序与另案提起的行政诉讼紧密关联，必须等待行政案件的审理结果等情形。如原告起诉被告专利侵权，在诉讼程序进行期间，被告却以专利管理机关为被告，向法院提起请求宣告作为本案标的物的专利权无效的行政诉讼，就属于比较典型的这种场境程序。有些情况下，两个诉讼程序审理的即使同样都为民事案件，如果其中一个案件必须以另一案件的审理结果为前提，则前一个案件的诉讼程序也有必要暂时停止，等待后一案件通过审理作出生效裁判才能恢复程序。

关于诉讼中止的程序操作，如设例13-10所示，可以由当事人一方或双方的申请启动。法院对此申请进行简单审查，如果认为确有符合法律规定的事由，可以裁定诉讼中止，自裁定作出起即发生程序停止的法律效果。除依当事人申请之外，还可由法院根据已发生的相关事由依职权作出诉讼中止的裁定。诉讼中止以前当事人双方已经进行的攻击防御活动，原则上都保留效力。待妨碍诉讼进行的事由消除之后，法院可依申请或依职权向当事人双方发出恢复程序的通知，诉讼继续进行。

如果诉讼中止之后没有必要恢复程序，就有终结诉讼之必要。诉讼过程中出现的某些情况导致程序已完全不需要进行下去，也应直接终结诉讼程序。根据《民事诉讼法》第154条的规定，在一方当事人死亡又不发生诉讼承继，或者离婚、解除收养关系或追索赡养费、抚养费、抚育费等实体权利义务具有人身专属性质的案件中一方当事人死亡（性质上不允许承继诉讼）的情形下，法院应作出终结诉讼的裁定。可见诉讼终结指的是案件的审理并未达到终点，在程序中途即告结束，意味着案件本身或诉讼法律关系的消灭。在此意义上，诉讼中止和诉讼终结都属于本节所谓“标准流程中断”的典型情形。

延伸讨论

13-4　期间与期日

如前所述，民事诉讼程序展开、进行的过程可以被理解为一种法律状态，或者说是在当事人之间、当事人与法院之间构成的诉讼法律关系。作为一种法律状态或法律关系，程序有起点也有终点，既有了开始，终究也必须结束，时间的推移在这个过程中具有十分重要的意义。对于诉讼程序来说，可能引起种种法律效果发生的时间经过就是“期间”，而标识着期间的开始或结束，或者指示某些重要的诉讼行为或程序事实发生的时间（通常表示为“某月某日某时”）则可称为“期日”。作为比较重要的“期间”之例，可以举出如审理期限（审限）、答辩期、公告期、上诉期、举证期限等，期间一般以月或日为计算单位。“期日”中最为关键的是开庭及宣判的日期，此外如送达的日期、举证期限届满的日期等，也往往与某种程序性的甚至是实体上的法律效果相联系。

关于期间，在学理上大致有两种分类。第一种是“法定期间”和“意定期间”的分类，与前者为法律明确规定的期间相对，后者又可进一步分为法院指定的期间和当事人约定的期间（《民事诉讼法》第 85 条第 1 款关于期间的规定只列举了法定期间和指定期间）。审限、答辩期、公告期及上诉期等属于前者，是法律上做了明确规定的期间；而举证期限则为后者，既可以由法院指定，也可以由当事人双方约定。第二种分类则是“不变期间”和“可变期间”。前者指期间的长短已经固定，原则上不允许在程序操作中人为地加以延长或缩短，如答辩期、公告期及上诉期等就属此类期间。与此相异，可变期间则允许对期间的长短进行调整，典型的如第一审普通程序的审限，法律规定了可延长的不同时间。此外，包括指定和约定在内的意定期间一般都是可变的期间。期间从开始之日的次日起算，期间届满如果在法定休假日内，以法定休假日之后第一日为届满之日。邮寄送达的期间不包括途中的时间，诉讼文书在期间届满前交邮的，即便届满之后才到达也算期间内完成送达。

在多种多样的期间中，首先介绍作为某种程序从开始到结束全部时间的审理期限或审限。我国民诉法对于不同的程序规定了不同的审理期限。例如，“人民法院适用普通程序审理的案件，应当在立案之日起六个月内审结。有特殊情况需要延长的，由本院院长批准，可以延长六个月；还需要延长的，报请上级人民法院批准”（《民事诉讼法》第 152 条）。其他如简易程序、第二审程序的审限为 3 个月（在特殊情况下可延长），特别程序的审限为 30 日，等等。审限是我国民事诉讼制度上特有的期间，1991 年制定的《民事诉讼法》才有明确规定，关于其制度理念及合理性、运行方式等学界存在着种种观点。但可以肯定的是，这种期间的设置至少在我国目前条件下，确实能够在一定程度上起到提高诉讼效率、防止程序迟延的重要作用。事实上，大部分案件的审理都能在审限内完成。此外还需注意的是，案件实际的审理时间即使超出法定的审限，一般也不致产生什么明确的法律效果。因此总是还有少数案件未能在审限内结案，而且其中某些案件的审理需要更长时间确实有其合理性。还有，除了诉讼中止的期间理所当然地不计入审限之外，在司法实务中还存在着种种从审限扣除某些期间的做法，如公告、鉴定或和解等所需的时间，在不同的法院可能根据当地的通行做法计入或者不计入审限。

作为随着时间经过能够产生明确法律效果的期间，典型的可举本章所介绍的答辩期、公告期以及后文将涉及的上诉期为例。答辩期经过可导致应诉管辖的发生，公告送达的期间届满拟制为已经送达，上诉期经过则可能带来当事人上诉权利消灭和判决或裁定等生效的法律效果。其他举证期限、支付令的异议期、当事人为了启动某种程序而提出申请的期限等，也属于此类可引起重要法律效果发生的期间。不过，有时即便逾期或超出期限，也存在若干可以回避特定法律效果发生的情形。根据《民事诉讼法》第86条的规定，当事人因不可抗拒的事由或其他正当理由耽误期限的，在障碍消除后的10日内，可以申请顺延期限，但是否准许，由人民法院决定。还有一类法律规定的期间，不一定伴随明确的法律效果。例如本章所述，第一审程序自诉状提交之日起，决定是否立案的审查期间为7日，但有关这一期间的规定应理解为倡导性的程序规范，因为没有规定逾期会产生何种法律效果。与此相类似的是种种不同程序中关于审查期间的规定，以下在介绍这些程序时还会分别涉及。

当事人如果有错过某些指定的期日且无正当理由的行为，如不出席开庭审理期日、庭前调解期日、证据交换期日等，也能够导致如缺席判决、程序进入下一阶段或者逾期提交的证据不被接受等程序性后果发生。作为具有法律意义的时间节点，期间的起算或届满之日等亦可以包含在“期日”的概念之内。关于这方面涉及的法律意义和相关问题，下文将结合判决发生法律效力的时间点等具体的程序领域做进一步的介绍和讨论。

参考文献：王亚新《我国民事诉讼制度上的审限问题》

第14章 简易程序、小额程序、调解

我国民事诉讼制度上的第一审诉讼程序除了普通程序之外，还有简易程序。在2012年修订《民事诉讼法》时，于简易程序之内又增设了有关小额程序的规定。简易程序和小额程序仅适用于第一审诉讼程序，其他种类的诉讼程序如第二审程序、再审程序等都不能适用有关这两种程序的规定。相对于第一审普通程序而言，简易程序和小额程序都可以视为"程序标准流程"在不同程度上的简约化、轻便化，体现了根据纠纷或案件不同情形而对处理解决纠纷的程序样式进行适度调整的原则或原理。在此意义上，这两种程序反映了"程序分化"或"繁简分流"的立法及司法政策，与后文将涉及的非讼程序之间存在着某种共通性。此外，调解因为也可理解为具有"非讼"的性质，同样可能牵涉程序的分化或案件的分流等原理及政策。因此，作为第一审普通程序的对照或出于不同角度的诠释，本章把简易程序、小额程序和调解制度放到一起，在概述这些程序制度不同内容的基础上，再对其各自所关涉的论点或问题加以介绍及讨论。

第1节 简易程序

《民事诉讼法》第十二章用30多个条文规定第一审普通程序之后，在第十三章用11个条文规定了简易程序。从法律规定的这种结构就能够看出，简易程序首先可被理解为把普通程序加以简化而构成的第一审程序。与普通程序作为比较精细复杂的一种所谓"重装备"的程序相比，简易程序强调的是简单、轻便、易于操作的效率性。普通程序高度重视给予当事人双方充分的程序保障，比较适合于案情相对复杂或疑难、牵涉重大利害关系、两造观点尖锐对立的争议案件。与此相较，简易程序则采用更加简约且更具弹性的审理方法，一般用来处理解决日常生活中大量发生的简单纠纷。以下先从相对于普通程序而言的角度简要描述简易程序的基本构成及特点。

14.1.1 简易程序的基本构成及特点

根据《民事诉讼法》第十三章的规定，作为第一审诉讼程序的一个种类，简易程序适用于基层法院审理案情比较简单的民事案件。这种程序与普通程序相比，在审判主体和审理的方式方法上做了简化，并缩短了审理的期限。关于简易程序的构成和特点，通过对比同为第一审诉讼程序的普通程序，可以总结为下列三个方面。首先，简易程序只适用于基层法院及这个层级的法院所派出的人民法庭审理一审民事诉讼案件（《民事诉讼法》第160 条）。在我国，依级别管辖制度，基层法院、中级法院和高级法院都受理并审理第一审民事诉讼案件，但除了基层法院及其派出法庭既可以适用简易程序也可以适用普通程序之外，其他层级的法院审理第一审民事案件只能采取普通程序。其次，简易程序在审理案件的方式方法上与普通程序相比有诸多的简化。例如可以根据具体情况使用打电话、带口信等多种简便易行的方式传唤当事人或进行某些事项的送达、开庭前无须严守提前 3 日通知当事人等规定、开庭审理方式如法庭调查和辩论顺序等也可以采取更加灵活多样的方法（《民事诉讼法》第 162 条、第 163 条）。最后，民诉法规定简易程序的审理期限是自立案之日起 3 个月内审结，有特殊情况需要延长的，经本院院长批准，可以延长 1 个月（《民事诉讼法》第 164 条）。这一点与普通程序的审限为 6 个月，必要时得数次延长恰为对照。

上述特点反映了简易程序的价值或理念主要在于提高效率性。处理解决日常生活中发生的简单纠纷时更加强调效率性，一方面是为了方便当事人，减轻其为了解决纠纷而付出的成本和时间精力等讼累，另一方面也可以节约司法资源，在程序的运用上给予法院更多灵活选择或裁量的余地。关于简易程序具体操作的某些情形及其所指向的价值理念，可从设例 14-1 做比较直观的了解。

设例 14-1

某县法院派驻 A 镇的人民法庭内勤在立案窗口接待了该镇下辖某村村民曾甲的来访。曾甲称自己经营有一砖瓦窑，邻村的何乙为建房赊购一批砖瓦，总价款为 38 000 元。何乙的房屋现已建成，但除交定金 1 万元之外，却一直拖欠余款。曾甲表示希望口头起诉何乙追索欠款，还提供了有何乙签字并写明赊购砖瓦的数量、价款的纸条及身份证明、双方联系方式等材料。法庭内勤对曾甲的陈述做了笔录，宣读后让其签字确认。经 A 镇法庭庭长审查曾甲的口头起诉等记录，决定本案适用简易程序，指定法官李某独任审理。李法官随即给被告打电话通知其被起诉的情况，何乙说自己确实还欠曾甲的砖瓦款 28 000 元，但盖了房家里又有病人，目前经济很困难，希望分期付款。经李法官询问其是否需要15天的答辩期，如放弃可于6天后的下一个赶集日趁便到A镇法庭来开庭并当庭答辩，何乙表示愿意赶集日出庭。过两天有人正巧要去曾甲村里，李法官即托他带去赶集日开庭的口讯，传唤曾甲当日赶来镇上。到了赶集日，李法官会齐了原、被告开始庭审，先征求双方对于到目前为止的程序进行有何意见，并由书记员把记载有双方均受到传唤、被告放弃答辩期等内容的笔录交给曾甲和何乙过目并签字。由于当事人双方陈述的案情并无明显差异，且对写明赊购砖瓦的纸条和定金收据等均不表示异议，庭审即进入调解环节。李法官着重询问了双方可否及如何分期付款的问题，但因当事人各自主张的解决方案差距过大，没有达成协议。庭审结束一周之后，李法官作出判决并向原、被告双方宣告。本案的第一审程序在不到20天的时间内即告结束。

设例14-1反映的虽然只是极为丰富多样的案情及其处理之一例，但从中仍可看到，在日常生活中发生的纠纷有许多案情简单、争议不大的情形。这些纠纷作为民事案件提交给法院解决时，如果都使用包括正式的送达方法、充分的答辩期或攻击防御期间、各种庭前准备以及三名法官或陪审员组成合议庭进行的开庭审理等内容的普通程序，则不仅有“杀鸡用牛刀”浪费司法资源之嫌，还会给当事人带来程序迟延、耗费时间精力等讼累。而简易程序的适用首先应当着眼于可能给当事人带来的便利。如设例14-1所示，虽然原告的口头起诉和被告对答辩期的放弃在普通程序中也可能得到运用，但法律上有关简易程序的规定更加明确地强调了程序的此类简化。《民事诉讼法》第161条第1款规定原告对简单的民事案件可以口头起诉（注意普通程序部分的《民事诉讼法》第123条把“书写起诉状确有困难”作为口头起诉的前提），第2款则规定了当事人双方可以同时到基层法院或其派出法庭请求解决纠纷，法院或法庭“可以当即审理，也可以另定日期审理”。这款规定就包含了被告可放弃答辩期或缩短答辩期、庭前准备可省略、法院或其派出法庭可以灵活决定开庭日期等内容。设例14-1中法庭确定在赶集日开庭审理，既是程序操作灵活性的一种反映，也体现了“便民”的价值。当然，适用简易程序审理的不少案件中，在保留答辩期的前提下也可能需要指定或约定举证期限并实施方式简便的庭前准备活动，再根据答辩期、举证期限和实施准备的具体情况灵活确定开庭期日。《民诉法解释》第266条规定，简易程序中指定或约定的举证期限不得超过15日；被告要求书面答辩的，法院可在征得其同意的基础上合理确定答辩期间。

从方便法院的角度来看，简易程序意味着可以灵活选择送达及传唤的方式，更加注重运用调解的方法解决纠纷，根据具体情况对庭审程序予以简化等节约司法成本的做法。

《民诉法解释》第 259 条规定,经当事人双方同意,法院可以采用视听传输技术等方式开庭。此外,适用简易程序处理的案件通常应一次开庭即予以审结,例外情况下才可以有两次庭审。如果案情确实复杂需要更多次数的开庭,则应考虑程序的转换了。另一方面还应注意到,简易程序的适用并非把是否简化程序完全交由法院裁量,也不意味着程序无论简化到何种程度都没有问题。例如,是否放弃或缩短答辩期必须征求被告的意见或应征得其同意,法院不能随意剥夺当事人的这一诉讼权利。再如庭审的程序虽然可以简化,但书记员不在庭或省略庭审过程的记录等做法却属于明显的程序违法。换言之,简易程序的运用中仍须重视当事人基本的程序保障,程序的简化或灵活性也应当保有一定的"底线"。

14.1.2　与简易程序适用相关的若干论点

关于简易程序的适用,首先牵涉的就是基层法院审理第一审民事案件在简易程序和普通程序中究竟选择何者的问题。从制度构成的基础或理念来看,普通程序作为一套完整的"重装备"程序,强调给以双方当事人充分的程序保障和精心慎重的审理,适宜用来对案情事实不易查清、法律关系比较复杂、当事人之间围绕事实及法律问题存在强烈争议的案件进行慎重的审理。但这种程序需要耗费相当的司法资源,也要求当事人付出较多的时间、精力,或因对专业代理的需求等而导致增加经济上的成本。与此相对,根据《民事诉讼法》第 160 条的规定,"审理事实清楚、权利义务关系明确、争议不大的简单的民事案件",则适用可以通过程序的简化减轻当事人负担、节约司法资源及缩短审理时间的简易程序。对于立法上为基层法院提供的这两种第一审程序,在司法实践中选择适用时采取的基本方针,就是根据千差万别的案件具体情形进行"繁简分流"的操作。即审理相对复杂的案件适用普通程序,对较为简单的案件则按简易程序予以处理。

不过,在基层法院管辖的大量民事案件中,与案件或纠纷的"复杂"还是"简单"都不过是相对而言的模糊概念紧密相关,究竟哪些案件采用何种程序,解释上并不存在一条明确的界线。不过自 2015 年年初最高人民法院发布《民诉法解释》以后,划分案件繁简的"清晰度"似乎可以说已有所提高。《民诉法解释》在第 256 条对何谓"简单民事案件"做了相对明确的界定。根据这项解释,《民事诉讼法》第 160 条规定的"事实清楚"是指当事人对争议的事实陈述基本一致,并能提供相应的证据,无须法院调查收集证据即可查明事实;"权利义务关系明确"是指能够明确区分谁是责任的承担者,谁是权利的享有者;"争议不大"是指当事人对案件的是非、责任承担以及诉讼标的争执无原则分歧。该司法解释还从相反方向列举了“起诉时被告下落不明”“二审发回重审”“当事人一方人数众多”“再审案件”“涉及公共利益”及“第三人撤销之诉”等若干“不适用简易程序”的案件种类。不过,即便有了这样细化的概念辨析,司法实务在简易程序的适用上仍然存在相当大的选择余地。尤其是下文所涉及的基层法院倾向于更多、更广泛地适用简易程序的情况,是否将会由于新的司法解释出台而出现明显变化,还有待于时间的检验。

由于案件“简单”还是“复杂”在解释上的困难,也出于其他种种因素的影响,我国许多基层法院长期以来在选择第一审程序的实务上逐渐形成的一种趋势,就是尽量回避普通程序的使用,而倾向于最大限度地利用简易程序。虽然在这方面缺乏明确可靠的司法统计,但学者估计基层法院适用简易程序的案件应该占到这一层级法院受理案件总数的80%以上。不少法院除了司法解释明确规定必须适用普通程序的少数几类案件外,对受理的几乎所有民事案件一律先按简易程序予以处理,只是在审理过程中感觉确有必要或3个月审限快到案件却未能审结时,才将部分案件转为适用普通程序。从法条的解释上看,基层法院所管辖的民事案件是否有80%以上都属于“事实清楚、权利义务关系明确、争议不大”的简单纠纷,这一点不得不存疑。简易程序适用比率过高很有可能意味着法律规定的程序适用基准被架空或“虚化”,而支撑这种基准的“繁简分流”理念也并未真正得到贯彻落实。

简易程序被过多甚或“过滥”使用的现象,不仅来源于上述有关案件“复杂”还是“简单”的解释很难形成明确的指引或界线,还与基层法院在司法实务中面临的若干制约条件紧密相关。法院倾向于适用简易程序,首先往往是出于在审判组织的构成上尽可能采取独任制而回避合议制的必要。由于民事收案数量逐年增加而基层法院配置在审判第一线的人力资源总是相对有限,在2021年修订的《民事诉讼法》实施前,如果采用普通程序审理案件,法院就必须频繁地组成合议庭。在“案多人少”的背景下,处理一个案件需要动用2~3名具有审判资格人员的做法,经常因可能带来难以承受的人力资源负担而被尽量规避。其次,在2021年修订的《民事诉讼法》实施之前,简易程序的审限为3个月且原民诉法并未规定可以延长,再加上不少案件的案情究竟是复杂还是简单,在立案阶段和审理的初期不易判断。于是,案件受理后先按简易程序处理,审理过程中再根据具体情况转换为普通程序的操作,对于法院来讲既可以获得相对更为宽松的审限,又能够对案情的性质作出更有把握的判断。受这些可能具有某种合理性的因素和其他不一定合理的因素影响,简易程序的大量适用在基层法院蔚为大观。不过,这种现象的存在,也导致了某些需要更加慎重地精心审理的案件未能得到应有的对待,当事人的程序保障有所缺失等后果的出现。或者相反,因为无视案情之难易而先“一刀切”地适用简易程序或者仅仅把程序的转换视为调整审限的手段,结果是程序的实际操作“该简不简、该繁不繁”,简易程序的操作向普通程序靠拢,普通程序亦难以充分发挥其保证“精审”的长项。

为解决上述这些问题,需要从立法和司法实务两个方面施以综合的对策。从立法层面来看,2021 年《民事诉讼法》在审判组织和审理期限方面进行了调整。例如,除简易程序外,部分适用普通程序的案件也允许采用独任制进行审理。此外,有关审限的规定也做出了更加灵活的制度安排。2021 年《民事诉讼法》第 164 条规定,有特殊情况需要延长的,经本院院长批准,简易程度可以延长 1 个月。这为灵活掌握简易程序的审限打开了通道,相信能够在相当程度上减少实务中仅仅因审限已到而不得不转换程序的现象。为了实现精准程度更高的“繁简分流”,除了现有的“普通”和“简易”这两种第一审程序之外,着眼于将来的立法还能够设想更多种类的程序分化(参见本节“延伸讨论”)。就现在的司法实务而言,除了继续努力在澄清有关案情“简单/复杂”的解释,合理地分别适用简易和普通程序这方面下功夫,一个重要的问题还在于恰当地操作运用这两种第一审程序相互的转换。2012 年《民事诉讼法》修订时增加了有关这种转换的条文:第 157 条第 2 款(现为第 160 条第 2 款)规定,对于本来适用普通程序的案件,也允许当事人双方约定适用简易程序;第 163 条(现为第 170 条)则规定,法院在适用简易程序进行审理的过程中,如果发现案件不宜适用简易程序,可以裁定转为普通程序。《民诉法解释》第 260 条则对普通程序转为简易程序加上了在开庭以后不得转换的限制,《民事诉讼法》第 269 条还规定了当事人可对案件适用简易程序提出异议,经法院审查认为异议成立的,作出裁定转为普通程序。关于两种程序之间的相互转换,总的原则是在准确地把握判断案件性质及其繁简程度的基础上,再加上尽量尊重当事人双方的意愿这个考量因素。作为近期的努力目标,应当减少纯粹基于节约人力资源等其他因素的程序转换,并争取适当地提高普通程序在基层法院的使用频度。

延伸讨论

14-1　派出法庭及其民事审判活动

与适用简易程序化解日常生活中大量发生的简单纠纷这一功能紧密相关,设置于我国数千个基层法院之下的人民法庭值得给以特别的关注。自 20 世纪 50 年代《人民法院组织法》规定人民法庭作为基层法院的派出机构以来,这项制度一直延续至今。由于我国地域辽阔并拥有“超常规”的庞大人口，区县层级的3 000多个基层法院尚不足以在便利的距离内向一般民众尤其是居住于乡村的群众提供解决纠纷的司法服务。于是，在区县下辖的乡或镇上设置人民法庭，作为基层法院的派出机构，以贴近人们日常生活的方式处理解决大量的简单纠纷，就成为旨在“便民”的一项重要举措。改革开放以后的一段时期内曾实行所谓“一乡一庭”的政策，即每个乡镇都争取设置一个派出法庭。当时法庭的个数最高达到过3万余个，即平均每个基层法院下设近十个人民法庭。这样的法庭设置虽然做到了使法院可以在离民众更近的距离内提供民事审判等司法服务，但由于人力、物力等有限资源的制约，每个法庭往往只能配置一两名审判人员，开展审判工作的基本物质条件也难以保证。这些情况导致了对于派出法庭审理案件是否足够专业规范，或者其审判质量是否能够满足要求等忧虑。在这样的背景下，1999年最高人民法院发布《关于人民法庭若干问题的规定》（2021年修正），2005年又发布《关于全面加强人民法庭工作的决定》等重要司法文件，要求适当整理“撤、并”法庭个数，采取集中到重点乡镇设置“中心法庭”的措施，同时充实派出法庭的人员配置和物质条件，并致力于提升法庭审判工作的专业化、规范化程度。近年来的统计显示，人民法庭的个数大致稳定在一万余个，每年审理的民事案件约为基层法院所管辖民事案件的半数左右。

人民法庭的职能范围在历史上几经变迁，目前主要集中于民事审判、执行和指导人民调解工作。法庭审理民事案件多采用简易程序，且由于审判人员有限和贴近乡土社会等条件，即便有少数案件适用普通程序，派出法庭的民事审判活动及程序运作总体上也呈现出更加简便、更多灵活性和“亲民、便民”的特点。设例14-2来自真实的报道，为某个人民法庭的审判人员在一天之内活动的写照。

设例 14-2

A县法院设置于扶甸镇的人民法庭负责审理三个乡一个镇内发生的民事诉讼案件。这天是扶甸法庭的刘庭长和赵法官到下辖各村巡回办案的日子，一大早他俩就带一名书记员开车上了路。在最初抵达的一个村庄里，他们先向一位因宅基地纠纷被诉至法庭的村民送达诉状等诉讼资料，然后到了村委会所在处，在墙壁上挂起带去的国徽，安排原告、被告和审判人员的席位，把房间布置成一个简易的开庭场所。接着按照预定，9:30开始审理本村一户村民几兄弟之间的分家析产纠纷。来自本村村委会的一名陪审员与两位法官组成合议庭坐在审判席上，到庭的除了原、被告兄弟数人外，还有不少村民也来旁听。

庭审到11:30结束,收拾了会场简单吃过中饭,三位审判人员驱车赶去二十多公里外的另一村庄。一到村里三人分别行动。刘庭长应村委会的邀请去为本村的人民调解提供咨询指导,给调解委员会的成员讲解相关的法律问题。赵法官则为自己承办的一个相邻纠纷案件,带着书记员找到了居住于本村的当事人住宅,会同双方开始勘验现场。下午4点,指导工作和勘验都已结束,三人于是离开这个村庄。在返回扶甸镇的归途上,他们找到一位因交通事故纠纷做了被告且已败诉的村民家里,就其是否履行义务及强制执行事宜进行调查。最后,还顺路在另一村庄向作为借贷案件当事人的某村民当面告知了开庭的安排,并征询有无调解意向,要其在传唤的回证上签字。天快黑了的时候,三位审判人员才回到法庭,结束整整一日的奔波辛劳。

从设例14-2可看到,派出法庭的工作特点之一就是在辖区展开的巡回审判。这种亲民、便民的做法可以为当地的当事人节约诉讼成本,减轻其讼累,对于审判人员来说也能够提高程序操作的效率。人民法庭进行的民事审判还有其他特点,如法庭本身设置在基层,贴近人们的日常生活,方便群众接近和利用纠纷解决的司法服务;程序操作上可以不拘形式,更为简便和灵活;除了依据事实和法律,往往还需要以一般人易于了解的日常生活逻辑或当地习惯等规范去处理纠纷,并可更加侧重运用调解或说服当事人和解等方式方法。总之,派出法庭及其民事审判活动能够发挥的重要作用,主要就在于能够利用更加灵活简便的程序,大量地吸收并处理案情相对简单、争议金额通常不高却与一般民众日常生活紧密相关的纠纷。

第2节 小额程序

2012年《民事诉讼法》通过新增第162条引入了小额程序。

2021年最新修订的《民事诉讼法》通过第165~169条等条文,对小额程序的标的额标准、适用范围、审理期限等内容进行了调整。同样作为第一审诉讼程序,小额程序不是与普通程序和简易程序并列的一个程序种类,其在我国《民事诉讼法》规定的程序架构中表现为简易程序适用于某些标的金额有限的案件时对程序的进一步简化。不过,由于这种简化最主要的内容在于省略第二审程序,即实行"禁止上诉、一审终审"的原则,小额程序于是明显地展现出某种特殊性,有必要单列一节予以讨论。

14.2.1　小额程序的意义与制度构成

小额程序是不允许上诉的第一审诉讼程序，其适用的对象为简单民事案件中诉讼标的金额较小的部分案件。采取这种制度设计的基本理念在于，对于当事人之间诉争的利益有限、案情也不复杂的纠纷，减轻当事人耗费在程序上的成本或负担更为重要，投入处理解决的司法资源也应加以节制。但另一方面，这种制度理念也蕴含着某种紧张关系或两难处境。小额程序关于一审终审禁止上诉的制度设计对于当事人来说，一方面能够早日解除讼累，减少时间、精力、金钱等成本的支出，同时又意味着案件通过上诉得到更慎重处理等诉讼权利的“限缩”。对于法院来说，适用这种程序审理案件可以提高纠纷处理效率、节约司法资源，却也可能带来没有充分吸收当事人不满而引起上访“缠讼”等潜在的风险。为此，小额程序的适用必须限定于某个合理的范围，还应在制度构成上尽可能平衡或缓和这些紧张关系。

经过一番酝酿讨论，2021年《民事诉讼法》将小额诉讼案件的标的金额由原来的各地“上年度就业人员平均工资百分之三十以下”提升至“上年度就业人员平均工资百分之五十以下”。同时，当事人双方可通过约定将上述标准进一步提高至“上年度就业人员平均工资百分之五十至二倍以下”。立法确定的这个适用范围既在具备可操作性的意义上设置了统一或共通的基本标准，也照顾到了置身于经济发展水平不同的各省、自治区和直辖市，当事人对于案件诉讼标的金额高低的敏感程度存在明显差异的事实。目前确定适用小额程序案件具体范围的一般做法是，根据统计部门发布的全国不同地区上一年度就业人员平均工资等数据，各省、自治区和直辖市的高级人民法院出台规范性文件对本辖区内小额诉讼案件的标的金额作出明确规定。这种有关标的金额的标准依辖区不同呈现出数额变动，且可随各地的平均工资水平增长而发生改变。例如在2022年，贵州、河南等省份的小额程序法定标准为3万余元，江苏、浙江等省高院规定的标准为5万余元，而上海则更是可达6万元以上。如果从约定标准看，则上述省份、直辖市呈现出十几万元不等的变动。作为是否适用小额程序的衡量标准，除了诉讼标的金额之外，纠纷本身是否牵涉非财产性的法律关系或权利归属的确定、案件性质或案情是否足够简单等因素也很重要。例如，2021年《民事诉讼法》第166条就明确规定，某些类型的民事案件不能适用小额诉讼程序审理。关于这一点，后文再做进一步讨论。

关于小额程序实际上如何运作，可以先参看设例14-3。

设例 14-3

某省法院确定所辖基层法院当年受理的诉讼案件若标的金额为 1 万元以下,可以适用小额程序审理。该省 A 县法院受理的一个案件,原告赵某为本县农民,因受雇于陈某跟车卸货而负伤,于是起诉陈某,请求给付劳务费用和医疗费共计 4 000 余元。被告陈某居住于邻近的 B 县,赵某卸货负伤的地点也在 B 县境内,但陈某雇用赵某则是在 A 县。A 县法院决定对本案适用小额程序进行审理,在分别向原、被告送达受理通知、诉状和应诉通知时,使用书面告知了本案适用小额程序、原被告应在 7 日之内提交证据、本案的裁判禁止上诉实行一审终审等信息。陈某在接收诉状等资料的送达时,口头表示提出管辖权异议,认为本案应移送 B 县法院管辖。承办法官审查记载陈某这项异议的笔录,在送达的 3 天之后作出了驳回管辖权异议的书面裁定,并写明该裁定作出即已生效。陈某收到裁定后表示还要作出书面答辩,法官即为其指定了 7 日的答辩期,把双方的举证期限也调整到答辩期届满之时,并排定 10 日后的一个固定时间为开庭期日。在答辩期内,陈某提交了答辩状,除了抗辩劳务费已付并垫付有 1 000 余元的医疗费之外,还对本案适用小额程序提出异议,主张应转为简易程序审理。开庭当日,法官先告知双方当事人,对于被告就本案适用小额程序提出的异议,法庭经审查认为异议不成立,裁定驳回该异议。庭审经过一个多小时的陈述、质证、辩论,在此过程中法官还反复地对双方进行了调解,结果未能达成合意。法官认为本案事实已经查明,适用法律的结论也很清楚,遂作出被告向原告支付 2 000 余元的判决,并当庭进行宣判。由于小额程序的判决书可以简化为只需列明当事人信息、诉讼请求和裁判主文,无须写出对证据和事实的认定及法律适用等理由,法庭在很短时间内就出具了判决书,当场交给双方。法官向当事人告知该判决书立即生效,并将此告知内容记入宣判笔录。几天之后,陈某根据判决内容主动向赵某履行了支付义务,本案所涉纠纷在十多天内得到了彻底解决。

设例 14-3 展示了适用小额程序处理纠纷的一个比较理想的场景,从这一设例出发也能够归纳小额程序在流程上表现出来的若干特点。根据《民诉法解释》的相关规定,适用小额程序首先应当向双方当事人进行告知,尤其是需要说明裁判实行一审终审的制度安排(第 274 条)。接下来,法院可以确定举证期限,当事人也可以协商约定这种期限并由法院批准,但一般不超过 7 日;原被告可以放弃举证期限,被告还可以放弃答辩期间,这种情况下法院可立即开庭审理(第 275 条)。另外,小额程序区别于普通和简易这两种第一审程序的特点，还表现在对于驳回起诉和有关管辖权异议等程序事项的裁定也实行一审终审。即法院针对小额诉讼案件当事人提起管辖权异议的裁定，以及适用小额诉讼程序后作出的驳回起诉裁定，一经作出立即生效，当事人对这两种裁定不能提起上诉（第 276、277 条）。这种制度安排在小额程序的实体裁判实行一审终审制的框架之内，也可以说是其逻辑上的自然归结。如果当事人对小额程序的适用有异议，应当在开庭前提出，经法院审查，认为异议成立的，适用简易程序的其他规定审理或者裁定转为普通程序；如认为异议不成立，则裁定驳回。裁定以口头方式作出的，应当记入笔录（第 279 条）。再者，在适用小额程序的案件审理过程中，原则上不宜大幅度增加或变更诉讼请求、提起反诉或追加当事人、第三人等，否则可能有必要转换程序（第 278 条）。小额程序的庭审应比照简易程序加以简化，在程序的进行和方式方法上可以更加灵活简便，且评估或鉴定等较为耗时费力的证据方法实际上已被排除。最后，小额程序的裁判文书可以简化，只需记载诉讼主体、请求，裁判主文不一定需要写明理由等（第 280 条）。

有关小额程序主要的制度构成就是这些，以下进一步介绍有关这种程序的立法及适用而产生的某些论点或问题。

14.2.2　小额程序立法及实际操作的问题点

小额程序作为 2012 年修订《民事诉讼法》时新设的制度，在此前和立法过程中围绕应否引入这项程序的问题，存在着肯定和否定两种意见之间的争论。否定论立足于我国现实情况的主要观点有如下内容。首先，小额程序的初衷之一在于通过程序的大幅简化提高效率，为当事人减少讼累并节约法院耗费的司法成本。而我国民事诉讼的效率已经不低了，绝大部分一审案件都能够在简易程序较短的审限期内结案，因此对仅仅基于效率进一步简化程序的要求不应如此敏感。其次，小额程序的另一宗旨是把复杂或高度专门化的诉讼程序简化为更加平易简单、让一般人都能理解的常识性纠纷处理过程，从而提升当事人参与纠纷解决的主体地位。国外有些小额程序的设计包括排除律师代理等内容，其理由除节约费用外正在于此。不过我国的民事诉讼程序专门化、技术化的程度并不高，也没有多少复杂的内容，案件无律师代理的情况相当常见。相反还需警惕过度强调程序简化带来的对程序的正规化或规范化的冲击。最后，小额程序在国外得到普遍适用的动向，其根本理念在于降低日常生活中发生的一般纠纷进入诉讼程序的门槛，扩大审判制度解决纠纷的容量，让相对缺乏资历和专门知识的当事人也能够更加便利地使用作为公共服务的诉讼审判。这种程序的引进设置因而成为被称为“接近正义”（access to justice）的司法改革运动的一个重要环节。与此相对,我国目前的状况是纠纷进入诉讼审判的门槛并不高,相反由于各种诉讼外的纠纷解决机制未能很好地发挥其功能以及因一些实体和程序方面的法律法规出台伴随的诱导作用,近年来大量纠纷涌向诉讼渠道,已经给不少法院带来"案多人少"不堪重负的问题,且蕴含了诱发更多涉诉上访的风险。从这个角度看,如果小额程序的引进意味着要求民事司法进一步扩容增量,在我国目前的现实情况下并不一定符合时宜。

不过,依据上述理解提出的否定意见虽然富于启示性,却没有看到小额程序作为简易程序进一步分化的意义。这种程序的设置除了可以节约成本、提高效率之外,在我国民事诉讼实务中或许还可以发挥另外的例如规范程序操作和限制随意性等功能。民事纠纷因诉讼费用减少、"进入门槛"降低等多种作用影响而大量涌入法院的倾向,在社会转型期传统的非诉讼纠纷解决体系趋于衰退甚或解体,而新的代替性机制得以建立形成之前,恐已经是难以根本改变的现实。在这种既成的局面下,再引入小额程序也不会诱发更多纠纷进入法院,反而能够收到节省用于处理小额纠纷的司法资源这一效果却是显而易见的。况且,目前我国民事司法的效率仅从遵守审限的角度看虽然确实不算低,但针对小额纠纷在相应减少司法资源投入的意义上切实提高效率仍然有着迫切性。更重要的是,因我国立法上第一审诉讼程序的分类及具体规定都比较粗疏,司法实务中某些程序操作也出现了过于随意等问题,而引入在程序设计上最具刚性的小额程序并使其作为第一审程序分化的有机环节,将有利于在程序法定原则和程序操作的融通性、灵活性之间形成平衡。在此方面的效果正好可以和注重程序的规范化或正规化这种完善民事诉讼法的另一角度相互呼应。

有关小额程序的法律条文自 2013 年起实施以来,在解释适用上也遇到一些问题。如上所述,作为这种程序适用对象的"小额诉讼案件"必须满足两个法定的条件或标准,一是诉讼标的金额在一定的数额以下(《民事诉讼法》第 165 条),另一个则与一般简易程序适用对象同样,为案情简单的民事案件(《民事诉讼法》第 160 条)。不过,与许多基层法院在适用简易程序时往往把后一标准"虚化",即不问案情是否真正简单而尽量多用简易程序的情况不同,目前不少法院对符合有关金额的前一标准的案件,却有"做实"乃至"拔高"后一标准而较少适用小额程序的倾向。2015 年的《民诉法解释》主要从案件性质的角度涉及了案情是否简单的标准。其第 274 条列举了涉及金钱给付可适用小额程序的案件,如买卖、借款、租赁、供用水电气热的合同纠纷、银行卡纠纷及物业、电信等服务合同纠纷以及其他金钱给付纠纷。该条款还规定在身份关系清楚、劳动劳务关系清楚、侵权责任明确的前提下，对于只存在金钱争议的赡养、抚育、扶养等“三费”案件、劳动劳务案件和人身损害赔偿案件也可以适用小额程序。第 275 条则从相反的角度，把涉及人身关系、财产确权纠纷，涉外民事纠纷，知识产权纠纷及其他不宜适用一审终审的案件排除在小额程序的适用范围之外。2021 年最新修订的《民事诉讼法》从反面角度对不适用小额程序的案件进行了统一的规定。根据《民事诉讼法》第 166 条，涉及人身关系，财产确权，涉外案件，需要评估、鉴定或者对诉前评估、鉴定结果有异议，一方当事人下落不明，当事人提出反诉等情况的案件不能适用小额诉讼程序。相应地，前述《民诉法解释》第 274、275 条已经被删除。

参考文献：王亚新《民事司法实务中适用小额程序的若干问题》

延伸讨论

14-2　“程序分化”广义的概念及其走向

本章的一个出发点，就是把简易程序乃至小额程序都看作第一审诉讼程序的“分化”形态，与作为“标准流程”的普通程序相对置。从诉讼法学理论的角度看，民事诉讼的程序分化完全可以不限于现行立法规定的这几种第一审程序。在我国，也有学者主张或呼吁民事诉讼立法应当根据家事纠纷、劳动争议、公司诉讼、知识产权争议乃至票据纠纷等在实体法上具有一定特殊性的不同领域，分别设置某些各有其程序特点的第一审程序。例如，家事案件中的身份关系应基于“实体真实原则”，而不适用双方当事人一致的主张可以拘束法院判断的“辩论主义”，法院可对案件事实进行“职权探知”，主动收集调查相关证据；家事案件的审理还应采取“调解优先”原则，引入具有心理学、社会学等法律外专业背景的社会福利工作人员参与纠纷解决过程，等等。在比较法上，一些国家的民事诉讼制度中存在把家事、劳动、公司或票据等领域的案件交由分别设立的家事法院、劳动法院或商事法院等运用比较特殊的程序进行处理的例子。我国民事诉讼立法将来的修改确实有必要朝着这个方向考虑程序的进一步分化。不过就立法机关目前的慎重态度来看，即便今后有可能通过立法实现进一步的程序分化，恐怕也会推到相当遥远的未来了。

如果更加广义地理解“程序分化”范畴，则可以说我国民事诉讼制度的发展过程中一直存在着这样的趋势。1991 年现行《民事诉讼法》颁布时，程序的种类确实显得单调或有限。但随着新的立法以及相应的司法解释出台,在司法实践中也逐渐出现了新的诉讼或程序种类。例如,1994 年《仲裁法》颁布,从次年起包括“申请撤销仲裁裁决”“申请确认仲裁协议效力”等与仲裁制度紧密相关的诉讼形态,就作为一个特殊的程序种类逐渐进入司法实践。与现行的第一审诉讼程序相比较,这种程序的特殊性表现在起诉的条件或事由、时间限制、管辖的法院以及一审终审的制度安排等方面。2005 年修订《公司法》以后,司法实践中出现了前置程序、原告资格和诉讼标的等都很有特色的“股东派生诉讼”。2007 年局部修改《民事诉讼法》时,增加了“案外人的执行异议之诉”,此后通过司法解释还规定了“参与执行分配之诉”。2012 年《民事诉讼法》新规定的公益诉讼和第三人撤销之诉,同样可以视为引入了两种新的程序形态,属于广义上的“程序分化”范畴。此外,司法实践中法院系统早已开始设置知识产权审判庭,或者尝试对于这类案件采取民事诉讼、行政诉讼和刑事审判“三审合一”等新的程序形态进行审理。2014 年以来,根据政治部门“顶层设计”的改革方案,在若干大城市设立专门的知识产权法院,也都可作为程序分化的一种反映或体现。部分法院长期以来还根据自身情况,内设了专门处理劳动争议、婚姻家庭案件、医疗事故纠纷和交通肇事纠纷的审判庭。虽然专门法庭处理的案件在程序上并无特别突出的特点,但在这些个别动向中亦存在某种可能向进一步的程序分化发展的契机。

参考文献:王亚新《民事诉讼法修改中的程序分化》

第 3 节 调　　解

在我国的民事诉讼活动中,调解占有一个重要而特殊的位置。调解首先是一种结案方式,每年法院受理的第一审民事诉讼案件中大约有 1/3 以调解结案,进入第二审程序和再审程序的案件也有相当一部分通过调解方式得以终结。调解又是程序的一种进行方式,在诉讼法上存在着有关“先行调解”“庭前调解”“当庭调解”等一系列规定。在法院与非诉讼的纠纷解决方式(alternative dispute resolution,简称“ADR”)衔接联动处理民事纠纷的实际操作中,还可根据进行调解的主体或诉讼的“内和外”等不同因素,把调解分类为“法院调解”或“司法调解”与“诉前调解”或“委托调解”等,并与当事人双方的庭外或诉讼外和解相互区别又连接起来。调解还经常被理解为一个与诉讼审判及纠纷解决的基础理论紧密相关的重要概念,可在学理上被运用来建构某种有关纠纷解决或诉讼的模型,或者被视为能够体现某些更高层次的原理原则或价值理念的命题。不过,本书着眼于法律解释论的角度,将调解作为程序分化的一个重要环节,主要在程序运行和结案方式的范围内讨论这项制度的实际操作问题,并适当涉及调解在诉讼和 ADR 相互衔接中的位置、作用等。对于调解的一般理论意义及这一概念可能体现的原理、价值等,将只在"延伸讨论"予以初步介绍。

14.3.1　调解在诉讼中的多种表现

调解本质上是当事人通过达成合意而对彼此之间纠纷争议的解决,但在这个过程中法院作为纠纷解决第三方发挥重要的作用,而且因为调解发生于诉讼程序的框架内,其进行受到程序的制约,调解所达成的合意也由此而在实体法和程序法上产生相应的法律效果。所以,这种调解在我国称为"法院调解"或"司法调解"。《民事诉讼法》第 9 条规定,法院对民事案件的调解必须遵循"自愿"和"合法"的原则。这个法律条文明确地反映了法院调解或司法调解的本质和受到的制约。

为了直观地认识把握调解在诉讼过程中的表现形式,可先参见设例 14-4。

设例 14-4

陈某与邵某原为夫妻并育有一子,后双方协议离婚,商定儿子由母亲邵某抚养,陈某每月支付抚养费 1 000 元至儿子满 18 周岁。因陈某未按月及时支付抚养费,邵某与儿子作为共同原告将其诉至法院,请求判令陈某支付拖欠了数月的抚养费,并主张由于物价上涨和养育费用增加,应将陈某每月负担的这笔费用变更为 2 000 元。法院立案部门审阅了邵某交来的诉状,认为可以先分流到诉前调解的窗口处理,经征求邵某意见,将其引导给设在立案大厅内的人民调解室。该室值班人员接待邵某了解情况后,打电话联系上了陈某,希望其约一个双方都方便的时间到法院来参加调解,但陈某表示不愿在此阶段接受调解。邵某回到立案窗口重新提交了诉状。本案受理之后移交给负责审理婚姻家庭案件的民一庭,承办法官再次给陈某打电话,要其来法院领取诉状及其他诉讼资料。陈某答应于某个时间前来法院,承办法官也通知了邵某同时前来。当天承办法官会同双方来到法院的调解室,围着圆形的会议桌就座,在把诉状递交陈某阅读并说明情况之后,法官听取了双方的意见,进行调解。陈某主张没有及时支付抚养费,是因为实际带小孩的邵某父母阻挠自己看望孩子,而且听说邵某将要再婚,所以打算把小孩要回来由自己抚养。由于调解没有成功,法官和双方就此后程序如何进行做了协商,并指定了举证期限和开庭日期。经法官释明,陈某在指定的时间内提交了答辩状和相关证据。当事人双方于开庭当天均到庭,经过事实陈述、举证质证和法庭辩论,法官征求双方意见后休庭,再次进行调解。为了这次在法庭上的调解能够成功,法官还设法请来了邵某父母及其居住地的居委会干部参加调解。经过一番努力,当事人双方终于达成了儿子转由陈某抚养,双方均不用向对方支付抚养费的调解协议。双方当事人在协议文本上签字后,法院根据调解协议制作了调解书,当庭向双方送达签收即生效,本案以调解方式结案。

从设例14-4中可以看到《民事诉讼法》中若干相关条文的运用。这些条文包括:第125条有关"先行调解"的规定,即"当事人起诉到人民法院的民事纠纷,适宜调解的,先行调解,但当事人拒绝调解的除外";第136条第(二)项有关"庭前调解"的规定,即"开庭前可以调解的,采取调解方式及时解决纠纷";第145条有关"当庭调解"的规定,即"法庭辩论终结,应当依法作出判决。判决前能够调解的,还可以进行调解,调解不成的,应当及时判决";第98条有关"协助调解"的规定,即"人民法院进行调解,可以邀请有关单位和个人协助。被邀请的单位和个人,应当协助人民法院进行调解"。

关于"先行调解",目前一般的理解是指从原告向法院起诉到立案受理前后这一程序阶段由法院或其他主体进行的调解。由于近十年来法院在这个程序阶段加强与各种非诉讼纠纷处理方式(ADR)的联动合作及相互衔接,先行调解可以是法院对起诉立案受理以前交由其他纠纷解决主体(如设例14-4中位于法院立案大厅的人民调解室)进行的调解。这种调解在诉讼程序之外实施,又称"诉前调解",且由于调解的主体不是法官,其性质也不属于司法调解或法院调解。只是因调解的实施出于法院的委托,实践中往往也称为"委托调解"。不过,先行调解还可包括诉状受理之后由法院在立案阶段进行的调解,这种具有司法调解性质或在诉讼程序内实施的调解也称"立案调解"。区别于先行调解,在诉讼的下一个程序阶段即庭前准备活动中实施的调解称为"庭前调解"。关于这种调解,本书第13章的13.2.3已做过介绍,设例14-4则是一个直观的描述。在开庭审理中进行的调解都可称为"当庭调解",除了《民事诉讼法》第145条规定的辩论终结后判决作出之前这个程序阶段,某些情况下法官也可根据具体案情并征得双方当事人的同意,在开庭审理中任何恰当的时机实施调解。如果有数次开庭,在开庭之间组织双方进行的调解,或者在法庭辩论结束尚未作出判决的开庭后实施的调解，亦可在广义上视为“当庭调解”或“法庭调解”。自上述“立案调解”到“当庭调解”，都属于司法调解或法院调解。在所有这些程序场境中，如果有必要法院也都可以邀请单位和个人协助法官进行调解，因而构成《民事诉讼法》第 98 条规定的“协助调解”。

从设例 14-4 还能够看到，作为一种纠纷处理解决方式的调解可以在诉讼程序的任何阶段进行，也可以说能够贯穿于整个诉讼过程，同时又可能与诉讼程序处于不同程度的分离状态。调解既可以在诉讼程序内，在法庭上由法官或合议庭实施；也可以在诉讼程序之外，在法庭或法院以外的各种场所，由不同于法官的其他主体主持或参与而进行。虽然调解的程序往往由法官等第三方主体启动并主导，但通过调解以处理解决案件所涉纠纷的目的，却必须以当事人双方达成协议或合意的方式才能达到。在诉讼程序的任何阶段，双方当事人都可能达成调解协议，而法院一旦据此作出调解书，案件的审理即告终结，诉讼以调解结案。有些案件的审理过程中，双方当事人可以在诉讼程序外自行达成解决彼此之间纠纷的合意，再来请求法院根据这种合意或和解协议制作调解书，法院经对协议进行审查并出具调解书，诉讼程序即就此终结。这种学理上称为“庭外和解”或“诉讼外和解”的情形，在我国依然属于法院调解制度的体现之一。

14.3.2　调解程序的特点、意义及其适用

从上文所述可以看出，我国民事诉讼法上的司法调解或法院调解是诉讼程序的一部分，调解一旦成功就使进行中的诉讼在任何阶段都可立即终结，但以获得当事人双方合意为目标的调解又与指向判决的审理程序存在种种的区别或不同。因此可以说，调解与审判，在我国既同在民事诉讼程序之中，又由于彼此不同的特点而相互区别，并且在程序的外观或场景上两者就有可能发生程度不同的分离。如上所述，本书把调解的性质大致定位为一种与诉讼程序紧密关联或者内在于诉讼过程的“非讼”程序。以下，就调解相对于审判的特点、调解具有的意义或功能价值以及适合于运用调解的案件或纠纷类型等做进一步的阐述。

调解与审判的区别除了在于明显不同的结案方式之外，还体现在如下几个方面。首先，调解不仅需要了解过去在当事人之间已经发生的纠纷事实，还可以最大限度地把当事人双方将来的关系调整也作为处理的对象，为此可灵活地综合运用从法律到道德伦理以及常识情理等多种多样的社会规范。与此相对，审判往往把审理范围局限于查清双方之间都有过哪些纠纷事实，且在此基础上只能适用以成文的法律条文为主的规范。其次，调

解不仅考虑客观上发生或实际存在的事实，还需要努力掌握当事人的感情、情绪、主观想象等心理上精神上的因素，并对症下药式地作出适当对应。审判则会尽量防止当事人把主观的情绪性的因素带进程序，纠纷的解决一般都集中于查明事实、分清是非这样的客观方面。再次，调解对纠纷的解决可以不必严格限定于当事人以及他们之间的争议，如果认为有必要甚至可能把其他相关事项或有关联的主体都拉进纠纷处理之中，并寻求某种范围更广的“一揽子”解决方案。审判则只能以本案当事人及其提出的争议为对象，审理和判决都不得超越这个给定的范围。最后，通过调解实现的纠纷解决无所谓谁胜谁负，既可以是双方妥协相互让步，也可以寻求某种“双赢”或“皆大欢喜”的解决方案，还可以说服教育有错误的一方当事人提高思想认识，主动改变自己的行为而使纠纷从根本上得到彻底解决，等等。而审判的目标本来就是一决胜负，判决往往意味着当事人的一方所得即为另一方所失。

从这些特点看来，可以说调解能够实现更为彻底或更接近于完美的纠纷解决，但问题在于能否获得当事人双方的合意以结束争议并不确定；与此相对，在双方当事人坚持争议或者即使无法彻底查明案情真相等情况下，依然能够使用如举证责任分配等办法决出胜负等方面，审判具有确定性，却不一定是解决纠纷的最佳选择。两者各有短长。不过，民事诉讼在制度上是以审理和判决为主线来安排或构成基本的程序，调解应该被理解为依附于这条主线的一种具有“非讼”性质的纠纷解决方法。这样的制度安排并不是由于调解的重要性或价值低于审判。因调解在实体和程序上都具有高度的灵活性，将其固定为某种包含若干特定阶段和具体操作内容的程序，必然会减损其解决纠纷的实效性。这意味着以调解为主线构成某种具有确定性的诉讼程序并不现实。于是，在指向判决形成的审理程序中根据情况分阶段地“嵌入”不拘形式的调解，未能奏效时则让审判程序继续进行，就成为对我国民事诉讼制度目前状态的一种比较直观的理解。不过，调解和审判既然存在上述的种种差异，两者“你中有我”式的结合可能带来相互间的干扰或影响彼此发挥其优势，因此调审的适度分离就构成了程序解释论上需要解决的问题之一。

还需要注意的是，并非所有案件的诉讼程序都一定会有调解环节，或者说调解并不是诉讼审判的必经程序。这是因为提交给法院处理的纠纷中，并非所有的纠纷都适合于调解方法的采用。所以，哪些案件或者什么类型的纠纷适宜进行调解，也是选择调解方法时必须考虑的一个问题。有些纠纷种类或案件类型比较适合于运用调解方法处理解决，例如婚姻家庭纠纷和继承纠纷、劳务合同纠纷、宅基地和相邻关系纠纷、合伙合同纠纷等（参见最高人民法院 2020 年修正的《关于适用简易程序审理民事案件的若干规定》，以下称《简易程序规定》,第 14 条)。另据相关司法解释,对于适用特别程序、督促程序、公示催告程序的案件及婚姻等身份关系确认案件等,则不得进行调解(《民诉法解释》第 143 条)。当然,除了一定的案件类型大致适合或者不适合采用调解方法之外,诉讼程序中对当事人双方是否可进行调解或调解能否奏效的问题,多数情况下或者更大程度上都得依纠纷发生及处理的具体情形而定。

为了直观地了解相对适合于调解的纠纷类型、审判和调解在程序上的相互关联和区别等问题,可参见设例 14-5。

设例 14-5

陈某经营水果批发,与从外地贩运水果的赵某签订了一批水果的进货协议。但赵某将该批水果运至本市后,陈某因质量规格等问题拒绝收货付款。赵某将陈某诉至法院,双方主张差距很大、矛盾尖锐。负责审理的法官开庭后认为,根据查明的案件事实,当事人双方均须对纠纷的发生承担一定责任。本案的判决虽然容易作出,但损失只能由双方分担,而且如走上诉、二审及执行等程序的话,随时间经过该批不易保存的水果可能将全部腐烂,会给当事人双方带来更大损害,也算社会利益的一种"净损失"。经向有关方面咨询,法官联系到一家制造果酒的企业,通知本案两位当事人和该企业会集于本院调解室。经过法官以"面对面、背对背"等方式提示解决方案并反复说服各方,最终在三方之间达成了把该批水果适当降价处理给果酒企业,赵某和陈某各自承担部分损失,且两家继续保持交易关系等内容的调解协议。在三方按照协议内容尽快履行各自义务之后,赵某撤回了对陈某的起诉。

首先,从设例 14-5 可看出,适合于调解而非判决的纠纷可能是什么样的类型,而且有些情况下,这样的纠纷很难在诉讼审判的实体和程序框架内得到妥善的处理解决。设例 14-5 中,法官引入了第三方的资源和利益,并把当事人双方将来关系的调整也纳入视野,才获得了个人和社会的损失都最小化的"共赢"式纠纷解决。但是,如纠纷的类型和特定案情并不一定与调解这种尽力说服当事人达成合意的解决方法相匹配的话,在诉讼审判程序必须迅速地处理消化大量案件的现实情况下,对于调解的过分偏重会带来不少负面的效果。其次,调解和审判的程序经常有必要适度分离。与开庭审理实行公开原则不同,调解的过程和达成的调解协议则都采取秘密原则,主持调解的人员等主体也负有守秘义务,只是在当事人同意时调解过程可以例外地开放旁听,或者出于保护国家及社会公共利益的需要,才可能例外地开示调解协议内容(《民诉法解释》第 146 条)。审判的基本结构是“两造对立、法官居中裁判”,但如设例 14-5 所示,调解则往往需要采取“会谈”式或者适当区隔双方当事人等灵活多样的方式,才易于获取双方合意。为此,在诉讼程序上时常有必要进行某些特殊的安排,如从调解中获得的信息原则上不允许用来作为判决的基础;某些情况下,实施调解的时间可以不计入审理期限;调解前可以使用各种简便的方式传唤当事人;主持或参与进行调解的主体可以是合议庭、法官或法官助理或者接受委托或协助邀请的法院外人士;调解可以在时间、地点、进行方式、参加参与的主体等方面都尽可能地保持灵活性,只是在这种灵活性受到较大限制的情况下,调解才方便与审判程序一并进行。在此意义上,调解与审判的适度分离可以使二者都最大限度地发挥其各自的优势,而过去在我国民事司法实务中曾长期占据主流地位的“调审合一”等习惯做法,却不利于这些优势的充分发挥。

14.3.3 法院调解的若干解释论问题

根据民诉法的相关规定,法院进行调解,除了必须遵循最为根本的自愿原则,充分尊重当事人出于意思自治的合意之外,还应当做到“在事实清楚的基础上,分清是非”(《民事诉讼法》第 96 条),而且要保证“调解协议的内容不得违反法律规定”(《民事诉讼法》第 99 条后段)。有论者认为“事实清楚、是非分明”甚或“不得违法”的要求与调解尊重当事人意愿的本质属性有冲突,主张对这些相关法条作出修改。确实,如果把当事人意思自治原则引申到最大限度,即便纠纷事实不甚清楚,只要真正是出于当事人自愿而达成的合意,也可以说调解已经成功。此外,由于调解本身的灵活性质,有些场合若是过分重视“是非分明”,本来可以经合意解决的纠纷甚至反而陷入僵局。同时还得承认,当事人能够自由处分自己的权利义务这种相互安排与严格的合法原则之间,看来确实存在着某种紧张关系。因此,如何解释“事实清楚、是非分明”的法律规定及合法原则,就构成了适用调解程序时必须考虑的一个重要问题。

需要注意的是,《民事诉讼法》第 96 条有关“事实清楚”及“分清是非”的规定具有很强的针对性,主要是因为,过去在部分民事案件的处理中,法院调解的适用发生过实质上违反自愿原则的“隐性强制”现象,往往表现为不管纠纷事实表明当事人孰是孰非,都一味说服甚至压制拥有权利的一方(多为原告)让步。一些学者把这些现象称为“和稀泥”,给予了严厉批评。主张修改立法以便允许当事人“自愿地罔顾”案件事实的观点,因缺乏这种有针对性的视角而并不可取。由此看来,可把"事实清楚、是非分明"的要求放到自愿原则的范畴内予以考虑。一方面,法院进行调解应当努力把握案件的基本事实和当事人孰是孰非,这样不仅可以为当事人在主观上形成合意提供一个具有客观性的基础,也有利于说服当事人在合理的范围内相互妥协;另一方面,以当事人之间真正出于自愿的合意为前提,对"事实清楚、是非分明"应做较低限度的解释,即法院无须做到彻底查明案情真相或弄清纠纷的种种细节,只需大致了解把握基本的案件事实和权利义务所在即可。尤其在诉前、立案环节和庭前等阶段的调解,法官对案情的把握较多地依赖于当事人双方的事实陈述和对相互主张的认可,而到了之后的程序阶段,调解的进行做到更有把握的"事实清楚、是非分明"并不困难。同时,对有关调解协议的内容不得违法的要求,也可以分两个层次来加以解释。第一个层次,调解协议不得违反法律的禁止性规定,极端的情形如当事人双方即便自愿就赌债达成还款安排,法院也不得认可并出具调解书。但调解协议涉及的仅仅是法律上规定的任意规范时,当事人应当拥有对于自己权利义务进行处分的充分自由,不应轻易解释为"违法"。第二个层次,"不得违法"的含义还应包括当事人达成的调解协议不得损害国家利益、社会公共利益和第三人的合法权益。尤其是在当前社会诚信体系尚未成熟或形成的情况下,少数当事人串通制造虚假诉讼,企图滥用司法制度谋取非法利益等现象还比较严重。法院对于调解协议,有必要以《民事诉讼法》第 99 条的相关规定为根据,注意审查其内容是否存在侵害公共利益和他人利益的可能。

关于调解的法律效果,在解释论上需要介绍的一个重要问题就是当事人达成的和解或调解协议与调解书的衔接。法院进行调解,如果能够在当事人之间形成合意或协议,原则上都应根据协议的内容制作调解书。这种裁判文书应写明诉讼请求、案件事实和调解的结果,由法官、陪审员等审判人员和书记员签字并加盖法院印章后,送达给当事人并由双方都签收,才能够发生法律效力(《民事诉讼法》第 100 条)。如果双方分别签收,则以最后收到调解书的当事人之签收日期为调解书的生效日期(《民诉法解释》第 149 条)。调解书的法律效力包括当事人可据此申请法院强制执行的执行力和阻止当事人重复起诉的效力(即消极的既判力,关于此概念可参见本书第 15 章)。调解的本质在于当事人的合意,但仅仅存在反映合意内容的协议还不能具备上述效力,法院在当事人协议的基础上出具的调解书才能够使这些效力得以发生。于是,对于调解的法律效果而言,当事人的合意或协议与法院调解书之间的关系以及程序操作中二者如何衔接就有了重要的意义。首先需要注意的是,在诉讼程序进行的任何阶段,当事人都有可能也有权自行或者经第三方主体的介入促进等,就如何解决彼此之间的纠纷达成合意或协议。这种合意或协议如因法院进行调解而形成,一般都称"调解协议";若是当事人双方自行达成,往往称为"和解协议";通过前文曾涉及的诉前调解或者委托调解等方法,介入争议进行调解的主体不一定是法院,但在与诉讼程序有着紧密联系的情形之下,如果当事人之间达成合意,则既可称"调解协议"也可称"和解协议"。大多数情况下,因法院进行调解而形成的协议都需要制作调解书,但当事人自行达成的和解协议,则既可以请求法院据此出具调解书,也可能由原告申请撤诉而结案。至于诉前调解、委托调解等情形,当事人除可以请求法院出具调解书之外,还能够选择对调解协议申请司法确认的程序(参见本书第18章第2节)。此外某些种类的案件在达成特定合意内容的情形下,法院不需要制作调解书,调解协议本身即可发生法律效力。例如调解和好的离婚案件、调解维持收养关系的案件、调解成功并能够即时履行的案件等,可将协议内容记入笔录,由双方当事人、法官和书记员签字或盖章之后,该协议的笔录即发生调解书拥有的法律效力(《民事诉讼法》第101条)。

当事人双方虽然达成合意并在调解协议上签字,但法院据此制作调解书并送达当事人往往需要一定时间。过去经常困扰司法实务的一个现象,就是一方当事人在调解书送达时因反悔等而拒绝签收,导致调解书不能生效。当然,从原理上讲,当事人在签收调解书之前保有对调解协议反悔的程序权利,尤其在某些法院调解具有"隐性强制"的情形时,行使这种权利更是无可厚非。但往往经过法院或第三方反复说服等调解过程,好不容易达成的协议却因这种"程序的空档"而被轻易推翻,因此无法顺利结案的话,在诉讼效率上总是一个问题。针对这个问题,相关司法解释提出了一种解决方案,即"调解达成协议并经审判人员审核后,双方当事人同意该调解协议经双方签名或者按指印生效的,该调解协议自双方签名或者按指印之日起发生法律效力"(《简易程序规定》第15条)。根据该司法解释,这项规定只能限于适用简易程序审理的案件,且依据这种调解协议法院还必须制作调解书,只是调解书送达时当事人已不得反悔。《民诉法解释》第151条对此则作出进一步规定,将这种处理扩展到一般民事诉讼案件,且法院仅在当事人提出请求时才需制作调解书。此外,作为更为一般的解决路径,由于制作裁判文书广泛使用电脑联网系统和电子签章等高科技手段,近年来多数法院已经能够做到当事人在调解协议上签字的几乎同时就制作成调解书,并当场送达由双方签收。在当事人几乎没有反悔的时间"空档"这种情况下,因调解协议和调解书在效力上的衔接而产生的上述问题已有完全成为"历史"的可能。

延伸讨论

14-3　从“调解型”到“审判型”的诉讼模式变迁

本书第 7 章之“延伸讨论”7-1-1 已经提及，我国较长一段时期内形成的民事诉讼模式属于一种可称为“调解型”的审判方式。不过，经过自 20 世纪 90 年代以来法院系统开展的“民事审判方式改革”，我国民事诉讼目前已大致实现了从“调解型”到“审判型”的模式转换。

从调解的一般理论意义来看，所谓“调解型”的诉讼模式，大致具有两方面的特征。其一，尽管存在着法官用判决这一强制手段解决纠纷的可能性，但整个程序基本上是围绕着取得当事人和解或同意的目标而展开的。这个目标规定了程序的展开动机和进行过程，使法官积极主动的证据收集和调解活动成为诉讼的中心内容。“调解型”模式在逻辑上意味着作出决定以最终解决纠纷的不是法官而是当事人，程序的重点与其说在于当事者提出证据开展辩论以争取法官作出有利于自己的决定，不如说在于法官形成正确的解决方案并说服当事人作出接受该方案的决定。其二，在“调解型”的程序结构中，形成正确的纠纷解决方案这一责任最终总是由法官来承担，因而如果出现了事实不清、是非不明的情况，法官就无法以判决的形式结案，更无法作出不利于某一方当事人的决定去追究其举证责任。但是，以导入在当事人之间分配并由当事人自身承担的举证责任为起点的审判方式改革，却改变了这种内在的逻辑结构。一方面，举证责任意味着法官和当事人在程序中的分工发生了逆转。当事人成为推动程序展开的主体，他们通过收集和提出证据推动程序展开的基本动机则是说服法官作出有利于自己的决定。换言之，举证责任在逻辑上要求判决成为规定程序展开的目标。另一方面，举证责任概念还有一个潜在的逻辑前提：如果出现事实不清、是非不明的情况，其最终责任不在法院而在于当事人自身。因此，当出现这样的情况，法官不仅可以作出判决，而且该判决还必须具有追究某一方当事人责任的内容，绝不能“和稀泥”或者“各打五十大板”。

这也是“审判型”或“判决型”诉讼模式的特点。在这种模式中，判决被设想为解决纠纷的主要形式，诉讼的直接目标首先是判决的形成。调解并不被理解为法官必须履行的任务或职责，进行和解或要求调解属于当事人的权利，法官无须积极主动地进行调解，可以仅仅停留在对当事人的要求作出反应的消极位置。这就是这种诉讼结构虽然存在不少以调解或当事人的合意结案的情况，却仍然可以称为“判决型”的理由。尽管最后作出判决的是法官，当事人却被视为形成判决的主体。在诉讼开始时，当事人必须按自己所追求的判决内容提出诉讼请求，该请求划定了判决的范围，最后的判决既不能超出其上限，也不能代之以其他救济形式。接着，当事者双方必须就存在争执的事项进行协议，把争议的焦点确定下来。而这些争点一旦确定同样对法官具有拘束力，法官不能自行确定争点，也不能在判决中离开当事人确定的争点另外作出判断。这样，程序就进行到当事人围绕争议焦点各自努力收集、提出证据以及就事实和证据进行辩论的阶段。不难看出，这种诉讼结构与当事人主义存在着不可分割的内在联系。在此过程中，法官尽管负责程序的展开，却一直处于被动地注视和倾听的位置，并不积极深入地介入双方的举证活动。当法官认为事实已经清楚或者已经没有办法再进一步查明真相时，就可以作出判决。但是，该判决一般只能是承认一方当事人的主张并否定另一方的主张，即采取“非黑即白”（all or nothing）的形式，而不得依裁量进行增减加除的调整。值得注意的是，“判决型”的诉讼结构并不要求大多数案件都必须以判决形式解决，而只是意味着程序或审理过程被判决形成这一目标所规定和制约。

“调解型”和“审判/判决型”作为两种理论模型，各有其优点和缺点。不过，在改革开放带来我国社会条件根本性变化的背景下，民事诉讼逐渐从前一模型向后者转型已然成为法学界和实务界的共识。今后，如何在基本为“审判/判决型”的诉讼模式中引入“调解型”的优点，应当作为民事诉讼法学研究努力的一个方向。

第 15 章　裁判:判决与裁定等

如本书第 2 章所述,法院通过民事诉讼必须解决由当事人提出且涉及人身或财产等法律关系的争议性问题。作为诉讼审判解决这些问题的一种重要方式,法院经过法定程序作出的判决,就是对当事人进行的争议予以回应并决定其相互间实体权利义务的权威性判断。此外,在民事诉讼程序的展开过程中,法院往往还有必要就各种程序性事项以“裁定”“决定”或“命令”等名称或形式作出种种权威的判断或决策。法院作出的判决、裁定、决定及命令等,在学理上统称为“裁判”。裁判既是通过诉讼程序而达到的对实体问题的解决,也可以是推动、引导诉讼过程展开的程序安排。因此,裁判既可意味着某一阶段程序乃至整个诉讼程序的终结,也可只是标识程序进行的某个节点。此外,裁判虽然总是表现为法院权威的判断或决策,但同时在实质上也是当事人之间、当事人与法院之间围绕案件的实体和程序而展开的互动所带来的某种法律效果。无论如何,对于民事诉讼程序的过程和结果来说,裁判都具有十分重大的意义。本章介绍民事诉讼中的裁判种类及其形式,各种裁判的程序前提及对程序的作用,以及裁判在法律上都具有哪些效果等内容。

第 1 节　裁判的形式和种类

裁判的名称或者形式与不同的裁判种类相对应。不同形式或种类的裁判分别被适用于处理不同的问题,具有不同的前提条件和法律效果。裁判首先可区分为处理实体问题的判决和处理程序问题的裁定及其他形式。对判决和裁定等还可以依据不同的标准作进一步的分类。决定和命令则是法院针对某些特定的程序事项或为了解决有关程序的争议而作出的裁判。除此之外,本节还会涉及某些未必能够定义为“裁判”,但却具有一定程序性效果的法院行为,如通知、公告、责令等。裁判大都以书面形式体现,即判决书、裁定书、决定书等,称为“裁判文书”(其他由法院作出但非裁判文书的书面文件,如调解书、书面通知等,则可与裁判文书一起统称“法律文书”)。本节还将在“延伸讨论”部分以裁判文书上网为对象简要讨论裁判公开的问题。

15.1.1　判决

在裁判的多种形式中,判决具有特殊的位置和十分重大的作用及意义。首先,判决原则上可以导致诉讼程序的彻底终结,而其他种类的裁判都不具备这种可称为“终局性”的特质。其次与此相应,由于判决的内容多数情况下就是法院对当事人争议的实体权利义务作出的权威性判断,判决对诉讼终结后法院和当事人的行为都可能发挥程度不等的拘束作用。再者,鉴于判决会给双方当事人带来重大影响,形成判决的诉讼过程必须为其提供充分的程序保障,最典型的表现就是判决的作出必须以经过公开的开庭审理作为不可或缺的程序前提。最后,从进行审理和作出判决的审判主体必须同一,到作为判决基础的证据必须经过开庭质证,对判决的主体及形式等存在着一系列制度化的要求。以下先从判决的分类入手,介绍判决的作出有哪些前提条件、判决应采取何种形式等。关于判决的效力则留待下一节讨论。

在我国民事诉讼制度的具体语境内,对判决可以做三种分类:一是“先行判决”(学理上也可称为“中间判决”)与“终局判决”;二是“确定生效的判决”与“非确定未生效的判决”;三是“诉讼判决”与“非讼判决”的分类。关于前两种分类,可先看设例 15-1。

设例 15-1

甲女从乙村民组出嫁到外村,后乙村民组因集体土地陆续被征收获得数笔补偿款。在村民组就补偿款分配范围、比例及数额等方案进行讨论时,甲女要求参与这些补偿款分配的请求遭到拒绝。甲女遂向法院起诉,请求判令乙村民组分配给自己补偿款×××元。法院受理本案,双方围绕甲女是否还具有乙村民组集体成员资格这一争执焦点提出主张和证据。经开庭审理,法院判断甲女具有乙之集体成员资格,但其应获得多少补偿款尚需等待分配方案形成之后才能确定。在向当事人释明并听取双方意见后,法院先行作出认定甲女拥有集体组织成员资格,有权参与补偿款分配的判决,同时为双方指定了就甲女应分得的补偿款比例及金额提出主张和证据的举证期限和下一次开庭审理的日期。经双方举证和开庭之后,法院作出乙村民组向甲女支付×××元的第一审判决。乙村民组在 15 天内针对该判决和关于甲女有集体成员资格的先行判决一并提起上诉,本案即进入第二审程序。二审法院经过审理,作出了维持一审法院两个判决的终审判决。

设例 15-1 中，法院根据《民事诉讼法》第 156 条有关“人民法院审理案件，其中一部分事实已经清楚，可以就该部分先行判决”的规定，在第一审程序尚在进行过程中作出确认原告具有集体组织成员资格的判决，此即为“先行判决”或“中间判决”。之所以作出这样的判决，是因为审理进行至此阶段在案件审理中作为有关实体权利义务判断前提的部分重要事实已经查清，但尚有其他事实需要继续审理。而将已查清的事实使用判决这种裁判形式固定下来，可以减少争执焦点，有助于当事人双方把攻击防御的重点放到后续事宜之上，能够有效地提高诉讼效率。与此相对，第一审程序结束时法院作出被告向原告支付一定款项的给付判决和第二审法院就维持一审法院裁判而作出的判决均为“终局判决”。目前在我国的审判实务中，先行判决因只是在确有必要的情况下作出而较少使用，绝大多数判决都具有终局判决的性质。关于其他需要作出先行判决的情形，比较典型的例如交通肇事或医疗行为引起的人身损害赔偿诉讼中，在当事人之间围绕被告的过失责任和具体赔偿数额两个焦点都存在尖锐的对立、争议很大时，法院可能有必要先就作为赔偿数额之前提或先决事由的责任有无作出先行判决，再以此为基础对赔偿数额继续进行审理，直至作出终局判决。此外，设例 15-1 中法院先行作出的确认判决和第一审程序结束作出的给付判决，都只能称为“非确定未生效的判决”，只有第二审法院作出的终审判决才是“确定生效的判决”。当然，如果第一审法院作出终局判决后，当事人在法定的 15 天上诉期内没有提起上诉，一审判决也能够成为确定生效的判决。就本案的具体案情而言，对于先行判决或中间判决，原则上当事人应在第一审程序结束后的上诉期内将其与终局判决一并提起上诉。如果没有上诉，先行判决与一审终局判决在上诉期经过之后就一起成为确定生效的判决。此外，与判决的确定生效相关，对于先行判决在司法实务中还可见到另一种处理，即法院先行作出中间判决后，因进行争议的余地和价值很大，当事人一方当即提起上诉。一审法院斟酌审理情况后，经常需要对第一审程序采取中止诉讼的措施，等待二审法院对双方围绕一审中间判决的争议作出终局性的判断。就设例 15-1 而言，二审法院如改判一审之先行判决，作出甲女不具有集体组织成员资格的终审判决，一审法院就应将中止的诉讼程序转为终结；相反，如果二审判决维持一审的中间判决，一审法院则重启第一审程序继续审理。在一审法院作出终局判决之后，当事人还可针对该判决提起上诉，但中间判决则已确定生效，双方之间的继续争议也只能以此作为不变的前提。另需要注意的是，最高人民法院的裁判一经作出，即为“发生法律效力的判决、裁定”（《民事诉讼法》第 158 条规定为“发生法律效力”）。至于何为“发生法律效力”以及其又有何意义等问题，将于下一节讨论裁判效力时再次涉及。

至于判决的第三种分类即"诉讼判决"和"非讼判决",其分别对应的是诉讼和非讼两种程序。设例15-1中的判决全部都属前者,关于后者,本书第18章有关非讼程序的部分会做较为详细的讲解。简单说来,两者的区别主要在于,诉讼判决是法院对于当事人有关相互间实体权利义务争议的权威判断,而非讼判决针对的则并非两造之间的争议,且其内容也不一定表现为关于民事权利义务的判断。由于非讼判决具有相当的特殊性,以下有关判决特点或性质的讨论基本上限于诉讼判决这一种类,到本书有关非讼程序的部分再具体讨论相关判决的问题。

除了具有"关于当事人实体权利义务的权威判断"这种一般性质之外,判决区别于裁定等其他裁判形式的特点,还体现在必须以当事人有充分的机会提出有利于己方的主张和证据并进行辩论作为前提。具体说来,开庭审理的程序(与公开审判原则紧密相关)、独任法官或合议庭亲自听取当事人主张举证和辩论(直接原则的体现)、证据经两造质证等,都是判决作出及成立在程序保障方面的必要条件。如果其中任一项条件不具备,判决即使作出甚或已经确定生效也很可能被推翻或者被纠错。同时,与裁定或决定、命令等其他种类的裁判不同,对判决的形式存在着制度上的要求,即这种裁判必须以书面作出,且判决书的作成及其内容构成有大致固定的格式(《民事诉讼法》第155条)。此外,法律还规定判决必须公开宣告(《民事诉讼法》第151条),判决书原则上向公众开放检索(《民事诉讼法》第159条)。由于判决的形式和宣判的程序等与判决效力的发生紧密相关,对此下一节还会涉及,这里有必要先介绍一下最为重要的民事裁判文书形式,即判决书的构成。

作为民事判决书的基本样式,其大致由三个部分构成。第一部分有比较固定的格式和顺序,可称为"首部",包括标题(指明为哪一法院作出的判决)、案号、原告和被告等当事人及代理人名称、案由(指明为何种性质的纠纷)。这个部分主要表达案件的基本信息。接下来的第二部分则是判决书的关键内容。在分别列明原告诉讼请求与理由、被告答辩意见、双方提交的证据以及质证结果之后,经常以"经审理查明"和"本院认为"等表述开始的论述,就是判决书中对案件事实进行认定和适用法律的部分。该部分提示双方无争议的案情,归纳本案在事实和法律上的争议焦点,作出事实认定并运用证据对认定的理由加以说明,必要时还就法律条文的选择及解释等展开论述。第三部分则是判决的结论,在依据某法律某条文"判决如下"等表述之后的各个判项,通称为"判决主文",构成了法院对原告诉讼请求(含被告反诉)作出的回应,也包括有关诉讼费用承担的判断。判决书的最后必须有独任法官或合议庭成员的署名,并加盖法院公章,写明判决日期。作为最基本的裁判文书,判决书的构成及格式在裁判效力对应的部分、向当事人和上级法院进行说理,向社会上的一般人公开审判信息,通过指导性案例制度持续地形成裁判规则等方面都有重大的意义。本章的"延伸讨论"部分对此还会有所涉及。

15.1.2　裁定

裁定是法院对程序问题作出判断或加以安排的主要裁判形式,在诉讼前、诉讼中以及非讼和强制执行程序中都有广泛的运用。《民事诉讼法》第 157 条规定了适用裁定的对象或事项,涉及从起诉、管辖、保全、判决书的补正到执行终结等十余种程序事项。且由于第 157 条以"其他需要裁定解决的事项"作为兜底条款,裁定的适用范围在司法实务中体现得更为广泛。除第 157 条列举的事项之外,《民事诉讼法》中还存在不少明确规定适用裁定的其他条文,如裁定把简易程序转为普通程序(第 170 条)、裁定调解协议有效或裁定驳回申请确认调解协议的申请(第 202 条)、裁定发回重审(第 177 条)、裁定再审或裁定驳回再审申请(第 211 条)等,都属此类。根据司法解释的相关规定,还有一些程序事项应当适用裁定,例如移送及指定管辖、对反诉不予受理等。裁定形式在强制执行程序中也运用得十分广泛。

与有关实体权利义务的判决相比,裁定主要为法院针对程序问题作出的判断或安排。但在一些种类的裁定中也包含着实体的内容。典型的如先予执行的裁定,虽然在并非终局性判断而只具有临时性质这一点上仍为程序事项,但其内容直接指向当事人的实体权利义务。用于不同领域和不同程序事项的裁定中,有些针对的是当事人的申请甚至当事人之间的争议。法院在作出裁定前需要进行审查,裁定的性质相当于有关这些程序事项的权威判断。如诉前或诉讼保全的裁定、驳回管辖权异议的裁定、决定再审或驳回再审申请的裁定等,都属此类。另一些裁定则类似于法院根据诉讼中发生的某种情况或事由而对相关程序事项作出的安排。这种性质的裁定包括把简易程序转换为普通程序的裁定、中止或终结诉讼的裁定、补正判决书笔误的裁定、发回重审的裁定等。虽然一部分裁定的性质也如判决那样属于法院的权威性判断,但区别于判决,作出裁定之前原则上无须开庭审理,法院采取书面资料的审查或者以简便易行的方式听取当事人意见等做法来获取作出裁定需要的相关信息即可。这是由于裁定的主要功能在于决定或安排程序事项并尽可能方便地推动程序进行,对裁定作出之前的程序本身亦有予以简化的必要。不过,在当事人对某些程序事项争议很大,且该事项的决定可能影响到当事人的实体权利义务等较为特殊的情况下,法院采取让原被告两造对席,各自提出有利于己方的主张及证据并相互辩论的方式进行审理后才作出裁定。这种往往被称为"听证"的情形在实务中虽不多见,亦时有发生。

法院作出裁定可以采取书面和口头两种方式。书面方式的裁定应写明裁定结果和理由,还须有独任或合议庭法官及书记员署名,加盖法院公章。裁定书可使用简便的方式告知或者送达当事人及相关人员(如对财产保全有协助义务的其他人员等),口头作出的裁定则需记载于有当事人署名的笔录。司法实务中的一般情况是,法院作出《民事诉讼法》第 157 条第 1 款具体列举的各种裁定多采取书面形式,口头方式往往适用于例外的情形。此外,仅有少数几种裁定在法律上明确规定了可由当事人提起上诉,包括不予受理的裁定、驳回起诉的裁定以及针对管辖权异议作出的裁定(《民事诉讼法》第 157 条第 2 款)。此外还有少数裁定允许当事人申请复议一次,如对于保全或先予执行的裁定,当事人就可以申请复议,只是复议期间不停止裁定的执行(《民事诉讼法》第 111 条)。大部分裁定都不允许上诉,是这种裁判形式区别于判决的另一特点。由于裁定原则上只是针对程序问题作出的判断且往往具有临时性质,从程序进行的效率性角度看,一般情况下都允许对裁定提起上诉的话,可能导致诉讼过程或实体的审理随时被阻止或打断,不利于及时处理解决纠纷。允许上诉的裁定中,不予受理和驳回起诉的裁定都牵涉到当事人的诉权这种与实体权利义务紧密相关的基本程序权利,因而需要提供上诉的救济渠道。对有关管辖权异议的裁定允许当事人提起上诉的制度安排则出于如下政策性考虑,即鉴于管辖权在我国情况下往往对当事人有重大的价值,处理当事人之间围绕管辖而发生的争议应当采取比较慎重的程序。允许上诉的裁定一般情况下必须采用书面形式。当事人一旦对于这些裁定书提起上诉,第二审程序结束并作出裁定书才能使裁定生效,而不允许上诉的裁定则通常都是自作出之日起即发生效力。例如准许撤诉的裁定一旦作出,原告的诉讼请求即视为撤回;自中止诉讼的裁定作出之日起,程序即告中止。关于裁定效力的性质等问题,将于下一节涉及。

15.1.3　决定、命令及法院的其他程序安排

决定和命令是法院对程序事项作出判断或安排的另外两种裁判形式。决定主要适用于两个领域中的程序事项:一是关于回避的决定;另一则是对妨害民事诉讼行为的强制措施中,对于行为人采取罚款和拘留两种特定的措施时,应使用决定这一裁判形式。

回避的决定可以采取书面或口头形式。在审判人员等回避范围内的人员自行回避时,回避的决定往往采取口头形式,记入相关笔录即可。如果当事人针对法官或其他人员

提出回避申请，审判长、独任审判员院长或审判委员会等有权就是否准许当事人申请或有无必要回避作出决定的主体，可以采取书面或口头的方式作出决定（《民事诉讼法》第 50 条）。即或者把有关是否承认申请的决定口头告知当事人并记载于笔录，或者出具决定书。当事人因对关于回避的决定不服而提起复议的，本院经审查亦应以书面或口头方式作出复议决定。在法院对妨害民事诉讼的行为采取的强制措施中，除拘传、训诫、责令退出法庭之外，罚款和拘留应当使用书面形式作出决定，再付诸实施。对于有关罚款、拘留的决定不服的当事人或相对人，在收到决定书的 3 日内向上一级法院申请复议，亦应采用书面方式。上级法院应在收到申请书的 5 日内作出复议决定书，必要时亦得先以口头形式通知决定内容，再于 3 日内发出决定书（《民诉法解释》第 185、186 条）。有些情况下，决定与裁定可能容易混淆，需要注意区分这两种不同的裁判形式。请参看基于实际发生的案件而构成的设例 15-2。

设例 15-2

乙演艺公司在某剧场主办由著名歌手丙主唱的演唱会，在事先发布的广告中写明了丙将演唱由其作词作曲的若干首歌曲。甲文化公司遂向某区法院提出诉前停止侵害的保全申请，主张丙为本公司专属签约艺人，甲对丙作词作曲的上述歌曲享有无期间限制的专有使用权，但乙公司及丙本人即将举行的演唱会对自己的专有使用权会造成无可挽回的侵害，因此申请法院禁止丙在乙主办的活动中演唱这些歌曲。法院经审查后，在演唱会开始前两天作出了准许甲之申请的裁定，并向乙和丙送达。但是，丙仍然在乙主办的演唱会上演唱了法院裁定禁止其使用的这些歌曲。法院认为乙和丙构成妨害民事诉讼且情节恶劣，于是作出了对乙公司罚款 20 万元、对丙罚款 1 万元的决定。该决定书送达之后，乙和丙均表示不服，向该市中级法院申请复议。中级法院审查后，作出了驳回申请的复议决定书。

命令这一裁判形式目前只在督促程序中使用。法院通过这种非讼程序发出的支付令就是命令，支付令使用书面形式向债务人送达。不过需要注意的是，督促程序中其他的裁判如驳回有关支付令的申请或异议、终结督促程序等，均采用裁定形式。在司法实践中，曾有一段时间某些法院尝试过对于家庭暴力行为发布“禁止令”的做法。不过，在 2012 年《民事诉讼法》增加了对于行为的保全措施之后，法院有关禁止家庭暴力的裁判应视为主要是“禁止作出一定行为”的保全措施,采取裁定形式。

法院就程序事项作出的安排不限于裁定、决定和命令。在《民事诉讼法》及其司法解释中还可看到的“通知”“告知”“公告”“责令”(“责令退出法庭”作为强制措施除外)等表述,就属于法院在裁判之外实施的诉讼行为或作出的程序安排。仅以《民事诉讼法》上有明确规定的情形为例,就有如通知受理起诉(第 126 条)、通知必须共同进行诉讼的当事人参加诉讼(第 135 条)、通知无独立请求权的第三人参加诉讼(第 59 条)、通知证人出庭作证(第 76 条);告知当事人的诉讼权利义务(第 129 条)、告知合议庭的组成人员(第 131 条),等等。法院需要发出的公告则包括当事人一方人数众多在起诉时人数未确定的代表人诉讼公告(第 57 条)、公开审理时开庭前的公告(第 139 条)、申请宣告失踪或死亡案件中寻找下落不明人的公告(第 192 条)、申请认定财产无主案件中财产认领的公告(第 199 条)、公示催告程序中催促利害关系人申报权利的公告(第 226 条)等。此外,《民事诉讼法》上还规定有责令逾期提交证据的当事人说明理由(第 68 条)、责令保全申请人提供担保(第 103 条)等;《民诉法解释》中则有责令当事人提交其持有的书证(第 112 条)、责令证人在作证前签署保证书(第 119 条)等规定。

法院的这些诉讼行为或程序安排在形式上大多比较灵活,都可理解为旨在确保程序顺利进行而行使诉讼指挥权的一般表现。这些行为或安排一般不被视为“裁判”,但其中有些却带有法院行使某种程序性职权的性质。例如通知必要共同诉讼的当事人或无独立请求权的第三人参加诉讼,实质上就是依职权追加共同诉讼人或列明无独立请求权的第三人,无论这些主体是否实际参加诉讼,都会承受某种程序上的法律效果。另一些程序安排又表现为可由法院根据裁量适当采取的职权行为,如责令保全申请人提供担保或责令证人签署保证书等。不过,更多的这些行为不过是法院在一定的程序场境下负有义务应当采取的程序操作而已。例如通知当事人起诉已受理、告知当事人程序上的权利义务或合议庭组成以及各种公告等,都属此类。除了以上列举的这些行为之外,法院还可单独或经与当事人协商在更广泛的范围内作出某些程序安排,如确定举证期限、排定开庭日期或延期审理、指定法定代理人或者与当事人商定诉讼代表人等。

延伸讨论

15-1 裁判文书的公开

判决书和裁定书等确定生效的裁判文书除了送达当事人之外,还应当向社会上的一般人公开。这是司法公开或审判公开原则的体现之一,也为《民事诉讼法》第 159 条有关“公众可以查阅发生法律效力的判决书、裁定书”的条文所明确规定。不过,从前查阅生效的裁判文书需要专程到法院并经申请、批准、调出文书等复杂的手续,对于一般公众而言显得很不方便。在互联网日愈发达的情况下,公众可以越来越多地通过网络了解部分生效裁判文书的内容,也出现了一些积累起相当的裁判文书资源并供一般公众检索参阅的专门网站。但裁判文书通过网络的公开在相当一段时期内仍停留在部分或片断的层次上。2010 年以后,随着司法公开原则得到高度重视和相关技术条件的改善进步,在最高人民法院的部署下,各地一些法院积极探索裁判文书上网向社会一般公开的途径。2013 年 7 月,最高人民法院发布《最高人民法院裁判文书上网公布暂行办法》,宣告其作出的所有裁判文书原则上都将在中国裁判文书网上公布。接下来,最高人民法院又于 2013 年 11 月重新发布了《关于人民法院在互联网公布裁判文书的规定》(以下称《公布裁判文书规定》,原来的规定于 2010 年发布),要求全国各级法院自 2014 年 1 月 1 日起开始全面实施裁判文书上网。2016 年 8 月,最高人民法院再次发布修订后的《关于人民法院在互联网公布裁判文书的规定》,对若干技术性问题做了进一步明确。截至 2015 年 3 月,全国法院系统上网的判决书、裁定书等裁判文书已经近 630 万份。到 2015 年年底以前,所有的省、自治区和直辖市辖区内三级法院基本实现了生效裁判文书在中国裁判文书网上的公开。

大量裁判文书在互联网上的公开对于民事诉讼程序的实际运行和法学的研究教育等都有重大的影响。公众通过上网检索文书,就可以方便地了解法院裁判从实体到程序的各种信息,一方面能够形成使法院更加注重裁判文书制作质量及规范程度的“倒逼”机制;另一方面,包括潜在的当事人在内,公众可较容易从海量的裁判文书中发现“同案不同判”等现象,并以各种方式对审理过程和裁判结果上适用法律不统一的问题进行监督。在法学研究和教学这个领域,能够迅速便捷、成本低廉地接触到裁判文书所体现的海量实际案例,意味着相关研究人员、教师和学生可以不再停留在“从概念到概念”的抽象理论层面,而是能够从司法实务中源源不断地获得具体形象、鲜活生动的案件素材,并以此为基础展开对特定法律问题的学习和研讨。对于民事诉讼法学的研究和教学来讲,通过网络接触到大量的判决书固然十分重要,能够容易地检索到主要涉及程序问题或程序性事项的裁定书或决定书等其他种类的裁判文书,也为程序法学的研究和教学提供了更有针对性的资源。在某种意义上,如本书这样的教材编撰正是在可以通过互联网更加便利地了解与诉讼程序操作相关的各种信息这种条件下才成为可能。对于本教材的使用,也需要与具体案例的检索等方法结合起来才更有效果。

第2节　裁判的效力

民事诉讼旨在处理当事人相互间的纠纷,解决其争议的实体上的权利义务等问题,而裁判尤其是判决作为诉讼程序进行的结果,就在法律意义上集中地体现这种处理解决方案。当事人之间的纠纷或其提出的问题既然通过诉讼已经得到解决,判决作出并确定之后当然不允许重新向法院提出同一个问题,或就同一纠纷要求再次进行诉讼。而且,在为判决所确定的解决方案中,某些内容在以后的诉讼中也不应随意推翻或者可能具有某种拘束作用。判决发挥的这些作用,就属于裁判的效力或者法律效果。判决不仅有实体上的效力或法律效果,也会发生程序性的效力。其他裁判形式如裁定、决定则主要是带来程序上的后果或对后续的程序进行产生一定作用,某些类型的裁定和支付令还能够影响到当事人的实体权利义务。以下分别加以介绍,并将涉及裁判效力发生的时间点等问题。

15.2.1　判决的既判力

在判决具有的种种效力之中,最为重要或基础性的当属既判力。既判力的概念来自西欧法制史,可追溯至罗马法,拉丁语称为 *res judicata*。关于既判力的性质,可以分别从实体和程序两个角度加以理解。在实体上,既判力是法院通过判决对两造当事人所争议的权利义务作出的权威判断,当事人之间的实体权利义务因此被固定下来,且能够拘束当事人和法院此后的行为。换言之,既判力意味着法院权威的判断具有相当于当事人通过意思表示等法律行为同样可以达到的法律效果。例如,合同的一方当事人可能通过向另一方的意思表示行使解除权,从而取得合同关系解除的法律效果,但如果他们就此进行争议并提起诉讼,法院作出确认合同已经解除的判决,一旦发生既判力,达到的则是与一方当事人行使解除权同样的法律效果。此外在程序上,既判力的发生意味着当事人已穷尽对争议事项的程序进行,他们对法院经过这些程序所作出的权威判断,原则上已不得再进行争议。因此,判决的既判力与“确定生效”以及终局性等概念紧密联系。从这个角度来看,既判力的基本含义或其发挥作用的方式包括两个方面:一是经过诉讼作出确定生效的判决可导致针对同一纠纷或问题的诉讼不再发生,往往称为“一事不再理”或“禁止重复起诉”的法理;另一则是判决中确定的某些事项,即所谓“既判事项”能够拘束此后发生的诉讼,当事人对这些事项已不得再行争议,法院也不得另做判断。前者又称为“消极的既判力”或判决“遮断后诉”的作用，后者称为“积极的既判力”或判决“拘束后诉”的作用。关于既判力的这两种含义或不同作用，可参看设例 15-3。

设例 15-3

赵某以袁某为被告向法院起诉，主张袁的母亲生前订有其名下某一房产由自己继承的遗嘱，现袁母已经过世，请求法院判决该房产归自己所有，袁某则否认赵某有权继承该房产。法院经审理查明，赵某年幼时即为袁某父母收养，存在合法的收养关系，与袁某一样有继承权，且袁父去世后赵某一直赡养袁母，袁母生前订立遗嘱，约定自己死后诉争房产由赵某继承。法院认为该遗嘱合法有效，判决诉争房产归赵某所有。经两审终审，二审法院维持了这一判决。此后，袁某又以赵某为被告向法院起诉，请求确认袁母有关赵某继承上列房产的遗嘱无效，赵某对该房产无继承权。法院以袁某提起的诉讼属于重复起诉为由，作出了不予受理的裁定。

设例 15-3 反映了判决的“消极既判力”，即对后诉发生的“一事不再理”作用。关于判决的“积极既判力”，可参看设例 15-4。

设例 15-4

前一诉讼为赵某起诉袁某，诉讼过程和判决结果同上列设例 15-3。此后，因袁某一直占据着诉争房屋，赵某遂向法院起诉，请求判决袁某腾退已归自己所有的该房产。法院受理了赵某的起诉，并向袁某送达诉状。袁某答辩称赵某无权继承该房产，前一诉讼的判决错误。经审理法院作出判决，根据前诉确定生效的判决书在主文部分已经确认赵某对诉争房产的继承权，认为袁某应受前诉判决所确定的权利义务拘束，并据此承认赵某的诉讼请求，判令袁某将诉争房屋腾退给赵某。袁某不服提起上诉，该判决经两审终审，亦为二审法院最终维持。因袁某坚持不主动履行已确定生效的这项判决，后赵某申请法院强制执行，通过采取执行措施迫使袁某腾出房产交付给赵某。

从以上两个设例可看出，前一个诉讼中法院作出的有关赵某因继承取得诉争房产所有权的生效判决，对于后来提起的相关诉讼发生了两种不同的效力。在设例 15-3 中，前诉的上述判决导致袁某后来提起的诉讼没有得到法院受理;在设例 15-4 中,同一个判决在后诉中却起到了为法院支持赵某有关袁某将房屋腾退给自己的诉讼请求直接提供根据的作用。

该判决的前一种效力为消极的既判力,起到的是禁止重复起诉或不允许后一诉讼发生的作用。关于重复起诉,《民诉法解释》第 247 条第 1 款规定,“当事人就已经提起诉讼的事项在诉讼过程中或者裁判生效后再次起诉,同时符合下列条件的,构成重复起诉:(一)后诉与前诉的当事人相同;(二)后诉与前诉的诉讼标的相同;(三)后诉与前诉的诉讼请求相同,或者后诉的诉讼请求实质上否定前诉裁判结果。”该条司法解释的第 2 款则规定了对于重复起诉,法院应裁定不予受理或驳回起诉。将设例 15-3 与该项条文有关“裁判生效后”的规定相对照,可看到前后诉的原被告虽然掉换了位置,但都是发生在赵某和袁某之间的争议,两个诉讼的当事人相同;前后诉争议的都是赵某对袁母名下的房产是否有继承权的问题,因此可以说两诉具有相同的诉讼标的;袁某提起的后诉虽然请求确认遗嘱无效,看上去与前诉赵某有关继承房屋的诉讼请求不一样,但实质上却能够否定赵某有权继承的前诉裁判结果。由此看来,法院对袁某后来提起的诉讼不予受理,正是适用这项司法解释而得到的结论。还可以进一步从中归纳总结出,前诉裁判禁止或“遮断”后诉的消极既判力应当具备主客体两方面的条件,即前后诉的当事人作为诉讼主体(学理上称为“既判力的主观范围”)相同、两诉的诉讼标的及诉讼请求等作为审理对象或客体(又称“消极既判力的客观范围”)相同,或者基于同一诉讼标的、内容却不相同的诉讼请求仍在前诉裁判既判力的客观范围之内(即“实质上否定前诉裁判结果”)。此外还需要注意,即使后诉与前诉在主体和客体上都完全同一,但如果前诉裁判生效之后在当事人之间出现了新的事实,且当事人对这种新事实进行争议而提起诉讼的话,前诉裁判就不再发挥禁止这种后诉发生的作用(《民诉法解释》第 248 条)。学理上将此视为消极既判力应当具备的另一条件,即判决发挥这种效力有时间范围上的限制,用来衡量是否发生“新事实”的时间点一般称为消极既判力的“标准时”或“基准时”。

与此相对,设例 15-4 体现了前诉裁判的另一种效力,即对后诉发生拘束作用的积极既判力。在该设例的后一诉讼中,赵某提出了袁某腾退房屋的诉讼请求。这一请求与前诉有关所有权的请求不同,但不仅并无“实质上否定前诉裁判结果”之虞,而且还直接依据已承认自己拥有诉争房屋所有权的前诉判决。对此,袁某答辩称诉争房屋不应腾退,因所有权不属于赵某。该主张对前诉生效判决已确定的权利义务关系构成了挑战,因而不可能被法院所承认或允许。后诉中法院作出裁判所依据的法理之一就是前诉判决具有积极的既判力,即当事人不得对前诉判决的主文内容进行争议,法院也无权改变前诉判决主文所确定的权利义务。这里所说的判决主文,指的是前诉的判决书中写明"判决如下"的判项部分,其内容则是明确承认赵某因继承对诉争房产取得所有权。可以看出,积极和消极的既判力都要求前后诉的当事人相同或主观范围一致,但区别却在于前者不是禁止后诉,而是在已发生的后诉中发挥拘束作用。与此相应,积极既判力起作用的前提在于后诉在客体或客观范围上与前诉有所不同,表现为前后诉的诉讼标的或诉讼请求不相同,因而才允许提起后诉。在后诉中,也不是前诉裁判涉及的任何问题都有积极的既判力,仅仅是判决书的主文内容即有关相同当事人之间已确定的权利义务,才对双方当事人和法院发生拘束作用。在此意义上,积极既判力在客观上的作用范围一般都会小于消极既判力发生作用的范围。

此外,还有调解书是否具有既判力的问题。一般而言,法院根据当事人双方达成的调解协议出具调解书并向双方送达,此后当事人不能再就同一纠纷提起诉讼。即调解书一旦生效,与判决同样能够发挥禁止重复诉讼的作用,可以说具有消极既判力。但这种法律文书因为建立于当事人之间的合意之上或者以当事人双方的协议为内容,并不能拘束后来的诉讼及审理后诉的法院,即不会发生积极的既判力。调解书与判决书同样或类似的作用还包括以下所说的执行力,即调解书能够作为债权人向法院申请强制执行的一种法律依据。

参考文献:陈杭平《诉讼标的理论的新范式——"相对化"与我国民事审判实务》

15.2.2　判决的其他效力

从设例 15-3 和 15-4 还可看到,除了既判力之外,判决还具有执行力和形成力等其他效力。执行力指的是当事人可依据确定生效的判决申请法院对债务人的财产实施强制执行,如设例15-4 中法院采取强制执行措施迫使袁某把特定房产腾退给赵某,作为根据的就是判决具有的执行力。除判决书外还有不少其他法律文书具有执行力,包括先予执行等裁定书、作为对妨害民事诉讼采取强制措施的罚款及拘留决定书、债务人未提出异议的支付令、调解书、仲裁裁决书、约定强制执行的公证书等。形成力则主要指形成判决变更原有的法律关系或者形成新的权利义务关系等作用。如在设例 15-3 中,赵某提起的前诉,其诉讼请求就是把仍归属于已去世的袁母名下的房产变更为自己所有,该请求的性质为形成或变更之诉。而法院作出承认该请求的判决,其性质也为形成判决,一旦确定生效即带来新的权利义务关系形成的法律效果。在此意义上,形成力为判决可能发挥的实体法上之法律效果,其作用与当事人的意思表示相类似(还可参见本书第 2 章第 1 节 2.1.3)。

关于判决的效力还需要指出的是,在我国的司法实践中,前诉判决往往还可能对此后的诉讼发挥某些区别于既判力的作用。学理上可一般地把这些作用统称为"预决效力"。为了直观地了解此类效力的概念及其在实务中的体现,可参看以下设例。

设例 15-5

甲公司与乙公司签订承包合同,约定甲公司将某居住区的施工工程发包给乙公司。乙公司完成施工并办理竣工验收交付使用后,该居住区的业主徐某、李某以建筑施工质量缺陷为由起诉甲公司,诉讼请求为甲公司承担维修责任。法院确认该房屋在质量保修期内发生了漏水等质量问题且一直未能修好,甲公司作为建设单位应承担质量保修责任,判令其承担房屋维修费、诉讼费和鉴定费。判决生效后,甲公司起诉实际施工的乙公司,请求赔偿房屋维修费及因此产生的损失。法院认为,根据《民诉法解释》第 93 条的规定,双方当事人对已为人民法院发生法律效力的裁判所确认的事实无须举证,人民法院在审理案件时可以将该事实作为认定本案事实的依据。本案中,前诉判决已确认涉案房屋在质量保修期内发生漏水等质量问题,因此,在乙公司没有相反证据推翻该事实的情况下,法院对该事实予以认定,判决作为承包方的乙公司向建设单位甲公司赔偿房屋维修费及损失。

不难看出,上列设例 15-5 中前诉与后诉的当事人和涉及的法律关系都不相同,但前后诉之间仍然存在某种关联。仅就前后诉的主体或主观范围不一样这点来说,前诉裁判对于后诉就不应有既判力这种程度的拘束作用。因为无论是消极的还是积极的既判力,其发挥作用的条件都在于前后诉的主观范围一致。学理上,将既判力只及于相同主体的这种作用称为"既判力的相对性"。但是,上列设例中前诉对于后诉看来还是发挥了某种作用。如果不是既判力,那么这是什么作用呢?在司法实践中,法院往往引用《民诉法解释》第 93 条有关"已为人民法院发生法律效力的裁判所确认的事实","当事人无须举证证明",但"当事人有相反证据足以推翻的除外"作为此类作用的依据,或者据此对前诉裁判的这种作用加以说明。我国民事诉讼法学界则经常将此表述为判决的“预决效力”或“证明效力”。预决效力与既判力最明显的区别,首先在于前一种效力不能阻止前诉裁判在后诉中因当事人提出相反的证据等证明活动而被推翻;而既判力本来就可能导致后诉不致发生,或者即使发生后诉也不允许当事人挑战前诉裁判,后诉法院只能在前诉裁判确定的权利义务基础上作出判断。此外,即使前后诉的当事人相同,前诉判决书中只有“判决如下”的主文部分才能对后诉发生积极的既判力,而往往以“本院认为”或“本院查明”等开头的判决书理由部分记载的事项,虽然也是前诉法院“所确认的事实”,却只能强化一方当事人在后诉中的立场,进而迫使另一方当事人提出相反证据这种程度的作用。例如,在设例 15-5 中,前诉生效判决书的主文只确定了被告对原告负有赔偿房屋维修费、诉讼费和鉴定费的义务,至于在理由部分确认的房屋存在漏水等质量问题且一直修不好等事实,对于后诉则只能发挥一定的证明或“预决”作用。另外,要是如设例 15-5 所示那样前后诉的当事人并不相同,则无论是前诉判决书的主文还是理由部分,对于后诉都只有预决效力而不会发生既判力。

除《民诉法解释》第 93 条外,修订后的《证据规定》第 10 条也为预决效力提供了规范依据。但两份司法解释关于预决效力的规定内容并不相同,甚至存在一定的不协调性。《证据规定》第 10 条规定,“已为人民法院发生法律效力的裁判所确认的基本事实”,“当事人无须举证证明”,但“当事人有相反证据足以推翻的除外”。两字之差,意味着根据《证据规定》第 10 条,仅生效裁判确认的“基本事实”无须举证证明但当事人有相反证据足以推翻的除外,而《民诉法解释》第 93 条却规定生效裁判确认的事实——不区分“基本事实”与“非基本事实”——均无须举证证明但当事人有相反证据足以推翻的除外。学理上往往将基本事实界定为对于权利发生、变更或消灭之法律后果直接且必要的事实,即与作为法条之构成要件的事实(要件事实)相对应的事实。此外,《民诉法解释》第 333 条规定,二审发回重审之要件“基本事实认定不清”中的基本事实,是指用以确定当事人主体资格、案件性质、民事权利义务等对原判决、裁定的结果有实质性影响的事实。对于权利发生、变更或消灭之法律后果直接且必要的事实,也正是对裁判结果有实质性影响的事实,因此,在理解《证据规定》第 10 条时,应将基本事实界定为对应法条构成要件事实的直接事实。在上述设例 15-5 中,房屋是否存在漏水等质量问题,是维修费赔偿请求权的基本事实,因此,尽管法院引用的是《民诉法解释》第 93 条,若该案发生在修订的《证据规定》施行后,法院也可适用《证据规定》第 10 条来处理该案。

《证据规定》第 10 条未明确加以规定的非基本事实,既已经过法院生效裁判的确认,也应对后诉产生某种影响,但其必然不同于基本事实对后诉的影响。在此意义上,《民诉法解释》第 93 条不区分裁判确认的基本事实与非基本事实,规定二者对后诉产生相同效力的规定,失之宽泛而不够精确。《证据规定》第 10 条虽未规定法院生效裁判确认的非基本事实,但在仲裁裁决确认的事实上延续了《民诉法解释》第 93 条不区分基本事实与非基本事实的路径,不过仲裁裁决确认的事实无须举证证明的,当事人有相反证据足以反驳的除外。根据类推推理,法院生效裁判确认的非基本事实,在后诉中应免予举证但当事人有相反证据足以反驳的除外。“有相反证据足以推翻的除外”与“有相反证据足以反驳的除外”是《民诉法解释》第 93 条中已经存在的不同标准。关于“有相反证据足以推翻的除外”,实务界与学术界均曾将其理解为当事人的证据应达到证明相反事实存在的程度,换言之,对已为生效裁判确认的事实,异议当事人应证明该事实不存在,若不能达到此种证明程度法院就会认定该事实存在,与由异议当事人承担该事实不成立的举证责任相近。但是,如本书第 7 章第 3 节所述,客观举证责任的分配一般都根据民事法的实体规范在纠纷发生之前就已经被“客观”地确定下来,若允许法院生效裁判确认的事实(即便是基本事实)影响实体法规定的举证责任分配,就意味着司法反过来影响立法。不过,基于法院裁判的权威性,已为生效裁判确认的基本事实之存在具有高度的盖然性(尽管前诉法院的判断仅及于前诉诉讼环境及证据证明过程),后诉中异议当事人仅提出与前诉相同的证据,必然难以达到“推翻”的程度。此时,当事人应证明该事实的不成立具有重大可能性,至少要将法官关于该事实的“心证”引入“真伪不明”状态。与生效裁判中认定的非基本事实对应的“有相反证据足以反驳”,相较而言则容易得多。非基本事实对于裁判结果仅具有间接作用,法院对其的认定无须达到高度盖然性标准,在后诉中,当事人也只需举出反证证明该事实有一定的可能不存在,即为“足以反驳”。

关于预决效力在我国司法实践中表现出来的种种不同作用形态,还可参看以下设例。

设例 15-6

郑甲作为所有权人把一批铺面租赁给杜乙,杜乙再把其中部分铺面转租给邓丙。郑甲起诉承租人杜乙,请求解除与其签订的租赁合同,次承租人邓丙申请作为无独立请求权第三人参加两人之间的诉讼。法院经审理作出解除郑甲与杜乙之间租赁合同的判决,杜乙上诉,二审法院最终仍维持了原判决。后邓丙以郑甲和杜乙为共同被告起诉,其诉讼请求是法院判令杜乙继续履行与自己签订的转租合同,判令郑甲停止对自己承租的铺面断水、断电等行为并赔偿相应损失。法院认为，前诉判决已经解除郑甲与杜乙之间的租赁合同，而该合同为邓丙与杜乙签订的转租合同之基础，如果承认邓丙有关继续履行转租合同的请求，则会与前诉裁判结果相抵触，因此判决驳回了邓丙的诉讼请求。

设例 15-7

A 公司依据仓储合同把一批货物存放于某仓库，该仓库由 C 公司建造后出租，并在 D、E、F 等若干主体之间承租转租。由于该仓库失火造成了 A 公司的货物损失，A 遂以 C、D、E、F 为共同被告向法院起诉索赔。法院作出众被告各自按照一定比例赔偿原告损失的判决，该判决经两审终审确定生效。此后，B 公司作为依另外的仓储合同将自己的货物存放在同一仓库的另一货主，亦向同样的被告提起因仓库失火造成损失而索赔的诉讼。经审理，法院依据前诉判决所认定的责任分担比例，判令各被告赔偿 B 的损失。

根据设例 15-6 和 15-7，可大致将预决效力在我国司法实践中发挥作用的多样形态区分为两种不同的类型。

设例 15-6 的特点在于前诉中实际参加了诉讼的无独立请求权第三人在后诉中成为当事人，且前诉有关租赁合同的诉讼标的作为后诉转租合同的前提，因而在实体上相互紧密牵连；与此相对，在设例 15-7 中，后诉原告并未参加前诉，且其请求与前诉的诉讼标的无关，仅仅是在共同被告的责任分担比例这一法院已确认的事实上援引或“借助”了前诉生效裁判而已。依据设例 15-6 可以归纳出预决效力的一种类型，即后诉当事人作为前诉无独立请求权第三人参加过诉讼，一般而言其已经获得充分的程序保障，有机会提出一切有利于自己的主张和证据。如果该当事人在后诉中欲不受前诉裁判结果之影响，仅提出与前诉相同的证据就很难被视为达到“足以推翻”的程度；如果其在后诉为相反的主张，则有违反诚信原则中包含的“禁反言”规则之虞。后诉中双方当事人可以围绕这些情形展开攻击防御，法院在审理和裁判时也应对此作出适当的回应。援引上述原理原则的主张及其反驳在某种意义上已经超出了提交证据或证明强度的范围，也可以理解为第三人参加诉讼带来的法律效果即所谓“参加效力”。此外，在后诉中发挥作用的前诉判决确认的“事实”，本是前诉判决的主文。由于前后诉主体不同，判决不能对后诉产生既判力。根据“举轻以明重”的法理，已为生效裁判确认的基本事实在后诉中都无须举证证明，生效判决的主文在后诉中亦应免证，除非当事人有相反证据足以推翻。因此，在《证据规定》第 10 条的理解与适用中,基本事实也包括判决的主文,不过仅限于前后诉当事人不相同的案件类型。与此相对,根据设例 15-7 可以构成预决效力的另一种类型,即前诉裁判确认的事实在后诉中具有较强的证明作用,因这些事实而处于不利地位的当事人必须举证证明到达"足以推翻"的程度才可能导致法院重新认定事实。因此在这个类型中,可以把预决效力发挥作用的过程理解为前诉裁判文书作为具有较强证明力的证据在后诉的提出,以及对方当事人进行的反证是否成功这样一个相对单纯的问题。在此意义上,也可把预决效力的这种类型视为"证明效力"比较纯粹的体现。

参考文献:王亚新、陈晓彤《前诉裁判对后诉的影响——〈民诉法解释〉第 93 条和第 247 条解析》

15.2.3 裁定的效力及裁判生效的时间点

由于适用裁定这种裁判形式处理的程序事项十分广泛多样,对于裁定效力具有何种性质的问题也必须分别加以考虑。一般而言,作为一种程序上的安排,许多裁定的效力就是其带来的程序后果,如移送管辖、延期审理、简易程序转换为普通程序、诉讼中止或终结、发回重审、判决书补正等,都属此类。与此相对,不予受理和驳回起诉的裁定在效力上则显得比较特殊。这两种裁定都是法院针对当事人的诉讼行为进行审查后,依据法定的起诉条件作出的权威性判断,且因涉及诉权这一重要权利而设置了比较慎重的上诉程序,其一旦确定生效(当事人在规定的期限内未提起上诉或二审经审查作出裁定)能够发生消极的既判力。即被裁定不予受理或裁定驳回起诉的当事人,如果此后在作为裁定依据的起诉条件不具备的情况下再次起诉的话,仍然受到已生效的裁定拘束,其起诉将不能得到受理。反过来说,只是在原来缺失的起诉条件后来已经具备的情况下,当事人的再次起诉才可能被法院受理。与既判力有关的裁定基本上限于这两种,其他裁定的效力都体现为程序上的安排或某种程序后果。关于管辖权异议的裁定、有关保全及先予执行的裁定、再审或驳回再审申请的裁定以及有关调解协议司法确认等非讼程序中的裁定等,虽然也都属于法院对当事人提出的某种申请进行审查的结果,但其一旦生效即发生相应的程序性法律效果或形成一定的程序状态,如管辖的确定、保全处分的实施或不予实施、再审或不予再审、确认或不予确认等。这些裁定中有的还规定了上诉程序或者复议程序,其效力的发生则根据是否穷尽上诉程序或是否可能因复议而改变等具体情形,存在多种的程序场景。具体可以参看设例15-8。

设例 15-8

甲公司向法院提交书面申请，主张某电视综艺节目的网络传播权为自己独立享有，但乙公司却在其经营的网站及 PC 客户端提供该综艺节目的在线点播，且于播出过程中植入大量广告，经向其发出律师函仍不停止侵权，因此准备近期起诉乙公司，根据《民事诉讼法》第 104 条之规定，申请法院立即对乙公司发出停止上述节目点播服务的裁定。作为申请保全的担保，甲公司同时还提供了有 100 万元存款的银行账户信息。法院经审查甲提出的相关证据，认为其申请符合法定条件，于是在十多个小时之后作出了禁止乙公司继续提供某综艺节目在线点播服务的裁定，并依据该裁定中有关担保的内容，通知某银行冻结甲提供的相关账户内存款。在该裁定送达乙公司之后，乙一方面按照法院要求停止了相关节目的点播服务，同时表示对该保全裁定不服，向法院提出了书面的复议申请和相应的证据。通过召集双方听证并将甲、乙先后分别提出的证据加以对照等方式进行审查，法院认为甲有关禁止乙提供点播服务的保全申请不能成立，于是作出了解除保全的裁定。该裁定送达乙之后其立即恢复点播服务，同时法院通知银行解除了对甲之账户的冻结措施。

根据《民事诉讼法》的相关规定，设例 15-8 中的复议期间不停止裁定的执行。换言之，设置有复议程序的裁定一经送达就发生法律效果，如果当事人拒绝履行这种裁定的内容，可能因妨害民事诉讼的行为而承受罚款或拘留等强制措施。当事人在履行裁定内容之同时申请对裁定进行复议，如果法院根据复议人提出的证据等资料作出解除此前裁定所做程序安排的新裁定，同样一经送达即产生消除原来程序安排或后果的效力。如上所述，这种效力可以较容易改变的性质，也是裁定区别于判决的特点之一。

与上述介绍相关，最后简单地讨论一下裁判发生效力的时间点。裁判的效力可分为实体与程序两种。以既判力为代表的实体性效力一般都与终局性紧密相关，原则上必须以“确定”作为前提，表现为程序后果或状态的裁判效力则通常是自作出之时起即发生效力。例如，不允许上诉的裁定在采取口头形式的情况下，一旦作出并记入笔录即生效，采取书面形式则自送达当事人之日起发生效力，即使设置有复议程序也不影响作出的裁定立即生效。在允许当事人上诉的裁判形式中，一审法院作出的判决或不予受理等裁定送达当事人即发生纯粹程序性的效力，即开始起算上诉期，一旦上诉期届满而当事人又没有上诉,该裁判就确定下来,发生相应的实体及程序上的效力。可以上诉的一审裁判送达不同的当事人时,可能出现送达时间不一致的情况。实务中对此情况的一般解决方案是上诉期根据不同的送达时间起算,而生效时间的确定则以送达最后一位当事人的时间为准。例如一审判决先送达原告 3 日后才送达被告的话,则原告的上诉期结束后被告还有 3 天的上诉期;如果原告在上诉期内没有提起上诉,判决相对于他仍没有生效,得等到 3 天后被告的上诉期届满,被告也没有上诉时,该判决才对原、被告发生效力。与此相应,还需要讨论二审法院及最高人民法院作出的终审判决确定生效究竟以何种时间点为准的问题。这种判决的生效不能受到如不同的送达时间等因素影响,必须存在统一的效力发生时间。根据《民事诉讼法》第 151 条的规定,所有的判决都应当公开宣告,法院可在开庭结束时设置当庭宣判环节,也可于开庭后另行择期宣判。因此,终审的判决原则上应以公开宣判之日为确定生效的时间点,可依据宣判笔录上记载的日期来确定判决生效时间。不过,在某些因特殊原因而没有公开宣判,只是分别对当事人进行送达的例外情况下,终审判决的确定生效时间可能仍需要以送达最后一位当事人的日期为准。终审的裁定一般不适用公开宣判的规定,考虑到口头作出的这种裁定都是记入笔录即发生效力,关于以书面形式作出的二审裁定何时生效的问题,一个可能的解决方案就是把裁定书上记载的日期作为裁定生效的时间点。

延伸讨论

15-2　裁判与指导性案例制度

裁判文书的制作和公布,还与判例制度紧密相关。在法院每天都在处理的、累积起来达到惊人数量的案件中,有一些案件的案情和解决方式可能对于处理同种类型的案件具有指导性的意义。这些案件的案情往往具有相当普遍的代表性或典型性,法院认定事实或适用法律达到的结论或推理的逻辑过程等反映或表现了可为此后处理同类案件时参照遵循的一般规则。这种典型性或一般规则体现于裁判文书就是判例,在我国现阶段的司法体制下则称为"指导性案例"。最高人民法院于 2010 年 11 月通过《关于案例指导工作的规定》(以下称《案例指导规定》),初步建立起指导性案例制度,并从 2011 年 12 月起开始统一发布对全国法院审判业务具有指导性的案例。最高人民检察院于 2012 年也出台了类似的规定,开始发布指导案例。

根据最高人民法院的上述规定,指导性案例指对于法院的审判和执行工作具有指导意义且已经生效的裁判，包括“社会广泛关注”“法律规定比较原则”“有典型性”以及“疑难复杂或新类型”等不同类型。对于已经公布的指导性案例，各级法院在审理类似案件时应当参照。这种裁判文书经各地各级法院和律师、学者等各方面的人士推荐，由最高人民法院设立的案例指导工作办公室审查遴选，报请院长等提交审判委员会审议通过后，统一在最高人民法院公报及相关网站等媒介上发布。截至 2020 年 1 月，最高人民法院已公布 24 批共 139 个指导性案例，涉及民事、刑事、行政等不同领域的多种实体法与程序法问题。目前发布的指导案例格式以特定案件的生效裁判文书为基础，由关键词、裁判要旨、相关法条、基本案情、裁判结果和理由等部分组成。

作为从个案的裁判上升到指导性案例或判例的路径，通过诉讼审判可能发展出如下的机制。即在抽象的法律条文和司法处理的一个个具体案件之间，法官一方面需要把千差万别的案件事实“格式化”，另一方面又需要经常不断地重新解释构成法律条文的要件和效果，将规范和事实结合起来推导出结论。这就是法律的适用。理想的状态是，所有的法官面对存在无尽微妙区别的一个个具体案件，在案件事实的格式化操作和解释适用法律规范的推导过程中都能遵循同一的方法及标准，其结果则是做到“同样个案、同等对待”的法律统一适用。但现实的司法实践中因种种复杂的原因，不同法院及不同的法官在解释适用立法处理案件时却未必能够达到这个出自“法治”本质的要求。为了从制度上保证或支撑这一要求得以实现，指导性案例或者判例的制度建构因而成为必要。指导性案例是能够为同类案件进行同等处理提供参照的个案结论，包含着格式化的要件事实和具有确定含义的规范命题，可以方便此后面临同类案情的法官作为先例加以援引。这种具有一定权威性的裁判通过司法体系内某种权威性的共识或指定得以确立，也通过上诉及审级的制度安排获得反复的认证或加以微妙的调整。当事人（往往通过代理律师）出于维护自身利益的需要可能不断征引有利的先例并阐发其价值，法官出于制度化或非制度化的职业要求而自觉地参照引证先例，学者出于发展规范命题体系的愿望而对案例内容进行评判分析及厘清梳理。正是在这样一个多种主体围绕具体案件处理展开相互作用的动态过程中，指导性案例或判例制度才体现出使法律适用达到相对统一状态的显著功能。这种作用的发挥既给司法留有随着社会发展的实际情况而灵活调整规范适用的弹性空间，又可能始终维持法律的相对稳定性并保证司法活动的可预期性。

第16章　第二审程序

如上一章所述，当事人不服第一审的裁判结果或者认为第一审违反法定程序，可以向原审法院的上一级法院提起上诉，由后者按第二审程序进行审理。为当事人提供上诉救济的机会，至少具有三方面的重要意义。第一，通过增设一个审级提高对当事人的程序保障程度，能在社会心理层面加强当事人及公众对裁判正确无误的信任与信心。第二，二审能够发现相当一部分原审裁判的错误并予以改判或发回重审，由此督促一审法院慎审慎判，提高裁判品质。第三，在我国四级法院体制下，由高级别法院对案件进行二审并作出判决，可以对下级法院难以把握的疑难、新颖类法律问题作出更加权威的判解，从而统一下级法院的法律解释适用，减少"同案不同判"现象，并在填补法律空白或解决法律冲突的意义上促进法律的澄清与发展。

从当事人提起上诉到二审作出终审裁判，其基本的程序流程如图16-1所示。

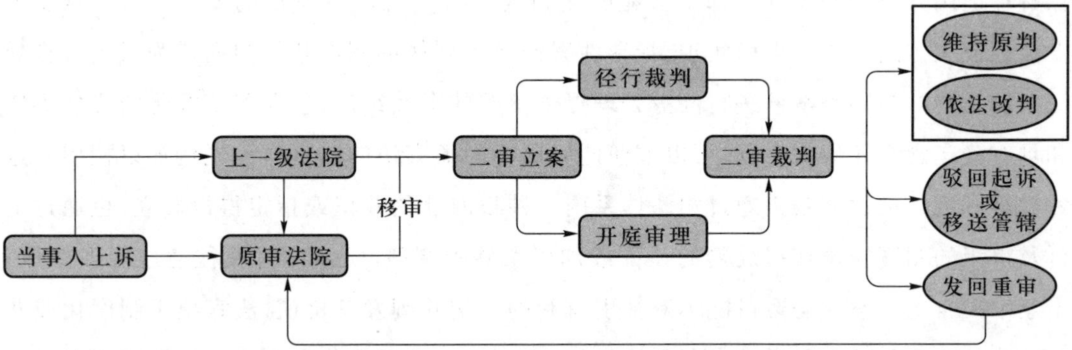

图16-1　第二审程序的基本流程图

上诉人提出上诉状后，由原审法院负责向被上诉人送达副本及接收其提交的答辩状，然后连同原审案卷及证据一并报送给上一级法院，或者说将案件向上一级法院"移审"。后者自收到报送的材料并审查立案以后，案件正式进入第二审程序。二审并非对案件的重新审理或第二次审理，而是围绕当事人提起的上诉请求及其理由，审查一审裁判是否存在事实认定、法律适用错误或者违反法定程序。因此，二审程序与一审程序相比，审理范围更为集中，在确无必要的情况下也可不经开庭审理径行作出裁判。至于裁判结果则以被上诉的一审裁判为对象予以维持、改判或发回重审为原则。例外情况下发现案件不属于法院受理范围或者违反专属管辖的,可以直接裁定驳回起诉或移送管辖。除发回一审重审的裁定外,其余二审裁判具有终结本案审理的法律效力,且对任何二审裁判均不得再次提起上诉,由此贯彻两审终审制。对于法律未就第二审程序作出特别规定的事项,如审理前准备、开庭审理、诉讼中止或终止、缺席判决、延期审理等,则适用第一审普通程序的规定。本章共分三节,分别对上诉的提起与受理、二审的审理、二审的裁判三部分内容加以阐述。

第 1 节　上诉的提起与受理

上诉与起诉一样实行"不告不理"原则,由当事人自接受一审法院送达的裁判文书之日起在法定期间内决定是否提起上诉。当然,国家并无为单个纠纷的解决无限投入司法资源的理由,故除了对民事案件实行审级制度(在我国即两审终审制)之外,对当事人的上诉也从形式格式、预交费用到主体适格加以必要的限制。如上诉不符合法定条件或者说"不合法",原则上由二审法院裁定驳回上诉或视为撤回上诉。本节重点介绍上诉提起与二审立案环节的程序操作,同时涉及决定上诉人是否适格的"上诉利益"等内容。

16.1.1　上诉的提起

当事人自接收法院送达的一审裁判文书以后,如不服裁判结果或认为程序违法,可针对判决在 15 天或者针对特定种类的裁定在 10 天内提起上诉。其中,就上诉的主体而言,有权提起上诉的仅限于参加原审的当事人,包括单个原告或被告、普通共同诉讼人、必要共同诉讼人的全体或部分、有独立请求权第三人、被一审判决承担责任的无独立请求权第三人等。是否"缺席"第一审程序的审理并不影响当事人的上诉资格,例如在一审中因下落不明而被缺席判决的被告、未参加庭审的共同诉讼人同样有权提起上诉。但应当参加诉讼而未参加的当事人、认为一审判决损害其民事权利的案外人等并没有就本案提起上诉的资格。就上诉的客体而言,所有的一审判决都可作为上诉的对象。而出于保障当事人诉权以及应对实务中一度频发的"争管辖"问题,1991 年《民事诉讼法》在 1982 年《民事诉讼法(试行)》的基础上,将可上诉的一审裁定由驳回起诉扩至不予受理、驳回起诉及管辖权异议三种。这一规定为此后的两次立法修改所继受。就上诉的形式而言,上诉须提交书面上诉状,属于要式诉讼行为。如在上诉期限内仅以口头方式提出上诉的意愿,或者超过上诉期间提交上诉状的,视为未提起上诉。上诉状除了列明上诉人身份信息、上诉的请求和理由之外,还须注明原审法院的名称、案件的编号和案由,以此确定作为上诉客体的裁判及二审管辖法院。只要提起的上诉在形式上或外观上符合这些要件,法院应接收上诉状,一审裁判的法律效力如既判力、执行力、形成力由此受阻断。

上诉就其概念而言是一种上诉人不服原审判决结果或过程的声明,因此并非所有向原审法院的上一级法院提出请求的行为都属于上诉的范畴。实务中常见的如上诉人向上一级法院提出未曾向原审法院提出过的诉讼请求,在性质上就不是上诉而是提起新的诉讼。但如果在原诉讼请求或诉讼标的的范围内,对具体的权利主张或事实法律理由稍加变更而向上一级法院提出(如请求被告承担违约责任的具体形式由退货还款改为减价或修理),仍可视作提起上诉。我国二审实行“续审制”,故上诉人可以随上诉请求提出新的事实主张及新的证据。关于这些内容更详细的阐述,可参见本章以下相关的正文及延伸讨论。

原审法院的上一级法院是唯一适格的二审法院,故上诉应向其为之。不过,二审的程序展开及裁判形成须以取得一审案卷材料为前提。在原审法院报送案卷之前,上一级法院仅凭上诉状记载的内容难以判断上诉是否合法及围绕上诉理由是否成立展开审理。另外,由原审法院向被上诉人送达上诉状副本、收取答辩状并向上诉人送达副本也较为方便。出于这些原因,民诉法要求上诉状原则上应通过原审法院提出。即使上诉人直接向上一级法院提出,后者也需尽快(5 日内)将上诉状移交原审法院先行处理。上诉人在提交上诉状的同时应预交上诉费。请看设例16-1。

设例 16-1

某区法院对蔡某诉吴某民间借贷纠纷一案作出一审判决,向当事人送达判决书的同时送交“上诉须知”一份,告知其在递交上诉状的同时应向市中院预交与一审案件受理费相同的上诉案件受理费人民币 5 320 元,可到中院立案大厅交纳或通过银行转账。吴某在上诉期届满前向区法院递交上诉状,并提供副本一份。法院向蔡某送达该副本,但其未在 15 日内提交答辩状。区法院在上诉期届满后并未收到吴某交来的汇款凭证或收据,向其送达“预交上诉费通知”一份,指令其在 7 日内交费。限期过后,区法院仍未收到相关凭据,遂将一审案卷、证据连同吴某递交的上诉状一起报送给市中院。市中院再次向吴某送达交费通知,期限届满后还未收到其预交的上诉费,裁定按吴某撤回上诉处理。

设例 16-1 属于上诉人未在法院指定的期限内交纳上诉费，按照《民诉法解释》第 318 条的规定，按自动撤回上诉处理。该裁定应由原审法院的上一级法院而非原审法院作出。这是因为，原审法院在宣判、如无宣判环节则在将法律文书送达当事人以后，对案件的审判职权及职责即履行完毕，此后产生的需由法院通过审查作出裁决的事务，原则上均应由上一级法院处理。对此最高人民法院早在 1956 年的一则批复（法研字第 13047 号）中就明确指出："地方各级人民法院对于本法院第一审案件的判决，在宣判以后，发生法律效力以前，如果发现在认定事实上或者在适用法律上确有错误的时候，不论判决书已否送达，都不能由本法院改判。判决书如未送达，仍应送达。"类似的还有应否批准对上诉人的司法救助（缓、减、免上诉费）、上诉人是否适格、上诉是否逾期提出等的判断裁决等，均由上一级法院负责处理。至于送达起诉状及答辩状副本、整理报送案卷及证据等，则属于为衔接审级而从事的司法事务管理行为，并不属于审判行为的范畴，仍由原审法院负责处理。

作为例外，原审法院在收取上诉状、答辩状过程中，如果发现上诉状记载的内容明显不符合法律规定，应当直接指令当事人修改或补正。如果通过形式审查即可发现上诉状的提出明显超过上诉期间（例如到庭领取一审判决书后超过 15 日才提交上诉状），且上诉人拒绝或者不能说明合理理由的，也无须浪费原审及上一级法院的司法资源，可由原审法院拒收上诉状，视为上诉未提起。另外，原审法院在向上一级法院报送案卷之前发现当事人有转移、隐匿、出卖或毁损财产等行为，出于及时保全财产的需要，可依当事人申请或依职权尽快裁定采取保全措施（《民诉法解释》第 161 条）。相应地，诉前或诉中财产保全恰好在两审"衔接期"届满的，也可由原审法院根据当事人的申请予以延长。这些都是基于现实需要作出的灵活变通。

在实务中困扰当事人的一大难题是从提起上诉到二审立案或受理之间的"衔接期"长短不具有可预测性，短则数周，长则数月甚至在个别情况下超过一年。虽然《民事诉讼法》及相关司法解释对原审法院收到上诉状后送交副本、被上诉人的答辩期、收到答辩状后送交副本、收到上诉状和答辩状后报送、上一级法院收到报送材料后审查立案等的期限都有明确的规定，但是送达上诉状、答辩状副本所需时间因案而异，有的需要向多个当事人采用不同的方法送达，有的还需要公告送达。在这种现实下，由于缺乏类似"审限"的整体性期限规定，法院在从事送达、报送等事务工作中难免存在消极懈怠现象，导致"衔接期"绵延冗长。这既令意图尽快通过二审改判或撤销寻求救济的上诉人相当不满，也给在一审中通过对管辖权异议裁定提起上诉来拖延诉讼、通过对判决提起上诉来延迟债务履行的当事人提供可乘之机。在推广"送达地址确认"制度、加强对"衔接期"的流程管理等的前提下,似乎有必要规定一个整体期限,并允许在例外情况下可以申请延长。

16.1.2　上诉的受理

当原审法院的上一级法院收到原审法院报送的案卷、证据以及上诉状、答辩状(如果有的话),案件即由后者“移审”至前者。根据《审限规定》的相关规定,上一级法院应当在收到材料后 5 日内立案;如经审查发现上诉案卷材料不全的,则应通知原审法院在限期内补齐。我国民事上诉就性质而言属于“权利型”而非“裁量型”,只要符合要式、期间、预交费等法定条件,二审法院均应立案受理。在实务中,二审法院无须像一审立案那样向上诉人送达受理通知书。二审立案或者说“受理”上诉的程序意义主要体现在就此产生二审“系属”,形成二审诉讼法律关系并开始起算二审审限。

由于上诉状仅表达单方上诉人的上诉请求和理由,当出现双方当事人均上诉、共同诉讼中有部分当事人上诉而有部分未上诉、第三人提出上诉等情形时,法院就有必要依职权确定各方当事人在二审诉讼法律关系中的地位。首先,就单个当事人而言,基本原则是无论一审原被告、有独立请求权第三人抑或判决其承担民事责任的无独立请求权第三人,合法提起上诉的均列为上诉人,上诉所指向的当事人列为被上诉人。当出现当事人都上诉的,仅列上诉人而不列被上诉人。这主要是出于简化审判管理及二审裁判文书撰写的需要。如果以各上诉请求为据分别列明上诉人与被上诉人,就会出现当事人在诉讼身份上的重叠。其次,就复数当事人而言,普通共同诉讼人的诉讼权利义务彼此独立,故单个共同诉讼人的上诉或被上诉对其他共同诉讼人不产生影响。稍微复杂的是必要共同诉讼人中有一人或部分人提起上诉。对此《民诉法解释》第 317 条所确立的规则是,根据上诉指向的是对方当事人、本方其他共同诉讼人抑或兼而有之,所指向的当事人均为被上诉人,未作为上诉对象的依原审诉讼地位(一审原告、一审被告、第三人)列明。

容易引起混淆的是,学理上认为必要共同诉讼人中的一人或部分人提起上诉效力及于共同诉讼人全体,换言之,其他共同诉讼人构成“当然的”上诉人。这与《民诉法解释》第 317 条在表面上形成冲突。对此有必要从解释论上予以澄清。首先,在上诉指向对方当事人和本方当事人两种类型中,效力能够及于全体共同诉讼人的仅限于指向对方当事人这一类型。如果上诉指向的是其他共同诉讼人,请求二审法院就内部权利义务作出重新分配,则上诉的效力不仅不会“及于”其他共同诉讼人,还应将其列为被上诉人。其次,能扩张“及于”其他共同诉讼人的效力也应有特定内涵,主要包括案件向二审法院“移审”

并阻断一审裁判生效，通过上诉改判所获得的利益由全体共享等。但未提起上诉的共同诉讼人无须承担预交诉讼费、提供新的证据、接受调查询问、参加二审开庭辩论等诉讼义务，故依原审诉讼地位列明即可。

上诉人与被上诉人虽依据上诉状进行形式化的确定，但二审法院只需也只能对“适格的”上诉人提起的上诉作出有无理由的实体审判。易言之，上诉人适格是二审进行实体裁判的要件之一。适格的上诉人即受一审不利裁判、具有上诉利益的当事人或其权利义务继受人。所谓“上诉利益”，学理上指的是具有通过上诉改判或撤销的实效及必要，或者说可以取得较之一审判决更加有利之法律地位的“利益”。如无上诉利益，换言之上诉人的诉讼利益已获得一审判决最大限度的满足，就没有浪费二审司法资源的必要，应以裁定驳回上诉结案。关于上诉利益的判断原则上采用形式主义标准，即以当事人的完全诉讼利益（对原告方而言即全部诉讼请求获得支持，对被告方而言即原告的全部诉讼请求被驳回）为基准，从一审判决主文识别当事人是否遭受不利裁判，有无通过二审改判或撤销而获得更有利法律地位的余地。例如，被判决驳回全部或部分诉讼请求的原告、有独立请求权第三人，被判决承担民事责任的被告、无独立请求权的第三人，均具有上诉利益。一般而言，仅不服一审判决的理由不具有上诉利益。请看设例 16-2。

设例 16-2

甲诉乙离婚纠纷一案，法院经审理认为双方系自由恋爱、自主结合，具备一定的感情基础，婚姻生活中产生一些摩擦在所难免，双方均应理解与包容。乙经法院合法传唤未到庭参加诉讼，系放弃自己的诉讼权利，法院依法缺席审判。法院据此判决驳回甲的离婚诉讼请求。乙提起上诉称，其对原审判决结果没有异议，但其因工作原因无法到庭参加诉讼，为此已向原审法院书面请假，在征得同意后未参加庭审，并于庭审次日到法院陈述了答辩意见。原审法院在判决书中关于其无正当理由未到庭参加诉讼以及放弃诉讼权利的表述不当，故请求更正。二审法院经审查认为乙不具有上诉利益，裁定驳回乙的上诉。

设例 16-2 中，一审法院判决驳回甲的诉讼请求，对此乙作为被告并未遭受任何不利益，因此不具有通过上诉谋取更加有利之法律地位的“利益”。虽然乙主张原审判决的理由不当，但更正判决理由并非法定上诉请求之一种，法院也无法围绕该主张是否有理由作出实体审判,故应作为上诉不合法裁定驳回。附带提及,因为此时并未对原审裁判是否正确作出审理,故裁定结果不能同时表述“维持原审判决(或裁定)”。

综上所述,由于上诉提起与上诉受理程序的分离,在理论上大致可以将法院对上诉案件进行实体审理之前围绕形式要件的审查划分为三个阶段。每个阶段对应的审查内容相互独立,但在实务中有可能发生交叉或重合。例如,有的上诉人超过上诉期提交上诉状但向原审法院作出合理说明,或者原审法院难以判断是否超过上诉期(如向被告邮寄送达一审判决书未收到邮政部门的回执,但在一个多月后收到被告邮寄的上诉状),而被上诉人在答辩状中提出异议的,对此就应由二审法院组织双方进行质证及辩论,在查明事实的基础上对于超过上诉期的上诉裁定予以驳回。具体如图 16-2 所示。

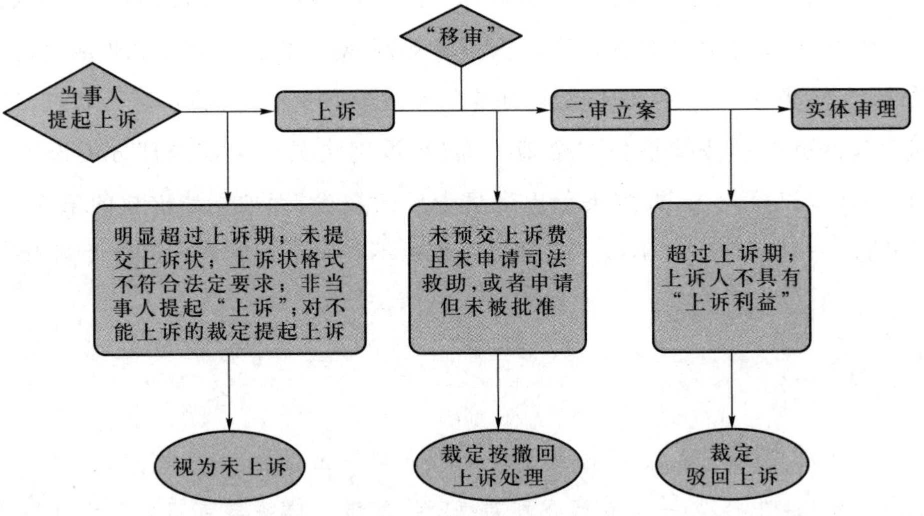

图 16-2 上诉审理流程图

延伸讨论

16-1 关于二审(上诉审)审理模式的理论分类

学理上依据二审(上诉审)与一审(初审)的关系、上诉审对新事实主张及新证据的开放程度等为标准,将上诉审理模式划分为覆(复)审制、续审制、事后审制三种类型。所谓覆审制,指的是上诉审不仅相当于第一审程序的再一次展开,而且对当事人提出新事实主张、证据资料以及法院的审理范围不加限制。换言之,上诉审等于审理一个全新的案件。中国古代关于重刑案件的审理(“断狱”)即属典型。所谓事后审制,指的是上诉审仅通过审查“封闭”的一审卷宗,发现其中记载的内容有无错误,不采纳任何新的事实主张及证据。美国的上诉审、德国及日本的第三审均属此类。续审制则介乎二者之间,上诉审是在第一审的基础上围绕上诉请求对案件进行审理,并在确有必要时(如当事人有正当理由未在一审中提出)采纳新的事实主张及证据。德国、日本的第二审属于此类。

自新中国成立以来,我国的民事二审经历了从覆审制逐渐向续审制转型的历史过程。改革开放以前直至1982年《民事诉讼法(试行)》实施以后相当长时期里,我国民事二审一直实行覆审制,二审法院的审理范围不受任何限制。对此《民事诉讼法(试行)》第149条明确规定:“第二审人民法院必须全面审查第一审人民法院认定的事实和适用的法律,不受上诉范围的限制。”1991年《民事诉讼法》迈开了向续审制转变的重要一步,该法第151条规定:“第二审人民法院应当对上诉请求的有关事实和适用法律进行审查。”这一条规定在宽泛的意义上确立了二审审理范围应受上诉请求约束的原则。当然,最高人民法院很快意识到该条规定与当时贯彻的“(超)职权主义”诉讼模式不尽吻合,遂在1992年《民诉法意见》第180条中补充道,“如果发现在上诉请求以外原判确有错误的,也应予以纠正”,从而保留了突破上诉请求约束且不受限制的职权。随着诉讼模式向“当事人主义”转型的理论主张日渐深入人心,尽可能尊重上诉人对上诉请求的处分也逐渐被实务界接受。1998年最高人民法院下发的《关于民事经济审判方式改革问题的若干规定》第35条(已废止)即规定:“第二审案件的审理应当围绕当事人上诉请求的范围进行,当事人没有提出请求的,不予审查。但判决违反法律禁止性规定、侵害社会公共利益或者他人利益的除外。”这为当前施行的二审审理模式奠定了基调,并基本被2015年《民诉法解释》所继受。

当事人围绕上诉请求可以提出在原审中未提出的新的事实主张及新的证据,对此不加限制仍可能因为其“不打一审打二审”的诉讼策略而导致证据资料向二审集中,出现另一种意义上的覆审。2001年《证据规定》第41条第(二)项曾将二审中可提出的“新的证据”限定为“一审庭审结束后新发现的证据;当事人在一审举证期限届满前申请人民法院调查取证未获准许,二审法院经审查认为应当准许并依当事人申请调取的证据”。虽然2019年《证据规定》因对举证期限作出重大调整,将该条连同其他有关“新的证据”的条文一并删除,但第51条第2款新增有关“当事人提供新的证据的第二审案件”中指定举证期限的规定,言下之意无疑是第二审仍只允许当事人提出“新的证据”。尽管对第二审中提出的“新的证据”不宜再作原《证据规定》那样的严格限定,但仍应按照《民诉法解释》第101条、第102条的规定,斟酌提出人的主观过错程度、证据的重要性或者说与基本事实的关联性,决定是否允许其提出。即便允许其作为新的证据提出,提出人也会遭受训诚,并承担对方当事人因此增加的诉讼成本。另外,为了贯彻程序的不可逆性原理,《民诉法解释》第340条还规定,当事人在第一审程序中实施的诉讼行为,在第二审程序中对其仍具有拘束力,除非能说明理由,否则不能推翻。换言之,二审当事人受其在一审中诉讼行为的拘束,不能推翻其在第一审程序中实施的诉讼行为,法院原则上不予支持。至此,可以说我国在规范层面已确立了续审制的二审模式。

在英美法系及大陆法系其他国家,高审级法院(一般为第三审法院)实行专门的"法律审",用以通过对"法律问题"的权威判解来统一法律解释适用并促进法律发展。此类高审级法院往往规模较小,法官及司法资源相对有限。为了控制法律审法院的案件量,一般实行裁量上诉或许可上诉制,由法律审法院裁量决定是否受理上诉,或者由法律审、原审法院分享是否准许当事人提起上诉的权力。作为"法律审"的题中之意,又集中审理法律问题而在原则上不顾原审事实认定的对与错。故在上述审理模式中唯有"事后审制"才符合法律审的需求。我国二审法院针对上诉请求的事实及法律理由,一并审查原审的事实认定与法律适用,是为"事实审"。就统一司法而言,目前我国主要通过最高人民法院发布司法解释(有"解释""批复""规定"等形式),由最高人民法院相关庭室编撰司法解释的理解与适用、典型案例等书籍(相当对于司法解释的"再解释"),从全国各级法院已生效的裁判文书中遴选并发布"指导性案例"等办法来统一全国各法院的法律解释适用。各地方高院、中院也会根据需要制定在本辖区适用的规范性文件。这些似乎都不能满足在中国这样一个地域差别如此显著的超大型国家里的统一司法的需要。有鉴于此,近些年来有关改两审终审制为裁量或许可型的三审终审制、设立专门的法律审等主张日渐成为理论界与实务界的共识。

第2节 第二审程序的审理

二审法院立案庭将受理的上诉材料及一审案卷移送给审判庭,后者按民诉法规定由审判人员组成合议庭进行审理。如前所述,第二审程序并非对案件的重新或第二次审理,故在审理范围、审理方式、撤诉等方面与一审相比有所差别。本节即围绕这些不同之处予以介绍说明。

16.2.1 第二审程序的审理范围

如前所述,我国民事第二审程序实行"续审制",二审审理的范围原则上由当事人的上诉请求及其事实、法律理由决定。这是“不告不理”或处分权原则在第二审程序的另一种体现。所谓“上诉请求”，就是上诉人所提出的二审法院撤销或更改一审裁判主文的诉讼请求。典型的上诉请求表述如“请求撤销一审判决，驳回原审原告的诉讼请求”“请求二审改判原审被告承担民事责任（具体内容）”“因原审违反法定程序，请求撤销原审判决，发回重审”等。上诉人围绕上诉请求须提出相应的事实及法律理由，根据需要还会提出新的事实主张及新的证据，被上诉人在认为有必要时也会针对上诉请求提出答辩意见及理由。这些诉讼资料连同原审案卷及证据，共同构成二审的审理基础并“构造”二审的实体内容。由于上诉请求构成二审审判的“标的”或对象，二审原则上须针对该标的作出支持或驳回的判决，并集中对与之相关的事实及法律适用，即判决的根据或理由，展开审理，由此也就确定了二审审理的范围。故《民事诉讼法》第 175 条规定，二审法院“应当对上诉请求的有关事实和适用法律进行审查”。

当然，二审法官因掌握一审全部案卷及证据，在查阅书面材料、开庭审理或询问当事人的基础上，难免有时会发现原审裁判存在着上诉请求所依据的事实及法律理由之外的事实认定或法律适用错误，或者程序违法事项。如果坐视不理，显然有违二审监督、纠错的审级职能。而等到裁判生效后通过审判监督程序、第三人撤销之诉等予以纠正，也不符合维护裁判终局性、诉讼经济性的原理。另外，因为上诉人无律师代理或代理人缺乏必要诉讼经验技能而导致上诉请求不当或者请求的理由不充分、不正确等情形在实务中并不少见。此时，二审法院只有超越上诉请求理由的限制，才能确定原审裁判结果是否有误或违反法定程序，以及应否依法予以纠正。有鉴于此，《民事诉讼法》及相关司法解释向来为法院依职权扩大审理范围留有余地。为了尽量平衡当事人的处分权与二审纠错之间的紧张或冲突，2015 年《民诉法解释》第 323 条第 2 款规定（现行《民诉法解释》第 321 条第 2 款），只有一审判决违反法律禁止性规定，或者损害国家利益、社会公共利益、他人合法权益的，二审才可依职权进行审理。该款意在限定例外的适用空间：只有违反法律禁止性规定以及损害案外人利益的，才可突破上诉请求的拘束。由此不难得出推论，如果原审裁判的错误仅涉及双方权利义务的或者违反的是法律许可性、倡导性规定，只要当事人未合法提起上诉请求改判或撤销，二审法院不予审理裁判。不过在实务中有些法院似乎并没有清晰的区分意识，更多的仍秉承“有错必纠”的理念。可见“续审制”在我国尚未“植根”于民事审判实践，达到稳固不变的状态。

正如上一节提及的，并非所有“上诉请求”包含的内容都当然地属于二审审理范围。上诉时提出未曾在一审中提出的“请求”，实为上诉人增加的新诉讼请求。由于二审是在一审基础上的延续而非对案件的重新审理，对于新增诉讼请求原则上应告知当事人另行起诉。当然，为了节省当事人另诉的成本及相应投入的司法资源。《民诉法解释》第 326 条第 1 款规定，二审法院可以就原审原告增加的诉讼请求或者原审被告提出的反诉进行调解，并根据需要制作独立的调解书。但为防止剥夺当事人就新诉讼请求可获得的审级利益，也即不服一审裁判可提起上诉的程序资格或“利益”，调解不成的，二审法院只能告知当事人另行起诉而不得直接判决。而作为贯彻处分原则的体现，如果各方当事人均同意由二审法院对新诉讼请求一并审理，即同意放弃审级利益的，二审法院也可以一并裁判。这已为《民诉法解释》第 326 条第 2 款所采纳。

另外，法院有依法适用审判程序的法定职责，故二审法院对于一审程序违法或错误的纠正不受当事人上诉请求理由的限制，可依职权审查及作出裁定。比如，二审认为依法不应由法院受理的，可以直接裁定撤销原裁判，驳回起诉（《民诉法解释》第 328 条）；认为一审法院受理案件违反专属管辖规定的，裁定撤销原裁判并移送有管辖权的法院（《民诉法解释》第 329 条）。对于其他严重的程序违法事项，也可以视情况予以纠正或撤销原裁判发回重审。

16.2.2　第二审程序的审理方式

为了给上诉人及被上诉人提供充分的程序保障，二审原则上应开庭审理。出于准备开庭的需要，可以参照一审组织当事人进行证据交换，明确争议焦点。至于庭审公开与否、法庭调查、法庭辩论等也以一审普通程序的规定为准。不过，二审法官基于查阅一审案卷及上诉状、答辩状，经调查和询问当事人，认为没有需要开庭审理的事实争点，当事人也没有提出必须开庭审理的新事实、证据或理由的，可以不经开庭径行作出裁判。《民事诉讼法》第 176 条即规定了开庭审理与径行裁判两种审理方式。由于一审已“不折不扣”地对所有案件进行开庭审理，二审在非必需情形下省略开庭审理，并不能视作是对当事人程序保障的侵蚀，相反可以节省二审司法资源，减轻当事人尤其是被上诉人准备及参加庭审的成本。而在实务中，二审法院根据需要会向当事人发出通知，要求其在规定时间到法院接受调查询问，或者在非开庭的程序场景下组织双方当事人核对事实和证据。其与“开庭审理”的差别主要体现为由案件承办人而非合议庭全体法官主持调查询问或核对事实证据，以及询问或核对的时间地点较为灵活且无须经由合法传唤（送达开庭传票）等方面。不难想象，这种简易审理方式在审判实践中颇受二审法官的欢迎。

为防止二审法院滥用径行裁判这一审理方式，《民诉法解释》第 331 条规定了可以不开庭审理的四种情形。首先,对于不服不予受理、管辖权异议和驳回起诉裁定提起的上诉,因针对裁定的上诉仅涉及程序事项,以审查书面材料及必要时询问当事人基本能够满足程序保障的需要。其次,二审法官经审查上诉状、案卷认为当事人提出的上诉请求明显不能成立,换言之可当即驳回上诉请求的,对此显然没有再组织开庭的理由及必要。再次,二审法官经审查发现原判决、裁定认定事实清楚但适用法律错误的,由于正确适用法律是法院的当然职责,并不以通过开庭听取当事人的意见及理由为必需。最后,二审法官经审查认为原判决严重违反法定程序,需要发回重审的,则径行裁定发回重审即可。但在二审"人少案多"的现实背景下,实务中径行裁判仍存在某种程度的滥用。

无论是否开庭审理,二审法院对上诉案件都可以组织当事人进行调解。对于事关当事人审级利益的案件,如当事人增加的新诉讼请求、应参加诉讼的当事人在一审中未参加、原审"漏审漏判"等,根据当事人的自愿原则进行调解还是二审法院唯一可以实施的审判行为。一旦达成调解协议,即使属于《民事诉讼法》第 101 条规定的调解和好的离婚案件、调解维持收养关系的案件、能够即时履行的案件等一审不需要制作调解书的情形,二审法院也一律应制作调解书并送达当事人。这是因为,只有将二审调解书送达当事人,原审裁判才视为撤销。原审裁判不以这种方式被撤销,就仍将存在并处于效力不明的状态。

16.2.3　上诉的撤回与二审中的撤诉

以上对二审的审理范围及审理方式做了概括性的介绍。在提起上诉至二审作出判决之前,上诉人出于种种考虑可能申请撤回上诉;无论作为上诉人还是被上诉人,原审原告也可能因为与原审被告达成诉讼外和解、避免就本案形成于己不利的生效裁判而申请撤回起诉。二者如经法院裁定准许均会导致二审程序的终结,后者甚至会使一审程序及裁判溯及立案时消灭。

《民事诉讼法》第 180 条规定,上诉的撤回可以自提起上诉至二审判决宣告之前的期间内申请,但是否准许由二审法院审查裁定。如裁定准许则二审不启动或启动后终结,由于此时上诉期间几乎不可能还未届满,一审裁判就此发生法律效力。根据《民诉法解释》第 335 条的规定,二审法院如经审查认为一审判决确有错误,或者当事人之间恶意串通损害国家利益、社会公共利益、他人合法权益的,为避免二审终结后需要通过审判监督程序、第三人撤销之诉等予以救济,应当裁定不予准许。这一度引起理论界对《民事诉讼法》及司法解释放任法院依职权干预当事人处分权的批评。不过,从审判实务来看,二审只有经过实体审理,往往还是开庭审理以后,才可能发现一审判决是否确有错误,而恶意串通损害案外人利益的事实通常只在案外人介入诉讼并提出相关证据后才能被揭示。在进行实体审理之前或者没有证据表明当事人之间存在恶意串通,二审法院基本不可能发现不应准许撤回上诉的情形,也没任何必要去干涉上诉人的行为自由。因此,在实务中二审裁定不准许撤回上诉的情况很罕见,基本可以忽略不计。

与上诉人撤回上诉不同,由于一审判决"横亘"其间,原审原告能否在二审中撤回起诉一直是个有争议的问题。撤回起诉会产生案件"视为未起诉"或溯及立案时消灭的效果,一审裁判因缺乏根基而需被裁定撤销,不仅严重影响其他当事人的利益,导致双方展开的攻击防御及投入的司法资源虚耗,而且为原审原告规避败诉的一审判决以及避免二审败诉留下可乘之机。但一律不准许在二审中撤回起诉,又有过分干涉原审原告的处分权之嫌,也可能强制当事人接受一审判决的拘束,影响当事人在二审中达成诉讼外和解。有鉴于此,《民诉法解释》分两种情形对此作出规定。

第一种情形为:第336条适用于原审原告单方申请撤回起诉的情形,规定此时须满足两个构成要件,即经其他当事人同意,以及撤诉不损害国家利益、社会公共利益、他人合法权益。在实务中,其他当事人是否同意构成法院作出裁定的首要甚至唯一考虑因素。原审原告撤回起诉后,产生一个不容回避的问题即是否允许其再次起诉或予以必要的限制。其他当事人"同意"撤诉,似乎蕴含着承受再次应诉之风险的预期和默许。但是,允许原审原告重复诉讼会增加司法资源本可避免的耗费。而且,假如不允许原审原告在二审中撤回起诉,除非二审认为案件不应由法院受理而裁定驳回起诉,其均将受生效判决的拘束而不得重复起诉。从这几方面来看,应当对原审原告在二审中撤回起诉后的重复起诉行为加以限制。当然,《民诉法解释》第336条第2款并未采用承担对方当事人诉讼费用等的成本制裁方式,而是直接规定法院不予受理。此处的"重复起诉"应理解为相同的原告针对相同的被告重复提起的诉讼标的相同且诉讼请求也相同的诉讼。如果后诉中当事人地位对换,或者针对同一诉讼标的提出不同的诉讼请求,法院应予受理。这与《民诉法解释》第247条的规定(参见本书第15章第2节)既有相似之处,也有所区别。

《民诉法解释》第337条后段适用于当事人在二审期间达成诉讼外和解协议,作为约定事项原审原告申请撤回起诉的情形,这也是我们所说的第二种情形。该条后段虽未明确此类撤回起诉的构成要件,但原审原告提出申请系出于自主决定还是履行双方达成的协议,并不能构成作区分对待的充分理由。相反,出于体系性解释的需要,应当认为该条后段也包含跟第 336 条一样的两项构成要件，且原审原告撤回起诉后不得就原案件重复起诉。为避免撤回起诉后原审被告不履行和解协议，原审原告应尽量按照第 337 条前段的规定，要求与前者一起申请法院就和解协议制作调解书，使自己的权利处于生效法律文书的保护之下。即使原审原告未申请制作调解书，为了规制原审被告的诉讼不诚信行为，在必要时也可以将请求其履行和解协议界定为与原纠纷不同的诉讼标的，从而允许原审原告作为新的案件提起。

延伸讨论

16-2　从“吴梅案”看二审中的撤回上诉与撤回起诉

关于第二审程序中当事人撤回上诉与撤回起诉的问题，还可以以最高人民法院在 2011 年发布的首批指导性案例第 2 号“吴梅诉四川省眉山西城纸业有限公司买卖合同纠纷案”（以下简称“吴梅案”）为例再稍加说明。

该案的基本案情如下：

吴梅起诉请求法院判令西城纸业公司支付货款 251.8 万元及利息。一审法院经审理判决支持吴梅的诉讼请求。西城纸业公司不服提起上诉。在二审审理期间，双方签订了一份还款协议，商定西城纸业公司的还款计划，吴梅则放弃了支付利息的请求。其后，西城纸业公司以自愿与对方达成和解协议为由申请撤回上诉。二审法院裁定准予撤诉后，因西城纸业公司未完全履行和解协议，吴梅向一审法院申请执行一审判决。

最高人民法院将此案件作为指导性案例，旨在确认“二审中一旦当事人撤回上诉，一审裁判即发生法律效力”“一方当事人签订和解协议却未履行有违诚实信用原则，另一方当事人有权申请法院执行原审判决”等裁判规则。但因将这些规则推行到“吴梅案”可能演化出来的多种案情事实中去时，其适用的内容及范围等却有了加以微妙调整的必要。为了在多种更为复杂微妙的程序场境中妥善处理二审中和解及裁判的效力关系，撤回上诉和撤回起诉的关联也就成为问题。简单说来，在“吴梅案”中，上诉人西城纸业公司为原审被告，故依据二审中双方达成的和解协议只能申请撤回上诉而不能申请撤回起诉。在二审中撤回上诉，原审判决即发生法律效力。换言之，西城纸业公司须按一审法院指定的履行期限返还 251.8 万元欠款及利息。置于当时的场景，这显然不符合双方当事人和解的目的，也有违日常生活逻辑。西城纸业公司若想达到不按一审判决履行债务的目的，应在申请撤回上诉的同时，要求吴梅一并申请撤回起诉，或者仅由吴梅以双方达成和解协议为由申请撤回起诉,从而撤销一审判决。当然,诚如本案后来发生的那样,如果二审法院裁定准予吴梅撤回起诉后,西城纸业公司拒不履行和解协议,吴梅就将处于既不能根据一审判决申请执行,也不能就原债权债务法律关系重复起诉的不利境地。就此而言,其不应轻率地在二审中申请撤回起诉,而应根据和解协议与西城纸业公司一起申请二审法院制作调解书,以此替换或"覆盖"一审判决。如果其因为缺乏法律知识及经验而未申请制作调解书,且西城纸业公司具有诉讼欺诈行为,作为例外可以允许其依据和解协议再次起诉,请求后者履行和解协议约定的债务。

参考文献:王亚新《一审判决效力与二审中的诉讼外和解协议——最高人民法院公布的2号指导案例评析》

第3节 第二审程序的裁判

如果二审中上诉人未撤回上诉且原审原告也未撤回起诉,二审法院经审理后就应当在审限内作出裁判。二审的审限较之第一审普通程序要短,对于判决提起的上诉案件自二审立案之日起3个月内审结,对于裁定提起的上诉案件则应在30天内作出终审裁定,但有特殊情况需要延长的应由二审法院院长批准。二审以上诉人提出的上诉请求为审理对象或"标的",故基于上诉请求是否具有必要的事实及法律理由而作出的支持或驳回是最基本的裁判种类。如前所述,二审兼具监督及纠正原审程序、裁判错误的职能,在必要时可以逾越上诉请求的限制而予以改判或裁定撤销原审裁判。二审裁判不仅是终审裁判,也即不能对之再提起上诉,而且在大多数情况下"往前"会形成对案件实体内容具有法律效力(根据不同类型具有既判力、形成力、执行力)的判定,"往后"则构成有关民事权利义务之私法秩序再调整、演进的起点。因此,二审裁判具有不言而喻的重要性,有必要对各类裁判逐一加以辨析。根据上诉针对一审判决还是裁定提起,民事诉讼法规定了不同的二审裁判方式。下文主要围绕针对判决提起上诉案件的二审裁判展开说明。

二审法院原则上围绕上诉请求所依据的事实及法律理由,审查一审判决的事实认定及法律适用。如经开庭审理或经审查书面材料及询问当事人、核对事实及证据认为原判决认定事实清楚、适用法律正确的,换言之,上诉请求缺乏事实及法律依据或者依据的事实及法律理由不成立的,应判决驳回上诉请求,维持原判决。驳回上诉的判决主文只会简单地记载“驳回上诉，维持原判”，当事人间的实体法律关系按照一审判决主文的内容予以确定。例如，一审判决为给付判决，败诉方被告对主文所记载的给付内容具有按期履行的责任，如其拒不履行或在限期内未履行，原告可据以申请强制执行；一审判决为形成判决，则法律关系按主文的记载产生、变更或消灭，如婚姻关系解除、共有物所有权分割。就此而言，二审维持原判的判决等于“确定”一审判决主文的执行力、形成力以及作为前提的既判力。相反，如果一审判决驳回原审原告的诉讼请求而二审予以维持的，因欠缺给付或形成的内容而不产生“确定”执行力、形成力的效果，但仍“确定”一审判决主文具有既判力。相同的当事人针对同一民事纠纷或诉讼标的提起后诉的，会因违反既判力规则或构成“重复起诉”而被裁定不予受理，受理后被裁定驳回起诉。

当然，二审法院如经审理认为上诉请求所依据的事实及法律理由成立的，或者依职权发现原审判决、程序存在上诉理由以外的错误或违法情形的，则应当对原审判决予以改判或裁定撤销后发回重审。

16.3.1 依法改判

依法“改判”有广义与狭义之分。凡二审判决对原判决结果作出更改的，不论是撤销一审判决后自行作出判决予以替换还是针对其中一项或几项的撤销或变更，都属于广义的改判。《民事诉讼法》第 177 条第 1 款第(三)项“原判决认定基本事实不清的，裁定撤销原判决，发回原审人民法院重审，或者查清事实后改判”规定的“改判”即属于此。但同款第(二)项规定“原判决、裁定认定事实错误或者适用法律错误”，法院可以“依法改判、撤销或者变更”。该项所包含的“改判”在与“撤销、变更”并列的前提下就属于狭义的改判。从解释论的角度来看，狭义的改判仅指二审法院撤销原判决的整体并自行作出判决。相对应地，狭义的撤销指的是二审对原判决主文多余或不应作出的判项予以剔除，狭义的变更指的是二审对原判决的判项在维持的前提下对内容或表述予以更改。三者在实务操作上的区别，可在设例 16-3 中得到体现。

设例 16-3

对于张某与李某的离婚纠纷，一审法院经审理判决如下：“一、准许张某和李某解除婚姻关系；二、张某与李某的婚生子张小某由李某抚养，张某按月支付抚养费 850 元，直至张小某年满十八周岁为止；三、双方婚后无共同财产可供分割。”当事人不服判决结果，提起上诉。如二审法院经审理认为原审认定事实错误,当事人双方夫妻感情尚未破裂,可依法改判:“一、撤销×民初字第×××号民事判决;二、驳回原审原告李某的诉讼请求。”如二审法院认为原审判决双方离婚及张小某归原告抚养均无误,但被告承担的抚养费数额明显过低,可以更改判决:“变更×民初字第×××号民事判决第二项为:张某与李某的婚生子张小某由李某抚养,张某按月支付抚养费 1 500 元,直至张小某年满十八周岁为止。”如果二审法院认为原审认定事实及适用法律均无误,但认为原判决第一项表述不当、第三项多余的,可以更改判决:“变更×民初字第×××号民事判决第一项为:准许张某和李某离婚”以及“撤销×民初字第×××号民事判决第三项”。

《民事诉讼法》第 177 条规定的可依法改判的三种事由中,“适用法律错误”并无疑问,但需要解释的是将事实认定问题区分为“认定事实错误”和“认定基本事实不清”两种。从定义来看,所谓“认定事实错误”指的是原审法院在当事人举证质证基础上对案件事实作出的认定判断与真实不符,或者说从证据推论事实的结论有误。由于不需要补充证据资料,二审法院对此应作出符合真实的或者说“正确的”事实认定,并对原审判决结果作出全部或部分的改判。而所谓“认定基本事实不清”往往与“证据不足”相提并论,指的是原审法院对于案件基本事实因为证据不足等原因没有调查清楚。由于二审实行“续审制”,二审法院对此如能在当事人提供新的证据或者调取更多证据的基础上,通过审理查清案件基本事实,可以进行全部或部分的改判;否则,可以撤销原判决,将案件发回原审法院重审。换言之,只有认定“基本事实”不清才可由二审法院根据是否已在获取充足证据的基础上查清选择自行改判还是发回重审,认定“其他事实”不清或者认定基本事实错误均应由二审改判。根据《民诉法解释》第 333 条的规定,“基本事实”是指用以确定当事人主体资格、案件性质、民事权利义务等对原判决、裁定的结果有实质性影响的事实。

二审改判的内容并非可任意为之,而是有范围的“上限”与“下限”。所谓“上限”即不能使上诉人取得比上诉请求得到满足更加有利的法律地位,所谓“下限”指的是不能使上诉人遭受比一审判决更为不利的法律处境。例如,原告起诉请求被告给付拖欠的货款 30 万元,法院判决被告向原告支付 20 万元,原告不服提起上诉,请求改判支付 30 万元。对此二审法院既不能改判被上诉人向上诉人支付 30 万元加同期银行利息(突破“上限”),也不能改判被上诉人向上诉人支付 10 万元(逾越“下限”),而只能在 20 万~30 万元的范围内改判。学理上将前者称为“禁止上诉有利变更原则”,将后者称为“禁止上诉不利变更原则”(类似刑事诉讼中的“上诉不加刑”原则)。很显然,这几项原则主要适用于原审为给付判决且上诉请求对给付的具体内容有异议的场合。当然,如果各方当事人均上诉的,二审法院可在各上诉请求“叠加”或“并集”的范围内进行审理,并突破单方上诉请求的限制作出改判。此时并不受“禁止上诉不利变更原则”的局限。

如果原判决认定事实或者适用法律虽有错误或瑕疵但判决结果正确,即仅判决理由有误的,二审法院就没必要更改原审判决结果。判决结果正确,上诉人关于改判或撤销的上诉请求自然不能得到支持。在实务中,原审法院在不决定判决结果的事实认定或法律适用上发生错误并不罕见,学理上称之为“无害错误”。因为仅纠正判决理由而不对判决结果作出改判,对上诉人的实体权利义务或法律地位无所谓有利还是不利,故没有适用前述两项原则的余地。对此《民诉法解释》第 332 条规定,二审法院应依职权予以“纠正”,但判决驳回上诉请求,维持原判。

16.3.2　裁定发回重审

从诉讼经济性的角度出发,原则上都应通过二审改判的方式纠正原判决的错误。但在例外情形下,二审不适合或者客观上不能纠正原审错误的,可以撤销原判决发回重审。在过去较长时期里,二审法院为了转嫁查明事实作出正确判决的负担,避免因为不当改判而承担被当事人申请再审、申诉信访的风险,往往选择将拿捏不准、难以办理的案件发回原审法院重审。在实务中,随意发回、反复发回、发回重审裁定书不说明理由等现象一度较为突出,极端情况下造成个别案件在两审法院之间往返多次,绵延数年甚至十余年而难以审结,引起当事人及公众关于二审“滥发回”“乱发回”的激烈抱怨与批评。为了抑制这一有损司法公信力的乱象,2012 年《民事诉讼法》修改时对发回重审的事由做了严格限制,并且将发回重审的次数限定为一次(即对发回重审案件的判决提起的上诉,二审不能再次发回)。就事由而言,一方面将“原判决认定事实错误,或者原判决认定事实不清,证据不足”改为“原判决认定基本事实不清”,也即删去“认定事实错误”作为发回的事由,并将事实不清限定为“基本事实”不清;另一方面将“原判决违反法定程序,可能影响案件正确判决”改为“原判决遗漏当事人或者违法缺席判决等严重违反法定程序”,也即只有达到“严重”程度的违反法定程序才构成发回重审的事由。关于“认定基本事实不清”可参见上一部分的介绍。不过,在实务中何为“基本事实”、属于“认定事实不清”还是“认定事实错误”,并没有形成统一、可操作的判断标准,对此二审法院仍拥有相当的裁量空间。出于种种原因,将本应改判的事实认定问题以“认定基本事实不清”为由发回重审的情况仍大量存在。下文集中就“严重违反法定程序”作出展开说明。

为了明确“严重违反法定程序”事由的范围,《民诉法解释》在总结以往经验的基础上,规定为以下几类:(1) 审判组织的组成不合法,应当回避的审判人员未回避,无诉讼行为能力人未经法定代理人代为诉讼,以及违法剥夺当事人辩论权利;(2) 对当事人在第一审程序中已经提出的诉讼请求,原审法院未作审理、判决;(3) 必须参加诉讼的当事人或者有独立请求权的第三人,在第一审程序中未参加诉讼。第一大类属于纯粹的严重程序违法,第二大类一般被称作“漏审漏判”,第三大类属于遗漏必须参加诉讼的当事人。其中,第一大类与《民事诉讼法》第207条关于申请再审事由的第(七)项至第(九)项规定基本保持一致,且除四种情形之外没有兜底条款为法院的裁量权留下余地,足见为解决“滥发回”“乱发回”现象而作出的限定之严格。对于此类严重的程序违法,不管原审判决结果是否正确,都应撤销并发回重审,由此贯彻程序正义的理念及价值。对于除此之外的程序违法或瑕疵,则要看是否影响原审判决结果的正确性,由二审法院予以改判、纠正或者维持。第二大类由于“漏审漏判”的诉讼请求并未经过一审审判,如二审法院直接作出终审判决,等于剥夺了当事人就诉讼请求获得两个审级法院审判的“利益”。对此除非当事人自愿放弃审级利益,接受法院的调解并达成协议,否则应将案件发回并指示原审法院在重审时弥补“漏审漏判”的缺失。第三大类同样如此,除非遗漏的必须参加诉讼的当事人或有独立请求权的第三人自愿放弃审级利益,接受法院的调解并达成协议,否则也应当发回重审。此外,虽不属于严重违反法定程序的范围,但也是出于保障当事人审级利益的考虑,二审法院对于一审判决不准离婚的案件认为应当判决离婚的,可以根据当事人自愿的原则与子女抚养、财产问题一并调解,调解不成的发回重审。就子女抚养、财产分割作出裁判属于离婚诉讼中包含或兼容的独立的诉讼请求,当事人同样享有获得两级审理的利益,二审法院不得直接作出终审判决。

二审裁定发回重审的特殊之处在于,它并不像维持原判或改判直接形成确定的判决结果,而是使得案件返回原审法院按照第一审普通程序进行审理。当然,与对案件的初次一审相比,重审时已具有原审、二审的案卷材料及证据,其中包括原审判决、二审发回裁定书等法律文书。因此,重审虽适用第一审程序审理,但就审理的内容而言并非简单的对案件的再次一审,而是在既有审判的基础上对发回裁定书所指示的原审未查清的基本事实进行查明认定,或者针对严重违反法定程序的不同情形按照合法程序重新审理。由此可见,重审是既有审判基础上的延续,而审理范围或对象应由发回重审裁定书的裁定理由所确定。发回重审的裁定理由就是围绕前述两种发回事由分析本案基本事实的认定、法定程序的适用情况，说明应予发回的事实及法律理由。在此意义上，无论如何强调发回之裁定理由的重要性都不为过。但在过去，二审发回裁定书很少阐明理由，二审法院常常代之以不向当事人公开的“内部函”指明原审判决存在的错误或程序违法事由。针对包括发回重审裁定书在内的裁定长期被实司法务界“冷落”的现象，2012年《民事诉讼法》第154条（现为第157条）专门增设一款，规定“裁定书应当写明裁定结果和作出该裁定的理由”。目前发回裁定书的说理情况已有所好转，但完全不阐明发回理由、超出法定事由发回的裁定书也时有所见，有待进一步加强关于裁判文书撰写的评查管理。

参考文献：陈杭平《发回重审案件当事人变更诉讼请求之探析——以〈民诉法解释〉第251条和第252条为起点》

16.3.3　二审判决的生效时间

《民事诉讼法》仅规定二审判决是终审判决，言下之意就是不能再对之提起上诉，但对判决究竟在何时生效却未作出明确规定，构成立法的一个“盲点”。裁判的生效时间具有极为重要的法律意义，不仅申请强制执行的期间、申请再审的期间等以裁判生效之日为起算点，而且判决文书主文所确定的给付义务、产生的形成力都以裁判生效之日为根据。常见的如“自判决生效之日起十日内被告向原告给付××元”“自判决生效之日起被告停止侵权行为”“合同自判决生效之日起解除”，等等。一审裁判因当事人未提起上诉而生效的时间比较容易确定，一般为最后一位当事人接收法院送达的裁判文书次日起算法定上诉期届满之日。例如，原告在5月5日收到一审判决，被告在5月12日才收到，如双方均未上诉，则一审判决书在5月27日生效。但在实务中，二审判决的生效时间则要复杂得多，大致存在三种不同主张，分别为裁判的作出时间也即裁判文书的落款之日、宣判之日、向最后一位当事人送达之日。先来看设例16-4。

设例16-4

甲诉乙离婚，一审法院判决准予离婚。乙不服提起上诉。二审法院经审理决定于5月28日宣判。甲于当天到法院领取了维持原判的二审判决书。该判决书落款日期为5月25日。乙因故未到庭，法院经电话联系向其邮寄判决书，其于5月31日签收。甲在

5 月 30 日在外地出差时不幸因车祸去世。乙主张其在 5 月 31 日才收到判决书，而甲死亡时判决并未生效，双方的夫妻关系尚未解除，其是甲的遗产的法定继承人。

由于《民事诉讼法》没有就二审宣判作出特别规定，根据《民事诉讼法》中关于第一审普通程序宣判的第 151 条第 2 款的规定，公开宣判可以分为“当庭宣判”和“定期宣判”两种。如果二审法院在庭审结束时当庭宣判的，宣判之日即二审判决生效时间。这是因为，虽然当庭宣判时法院通常来不及作成判决书，但其后制作的判决书的落款日期均为宣判当日。而第 151 条第 2 款规定当庭宣判的，法院应当在宣判次日起 10 日内“发送”而非“送达”判决书。根据文义解释的基本原则，宣判之后邮寄或者通知当事人或其诉讼代理人到庭领取判决书均非法定送达，不产生“送达才生效”的法律效果，毋宁说是一种交付判决书的事务管理行为。另外，从程序保障的角度来看，既然法院已经当庭宣布判决结果或者说判决主文的内容，即已就诉讼结果完成对当事人或其诉讼代理人的告知，自然不应给其通过躲避接收判决书拖延判决生效留下可乘之机。与此相对，二审法院在庭审结束时对判决结果尚没有充分把握的，往往告知当事人或其代理人择日宣判，此即定期宣判。如果法院严格遵照民诉法的规定，在宣判后将已制作完成的判决书立即发给当事人，则宣判之日即为二审判决生效时间。即使当事人在法院指定的日期未到庭听取宣判并签收判决书的，也不影响二审判决在当天生效。

就此而言，设例 16-4 中的判决书在宣判当日已经生效，乙的主张并不成立。

但是，在实务中二审法院经常省略了较为烦琐的公开“宣判”环节（严格意义上是一种开庭审理的延续，须对当事人送达开庭传票、审判员到庭、安排专门的法庭、向社会公开），而是以分别通知当事人或其代理人到庭领取的方式替代，如当事人拒绝领取或者联系不上，还需要进行邮寄。这种情况在未经开庭审理径行裁判的案件中更为普遍。基于《民事诉讼法》未做特别规定，当事人也未在有程序保障的前提下知悉判决结果等理由，此时向当事人送交判决书应属于法定意义上的送达。未经送达当事人或其代理人，二审判决书不发生法律效力。简而言之，凡二审有公开宣判环节，不论是当庭宣判还是定期宣判，不论当事人有无到场，宣判之日即二审判决生效时间。如果二审没有公开宣判环节，应以最后一个当事人或其代理人接收法院送达的判决书之日为准。将设例 16-4 略加变动，如果 5 月 28 日并非事先确定的定期宣判日期，法院也未告知当事人不到庭的法律后果，而只是以电话等方式通知当事人到庭领取判决书，则 5 月 31 日也即乙签收邮寄送达之日二审判决才生效。对此可参考本书第 15 章第 2 节关于裁判生效时间点的相关讨论。

最后，简单地归纳一下对于不予受理、驳回起诉和有关管辖权异议这三种裁定提起的上诉，二审法院可以作出什么样的裁判。对有关这三种程序性事项的上诉，二审法院无须开庭审理，书面审理之后一律适用裁定结案。二审法院如经审理认为原裁定认定事实清楚，适用法律正确的，应当裁定驳回上诉，维持原裁定；认定事实或者适用法律虽有瑕疵但裁定结果正确的，应当在裁定中纠正瑕疵后予以维持。当然，二审法院如果认为原裁定认定事实错误或者适用法律错误，应当以裁定的形式作出如下撤销或变更：不予受理裁定有错误，撤销原裁定，指令一审法院立案受理；驳回起诉裁定有错误，撤销原裁定，指令一审法院对案件进行审理；对于管辖权异议的裁定有错误，要区分是支持管辖权异议的裁定有错误还是驳回管辖权异议的裁定有错误。如属于前者，相当于原审法院移送管辖有错误，应在撤销原裁定的同时，指令原审法院进行审理；如属于后者，等于原审法院不予移送管辖有错误，应在撤销原裁定的同时，指令原审法院将案件移送给二审法院认为有管辖权的法院。

由于针对裁定提起上诉案件作出二审裁定一般不需要公开宣判，故原则上应以裁定书记载的日期作为生效时间点。

延伸讨论

16-3-1　发回重审案件的审理

原审法院应当自接到发回重审裁定书及案卷的次日立案，不论原审适用简易还是普通程序，均应另行组成合议庭适用普通程序审理。因"基本事实认定不清"为由发回且裁定书的理由部分列明原审未查清的基本事实的，重审的对象及程序比较容易把握，比如仅对应予查清的基本事实而非全案重新审理，重新指定举证期限及进行开庭审理等。但因"严重违反法定程序"发回的案件根据具体事由的不同可以分为"部分重审"与"全案重审"两类。对于原审"漏审漏判"的案件，应当仅围绕遗漏的诉讼请求进行重审，已经过审理的诉讼请求除非确有错误不然均应沿用原审的认定，属于典型的部分重审，但应对全部诉讼请求作出统一判决。对于遗漏必须参加诉讼的当事人或有独立请求权第三人的案件，除了应当向其合法送达诉讼文书之外，一般应对全体当事人重新指定举证期限，在必要时对原已审理过的事实重新进行审理，就此而言接近于全案重审。对于纯粹的程序违法案件，就审理内容来说原则上属于全案重审，不过具体的程序适用有所差别。例如，应当回避的审判人员没有回避、不允许当事人发表辩论意见、应当开庭审理而未开庭审理的，只需另行组成合议庭重新开庭审理即可；没有合法送达起诉状副本而剥夺当事人辩论权利、无诉讼行为能力人未经法定代理人代为诉讼的，则应重新进行送达、审理前准备及开庭审理，换言之，重新进行完整的一审。

由于重审案件适用第一审普通程序，故在重审中当事人在一审程序中享有的主要诉讼权利并不受限制。比如，原则上原告可以申请撤诉及变更、增加诉讼请求，被告可以提起反诉。例外是出于确定法院管辖的需要，当事人在重审中无权提出管辖权异议。但是，“重审”顾名思义是对原案件进行重新审理。如果原告变更的诉讼请求超出原案件（或者说诉讼标的）的范围，例如将违约之诉变更为侵权之诉，也即发生实体请求权或法律关系意义上的替换，实际上相当于撤回原诉讼请求并提出新请求，此时能否进行“重审”就容易引起争议。对被告而言，因诉讼标的或对象发生改变，必须重新进行举证质证、反驳抗辩，甚至有必要提出反诉，无疑会加重其在本案中的负担。对法院而言，可能导致二审发回裁定理由中指明的重审范围失去实质意义。出于这些因素的考虑，有的法院不允许当事人在重审中进行诉讼请求“质”的变更（或者说诉讼标的的替换）。当然，不允许原告在重审中进行诉的变更，相当于迫使其撤诉后再起诉，被告往往也需再次应诉，并不符合诉讼经济性的原理。从解释论上说，似乎仍可以从发回重审的裁定理由中寻找类型化的依据。如果二审法院明确指示重审应予查清的基本事实或者对“漏审漏判”的诉讼请求进行审理，而原告申请的诉的变更会导致这些审理内容“落空”时，应坚持“重审”的本意而对其处分权作出限制；反之，如果因其他事由发回且需要对全案重新审理的，应允许其作出变更。

法院对重审案件作出判决后，当事人不服的仍可以提起上诉。二审法院按照第二审程序的规定进行审理并作出裁判。根据《民事诉讼法》第177条第2款的规定，二审法院不得再次裁定发回重审。换言之，对于原审法院重审后仍未查清事实、事实认定或法律适用有错误、违反法定程序的，一律由二审法院改判。有疑问的是，如果原审法院在重审中严重违反法定程序，能否作为例外发回重审？必须承认，一方面这种情况在实务中极为罕见，另一方面如果确实发生了，且由二审改判会剥夺当事人的审级利益（如重审中漏审漏判、遗漏必须参加诉讼的当事人、未对当事人合法送达诉讼文书）的，仍有保留再次发回的必要。但为防止通过“滥发回”逃避责任之嫌，二审应在裁定书中充分说明必须再次发回的理由。

参考文献:陈杭平《组织视角下的民事诉讼发回重审制度》

16-3-2 全国法院二审民事案件结案的基本情况

近些年来,民商事案件一审收案与日俱增,尤其自 2015 年 5 月 1 日贯彻实施立案登记制以后,当年民事一审收案已突破一千万件。在此现实下,二审收案及结案量也持续增长。虽然二审收案/一审收案之比一直维持在 10%以下,但不能由此简单地得出我国民事一审"服判率"高,二审救济价值较为有限等结论。事实上,大多数一审案件以调解或原告撤诉的方式结案。以表 16-1 为例,判决长期只占一审结案的 30%左右,从 2015 年开始判决率才有明显增长,而以判决结案为基数,至 2011 年的上诉率也在较长时期里维持在 30%上下,并仅从 2012 年开始才下降到 20%多。尽管二审收案还包含对于裁定提起的上诉案件,换言之该数字略有偏高,且一审判决与二审收案之间不能按年度完全对应,但大约有 1/4 以判决结案案件的当事人不服一审判决,足见第二审程序保障及实体救济意义之重大。

表 16-1 全国法院民事案件一审收案、结案及二审收案情况(2010—2018)

年份	一审收案(件)	一审结案(件)	一审判决(占结案比)	二审收案(占判决比)
2010	6 090 622	6 112 695	1 894 607(31.0%)	583 856(30.8%)
2011	6 614 049	6 558 621	1 890 585(28.8%)	575 082(30.4%)
2012	7 316 463	7 206 331	1 979 079(27.5%)	588 759(29.7%)
2013	7 781 972	7 510 584	2 316 031(30.1%)	627 116(27.1%)
2014	8 307 450	8 010 342	2 921 343(36.5%)	731 416(25.0%)
2015	10 097 804	9 575 152	3 943 097(41.2%)	918 605(23.3%)
2016	10 762 124	10 763 889	4 710 006(43.8%)	1 088 442(23.1%)
2017	11 373 753	11 651 363	5 172 571(44.4%)	1 145 959(22.2%)
2018	12 449 685	12 434 826	5 532 546(44.5%)	1 222 737(22.1%)

从二审结案情况来看,判决驳回上诉请求、维持原判的占到一半左右,近些年有所增长;因原审裁判认定事实或适用法律有误,或者违反法定程序而予以改判或发回重审的占

到 15%左右，近些年也有所增长。由此呈现有趣的“双增长”现象。除此以外，二审裁定准许上诉人撤回上诉的超过 10%。以调解结案的在 15%上下，但最近几年下降较为明显，可见法院调解的“回落”不仅体现在第一审，在第二审中也有所显现。裁定驳回上诉一直略高于 5%，从 2015 年起有较大增长，但司法统计自 2017 年起不再公布该项数据，而代之以当年未结总案件量。如 2017 年未结民事二审案件 101 293 件，2018 年未结 96 382 件。具体可参见“表 16-2”。表 16-1 及表 16-2 的数据均来自 2011—2019 年《中国法律年鉴》及 2011—2018 年《最高人民法院公报》。

表 16-2　全国法院民事案件二审结案情况（2010—2018）

年份	结案（件）	结案方式（占比）						
		维持原判（占结案比）	改判（占结案比）	发回重审（占结案比）	撤回上诉（占结案比）	调解（占结案比）	驳回上诉（占结案比）	其他（占结案比）
2010	593 373	281 547（47.45%）	58 049（9.78%）	33 348（5.62%）	74 733（12.59%）	94 316（15.89%）	35 222（5.94%）	16 158（2.72%）
2011	571 762	270 111（47.24%）	51 802（9.06%）	32 059（5.61%）	77 557（13.56%）	91 172（15.95%）	31 019（5.43%）	18 042（3.16%）
2012	583 855	279 264（47.83%）	50 378（8.63%）	31 964（5.47%）	77 946（13.35%）	93 711（16.05%）	32 533（5.57%）	18 059（3.09%）
2013	612 431	301 778（49.28%）	52 262（8.53%）	30 321（4.95%）	78 254（12.78%）	88 957（14.53%）	37 341（6.1%）	23 518（3.84%）
2014	711 018	355 662（50.01%）	64 759（9.11%）	39 686（5.58%）	84 848（11.93%）	85 615（12.04%）	47 883（6.73%）	32 565（4.58%）
2015	901 462	460 752（51.11%）	85 541（9.49%）	49 692（5.51%）	102 778（11.40%）	81 331（9.02%）	78 835（8.75%）	42 533（4.72%）
2016	1 073 666	552 456（51.46%）	109 493（10.20%）	63 173（5.88%）	125 964（11.73%）	87 873（8.18%）	93 874（8.74%）	40 833（3.80%）
2017	1 154 706	643 847（55.76%）	139 029（12.04%）	79 381（6.87%）	160 994（13.94%）	106 453（9.22%）	未公布	25 002（2.17%）
2018	1 226 341	690 682（56.32%）	156 490（12.76%）	78 745（6.42%）	163 441（13.33%）	103 737（8.46%）	未公布	33 246（2.71%）

第17章　审判监督程序

《民事诉讼法》第十六章规定的审判监督程序，在学理上常常又被称为“再审程序”。不同的称谓牵涉到对于这一制度或程序的性质如何理解等重要问题，下文对此还将加以分析。但无论哪种称谓，指的都是有可能将法院终审作出的生效裁判“推倒重来”，对法律上本应已经解决的民事纠纷重新进行审查、审判的一种“非常规的”救济程序。本章分为四节，第1节首先介绍这项程序或制度的一般原理、立法沿革、程序的基本结构及其与信访现象的关联，第2节和第3节再分别论述当事人申请再审和检察机关抗诉两种主要的再审启动方式，最后一节则用来分析讨论再审启动后进入本案重新审理阶段的若干解释论问题。

第1节　概　　述

作为纠正生效裁判错误、对当事人权利予以事后救济的一种诉讼机制，我国民事诉讼法规定的“审判监督程序”，与大陆法系各国民事诉讼制度中的“再审程序”仅存在部分的对应。简单说来，国外的民事再审程序只能通过当事人申请而启动，但在我国民诉法上，除此之外还有法院依职权和检察机关提起抗诉两种再审启动方式，体现了公权力从诉讼的内部和外部分别实施“审判监督”的作用。审判监督制度肇始于“有错必纠”的理念，且该制度近三十年来经历了立法和观念上的变迁，直到今天仍与复杂的信访现象紧密关联或相互缠结。这些都是我国民事再审的特点之所在，有别于比较法上的“再审”概念。在对审判监督或再审程序不同阶段所涉及的解释适用具体问题加以分析之前，有必要先就该制度的基础性知识做一概述。

17.1.1　再审的一般原理

通过对当事人就自己的权利主张提出的事实和证据进行充分审理，穷尽了正当程序而作出的生效裁判，原则上不能允许轻易地推翻。不过，在诉讼/审判制度中确实也可能发生某些特殊的情形，导致不得不以重新审理甚或改变生效裁判的方式为当事人提供救济的渠道。可参看设例 17-1。

设例 17-1

傅某诉郑某一案，因原告提供的被告地址无人接收诉状，且用其他方式也联系不上郑某，法院经公告送达和缺席审理，作出傅某胜诉的判决。宣判并公告送达判决之后，由于郑某未在 15 天内提出上诉，该判决确定生效。傅某以此判决作为依据，向法院申请强制执行，提供了郑某的房产和银行账户等财产线索。但在法院执行部门采取查封冻结等执行措施后，郑某找到法院提出异议，法院才了解到傅某提供错误的送达地址，隐瞒被告的电话等其他联系方式，向法院提交的关键证据也可能是伪造的。经释明，郑某向作出判决的法院提出了再审申请。法院受理郑某的申请后，进行审查并于 3 个月内作出再审的裁定，同时裁定中止执行程序，解除对郑某财产的查封、冻结。法院随即另行组成合议庭，按照普通程序对傅某诉郑某一案重新进行审理。最终，法院作出了新的判决，撤销原判决并驳回傅某全部诉讼请求。对此傅某提起上诉，上一级法院经第二审程序的审理，作出维持一审判决的终审判决，并对已查明的傅某伪造证据等妨害民事诉讼的行为采取罚款的强制措施予以制裁。

如设例 17-1 所示，确定生效的原审判决可能由于不诚信的当事人、作伪证的证人等诉讼参与人甚至枉法裁判的审判人员等主体方面的因素，或者因事实认定和法律适用等客观方面的认识操作过程中出现的偏差，导致实体内容上发生错误而需要事后的救济。此外，生效判决的作出还可能伴随着审判组织的组成不合法、必须回避的审判人员没有回避、当事人被剥夺辩论权利等程序上的重大瑕疵，必须予以纠正。诉讼审判制度的日常运行中，此类现象因人类认知的内在局限，恐怕不可能完全避免，于是就产生了设置审判监督或再审程序这种救济途径的必要性。不过，生效裁判是否存在实体上的错误或者程序上是否有重大瑕疵，许多情况下却经常构成一个见仁见智的困难问题。尤其在民事裁判的两造当事人总会有胜有负这种基本结构之下，败者往往具有基于“有错必纠”的理念试图推翻生效裁判的动机或倾向。但是，在承认纠错必要性的同时反向地看，如果于穷尽法定程序的前提下作出并已生效的裁判都会频繁地被推倒重来的话，所谓法律的稳定性或者“安定性”将不复存在。而稳定性或安定性却是法治或者法律体系至为关键的价值之一。社会中的财产关系和身份关系必须建立在某种具有相当稳定性的基础上，才能保证

"交易的安全",或者说人们才能对彼此的交往形成有效的预期。形成并保障法律的稳定性或安定性,正是司法这样一种社会"公共基础设施"所能发挥的重要作用。为此,正如本书第15章的内容所示,生效裁判原则上必须具有既判力和终局性,即不容许轻易频繁地被推翻或改变。在此意义上,再审或者审判监督程序与第一审、第二审等通常的审判程序不同,其并非诉讼的必经阶段,除非确有必要而不宜频频启动,所以在民事诉讼制度中具有"非常规"的例外性质,属于一种特殊的救济程序。

需要注意的是,裁判的终局性作为诉讼审判的基本属性这种观念,来自西欧法律文化传统,近代才传入中国。而我国因为历史上源远流长的"鸣冤申冤"现象和"有错必纠"的理念,纠纷的处理解决中历来缺乏有关"终局性"的意识,即使在建立起近代的司法体系之后,裁判的既判力等观念也迟迟难以在诉讼实务中真正扎下根来。直到现在,当事人不服生效裁判而"多方投诉"的信访现象,仍给我国的民事诉讼制度带来"终审不终"的压力和难题。对于有关审判监督或再审制度的程序设计以及实际运行中的解释适用等众多问题,还应当与所谓涉法涉诉信访这一广泛存在的社会现象联系起来,才能得到更加完整深入的理解。以下把体现于信访现象之中的"有错必纠"理念冲击裁判终局性以及法律稳定性的悖论作为背景,对审判监督制度在我国民事诉讼立法上的沿革变迁略加考察。

17.1.2 我国审判监督程序在立法上的沿革

1982年制订的《民事诉讼法(试行)》第十四章关于审判监督程序的规定,仅由4个条文构成。根据这些条文,可以看到当时我国民事诉讼制度上只存在着一种启动再审程序的途径,就是法院依职权提起再审。此外,其中第158条规定:"当事人、法定代理人对已经发生法律效力的判决、裁定,认为确有错误的,可以向原审人民法院或者上级人民法院申诉,但是不停止判决、裁定的执行。"由此看来,当时的审判监督基本结构为不服生效裁判的当事人通过申诉等类似于信访的方式寻求纠错的救济,而法院则从中发现裁判错误的线索,并决定是否依职权提起再审。简单说来,就是一种"申诉(信访)+依职权再审"的结构。但是在这种意味着诉讼外的信访申诉与诉讼程序"交织"混同的结构下,出现了有人归纳为"五个无限"的现象,即申诉的理由无限(以抽象的"确有错误"替代具体的救济事由)、审级无限(可分别或同时向任何一级法院或其他国家机关申诉)、时间及次数无限(只要不服就可无期限地反复申诉)、案件的范围无限(不限于特定生效裁判)、申诉的主体资格无限(不限于当事人或其法定代理人),等等。由于寻求救济的方式混乱无序和申诉的数量过大，与此相应对于申诉信访的救济途径，也因程序的随意性和缺乏能够有效地过滤区分是否确实有错的保障机制而显得极不通畅。于是，在当事人和社会舆论抱怨申诉信访经常遭遇“多方推诿、随意打发”的同时，却又表现出过于频繁地对生效裁判启动再审、轻易将其推倒重来的倾向，形成了一种在“投诉无门”与“终审不终”之间进退失据的悖论或两难处境。

到 1991 年制定现行《民事诉讼法》时，审判监督程序改由第十六章规定，相关条文也增加到 12 条。当事人的申诉被修改为“申请再审”，成为启动再审的法定途径之一，并分 5 个条项从事实认定及法律适用的错误和程序违法等方面细化了当事人提出这种申请的事由或条件。首次规定了当事人申请再审的期限为裁判生效以后的两年以内。在保持法院依职权提起再审的规定之外，还增加了上级检察机关对下级法院生效裁判的抗诉作为启动再审的另一法定途径。不过这次修改并没有从根本上改变“诉”和“访”不分的状况，也未能解决对生效裁判频繁启动再审的“终审不终”现象却伴随着“投诉无门”的抱怨普遍存在这一悖论。随着诉讼法学界和实务界对这个悖论的认识逐渐深化，在应把再审的理念从“有错必纠”转化为“依法纠错”等观念改变的背景下，立法机关于 2007 年启动《民事诉讼法》的局部修改时，把重点之一放到审判监督程序之上。尤其强调了保障当事人获得救济的程序权利，把当事人申请提升为启动再审的主要途径。这次立法修改进一步明确了当事人提出再审申请所依据的事由，将其从原来的 5 个条项细化为十多种事由。增加了有关再审申请及审查程序的条文，就申请再审应提交的材料、再审材料的送达、审查的期限等做了较明确的规定。

2012 年对《民事诉讼法》进行了比较全面的“大修”，审判监督程序虽然不再是修改的重点，但仍有不少地方做了调整。这些调整包括：条文序号的变化及条文数的增加（第十六章目前共有条文 16 个）、对当事人申请再审事由及管辖法院的微调、有关检察机关对生效裁判及调解书进行检察监督的强化及规范，等等。经过这一系列的修改，我国民诉立法上的审判监督程序已经大致实现了早期的从“信访申诉+法院依职权再审”出发的结构性变动，即从“诉访不分”且强调职权性纠错的状态转化为诉讼程序与信访申诉相对分离、以当事人申请为启动再审的主要途径并结合检察机关及法院从外部和内部实施审判监督这样一种制度形态。在这种形态下，目前的审判监督程序呈现出明显的“二阶段性”特征。稍稍具体点讲，当事人申请再审作为程序的第一阶段，可将其性质理解为较特殊的诉讼形态即“再审之诉”，诉讼标的指向的是撤销特定的生效裁判，诉讼类型为旨在改变某个诉讼法律关系的形成或变更之诉。法院对当事人的这种申请（变更诉讼法律关系的请求）进行审查后作出驳回或者承认的裁判。只有在再审申请得到承认的情况下，程序才进入第二阶段，即对原来纠纷重新审理的本案再审阶段，裁判结果则可能是维持或者改变原来的生效裁判。与此相对，法院依职权提起再审和检察机关的抗诉或检察建议都被明确为当事人申请再审这一法定救济途径之外通过申诉信访，或者为了保护国家利益、社会公共利益而启动的审判监督。不过这两种审判监督一旦启动，程序上即进入本案再审阶段，与上述当事人申请再审的第二阶段殊途同归。

这样的制度设计强调了保障当事人寻求事后救济的程序权利，同时也意味着以“诉讼化”方式对信访申诉行为加以规范。一方面，对生效裁判提出再审申请成为当事人法定的程序权利，其可以在一定时期内向有管辖权的法院申请再审，法院必须按照一定程序在法定期限内对此作出回应；另一方面，有关申请的书面方式、明确记载申请事由、对申请的期限及次数的限制等程序规则的要求，则旨在把当事人寻求推翻生效裁判却往往流于漫无边际的努力“改造”为一种形成之诉的请求类型，当事人寻求救济的方式和对象、时间、范围等也都不再处于毫无限制的状态。立法机关、法学界和实务界期待着以这种程序设计去化解“诉访不分”及其带来的“无限申诉”与“推诿应付”同时存在的悖论。考虑到在我国社会的现实条件下，信访现象可能还会延续较长时期，还有必要在再审申请之外为当事人通过信访申诉寻求救济提供一定的管道。在此意义上，可以把法院依职权提起再审和检察机关的抗诉及有关再审的检察建议理解成正是为此而保留的另外两种救济途径。至此，现行法上的审判监督程序呈现出“三种再审启动方式+本案再审程序”的基本结构。

参考文献：王亚新《“再审之诉”的再辨析》

17.1.3 审判监督程序的基本结构与法院依职权再审

如上所述，当事人申请再审、法院依职权提起再审、检察机关对生效裁判提出抗诉或检察建议构成我国审判监督程序中启动本案再审的三种方式。因当事人寻求救济实行“诉访分离”原则，这三种再审启动方式在程序的逻辑或程序环节上有先后之分。再审启动后，对生效裁判已解决的民事纠纷进行重新审理的本案再审程序则成为审判监督制度的第二阶段。关于这一基本结构，可用图 17-1 加以展示。

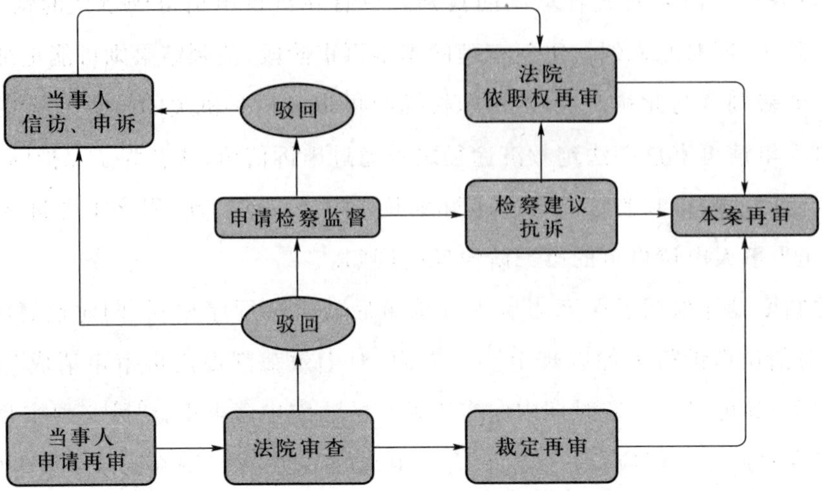

图 17-1　审判监督程序流程图

如图 17-1 所示，当事人原则上必须先向法院申请再审，经相应的处理之后才能向检察院申请抗诉或提出检察建议。鉴于《民事诉讼法》第 216 条已对此作出明确的规定，当事人向检察机关提出的这种申请亦应理解为区别于申诉信访的诉讼行为。与此相对，法院依职权提起再审则更多地对应于当事人或其他利害关系人的申诉信访。而且，就程序的逻辑而言，当事人应当在穷尽了再审申请程序之后才可继续信访申诉。虽然从法理上看，无论是法院依职权再审还是检察院抗诉或提出检察建议，都无须以当事人的救济诉求作为制度上的前提。例如因双方当事人恶意串通的虚假诉讼而导致生效裁判给国家或公共的利益带来损害，就属于当事人不会出声而需要法院或检察机关主动予以纠错的情形。但我国的实际情况却是，由公权力机关行使的审判监督绝大部分都只因当事人或利害关系人强烈甚或反复不断地要求救济才会启动。

另外，还可以根据图 17-1 对"审判监督"和"再审"这两个概念再做一点辨析。除了把两个概念视为同一程序或制度的不同称谓并予以互换使用的一般做法之外，还有可能从不同的着眼点出发，对于图 17-1 所示程序的各个部分或阶段分别使用"审判监督"和"再审"两种称谓。着眼于公权力行使监督权限和当事人寻求救济的程序权利这个区别，可以把图 17-1 底端的"当事人申请再审→法院审查→裁定再审→本案再审"这条线代表的内容称为"再审程序"，而把除此之外的法院依职权再审和检察院的抗诉或检察建议都称为"审判监督程序"。而着眼于无论何种再审启动方式都可理解为"监督"（当事人申请再审也不失为对公权力的一种监督方式）的话，经审判监督的案件只是在真正进入了对原来的纠纷重新进行审理的本案再审阶段,才称为“再审程序”。当然,称谓如何并不重要,以下的讨论根据需要也会在不同的含义上使用同一称谓,或者在同样的含义上使用不同称谓。从上述的概念辨析,读者只需认识到有关这项制度的性质其实可能存在多种理解即可。

鉴于法院依职权再审在审判监督程序中具有特殊性,实务中通过这一途径启动再审的情形已经比较少见,本章以下各节均较少涉及这种再审启动方式,因而有必要在这里略加讨论。法院依职权再审的特殊性在于,从我国早期的民事诉讼立法来看其本来是再审能够启动的唯一途径,但在制度的发展过程中这种救济方式不仅备受争议,而且实际上的运用也日趋减少,以致目前已成为一种辅助性的救济手段,还不排除将来的立法存在对其予以废止的可能。如上文所述,法院依职权提起再审这一制度安排当初的重要性主要建立在“诉访不分”的现实状况之上,且其强烈的职权性与我国民事诉讼日益强调意思自治向当事人主义转型的趋势形成深刻的矛盾。法学界和实务界逐渐认识到,为了保障当事人寻求救济的程序权利,同时又必须对“无限申诉、终审不终”现象予以规范,有必要建立“再审之诉”,并在推行“诉访分离”原则的基础上重构审判监督程序。与此相应,部分学者参考比较法等领域的研究成果,提出了彻底废除法院依职权再审,将再审启动方式统一整合为当事人提起“再审之诉”并保障相关程序权利的有力主张。不过,由于我国目前尚不具备取消信访申诉的现实条件,为了与仍然广泛存在的这种救济诉求相衔接或对应,有必要保留法院依职权提起再审的救济途径。

从立法上看,有关法院依职权再审的条文自 1982 年《民事诉讼法(试行)》实施以来一直沿用至今,基本未变。根据现行《民事诉讼法》第 205 条的规定,法院依职权再审分为各级法院院长对本院作出的生效判决、裁定和调解书通过提交审判委员会决定再审,以及上级法院对下级法院(包括最高人民法院对地方各级法院)作出的生效裁判、调解书提审或指令再审两种情况。仅从条文的内容来看,法院只需发现生效裁判“确有错误”即可依职权提起再审,缺少事由的具体规定且没有期限的限制,因而职权干预的性质依然显得非常强烈。但是,司法实务中法院真正依职权启动再审的案件在有关再审的司法统计上只占很小的比例,其绝对数量也不大且还有趋于进一步减少的迹象。随着对当事人申请再审这一救济途径的强化及规范化,以及把救济渠道扩展到由检察机关提起抗诉或检察建议,法院依职权再审除了针对损害国家利益或社会公共利益等例外情形,其实发挥的主要作用就是对已经穷尽法定程序仍在不断申诉信访而且确实需要纠错的少数案件采取“兜底”或“补漏”式救济。考虑到这种再审启动方式有限的重要程度及其救济作用的辅助性质,对法院依职权启动再审的考察到此为止。以下分为三节,稍稍展开地介绍讨论另外两种再审启动方式和本案再审程序。

延伸讨论

17-1　与再审相关的观念变化及数据的推移

与本节介绍的审判监督程序往往基于申诉信访现象以及这项制度在立法上的沿革紧密相关,在过去的数十年中处理审判监督案件的实务有很大的改变,人们对这项制度的认识也经历了一个观念转换的过程。关于这一点,可先参看如下发生于 20 世纪 80 年代的真实案例(参见《人民法院案例集》,人民法院出版社 1993 年版)。

青年工人甲为结婚购买一台彩电,其好友乙主动帮忙为其调试天线,却失手滑落导致彩电的显像管受损。双方协商解决未果,甲遂于 1988 年 4 月向 A 省 B 市 C 区法院起诉乙索赔。一审法院认定乙不构成侵权,但依据《民法通则》第 132 条规定的"公平责任",判令乙承担修理更换显像管费用共 1 008 元的 60%,即 604.80 元。乙不服一审判决,上诉至 B 市中级法院。经第二审程序的审理,中院维持了一审判决,作出发生法律效力的终审判决。但乙仍然不服,继续申诉上访。1989 年 4 月,B 市中院以"适用法律错误"为由决定再审,经本案再审程序的审理,作出乙不承担任何责任无须赔偿的第一次再审判决。甲不服该判决,开始申诉上访。A 省高级法院决定再审并指令 B 市中院再审本案,但中院经审理,于 1990 年 11 月作出的第二次再审判决仍维持了第一次再审判决的结论,即乙无须赔偿。甲继续申诉上访,A 省高院决定对本案进行再审并由本院提审。经本案再审程序的审理,A 省高院最终于 1992 年 8 月作出了结论与本案当初的一审判决完全相同的第三次再审判决,即乙承担 60%的公平责任,向甲支付 604.80 元。至此甲乙双方才算彻底息诉罢访,本案终于了结。

上列案例就其涉及的案情或标的金额而言,决非什么"大案要案"或者高度疑难的案件,但四年多"屡断屡翻"的处理过程反映的却是当时普遍存在的法律意识。在"有错必纠"的理念指引下,当时社会上和法律人的一般意识或认知就是即便对生效的终审裁判,只要当事人不服,通过多方和反复持续的申诉信访,总有将其推倒重来的机会或可能。从这个真实案例可看到,穷尽了法定程序的生效裁判应当具有终局性或既判力,而不允许被轻易推翻这样一种观念,在 20 世纪 80 年代到 90 年代,无论对于当事人还是对于法院似乎都显得十分陌生。随之而来形成的则是一方面当事人或其他利害关系人通过信访申诉,频频地挑战或冲击生效裁判,而另一方面,法院的应对或筛选却在轻易地启动再审和缺乏基本程序保障的打发应付之间“漂移不定”的困境。一直到进入 21 世纪之后,法学界和实务界才就“诉访分离”或“依法纠错”等原则以及切实保障当事人寻求救济的程序权利之同时又须维持生效裁判的终局性、稳定性等方面逐渐达成共识,轻易启动再审程序的情形亦趋于减少。

关于这个过程,可参看表 17-1 中统计数据的推移(“一审民商事案件结案数”指全国法院一审民商事案件的审结数量,“上诉收案数”指因当事人提起上诉进入第二审程序的案件数量,“再审收案数”指启动再审进入本案再审程序的案件数量)。

表 17-1　与再审案件相关的数据表(1995—2018)　　单位:件

年份	一审民商事案件结案数	上诉收案数	再审收案数
1995	398 万余	近 20 万	48 384
1999	506 万余	34 万余	83 915
2001	461 万余	37 万余	82 652
2002	439 万余	36 万余	48 180
2008	538 万余	52 万余	35 246
2014	801 万余	73 万余	29 145
2015	1 009 万余	91 万余	28 330
2016	1 076 万余	10 万余	29 926
2017	1 137 万余	114 万余	34 778
2018	1 244 万余	122 万余	44 211

从表 17-1 可以看到,1995 年全国法院系统审结的一审民商事案件近 400 万件,上诉收案数则为近 20 万件,大致相当于一审结案的每 20 个案件只有一个提起上诉,但裁定进入本案再审程序的再审收案数为近 5 万件,意味着经上诉作出的终审判决大约每五个即有一个可能被推倒重来。1999 年和 2001 年的相关司法统计数据亦反映出大体相同的比例,即进入本案再审程序的案件比率远远高于一审结案后进入上诉程序的案件比率。这样看来,虽然穷尽了法定程序作出终审判决,生效后却又被启动再审即“终审不终”的情形,直到 21 世纪初仍是一种相当普遍的现象。在此意义上,审判监督当时并不是什么“非常规”或例外性救济程序,而已经很接近某种“常规的”或者经常被运用的制度了。不过,这种情形从 2002 年起开始有了明显的变化,当年审结的一审民商事案件近 440 万件,

其中有 36 万余件提起上诉，但进入本案再审的案件却从上一年的 8 万多件陡然下降到不足 5 万件。此后，再审收案数大致保持了逐渐下降的趋势。例如，据相关的司法统计与分析，民商事案件的再审收案数在 2012 年比上一年下降 9.05%，2013 年比 2012 年又下降 2.8%，2014 年再大幅度下降 12.64%，跌到 3 万件以下（参见，马剑“2014 年全国法院审理民商事案件情况分析”，载《人民法院报》2015 年 5 月 14 日，第 5 版）。而当年全国法院审结的民商事一审案件为 800 万余件，上诉收案数则达到 73 万多件，且有数据表明近年来涉诉信访申诉的数量也有明显的下降。2018 年在一审结案数达 1 200 多万、上诉收案数突破 120 万的前提下，再审收案绝对数回到 4 万多件，维持这些年来的基本趋势。由此可见，“终审不终”的现象，或者通过信访申诉冲击生效裁判的趋势已受到有效的遏制，审判监督程序开始回归其“非常规”的或者作为民事诉讼之例外救济的本来性质。这样的变化与立法机关、法学界及实务界有关再审的认识深化或者在“诉访分离、依法纠错”等方面所实现的观念转换是分不开的。

参考文献：王亚新《非诉讼纠纷解决机制与民事审判的交织——以“涉法信访”的处理为中心》

第 2 节　当事人申请再审

当事人提起再审申请和法院对这种申请的审查程序目前为启动再审的主要途径，其牵涉的解释适用问题也很多样。如上所述，经过对当事人申请再审的程序进行“诉讼化”改造，现行立法一方面把以再审申请的方式提起“再审之诉”视为当事人有权行使、法院必须依法作出回应的一种诉讼权利，从而强化了对当事人针对生效裁判寻求纠错救济的程序保障。另一方面，这种制度安排又意味着对再审申请在形式、范围、对象及期限等方面进行规范及作出种种限制。以下即分别解说再审申请所依据的事由、再审申请在其他方面涉及的程序事项以及再审申请的审查程序。

17.2.1　再审申请的事由

将生效裁判可能出现并需要纠正的错误加以具体表述并规定在立法上，就是再审申请的法定事由。《民事诉讼法》第 207 条用 13 个条项规定了再审申请的多种事由，如果当事人的申请符合其中任何一种，法院都应当启动再审。这些法定事由可以大致划分为相互之间有所重叠交叉的三大类，即实体上、程序上和主体方面的错误。实体上的再审事由，可列举的诸如提出足以导致原裁判被推翻的新证据、原裁判认定的基本事实缺乏证明、据以认定事实的主要证据出于伪造以及适用法律错误等条项；程序上的再审事由则包括主要证据未经质证、法院依当事人申请应调查收集证据而没有调查收集、剥夺当事人辩论权利、未经合法传唤缺席判决、原裁判遗漏或超出诉讼请求，以及据以作出原裁判的法律文书被撤销变更等情形；主体方面的错误指的是审判组织的组成违法、应当回避的审判人员没有回避、应当参加诉讼的当事人和法定代理人由于不能归责于自身的原因而未能参加、审判人员审理案件时有枉法裁判行为等规定。当事人的申请以及法院经审查决定启动再审，都应当依据这些事由中的某一项或某几项。实务中不乏同时提出或先后审查几项事由的情形，如上节的设例 17-1 中，法院启动再审可以依据的事由就包括“未经合法传唤缺席判决”和“据以认定事实的主要证据出于伪造”等程序和实体上的问题。

关于上列事由的认定是法院决定应否启动再审的关键。如上所述，再审的申请及其审查在学理上可称为“再审之诉”。即再审申请以撤销生效的裁判或调解书为诉讼目的，意味着期待把形成这些裁判或调解结果的程序“推倒重来”，属于形成或变更之诉的一种特殊类型，必须建立在法定事由的基础上才能成立。而法院对这种申请的审查也必须针对申请所依据的法定事由，才能确定究竟是撤销还是维持原审的裁判及程序。根据司法实践积累的经验，还可依认定的难易程度把这些再审事由区分为两个类型：一个类型是能够依据某些客观或外在的材料相对容易地加以认定的事由；而另一个类型的再审事由究竟指什么样的情形则需要解释，认定的难度往往也更大。

一般说来，主要证据未经质证、原裁判遗漏或超出诉讼请求、据以作出原裁判的法律文书被撤销变更等大部分的程序性事由，以及审判组织的组成违法、应回避的审判人员没有回避、应参加诉讼的当事人未能参加等主体方面的错误，多数情况下都能够依据原审案卷中的记录等材料相对容易地加以认定。即使是“审判人员枉法裁判”这样当事人往往难以提出相应材料证实却经常主张的再审事由，在相关司法解释做了明确限定以后也显得较易把握了。根据《民诉法解释》第 392 条，《民事诉讼法》第 207 条第（十三）项所规定的“审判人员审理该案件时有贪污受贿，徇私舞弊，枉法裁判行为”，指的只是“已经由生效刑事法律文书或者纪律处分决定所确认的行为”。换言之，如果当事人以这一项事由作为再审申请的根据，同时还必须指出相应的法律文书或处分决定之客观存在，才可能获得法院对此事由的认定。

另一个类型即相对难以认定的再审事由,则较多体现于实体上发生错误的若干情形。如什么是“足以推翻原裁判的新证据”“原裁判认定的基本事实缺乏证据证明”“认定事实的主要证据出于伪造”“适用法律确有错误”等,都不容易把握,必须从比较抽象的规定出发进行解释,才有可能就再审申请是否符合这些法定事由作出认定。此外,在有关程序上错误的事由中,“当事人因客观原因不能自行收集的主要证据,书面申请法院调查收集,法院却未调查收集”这种情形也属于不易把握认定的事由。对于这个类型中的部分法定事由,最高人民法院制定的司法解释做了进一步具体化的规定。例如,《民诉法解释》第 386 条列举了可能导致启动再审的三种“新的证据”,即“在原审庭审结束前已经存在,因客观原因于庭审结束后才发现的”,“在原审庭审结束前已经发现,但因客观原因无法取得或者在规定的期限内不能提供的”,以及“在原审庭审结束后形成,无法据此另行提起诉讼的”证据。《民诉法解释》第 388 条则把“适用法律确有错误”细化为“适用的法律与案件性质明显不符”“确定民事责任明显违背当事人约定或者法律规定”“适用已经失效或者尚未施行的法律”“违反法律溯及力规定”“违反法律适用规则”和“明显违背立法原意”等几种较为具体的情形。关于对这些不易把握的事由如何解释认定,可先参看设例 17-2。

设例 17-2

翔符公司为颂通公司提供装修服务,后因颂通公司未付清工程款将其诉至法院。经一审、二审的审理,法院均支持了翔符公司的诉讼请求。颂通公司不服,以生效裁判认定装修工程中包括玻璃幕墙项目缺乏证据证明且原审中法院未依当事人申请调查取证为由,向省高院申请再审。在审查阶段高院发现,虽然装修合同记载有玻璃幕墙的施工,但颂通公司当时提交有录音欲证明双方就要否取消这一项目做过交涉;翔符公司提交了某商铺出具的销售玻璃等材料的发票和发货通知,颂通公司则主张该商铺的营业范围未包含玻璃幕墙材料的销售,曾申请法院向开设该商铺的个人调查核实。原审法院没有认可上述录音的真实性,亦未依颂通公司的申请进行调查取证。省高院依据《民事诉讼法》第 207 条第(五)项,作出指令下级法院再审的裁定。进入本案再审的审理阶段后,经过调查及质证辩论,法院最终查明翔符公司负责施工的人员与某商铺的店主串通变造了销售购买玻璃等材料的相关单据,依据所有证据均不足以证明装修中曾有玻璃幕墙的施工,于是作出判决,变更了原审判决关于颂通公司向翔符公司支付玻璃幕墙项目装修费用的判项。

对设例 17-2 稍加分析，可指出若干有关再审事由如何把握认定的注意事项。第一点需要注意的是，申请人对其主张的再审事由必须提出相应的理由或根据，同时对再审事由的审查又不能要求达到很高的证明程度。具体讲就是在再审申请的审查阶段，申请人所主张的事由无须满足“高度盖然性”的证明标准，只要其提出的理由和根据可以让法院认定再审事由有较大可能成立，即可启动再审。如在设例 17-2 中可把“基本事实的认定缺乏证据证明”理解为，再审审查法院认为在原审原告对“装修了玻璃幕墙”的举证未达到证明标准的情形下，原审法院却作出了装修工程确实包含玻璃幕墙项目的事实认定，因此有必要启动再审。至于该事实最终应如何认定，则应在本案再审阶段加以审理并作出裁判。该设例能够说明的第二点则是不同的再审事由之间往往相互联系甚至重叠，且这种联系或重叠可发生于再审申请及审查与本案再审等先后的几个程序阶段。如“认定事实的主要证据出于伪造”在设例 17-2 中就属于到本案再审阶段才查清的事由，而且是导致“基本事实的认定缺乏证据证明”的原因。当然，这里对所有应注意的事项无法一一加以列举，不同的再审事由在把握认定时还各自有其特殊的注意事项，读者可参照设例 17-2 及分析自己进行练习。

17.2.2　再审申请涉及的其他程序事项

现行民诉法把再审申请视为当事人的一种诉讼权利，一旦提起就要求法院作出认真的应答，同时基于“再审之诉”的程序原理对其也有不少限定。再审申请的提起除了必须依据具体的事由之外，在提起申请的对象及主体、期限和次数、管辖的法院等方面还存在着种种的限制。

首先，关于作为再审申请对象的生效裁判，包括经过第二审程序审理作出的终审判决、裁定和当事人未提起上诉而发生法律效力的第一审判决、裁定。从法理来看，当事人原则上都应穷尽上诉等法定的程序，才有资格申请再审。但鉴于一些法定的申请再审事由（如出现新的证据、作为原裁判依据的法律文书被撤销或变更、审判人员枉法裁判等情形）往往事后才可能被发现，很难成为上诉理由，因此制度上亦允许对未经上诉的生效裁判申请再审。另外，除了对于生效的判决和裁定，当事人对已发生法律效力的调解书也可以申请再审。但基于调解本质上不过是当事人之间达成的诉讼契约这一原理，针对调解书提起再审申请只能依据“调解违反自愿原则”和“调解协议内容违反法律强制性规定”两个特殊的事由。当事人可对生效裁判和调解书申请再审是一般规定，但例外则在于对解除婚姻关系且已发生法律效力的判决和调解书，却不再允许提出再审申请。其理由显而易见，婚姻关系一旦解除即可因再婚等产生新的人身关系，如果允许推倒重来会给有关身份的法律秩序带来高度的不确定性等社会无法接受的后果。另外，对于适用特别程序或破产程序等非讼程序作出的生效裁判，当事人亦不得申请再审。

其次，有资格提出再审申请的主体除原审当事人之外，还包括作为当事人的自然人死亡或法人终止等情形下其权利义务的承继者。不过，如果当事人将判决或调解书确认的债权转让，其受让人却没有资格针对该判决或调解书提出再审申请。受到原审裁判影响的案外人有无申请再审的资格则是一个可能涉及与其他救济途径重叠的复杂问题，本节将于"延伸讨论"部分稍稍详细地对此加以探讨。

再次，鉴于从前的审判监督"诉访不分"带来无序或"无限"申诉上访与"推诿、应付、打发"等现象共存的两难处境，2012 年修订的《民事诉讼法》和之后出台的司法解释对再审申请提起的期限和次数规定了明确的限制。《民事诉讼法》第 212 条规定，再审申请应在裁判生效后 6 个月内提出，依据新的证据，伪造证据，据以作出原裁判的法律文书被撤销或者变更，审判人员有贪污受贿、徇私舞弊、枉法裁判行为等事由的再审申请，则必须于"知道或应当知道"这些事由之日起的 6 个月内提出。《民诉法解释》针对调解书的再审申请亦作出了生效后 6 个月内提起的期限规定。在解释上应把这种期限理解为不变期间，即将其视为不可依某种理由予以展延的时间段。关于申请次数的限定，可从《民诉法解释》第 381 条的规定看出，再审申请一旦被裁定驳回即不可再次提出，且对于有关再审的判决、裁定也不能申请再审。换言之，再审申请的提起只限一次，如还要继续寻求救济，则当事人只能向检察机关申请监督以及寻求诉讼程序以外的信访渠道了。

最后需要讨论的是再审申请的管辖法院这个问题。因以前的法律规定申请再审可向"原审法院或上一级法院"提起且没有对申诉次数的限制，导致当事人先向原审法院再向上级法院，或者同时向不同层级的法院提出再审申请等现象的产生。2007 年修改《民事诉讼法》时，立法机关还考虑到要求原审法院对自己作出的生效裁判纠错存在相当困难，于是规定了再审申请的审查均由原审法院的上一级法院管辖。但是，这项规定付诸实践后却引起了一些使当事人或法院感觉不便的副作用。如有些当事人为了节约成本不愿到远在外地的上一级法院申请再审，却因上述规定而无法在当地的原审法院实现自己的这项程序权利。有人还担心再审申请集中向较高层级的法院提起，可能导致高级人民法院或最高人民法院的案件负担过重。鉴于这种情况，2012 年再次修订《民事诉讼法》时立法机关又对再审申请的管辖法院做了调整，规定除向上一级法院申请再审外，原审当事人一方人数众多或者原被告双方均为公民的案件，也可以向原审法院提出再审申请。关于当事人一方人数众多的案件可在原审法院申请再审的规定，其作用在于既能够减轻这种案件当事人申请再审的负担，又可避免多数人仅为了施加压力就聚集到中心城市的现象。至于规定当事人双方均为自然人的案件可在原审法院提出再审申请，估计更大程度上是出于为这种当事人节约成本的考虑。另外根据《民诉法解释》第 377 条的规定，这两种案件的双方当事人分别向原审法院和上一级法院提起再审申请时，可协商究竟由哪个法院管辖，但通过协商仍不能达成一致的情况下，则应由原审法院受理。

17.2.3　再审申请的审查程序

区别于不拘形式的申诉信访，当事人提起再审申请必须采用书面形式，原则上还应自己或由代理人到有权管辖的法院立案窗口递交申请的材料。从这些材料递交到法院之时起，也就开始了对再审申请的审查程序。关于再审申请的程序流程，可先参看设例 17-3。

设例 17-3

成某因医疗纠纷诉某医院侵权损害赔偿一案，经基层法院和中院两审，作出终审判决。成某不服生效判决，委托代理律师到省高院立案窗口递交了再审申请书，同时提交的还有原审两审的判决书，以及申请重新进行医疗事故鉴定的书面材料等。立案窗口人员查对律师提出的材料，指出从终审判决发生法律效力之日起到再审申请材料的提交已经超出法律规定的 6 个月期限。律师解释说原审中实施鉴定时未能作为鉴材对象的一页病历后来找到了，6 个月的期限应从发现这项新证据之日起算。立案人员说申请书中所依据的法定事由是“认定事实缺乏证据证明”而非“有足以推翻原审裁判的新证据”，且提交的材料中没有包括找到的病历复印件，于是将再审申请材料退回，让律师去与申请人商量并予以补正。3 日后，律师交来了补正后的再审申请书和相关材料，立案窗口经核查收受了这些资料，并出具受理通知书。次日，立案庭向作为被申请人的某医院发送了应诉通知书和再审申请书的副本等材料，医院委托的代理律师在数日后提交了反驳再审申请的书面意见。高院组成合议庭对本案进行审查，调取原审两审的案卷查阅，并分别询问双方的代理律师和成某本人，于 3 个月内作出了对本案再审的裁定。

从设例 17-3 所展示的流程可看到，再审的申请及其审查的程序可大致分为受理和审查两个阶段。受理阶段法院主要从形式上把关，看基本的材料是否齐全、应记载的事项是否都已写明、申请有无逾期或违反次数限定等情形。如果认为不符合规范,法院可退回材料要求申请人补正。依《民诉法解释》第 383 条的规定,法院应在收到符合条件的再审申请书等材料后 5 日内受理,向申请人、被申请人及原审其他当事人发送通知。如果在这个阶段法院发现再审申请明显不符合法律规定,经解释说明,申请人却拒不补正材料并且坚持提出申请,则只能以裁定驳回再审申请。当然,大多数情况下再审申请都能得到受理,此后即进入再审审查阶段。《民事诉讼法》第 211 条规定,自收到再审申请书起,法院进行审查的期限为 3 个月,有特殊情况的由本院院长批准后可适当延长。对于再审申请的审查在第二阶段主要集中于当事人主张的法定事由是否成立,以及有无其他事由以致应当启动再审。

与从前“诉访不分”的状态下法院对申诉可能采取随机甚至是随意的方式加以应对不同,目前对再审申请的审查根据相关法律和司法解释,逐渐形成了一套比较规范的程序。首先,受理再审申请的法院一般都会组成合议庭来进行审查,且往往调取原审卷宗予以查阅。受理后必须向被申请人送达再审申请书的副本和相关材料,被申请人有权在送达后的 15 日内提出书面意见。合议庭根据案件具体情况,还可以决定是否询问当事人。根据《民诉法解释》第 395 条,在审查的对象为有关“新的证据”的事由时,合议庭应当询问当事人。这项规定的理由显而易见,新证据的提交意味着申请人和被申请人双方有必要质证,还可能需要在询问当事人的基础上对证据为何到原审庭审结束后才提交等问题作出处理。总之,法院对再审申请进行审查,可以根据具体案情采取从比较单纯的书面审理到询问或组织当事人双方进行质证和辩论等近似于开庭审理的多种方式。需要注意的是,如设例 17-3 所示,当事人即使提出委托鉴定、勘验等申请,法院在审查再审申请的过程中也不应采纳(《民诉法解释》第 397 条)。其原因在于,再审申请的审查范围仅限于法定事由是否成立,且要求的解明度和证明度都不必等同于本案审理。如果允许当事人穷尽一切证明手段,不仅审查程序可能变得十分拖沓冗长,而且此后的本案再审阶段还会失去实质意义。

对再审申请进行审查的结果无非是裁定驳回申请或者裁定再审。除这种处理之外,在审查的过程中法院还能够作出终结审查的裁定。根据《民诉法解释》第 400 条,其适用的对象大致包括下列情形:再审申请人或被申请人死亡或终止,且无权利义务承继者;当事人达成和解协议且已履行完毕;无申请人主体资格;已存在再审裁定;违反再审申请次数限制等。在审查再审申请的过程中,申请人可以随时撤回再审申请,不过是否准许要由法院决定。申请人一旦撤回再审申请并获得法院批准,原则上即不再允许重新提出这种申请。此外，申请人提出再审申请后，原审对方当事人或有独立请求权的第三人等可能作为被申请人，也可能提出再审申请。这种情形下双方或三方当事人互为申请人、被申请人，审查期限等按照最后提出申请的时间起算，法院审查后分别作出相关裁定，且在一方撤回申请的情形仍应继续审查另一方的再审申请。关于这些情形的处理，可参看《民诉法解释》第 396 条、第 398 条及第 399 条等规定。在原审裁判已进入执行阶段的情况下，与再审的申请及审查不发生中止执行程序的效果不同，法院一旦作出再审裁定，原则上亦应在裁定书中写明中止执行，只是追索赡养费及劳动报酬等情形可以除外。

再审申请和审查的程序操作上尚有不少细碎的解释适用问题，限于篇幅不再涉及。

延伸讨论

17-2　案外人申请再审

能够针对发生法律效力的判决、裁定及调解书提起再审申请的主体，除当事人及其权利义务承继者之外，还有案外人。在司法实践中，当事人之间的诉讼及由此产生的生效裁判或调解书可能基于不同的原因给案外人的民事权利义务带来某种不利影响，有些情况下甚至是因当事人双方出于恶意而相互串通，造成生效的法律文书损害案外人权益的严重后果。于是就有了为这种主体提供某种救济途径的必要，案外人申请再审成为我国诉讼法上规定的一种救济方法（参见《民事诉讼法》第 234 条）。不过，由于案外人的主体资格比较容易和“原审遗漏的当事人”混淆，且案外人申请再审又与第三人撤销之诉、案外人异议之诉等其他救济渠道有交叉重叠之处，因此有必要单独予以延伸性的探讨。关于什么样的案外人可以提起再审申请，先看设例 17-4。

设例 17-4

侯甲以侯乙和冯丙为被申请人，针对乙和丙的离婚诉讼二审判决之判项三，向作出该判决的某中级法院提出再审申请及相关的证据材料。侯甲称侯乙为其子，自己在侯乙与冯丙结婚之前出资购买住房一套，但将产权办到了侯乙名下。后乙在申请人不知情的情况下起诉丙请求离婚，到了第二审程序，法院在作出的离婚判决中把本应由自己与儿子共同所有的房产分割给丙，侵害了自己的财产共有权。后丙申请强制执行该判决，法院对申请人居住中的房产采取执行措施，自己才得知诉讼的经过和生效裁判的存在，当即委托律师依据《民事诉讼法》第 234 条提出执行异议。执行法院经审查,驳回了执行异议。侯甲对驳回异议的裁定不服,主张侯乙与冯丙离婚纠纷一案的生效判决有关诉争房产分割给丙的判项错误,因此申请对该判决启动再审。审查申请的某中院认为,侯甲提交的证据能够大致证明生效裁判很有可能存在损害其民事权益的内容错误,于是作出了再审的裁定。

案外人申请再审直接规定于《民诉法解释》第 421 条,其内容为:“根据民事诉讼法第二百三十四条规定,案外人对驳回其执行异议的裁定不服,认为原判决、裁定、调解书内容错误损害其民事权益的,可以自执行异议裁定送达之日起六个月内,向作出原判决、裁定、调解书的人民法院申请再审。”这一规定明确地把可以申请再审的案外人限定于原生效裁判或调解书已经进入执行程序,且案外人依据《民事诉讼法》第 234 条提出执行异议又被驳回,其认为生效且处于执行过程中的法律文书存在侵害其权益的错误等情形。如果法律文书未进入执行程序或第 234 条规定的执行异议尚未提出,案外人有可能选择第三人撤销之诉来寻求救济;如果执行异议被驳回但案外人的合法权益与生效的法律文书无关,则其只能选择提起案外人异议之诉。这些不同的情形,都可以较容易地使案外人申请再审与其他救济途径区分开来。此外,根据《民诉法解释》第 420 条的规定,必须共同进行诉讼的当事人因不能归责于本人的事由未能参加诉讼的,应根据《民事诉讼法》第 207 条第(八)项以原审“遗漏”当事人的身份申请再审。但司法实践中也存在先以案外人身份申请再审,到了本案再审阶段后才查明其确系遗漏当事人的可能。《民诉法解释》第 422 条则是对这种情形如何处理所做的规定。

第 3 节 民事抗诉与再审检察建议

检察院作为法律监督机关,以督促法院启动再审的方式在民事诉讼程序中发挥作用,在制度上经历了一段时间不算很长的发展过程。与检察官担任公诉人,代表国家对犯罪嫌疑人进行追诉,对于第一审判决还有权以“抗诉”之名提起上诉等深度参与刑事诉讼程序的情况不同,直到 1991 年制订《民事诉讼法》时,才明确赋予了检察机关同样以“抗诉”之名对法院终审的民商事案件启动再审的权限。需要注意的是,除了刑事抗诉,检察院还可以对法院通过行政诉讼程序作出的生效裁判提起行政抗诉。而本书只涉及民事诉讼领域的抗诉即民事抗诉,后文一般都只称“抗诉”。2012 年修改《民事诉讼法》,又增加了检察院向法院提出再审检察建议,法院通过审查决定是否再审的内容。至此,民事抗诉和检察建议构成了以检察机关为主体而启动再审的另一条重要途径。以下分别介绍这两种检察监督方式。

17.3.1　抗诉

民事抗诉可理解为检察机关在法定程序已经穷尽的情形下发现法院对民商事案件的处理有错误,由上一级检察机关向下一级法院提出启动再审的要求。一旦检察机关提起抗诉,法院必须裁定再审。抗诉主要针对已发生法律效力的判决和裁定,检察机关应根据与当事人申请再审同样的理由或情形《民事诉讼法》第 207 条列举的法定事由)提起抗诉。此外,抗诉的对象还包括生效的调解书,但提起抗诉的根据只限于有证据证明调解违反自愿原则或者调解协议的内容违反法律。根据《民事诉讼法》第 215 条的规定,最高人民检察院可以对包括最高人民法院在内的各级法院提起抗诉,上一级检察院对下一级法院提起抗诉。即除了最高人民检察院以外,各级检察院均不能向同级法院提起抗诉。立法上之所以采取这样的制度构成,应当主要是出于对通过抗诉启动再审保持一种较为慎重或克制的态度,防止经由另一条途径过于频繁地将生效裁判推倒重来而给法律的稳定性带来的冲击。

与此相应的是,虽然检察机关可以因自己发现的线索提起抗诉,但绝大多数情况下抗诉都建立在生效裁判的当事人向检察机关申诉或申请监督的基础之上,或者说实际上总是以当事人的申诉为前提。在 1991 年之前,由于审判监督制度尚处于"诉访不分"的阶段,一般的情况是生效裁判的当事人通过信访渠道向检察机关寻求救济,检察机关再与法院协商,最终可能以法院依职权的方式启动再审。现行《民事诉讼法》引入抗诉程序以后,检察机关仍然主要从当事人的信访申诉中获得有关生效裁判错误的线索,然后决定是否提起抗诉。但当事人向检察机关的申诉仍未真正被纳入诉讼程序,同时向不同机关或不同级别的检察院申诉、不分程序阶段的申诉、无期限或次数限制的反复申诉等现象普遍存在。直到 2012 年《民事诉讼法》全面修订,于第 209 条(现为第 216 条)作出明确规定,当事人只能在行使向法院申请再审的诉权之后,即穷尽了其他法定程序,才可以向检察院申请检察建议或抗诉,且一旦经检察机关处理,当事人就不得再次提出这种申请了。此外,根据检察机关制定的相关规则,如果原审裁判因当事人未行使上诉的权利而发生法律效力,原则上只是在不能归责于当事人自身等特殊的情形下才允许其提出抗诉的申请。当然,当事人仍可能诉诸信访的救济渠道,但至此向检察机关的申诉亦已纳入审判监督的诉讼程序,"诉"和"访"的分离得到比较彻底的实现。关于从当事人的申诉到检察机关提起抗诉的实际流程,可参看设例 17-5。

设例 17-5

尚某将夏某和 A 公交公司作为共同被告诉至法院,称夏乘坐 A 公司的公交车,因前方拥堵还未到站就开门,夏某未注意车外情况突然下车,自己骑电动车正巧路过,被其碰倒受伤,请求二被告赔偿损失。交警出具有事故认定书,指出尚某未注意前方也没有减速,夏某对车外不加观察就突然挤出公交车等情节,认定二人对事故的造成负同等的主要责任,公交车未严守开闭门等规章承担次要责任。A 公司则主张尚和夏都不能证明当时夏某乘坐且未到站就提前开门的车属于本公司,而行驶于同一线路的还有分属于 B、C 等其他几家公司的公交车。经两审终审,某市中级法院作出判决:夏对尚的医疗费等损害后果承担 50%的赔偿责任,因公交车的归属不明 A 公司无须担责。夏某对终审判决不服,向省高院申请再审,其申请被裁定驳回。夏某又向与作出判决的中院同级的该市检察院申请监督。市检察院经审查,认为法院认定夏某与其乘坐的公交车所属公交公司构成承担连带责任的共同侵权在法律适用上有错误,两者应按比例承担非连带的侵权责任,于是提请省检察院对此案抗诉。省检察院审查核对相关材料后,向省高院提出了针对市中级法院生效判决的抗诉书,并附上夏某的申诉材料。省高院裁定提审本案,经再审程序的审理,判决撤销了原审判决,将夏某承担 50%的赔偿责任变更为按 40%的比率承担尚某的损失,公交车应按 20%承担责任,但因现有证据不足证明夏某乘坐的公交车为 A 公司所属,驳回了尚某有关 A 公司赔偿的诉讼请求。

从设例 17-5 出发,可进一步介绍当事人申请再审检察监督和检察院提起抗诉的一般流程。根据检察机关制定的相关办案规则,当事人可以直接向有权对作出生效裁判的下一级法院提出抗诉的检察机关申请监督或申诉。也可如设例 17-5 所示,当事人向作出生效裁判的法院同级的检察院提出抗诉的申请。具体讲,生效裁判如为未经上诉的基层法院第一审判决,当事人可向基层检察院或上一级的市检察院申诉;如为中院作出的第二审判决,则当事人可向市或省级的检察院申请抗诉。此外,最高人民检察院对当事人就任何层级的生效裁判提出的再审监督申请都有管辖权。不过在实务上,即使生效裁判为经过第二审程序的终审判决或需要最高人民检察院抗诉,当事人也往往在同级的检察院提出监督申请。当事人的申诉一般由检察机关的控告申诉部门立案受理,并在 3 个月内进行审查，作出提出抗诉或者不支持监督的决定。在审查期间，检察机关有权就案情等向当事人及案外人等调查核实。当事人在此期间内申请撤回申诉的，检察机关可终止审查。经审查如认为确有必要对生效的裁判或调解书提出抗诉，上一级检察院直接制作决定抗诉的通知书和抗诉书分别送交当事人和法院，与作出生效法律文书法院同级的检察院则必须向上一级检察院提请抗诉。这种情况下的实际做法往往是，上一级检察机关经审核批准抗诉后，受理当事人申请监督的检察院再作出决定抗诉的通知书并送达给申诉人。

抗诉的提出一般采取上级检察院直接向本级法院发送抗诉书及原审当事人的申诉材料副本，该级法院可以直接裁定提审或指令下一级法院再审。抗诉书由检察长签发，加盖检察机关的印章。根据《民诉法解释》第 415 条，法院收到抗诉书等材料可就书面的记载是否规范、抗诉的对象或审级等是否合法等形式上的问题进行审查，如认为有不符法律规定之处可建议检察机关补正材料或撤回抗诉，检察机关坚持不予补正或撤回的，法院可以裁定不予受理。当然，检察机关可随时撤回抗诉。绝大多数情况下，法院都会依《民事诉讼法》第 218 条的规定，于收到抗诉书之后的 30 日内作出再审的裁定。

17.3.2　再审检察建议

再审检察建议是检察机关与法院就民事案件的终局性处理产生不同意见时进行协商沟通的一种方式，以前就存在于司法实务之中，到 2012 年《民事诉讼法》修订时正式写入法条。根据现行《民事诉讼法》第 215 条第 2 款的规定，除最高人民检察院以外的各级检察机关如发现同级人民法院已经发生法律效力的判决、裁定有符合法定事由的错误，或者发现调解书损害国家利益、社会公共利益的，"可以向同级人民法院提出检察建议，并报上级人民检察院备案"。该条第 3 款还规定各级检察院对审判监督程序以外的其他审判程序中审判人员的违法行为，也有权向同级法院提出检察建议。这一条款应理解为是对"非再审"的检察建议作出的规定，本节"延伸讨论"部分再略加涉及。

从上列法条可看出，再审检察建议与抗诉一样，都是检察机关为了纠正民商事生效裁判或调解书中存在的错误而对法院的民事审判活动进行监督的方法。当然，检察建议实际上一般都基于当事人的申诉或再审监督申请，这也是与抗诉的相同点之一。但检察建议区别于抗诉的最大特点在于可以直接向作出生效裁判的同级法院提出，无须提请上一级检察机关实施这种监督。这一点意味着再审检察建议比起抗诉来，程序上操作更加直接简便，能够节约检察机关的成本并提高纠错的效率。而与抗诉的另一重要区别，又在于检察建议并无必然启动本案再审程序的法律效力。法院对同级检察院提出的再审检察建议进行审查,其结果可以是依照《民事诉讼法》第 205 条的规定,按法院依职权提起再审的途径裁定再审,也可以依据《民诉法解释》第 417 条的规定作出不予再审的决定。因为,再审检察建议实质上是检察机关与同级法院之间就特定民商事案件的处理是否存在错误进行的协商。协商的结果当然可能是启动或者不启动再审,区别于检察院抗诉具有促使法院必须启动再审的效果。而且即便法院因检察建议的提出而启动再审,也不算检察院抗诉的再审途径,而应归结为法院自身的依职权提起再审。在此意义上,又可以说再审检察建议只是对通过抗诉启动再审的救济途径提供补充或辅助作用的一种监督方式。

关于再审检察建议的提出和法院处理的程序,可参看设例 17-6。

设例 17-6

某县文化馆与刘某租赁纠纷一案,县法院适用简易程序进行审理,双方当事人达成和解,法院出具了调解书且已送达生效。后文化馆部分职工分别向本县检察院和法院反映该单位法定代表人出于私利在与刘某和解的过程中存在不当让步,导致了侵害单位职工利益及国有资产权益的后果。检察院通过调查核实,并保持与法院沟通,报经检察委员会讨论,决定对本案调解书以损害国家利益和社会公共利益为由提出再审检察建议。法院收到检察建议书后,当日就予以受理,并组成合议庭进行审查。十多天以后,经本院院长提交审判委员会讨论,决定对本案调解书依职权作出再审裁定,在向县文化馆和刘某送达裁定书的同时也通知了检察院。

从设例 17-6 可看出,相对于抗诉而言,再审检察建议因其灵活性及便捷性,更适合对基层法院适用简易程序审结、案情比较简单也方便检察院和相关法院之间沟通并易于达成共识等类型的民事案件进行纠错。根据相关司法解释和相关规则,检察机关向同级法院提出再审检察建议必须经检察委员会讨论决定,还应将该检察建议报上一级检察院备案。法院收到再审检察建议书及相关材料后进行形式审查,如发现有不符合法律规定的情形,可建议检察院予以补正或撤回,对不予补正或坚持不撤回的可以书面方式函告检察机关不予受理。当然,一般情况下法院都会受理,其后应组成合议庭,在 3 个月内对生效裁判或调解书是否存在违反法定事由加以审查。根据审查结果,法院可以决定不予再审，并向检察机关作出书面回复。如果认为需要再审，则须由院长提请审判委员会讨论决定，作出再审裁定送达原审双方当事人，并通知检察机关。

延伸讨论

17-3　民事检察监督的范围及再审监督的情况

本节所讨论的抗诉和检察建议，属于检察机关发挥的民事检察监督职能之一个重要部分。《民事诉讼法》第 14 条规定："人民检察院有权对民事诉讼实行法律监督。"检察机关对于民事诉讼活动的监督，无论在立法上还是在实务的摸索尝试中都经历了一个逐渐发展的过程。目前民事检察监督的范围大致包括：检察机关督促或自行提起民事公益诉讼、主要由抗诉和再审检察建议构成的再审检察监督、对于一般审判程序及审判人员违法行为的检察监督以及对强制执行程序的检察监督。可以说，检察机关比较深入地介入民事诉讼程序，也属我国法律制度的特色之一。

在上列各类民事检察监督中，再审检察监督可说是制度发展较为成熟、也是目前所占比重较大的种类。根据历年的《中国法律年鉴》等相关资料，从 2009 年到《民事诉讼法》全面修订的 2012 年，全国检察系统对当事人提出有关再审检察监督的申诉予以受理立案的数量，各年大致在近 4 万件到 7 万余件之间，而向法院提出抗诉的案件数量，每年都约为 1 万件。此后，2012 年修订的《民事诉讼法》对当事人向检察机关申请提出抗诉及再审检察建议做了明确规定。大概正是由于这个原因，2013 年全国检察系统受理立案的当事人再审申诉达到了创纪录的 13 万多件，不过检察院实际向法院提起抗诉的案件却减少至 5 000 余件，分流为提出再审检察建议的案件数则为 9 000 多件。另据最高人民检察院于 2016 年年初发布的信息，自 2013 年到 2015 年的三年间，各级检察机关共向法院提出民事抗诉 14 182 件，提出再审检察建议 17 183 件，在为权利受到侵害的当事人或案外人提供救济以及打击遏制虚假诉讼等方面取得了较好的效果。

自 1991 年《民事诉讼法》对抗诉做了明确规定以来，检察机关在相关的程序操作和发挥制度效果等方面进行了反复不断的尝试探索。一段时间内也曾出现过比较随意地提起抗诉或遭遇抗诉效果不佳等问题，但经过三十多年来相关实务经验的积累，民事抗诉逐渐走上轨道。再审检察建议因通过立法而构建的制度时日尚浅，估计也会经历类似的发展历程。关于由抗诉启动的再审进入重新审理本案阶段后的程序操作及体现于再审裁判中的抗诉效果等问题，下文还会涉及。

第 4 节 本案再审程序解释适用的若干问题

如上文已述,无论是以当事人申请、检察院抗诉还是法院依职权提起这三种方式中的哪一种启动再审,进入本案再审程序即意味着审判监督制度第二阶段的展开。需要注意的是,本案再审虽然是对原审已经处理解决过的纠纷重新审理,但是否将原审裁判“推倒重来”却取决于重新审理的程序结束时作出的再审裁判。即本案再审的结论可能是对原审裁判予以改判、撤销或变更(包括当事人重新达成和解的调解结案),也可能是维持原审的判决、裁定(含当事人撤回再审申请的情形)。从这样的制度设计出发,可看出无论是以上列三种方式的哪一种启动再审,法院作出的再审裁定都只是“原审裁判可能存在错误”的暂定结论。而本案再审程序的诉讼标的首先是“要否撤销、改变原审裁判”的形成之诉,即审理对象为生效的裁判或调解书本身。在此基础上,再加上“纠纷本身如何重新处理”等可能包含给付之诉的实体内容,才构成本案再审全部的诉讼标的或审理对象。在学理上,本案再审阶段一方面与通常的诉讼程序并无根本区别,但另一方面,因其毕竟是一种具有特殊性的、“非常规”的救济程序,有必要着重考察这种程序的特点。鉴于分别通过当事人申请和检察院抗诉及法院依职权提起而进入本案再审阶段的案件在程序操作上略有区别,以下先结合这个程序阶段的一般问题,介绍经当事人申请而启动的本案再审流程,再讨论因检察院抗诉和法院依职权提起的再审程序及其牵涉的若干论点。

17.4.1 本案再审程序的特点

相对于通常的诉讼程序而言,本案再审程序援用民诉法有关第一审和第二审程序的一般规定,但其特点首先在根据作出原审裁判的法院审级来确定再审程序究竟适用第一审还是第二审程序。《民事诉讼法》第 214 条规定,对于进入本案再审程序的案件,如果生效的原审判决、裁定是由第一审法院作出的,按照第一审程序审理,当事人对再审法院作出的判决、裁定可以上诉;如果原审判决、裁定是第二审法院作出的,则按照第二审程序审理,再审法院作出的判决、裁定即成为不可上诉的终审裁判。同理,如果再审的对象是生效的调解书,要看该调解书是由原审哪一个审级的法院出具的,如果是第一审法院出具,再审采用第一审程序,否则就采用第二审程序审理。此外,只要是最高人民法院或上级法院对下级法院作出的生效裁判予以提审,则无论原审裁判处于何种审级,本案再审均适用第二审程序,最高人民法院或上级法院经提审作出的裁判即为终审的判决、裁定。

本案再审程序的另一特点也与审级有关。即需要重新审理的案件既可以由作出生效裁判或调解书的原审法院再审,也可能由其上一级法院提审,还可被上级法院交由与原审法院同级的另一法院审理。原则上,当事人都可以向作出原审裁判的法院之上一级法院申请再审,即至少可向中级以上的法院提出这种申请。根据《民事诉讼法》第 211 条第 2 款的规定,因当事人申请而启动的本案再审程序,原则上应由中级以上的法院实施,不过当事人因一方人数众多或双方都为公民,且选择在基层法院申请再审的情形除外。同时,如果是最高人民法院或高级法院作出再审裁定的案件,则既可由本院提审,也可指令其他下级法院再审,还可交由原审法院重新审理。关于上级法院应基于何种根据或理由把本院作出再审裁定的案件指令下级法院再审的问题,2015 年 2 月,最高人民法院出台《关于民事审判监督程序严格依法适用指令再审和发回重审若干问题的规定》(以下称《指令再审和发回重审规定》)对此进行规范。其主要内容是:作出再审裁定的上级法院通常应自行实施本案再审,即以提审为原则,只是在原审裁判符合“主要证据未经质证”“应依申请调查收集证据却未调查取证”“剥夺当事人辩论权利”等法定事由,或者生效裁判为第一审法院作出、当事人一方人数众多或双方均为公民等情形下,上级法院才可以把案件交由下级法院审理即指令再审。而且,即便是这些可指令下级法院再审的案件,如果生效裁判存在诸如由下级法院再审后作出、原审的审判人员有枉法裁判行为或经原审法院审判委员会讨论等情形,仍应由作出再审裁定的上级法院提审。这项司法解释出台的背景在于有一段时间内作出再审裁定的上级法院过于频繁地指令由下级法院再审,造成一些负面效果或不利影响,最高人民法院意图对这种倾向予以纠偏。

关于本案再审的审理程序及一般流程,可参看设例 17-7。

设例 17-7

甲村民组诉乙化工厂环境污染侵权损害赔偿一案,经 A 省的 B 市两级法院审理,由 B 中院作出主要包括乙停止侵权损害和赔偿甲部分损失两个判项的终审判决。甲村民组认为该判决第二判项认定的赔偿数额过低,以适用法律错误为由向 A 省高院申请再审。A 高院经审查作出再审裁定由本院提审,组成合议庭按照第二审程序对本案进行开庭审理。再审申请人甲和被申请人乙当庭就原审判决是否存在适用法律错误、赔偿数额是否偏低进行辩论。除此之外，甲还主张乙虽然停止了生产不再排污，但其以前造成的污染在原审判决生效后又给本村民组带来新的损失，并据此提出进一步增加赔偿数额的请求。A 高院作出再审判决，在维持原审判决第一判项的同时，改变其第二判项的内容，适当提高了赔偿数额，但写明再审申请人以原审裁判生效后发生的损害为由提出新的赔偿请求不属于本案再审的审理范围，申请人可另案起诉。该判决经宣告并向双方当事人送达，立即发生法律效力。

关于本案再审程序首先可指出的是，无论是上级法院提审还是指令下级法院再审，也无论采用的是第一审还是第二审程序，进行本案再审的法院都必须组成合议庭（原审法院必须另行组成原审判人员不能参加的合议庭）负责审理。如果按照第一审程序审理，则必须开庭，在被申请人无正当理由不出席庭审时，法院可视具体情况进行缺席审理并作出缺席判决。如果按照第二审程序审理，原则上也应当开庭，只是在确无开庭审理之必要且双方当事人书面同意不开庭等特殊情况下，才可例外地采用阅卷及询问当事人的审理方式。在本案再审的过程中，申请人可撤回再审申请，由法院决定是否准许。开庭审理的情况下，申请人若无故缺席庭审或未经许可退庭，可按照撤回再审申请处理。本案再审期间，如果出现申请人或被申请人死亡或终止且无权利义务承继者或财产等情形，法院得作出终结再审程序的裁定。

本案再审的审理对象或范围受到两个方面的限制。一方面，在因当事人申请而启动的本案再审程序中，再审的审理范围原则上由再审申请人提出的再审事由所限定。除了发现原审裁判还存在损害国家利益、社会公共利益或第三人合法权益的错误等例外情形外，法院一般都不宜主动把申请人并未主张的再审事由作为审理对象。另一方面，鉴于再审作为事后救济程序的特殊性质，再审的审理还不应超出“本案”即双方当事人在原审提出的诉讼请求或反诉这个范围。如设例 17-8 所示，再审法院对申请人增加的请求超出原审的审理及裁判范围并未允许，而告知其只能另案处理。尤其是在本案再审按照第二审程序审理且作出裁判立即生效的情况下，如果允许申请人提出新的诉讼请求，就意味着剥夺对方当事人提起上诉的程序权利。

与上述问题相关，本案再审还涉及发回重审的程序操作。由于本案再审程序援用有关第一审和第二审程序的法律规定，按照第二审程序进行审理的过程中，上级法院如认为原审判决对基本事实“认定不清”或有“遗漏当事人”“遗漏诉讼请求”“违法缺席判决”

或“审判组织的组成不合法”等严重违反法定程序的情形，则有权作出撤销原判决，将案件发回下级法院按照第一审程序审理的裁定。鉴于有一段时间的司法实践中，包括提审和指令再审在内而按照第二审程序审理的案件出现了因事实认定问题而频繁地发回重审的倾向，最高人民法院发布《指令再审和发回重审规定》，对发回重审的程序操作进行规范和限定。根据这项司法解释，除了对严重违反法定程序的案件依法发回重审之外，即使再审法院发现原审判决“认定基本事实不清”，一般应在自行查清事实的基础上直接改判，只是在原审法院对案件基本事实未加审理的情形下，才可以裁定撤销原判发回重审。发回重审的案件无论在原审是经第一审还是第二审程序作出生效裁判，当事人都有可能提出新的诉讼请求，从而改变本案再审的审理对象或范围。对此，《民诉法解释》第 252 条规定只是在“原审未合法传唤缺席判决”“追加新的诉讼当事人”“诉讼标的物灭失或者发生变化致使原诉讼请求无法实现”，以及新的诉讼请求“无法通过另诉解决”这几种特殊情形下，法院才可以允许当事人在发回重审的本案再审程序中申请变更、追加诉讼请求或提出反诉。

本案再审的最后结果除了当事人达成和解之外，大致可分为对原审裁判予以维持或者撤销、改判，以及部分的维持、撤销和变更等不同情形。维持原审裁判有两种情形：一种是原审裁判认定事实清楚、适用法律正确而予以维持；另一种情形则是在事实认定或法律适用上虽有瑕疵，但裁判结果正确的，应在再审判决、裁定中纠正瑕疵之后予以维持。如果对原审判决予以全部撤销，原则上都必须依法改判。但有几种情形稍显特殊：一是本案再审以出具调解书结案，则原审裁判视为撤销；二是按照第二审程序进行的再审，法院经审理认为原审起诉不合法，即可裁定撤销原审的一审、二审判决，并驳回起诉；三是一审原告在本案再审程序中申请撤诉且得到其他当事人同意和法院准许，则应作出准许撤诉和一并撤销原审裁判的裁定。再审的判决可能达到的其他结论包括：维持原审判决的部分判项、撤销部分判项；维持部分判项、变更部分判项；撤销部分判项、变更部分判项，等等。

17.4.2　因抗诉和法院依职权提起的本案再审程序

因检察机关抗诉和法院依职权而启动的本案再审程序也都各有其特点。

首先，关于实施本案再审的法院，根据《指令再审和发回重审规定》，因抗诉而启动的再审原则上由接受抗诉的法院进行再审。但中级以上的法院在抗诉基于《民事诉讼法》第 207 条从第（一）项到第（五）项规定的法定事由，即生效裁判存在新的证据、缺乏证据证明、应依申请调查收集证据却未调查取证等情形之一时，可以将案件指令下级法院再审。司法解释作出这种规定，其理由大概在于这些情形都属于原审在事实认定方面的错误，指令作出生效裁判的下级法院再审便于其在了解案情的基础上纠错。

其次，在本案再审适用第一审还是第二审程序这个方面，抗诉启动的再审与当事人申请的再审在原理上一致，即只要不是由上级法院提审，都取决于原审裁判的审级。

最后，关于法院依职权提起的再审，据《民事诉讼法》第 205 条第 2 款的规定，最高人民法院对地方各级法院、上级法院对下级法院作出的生效裁判和调解书发现确有错误而提起再审时，有权提审，或者指令下级法院再审。如上所述，最高人民法院或上级法院依职权提审的再审案件都适用第二审程序，作出的再审裁判即为终审的判决、裁定。鉴于一段时间内过多的再审案件被指令下级法院再审，《指令再审和发回重审规定》明确作出了最高人民法院和上级法院依职权作出的再审裁定都应提审的规定。根据这项司法解释，今后这种类型的本案再审当然都应适用第二审程序。

关于由抗诉启动的本案再审程序，请看设例 17-8。

设例 17-8

孙某因民间借贷纠纷将邓某诉至法院，经两审终审原告孙某均败诉，被某市中级法院判决驳回全部诉讼请求。孙某申请再审未果，向该市检察院申诉，请求对自己败诉的生效裁判提出抗诉。市检察院受理申诉后，对孙某与邓某的纠纷进行调查，收集到原审的审理过程中双方当事人均未曾提交的重要证据，并据此向省检察院提请抗诉。省检察院予以批准，遂以发现新的证据为由向省高院提出抗诉书。省高院指令本案由市中院再审，并通知省市两级检察机关。在本案再审开庭时，市检察院指派两名检察官出席庭审。庭上先由一名检察官宣读抗诉书，再由孙某陈述再审的请求及理由。孙某除主张新的证据足以推翻原审判决外，还提出了法律适用错误和程序瑕疵等问题。邓某则对抗诉书的内容和孙某的主张进行答辩，主张原审判决并无错误。另一名检察官当庭出示了收集到的新证据并做说明。经双方质证并进行辩论，市中院作出撤销原审判决并予以改判的终审判决，并在判决书中回应了检察院的抗诉意见和双方当事人的主张。

设例 17-8 较为形象地展示了抗诉启动的本案再审在审级和指令再审等方面具体如

何操作，以及检察机关怎样参与本案再审程序的一些情况。在再审程序中，检察机关应派员出席庭审。出庭的检察官代表国家对诉讼活动进行监督，并非协助申请监督的一方当事人对抗另一方当事人。由于民事诉讼以当事人主义为原则，参与这种程序的检察机关须保持客观中立或谦抑克制的立场。实务中常见的做法是检察官宣读过抗诉书即退庭，当然也有如设例 17-8 因出示说明检察机关收集的证据而继续在庭的情形。同样基于民事诉讼由当事人主导及意思自治的法理，在本案再审过程中除检察机关自身可撤回抗诉外，即便检察机关坚持抗诉，而申诉人要求撤回再审申请且不涉及国家利益、社会公共利益和第三人合法权益时，法院也可裁定终结再审程序。通过抗诉启动的本案再审程序以抗诉书指出的法定事由为审理对象，不过如果申诉人或对方当事人在再审过程中提出其他法定的再审事由，法院亦应一并予以审理。

最后，简单介绍法院依职权提起的本案再审程序具有的若干特点。法院依职权提起再审的线索可来自三种渠道，即当事人的信访申诉、再审检察建议和法院自行调查。再审检察建议也往往来自当事人的信访申诉。双方当事人对于原审生效裁判完全无意见而法院通过自行调查依职权提起再审的情形，则往往是涉及国家利益、社会公共利益或第三人合法权益的案件。如果再审的线索来自当事人的信访申诉，法院依职权启动的本案再审程序应把该当事人列为申诉人、对方当事人列为被申诉人，若开庭审理必须通知双方出庭。开庭时先由申诉人陈述再审请求及理由，再由被申诉人答辩。在没有申诉人的情形下，法院也应把原审当事人按原审中的原、被告等诉讼地位列明，通知双方出席庭审，但当事人不出庭并不妨碍法院进行审理并作出再审裁判。相对于当事人申请乃至检察院抗诉启动的再审而言，法院依职权提起的再审在审理范围上并无外在限制。至于法院能够作出的几种再审裁判，因检察院抗诉或法院依职权启动的再审与基于当事人申请的再审之间却没有区别。

延伸讨论

17-4　关于本案再审程序运行的若干数据

作为审判监督制度的后一阶段，本案再审程序的运行能够在较大程度上反映这项制度的效果。如上文所涉及的那样，我国审判监督制度的运行曾有过一段较轻易频繁地启动再审，却未能有效解决法律稳定性因“终审不终”而受到冲击和当事人抱怨“告状无门”也难以真正得到事后救济这种悖论的时期。经过 2007 年《民事诉讼法》重点修订审判监督程序,强化对当事人申请再审的程序保障,以及2012年《民事诉讼法》的全面修改,审判监督程序的制度建设取得了实质性的进展,这段时期的本案再审程序运行也表现出健全化的趋势。关于近年来审判监督制度中的本案再审程序运行状况,可参看表17-2(“再审收案”和“再审结案”分别指进入本案再审程序和经过该程序审结的案件数量;“维持原判”指全部维持的情况;“撤销改判”包括全部的撤销改判和部分的撤销、变更)。

表17-2　审判监督程序相关数据表(2009—2018)[①]　单位:件

年份	再审收案	再审结案	维持原判	撤销改判	发回重审	撤回申请	调解结案	其他
2009	37 429	38 070	11 649	10 106	4 325	1 097	4 853	6 040
2010	40 906	41 331	11 683	9 953	5 012	1 709	5 936	7 038
2011	37 740	38 609	10 784	8 862	4 932	2 747	6 031	5 253
2012	34 324	33 902	9 369	7 570	5 050	2 621	5 220	4 072
2013	33 362	32 897	9 857	7 724	4 093	2 254	4 298	4 671
2014	29 145	29 375	8 545	7 961	3 811	1 857	3 277	3 924
2015	28 330	29 117	8 260	8 655	3 314	1 753	2 875	4 260
2016	29 926	29 468	7 560	9 364	3 577	1 180	2 868	4 919
2017	34 778	33 999	7 860	10 290	4 576	1 921	3 695	5 520
2018	44 211	41 535	9 284	13 158	5 759	2 150	4 073	6 943

从表17-2可看出,近年来进入本案再审阶段的民事再审案件稳定在三四万件之间,其中近万件的案件维持了原审裁判。但撤销改判、调解结案等实质上改变了原审处理结果及撤回再审申请的案件,合计起来可达到半数或以上(“发回重审”和“其他”包括改变原审结果和不改变两种可能,这里暂且不计)。可以说,与过去的司法实务相比,轻易启动再审的情况目前已经基本扭转,与此相对经过本案再审程序的案件受到纠错的可能明显增大。换一种说法,就是程序启动和事后救济的精准性都在提高。表17-2显示的内容包括通过当事人申请、检察院抗诉和法院依职权提起三种方式启动的本案再审情况。如果仅就因抗诉而启动的本案再审情况来看,程序运行的效率显得还要更高一些。

① 数据来源:2010—2019年《中国法律年鉴》《最高人民法院公报》等。

表 17-3　因抗诉启动的再审相关数据表(2009—2018)①　　单位:件

年份	提起抗诉	撤销改判	发回重审	调解结案	维持原判	其他
2009	7 469	2 940	687	1 864	1 610	368
2010	9 485	3 691	1 007	2 578	1 781	428
2011	8 074	3 069	940	2 284	1 452	329
2012	7 122	2 644	853	2 319	1 010	295
2013	5 781	2 157	653	1 374	1 120	477
2014	4 064	1 565	499	491	798	256
2015	3 391	1 060	364	246	577	167
2016	3 136	739	305	142	346	124
2017	3 144	859	223	111	350	104
2018	3 933	956	346			

从表 17-3 看来,在每年检察机关提起的数千件抗诉案件中,经本案再审程序的审理,只有 15%~20%的案件维持原审裁判,包括撤销改判和调解结案在内,即改变了原审处理结果的案件则可占到 60%乃至 65%以上。显然,因检察院抗诉这种外部监督方式而启动的本案再审,改变原审裁判结果上的概率高于当事人申请启动的再审程序。估计通过法院依职权的内部监督方式提起的再审案件也会有同样的倾向。

当然,目前我国民事审判监督制度的运行状况还只能说是差强人意,在程序设计,实际操作的方式、方法以及制度运行的条件等方面,仍然存在着许多问题和有待于改进的地方。理想的状态是穷尽了法定程序的裁判极少发生错误而真正地具备终局性,而且一旦启动再审这种事后的救济程序,总能够精准地做到依法纠正错误,保证当事人的权利得到切实救济。为了达到这样的理想目标,我国民事审判监督制度建设和程序实际操作的健全规范可能还需要经历一段不短的途程。

① 数据来源:2010—2019 年《中国法律年鉴》。

第 18 章　非讼程序

我国民事诉讼法不仅规定诉讼程序,也存在着关于非讼程序的规定。除《民事诉讼法》第十五章所规定的特别程序以外,第十七章、第十八章分别规定的督促程序和公示催告程序也属于非讼程序。无论从立法还是从学理上看,都应当把这些程序理解为广义的民事诉讼制度中一个重要的组成部分。所谓“非讼程序”不是法律上有明文规定的专门术语,而是民事诉讼法学领域在学理上使用的一个概念。相对于解决双方或多方民事争议的诉讼程序,这个用语指的是法院为了处理由单方当事人提出的申请而适用于多种民事性法律事务的程序。这些程序往往不直接涉及两造之间争议,且具有区别于诉讼的若干特殊性质。作为广义的民事司法之一部分,法院处理非讼的民事性事务在大陆法系各国均有历史上的渊源传统,在维持社会上一定范围内的身份关系、财产关系和交易方式及其顺利运行等方面发挥着重要的作用。同时,用于处理这些无争议的法律事务或非讼案件的程序,又与一般的诉讼程序有明显的区别,其性质很难说得上属于“审判”。我国现行民事诉讼法上的非讼程序种类多样,其性质和功能也有差异,立法规定的时期不尽相同。本章分为三节,逐一介绍有关非讼程序的一般知识、《民事诉讼法》第十五章规定的特别程序和第十七章及第十八章分别规定的督促和公示催告两种程序。

第 1 节　非讼程序概述

我国民事诉讼立法对非讼程序加以规定,可回溯至 1982 年初次制订《民事诉讼法(试行)》的时期,当时在第十二章设置了有关特别程序的规定,包括选民名单案件、宣告失踪人死亡案件、认定公民无行为能力案件、认定财产无主案件的程序。到 1991 年制订现行《民事诉讼法》时,特别程序改由第十五章规定,其内容有部分的补充,对若干类型的非讼案件名称也做了一定调整。即包括选民资格案件、宣告失踪和宣告死亡案件、认定公民无民事行为能力和限制行为能力案件、认定财产无主案件的程序。同时,以当时市场交易和票据业务的逐渐发展为背景,该项立法还增设了与此相关的第十七章督促程序、第十八章公示催告程序。2012 年修订的《民事诉讼法》又在特别程序这一章内增加了确认调解协议案件和实现担保物权案件的程序。从今后的发展趋势来看,在婚姻家庭法、公司法或劳动法等一些特定的领域,还有通过立法或相关司法解释继续增设非讼程序的可能。

18.1.1　关于非讼程序的不同类型

对于大陆法系的民事程序理论而言,具有非讼性质的程序十分多样,如调解、强制执行、公司清算整理及破产制度等,都往往被归类于非讼程序。但是,从众多可能包含在"非讼程序"这一概念内的不同类型案件来看,宣告失踪和宣告死亡、认定公民无民事行为能力或限制行为能力以及认定财产无主,可以说是法院适用特殊的程序处理非诉讼的民事性法律事务最为典型的表现。或者不妨说,此类以某种法律状态的权威性宣告或确认作为特征的案件,才是原初形态的"非讼"事务,其他列入这个概念之下的案件都不过是非讼程序逐渐扩张的结果。关于这一点,可先参看设例 18-1。

设例 18-1

新婚夫妇甲男和乙女共同购买了一份人身保险,约定夫妇双方互为受益人,如果一方配偶意外亡故,生存的另一方可获得 10 万元的保险赔付。不幸的是甲乙外出度蜜月时,因乘坐的游艇倾覆双双下落不明。打捞数日之后,已死亡的丈夫甲先被找到捞出,然后才找到妻子乙的尸体。因乙已无其他继承人,其父母向保险公司申请理赔。保险公司认定后被确定死亡的乙为受益人,遂将保险金支付给乙的父母。但甲的父母对此认定不服,以乙之父母为被告向法院提起诉讼,请求参加这笔保险金的分配。

设例 18-1 反映的是现实生活中完全可能出现的情况,可以用其说明两点道理。一是民事主体实际上的失踪及死亡时间与法律上有意义的这种时间未必一致,另一则是从法律上确定的失踪或死亡时间,可能给民事主体及其利害关系人的人身关系、财产关系带来重大的影响。而能够确定民事主体失踪或死亡时间的一种法定的重要方式,就是法院宣告失踪、宣告死亡的程序。这种程序以及认定无民事行为能力或限制行为能力、认定无主财产的程序,与结婚登记或者遗嘱公证等相类似,都属于对某种法律状态作出确认或进行宣告的所谓"民事行政事务"。在大陆法系各国的历史上和现实中,这些事务可以由法院、行政机关、公证机构乃至教会等分担。不过在我国通过民事诉讼立法,宣告失踪与死亡、认定无行为能力或限制行为能力、认定财产无主等类型的事务成为法院负责适用的非讼程序,归入“特别程序”这一项下。

需要注意的是,同为特别程序的对象之一,选民资格案件在性质上却与上述几种民事性法律事务迥然相异。这种程序处理的案件具有与选举法、宪法等法律领域紧密相关的“公法”性质,其解决的是民主选举过程中选民因对选举委员会关于选举资格的处理不服而提起的争议,类似于行政诉讼案件却又由于不具备行政争议的性质而无法归入行政诉讼法的体例。可以说仅仅是因为立法技术上的方便或权宜之计,才把法条表述为“起诉”的这种案件处理放到了民事诉讼法规定的非讼程序范围之内。因此,后文有关特别程序各类案件的介绍中拟不涉及选民资格的问题,仅在下一节的“延伸讨论”部分列出这项程序的基本流程图。另外如上所述,2012 年修订《民事诉讼法》时在特别程序中增设了确认调解协议和实现担保物权两种程序。确认调解协议案件的程序以促进诉讼外或非诉讼的纠纷解决(即 ADR)司法政策为背景而设立,实现担保物权案件的程序则是为了与《物权法》(现为《民法典》)相关条文内容配套而做的程序法规定。处理这两类案件的程序在制度设计上被定义为非讼性质,但其与特别程序内宣告失踪或死亡等其他几类可称为“民事行政事务”的案件有明显的差异。除此之外,《民事诉讼法》上另用两个章节规定的督促程序和公示催告程序,则是大陆法系民事诉讼制度中经常出现的两种非讼程序。督促程序属于一种简易的债务追讨手续,公示催告则是与票据制度紧密相关的权利确认方法。两者都以市场经济条件下交易或信用的发达为背景,且处理的往往是无争议的或者争议处于潜在状态或纠纷前期阶段的事宜。

18.1.2 程序的一般特点及非讼法理

非讼程序的特点一般是相对于诉讼而言,不同种类的非讼程序也各有其特点,但本节只介绍一般特点。顾名思义,非讼与诉讼相区别的第一点或最根本之点,就在于非讼程序处理的不是或至少不直接是当事人两造对立带来的争议。如上所述,作为非讼程序对象的若不是某种法律状态的宣告或认定,就是在当事人之间的纠纷尚未明确表现出来的阶段需要处理的问题。根据《民事诉讼法》第 186 条以及其他相关规定,法院一旦发现非讼程序的申请人与被申请人或者其他主体就其申请的事项发生争议,原则上都应终结非讼程序,或者将该种程序转化为诉讼程序。在此意义上,可以把适用非讼程序处理的案件所共通的第一个特点归纳为“非争讼性”。与这样的共通特点紧密相关,能够利用非讼程序的主体除了特定法律关系或法律状态的当事人,还往往包括利害关系人乃至一般的公民、法人等;非讼程序的启动不是“起诉”而是“申请”,启动程序的主体称谓为“申请人”而非

“原告”;申请人可能单方启动非讼程序,适用这种程序的某些案件,如认定财产无主案件、确认调解协议案件、公示催告案件等,甚至并没有作为程序相对方的被申请人。

在具体的程序设置及操作方面,非讼程序也有明显区别于诉讼的特点。这些特点包括:都由基层人民法院管辖、原则上实行独任审理、审查方式灵活且不以开庭审理为必经程序、禁止上诉的一审终审、较短的程序期限(特别程序原则上在 30 日以内审结,督促程序受理后在 15 日内决定是否发出支付令),等等。由此还可以归纳出非讼程序不同于诉讼、审判的若干性质。首先,处理非讼案件的程序比起诉讼程序来更加简单便捷,强调的不是程序保障而是事务处理过程迅速方便的效率,即具有节约资源的简易性。其次,对非讼案件的处理不采取两造对立的程序结构,不适用公开审判、言辞辩论等审理原则,可根据具体情况进行方式多样灵活的审查审理,则是这种程序具有“非诉讼”“非审判”性质的体现。最后,非讼程序不以当事人主义为原则,即法院一般不受当事人的主张约束,带有更强的职权主义色彩,因而可说非讼程序具有职权性。这些性质在学理上往往被称为非讼法理。

作为非讼程序对不同类型案件的处理结果,存在着判决、裁定和命令三种裁判方式。本书第 15 章已经涉及“诉讼判决”和“非讼判决”的区别(参见本书第 15 章第 1 节 15.1.1)。与作为诉讼结果的判决能够直接决定、变更或确认当事人之间的实体权利义务关系不同,所谓非讼判决一般只是用来宣告或认定某种可能引起实体权利义务变化的法律状态,典型的例子即如宣告失踪或死亡的判决、认定财产无主的判决或公示催告程序终结时宣告票据无效的除权判决等。此类程序的裁判采用判决方式,主要是由于作为其处理对象的案件与实体上的权利义务关系有较紧密的牵连,或者说具有一定的实体权利义务内容。但区别于诉讼判决,非讼程序中的判决不具有禁止后诉发生或直接拘束后诉的既判力,且由于缺乏执行内容也没有执行力。只是因这种判决能够宣告或认定某种法律状态,因而可近似地理解为具有形成力,例如宣告死亡的判决带来民事主体消灭的法律状态,可引起婚姻关系消灭或遗产继承开始等一系列的法律后果。不过,这样形成的法律状态总是带有某种暂定的或临时的性质,例如一旦被判决宣告死亡的主体出现,该判决即行失效,或者票据的真正权利人可较容易地提起撤销除权判决之诉,等等。所以,与诉讼判决的形成力相比,非讼判决的这种效力仍有相当的区别。与此相对,非讼程序中使用裁定和命令,则往往是由于处理的案件或者事务更大程度上属于程序性事项,或较少涉及实体权利义务。此外,《民诉法解释》第 372 条还就部分非讼程序的结果如何寻求救济作出了规定,即对于适用特别程序作出的判决、裁定,当事人或利害关系人还有机会向作出这些裁判的法院提出异议。关于这些裁判形式的具体运用,将在以下有关不同非讼案件类型的介绍中加以讨论。

延伸讨论

18-1　司法解释中的非讼程序及可能的“非讼化”趋势

目前关于是否还有依据司法解释而形成的非讼程序存在着争论。2001年修订的《婚姻法》第10条规定了若干法定条件下的婚姻无效,此后最高人民法院相继出台有关《婚姻法》适用的几个司法解释,对申请宣告婚姻无效的主体及程序等做了进一步规定。虽然在理论上和实务中也有将申请宣告婚姻无效程序视为诉讼程序的情形,但从利害关系人可以启动这种程序、启动的方式称为“申请”而非“起诉”(程序双方当事人的称谓是“申请人与被申请人”而非“原告与被告”)、法院作出有关婚姻效力的判决立即发生效力(即实行一审终审不允许上诉)等程序设计来看,存在着把这种程序理解为具有非讼性质的余地。另外,实务中还有《民事诉讼法》及其司法解释虽然都未做规定,但法院认为确有必要而“借用”特别程序处理其他有关家庭身份关系案件的例子。如2015年5月,江苏省徐州市某区民政局向当地基层法院申请撤销一女童亲生父母的监护权,法院予以受理并经特别程序审查,作出撤销监护权并指定民政局为该女童监护人的判决。

除此之外,在婚姻家庭法、公司法乃至物权法、劳动法等领域,随着这些实体法的发展及相应的立法修订,将来也很可能有对于非讼程序新的类型发生需求的前景。从大陆法系其他某些国家的相关制度沿革来看,曾出现过所谓“诉讼程序非讼化”的趋势。在我国,学界已经对若干法律领域如何引入非讼程序提出具体的建议。例如,在婚姻家庭法领域,诸如遗嘱确认、监护人的确定、亲子的认知、婚姻费用的分担等众多涉及身份关系安排的法律事务,都有可能如大陆法系一些国家已经做到的那样,通过非讼程序进行处理。在公司法领域,有的研究者主张,对于股东要求查阅公司会计账簿、有关股东会召集的申请、股权价格评估的异议、公司董事任免的建议及公司清算等一些目前仍需要诉讼程序解决的问题,出于对简便性和效率性的追求,将来都应当以非讼的方式加以处理。此外,在物权法领域,除已经“非讼化”的担保物权实现程序,仍有继续向这个方向发展的余地。劳动法中也有不少问题究竟是使用诉讼程序解决,还是通过非讼的方式予以更加便捷简易的处理,亦很值得探讨。

此外,关于程序从诉讼审判向“非讼化”发展的方向及其限度,在我国语境下还有必要与特定法律领域的程序分化结合起来加以考虑。非讼化的趋势在今后的立法中得到体现的可能性大小,将取决于程序分化的程度。例如,如果将来家事程序有可能从一般民事诉讼程序中分离出来,或者如比较法上常见的那样设置独立的家事法院,婚姻家庭法中大量的法律事务就更有可能采用非讼的方法进行处理。劳动法、公司法等其他领域中某些专门性的法律事务,是否能够在一定范围内逐渐“非讼化”,也会与处理相关案件的诉讼程序未来可能的适当分化紧密相关。

第 2 节　特 别 程 序

《民事诉讼法》第十五章规定的特别程序最主要的组成部分是处理所谓“民事行政事务”,即宣告失踪及宣告死亡、认定无行为能力及限制行为能力、认定财产无主等几类案件的程序。2012 年修订《民事诉讼法》时,立法机关把增加的确认调解协议和实现担保物权两种非讼案件放在第十五章“特别程序”项下,所根据的应当还是立法技术上的需要,而并非案件性质的类似或相近。以下即逐一介绍考察这些案件的性质及案件处理的程序构成等问题。

18.2.1　宣告失踪、宣告死亡案件

公民或者自然人因意外事故失踪或者长期下落不明,或者极有可能已经死亡却无确证等情况下,会给其涉及的人身关系及财产关系带来很大的不确定性,影响到其利害关系人的民事权利义务以及日常生活。这种情况下,受到影响的利害关系人可以依一定条件向法院申请宣告该公民失踪或者死亡,经法院审查和公告之后作出宣告失踪或死亡的判决。该判决发生推定失踪或死亡的法律效果,使利害关系人能够重新安排相关的民事权利义务,或可利于其日常生活的正常进行,也有助于被宣告失踪或死亡的民事主体相关权利得到保障。关于处理这两种案件的程序及处理的效果,可先参看设例 18-2。

设例 18-2

贺甲与贺乙为父子关系,居住于 A 区的贺乙已离婚,由其抚养的未成年女儿贺丙长期跟随居住在 B 县的贺甲夫妇生活。贺乙外出已有两年多的时间没有音讯,贺甲多方寻找未果,向贺乙居住地的派出所报案查找亦无结果。贺甲遂持派出所出具的证明向 A 区

法院申请宣告贺乙失踪，并申请法院指定自己为贺乙名下银行存款及在A区的房产等财产的代管人。法院经审查后，在《人民法院报》上发出寻找贺乙的公告，但3个月之后仍无贺乙的任何消息。法院遂作出判决，宣告贺乙为失踪人，并指定贺甲代管贺乙名下的银行存款和房产。此后又过了数年，已成年的贺丙向A区法院提出有关宣告其父贺乙死亡的申请，法院根据此前宣告失踪的判决，确定贺乙下落不明的时间已经超过4年，遂再次发出寻找贺乙的公告。公告期满一年之后，因仍无贺乙消息，法院判决宣告贺乙死亡。贺丙持该判决和其他相关文件办理对贺乙之遗产开始继承的手续，到不动产登记机构把贺乙名下的房产变更为自己所有。

从设例18-2可看到宣告失踪和宣告死亡是两种不同的程序，但相互之间可能紧密关联。两者的共通点在于都以公民或自然人下落不明作为启动程序的出发点，在这一点上的区别是宣告失踪要求下落不明满2年，而宣告死亡则要求下落不明满4年。除了这种一般情况，作出宣告死亡的判决还有另外两种时间条件。一种是公民因意外事故下落不明满2年，如渔民或船员出海遇到风暴连船带人再无音讯过了2年；另一种是因意外事故下落不明并经有关机关证明该公民已无生存可能，如地震或海啸等灾害后居民生死一直不明，或游轮倾覆乘客落水后一直未打捞到尸体，救援机构已经出具不可能生存的证明等情形。能够向法院申请公民宣告失踪和宣告死亡的主体大致相同，都是该公民的利害关系人。其范围包括该公民的配偶、子女、父母、兄弟姐妹、祖父母或外祖父母等亲属，以及债权人、合伙人等有其他利害关系的人员。一般而言，与被申请宣告失踪或死亡的公民存在身份关系的亲属，依这种关系的亲疏远近而决定的顺位，都有资格提出这种申请。不过有时法院也需要根据具体情况，对能够提出申请的亲属顺位进行调整。如在设例18-2中，未成年的女儿代管其父的财产并不合适，因此其祖父是申请失踪的恰当人选，但宣告死亡由处于继承第一顺位的女儿提出申请更为合适。如果有申请资格的多个亲属分别提出申请，则应将其都列为共同申请人。此外，在顺位上置于亲属之后的债权人或合伙人等存在其他利害关系的人员，是否可以提出宣告公民失踪或宣告死亡的申请，还要看其能否就这种法律状态对自己的民事权利义务有何影响等提出正当的理由。

关于宣告失踪或宣告死亡的程序，首先应注意由下落不明人的住所地基层法院管辖，在涉及海难等特殊情形下，也可以相应地由海事法院管辖。申请人应以书面形式向有管辖权的法院提出申请，并附上公安机关或其他机构有关公民下落不明或无生存可能的证明。法院收到申请书及相关材料后，由独任法官就申请人的资格和是否符合宣告失踪或死亡的条件进行审查。如果认为无申请资格或不满足法定的条件，裁定驳回申请；如审查通过，法院则发出公告，把所寻找的公民列为被申请人，要求其申报具体地址及其联系方式或由知悉其生存现状的其他人向法院报告（《民诉法解释》第 345 条）。宣告失踪的公告期为 3 个月，宣告死亡的公告期为 1 年，此期间内如被申请人出现或有他人确知并报告其下落，法院应判决驳回申请（《民事诉讼法》第 192 条）。但公告期届满仍无被申请人消息时，法院即可作出宣告失踪或宣告死亡的判决。不过，在这种判决作出之后，只要被宣告失踪或被宣告死亡的公民重新出现，经本人或其利害关系人申请，法院应随时作出撤销原判决的新判决（《民事诉讼法》第 193 条）。

宣告失踪或宣告死亡的判决可能带来一系列的法律后果。一般而言，宣告失踪的判决主要涉及财产关系，如设例 18-2 所示，这种判决中可包含着对财产代管人的指定等有关财产安排的内容。与此相对，宣告死亡的判决则更可能导致身份关系的变动，也往往牵涉财产关系的重新安排。例如公民被宣告死亡可引起其配偶再婚、其子女被他人收养、其继承人开始继承等一系列法律关系或相关权利义务的变化或发生。需要注意的是，宣告失踪或宣告死亡都仅仅是一种法律上的推定，这种判决可以因被宣告失踪或宣告死亡的人重新出现这一事实而很容易地被推翻，由其带来的法律效果原则上应恢复原状。这一点仅就代管或继承等财产关系而言完全成立。但是，在宣告死亡的判决作出之后配偶再婚或者子女被他人收养等涉及身份关系变动的情况下，即使被宣告死亡的人重新出现，也不会自然地导致再婚或收养等关系的解除。

18.2.2　认定公民无民事行为能力、限制民事行为能力案件

公民的民事行为能力，在实体法上指的是自然人能够辨识自己的民事行为具有的意义及可能带来的后果，可以对自己从事的行为负责，即能够因此享有权利承担义务的能力。不具备这种能力的自然人包括未满 8 周岁的儿童和严重的精神病患者，因其不能识别自己行为的意义及后果，所实施的民事行为原则上无效。民事行为能力受限制的公民则包括 8 周岁以上的未成年人，以及虽然患有精神病或因其他疾病导致精神障碍，但又未达到完全不能辨认自己行为程度的成年人。实体法上对无行为能力和限制行为能力的人不能实施哪些民事行为，或由其从事的哪些行为无效有一系列的规定。在现实生活中，未满 8 周岁的儿童及 18 岁以下的未成年人能做什么和不能做什么相对容易识别，但严重程度不同的精神病人或有精神障碍的人有时并不易识别，其从事的民事行为是否有效也可能带来争议。为了防止此类争议的发生，保护不能辨认自己行为的公民及其亲属或利害

关系人的合法权益,有必要设置某种简易的程序来识别这种自然人并事先确定其民事行为的无效及范围等。这就是认定公民无行为能力或限制行为能力案件的程序。关于这种程序的基本设计及实际进行,可参看设例 18-3。

设例 18-3

邵某为一家族企业的实际控制人,其子女邵甲邵乙、弟妹邵丙邵丁等均在该家族企业内任职。后其子邵甲和其妹邵丁以邵某罹患精神疾病为由,向当地基层法院申请认定其为无民事行为能力人,还提交了有关邵某曾就医的文书作为证据。对此,邵某之女邵乙和其叔父邵丙却反对这一申请,向法院主张邵某只是间歇性的精神障碍且已经治愈。法院指定邵乙和邵丙作为邵某的代理人。承办的独任法官在听取申请人和代理人双方的意见陈述并看视了在家里休息的邵某本人之后,认为有必要对邵某就有无辨认自己行为的能力进行鉴定。法院通知两名申请人预缴鉴定费用,委托相关司法鉴定机构对邵某实施了有关精神状态的鉴定。依据鉴定结果,法院最终作出了认定被申请人邵某为限制民事行为能力人、指定其子女弟妹四人为共同监护人的判决,并向申请人和法定代理人双方送达了判决书。

设例 18-3 形象地表现了社会生活中可能发生的某种场景,即因疾患失去辨认自己行为结果或意义这种能力的公民有可能给自身及其利害关系人的合法权益带来危险或造成威胁。为了防止这种危险,法律上设置了有时被称为“禁治产”的认定公民无民事行为能力或限制行为能力这一程序。不过在某些情况下,围绕这种程序的使用,也可能在利害关系人之间出现争执对立,甚至还有出于非法目的滥用程序等问题,所以这种程序的设计和法院的处理都必须具有相当的慎重性。

关于能够针对特定公民启动这种程序的申请人资格,法律上的规定是“利害关系人或者有关组织”(《民事诉讼法》第 194 条)。利害关系人主要是指公民的近亲属,包括该公民的配偶、子女、父母、兄弟姐妹、祖父母或外祖父母等。在没有近亲属或近亲属推卸责任等情形下,其他利害关系人即亲缘较远的亲属或来往密切的朋友、同事等,以相关单位或基层组织的推荐或同意为前提,也可以提出启动这种程序的申请。同时,为尽可能保护被申请人的权益,法院在这种程序中必须为其指定代理人。代理人的范围是未参加提出认定公民无行为能力或限制行为能力这项申请的其他近亲属,在没有近亲属或近亲属都提出了申请等情形下,法院也可以指定较远的亲属或被申请人的好友、同事等作为代理人。申请人必须提交书面的申请书,写明被申请人缺乏民事行为能力或限制行为能力的事实,如果有医院诊断证明或鉴定意见书等可作为证据一并提交。法院应听取申请人和代理人的意见,如果可能还可询问被申请人本人。若有必要,法院应对被申请人是否能够辨别自己行为进行鉴定。无论申请人提出的是无行为能力还是限制行为能力的申请,法院都应依据客观情况作出符合实际的判决。而且,在判决送达生效之后,只要被认定无民事行为能力或者限制行为能力的公民经治疗等痊愈,法院随时可依本人或其监护人的申请并根据审查的结果,作出新的判决撤销原来的判决。新判决一经宣告或送达,被认定无行为能力或限制行为能力的公民即可从事有效的民事行为。

18.2.3　认定财产无主案件

认定财产无主案件的程序旨在处理财产权属不明确却又无争议的归属问题。根据《民事诉讼法》第 198~200 条的规定,这种程序基本的构成或设计是:任何公民、法人和非法人的其他组织如果发现有财产处于无主的状态,都有权作为申请人,向财产所在地基层法院提出认定该财产无主的书面申请;法院受理申请后经审查核实,发布财产认领公告,如有人对财产主张权利,法院应裁定终结程序,告知主张权利者另行起诉;如公告期满一年无人认领,法院即可作出认定财产无主的判决,并将该财产收归国家或集体所有;判决后如财产所有人或继承人出现,在诉讼时效期间内对该财产主张权利,法院经审查如认为其请求属实,应作出新的判决,撤销原判决并将财产返还其所有人。

不过在法院的相关实务中,这种程序的实际运用却呈现出与制度上的设计有较大程度反差或乖离的现象(参见赵盛和"我国无主财产认定程序的转型",《国家检察官学院学报》2015 年第 6 期)。关于这种情况,可参看设例 18-4。

设例 18-4

钱某与孤寡老人高某比邻而居,因同乡等关系往来密切,常年照顾高某生活。后高某去世,钱某又出资出力帮助料理后事。因高某所有并一直居住的一间约 9 平方米的小屋无人继承,钱某遂向当地基层法院提出认定该房产无主的申请,并主张自己对所有人高某尽到了照料扶养的义务,根据《继承法》的相关规定应将被申请的房产判归自己所有。经法院对该房屋发出财产认领公告,期满后仍无人认领。法院遂作出判决,认定该房产为无主财产。判决书中指出,无主财产应归国家所有,但考虑到钱某在原所有人生前尽到主要的扶养义务,根据《继承法》可分给其适当的份额,鉴于该无主财产价值不大,收归国有并无多少实际意义,最终将被申请的房产判归钱某所有。

首先可指出的是,可以向法院申请适用这种非讼程序的财产包括无人继承或所有人不明的财产、遗失物或漂流物(包括走失的饲养动物)、埋藏物或隐藏物等。但是,2007 年出台的《物权法》及现行《民法典》针对遗失物、漂流物、埋藏物、隐藏物规定了失物招领程序,公安等有关部门可发出招领公告,一年后无人认领的收归国有。实际上长期以来,由法院认定财产无主的程序极少被用于遗失物或埋藏物等财产类型,总体上数量不多的此类案件在实务中几乎都集中于无人继承或所有人不明的财产这一种类上。这样看来,在法院认定财产无主案件的程序和行政机关主管的失物招领程序之间,如何划定其不同的适用对象和区分其功能,需要在今后加以通盘考虑。此外,虽然一般的观点都把这种程序适用的对象限定于有形财产或有体物,但实务中却有过法院受理认定著作权无主的申请这种情形。从理论上讲,把这种程序的适用对象通过解释扩展至无形财产,亦无逻辑或其他方面的重大困难。

其次,从设例 18-4 可看到,申请人针对无人继承的财产提出认定无主的申请,其目的往往不在于将其收归国有或集体所有,实际情形经常是申请人以自己对原所有人进行照料或尽到扶养义务为由,主张将无主财产判归自己所有。而法院也时常会根据具体情况,将被认定为无主财产的全部或一部分判决归申请人所有。虽然制度上任何公民、法人或其他组织都有资格提出认定财产无主的申请,但实际上一般的民事主体却缺乏启动这种程序的强烈动机。这种情形说明,对于认定财产无主的程序,将来在制度设计上或许还有必要加以调整。

18.2.4 确认调解协议案件

进入 21 世纪以后,在大力提倡多元化纠纷解决的司法政策推动下,法院尝试了一系列促进诉讼和人民调解等诉讼外纠纷解决机制衔接的改革。一些这样的改革尝试得到了立法机关的承认或呼应。确认调解协议案件作为在 2012 年《民事诉讼法》中增设的一个特别程序,就是这种共同努力的成果之一。在 2007 年前后,已经有部分法院开始试行"人民调解协议诉前确认机制",即由法院对通过人民调解达成的协议进行简单的审查之后,制作某种司法文书对其效力加以确认,当事人可依据这种文书和调解协议向法院申请强制执行。到了 2009 年,最高人民法院发布了作为司法指导性文件的《关于建立健全诉讼与非诉讼相衔接的矛盾纠纷解决机制的若干意见》(以下称《诉讼与非诉衔接意见》),于第四部分明确规定了法院对调解协议效力进行确认的简便程序。2010 年 8 月,全国人大常委会通过《人民调解法》(2011 年 1 月 1 日起施行),在第 33 条规定调解协议的双方当事人可共同向法院申请司法确认,调解协议经法院确认有效的,可以申请强制执行。2012 年修订《民事诉讼法》时增加的确认调解协议案件,就具有在程序立法中落实《人民调解法》相关规定的含义。

根据《民事诉讼法》第 201 条及第 202 条的规定,调解协议的双方当事人自该协议生效之日起的 30 日内,可以共同向有管辖权的法院提出确认的申请。根据第 201 条的规定,法院邀请调解组织开展先行调解的,向作出邀请的法院提出;调解组织自行开展调解的,向当事人住所地、标的物所在地、调解组织所在地的基层法院提出;调解协议所涉纠纷应当由中级法院管辖的,向相应的中级法院提出。拥有管辖权的法院受理该申请并就调解协议是否合乎相关法律规定进行审查后,如作出确认调解协议有效的裁定,在一方当事人不主动履行的情况下对方当事人可申请法院强制执行;如法院作出的是驳回确认申请的裁定,当事人可通过再次调解变更原来的协议或达成新的协议,也可另行起诉。关于这种程序的实际运作过程,可参看设例 18-5。

设例 18-5

郑某驾驶小汽车与骑自行车的朱某不慎发生碰撞,朱某受伤。该事故经交警认定责任后,由当地司法行政机构设在交警支队办公地点的交通事故纠纷调解工作室进行了调解。郑某和朱某参加调解,并达成了郑某赔偿朱某 3 万元,其中一定比例由郑某车辆投保的保险公司支付等内容的协议。10 天过后,朱某持盖有调解工作室印章的调解协议书,到当地 A 县法院口头申请司法确认,法院表示双方当事人都应作为申请人一同提出申请,或者由郑某出具有共同申请之意思表示的承诺书,才能受理申请。朱某找到郑某取得其签署的承诺书,再次提交书面申请。法院予以受理后,指定一名法官进行审查。该法官查阅了朱某提交的交通事故责任认定书和有关治疗费用的证据等其他材料后,认为仍有若干需要进一步查明的事项,于是召集双方当事人当面加以询问。经法官说明因保险公司并未参加调解,法院对于双方达成的调解协议中有关保险公司支付一定比例赔偿金额的条款不能予以确认,郑某和朱某对此表示理解,并希望法院就能够确认的事项作出裁定。法官随后作出确认调解协议的裁定,列明了确认调解协议中有关郑某向朱某支付3 万元赔偿的内容。

可以根据设例18-5对确认调解协议案件的程序做进一步的解说。首先,关于作为这种程序适用对象的调解协议范围,除了通过传统的村民委员会、居民委员会之下设置的人民调解委员会调解而形成的纠纷解决协议,也包括最高人民法院相关规范性文件规定的“行政机关、商事调解组织、行业调解组织或者其他具有调解职能的组织进行调解所达成的协议”。需要注意的是,当前“人民调解”的概念已经在很大程度上泛化,不仅包含了如设例18-5中所示的交通事故纠纷调解或者医疗纠纷调解等具有一定专业性质的调解,而且在种种非诉讼的纠纷处理解决机制之外还往往涉及法院主导推动的诉前调解、委托调解等介乎于诉讼与非讼之间的调解方式。鉴于确认调解协议案件的程序旨在有机衔接通过诉讼与非讼方式处理解决纠纷的立法目的,适用对象的泛化可以最大限度地扩张或发挥这种程序的作用和功能。

其次,这种程序的启动需要调解协议的双方当事人共同提出申请。根据多个省、直辖市高级人民法院出台的相关程序规则,除了当事人双方或其代理人共同到法院申请之外,在一方当事人提出申请时,既可以如设例18-5所示出具对方当事人有关愿意共同申请的承诺书,或者由法院通知对方当事人提交书面同意,否则法院对一方当事人的申请不予受理。申请可以采取书面或口头形式,口头申请应记入笔录并由双方当事人署名。根据相关司法解释,在受理阶段法院还应注意调解协议是否涉及婚姻或收养等身份关系的确认、是否属于物权或知识产权确权的情形,如果当事人申请确认这些法律关系或权利,法院应当对其申请不予受理。这是因为确认调解协议案件属于简易的非讼程序,其裁判也不具有既判力或形成力,未经充分的程序保障不宜对当事人之间自行就身份关系及重要权利作出的安排予以司法确认。

最后,在受理之后的审查阶段,简单的案件或者如通过委托调解达成的协议等已经有法院介入的情形,可以采取书面审查的方式即可。但是,只要法院认为有必要,都可以采取通知双方当事人到场当面询问核实的审查方式,且可以要求当事人补充陈述或提交相应证据材料,或者随时向调解组织了解相关情况。在确认的裁定作出之前,申请人的一方或双方都有权撤回申请,法院应作出准予撤回的裁定。鉴于目前社会整体的诚信度不高,存在着部分当事人恶意串通,非法利用调解等形式侵害公共利益或第三人合法权益的现象,确认调解协议的程序需要防范不致沦为少数人侵害他人权益的工具。经审查,对于调解协议有违反法律强制性规定,损害国家利益、社会公共利益或第三人权益,违背公序良俗或自愿原则等情形的,法院就应作出驳回申请的裁定。此外,对于调解协议中的约定不明确或者没有可执行的内容等情形,法院也不应予以确认。或者如设例18-5那样,法院认为调解协议中只有部分约定可以确认而其余内容不宜确认的，亦可以仅就能够确认的内容作出确认的裁定。

法院作出确认调解协议的裁定书，一经送达即发生效力。这种法律效力意味着在一方当事人不主动履行的情况下，另一方当事人能够以此为依据向法院申请强制执行。从现在可以查阅到的裁判文书来看，法院确认调解协议的裁定书有两种记载形式。一种是列明对双方当事人"在××调解委员会达成的（××年度）××号调解协议书"予以确认，但裁定书中不记载调解协议的具体内容；另一种更加常见的形式则是把调解协议中的具体约定分项在裁定书中列出，再从整体上或逐项予以确认。前者一般用于事项简单或对协议事项全部确认的情形，后者所针对的情形则为约定事项较多且比较复杂的调解协议，或者只确认其中部分内容等。前一种裁定书往往不足以单独作为执行依据，当事人还需提交调解协议本身；后一种裁定书本身就可以单独作为执行依据。作为对确认调解协议裁定的一种救济，当事人在收到裁定书的 15 日内、利害关系人在知悉自己民事权益可能受到侵害的 6 个月内还可以提出异议。最后需要注意的是，如果法院所确认的调解协议存在当事人双方串通侵害第三人合法权益等情形，法院未能发现此类非法行为而作出的确认调解协议裁定书能够成为第三人撤销之诉的撤销对象。

18.2.5　实现担保物权案件

担保物权在我国民事实体法上主要指抵押权、质权和留置权。20 世纪 80 年代通过的《民法通则》就有关于抵押权实现的规定，即债务人或第三人为了向债权人提供担保能够以一定财产作为抵押物，当债务人不履行债务时债权人有权将抵押物折价或以变卖抵押物的价款得到偿还。不过长期以来，实现抵押权、质权和留置权等担保物权以冲抵债务的途径大都是由债权人提起诉讼，通过相对耗时费力的诉讼程序才能达到目的。鉴于运用诉讼程序解决这个问题带来高成本、低效率的弊端，随着经济和社会的发展一直存在着希望通过立法设置某种更加简易便捷的程序来实现担保物权的呼声。2007 年公布并开始施行的《物权法》在第 195 条、第 220 条、第 237 条[①]等条文中分别规定当事人"可以请求人民法院拍卖、变卖"抵押、质押及留置的财产，这些规定为设置非讼程序来解决担保物权实现的问题提供了基本的框架。为了因应经济发展的需求并落实物权法的相关规定，2012 年修订的《民事诉讼法》在第十五章"特别程序"中增设了实现担保物权案件这一程序。

---

① 现为《民法典》第 410 条、第 437 条、第 454 条。

实现担保物权案件的程序因涉及实体法上多个专业性很强的权利而显得比较复杂，先就相对简单的抵押权如何通过这种程序得以实现略加说明。作为抵押的一种典型场景，债权人与债务人或第三人签订抵押合同，约定债务人或第三人提供一定的不动产或动产作为清偿债务的担保即抵押物，若债务到期没有得到清偿，则债权人有权将抵押物折抵债务，或者从抵押物变现的价款优先受偿。作为附随于主合同的从合同，在抵押这种法律关系中，债权人称为抵押权人，债务人或提供了抵押物的第三人则为抵押人。通常双方需要到不动产登记机构等机关为设定了抵押权的财产办理抵押登记。在债务人未能履行的情况下，债权人作为抵押权人，以抵押人作为被申请人，可以向抵押登记地的基层法院提出将抵押物拍卖、变卖并由自己优先受偿的书面申请。法院受理申请后向被申请人送达，被申请人可在收到申请及相关材料后 5 日内提出异议。法院通过询问申请人与被申请人双方及利害关系人、依职权调查相关事实等方式进行审查。在审查过程中，申请人也可以撤回申请。法院根据审查结果，可以作出准许全部或部分变卖、拍卖抵押物的裁定。在被申请人或者利害关系人提出异议，就主债务或担保合同是否成立等问题存在着实质性争议等情况下，法院还可以作出驳回申请的裁定，告知当事人另行起诉。准许变卖、拍卖抵押物的裁定一经送达立即生效，申请人能够以此作为依据申请法院强制执行。

以上是实现抵押权最为典型的一种情形，但司法实务中的实际情况更为多样，适用有关的程序规范也相应地需要解释调整。首先，关于能够提出申请以启动担保物权实现程序的主体，《民事诉讼法》第 203 条的规定为“担保物权人以及其他有权请求实现担保物权的人”。这种主体不限于抵押权人，某些例外情况下也可以包括抵押人。其次，这种案件在有抵押登记时由登记地基层法院管辖，但在未做抵押登记的情况下则担保财产即抵押物所在地的基层法院拥有管辖权，考虑到有些抵押物是船舶等情形，管辖法院也可能是海事等专门法院。抵押物有多个且不在同一地点时，各个抵押物所在地的法院都有管辖权，申请人可选择管辖。再者，对于同一债务既存在人的担保又有抵押物，且当事人约定人保优先的情况，法院应裁定对变现抵押物的申请不予受理。（《民诉讼法解释》第 363 条）同一财产上设定了数个抵押权且登记在先的抵押权尚未实现时，如果财产价值在清偿登记在先的抵押权之后仍可能清偿后顺位的抵押权，则不妨碍后顺位的抵押权人提起实现担保物权的申请。最后，有关这种案件受理和审查的程序，申请人除必须以书面形式申请外，还应提交证明主要债权债务关系的主合同、抵押合同、他项权证等有关抵押登记的资料和可以证明实现抵押权条件已经成就的证据等。案件的审查原则上由独任的审判员实施，但如果担保财产的标的金额超过基层法院级别管辖的范围，则法院应当组成合议庭进行审查。独任法官或合议庭就主合同的效力、期限、履行情况，抵押权的设立及抵押财产的范围，以及是否损害他人合法权益等进行审查，再分不同情况作出裁定。在实现担保物权的申请得到受理后，申请人还可以对抵押物申请采取保全措施。

从目前的司法实践来看，实现担保物权的程序更多或较普遍地用于抵押权。不过，利用这一程序实现质权和留置权的情况虽然相对有限，却也发挥了相当的功能作用，且这两种担保物权的实现在程序操作上各有其特点。以下可参看有关质权实现的设例 18-6。

设例 18-6

甲典当行与乙公司签订一份《票据质押典当合同》，约定乙将自己所有的一张银行汇票质押给甲。该汇票记明的金额为 350 万元，到期日为一年半以后。以此为担保，甲向乙发放 200 万元的款项作为当金，典当期限为一年。双方还约定了典当期内乙应向甲支付一定数额的服务费和利息等，期满乙返还当金，甲返还汇票，合同即告终结。后典当期满，但乙公司迟迟没有返还当金。甲典当行遂以乙为被申请人，向自己住所地的基层法院提出申请，其内容为：申请法院准许以拍卖、变卖或贴现等方式将被申请人提供的银行汇票予以变现，且准许自己在变现的金额中优先受偿当金 200 万元及相应的费用。申请人还一并提交了质押合同、银行汇票的复印件等相关材料。法院受理申请之后，在 5 日内向乙公司送达了申请书、异议权利告知书及相关材料。乙表示对申请人陈述的事实并无异议，同意将银行汇票变现并以此返还当金。经审查，法院认定被申请人通过提供票据质押的担保向申请人借款，质押关系成立有效，现主债务履行期限届满，权利人申请实现质权的条件成就，于是作出了以准予将乙质押的汇票以变卖或拍卖方式变现、甲对变价后所得金额在 200 多万元的范围内优先受偿为内容的裁定。

在设例 18-6 中，甲典当行是质权人，乙公司则为出质人。根据《民诉法解释》第 359 条的规定，无论出质人还是质权人都有资格提出实现质权的申请。根据《民法典》的相关规定，能够质押的对象可分为两类。前一类如汇票、支票、本票等票据，仓单、提单、存款单，债券、股权、基金份额和其他可以出质的财产权利；后一类则包括专利权、著作权、商标权等知识产权性质的财产。前者的出质通过订立质押合同且把单据等权利凭证交付质权人，质押关系即可成立；后者的质押则需要在有关部门办理出质登记，质权才算设立。与此相应，申请实现前一类质权由权利凭证持有人住所地的基层法院管辖；对于后一类质权实现的案件,则是出质登记地的法院拥有管辖权。

与质权不同,留置权的典型例子如保管、承揽定作、运输、修理等合同中受托方履行了保管、定作、承运、修理等义务,而委托方却不履行交付对价的义务,受托方在一定条件下有权留置委托方的物品,待其履行义务再予以返还。因此,所留置的财产属于对主债务的一种担保。在这种法律关系中,受托方称为留置权人,委托方则是财产被留置的债务人。但如果财产被留置的债务人一直不履行自己的义务,留置权人就能够利用实现担保物权的程序来保障自己的权利。有些情况下,财产被留置的债务人也需要通过简便的方法将财产变现以充抵债务。因此,《民诉法解释》第 359 条规定,留置权人和财产被留置的债务人都可以申请将留置的财产折抵,或予以变卖、拍卖,以支付主债务及相关费用。根据实务中的常见做法,申请实现留置权的案件由留置物所在地的基层法院管辖。有关实现质权或留置权案件程序操作的其他部分,与上文对实现抵押权的程序所做介绍相同,不再赘述。

延伸讨论

18-2　几种特别程序案件的标准流程图

为了使读者对本节所述内容有更为直观的了解,以下分别列出几种特别程序案件的处理流程。

首先,本节虽然并未涉及选民资格案件,但这里可做简要介绍。这种案件的启动在法律上表述为“起诉”(《民事诉讼法》第 188 条),因此应视为诉讼程序的一种。不过,其“特别”之处还表现在起诉的公民不称“原告”而称为“起诉人”,选举委员会(图 18-1 中简称“选委会”)也不是被告,等等。关于法院对选民资格争议的处理为何放在民事诉讼法中作为一种“特别程序”在上一节已有讨论,以下仅就其基本流程列出一个简单的示意图。

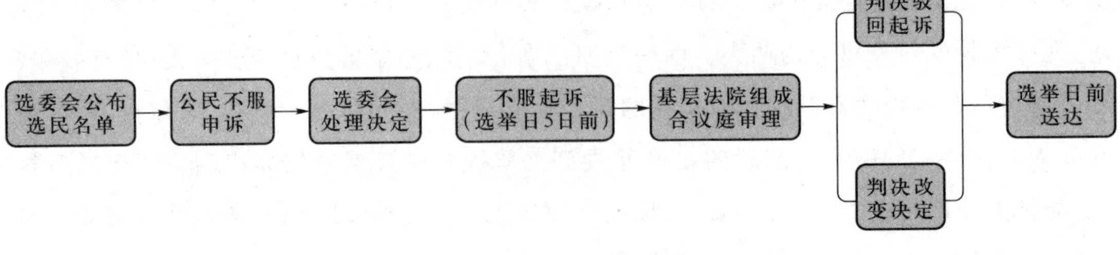

图 18-1　选民资格案件程序基本流程图

其次，虽然本节涉及众多的特别程序，这里仅把具有不同代表性的认定公民无民事行为能力、限制民事行为能力案件和实现担保物权案件的标准程序流程分列如图 18-2、图 18-3 所示。读者也可作为一种训练，自己尝试把本节介绍的其他程序以不同的标准流程图表示出来。

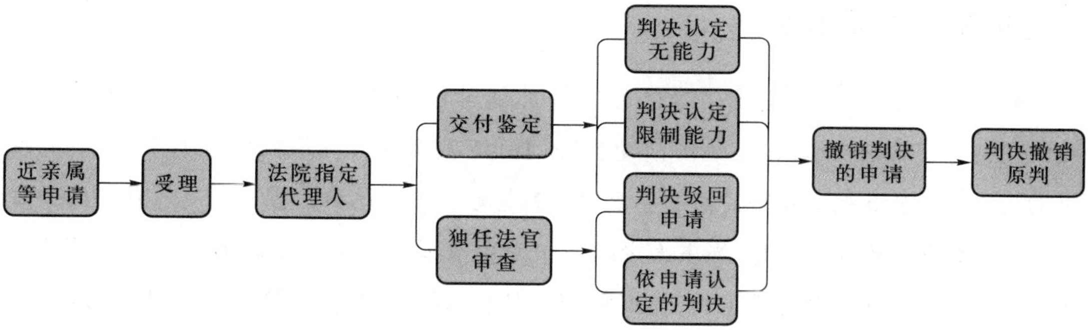

图 18-2　认定公民无民事行为能力、限制民事行为能力案件程序流程图

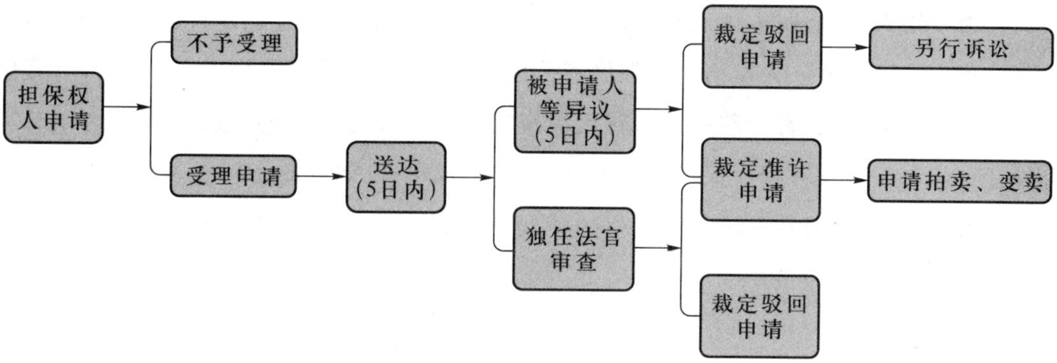

图 18-3　实现担保物权案件程序流程图

第 3 节　督促程序与公示催告程序

我国《民事诉讼法》第十七章规定的督促程序和第十八章规定的公示催告程序，在大陆法系各国如法、德、日等国的立法上早已存在，且属于比较典型的非讼程序形态。出于尽可能低成本、高效率地维护交易秩序和信用体系的需要，督促程序旨在以简易便捷的方式清理债权债务，公示催告程序则是保障票据制度顺利运转的一种有效方法。我国立法上最初对此未加规定，到了 1991 年因市场经济形成发展而产生了一定的社会需求，才将

这两种程序写入现行《民事诉讼法》中。2012 年修订《民事诉讼法》时对督促程序制度的部分内容有所调整，有关公示催告程序的规定则一直沿用至今。这两种程序在立法中虽然单独成章，但其非讼的性质与第十五章规定的特别程序相近，也准用如一审终审、独任审理（除权判决的作出需要组成合议庭则为例外）等有关特别程序的一般规定。

18.3.1 督促程序

督促程序又称为“申请支付令的程序”，亦能够被理解为一种简易的“讨债”或“催债”方式。对于随社会交往及经济活动频繁而广泛发生的种种债权债务关系，民事主体借助司法这种公共权力获得清偿的主要方式就是通过正规的诉讼程序。但总有一部分债权债务关系的内容简单清楚，当事人之间还未发生争议或有无争议尚不明确。此类情形下与其诉诸耗时费事的诉讼审判，还不如利用某种“非讼”性质的简易方法，既能达到债务清偿的目的，又可有效地节约个人和国家用于解决纠纷的资源或成本。此即在《民事诉讼法》中设置督促程序或申请支付令这种制度的意义所在。该制度的大致框架是：债权人作为申请人，向法院申请发布支付令，法院仅审查债权人单方提供的相关资料，即可向作为被申请人的债务人发出这种催促清偿债务的命令，不过债务人一旦提出异议，支付令原则上就失去效力，督促程序可以转化为解决当事人双方争议的诉讼程序。这样的制度设计意味着先以某种程序保障水准不高，却是低成本、高效率的债权债务清偿方式替代常规的诉讼审判，只是在争议确实发生的情况下才将其转换为诉讼程序。关于督促程序的实际运作，可参看设例 18-7。

设例 18-7

顾某以谭某为被申请人，向谭某住所地的基层法院申请发布支付令，主张其欠自己 4 万余元的债务，并提交一张写明“两个月以内支付余款 47 800 元”并有谭某签名的书面证据。法院收到支付令申请书的数日之后，通知顾某受理其申请，同时确定了 10 天以后的一个时间，要求申请人到庭接受询问。经一名审判员询问顾某和审查已提交的材料，认为申请人与谭某的债权债务关系简单清楚，付款的期限已过，于是制作了命令被申请人在 15 日内履行债务的支付令，内容包括如谭某到期不主动清偿，顾某可申请对其强制执行，还写明谭某在收到支付令的 15 日内享有提出异议的权利。该支付令向谭某送达之后，其立刻聘请律师向法院提出了书面异议。谭某主张自己与顾某是因供货关系发生的金钱往来,虽然尚欠其部分货款,出具的欠条也属实,但因顾某所供货物存在质量问题,自己已经在顾某住所地的法院提起了追究其瑕疵责任的诉讼。法院将被申请人书面异议的副本送交申请人顾某,承办的法官听取其意见后,认为双方之间确实存在实质性争议,遂作出了终结督促程序的裁定。该裁定向双方送达后,原来向被申请人发出的支付令自行失效。鉴于谭某已经另案提起诉讼,申请人顾某向法院表示不把督促程序转化为诉讼程序。

从设例18-7可看到,督促程序的运行大致可分为三个阶段。根据《民事诉讼法》及其司法解释的规定,第一个阶段为债权人以债务人为被申请人,在有管辖权的基层法院申请发布支付令,法院立案庭就是否受理申请进行审查,期限为5日;第二个阶段是法院受理后由独任审判员实施进一步的审查,期限为15日;第三阶段是法院向债务人送达支付令后,其还有15日时间或者主动履行,或者提出异议。如果债务人提出异议,经审查异议成立的,原则上法院应裁定终结督促程序,根据债权人的意愿可从非讼程序转换为诉讼程序。但若15日内债务人既不履行债务也不行使异议权,期满则支付令发生法律效力,债权人可据此申请法院强制执行。每个程序阶段都有一些解释适用上的问题需要探讨,以下分别略加考察。

关于受理支付令申请的管辖法院,无论债权债务的数额大小,适用督促程序的案件都由基层法院管辖。一般情况下债务人住所地法院都有管辖权,但债权人也能够根据协议管辖或者相关法律等,选择向其他有管辖权的法院提出申请。债权人的申请应采取书面形式,并提供收据、借条或合同等能够大体证明债权债务关系的证据材料。法院收到支付令申请书及相应材料后,对于请求支付的债权是否限于金钱及汇票、支票、债券等有价证券,债务数额是否明确且已经到期,对债务人是否能够送达等条件进行初步的审查,并在5日之内通知债权人受理或者不受理。法院受理申请之后,独任法官应在15日内做进一步的审查,根据具体情况可采取书面审查或询问申请人等方式,但通常情况下不必通知或询问被申请人。在此阶段审查的内容还包括:双方的主体资格如申请人与被申请人是否确系债权人和债务人、是否存在债权人负有对待给付义务等其他法律关系、是否有违反法律强制性规定的情形、债务履行的条件期限等是否已经满足,等等。基于《民事诉讼法》第221条关于支付令成立条件的规定,这种程序只适用于金钱的给付或有价证券的兑现等债权债务的清偿,其他如动产、不动产等标的物的交付或者涉及侵权损害赔偿等法律关系的给付请求,都不得申请支付令。为了保持督促程序的简易便捷,另一个重要的条件则是必须能够将支付令送达给被申请人,即不适用公告送达。根据审查的结果,独任法官可以裁定驳回支付令申请,但认为申请符合上述条件,则应向被申请人发出支付令。直到支付令送达债务人之前,债权人都有权随时撤回申请,法院则可据此裁定终结督促程序。作出的支付令如果在30日内无法送达给被申请人即告自行失效,法院也应裁定督促程序终结。

债务人在接受送达后15日内提出异议原则上即可使支付令失效的制度安排,其基本原理在于,督促程序前阶段的设计旨在尽量简化程序以节约成本提高效率,因此没有为债务人提供收到通知、提出有利于自己的主张和证据并进行辩论等程序权利上的保障,作为对此的救济则赋予其事后一旦提出异议即可对抗支付令效力的权利。不过,在1991年《民事诉讼法》设置督促程序之后的一段时期,由于债务人不管是否真正存在争议都随意而频繁地提出异议,法院对异议又无任何审查,导致了发出的支付令很难生效,本来简易便捷的督促程序案件也因债权人缺乏提出申请加以利用的动机,收案量一直保持在很低的水准。为了缓解这个问题,最高人民法院于2000年发布了《关于适用督促程序若干问题的规定》(以下称《督促程序规定》,已废止)。其重点之一就是对债务人滥用异议权的现象进行规制。例如根据该规定第7条的规定,如果债务人对于债权债务关系并无实质性的异议,只是"对清偿能力、清偿期限、清偿方式等提出不同意见的,不影响支付令的效力"。这一司法解释中的大部分规定已经为2015年发布并施行的《民诉法解释》所吸收,如上述第7条被《民诉法解释》第438条(现第436条)吸收,还增加了法院"经审查认为异议不成立的,裁定驳回"的规定。其他旨在限定异议范围的相关规定还包括:债务人仅对支付令列出的若干项债务中部分债务提出异议,不影响支付其他债务的效力;可分之债的多个债务人中部分债务人提出异议的,不影响支付令对其他债务人发生效力,等等。不过需要注意的是,由支付令程序的基本原理所决定,法院还是应停留在对债务人的异议进行形式审查的层面,不宜深入双方之间实体上的权利义务关系,只要发现债务人和债权人之间确实存在争议,就应终结督促程序。

在《民事诉讼法》修订之前,制度上并无督促程序与诉讼程序可以相互转换的规定。债权人申请支付令如果没有奏效,都需要在终结督促程序之后重新起诉。再加上存在债务人滥用异议权的现实情况,导致债权人本来是打算利用简易便捷的非讼程序,为了债务得到清偿最终却经常不得不付出更多的成本及时间精力。为了减轻债权人的负担,把非讼程序和诉讼程序有机地衔接起来,2012年修订的《民事诉讼法》增加了第217条第2款的规定,即"支付令失效的,转入诉讼程序,但申请支付令的一方当事人不同意提起诉讼的除外"。根据相关司法解释的进一步规定,督促程序终结转换为诉讼程序的具体操作是，终结督促程序的裁定送达到申请人后，只要其7日内没有向法院明确表示自己不打算提起诉讼，就把支付令的申请视为起诉，起诉时间从申请提出之日起算。这种把非讼程序转换为诉讼程序或者衔接二者的机制，对应了从当事人之间有无争议并不明确的状态转变为确实存在争议时的现实情况。与此相应，《民事诉讼法》还规定了从诉讼程序转化为督促程序的情形。如有关审理前准备的《民事诉讼法》第136条在法院对受理的诉讼案件“分别情形，予以处理”的第1款之下，首先列明的就是“当事人没有争议，符合督促程序规定条件的，可以转入督促程序”的条项。

这些立法上的发展都有一个背景，就是自1991年现行《民事诉讼法》设置督促程序以来，旨在减轻当事人讼累，能够以高效率的简易方式清理债务的这项非讼程序得到利用的频度却一直不高。在大陆法系设置这项程序的许多国家，每年法院受理的支付令申请可以远远超过诉讼案件数量，或者至少也会相当于诉讼案件一个相当高的百分比。但是在我国，多年以来债权人申请支付令的数量一直不大，每年适用督促程序的案件几乎总是在诉讼案件收案量的10%以下徘徊。造成这种现象的原因虽然有种种说法，但尚没有哪一种能够得到确认。不过，债务人滥用异议权和支付令与诉讼程序的衔接不便能够导致债权人利用督促程序的意愿降低，的确是一种言之成理的观点。遏制异议权滥用的司法解释和有关程序在非讼与诉讼之间相互转化的立法，都被期待着发挥加强债权人申请支付令的动机或者提高督促程序使用率的功能作用。至于这些对策是否能够切实起到预期的作用，则有待于观察了。

18.3.2　公示催告程序

公示催告程序是一种与票据制度配套的非讼程序。我国《票据法》第15条规定，持有票据的民事主体在票据丧失的情况下，可以“依法向人民法院申请公示催告”。作为这种程序操作过程最为典型的一种情形，可先看设例18-8。

设例18-8

甲商行向乙工厂购进一批产品，甲向乙开具一张金额为10万元的汇票，记载的付款人为某银行的丙支行，付款期限是出票之日起的第15天。但是，在乙工厂财务人员收到该汇票后的第五天，汇票却被办公室里的其他人无意中混入碎纸机遭到毁弃。乙工厂当日即作为申请人向丙支行所在地的基层法院申请公示催告。法院指定一名审判员对乙在书面申请中记载的汇票号码、票面金额、出票人、持票人、付款人等信息和申请的理由及事实等进行审查，于收到申请的次日决定受理乙的申请。在告知申请人已经受理的同时，法院向丙支行发出了停止支付的通知，并于受理后第二天在门前的公告栏上贴出公告，还将该公告刊登于《人民法院报》。公告的内容除记载灭失的汇票信息外，就是催促任何主张对这张汇票拥有权利的主体或利害关系人在 60 日内向法院申报权利，此期间内付款人不得向任何人支付汇票记载的金额。但此期间并没有人申报权利，过了 60 日之后不久，乙工厂即申请法院作出除权判决。法院另行组成合议庭，经对申请进行简单的书面审理后，作出了宣告灭失汇票无效的除权判决。该判决除送达给申请人乙工厂和付款人丙支行外，还再次张贴到公告栏上进行公告。丙支行收到该除权判决后，以此为依据向乙工厂支付了灭失汇票记载的金额 10 万元。

从设例 18-8 可看到，转账支票、汇票、本票等可以背书转让的票据一旦灭失或遗失，一方面，在被盗等情形下有被犯罪分子或权利人以外的他人非法获得支付的危险；另一方面，即使立刻挂失止付或因只是灭失而无被冒领风险，丧失票据的权利人如何获得支付或者依何凭据实现其权利，依然构成法律上必须解决的问题。公示催告程序正是为了防止社会信用体系中不可避免的上述风险而设置的制度，同时该制度也为丧失票据的权利人提供了依然可能实现其权利的程序渠道。通过设例 18-8，还可看出公示催告程序大致由三个阶段构成，即申请公示催告和受理阶段、公告阶段、除权判决的申请和审理裁判阶段。每一个程序阶段都涉及若干解释适用问题，以下根据《民事诉讼法》第十八章和相关司法解释的规定分别加以介绍和讨论。

在申请和受理阶段，首先有一个公示催告程序适用范围的问题。《民事诉讼法》第 225 条除规定“可以背书转让的票据”被盗、遗失、灭失等情形外，还规定“依照法律规定可以申请公示催告的其他事项”也适用这一程序。从司法实践来看，出现过对股票、债券、提货单等丧失的情形适用公示催告的案例，还有对空白存单不适用这一程序的案例。看来，确定公示催告适用与否的关键，还在于丧失票据的权利人为了规避风险、实现权利有无其他更加方便简易的方法。换言之，面对票据持有人提出的公示催告申请，法院在决定是否受理时需要先对公示催告适用的必要性进行审查并作出判断。此外需要注意的是，在申请和受理阶段，法院无须查明票据持有人是否就是权利人，能够申请公示催告的票据持有人指的只是票据丧失前最后持有该票据的主体。例如一张支票经过数次背书，只有接受了最后一次背书转让，还没来得及再次背书转让出去就遗失了该票据的持票人，才有资格申请公示催告。提出申请的管辖法院为票据支付地的基层法院，无论票面金额大小都不改变级别管辖。支票、汇票、本票等能够背书转让的票据一般都有付款银行等关于支付人的明确记载，因此很容易确定管辖法院。除此之外，因股票、债券或提货单等丧失而提出的公示催告，一般分别由证券交易所的所在地、发行债券的公司住所地和货物所在地的法院管辖。根据《民诉法解释》第 443 条的规定，法院收到公示催告的申请后，经审查如认为不符合受理条件，必须在 7 日内以裁定驳回申请。

如果法院受理申请，则应依《民事诉讼法》第 226 条的规定，在 3 日内以公告栏张贴、媒体刊登以及在证券交易所公布等方式发出公告，催促利害关系人向法院申报权利。公告期间可由法院视具体情况决定，但不得少于 60 日。这种公告一旦发出即在其期间内产生两种法律效力：一是付款人不得支付，如果付款就可能承担赔偿责任；另一则是任何转让票据权利的行为均无效。如果在公告期间内有利害关系人向法院申报权利，法院亦应进行审查。一般情况是申报人出示申请人主张的已经丧失的票据，法院应通知申请人查看该票据。如申请公示催告的票据与申报人出示的票据不一致，法院裁定驳回利害关系人的申报；如果法院认为确为同一票据，则作出终结公示催告程序的裁定，告知申请人及申报人可以向法院另行提起诉讼，同时通知付款人等其他利害关系人。换言之，一旦出现实质性的争议，非讼程序即告结束，当事人之间的争议转入诉讼程序处理。

公告期间无人申报权利或者申报被法院裁定驳回之后，公示催告程序进入除权判决的申请与作出阶段。根据《民诉法解释》第 450 条的规定，申请人应在公告期满之日起 1 个月内向法院申请作出除权判决，如果逾期不提出有关除权判决的申请，法院亦应以裁定终结公示催告程序。当然，多数情况下申请人都会在公告期满后尽快提出有关除权判决的申请。需要注意的是，此前的公示催告程序由一名法官独任审理即可，而收到作出除权判决的申请之后，法院却必须组成合议庭进行审理。合议庭经审理作出的所谓除权判决，指的是宣告已丧失的票据无效的判决，其性质为形成判决，具有形成力。根据《民事诉讼法》第 229 条的规定，作出这种判决需要进行公告并通知支付人，自判决公告之日起，申请人即有权向支付人请求支付。不过从《民事诉讼法》第 230 条的内容来看，除权判决的法律效力只具有相对的意义。因为根据这个条文，真正对票据拥有权利的主体，只要能够提出自己未在该票据的公示催告期间申报权利的正当理由，都可以在知悉或应当知悉除权判决公告之日起的 1 年以内，将申请人作为被告向法院提起撤销除权判决的诉讼。

延伸讨论

18-3 两种非讼程序的标准流程图

从本节所述内容,可以归纳出关于督促程序和公示催告程序的以下两张流程图,即图 18-4 和图 18-5,虽然不能全面反映这两种非讼程序实际上可能会变化多样的形态,但读者可以通过对图形直观的浏览,一目了然地把握这两种程序运作的基本或标准流程。

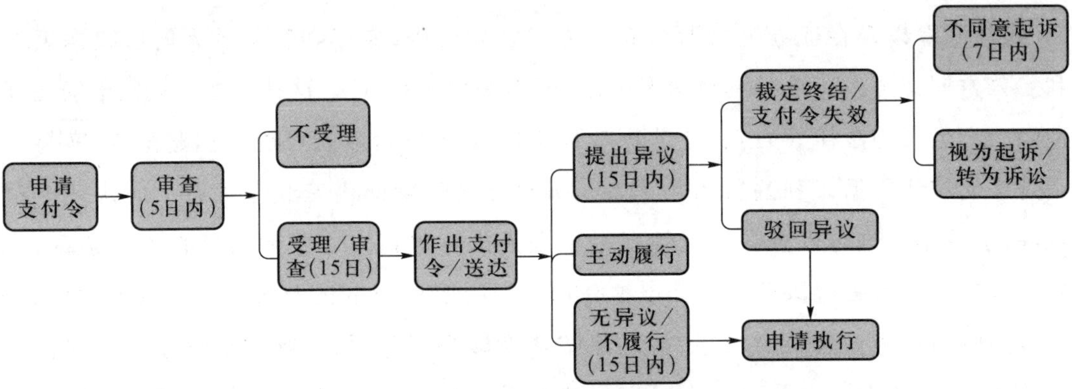

图 18-4 督促程序标准流程图

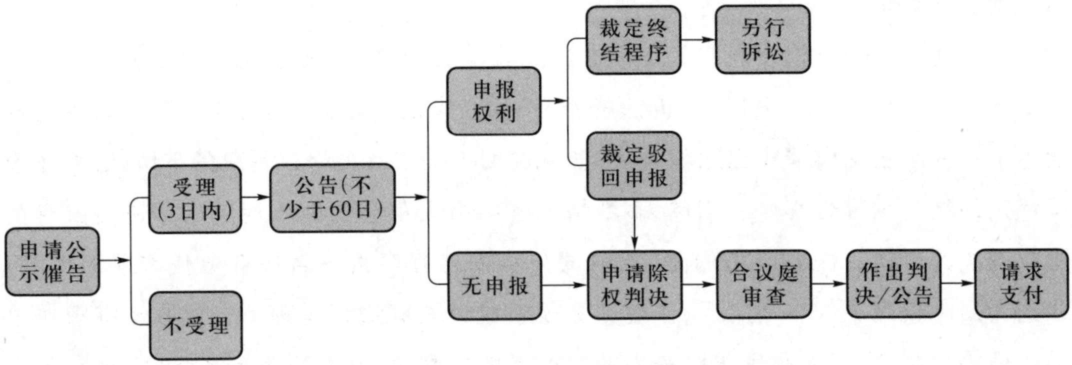

图 18-5 公示催告程序标准流程图

附录一　民事诉讼法相关司法解释一览表

具体内容请扫描二维码

全称	简称	首次出现位置
最高人民法院关于适用《中华人民共和国民事诉讼法》的解释(2015,已修改;2022,现行)	民诉法解释	延伸讨论 2-2-1
最高人民法院关于民事诉讼证据的若干规定(2002,已废止;2020,现行)	证据规定	延伸讨论 2-2-1
最高人民法院关于审理民事案件适用诉讼时效制度若干问题的规定(2008,已修改;2020,现行)	诉讼时效规定	延伸讨论 2-2-2
最高人民法院关于适用《中华人民共和国民事诉讼法》若干问题的意见(1992,已废止)	民诉法意见	延伸讨论 2-2-3
民事案件案由规定(2008,已修改;2011,第一次修正;2020,第二次修正)	案由规定	延伸讨论 3-2
最高人民法院关于调整高级人民法院和中级人民法院管辖第一审民商事案件标准的通知(2015)	管辖标准通知	4.2.1
最高人民法院关于调整高级人民法院和中级人民法院管辖第一审民事案件标准的通知(2019)	民事管辖标准通知	4.2.1
关于规范上下级人民法院审判业务关系的若干意见(2010)	审判业务关系意见	4.3.1
全国人民代表大会常务委员会关于完善人民陪审员制度的决定(2005,已废止)	陪审决定	延伸讨论 5-1-2
最高人民法院、司法部关于印发《人民陪审员制度改革试点方案》的通知(2015)	陪审改革试点方案	延伸讨论 5-1-2

续表

全称	简称	首次出现位置
最高人民法院关于审判人员在诉讼活动中执行回避制度若干问题的规定(2011)	回避规定	第5章第2节
最高人民法院关于适用《中华人民共和国婚姻法》若干问题的解释(三)(2011,已废止)	婚姻法解释三	延伸讨论7-3-1
最高人民法院关于审理人身损害赔偿案件适用法律若干问题的解释(2003,已修改;2020,第一次修正;2022,第二次修正)	人身损害赔偿解释	9.1.2
全国人民代表大会常务委员会关于授权最高人民检察院在部分地区开展公益诉讼试点工作的决定(2015)	检察公益诉讼试点决定	延伸讨论10-3
检察机关提起公益诉讼改革试点方案(2015)	检察公益诉讼试点方案	延伸讨论10-3
最高人民法院关于适用《中华人民共和国合同法》若干问题的解释(二)(2009,已废止)	合同法解释二	11.2.1
最高人民法院关于适用《中华人民共和国合同法》若干问题的解释(一)(1999,已废止)	合同法解释一	11.2.1
最高人民法院关于人民法院办理财产保全案件若干问题的规定(2016,已修改;2020,现行)	财产保全规定	12.1.1
最高人民法院关于执行权合理配置和科学运行的若干意见(2011)	执行权配置意见	12.1.2
最高人民法院关于审查知识产权纠纷行为保全案件适用法律若干问题的规定(2019)	知识产权保全规定	12.2.1
关于人民法庭若干问题的规定(1999)	人民法庭规定	延伸讨论14-1
关于全面加强人民法庭工作的决定(2005,已修改;2021,现行)	人民法庭工作决定	延伸讨论14-1
最高人民法院关于适用简易程序审理民事案件的若干规定(2003,已修改;2020,现行)	简易程序规定	14.3.2
最高人民法院关于人民法院在互联网公布裁判文书的规定(2013,已修改;2016,现行)	公布裁判文书规定	延伸讨论15-1

续表

全称	简称	首次出现位置
关于案例指导工作的规定(2010)	案例指导规定	延伸讨论 15-2
最高人民法院关于严格执行案件审理期限制度的若干规定(2008)	审限规定	16.1.2
最高人民法院关于民事经济审判方式改革问题的若干规定(1998,已废止)	审判方式改革规定	延伸讨论 16-1
最高人民法院关于民事审判监督程序严格依法适用指令再审和发回重审若干问题的规定(2015)	指令再审和发回重审规定	17.4.1
关于建立健全诉讼与非诉讼相衔接的矛盾纠纷解决机制的若干意见(2009)	诉讼与非诉衔接意见	18.2.4
最高人民法院关于适用督促程序若干问题的规定(2001,已废止)	督促程序规定	18.3.1

附录二　课堂测验和期末考试试卷示例

课堂测验示例

一、概念题(阅读设例并在括号内写出与之对应的概念。每题4分,共20分)

1. 刘三以借款纠纷为由将陈四诉至法院,请求支付欠款5 000元。陈四则主张自己只欠刘三3 000元。陈四的这种回应称为(　　　)。

2. 在上述案件中,陈四的答辩还包括自己确实向刘三借过5 000元的内容。被告答辩的这部分内容构成了(　　　　),而关于当事人双方之间是否存在借款的事实本身,在本案的审理中也不再成为(　　　　)。

3. 在某一侵权损害赔偿诉讼中,原告主张被告实施了侵害自己肖像权的行为。在学理上这叫做"(　　　　)事实";原告还诉称,某日自己在被告经营的照相馆拍摄艺术照,此后该照相馆却在没有告知也未取得自己同意的情况下将所拍的照片在其橱窗内公开陈列,还放到互联网上任由下载。这些都属于支持其请求的"(　　　　)事实"。

4. 甲(家住A地)的丈夫因犯罪而被判在B地入狱服刑,甲向A区法院提起了离婚诉讼,法院受理了她的起诉。这种管辖称为(　　　　)。

5. 居住在北京市朝阳区的甲与住所地为河北省承德市的乙就合资经营事宜结算,结算单上写明甲尚欠乙25万元,两人签字确认。乙又因筹办公司而向朋友丙借款40万元,后却因公司失败而无力还债。丙在朝阳区法院以甲为被告提起代位诉讼,请求其把欠乙的钱直接还给自己。案件受理后,丙发现乙尚有部分财产,于是把乙追加为共同被告。乙认为本案应在承德市审理,遂向法院提出管辖权异议。法院以(　　　　)为理由,驳回了他的异议。

二、判断题(在问句后的括号内写"是"或"否"并简单说明理由。每题5分,共30分)

1. 甲置业公司作为业主起诉租用其办公场所的乙公司,主张乙拖欠其租金,请求解除租约并支付3个月的房租共12万元。到了庭审阶段,甲把请求支付的金额增加到

15.5 万元,增加的根据是其主张乙又拖欠了近一个月的租金。

问:本案中原告增加诉讼请求的金额是否构成“诉的追加”(也称“追加的合并”)?(　　)

2. 赵一起诉郑三返还借款,郑三向法院主张大部分借款自己都已归还,且作为抵押还把一套贵重的邮票存放在赵一处,赵一应当返还该套邮票。

问:郑三关于返还邮票的主张是否构成反诉?(　　)

3. 大何与小林毕业后共同开办了一家网店,但后来因经营难以为继闭店。大何给小林出具了一张 4 万元的欠条,写明 2014 年 5 月底之前一定付清。小林于 2016 年 8 月向法院提起诉讼,请求大何偿还这笔欠款。庭审时法官提示双方当事人对欠条上所写的还款时间予以确认,小林的代理律师对此表示反对。

问:小林的律师有无权利反对法官的提示?(　　)

4. 甲到某市旅游,因内急时未找到公厕,只得就近到一收费厕所如厕,并向收费员乙交纳了一元钱。后甲把某市政府和乙诉至法院,请求返还一元钱的收费,并在该市所有游客都方便的地点设置公厕。

问:法院是否应当受理甲的起诉?(　　)

5. 北京海淀区的通亿公司通过函电委托石家庄的某运输公司将一批货物在特定期限内从邯郸运送到张家口,后来这批货物运抵的时间比约定的期限晚了一个多星期。通亿公司认为对方违约给自己造成了损失,经协商不成,遂决定起诉。

问:通亿公司可否向海淀区法院起诉对方?(　　)

6. 钱东因民间借贷纠纷诉李西一案,法院组成合议庭并告知了双方当事人。开庭审理前被告李西对一名合议庭成员提出回避申请,理由是其与原告钱东同样出生于某省,两人是同乡,相互之间应该认识。

问:法院院长对被告的回避申请应当予以批准吗?(　　)

三、不定项选择题(将选项字母写到题后括号内。每题 5 分,共 40 分)

1. 在一起交通事故中,加害人驾驶汽车与骑摩托的受害人相撞,加害人负主要责任。受害人向作为被告的加害人提出以下诉讼请求。

问:下列哪项请求属于单独的一个“诉”?(　　)

A. 被告支付医疗费用 3 万元

B. 被告支付误工补贴 4 300 元

C. 被告支付损坏的摩托车修理费 2 642 元

2. 在一份诉状中,原告分别提出了以下诉讼请求。

问:下列哪几项请求属于“同一个诉讼标的”?(　　)

A. 解除原告与被告之间的加工承揽合同

B. 被告返还原告提供的原材料与技术资料

C. 被告返还原告已支付的加工费人民币 8 753 元

D. 被告赔偿因加工产品不合格损害原告设备带来的损失 12 568 元

E. 诉讼费由被告承担

3. 甲公司经招投标从某地方政府获得一块土地 70 年的使用权,但该地块与乙村邻接且因历史上的纠葛存在地界争议。乙村的村民经常进入该地块从事砍柴等作业,乙村民委员会还在该地块内建造了临时建筑。甲公司以乙村民委员会为被告向法院起诉,请求禁止乙村村民进入自己拥有使用权的地块,并请求责令乙村村民委员会拆除违法建筑恢复原状。

问:甲公司的请求应理解为以下何种诉讼类型?(　　)

A. 给付之诉　　B. 确认之诉　　C. 形成之诉

4. 道丰公司向吉顺公司发出律师函,称后者正在制造并准备投入市场销售的某产品不当地使用了自己拥有专利权的若干项技术,要求尽快与自己协商以便在付费的前提下获得使用许可。吉顺公司回函反驳了道丰公司的主张,并表示其可以随时起诉自己。但因道丰公司迟迟没有回音,吉顺公司急于将产品上市销售,遂以道丰公司为被告提起诉讼,请求法院允许自己销售产品。

问:吉顺公司提起的诉讼符合以下何种性质?(　　)

A. 积极的确认之诉　　B. 消极的确认之诉

C. 给付之诉　　D. 侵权之诉

5. 长幸公司与锋浩公司有长期的交易往来。长幸公司起诉锋浩公司,请求支付货款 80 余万元。锋浩公司辩称其并未拖欠货款,在之前的交易中已多次为长幸公司垫款,总额已经超过 80 余万元。

问:锋浩公司的主张与以下的哪一种或哪几种回应方式相符?(　　)

A. 否认　　B. 抗辩　　C. 抵销　　D. 反诉

6. 张家口的居民邓某在北京亚运村汽车市场购置一辆汽车,因自己在承德经常有生意往来而上了当地的牌照,又因自己在大兴区购有住房,顺便向主要营业机构在大兴的保险公司投保了交强险。后邓某驾驶汽车在朝阳区出了交通事故。

问:如果邓某与保险公司就是否符合支付保险金的条件发生纠纷,其可向以下哪些地区的法院起诉保险公司?( )

A. 张家口　　B. 海淀区　　C. 大兴区

D. 朝阳区　　E. 承德

7. 户籍地为山东龙口但在北京通州工作居住已有5年的尚一欲在本市购房,遂就近与营业机构在通州的京斯中介签订一项合同,委托其为自己在北京市五环内任一区域寻找合适的房源并代办购房事宜。双方还约定万一发生纠纷,经协商无果可向事先选择的法院起诉。

问:下列法院中双方不能协议选择管辖的是哪一个或哪几个?( )

A. 西城法院　　B. 延庆法院　　C. 龙口法院

D. 通州法院　　E. 丰台法院

8. 居住于北京的影星甲在横店影视基地拍片时读到丙娱乐杂志刊登的作者为乙的一篇报道,认为侵犯了自己的名誉权,欲起诉乙和丙。乙的住所地为南京,丙的发行地为深圳。

问:甲可选择位于下列哪些地方的法院起诉?( )

A. 北京　　B. 南京　　C. 深圳

D. 横店　　E. 全国出售丙娱乐杂志的任一城市

四、案例分析题(10分)

镇北公司为了推出某种产品,与城西厂签订了一项加工承揽合同,由镇北公司提供技术资料和原材料,城西厂进行加工制作。后双方因加工出来的产品质量问题发生争议,镇北公司将城西厂诉至法院,请求解除双方之间的合同,对方返还自己提供的原材料与技术资料,并退还已支付的加工费。

分析并回答:以下所列各项哪些是本案的主要事实或直接事实?哪些是间接事实、辅助事实或背景事实?请在题后的括号内写出答案。

1. 双方未签订书面合同,但来往信函、传真及电话记录中有关于产品数量、加工单价及交货日期等信息的记载。( )

2. 双方都持有的技术资料上记载有产品加工要求、规格形状、功能等信息。( )

3. 双方之间存在长期反复进行交易的关系。( )

4. 镇北公司提供的原材料与技术资料的相关说明有不相符之处。( )

5. 城西厂提交给法院的原材料样本并非取自镇北公司原来提供的那批原材料。(　　　　)

6. 加工出来的产品质量上出现缺陷是因为原材料的问题。(　　　　)

7. 镇北公司通过银行转账向城西厂支付了一笔款项。(　　　　)

参考答案请扫描二维码

期末考试试卷示例

一、概念题(每题 4 分,共 20 分)

1. 甲公司起诉乙,主张双方之间的加工承揽合同签订时存在重大误解,请求法院撤销该加工承揽合同并责令乙返还其提供的用以加工的原材料。甲公司关于撤销合同的请求属于(　　　　)的诉讼类型。

2. 上列案件中,针对甲公司上列请求中有关合同签订时存在重大误解的主张,乙答辩称双方就本案加工承揽合同的签订不存在任何误解,合同应当成立有效。乙的这一主张属于(　　　　)。

3. 上列案件中,乙向法院申请传唤甲公司的法定代表人出庭,说明他到场签订合同时的情景。如果甲公司法定代表人到庭,他做的口头说明在证据种类上属于(　　　　)。

4. 上列案件中,为防止乙转移、变卖用以加工的原材料,甲公司向法院申请对该批原材料进行(　　　　)。法院经审查并综合考虑本案案情,批准了该申请,但为防止因错误给乙造成损失,责令甲公司交纳金钱若干作为(　　　　)。

5. 上列案件中,法院主持双方进行调解,乙坚持要求法院驳回甲公司的诉讼请求。主审法官称如乙不接受以合同撤销为前提的调解方案,将判决其承担违约责任。乙无奈同意在调解协议上签字,随后签收了法院送达的调解书。深感不公的乙可以调解违反(　　　　)原则为由,提出(　　　　)申请寻求司法救济。

二、判断题(每题 5 分,共 30 分,在括号内打√或×并简单说明理由)

钟意公司基于股权转让协议纠纷在 A 法院起诉宏博公司,请求返还转让款。结合以下各题补充的事实，回答有关提问：

1. 宏博公司收到诉状后第十天提出答辩状，主张己方与钟意公司之间存在的是合作法律关系，请求驳回钟意公司的全部诉讼请求。此后过了十多天，至开庭只有数日时，宏博公司又提出管辖权异议，主张根据双方法律关系的性质，对本案有管辖权的法院应为B法院。

问：法院应当对此管辖权异议进行审查并作出相应裁定吗？（　　　　）

2. 针对钟意公司提交的合同文本，宏博公司主张该合同系钟意公司伪造的，提出反诉请求法院确认这一事实。

问：该反诉属于法院的受案范围吗？（　　　　）

3. 针对钟意公司提交的合同文本，宏博公司向法院提交了一份合作协议书，并主张钟意公司提交的是一份无效合同，双方后来已重新达成新的协议，这份合作协议书才是双方之间真正有效的合同。

问：如果法院认为双方提出的两份合同文本作为证据在证明力上势均力敌，此时关于该待证事实应由宏博公司继续举证吗？（　　　　）

4. 钟意公司主张本案的股权转让由第三方大城公司作为介绍人，其了解纠纷发生的前因后果，申请法院通知大城公司参加诉讼。

问：法院应当通知大城公司作为无独立请求权第三人参加诉讼吗？（　　　　）

5. 一审法院经审理判决驳回钟意公司的诉讼请求。钟意公司不服，在法定期间内向一审法院递交上诉状，但经一审法院多次电话及书面通知，仍未在指定期间内交纳上诉费。

问：对此一审法院可以裁定驳回钟意公司的上诉吗？（　　　　）

6. 本案判决生效后，钟意公司以原判决认定的基本事实缺乏证据证明为由向法院申请再审。法院经审查认为再审请求所主张的事由不成立，裁定驳回申请。其后钟意公司又以原审法院在审理中的合议庭组成不合法，严重违反法定程序为由重新提出再审申请。

问：法院是否应当受理这一再审申请？（　　　　）

三、不定项选择题（每题5分，共40分）

1. 亚洲铝业公司与泛海公司签订《铝锭购销合同》，其中约定交货方式为泛海公司送货至亚洲铝业公司设在外地的仓库，合同履行中产生的纠纷“若经协商不能达成一致时，应提交起诉方（原告）所在地人民法院解决”。后因亚洲铝业公司迟延支付货款，泛海公司提起诉讼。

问:下列关于本案管辖权的说法,正确的是(　　　　)。

A. 协议管辖有效,应由泛海公司住所地法院管辖

B. 协议管辖无效,应由被告亚洲铝业公司住所地或者合同履行地法院管辖

C. 争议标的为给付货币,应由货币接收方也即泛海公司住所地法院管辖

D. 购销合同以交付货物为主要特征,应由履行该义务一方也即泛海公司住所地法院管辖

2. 刘海芳因与杨小军夫妻感情不和而向法院起诉离婚,争议焦点集中于一套杨小军婚后购买并登记在其个人名下的房产归属及分配。在开庭审理中,被告杨小军提出该房产实由其父母出资购买,其父母已在本案立案之前向法院起诉并被受理,要求确认该房屋的产权归他们老两口所有。原告刘海芳则表示这是他们一家恶意串通转移夫妻共有财产。

问:法院对此应当作出的裁定是(　　　　)。

A. 延期审理　　　　B. 中止诉讼

C. 终结诉讼　　　　D. 驳回起诉

3. 法院立案后,电话联系被告甲,通知其到庭领取起诉状副本等诉讼材料。甲称已委托律师乙代理案件,请法院将诉状委托乙转交给自己。乙到法院并出具委托代理书之后,法院把诉讼材料交给乙签收。

问:这种送达方式属于(　　　　)。

A. 委托送达　　　　B. 直接送达

C. 转交送达　　　　D. 留置送达

4. 邵某为甲公司的货车司机,其因疲劳驾驶在高速公路上撞到了因故障临时停车的另一货车,该车属于乙公司所有。邵某身负重伤,乙公司货车完全毁坏。交警对该起事故的认定是邵某的责任为70%,乙公司驾驶员洪某的责任为30%。邵某以乙公司、洪某及其保险公司为共同被告起诉,就自己的人身损害索赔。其后乙公司以甲公司、邵某及其保险公司为共同被告另行起诉,请求赔偿自己的物损。

问:法院的下列哪种(些)做法是正确的?(　　　　)

A. 允许两个诉讼分别进行

B. 将后一诉讼强制并入前一诉讼,追加甲公司及其保险公司为共同原告,以乙公司为反诉原告

C. 向后一诉讼当事人释明可合并到前一诉讼,如当事人不同意则维持两个诉讼分别进行

D. 后一诉讼法院以构成重复起诉为由裁定驳回起诉,告知乙公司可在前一诉讼中提出反诉

5. 浩通公司发现其注册的商标被新河公司用来命名其开发的一个住宅楼盘,且新河公司还在浪潮公司开设的网站上宣传含有该商标的楼盘广告。浩通公司遂把新河和浪潮两家公司作为共同被告诉至法院,请求二被告停止商标侵权并赔偿损失。

问:如果出现下列情形,哪些做法应当是可行的?(　　　　)

A. 新河公司主张争议的商标是自己委托易知设计工作室设计制作的,如果侵权也应由易知工作室承担责任,法院依职权追加易知工作室为共同被告

B. 经法院向原告释明要否追加易知工作室为共同被告,因浩通公司不愿追加,法院裁定驳回其起诉

C. 鉴于易知工作室有可能承担责任,法院通知其作为无独立请求权的第三人参加诉讼

D. 鉴于浪潮公司称新河公司是在其主页及相关链接上宣传该商标,自己提供的网络服务与新河公司用于宣传的商标是否侵权完全无关,浩通公司申请撤回对浪潮公司的起诉,法院对该申请予以批准

6. 郑某与商某为再婚的夫妇,两人各有两名已成年且分别居住的子女。后商某死亡,商某的子女商一、商二以郑某为被告向法院提起诉讼,请求确认郑某现在居住的房屋包含有自己的继承份额。郑某表示,只有自己的子女郑三、郑四才有权继承。其后郑三和郑四申请参加本案诉讼,并提出了有关自己继承份额的请求。

问:以下哪些说法是正确的?(　　　　)

A. 郑三、郑四与其父郑某并列为共同被告

B. 郑三、郑四的诉讼地位是有独立请求权的第三人

C. 如果商一、商二对法院作出驳回自己诉讼请求的一审判决不服而提起上诉,则郑某为被上诉人,郑三、郑四在上诉中只列明原审诉讼地位

D. 同上情形,郑某和郑三、郑四为被上诉人

7. 章某因产品购销合同纠纷起诉郝某,请求法院确认该合同无效,己方不负向郝某交付合同约定之货物的义务。两审法院经审理,均判决驳回章某的诉讼请求。章某不服,向原二审法院申请再审。原二审法院经审查原判决认定事实确有错误,裁定立案再审。

在再审过程中，章某申请变更诉讼请求为郝某按合同支付货款，并承担迟延支付的违约责任。

问：对于该申请，下列哪种（些）说法是正确的？（　　　　）

A. 原告对诉讼请求有处分权，再审法院应准许变更

B. 原则上再审法院不准许变更，告知章某另行起诉

C. 如果再审法院准许变更，应裁定撤销原判决，将案件发回重审

D. 如果再审法院准许变更，应依法改判

8. 吴某以张某拖欠借款逾期不还为由，向法院申请支付令。法院经审查向张某发出支付令。

问：以下哪些情形将导致支付令失去效力？（　　　　）

A. 支付令送达张某之前，吴某撤回了申请

B. 张某在支付令送达后 15 日内向法院以口头方式提出异议，称欠款早已归还，吴某提供的借条是伪造的

C. 支付令送达张某之前，吴某就同一笔借款提起了诉讼

D. 张某在支付令送达后 15 日内向法院提出书面异议，称正在与吴某商量分期付款事宜

四、案例分析题（阅读以下案例并进行分析，要求 600~800 字，共 30 分）

自然人甲因土地承包纠纷以乙公司、丙村委会为共同被告提起诉讼，主张发包方丙村委会将自己已经合法承包经营的 160 亩土地中的 45 亩再次发包给乙公司，侵害了自己的承包经营权，请求确认丙村委会与乙之间的土地承包合同无效。乙公司则主张其合法取得系争土地的承包经营权，甲侵害了其合法权益，法院应驳回甲的诉讼请求。此为前诉。

乙公司又以甲为被告、丙村委会为第三人，向法院提起诉讼。以其与丙村委会签订土地承包合同并合法取得 45 亩土地承包经营权，而甲却在该土地上种植作物为由，主张甲侵害了原告的土地承包经营权，请求判令甲停止侵害，赔偿损失。此为后诉。

试结合本案案情，分析以下问题：

1. 如果前诉的生效判决是确认乙与丙之间承包合同无效，法院应对后诉做何处理？为什么？

2. 如果前诉的生效判决是驳回甲之诉讼请求，该判决对于后诉会发生何种效力？

参考答案请扫描二维码

附录三　案例分析作业示例

案例分析作业的基本要求：

1. 学生对公开发布的裁判文书进行检索，从中选出与教材中某个程序制度或领域相对应的一至两个真实案例。

2. 对裁判文书的内容进行剪裁，改写为300~500字以内的“案情介绍”或“案情概述”。

3. 提出本案需要分析的程序规范解释问题，进行论证并给出结论。

4. 字数限定在2 500字以内。

刘某诉刘×民确认亲子关系纠纷案

（清华大学法学院本科某同学作业）

案情概述：

刘某法定代理人周×存与刘×民是同学，于2001年12月合伙开办了火锅城，双方于2002年4月解除合伙关系。2002年2月19日，周×存与其丈夫阮某离婚。2002年10月8日，刘某的法定代理人周×存在B市红十字中心医院足月生育刘某。刘某出生后一直由周×存抚养。

刘某诉称：刘某的母亲周×存与刘×民未登记同居生活，后周×存怀孕。刘×民拒不履行对刘某做父亲的义务，现要求确认与刘×民系父女关系。

刘×民辩称：刘某要求确认父女关系，刘某的父母应有同居的事实。周×存诉刘×民解除同居关系一案，已被法院确认不存在，刘某诉刘×民确认父女关系无法律依据，请求驳回刘某的诉讼请求。

本案一审、二审、原再审法院都认为本案事实需要查明，而公民的身份关系不能在没有科学依据的情况下适用推定原则而反驳了刘某起诉。再审时刘某胜诉。

提出的问题及分析：

1. 在刘×民拒绝做父女鉴定的条件下能否根据其他证据予以推定？

2005 年最高人民法院民一庭倾向性意见指出，原则上以自愿的条件下得出的鉴定为准，但是一方已经完成相当证明义务而另一方仍然拒绝鉴定时，若证据足以让法官内心产生确信的基础时可以推定，但是必须严格把握。由此当时法官在没有鉴定的条件下根据必要的证据去推定是有法律依据的。因此，可以根据 2001 年发布的《关于民事诉讼证据的若干规定》第 75 条的规定，即“有证据证明一方当事人持有证据无正当理由拒不提供，如果对方当事人主张该证据的内容不利于证据持有人，可以推定该主张成立”，进行推定。

2. 原告提供的证据是否达到父女鉴定需要的“必要证据”要求？

一审、二审、原再审法院都因先前的同居关系不存在确认判决认为原告让被告鉴定的理由不足而予以驳回。再审时法院在以上事实以外又查明了一些事实，为此需要一一认定这些事实证据是否是被告妨碍证明承担责任的必要证据。

（1）2002 年 1 月 21 日，B 市第一医院为刘×民出具了一份婚姻状况证明，其主要内容为：我单位刘×民与商学院周×存申请结婚登记，刘×民未婚。双方申请登记时间在先，而周某与原丈夫离婚在后（2 月 19 日），由此刘某在非婚条件下出生，在周某有丈夫的条件下，刘某的出生以周某与刘×民同居为前提是不合适的，但没有同居关系不能排除两人发生性关系的可能。并且，双方在女方有丈夫的条件下申请结婚登记，说明两人关系比较亲密，因此发生性关系的可能性相对较大。

（2）2002 年 10 月 8 日，周×存在 B 市红十字中心医院足月生育刘某，其出生证载明，母为周×存，父为刘×民。医院开具出生证明需要提供双方的身份证、户口本、结婚证（申请登记）等材料，如果按被告所说是周某单方签名，那么周某如何获取被告的户口本与身份证？要么是被告给的，要么是两人关系密切，原告很容易能够得到。

（3）2005 年 7 月 22 日，A 省公安厅作出［2005］A 公遗鉴字第 319 号鉴定书，结论为：周×存前夫阮某某与刘某无亲权关系。被告称周某与他人有关系，而周某通过此证据排除了一定的可能性，由此周某是否与他人有关系的主观举证责任又转移到了被告，而被告并没有再提出有可能性的他人，而周某提供的结婚申请登记作为两人发生关系的依据，而被告没有推翻的依据，因此法官通过心证很容易得出被告确实与原告发生过关系的结论。

（4）B 市红十字中心医院对周×存、刘某检验血型均为 A 型。刘×民在公安机关存档的户籍材料证明，刘×民血型为 A 型。另外，判决书所称刘某与被告外貌相似，因此，两人存在父女关系的盖然性再次提高。

虽然上述间接证据每一项的盖然性都不高，但是都指向对被告不利的方向，而被告并未举出证明力较大的证据予以推翻。虽然客观举证责任在原告，但是原告已经尽了举证责任，被告却阻碍证明，因此，判决不利后果由被告承担是合理的。

3. 本案在同一个法院再审两次，是否合理？

本案审判流程如下：二审：A省B市中级人民法院（2005年9月1日）；再审：A省B市中级人民法院（2006年10月23日）；再审：A省B市中级人民法院（2008年3月26日）。

根据1991年《民事诉讼法》的规定，原审法院适用法律错误或原告提出新的证据证明原审判决有明显错误的，可以申请再审。而判决书中并没有载明第一次再审原因，笔者猜测是2005年最高人民法院民一庭意见为原告提供了申请再审的依据，而第二次再审时又查明了新的证据事实。但问题是，能否在一个法院多次要求再审？

1991年和2012年的《民事诉讼法》都没有明确规定再审次数，对此笔者认为是不合理的，因为可能会导致当事人不断提出新的证据申请再审而浪费司法资源。以本案为例，从维护判决的稳定性和节约司法资源出发，笔者认为，应当以一次再审为原则，以二次再审为例外；特殊情况下，如允许二次再审，为更加公平，应当由上一级法院提审。

刘某诉刘×民确认亲子关系纠纷案

（王亚新老师改写版）

案情概述：

原告刘某为周×存之幼女，周于2002年2月19日与其丈夫阮某离婚，同年10月8日，刘某在医院足月出生。此后周以自己以前的同学及生意上的合伙人刘×民为被告，向法院提起请求解除同居关系的诉讼。该案经法院审理，以双方之间不存在法律上的同居关系（事实婚姻）为由，判决驳回起诉而结案。周遂以幼子刘某为原告，自己作为其法定代理人，向法院起诉，请求确认刘某与刘×民系亲子关系。刘×民则以不存在同居关系的判决为根据，主张自己与刘某之间亦无亲子关系。

本案审理过程中，周×存申请对刘×民与刘某是否存在亲子关系进行DNA鉴定，但刘×民予以拒绝。本案经一审和二审程序，两级法院均以没有亲子鉴定意见作为科学根据及公民身份关系不能适用推定为由，判决驳回刘某的诉讼请求。在2005年9月1日原审终审判决生效之后，周×存申请再审，并通过了进入再审的审查。本案再审程序中，周×存再次申请亲子关系鉴定，但刘×民坚持不配合。再审法院仍以和原审判决同样的理由，作出刘某败诉的终审判决。周再次努力寻求救济，第二次获准进入再审程序。审理过程中，除原审提出的证据外，又取得了若干有利于原告的证据。最终，在原审第二审和第一次再审中作出判决的同一法院，根据这些证据以及刘×民拒绝 DNA 鉴定的事实，于 2008 年 3 月 26 日第三次就本案作出终审判决，确认原告与被告之间存在亲子关系。

提出的问题：

本案涉及的基本问题是：在我国民事诉讼中对身份关系能否适用推定？如果能够适用，那么以何种程度的证据状态为前提，才可以做出对于拒绝 DNA 鉴定的当事人一方不利的推定？

分析：

在大陆法系的德、日等国，存在着一般民事诉讼程序和家事程序的划分。区别于以当事人主义和“法律真实”为原则的一般民事诉讼程序，处理身份关系案件的家事程序采取职权探知主义和“实体真实”的原则，不允许使用推定或拟制的方法来确定身份关系。但我国民事诉讼制度上并无这种程序划分及相对应原则的区别，法律对法院就身份关系进行推定亦不存在明确限制。在本案原审的审理期间即 2005 年，最高人民法院民一庭曾发布过倾向性意见指出，确定身份关系原则上应以科学鉴定为准，但在当事人一方已提交证据履行了相当程度的证明责任而另一方坚持不配合鉴定的情形下，对身份关系之存否亦可进行推定。司法实务中也一直存在着类似的处理。2011 年，这一意见的内容被明确规定于最高人民法院《关于适用〈中华人民共和国婚姻法〉若干问题的解释（三）》中。因此，虽然本案原审和两次再审均发生于这一司法解释出台之前，但原审两个判决和第一次再审判决均主张身份关系不得适用推定，有未能结合我国情况深入论证就机械地照搬外国法知识或原则之嫌。

虽然对身份关系也可允许推定，但并非一方当事人拒绝 DNA 鉴定即可推定另一方当事人有关身份关系的主张为真。当事人为了支持自己关于身份关系的主张，必须提出证据并达到相当的证明程度，法院才可以把对方当事人坚持不配合进行鉴定的事实作为“证明妨碍”，综合考量斟酌所有这些事实，作出对拒绝鉴定的当事人不利的推定。在本案第二次再审的审理过程中，法院斟酌了如下的证据：

（1）2002 年 1 月 21 日，刘×民所在单位曾为其出具一份婚姻状况证明，主要内容为：“我单位刘×民与周×存申请结婚登记，刘×民未婚。”双方打算申请婚姻登记的时间在先，而周某与前夫离婚在后（同年 2 月 19 日）。在女方尚未与前夫离婚时双方打算申请结婚登记,说明当时关系相当亲密,发生性关系的可能性也较大。而双方可能发生性关系的这段时期与刘某在非婚条件下足月出生的日期并不相矛盾。

(2) 周×存在医院生下刘某时的出生证载明了母为周×存,父为刘×民。医院出具出生证明需要父母双方的身份证、户口本、结婚证(或申请登记表格)等材料。如果按被告所说是周×存单方签名,那么其如何获取被告的户口本与身份证?被告未就此做出合理说明并提交相关证据,而周×存如果能够提供被告的这些证件,则说明双方当时关系十分亲密。

(3) 2005 年 7 月 22 日,某省公安厅曾就本案原告刘某与周×存前夫阮某某有无亲子关系做过 DNA 鉴定,其结论为双方不存在血缘关系。周×存通过此证据排除了刘某系其与前夫所生的可能性,且被告并未提出还可能存在成为刘某生父的他人。

(4) 周×存与刘某的血型均为 A 型。刘×民在公安机关存档的户籍材料表明,刘×民血型为 A 型。本案原告与被告在血型上并不存在绝对排斥的情形。

(5) 原审判决书中有刘某与被告外貌相似的表述,亦可在较低程度上作为间接的佐证。

鉴于上列证据的存在,不难看出现有的证据状态明显不利于被告,而周×存有关刘某与被告存在亲子关系的主张则获得了相当程度的证明。在这种情形下,可以判断刘×民坚持不配合进行 DNA 鉴定的行为已经构成证明妨碍。关于证明妨碍,有两种不同的理论构成。一种理论认为,根据证明妨碍而做出不利于有妨碍举证行为一方当事人的推定包含着"惩罚"或"制裁"的含义,因此在另一方当事人已经努力举证的情形下,而不论证据状态或证明程度的高低,只要能够认定存在明显的证明妨碍,就可以做出不利于妨碍方的推定。而在另一种理论看来,认定证明妨碍并不意味着应当予以惩罚或制裁,既有的证据状态及证明程度必须达到相当的程度,且妨碍方的行为具有只要停止妨碍即可发现真相或能够容易地达到证明标准等性质,法院才可以在现有证据状态的基础上并结合证明妨碍行为存在的事实认定,作出不利于妨碍方当事人的推定。显然,后一种理论构成无论在现有证据状态的程度上还是在证明妨碍行为的认定上都更加严格或更加受限制。本案这样有关身份关系争议的情形,理应采用后一种理论构成。不过,考虑到上述在本案第二次再审中证据状态所达到的程度和被告坚持不配合科学鉴定的行为,最后的再审判决应当说是一个值得支持的解决方案。

附录四　文内图表一览表

续表

章	图题	表题
第 13 章	图 13-1　第一审普通程序的基本流程图	
第 16 章	图 16-1　第二审程序的基本流程图 图 16-2　上诉审理流程图	表 16-1　全国法院民事案件一审收案、结案及二审收案情况(2010—2018) 表 16-2　全国法院民事案件二审结案情况(2010—2018)
第 17 章	图 17-1　审判监督程序流程图	表 17-1　与再审案件相关的数据表(1995—2018) 表 17-2　审判监督程序相关数据表(2009—2018) 表 17-3　因抗诉启动的再审相关数据表(2009—2018)
第 18 章	图 18-1　选民资格案件程序基本流程图 图 18-2　认定公民无民事行为能力、限制民事行为能力案件程序流程图 图 18-3　实现担保物权案件程序流程图 图 18-4　督促程序标准流程图 图 18-5　公示催告程序标准流程图	

附录五 关键词和专门术语索引

G

H

J

附录六　参考文献一览表

文中位置		文献名称	作者	文献出处
第 1 章	章末	《民事诉讼法二十年》	王亚新	《当代法学》2011 年第 1 期
	章末	《民事诉讼法学研究:与实务结合之路》	王亚新	《法学研究》2012 年第 5 期
第 4 章	延伸讨论 4-2	《合同案件管辖之程序规范的新展开——以〈民事诉讼法〉司法解释第 18 条的理解适用为中心》	王亚新、雷彤	《法律适用》2015 年第 8 期
	4. 3. 1	《适用管辖权转移的新类型——〈关于规范上下级人民法院审判业务关系的若干意见〉一解》	王亚新	《中国审判》2011 年第 3 期
第 6 章	6. 2. 2	《论作为证据的当事人陈述》	王亚新、陈杭平	《政法论坛》2006 年第 6 期
	6. 2. 3	《新〈民事诉讼法〉中的鉴定:理论定位与解释适用》	王亚新	《法律适用》2013 年第 10 期
第 7 章	7. 1. 3	《民事诉讼中质证的几个问题——以最高法院证据规定的有关内容为中心》	王亚新	《法律适用》2004 年第 3 期
	延伸讨论 7-1-1	《论民事、经济审判方式的改革》	王亚新	《中国社会科学》1994 年第 1 期
	7. 2. 2	《民事诉讼与发现真实——法社会学视角下的一个分析》	王亚新	《清华法律评论》1998 年第 1 辑

续表

文中位置		文献名称	作者	文献出处
第7章	延伸讨论7-2-2	《“判决书事实”“媒体事实”与民事司法折射的转型期社会——南京市鼓楼区法院(2007)第212号案件“彭宇案”评析》	王亚新	《月旦民商法杂志》2010年第24辑
第11章	11.3.1	《第三人撤销之诉原告适格的再考察》	王亚新	《法学研究》2014年第6期
	11.3.2	《第三人撤销之诉的程序建构》	刘君博	《法学》2014年第12期
	11.3.2	《第三人撤销之诉撤销对象研究——以〈民事诉讼法〉解释第296、297条为中心》	刘君博	《北方法学》2016年第3期
	延伸讨论11-3	《第三人撤销之诉原告适格问题研究：现行规范真的无法适用吗?》	刘君博	《中外法学》2014年第1期
第12章	延伸讨论12-1	《保全程序中担保的提供与担保数额的确定——〈民事诉讼法〉司法解释第152条的意义及其解释适用》	刘君博	《法律适用》2015年第8期
	延伸讨论12-3	《新民事诉讼法与诚实信用原则——以日本民事诉讼立法经过及司法实务为参照》	王亚新	《比较法研究》2012年第5期
	延伸讨论12-4	《围绕审判的资源获取与分配》	王亚新	《北大法律评论》1999年第2卷第1辑

续表

文中位置		文献名称	作者	文献出处
第 12 章	延伸讨论 12-4	《诉讼费用与司法改革——〈诉讼费用交纳办法〉施行后的一个"中期"考察》	王亚新	《法律适用》2008 年第 6 期
	延伸讨论 12-4	《"省级统管"改革与法院经费保障》	王亚新	《法制与社会发展》2015 年第 6 期
第 13 章	13. 2. 1	《"职权主义"与"当事人主义"再考察:以"送达难"为中心》	陈杭平	《中国法学》2014 年第 4 期
	13. 2. 2	《"答辩失权"二题》	王亚新	《人民法院报》2005 年 4 月
	13. 2. 3	《新民事诉讼法关于庭前准备之若干程序规定的解释适用》	王亚新	《当代法学》2013 年第 6 期
	13.2.3	《民事诉讼准备程序研究》	王亚新	《中外法学》2000 年第 2 期
	延伸讨论 13-4	《我国民事诉讼制度上的审限问题》	王亚新	《人民司法》2005 年第 1 期
第 14 章	14. 2. 2	《民事司法实务中适用小额程序的若干问题》	王亚新	《法律适用》2013 年第 5 期
	延伸讨论 14-2	《民事诉讼法修改中的程序分化》	王亚新	《中国法学》2011 年第 4 期
第 15 章	15. 2. 1	《诉讼标的理论的新范式——"相对化"与我国民事审判实务》	陈杭平	《法学研究》2016 年第 4 期
	15. 2. 2	《前诉裁判对后诉的影响——〈民诉法解释〉第 93 条和第 247 条解析》	王亚新、陈晓彤	《华东政法大学学报》2015 年第 6 期

续表

文中位置		文献名称	作者	文献出处
第 16 章	延伸讨论 16-2	《一审判决效力与二审中的诉讼外和解协议——最高人民法院公布的 2 号指导案例评析》	王亚新	《法学研究》2012 年第 4 期
	16. 3. 2	《发回重审案件当事人变更诉讼请求之探析——以〈民诉法解释〉第 251 条和第 252 条为起点》	陈杭平	《华东政法大学学报》2015 年第 6 期
	延伸讨论 16-3-1	《组织视角下的民事诉讼发回重审制度》	陈杭平	《法学研究》2012 年第 1 期
第 17 章	17.1.2	《“再审之诉”的再辨析》	王亚新	《法商研究》2006 年第 4 期
	延伸讨论 17-1	《非诉讼纠纷解决机制与民事审判的交织——以“涉法信访”的处理为中心》	王亚新	《法律适用》2005 年第 2 期

郑重声明